Climate Partner °
klimaneutral

Verlag | ID: 128-50040-1010-1082

Dieses Buch wurde klimaneutral hergestellt.
CO_2-Emissionen vermeiden, reduzieren, kompensieren –
nach diesem Grundsatz handelt der oekom verlag.
Unvermeidbare Emissionen kompensiert der Verlag
durch Investitionen in ein Gold-Standard-Projekt.
Mehr Informationen finden Sie unter: www.oekom.de

Bibliografische Information der Deutschen Nationalbibliothek:
Die Deutsche Nationalbibliothek verzeichnet diese Publikation
in der Deutschen Nationalbibliografie; detaillierte bibliografische
Daten sind im Internet über http://dnb.d nb.de abrufbar.

© 2013 oekom
Gesellschaft für ökologische Kommunikation mbH
Waltherstraße 29, 80337 München

Gestaltung und Satz: Reihs Satzstudio, Lohmar
Umschlagabbildung: © Caspar Benson/fstop/Corbis
Umschlaggestaltung: www.buero-jorge-schmidt.de
Druck: GGP Media GmbH, Pößneck
Lektorat: Reimar Paul & Uta Ruge

Dieses Buch wurde auf FSC®-zertifiziertem Papier gedruckt.
FSC (Forest Stewardship Council) ist eine nichtstaatliche,
gemeinnützige Organisation, die sich für eine ökologische und
sozialverantwortliche Nutzung der Wälder unserer Erde einsetzt.

MIX
Papier aus verantwor-
tungsvollen Quellen
FSC® C014496

Joachim Radkau
Lothar Hahn

Aufstieg und Fall der deutschen Atomwirtschaft

KAPITEL I

Vom Atomprojekt des Zweiten Weltkriegs zum »friedlichen Atom«

KAPITEL II

Das »friedliche Atom« als Vision: die Phase der Spekulationen

KAPITEL III

Vollendete Fakten: der ungeplante Siegeszug des Leichtwasserreaktors

KAPITEL IV

Das intern verdrängte Risiko elektrisiert die Öffentlichkeit

KAPITEL V

»Laß dir von keinem Fachmann imponieren, der dir erzählt:
›Lieber Freund, das mache ich schon seit zwanzig Jahren so!‹ –
Man kann eine Sache auch zwanzig Jahre lang
falsch machen.«

Kurt Tucholsky (1932)

Vorwort von Joachim Radkau
Wie die Atomkraft von der Zukunft
zur Geschichte wurde

Als ich mich um 1973/74 neugierig in die Kerntechnik hineinzutasten begann – eine für mich fremde und aufregende Welt –, fragte mich ein Manager
der Branche stirnrunzelnd, was ich in seinem Revier zu suchen habe: Das
Geschäft des Historikers sei die Vergangenheit, die Kernenergie dagegen
sei die Zukunft. Heute, fast vierzig Jahre danach, ist die Kernkraft zumindest in Deutschland ein Stück Geschichte geworden – für mich auch ein
nicht geringer Teil meiner eigenen Lebensgeschichte. Glaubte ich vor dreißig Jahren, als ich meine Geschichte der deutschen Atomwirtschaft erstmals veröffentlichte, den Sinn eines historischen Zugangs noch begründen
zu müssen, ist diese Begründung heute selber von historischem Interesse.
Hatte ich meine damalige Habilitationsschrift noch vorsichtig betitelt: »Aufstieg und *Krise* der deutschen Atomwirtschaft« – in den frühen 1980er-Jah-
ren war es nach der ersten heißen Phase des Atomkonflikts um die Kernkraft wieder relativ ruhig geworden –, bietet sich heute eine klare Titelkurve
»Aufstieg und *Fall*« an, die bei meiner Historikergeneration die Erinnerung
an den Nachkriegs-Bestseller von William Shirer »The Rise and Fall of the
Third Reich« wachruft.

Kein Zweifel: Das Auf und Ab der Atomkraft ist eines der aufregendsten
Dramen der bundesdeutschen Geschichte – vielleicht sogar dasjenige Drama,
das am allermeisten zu denken gibt. Man kann es als Tragödie, Komödie
oder Kriminalgeschichte schildern. Umso mehr muss man sich wundern,
dass die Historiker der Bundesrepublik um diese Geschichte fast durchweg
einen Bogen gemacht haben und meine Arbeit von 1983 nicht längst überholt ist. Das Thema scheint zu volltönenden Werturteilen herauszufordern,
die der Historiker nicht mag; und sobald sich der Laie in die technischen
Details begibt, gerät er in einen Dschungel. Obendrein sind viele einschlägige Materialien bis heute nicht frei zugänglich. Daher wurde ich schon seit
vielen Jahren immer wieder gefragt, wann endlich mit einer Fortschreibung
meines Textes zu rechnen sei. Wer die fast 600 Seiten umfassende Taschen-
buchausgabe der Habilitationsschrift eifrig benutzt hatte, dem ist sie zerfled-
dert; im Buchhandel ist sie längst vergriffen, auch antiquarisch nur noch hier

und da zu bekommen und in manchen Bibliotheken, auf welche Weise auch immer, verschwunden.

Aber eine Neufassung hätte zugleich eine Aktualisierung erfordert; wie sollte ich das machen? In den 1980er-Jahren hatte ich auf den Heidelberger Gesprächsabenden der FEST (Forschungsstätte der Evangelischen Studiengemeinschaft) zum nuklearen Proliferationsrisiko Lothar Hahn kennengelernt, zu jener Zeit Reaktorexperte am Öko-Institut Darmstadt. Er schlug mir damals vor, gemeinsam eine Fortsetzung zu schreiben. Aber in der Folge wurden wir beide über Jahrzehnte von anderen Projekten absorbiert – Lothar stieg unter der rot-grünen Bundesregierung sogar zum Vorsitzenden der Reaktorsicherheitskommission auf.

Jetzt, wo wir beide im Ruhestand sind und nach Fukushima der deutsche Ausstieg aus der Kernkraft auch von bisherigen Befürwortern besiegelt wurde, ist der Augenblick gekommen, unseren alten Plan wieder aufzunehmen: zwar keinen Fortsetzungsband zu schreiben, aber eine überarbeitete, teilweise neu geschriebene und bis in die Gegenwart fortgeführte Fassung jener Untersuchung vorzulegen.

Aus Faszination wird Skepsis

Einen kompetenteren und kongenialeren Partner als Lothar könnte ich mir dabei nicht vorstellen: Genau seit den 1980er-Jahren, als meine Kontakte zur Atom-Szene immer sporadischer wurden, wurde er – um im heutigen Jargon zu reden – »voll vernetzt« und stieg sogar in Positionen auf, die ihm Insidereinblicke boten, von denen ich nur träumen konnte. Er ist von Hause aus Physiker; mit ihm gelange ich endlich zu jener interdisziplinären Zusammenarbeit, die bei einem solchen Thema ideal ist. Mit seinem Physikerblick machte er mir das Kürzen und Überarbeiten leichter, wenn auch der Historiker bei der Feststellung, dass bestimmte Passagen »nur noch von historischem Interesse« sind, das »nur« weglassen würde. Manches, was zeitweise »nur« von historischem Interesse war, wird unversehens wieder aktuell. Das Fiasko der Europäischen Atomgemeinschaft (Euratom), die sinnlos Fördermittel vergeudete und unnötige Spannungen schuf, deutet auf die Schädlichkeit einer überspannten europäischen Einigung voraus; das militärische Potenzial der Kerntechnik gewinnt unversehens eine immer neue Aktualität, ob im Nahen oder Fernen Osten; wie einst in der Atomeuphorie der 1950er-Jahre ertönen im Zeichen des Mythos »Neue Technologien« »Deutschland erwache!«-Alarmrufe, als seien die Deutschen wieder einmal dabei, irgendein angebliches Hightech-Wettrennen zu verschlafen. Und die Erinnerung an die massive staatliche Förderung der Kerntechnik ist nützlich bei aktuellen Kampagnen gegen die Förderung erneuerbarer Energien. Überhaupt ist die Geschichte der Kernenergie unendlich lehrreich für Fragen der Technologiepolitik, wo der Fadenriss in der Erinnerung zu immer neuer frisch-fröhlicher Naivität verführt.

Lothar Hahn und ich haben beide – sachlich wie menschlich – einen ähnlichen inneren Balanceakt hinter uns: Beide haben wir uns mit der Abkehr von der Atomkraft nicht leicht getan. Bis in die 1990er-Jahre war das Potenzial der erneuerbaren Energien schwer zu übersehen; die reale Alternative zur Kernenergie war die Kohle und diese war durch die Warnungen vor einem Klimawandel gleichfalls ins Zwielicht geraten. Wir hatten beide gute Beziehungen zu manchen Angehörigen der nuklearen »Community«, die wir intellektuell und als Menschen respektierten und verstanden und deren Forscherbegeisterung mir sogar sympathischer war als die Wut ihrer Gegner. Aber gerade Spitzenleute boten das beste Beispiel für das Wort Max Webers, dass der leidenschaftliche Forscher die Fähigkeit besitze, sich »Scheuklappen anzuziehen«. Wer gutgläubig meint, die Verantwortung für die Risiken der Kerntechnik sei am besten bei den großen Namen der Atomforschung aufgehoben, kennt die Besessenheit des passionierten Forschers schlecht.

Tragödie ohne Dämon

Gewiss hat die Geschichte der Kernenergie ihre Skandale: Immer wieder wurden Informationen über Risiken und Störfälle unterschlagen und wurde die Öffentlichkeit, ja wurden selbst zuständige Regierungsstellen unzulänglich oder falsch informiert. Insofern lässt sich ein Teil des nuklearen Dramas durchaus als Kriminalgeschichte schreiben. Aber nicht das ist der springende Punkt, dass im innersten Kern der atomaren Community Bösewichte die Strippen gezogen hätten. Es gibt auch andere Geschichten, die Züge einer großen Tragödie haben – oder auch einer Komödie. Schon 1983 war es mein Ziel, und das gleiche Ziel haben Lothar und ich auch jetzt: eine Geschichte der Atomwirtschaft vorzulegen, die auch für bisherige Anhänger der Kerntechnik und für die vielen, die in ihrer Position oft schwankten, lesbar ist und als objektiv und fair erkannt wird. Wenn ein kritischer Grundton vorherrscht, so doch über weite Strecken eine Kritik von innen, nicht von außen: eine Kritik nach dem Maßstab, wie eine verantwortbare Entwicklung der Kerntechnik hätte aussehen können. Kontakte zu Wolfgang D. Müller (1919–2006), dem jahrzehntelangen Chefredakteur der Branchenzeitschrift *atomwirtschaft*, bestärkten mich in der Zuversicht, dass so etwas wie Objektivität selbst bei dem Thema Kerntechnik möglich ist. Seine große Geschichte der Kerntechnik hatte nach dem Wunsch der Atomlobby eigentlich ein Gegenbuch gegen das meinige werden sollen; aber er versicherte mir, er habe in meinem Buch keine groben Fehler entdecken können.

Anti-Atomkraft-Pamphlete, die zur Selbstbestätigung der Protestbewegung dienen, gibt es seit vierzig Jahren in Hülle und Fülle. Aber eine nur moralisierende Sicht, die in der Atomkraft die Macht des Bösen erblickt – ob des Großkapitals, des wissenschaftlichen Größenwahns oder der mit der Bombe liebäugelnden Machtpolitik – versperrt das Verständnis der bundesdeutschen Kernenergie-Geschichte. Auf diese Weise lernt man nicht aus ihr. Und ohne eine derartige nüchtern-sachliche Analyse läuft auch die neue Energiepolitik Gefahr, in ähnliche Fallen zu laufen: Sie ergeben sich aus der Unübersichtlichkeit des Terrains, der Zeitgebundenheit der Perspektiven, der Schwierigkeit der Bewertung von Informationen und dem Unvermögen, mit Unsicherheiten und einer Mehrzahl von Optionen umzugehen, auch wenn jene tückischen Risiken der Kernkraft, die aus Kettenreaktion, Radioaktivität und Nähe zur Bombe resultieren, bei den »Erneuerbaren« fehlen.

Für mich wurde die Erforschung der Atomgeschichte zu einem geistig-menschlichen Abenteuer. Mit mehr Glück als Verstand gelang es mir, Zugang zu den Aktenmassen des Bundesatomministeriums, der Atomkommission und der Reaktorsicherheitskommission zu erlangen, die noch ungereinigt in Baracken im Bundesgrenzschutzgelände von Hangelar bei Bonn zwischenlagerten. Durch eine persönliche Beziehung zur Familie Heisenberg wurde mir Einblick in die Heisenberg-Korrespondenzen gewährt, in denen ich lebendig vor Augen hatte, wie im Heisenberg-Netzwerk während der frühen Jahre der bundesdeutschen Atompolitik die Fäden zusammenliefen und eine Kontinuität zum »Uranverein« des Zweiten Weltkriegs bestand. Hans-Ulrich Wehler, bei dem ich mein Opus 1980 als Habilitationsschrift einreichte, bemerkte später, »jeder Neuzeithistoriker« würde Habilitanden von einem solchen Thema »mit allem Nachdruck vor allem deshalb abgeraten« haben, »weil die Quellenfrage unlösbar aussah«. »Zur Verblüffung des Lesers« habe ich es »jedoch verstanden, (m)einer Untersuchung eine ebenso solide empirische Basis zu verschaffen, wie sie andere Wissenschaftler etwa für ein Thema aus der Weimarer Republik oder des Kaiserreichs gewinnen können«. (Hans-Ulrich Wehler: »Aus der Geschichte lernen?« München 1988, Seite 92)

Die Macht der Bombe

Es war immer ein Erlebnis, mit »alten Hasen« der Atomszene zu reden. Zu Siegfried Balke (1902–1984), dem früheren Atomminister, gewann ich ein fast vertrauliches Verhältnis und durfte nach Herzenslust in der Fülle seiner privaten Papiere stöbern. Mit Vergnügen erinnere ich mich an die oft mit Cognac animierten Plaudereien mit ihm (1978). Er, der nach den Nürnberger Gesetzen Halbjude war und in der NS-Zeit manches durchgemacht hatte, sah nicht ohne Groll, wie sich in jenen Kreisen der Großindustrie, die in den Gründerjahren der Atomkraft die Regie führten, frühere Manager der Kriegswirtschaft in einem Club »Mars und Merkur« trafen. Anders als diese und im Widerspruch zu seinem einstigen Chef Adenauer, der ihn mit Nichtachtung strafte, zeigte er offen Sympathie mit den Unterzeichnern des Göttinger Manifests gegen die atomare Bewaffnung der Bundeswehr.

Balke brachte mir bei, zum Verständnis der frühen Bonner Atompolitik müsse ich mir zu allererst klarmachen, dass diese mit Energiepolitik nichts zu tun gehabt habe. Zu einer Zeit, als die Anti-AKW-Bewegung das Thema »Atombombe« noch als Ablenkung empfand, bestärkte mich der einstige Atomminister in dem Verdacht, dass die Anfänge der Bonner Atompolitik keineswegs so unschuldig waren wie behauptet, sondern militärische Ambitionen dort wie fast überall mitspielten, wo man die Kernenergie-Entwicklung politisch forcierte. Er zeigte mir Notizen von Telefonaten mit Franz Josef Strauß, in denen dessen Unzufriedenheit darüber zum Ausdruck kam, dass der Atomminister mit ihm so wenig Kontakt hielt. Als er mir von einem Besuch beim Schah von Persien erzählte und ich mit gespielter Naivität fragte, wieso sich der Herrscher eines Öllandes für die Kernenergie interessiert habe, erwiderte Balke mit nachsichtigem Lächeln, dem sei es lediglich um die Bombenoption gegangen. Als ich weiterfragte, ob es denn schwer sei, eine Atombombe zu bauen, wenn man die zivile Kerntechnik habe, lächelte er wieder: Oh nein, das sei nicht schwer.

Das Gespräch ist mir noch nach über dreißig Jahren in Erinnerung; Damals kam es mir indiskret vor, es zu publizieren. Noch heute erinnere ich mich auch an lange abendliche Gespräche mit Elisabeth Heisenberg (1914–1998), der Witwe des Nobelpreisträgers, dessen Korrespondenzen ich den Tag über hatte studieren dürfen. Sie war die Schwester von Fritz Schumacher (1911–1976), der 1936 nach England emigrierte und mit seinem Kultbuch »Small is Beautiful« (1973) zu einem Guru des angloamerikanischen *environmentalism* wurde, und bedauerte, dass ihr Ehegatte mit ihrem Bruder über Fragen der Technik nicht diskutieren wollte. Die Legitimität der Kerntechnik stand ihm grundsätzlich nicht zur Disposition. Und doch – so versicherte sie mir – sei Heisenbergs Hauptsorge im »Göttinger Manifest« nur nebenbei angeklungen: dass die Atomforschung auch in der Bundesrepublik mit militärischen Hintergedanken betrieben werde. Diese Sorge habe auch in der Zeit danach unvermindert fortbestanden.

Was ich auf der mir damals zugänglichen Aktenbasis nur vorsichtig kombinieren konnte, wurde mittlerweile durch die große Adenauer-Biografie von Hans-Peter Schwarz in verblüffendem Maße bestätigt: dass dieser Bundeskanzler seit dem Herbst 1956 »über EURATOM auf schnellstem Weg die Möglichkeit erhalten« wollte, »selbst nukleare Waffen herzustellen«, da er dem »amerikanischen Atomschirm« nicht mehr traute, und dass er dabei »ganz offensichtlich« »an eine deutsche Option und nicht an europäische Kernwaffen« dachte. Aber bei Schwarz ist auch zu lesen, dass Adenauer später fluchte, man habe sich durch »die ganze verdammte Atomgeschichte« »den Kopf vernebeln« lassen. An dieses Adenauer-Wort sollte man sich heute erinnern!

Entwicklung ohne Steuerung

Aus dem Rückblick nach dreißig, vierzig Jahren grübele ich manchmal darüber: Habe ich damals, im Ozean der Quellen schwimmend und planschend und zugleich von den Turbulenzen des Atomkonflikts umgetrieben, vielleicht manchmal den Wald vor Bäumen nicht gesehen, und enthalten die von mir erschlossenen Materialmassen Einsichten, die mir selber verborgen blieben, während andere aus der Distanz klarer sahen? Ist und bleibt eben doch die Bombe der Schlüssel zum Verständnis der weltweiten Konjunktur der Kernenergie? War es vor allem die Bombe, die diese Technik auf der ganzen Welt mit einer Aura der Macht umgab und überall Eliten hervorbrachte, die sich gegen die Öffentlichkeit abschotteten und zugleich immer wieder gewaltige Fördermittel zu mobilisieren verstanden?

Und wenn immer wieder gefragt wurde, warum die Anti-Atomkraft-Bewegung gerade in Deutschland am stärksten und nachhaltigsten wurde: Lag der entscheidende Grund ganz einfach darin, dass die Bundesrepublik keine Atommacht war, die Adenauerschen Bombenpläne Episode blieben und vor der Öffentlichkeit streng geheim gehalten werden mussten? Dass die Deutschen unter Einschluss ihrer führenden Atomphysiker von nationaler Megalomanie nach 1945 gründlich die Nase voll hatten? Man könnte das Beispiel Japan dagegenhalten, ebenfalls Kriegsverlierer, das keine Atommacht, vielmehr das bislang einzige Opfer der Atomwaffen ist und dennoch keine starke Opposition gegen die Kernkraft hervorbrachte. Aber für japanische Eliten scheint die Offenhaltung der nuklearen Waffenoption eine ungleich größere Bedeutung zu besitzen als für deutsche, da Japan in Ostasien isolierter ist als die Bundesrepublik in Europa.

Wehler verstand mein Buch von 1983 als Paradigma für eine neue Art von Politikgeschichte: Es sei »von paradigmatischem Wert für das Verständnis von Politik in einer Welt, in der klar identifizierbare Subjekte, wie etwa individuelle Politiker, nicht mehr als *die* Bewegungszentren schlechthin verstanden werden können«, mit dem Effekt, dass am Ende etwas herauskommt, das »so nicht geplant und so von vielen nicht gewollt« sei. Ganz im gleichen Sinne tat Rudolf Schulten, der Erfinder des nach ihm benannten Hochtemperaturreaktors und innernukleare Dissident, als Koreferent eines von mir vorgetragenen Überblicks über die Kernenergiegeschichte den öffentlichen Stoßseufzer, man könne diese ganze Geschichte nur dann begreifen, wenn man sich klar mache, dass »alles gekommen sei gegen den Willen aller«.

Ist diese Geschichte, aus der Distanz besehen, das beste Beispiel für die von Jürgen Habermas bemerkte »neue Unübersichtlichkeit«, und ist mir diese Pointe damals in meiner Faszination durch die nukleare Dschungellandschaft entgangen? Ein Leitmotiv des Buchs von 1983 war die Kritik daran, dass es unter der Vielzahl möglicher Reaktorkonzepte nie einen rationalen, auf Experimente gestützten Ausleseprozess gegeben habe. Einst bei den Dampfkesseln hatte es einen derartigen Prozess gegeben, aber war die Kerntechnik dazu viel zu kompliziert und zu riskant und waren alle Beteiligten – ob in Wissenschaft, Wirtschaft und Politik – mit einer solchen Aufgabe schlichtweg überfordert? Ist es das, was mein Material beweist, ich jedoch damals nicht auf den Punkt zu bringen vermochte?

Die alte Frage, ob eine sichere Kerntechnik prinzipiell möglich ist, erscheint mir heute naiv. Stattdessen ist zu fragen, auf welche Weise man sich hier auf einen bestimmten Begriff von Sicherheit einigen kann und welche Institutionen auf welche Weise in der Lage wären, unter den Reaktorkonzepten eine entsprechende Auslese zu treffen. Da hat mir Klaus Traube aus seiner Erfahrung als technischer Leiter des Brüterbaus mehr als einmal kräftig den Kopf gewaschen. Im *Spiegel* (4/1984, Seiten 71–76) hat er mein Buch sehr anerkennend und kennerisch besprochen und doch am Ende – er, der tief ernüchterte einstige Brüter-Enthusiast! – mich, den Historiker, angepflaumt, »die Faszination der Kerntechnik« scheine mit mir manchmal »durchzugehen«, wenn ich mir einbildete, die Entwicklung inhärent sicherer Reaktoralternativen sei möglich gewesen, ohne die Unmöglichkeit einer rationalen Steuerung derart komplexer aufgeladener Megaprojekte zu begreifen.

Auch nach Gesprächen mit Lothar Hahn denke ich: Vielleicht ist das der Punkt und vielleicht besteht das wahre Geheimnis der Kernenergiegeschichte nicht darin, dass es im innersten Kern der nuklearen Community eine allmächtige Direktion gab, sondern dass nirgends eine umfassende Steuerung und Verantwortung existierte. Anfangs liefen alle Fäden bei Heisenberg zusammen; aber nicht ganz zu Unrecht spottete Franz Josef Strauß später in seinen Memoiren: Hätte man die Regie der Atompolitik Heisenberg überlassen, »wäre das Ergebnis ein perfektes Chaos gewesen«. Später hielten viele die Deutsche Atomkommission für die große Strippenzieherin; ich entdeckte jedoch verblüfft in den Akten, dass dieses prominent besetzte Gremium ganz und gar nicht so, wie es aus der Ferne erschien, als Superhirn fungierte, das die Entwicklung der Kerntechnik zu steuern vermocht hätte. Lag die Steuerungszentrale in Wahrheit in den Chefetagen der Energiewirtschaft? Aber als ich viel später Zugang zu Akten des RWE bekam, überraschte mich am allermeisten die Entdeckung, dass es selbst bei diesem Energiegiganten über Jahre keine regulären Vorstandssitzungen gab. Wozu große Strategieberatungen, wenn das Geschäft auch ohne diese lief?

Einsichten für die Energiewende

Umso schärfer müssen wir darauf schauen, dass sich die Entwicklung erneuerbarer Energien nicht ähnlich planlos verheddert. Seit 25 Jahren nehme ich an den Gesprächsabenden von Reinhard Ueberhorst teil, die aus der von ihm geleiteten Bundestags-Enquetekommission »Zukünftige Kernenergiepolitik« (1979/80) hervorgingen: Da ist die Frage, wie die Politik mit einer Pluralität der Zukunftsentwürfe umzugehen hat, zum Gegenstand einer unendlichen Diskussion geworden, die über den alten Schlagabtausch pro und kontra Kernenergie weit hinausgelangt ist. Schon bei der Abfassung des alten Buches widmete ich den Zeitspielen besondere Aufmerksamkeit: wie sich im Zuge der Kernenergieentwicklung immer wieder kurzfristige in langfristige Pläne verwandeln, andererseits langfristige Perspektiven von kurzfristigen Interessen unterlaufen werden und in der öffentlichen Wahrnehmung alles durcheinander geht. Heute im Zeichen des Zauberwortes »Nachhaltigkeit« können wir derart verwirrende Zeitspiele erst recht erleben!

Im Blick auf mögliche Energiezukünfte und von Lothar beraten, habe ich den ursprünglichen Text auf etwa die Hälfte gekürzt und den voluminösen, auf die Habilitation berechneten Anmerkungsapparat fortgelassen: Da dieser sich überwiegend auf Archivalien bezieht, die teilweise bis heute nicht frei zugänglich sind, sofern sie überhaupt noch existieren, wäre er für die meisten Leser wertlos. Die wenigen, die auf diesem Gebiet wissenschaftlich arbeiten, werden die entsprechende Anmerkung in der Erstausgabe von 1983 unschwer finden. Dieses und jenes Bonbon aus den damaligen Anmerkungen habe ich jetzt jedoch in den Text eingefügt. Vor dreißig Jahren hatte ich manches Brisante diskret in den knibbelig gedruckten Anmerkungen versteckt; wie ich später erfuhr, hatte ich ohnehin großes Glück gehabt, wegen meines Buches nicht juristisch belangt worden zu sein. Da kann ich heute Klartext reden. Dazu habe ich Stücke aus einer Reihe späterer Essays, die neuere Erfahrungen verarbeitet haben – allem voran Tschernobyl und Fukushima –, in überarbeiteter Form verwendet und Erkenntnisse daraus in den Text integriert, um die Darstellung an die Gegenwart anzunähern.

Vor allem jedoch hat Lothar Hahn die Brücke zur Gegenwart geschlagen, in manchen Punkten in Kritik zu meiner Sicht vor dreißig Jahren. Dass die letzten dreißig Jahre sehr viel kürzer weggekommen sind als die Phase von den 1950er- bis zu den 70er-Jahren, war nicht zu vermeiden; denn hier sind die Akten noch nicht zugänglich. Zudem sieht es ganz so aus, als besitze die Nuklearhistorie vor allem in jenen ersten drei Jahrzehnten ein großes Format, als dort noch Spitzenleute der Wissenschaft und Wirtschaft zusammenströmten und sich dann in den 70er-Jahren viele Vorkämpfer der grünen Bewegung zuerst im Kampf gegen die Atomkraft profilierten. Aber das soll künftige Historiker nicht abschrecken: Auch Prozesse des Niedergangs besitzen ihren eigenen Reiz; nicht umsonst steht Edward Gibbons sechsbändige »History of the decline and fall of the Roman empire« (1776–1788) am Beginn der neueren Erforschung der altrömischen Geschichte. Wer weiß, vielleicht findet auch das zunächst klammheimliche, nach und nach immer offenere Zerbröckeln der einst so furiosen nuklearen Community künftig seinen Gibbon. Bei der Aufklärung der Nukleargeschichte gibt es noch viel zu tun! Und es ist eine Geschichte, die immer neuen Stoff zum Nachdenken gibt und gerade für neue Generationen neue Einsichten enthält.

Vorwort von Lothar Hahn
Beobachtungen eines Zeitzeugen

Als Zeitzeuge einer dreißig Jahre dauernden spannenden Geschichte möchte ich Beobachtungen wiedergeben und interpretieren sowie Zusammenhänge aufzeigen, die sich einer späteren geschichtswissenschaftlichen Aufarbeitung möglicherweise verschließen. Aus der Erinnerung an das Selbsterlebte heraus entwickeln sich womöglich andere Gewichtungen und Wertungen von Fakten als bei jemandem, der die Geschichte später anhand des Studiums von Quellen aufarbeiten will. Bei vielen Entwicklungen bin ich »dabei gewesen«, teilweise physisch, teilweise nur durch Beobachtung, dies aber aus größerer Nähe als die Laie. Viele handelnde Personen kenne oder kannte ich persönlich. Meine berufliche Tätigkeit gestattete mir Einblick in viele Interna aller Konfliktparteien.

Dabei konnte ich Verständnis für alle Rollen, Zwänge und Nöte der an der Kontroverse um die Kernenergie Beteiligten entwickeln. Einiges habe ich mitgestalten dürfen, insbesondere in meinen elf letzten Berufsjahren, zunächst von 1999 bis 2002 als Vorsitzender der Reaktorsicherheitskommission und dann von 2002 bis 2010 als Geschäftsführer der Gesellschaft für Anlagen- und Reaktorsicherheit (GRS). Zuvor hatte ich von 1980 bis 2001 ein halbes Berufsleben lang beim Öko-Institut die verschiedenen Phasen der Kernenergienutzung in Deutschland aus nächster Nähe erlebt. Aber auch die Entwicklung in anderen Ländern und in internationalen Organisationen blieb mir aufgrund zahlreicher Kontakte und einiger Funktionen nicht verborgen.

Das erste Motiv für die Beteiligung an diesem Buchprojekt war mein Wunsch, der Öffentlichkeit zu vermitteln, wie ich die kerntechnische Entwicklung in diesen dreißig Jahren wahrgenommen habe. Dabei erhebe ich keinen Anspruch auf Vollständigkeit und Ausgewogenheit. Mein Beitrag folgt auch nicht den Regeln, die ein Experte bei der Erstellung von Gutachten oder bei der Abfassung von technisch-wissenschaftlichen Texten zu beachten hat. Mir kam es vielmehr darauf an, meine Wahrnehmung der Geschichte der Kerntechnik und meine Interpretation von Ereignissen und Zusammenhängen zu schildern – bewertend und ohne eine Art Beweislast übernehmen zu müssen.

Der zweite Anstoß für meine Beteiligung an dem Buchprojekt war der Reiz, mich mit einem Historiker an die Aufarbeitung der kerntechnischen Entwicklung zu wagen. Dass mein Koautor dazu noch der renommierte Historiker und Kenner der Technikgeschichte Joachim Radkau ist, beflügelte meine Bereitschaft in besonderem Maße. Seine 1983 veröffentlichte Habilitationsschrift »Aufstieg und Krise der deutschen Atomwirtschaft« hat mich seinerzeit fasziniert und stellt für mich auch heute noch eine einzigartige Fundgrube dar.

Es ist sicherlich ein interessantes, wenn nicht sogar gewagtes Experiment, einen Historiker und einen Physiker ein Thema gemeinsam bearbeiten zu lassen, nicht nur für die Autoren, sondern auch für den Verlag. Arbeitsstil und Herangehensweise können unterschiedlicher nicht sein. Auf der einen Seite ein Historiker, der in seiner Habilitation und dem daraus erschienenen Buch eine ungeheure Quellengrundlage erarbeitet und ausgewertet hat, auf der anderen Seite ein Physiker, der weitgehend ohne Quellenangaben seine Interpretation der Geschichte liefert und lediglich zu seiner Absicherung Jahreszahlen und technische Daten wie Kraftwerksleistungen recherchiert. Der Historiker mit dem Schwerpunkt auf Quellengrundlagen und politischen Zusammenhängen, der Physiker mit dem Fokus auf technologischen und naturwissenschaftlichen Wechselwirkungen. Dies führte zwangsläufig auch zu unterschiedlichen Textumfängen.

Für das Experiment sprach nicht nur die Tatsache, dass sich beide Autoren seit vielen Jahren kennen und schätzen. Wichtig war auch der Umstand, dass Joachim Radkaus Standardwerk bis in die Zeit reicht, in der 1980 meine berufliche Laufbahn in der Kerntechnik begann. Dadurch waren wir in der Lage, die gesamte Entwicklung der Atomwirtschaft von ihren frühen Anfängen nach dem Zweiten Weltkrieg bis Fukushima – ziemlich genau ein Jahr nach meiner Pensionierung – ohne zeitliche Lücke zu überblicken. Bei der Frage, wie es nun mit der Energiewende weitergeht, sind der Historiker und der Physiker überfragt. Um dennoch auf der Basis bisheriger Erfahrungen einige Aussagen zu den energiewirtschaftlichen und energiepolitischen Herausforderungen dieser »Herkulesaufgabe« treffen zu können, haben wir uns mit erfahrenen und prominenten Kennern der Materie beraten: mit Volker Hauff, Michael Müller und Klaus Töpfer aus der Politik, Hans-Jochen Luhmann vom Wuppertal-Institut, Gerhard Mener, dem Historiker der Solartechnik, von dem Mainova-Energieversorgungsunternehmen, und Hendrik Ehrhardt, der die Geschichte der Energiebedarfsprognosen analysiert hat. Es versteht sich, dass wir unsere Schlussfolgerungen selber verantworten.

Jeder Beschäftigung mit einer komplexen Materie wie der Geschichte der Atomwirtschaft wohnt ein gewisses Maß an Subjektivität inne. Das gilt für den Historiker genauso wie für den Physiker. Allein schon die Auswahl der Quellen oder Untersuchungsgegenstände unterliegt bekanntermaßen subjektiven Einflüssen. Eine hundertprozentige Objektivität ist eine Illusion. Was aber angestrebt werden kann und was auch von diesem Buch erwartet werden darf, ist der Versuch von Fairness: Fairness gegenüber Personen, aber auch gegenüber Fakten. Voraussetzung dafür ist meines Erachtens, dass zwischen dem Betrachter und seinem Betrachtungsgegenstand keine Ressentiments bestehen, seien es nicht beglichene Rechnungen zwischen Personen, Streit, Verletzungen oder Ähnliches. Ich glaube, dass diese Voraussetzungen bei uns Autoren erfüllt sind.

Ich für meinen Teil kann feststellen, dass ich in meiner dreißigjährigen Tätigkeit in der Kerntechnik zwar unzählige kontroverse Diskussionen geführt habe und auch vielfach angefeindet wurde. Mal habe ich Recht gehabt, mal andere. Ich darf aber auch feststellen, dass meine Karriere in der Kerntechnik spannend und abwechslungsreich war, in einer äußerst interessanten Zeit stattfand und sachlich wie menschlich am Ende harmonisch verlief. Ich konnte viele meiner Ideen in weitgehender Unabhängigkeit verwirklichen und blicke mit Zufriedenheit auf mein Berufsleben zurück. Folglich habe ich auch keinerlei Grund, verbittert zu sein, Frust abzulassen, mit irgendjemandem oder irgendetwas abzurechnen. Ich möchte niemanden verletzen oder beleidigen, ich möchte niemals persönliche Belange antasten. Auch bin ich bemüht, mich an gewisse Spielregeln zu halten, zum Beispiel werde ich keine Fakten nennen, zu deren vertraulicher Behandlung ich mich in meinen Ämtern und Funktionen verpflichtet habe. Ich will auch kein Besserwisser sein, der im Lichte der Kehrtwende in der Atompolitik nach Fukushima doch Recht behält.

Stattdessen bemühe ich mich, die mir bekannten und nicht vertraulichen Fakten nach bestem Wissen und Gewissen und frei von irgendwelchen Zwängen wissenschaftlicher, politischer oder persönlicher Art nur entsprechend meiner eigenen Wahrnehmung wiederzugeben. Einen Anspruch auf Vollständigkeit erhebe ich ebenso wenig wie ich wissenschaftliche Belege für meine Einschätzungen, Bewertungen und Schlussfolgerungen zu liefern beabsichtige. Eine geschichtswissenschaftliche Analyse mit einer Auswertung der relevanten Quellen aus der Zeit von 1980 bis heute würde meine Fähigkeiten überfordern. Dies hat mein Koautor für die Zeit vor 1980 in hervorragender Weise geleistet. Ich hoffe, der Versuch einer Kombination aus den Erkenntnissen eines Historikers und den Beobachtungen eines Physikers über den Aufstieg und den Niedergang der deutschen Atomwirtschaft ist gelungen.

KAPITEL I

Vom Atomprojekt des Zweiten Weltkriegs zum »friedlichen Atom«

Hiroshima und Haigerloch – historische Last und Gruppendynamik der nuklearen Community

Die überraschende Nachricht vom Abwurf der Atombombe auf Hiroshima am 6. August 1945 rief bei den damals im britischen »Farm Hall« internierten deutschen Atomphysikern zwiespältige Empfindungen hervor: Manche äußerten Erleichterung darüber, dass man nicht selber diese furchtbare Waffe entwickelt hatte, aber stärker war doch die Betroffenheit über die überwältigende Überlegenheit der amerikanischen Forschung und auch die Sorge, dass man selbst nunmehr in aller Augen als Versager dastünde.

Robert Jungk hat zu einer Zeit, als er in den Pionieren der Atomforschung noch Zukunftsmenschen zu erkennen glaubte, in seinem Buch über das »Schicksal der Atomforscher« (1956), einem Bestseller der 1950er-Jahre, den Nichtbau der Atombombe als einen Akt passiven Widerstands der deutschen Atomforscher dargestellt: eine These, die in der deutschen Öffentlichkeit mit Begeisterung aufgenommen wurde, zumal sie in der Zeit des »Göttinger Manifestes« ganz plausibel wirkte.

In den USA löste sie jedoch sogleich eine »bittere Kontroverse« aus; denn damit drohte die übliche Rechtfertigung des Bombenbaus durch die amerikanischen Atomphysiker hinfällig zu werden: Jetzt auf einmal erschienen ihnen gegenüber die deutschen Forscher als Gegenbild verantwortungsbewusster Wissenschaft. Jungk musste freilich zugeben, dass sich seine wohlwollende Interpretation nicht einmal auf Selbstzeugnisse der deutschen Atomforscher stützen konnte: Die hätten sich damit begnügt, »als Erklärung für das Nichtvorhandensein einer deutschen Atombombe bei Kriegsende das mangelnde Interesse der politischen Führung und die technischen Schwierigkeiten in den Vordergrund zu schieben«. Wenn sie jedoch tatsächlich passiven Widerstand praktiziert hätten: Hätten sie sich dann nach Kriegsende mit Stolz dazu bekannt?

Die Spontanreaktionen der durch die Nachricht von Hiroshima in Verwirrung gestürzten deutschen Forscher sind durch ein versteckt installiertes Mikrofon auf Tonband aufgenommen worden; es gibt über den Inhalt dieser nie freigegebenen Bänder allerdings lediglich Berichte aus zweiter Hand. Hiernach bemerkte Carl Friedrich von Weizsäcker, nachdem sich die erste Bestürzung gelegt und man sich überzeugt hatte, dass die Nachricht tatsächlich zutraf, er »glaube, es ist uns nicht gelungen, weil alle Physiker aus Prinzip gar nicht wollten, dass es gelang«; Erich Bagge dagegen erwiderte schroff: »Ich meine, es ist absurd von Weizsäcker, so etwas zu sagen. Das mag für ihn zutreffen, aber nicht für uns alle«. Der Tenor von Bagges eigenen Aufzeichnungen passt durchaus zu diesem Wortwechsel und spricht für die Echtheit des Berichtes. Auch aus Weizsäckers Worten geht hervor, dass man sich selbst im engsten Kreis der Atomforscher bis dahin nicht klar darüber verständigt hatte, ob man etwa den Bau der Bombe bewusst vermeiden wolle.

Verräterisch ist die dort abgehörte Bemerkung Heisenbergs, »moralischer Mut« wäre notwendig gewesen – nicht etwa, um den Bau der Bombe zielstrebig zu verhindern, sondern um der NS-Regierung zu empfehlen, »120 000 Mann einzustellen, nur um die Sache aufzubauen«! So selbstverständlich lebte er noch nach Kriegsende in der Vorstellung, selbst »moralisch« gesehen sei der deutsche Sieg das höchste Ziel. Otto Haxel behauptete im Gespräch mit dem Verfasser, Heisenberg – ganz in seine eigene Welt eingesponnen – habe bis Kriegsende nicht glauben wollen, dass das NS-Regime Juden ermordet habe!

1947 erschien ein erstes Enthüllungsbuch über die deutsche Atomphysik im Zweiten Weltkrieg; sein Verfasser, Samuel A. Goudsmit, war Mitglied des US-Kommandos »Alsos« gewesen, das sich nach dem alliierten Einmarsch auf die Spuren der deutschen Atomforschung begeben hatte. Goudsmit vertrat die Behauptung, der deutsche »Uranverein« habe sehr wohl den Willen zum Bombenbau besessen, aber in Unkenntnis selbst der elementarsten Voraussetzungen einen ganz ungeeigneten Weg dazu eingeschlagen. Das ging den Atomphysikern an die Berufsehre. Heisenberg, der in dem Buch als die führende Gestalt des »Uranvereins« persönlich angegriffen wurde, verteidigte sich in langen Briefen an den einst befreundeten Goudsmit. Sehr ausführlich verwahrte er sich darin gegen den Vorwurf elementarer Unkenntnis der Prinzipien der Bombenkonstruktion, besonders heftig gegen Goudsmits Unterstellung, die deutschen Atomforscher seien so ignorant gewesen, zu glauben, die Amerikaner hätten auf Hiroshima einen ganzen Reaktor abgeworfen; aber über den entscheidenden Punkt, warum die Bombe dennoch nicht gebaut wurde, ließ er sich nicht detaillierter aus. Er bemerkte, über die »politischen Motive« solle man besser mündlich sprechen; er »glaube nicht, dass durch eine Behandlung dieser Fragen in der breiten Öffentlichkeit etwas gewonnen werden kann.«

Aus alledem lässt sich die vermutliche historische Wahrheit einigermaßen rekonstruieren. Heisenberg war wohl im Recht mit seiner Beteuerung, dass man über die Prinzipien der Bombenkonstruktion im Großen und Ganzen Bescheid gewusst habe. Der von den deutschen Forschern während des Krieges projektierte Schwerwasserreaktor war zwar keine der damals in den USA bevorzugten Methoden zur Spaltstoffgewinnung für Bomben, war aber dennoch – wenn auch angeblich auf Grund einer falschen Berechnung gewählt – ein optimaler Weg zum Bombenbau, wenn man den ungeheuer aufwendigen Weg der Uran-Isotopentrennung vermeiden und dafür die Möglichkeiten der hoch entwickelten deutschen chemischen Industrie nutzen wollte. Der Schwerwasserreaktor besaß gegenüber dem damals in den USA zur Plutoniumgewinnung gebauten Graphitreaktor überdies den Vorteil, dass er bereits bei erheblich kleineren Dimensionen funktionsfähig war.

Warum wurde die Bombe dennoch nicht gebaut? Von einem bewussten Widerstand der Atomforscher war offenbar keine Rede. Und doch erscheint die Behauptung glaubhaft, dass man vor die Entscheidung für oder gegen den Bombenbau gar nicht gestellt wurde: zum einen deshalb, weil der Schwerwasserreaktor zugleich auch ein geeigneter Weg zur friedlichen Energieerzeugung war, und zum anderen auch aus dem Grund, weil das für den Bombenbau erforderliche Maß an Kooperation – Kooperation sowohl innerhalb der Wissenschaft als auch zwischen Forschern und Ingenieuren sowie zwischen Forschung und Industrie – durch Strukturen der deutschen Wissenschaft wie auch des NS-Regimes verhindert wurde.

Der deutsche Wissenschaftsbetrieb war aus eigener Kraft unfähig zu jener praktisch ausgerichteten Kooperation großen Stils, wie sie in den amerikanischen »Atomstädten« Oak Ridge und Los Alamos realisiert wurde, und das NS-Regime, dessen Beziehung zur Wissenschaft ungleich distanzierter war als die der intellektuellenfreundlichen Regierung Roosevelt, war nicht fähig, seine Wissenschaftler zu solchen Formen der Zusammenarbeit zu bewegen. Diese hatten ihrerseits keinen Anlass, von sich aus die NS-Regierung dazu anzutreiben, die Freiheit der Forschung in einem Maße zu beschneiden, wie dies für den Bombenbau erforderlich gewesen wäre. Insofern ist richtig, dass sich aus den Strukturen der deutschen Wissenschaft tatsächlich eine Hemmung gegen einen zielstrebigen Bau der Atombombe ergab; aber Heisenberg hatte Grund, Goudsmit gegenüber zu bemerken, dass eine öffentliche Diskussion der Motive der deutschen Atomforscher unergiebig sein werde.

Goudsmit ging es zu jener Zeit, wie er Heisenberg schrieb, nicht zuletzt darum, der amerikanischen Atomwissenschaft Argumente bei ihrer Abwehr gegen eine fortdauernde staatliche und militärische Reglementierung zu liefern; er wollte daher den Misserfolg der NS-deutschen Atomphysik als warnendes Beispiel für die Ineffizienz »totalitärer Einmischung« in die Wissenschaft gesehen wissen und ärgerte sich, dass Heisenberg keine Neigung zeigte, ihn auf dieser Argumentationslinie zu unterstützen: »Why is it so hard for you or Hahn to give us a vivid description of the decay of science under totalitarian interference?« In Wahrheit war jedoch die deutsche Kernforschung Anfang 1942 – genau zu der Zeit, als sie in den USA der Armee unterstellt wurde – der Zuständigkeit des Heereswaffenamtes entzogen und dem Reichsforschungsrat übertragen, das heißt praktisch sich selbst überlassen worden: Dies und nicht etwa ein diktatorisches Reglement von oben war die Ursache für den schleppenden Fortgang des Bombenprojekts!

Mehrere Forschergruppen arbeiteten während des Krieges – eifersüchtig voneinander getrennt – an der Konstruktion eines mit Schwerwasser moderierten Reaktors; aber infolge mangelnder Einschaltung der Industrie blieb das schwere Wasser sehr knapp und reichte bis kurz vor Kriegsende nicht einmal zum Betrieb eines einzigen Versuchsreaktors aus. Erst im Frühjahr 1945, unmittelbar vor dem Einmarsch der Alliierten, schien die unter der Leitung Heisenbergs arbeitende Gruppe vom Berliner Institut für Physik der Kaiser-Wilhelm-Gesellschaft (der späteren Max-Planck-Gesellschaft), die im schwäbischen Haigerloch in einem ehemaligen Weinkeller einen Schwerwasserreaktor errichtete, so weit zu sein, den Reaktor in Betrieb zu setzen – aber da scheiterte die Probe aufs Exempel an dem Fehlen einer restlichen Menge schweren Wassers, die die konkurrierende Gruppe um Kurt Diebner nicht herauszugeben bereit war!

Diese Erfahrung bekam vor allem im Lichte der dann folgenden Ereignisse etwas Beschämendes: Hiroshima zeigte, dass im Gegensatz zur Überzeugung der deutschen Forscher die Entwicklung einer Kernspaltbombe binnen weniger Jahre doch möglich war, und noch dazu in den USA, die bis dahin in wissenschaftlicher Hinsicht den Deutschen als weit unterlegen galten. Auch kam heraus, dass die Bombe, wenn auch auf japanische Städte abgeworfen, doch nur aus Angst vor einer NS-deutschen Atombombe entwickelt worden war und dass die deutschen Atomforscher nichts Wirksames unternommen hatten, um diese Angst rechtzeitig zu beschwichtigen. Selbst in demjenigen Sektor der Kernforschung, wo sich die Wege zur Bombe und zum Kernkraftwerk noch nicht getrennt hatten, war den deutschen Forschern kein klarer Beweis ihres Könnens geglückt, bevor ihre Versuchsanlagen von den Alliierten demontiert wurden.

Auf internationalem Parkett bekamen die führenden deutschen Atomphysiker noch lange Zeit den Groll zu spüren, dass eigentlich sie den Sündenfall der amerikanischen Atomforschung verschuldet hätten; zugleich aber war – ärger noch – ihre fachliche Kompetenz in Zweifel geraten. Aus dieser Situation heraus ergaben sich bei Heisenberg und anderen Fachkollegen starke persönliche Motive, im Zuge des westdeutschen Wiederaufstiegs die Fähigkeiten der deutschen Wissenschaft auf dem Gebiet der friedlichen Kerntechnik möglichst rasch unter Beweis zu stellen und dabei die Fehler der Kriegszeit – die Zersplitterung der Kräfte und die unzulängliche Zusammenarbeit mit Staat und Industrie – dieses Mal zu vermeiden. Mehr noch: Es galt nun, nachträglich zu beweisen, dass man tatsächlich während des Krieges etwas für die friedliche Kerntechnik geleistet hatte. In den Jahren vor 1955, als Reaktorbau und Uranverarbeitung den Deutschen offiziell noch durch ein Gesetz des alliierten Kontrollrats untersagt waren, trat vor allem Heisenberg als treibende Kraft der bundesdeutschen Atompolitik in Erscheinung. Er zeigte dabei eine wachsende Ungeduld, die in Anbetracht der damals noch begrenzten politischen und ökonomischen Möglichkeiten der Bundesrepublik überrascht.

Die Gruppe um Heisenberg am Max-Planck-Institut für Physik, das nach dem Krieg zuerst in Göttingen, später in München aufgebaut wurde, war in der Frühzeit bundesdeutscher Atompolitik, als der Kreis der Sachverständigen noch eng begrenzt war, ein Kommunikationszentrum, in dem viele Fäden zusammenliefen. Heisenbergs jahrzehntelanger Freund war Carl Friedrich von Weizsäcker, der von der Atomphysik zur Philosophie überwechselte und einiges dazu beitrug, dass die Atomkraft damals Brennpunkt eines weit über physikalisches Fachsimpeln hinausgehenden Gedankenaustausches wurde. Der Dritte im Bunde war Karl Wirtz, die führende Gestalt in den Anfängen des Kernforschungszentrums Karlsruhe, der seinerseits eine enge Beziehung zu Karl Winnacker herstellte, dem Chef der Farbwerke Hoechst und mächtigsten industriellen Protagonisten der Kerntechnik zu jener Zeit. Aus der Reaktorgruppe des Göttinger Max-Planck-Instituts kam Wolf Häfele, der künftige Leiter des Karlsruher Schnellbrüter-Projekts, aber auch sein prominentester Konkurrent auf dem Feld der Zukunftsreaktoren: Rudolf Schulten, der Konstrukteur des gern nach ihm benannten Kugelhaufen-Hochtemperaturreaktors. Ein angeheirateter Onkel Heisenbergs war Wolfgang Finkelnburg, in der Atomwirtschaft »die überragende Persönlichkeit der ersten Stunde« (Robert Gerwin), der die Reaktorforschungsabteilung der Firma Siemens aufbaute und dort das später aufgegebene Schwerwasserkonzept durchsetzte. An Heisenberg wandte sich 1955 das RWE, als es darum ging, ein Firmenmitglied »in die Grundlagen der Kernspaltung einzuführen«. Und auch der Bundeskanzler pflegte sich bis zu jener Zeit in Nuklearfragen an Heisenberg zu wenden.

Otto Hahn dagegen, der als Entdecker der Kernspaltung weit mehr als Heisenberg der Öffentlichkeit als der große Pionier des »Atomzeitalters« geläufig war und nach außen hin nicht selten die Rolle einer Galionsfigur der deutschen Atomwissenschaft spielte, hatte schon während des Krieges kaum mehr Anteil an der Reaktorentwicklung genommen, war in die Geheimnisse der Atombombenentwicklung nicht eingeweiht und stand auch nach 1945, obwohl Präsident der Max-Planck-Gesellschaft, abseits des Heisenberg-Kreises, dessen hochfliegenden philosophischen und politischen Ambitionen er nicht folgen konnte und mochte. Er glaubte, mit der ökonomischen Nutzung der Kernspaltung habe es keine Eile: Nicht in nächster Zukunft, sondern erst »später« würden »Atommaschinen« Verwendung finden und wohl auch vornehmlich nur in »Polarländer(n), Wüsten usw.«, »wo

Kohle und Öl nicht oder nur schwer zur Verfügung stehen«. Industriell ausgerichtete Projektforschung war und blieb ihm zuwider und er meinte 1952 in einem Vortrag über die »Bedeutung der Grundlagenforschung für die Wirtschaft«, dass die Wissenschaft sogar für die Wirtschaft dann am meisten erbringe, wenn sie sich selber überlassen bleibe und jeder eben das erforsche, was ihm »Spaß mache«. Das erklärte er vor der nordrhein-westfälischen Arbeitsgemeinschaft für Forschung, und solche Worte waren in jenem Kreis durchaus nicht in den Wind gesprochen: Die dort vorgeplante Kernforschungsanlage Jülich suchte in ihren Strukturen jene Freiheit der Wissenschaft zu bewahren.

Für die Bemühungen der Heisenberg-Gruppe, die Reaktorentwicklung innerhalb der Max-Planck-Gesellschaft zu halten, brachte Hahn kein Verständnis auf; vielmehr sah er die durch das Machtwort des Bundeskanzlers erzwungene Übersiedlung der Reaktorexperten nach Karlsruhe nicht ungern und suchte sie sogar »in nicht ganz verbindlicher Form« zu beschleunigen. Hahn verkörperte mit dieser Einstellung Traditionen des deutschen Wissenschaftsbetriebs; der Individualismus der Grundlagenforschung leistete direkt oder indirekt der Ausgliederung der Projektforschung Vorschub.

Ein Gegenpol zur Heisenberg-Gruppe, aber mit ungleich geringerer Anziehungskraft, war die Hamburger Gruppe um Bagge und Diebner, den Initiatoren des Atomforschungszentrums in Geesthacht, das sich auf die Entwicklung von Schiffsreaktoren spezialisierte. Obwohl auch Bagge bei Heisenberg promoviert hatte, entstand schon während des Krieges ein Konkurrenzverhältnis, das in den 1950er-Jahren wieder auflebte; Diebners Habilitation war am Widerstand Heisenbergs gescheitert. Während die 1956 gegründete Zeitschrift *atomwirtschaft* mehr unter dem Einfluss des Heisenberg-Kreises stand, war die im selben Jahr gegründete Zeitschrift *Atomkernenergie* das Organ der Bagge/Diebner-Gruppe.

Das alte, laut Heisenberg »wohl noch aus der Kriegszeit stammende Ressentiment der Experimentalphysiker« gegen praktische Ambitionen der Theoretiker machte sich erneut bemerkbar, wobei Bagge und Diebner sich als die Vertreter der Praxis gaben. Diebner bemerkte 1955 in seiner Initiative zur Gründung der Hamburger Studiengesellschaft für Schiffsreaktoren, dass die »an sich erfreuliche Initiative« zum Reaktorbau in Karlsruhe und München »mehr oder weniger von Vertretern der reinen Grundlagenforschung auszugehen« scheine, während er selbst »mit aller Deutlichkeit betonen« möchte, dass er »die Entwicklung von Atomenergieprojekten in Deutschland im jetzigen Stadium nicht so sehr für eine wissenschaftliche Angelegenheit halte als vielmehr im wesentlichen für eine Aufgabe von Wirtschaftlern, Ingenieuren und Technologen«. Die Kritik, dass die Anfänge der kerntechnischen Entwicklung in der Bundesrepublik zu praxisfern gewesen seien, wurde später von verschiedener Seite geteilt. Für Experimentalphysiker und schon gar für Ingenieure hatte die führende Stellung theoretischer Physiker in der Kernenergieentwicklung in der Tat etwas Widersinniges und »Physikerreaktor« wurde zum Schimpfwort.

Mehr der experimentellen als der theoretischen Physik zuzuordnen war auch der zeitweise einflussreichste Gegenpol zur Heisenberg-Gruppe, der an der Münchener Technischen Hochschule wirkende Physiker Heinz Maier-Leibnitz. Durch seine Initiative wurde der erste bundesdeutsche Reaktor, das sogenannte »Atomei« in Garching bei München, errichtet: Indem er einen kompletten Reaktor aus den USA bezog, kam er Wirtz und dem Karlsruher Zentrum zuvor, die auf einer deutschen Eigenentwicklung gemäß dem alten Schwerwasser-Konzept insistierten. Der Geschäftsführer der Atomkommission wusste (1961) Maier-Leibnitz als einzige »unparteiische Autorität« in dem Arbeitskreis Kernreaktoren und als »Gegengewicht zu der führenden Rolle« von Wirtz zu schätzen. Der Maier-Leibnitz nahestehende Experimentalphysiker Haxel wurde in Karlsruhe zu Wirtz' erfolgreichem Gegenspieler.

Dieses gesamte Beziehungsgeflecht – die vielfach schon in die Zeit vor 1945 zurückreichenden Gruppenbindungen und Rivalitäten – muss zum Verständnis der nuklearen Frühgeschichte in der Bundesrepublik im Auge behalten werden: Zu einer Zeit, als im kerntechnischen Bereich die Institutionen und ökonomischen Interessen noch nicht ihre Eigendynamik entwickelt hatten, wurde die Atompolitik weit mehr als später in ihrem Charakter durch Individuen und Kleingruppen, durch persönliche Erinnerungen und Affinitäten bestimmt. Später sprach man gerne von der atomaren »Community«; diese war jedoch keineswegs eine harmonische Familie.

Atompolitik zwischen Adenauer, Erhard und Heisenberg

Seit 1951 drängte eine Reihe von Atomforschern mit Heisenberg an der Spitze – zunächst in einer Sonderkommission des Deutschen Forschungsrates, seit dem Februar 1952 in der Senatskommission für Atomphysik der Deutschen Forschungsgemeinschaft versammelt – bei der Bundesregierung darauf, nunmehr zielstrebig den deutschen Einstieg in die Kerntechnik zu betreiben. Schon im Januar 1952 bezeichnete Heisenberg in einem Schreiben an den Bundeskanzler den Bau eines Reaktors als »erste Etappe« eines deutschen Atomprogramms, obwohl er noch 1953 Schwierigkeiten hatte, sich einen »technisch brauchbaren« Reaktor vorzustellen. Dabei waren damals kraft Kontrollratsgesetz der Reaktorbau und die Herstellung von Uran- und Thoriummetall offiziell noch verboten. Immerhin war die Möglichkeit einer Sondergenehmigung für Besitz und Gebrauch dieser Kernspaltstoffe sowie der Moderatoren Schwerwasser und Graphit vorgesehen: Laborexperimente für die Reaktorkonstruktion waren also nicht ausgeschlossen. Im Übrigen gewinnt man den Eindruck, dass damals in Kreisen der Atomforschung die alliierten Restriktionen ohnehin nicht mehr sehr ernst genommen, sondern für vorübergehend gehalten wurden.

Neue Perspektiven schien der Vertrag über die Europäische Verteidigungsgemeinschaft (EVG) zu eröffnen, der im Mai 1952 von den Regierungen unterzeichnet wurde, aber 1954 an der Ablehnung des französischen Parlaments scheiterte. Seine Bestimmungen boten der Bundesrepublik die Möglichkeit, jährlich 500 Gramm Plutonium herzustellen und einen Versuchsreaktor von maximal 1500 kW zu errichten. In Anbetracht dessen, dass der damals einzige Strom erzeugende Reaktor der Welt, der US-Versuchsbrüter EBRI, nur eine Kapazität von ganzen 100 kW besaß, war das kein belangloser Spielraum. Auch daraus erklärt sich die wachsende Ungeduld Heisenbergs. Aber gerade der Konnex mit dem EVG-Vertrag, dessen parlamentarische Ratifikation in der Schwebe war und von Adenauer mit größter Sorge verfolgt wurde, macht verständlich, dass die Atomenergie für den Bundeskanzler damals ein nur behutsam anzufassendes Politikum war. Schon die allerersten Ankündigungen künftiger deutscher Atomaktivitäten riefen in Paris Unruhe hervor.

Im Februar 1952 berief die Deutsche Forschungsgemeinschaft (DFG) eine Kommission für Atomphysik unter Vorsitz Heisenbergs ein; aber erst Ende des Jahres begann die Bundesregierung auf die Initiativen der Atomwissenschaftler zu reagieren. Die Zuständigkeit für die Kernenergie lag damals beim Bundeswirtschaftsministerium. Dort fand am 20. November 1952 unter Vorsitz Ludwig Erhards und in Anwesenheit Heisenbergs eine erste Besprechung »über die Bildung einer deutschen Kernenergie-Kommission« statt. Heisenberg ergriff als Erster das Wort; er bezog sich dabei auf den EVG-Vertrag wie auf eine bereits abgemachte Sache. Oberste Priorität gab er der Aufstellung eines »Atommeilers« in der Bundesrepublik und die Hauptaufgabe hierbei erblickte er in der Beschaffung des dafür notwendigen Urans; er dachte in erster Linie an Förderung aus deutschen Lagerstätten, »weil ein Kauf aus dem Ausland wegen der Aufkäufe Amerikas kaum möglich sei«. Die Direktheit, mit der er auf das Ziel des Reaktorbaus lossteuerte, ist bemerkenswert; erstaunlicher noch ist seine abschließende Feststellung, die Errichtung des Reaktors müsse »privat finanziert werden«.

In einer weiteren Besprechung im Wirtschaftsministerium am 23. Februar 1953, über die Heisenberg dem Bundeskanzler auf dessen Wunsch ausführlich berichtete – mit der Berichterstattung auf dem Dienstwege war Adenauer offenbar nicht zufrieden – wurde »das Planungsstadium der atomtechnischen Arbeiten eröffnet« und die Bildung von drei Ausschüssen – für Urangewinnung, für die Herstellung der Moderatoren des Reaktors und für

»die allgemeine technische und finanzielle Planung« – beschlossen. Über die »Bildung einer eigentlichen Atomenergie-Kommission« dagegen – ein Thema, das bereits im Raum stand – wurde auf Weisung des Bundeskanzlers diesmal nicht gesprochen. In diesem Punkt hatten sich schon sehr rasch unterschiedliche, wenn auch diffuse Vorstellungen entwickelt, die zeitweise zu Differenzen zwischen dem Bundeskanzler und dem Wirtschaftsministerium führten und die Einrichtung eines gesonderten Atomministeriums mitbestimmt haben werden. Im Hintergrund erkennt man Meinungsverschiedenheiten, die ohnehin zwischen Erhard und Adenauer über das Ausmaß der Liberalisierung der Wirtschaft bestanden.

Heisenberg und die Vorsitzenden der Ausschüsse für Urangewinnung und Moderatoren – der Freiburger Geologe Franz Kirchheimer und Karl Wirtz – waren sich schon bald darin einig, dass die künftige Atomkommission möglichst unabhängig vom Wirtschaftsministerium agieren müsse, über dessen Reaktionsträgheit man verstimmt war. Kirchheimer versicherte Heisenberg, die Geschäftsstelle der Atomkommission könne »nur in Göttingen sein«, und bei der Verteilung der Sitze sollten die »Techniker und Wissenschaftler begünstigt« werden: »Sonst besteht die Gefahr, dass die von den wissenschaftlichen Mitgliedern gestellten Anträge am Widerspruch der Bürokratie oder der Vertreter aus der Wirtschaft scheitern.«

Derweil wurde auch im Wirtschaftsministerium ein Entwurf für die Atomkommission ausgearbeitet: Man dachte dabei offenbar an ein mehr repräsentatives als kompetentes und handlungsfähiges Beratergremium des Wirtschaftsministers. Ein Vertreter der Deutschen Forschungsgemeinschaft klagte Heisenberg gegenüber, ein solches Gremium sei eine »unglückliche Konstruktion« und der Entwurf kranke daran, »dass man nicht richtig weiß, was man eigentlich will«. Insbesondere missfiel ihm die dort vorgesehene Vertretung verschiedenster Ministerien und Wirtschaftsbranchen und der nur beratende Charakter, der die Verantwortung beim Wirtschaftsminister beließ. Stattdessen solle die Kommission besser aus »wenigen sehr hochgestellten Persönlichkeiten« bestehen und »vielleicht« »sogar die Befugnis haben, den gewissermaßen als Ausführungsorganen beteiligten Bundesministerien im Rahmen der gesetzlichen Zuständigkeit verbindliche Anweisungen zu erteilen«. Derart realitätsferne Ideen einer Herrschaft der Wissenschaft kursierten zu einer Zeit, als man die Atomkraft als Herrscherin einer neuen Ära zu sehen beliebte!

Was nun den Bundeskanzler anging, so ließ Adenauer sich gewiss nicht ungern von der Inkompetenz und Trägheit seines Wirtschaftsministers in Sachen Kernenergie überzeugen; schon im Februar 1953 schrieb er an Erhard, den Vorsitz in einer künftigen Atomkommission müsse er, unbeschadet der Federführung des Wirtschaftsministeriums in »Einzelfragen«, sich selbst vorbehalten, da »die Bildung einer deutschen Kernenergie-Kommission«

nicht nur – wie von Erhard betont – »wirtschaftliche(r) Natur« sei, sondern »auch eine Angelegenheit von großer politischer Tragweite« darstelle, die »in der ganzen Welt Widerhall finden« werde. Adenauer ließ Heisenberg eine Durchschrift des Schreibens zukommen. Wenn Heisenberg jedoch – wie nach seinen weiteren Plänen zu vermuten – daraus schloss, Adenauer wolle der Angelegenheit höchste politische Priorität geben und der Atomkommission ein Stück von seiner Richtlinienkompetenz abtreten, hatte er den Bundeskanzler gründlich missverstanden und sollte dies noch zu seiner bitteren Enttäuschung erfahren.

Was konnte Adenauer dazu veranlassen, den Vorsitz in der Atomkommission zunächst sich selber vorzubehalten? Deutlich ist sein Bestreben, zu verhindern, dass das Wirtschaftsministerium diesen neuen Bereich für sich in Beschlag nahm; man kann ebenfalls voraussetzen, dass Adenauer die Angelegenheit damals überwiegend unter militärpolitischem Aspekt und im Zusammenhang mit der EVG betrachtete. Wenn er die Kerntechnik vorwiegend als Sache der Wissenschafts- und Wirtschafts- beziehungsweise Energiepolitik gesehen hätte, hätte er schwerlich daran gedacht, sich dort persönlich einzuschalten. Das Wirtschaftsministerium suchte jedoch mit eindringlichen Vorstellungen nicht zuletzt verfassungsrechtlicher Art, den Bundeskanzler von dem Gedanken an den Vorsitz in der Atomkommission wieder abzubringen; 1955 bei der Gründung der Atomkommission war von diesem Plan keine Rede mehr. Aber auch das Wirtschaftsministerium musste auf den Großteil seiner atomtechnischen Kompetenzen verzichten. Die Herauslösung dieses Bereichs aus dem Wirtschaftsressort war insofern folgenreich, als die kerntechnische Entwicklung damit von der Energiepolitik abgekoppelt wurde.

Eine scharfe Kontroverse, deren Folgen noch geraume Zeit nachwirkten, entstand bezüglich der Frage der Standortwahl für das Reaktorzentrum. Heisenberg engagierte sich vehement für den Standort München, wo der Reaktor in Verbindung mit dem Max-Planck-Institut für Physik stehen sollte, dem neuen Sammelpunkt der Heisenberg-Gruppe. Adenauer dagegen, der sich hier die Entscheidung vorbehielt, verfuhr hinhaltend und mahnte den auf eine Entscheidung drängenden Heisenberg, alle öffentlichen Erörterungen der Sache zu unterlassen. Der aufbrechende Konflikt machte dennoch Schlagzeilen in der Presse. Heisenberg hatte die Klärung der Standortfrage schon 1953 herbeiführen wollen; jedoch erst im Juli 1955, nach dem Inkrafttreten der Pariser Verträge und der Konferenz von Messina, fiel die Entscheidung des Bundeskanzlers: nicht für München, sondern für Karlsruhe. München sollte dafür das »Atom-Ei« bekommen; die Initiative von Maier-Leibnitz hatte sich mit Heisenbergs Bemühungen überkreuzt. Franz-Josef Strauß charakterisierte als Atomminister intern das Gerangel um den Standort als Mensch-ärgere-dich-nicht-Spiel zwischen Bonn, München und Baden-Württemberg.

Heisenberg empfand den Standortentscheid als persönlichen Affront und hielt sich in der Folge nicht mehr von öffentlicher Kritik an der Bundesregierung zurück. Als Erstes zog er seine Zusage, die Bundesrepublik auf der unmittelbar darauf tagenden Genfer Atomkonferenz zu vertreten, wieder zurück, was die Selbstausschaltung aus einem wegweisenden Ereignis der Kernenergiegeschichte bedeutete. Einige Zeit bemühte er sich, München doch noch zum Zentrum der Reaktorforschung zu machen; Hahn schlug mit unüberhörbarem Sarkasmus in der Atomkommission als »Kompromiss« vor, man solle »sowohl in Karlsruhe bauen als auch für Herrn Professor Heisenberg einen Reaktor in München vorsehen.« Heisenberg hielt jedoch aus Mangel an deutschen Fachkräften eine gleichzeitige Reaktorentwicklung an mehreren Orten für unmöglich: »Wenn also die Entwicklung in Karlsruhe stattfindet, so kann sie nicht in München, nicht in Köln und nicht in Hamburg stattfinden.« Das bedeutete auch eine Abfuhr für die nordrheinwestfälischen Pläne, die zur Kernforschungsanlage Jülich führten, und für die Hamburger Schiffsreaktorentwicklung: eine vergrätzte Reaktion, durch die sich Heisenberg politisch isolierte.

Der damalige Atomminister Strauß verriet zur gleichen Zeit der neuen Atomkommission, Heisenberg habe ihm mit professoraler Primadonna-Allüre gedroht: »Werde Karlsruhe gewählt, so wolle er in seinem Leben nichts mehr mit Reaktoren zu tun haben.« Es blieb bei Karlsruhe und Heisenberg zog sich tatsächlich aus der Reaktorforschung zurück. Dafür hatte er maßgebenden Anteil an der Gründung des Instituts für Plasmaphysik (IPP), das in Garching bei München entstand, jedoch ohne Zusammenhang mit dem unmittelbar daneben liegenden »Atom-Ei«!

Wie Heisenberg in seinen Memoiren durchblicken lässt, wuchsen in ihm als Folge der Adenauerschen Entscheidung für Karlsruhe die Bedenken, ob die letzten Ziele der Bundesregierung bei der Entwicklung der Kerntechnik wirklich friedlicher Art seien. Ende 1952 hatte er noch die Bedenken eines pazifistischen Arztes gegen eine im Schlepptau des EVG-Vertrages vorangetriebene Atomforschung ziemlich brüsk als unqualifiziert zurückgewiesen und sich für das Konzept einer Atomkommission stark gemacht, die zuoberst das Vertrauen des In- und Auslandes in die Friedlichkeit der bundesdeutschen Atompolitik zu erbringen habe; als die Reaktorentwicklung jedoch mit dem Standort Karlsruhe in räumliche Distanz zu ihm rückte, hörte er auf, sich mit ihr zu identifizieren. Der Wunschtraum, dass an der Spitze der Atomforschung eine Elite von Gelehrten stehen solle, war zerstört; die Karlsruher Personalpolitik musste ihn mit Misstrauen erfüllen. Der Heisenberg-Schüler Wirtz wurde in Karlsruhe zunehmend isoliert.

Heisenbergs Unzufriedenheit mit dem aus seiner Sicht viel zu langsamen Tempo der Atompolitik drang bald an die Öffentlichkeit. Schon Ende 1954 war er aus Protest gegen die »Verschleppung der Entscheidungen über den

Reaktorbau« aus dem atompolitischen Planungsausschuss des Wirtschaftsministeriums ausgetreten und hatte sich aus dem gleichen Grunde von der
damals zur Vorbereitung des Reaktorbaus gegründeten »Physikalischen
Studien-Gesellschaft« ferngehalten. In der Zeit der Genfer Atomkonferenz
kritisierte er in einer für internen Gebrauch der Max-Planck-Gesellschaft
bestimmten »Analyse der gegenwärtigen Atompolitik der Bundesregierung«: Diese Politik gehe im Gegensatz zu der »Atompolitik fast aller anderen Länder davon aus, dass die deutsche Teilnahme an der Atomtechnik
nicht besonders dringend sei und es nichts schade, wenn der große Vorsprung des Auslandes sich vorerst noch weiter vergrößere, wogegen eine zu
rasche Beteiligung Deutschlands an der Atomenergieverwertung außenpoli-
tisch vielleicht Misstrauen erzeugen könnte und daher zu vermeiden ist.«

Heisenberg zeigte sich durch den Bericht eines von der Bundesregierung
nach Genf entsandten Beobachters alarmiert, der unter der Schlagzeile
»Lehren aus Genf für die Bundesrepublik« eher nüchterne und vor Über-
eilung warnende Folgerungen zog und ganz richtig darauf hinwies, dass –
wie Genf »deutlich bestätigt« habe – »man zur Zeit nirgendwo in der Welt
ein mit Atomenergie betriebenes Kraftwerk mit bestimmten Lieferbedin-
gungen und -fristen bestellen und kaufen kann« und man nicht glauben
solle, »dass nun etwa ein neuer Wirtschaftszweig entsteht, dass also eine Art
Atomwirtschaft in Bildung begriffen ist«. Die sich abzeichnende Gefahr
einer Unterreaktion der Bundesregierung auf Genf versetzte Heisenberg in
Erregung; für ihn war längst die Zeit für die Errichtung einer deutschen
»Atombehörde« und Verabschiedung eines Atomgesetzes gekommen.

Vor allem Heisenberg bewirkte, dass damals bei der SPD und anderen
oppositionellen Kreisen der Eindruck entstand, als sei an der Atompolitik
der Bundesrepublik vor allem die Langsamkeit zu kritisieren. Der nordrhein-westfälische Staatssekretär Leo Brandt erwähnte 1956 in seiner programmatischen Rede zur »zweiten industriellen Revolution« auf dem Münchener Parteitag der SPD, »einer der größten deutschen Wissenschaftler
dieses Jahrhunderts« habe ihm kürzlich gesagt: »Seien Sie nicht optimistisch,
wir werden es nicht mehr schaffen.« Dieser »große deutsche Wissenschaftler« habe sich »fünf Jahre lang mit seinen Warnungen wundgestoßen«. Kein
Zweifel, er sprach von Heisenberg. Mit ähnlichen Äußerungen brachte Leo
Brandt zur selben Zeit in der Atomkommission den Atomminister Strauß
in Bedrängnis und dieser suchte seinerseits Heisenberg davon abzuhalten,
»Misstrauen und Gegensätze in die Atomkommission hereinzutragen«.

Wissenschaft oder Wirtschaft als Ursprung der Atompolitik?

Kann man aus der Rolle Heisenbergs und anderer Atomphysiker in der Frühzeit der bundesdeutschen Kernenergieentwicklung generell folgern, dass der Ursprung der Bonner Atompolitik in der Wissenschaft liegt? Oder ist es bedeutsamer, dass die 1954 zur Vorbereitung des Reaktorbaus gegründete »Physikalische Studiengesellschaft« – die Bezeichnung war mehr ein Deckname – bereits eine ganze Galerie großer Namen der Industrie umfasste? Aber die bloße Mitgliedschaft in der Studiengesellschaft reicht als Indiz für ein echtes Interesse an der Kerntechnik nicht aus.

Ein ernsthaftes Engagement für die Kernenergie gab es – aus der Rückschau überraschend – am frühesten in Kreisen der Chemie, namentlich bei den Farbwerken Hoechst. Diese beschäftigten sich schon im Frühjahr 1954 als mögliche Schwerwasserproduzenten mit Vorbereitungen für den Reaktorbau, wobei dieses Interesse freilich, wie wir sehen werden, auf irrtümlichen Voraussetzungen beruhte. Der Hoechst-Chef Winnacker, in der Folge das Aushängeschild der entstehenden Atomwirtschaft, nahm als Vertreter der Studiengesellschaft an der Genfer Atomkonferenz teil, war allerdings mangels eigener Kompetenz, wie er gestand, darauf angewiesen, sich »im wissenschaftlichen Ruhm Hahns (zu) sonnen« – der jedoch von Reaktoren auch nicht viel verstand.

Selbst die Genfer Konferenz, die von den Beteiligten später in euphorischem Ton als Sternstunde der friedlichen Kerntechnik geschildert zu werden pflegte, stimmte Winnacker hinsichtlich der deutschen Chancen zunächst nicht sehr optimistisch. Ein industrielles Kernenergieinteresse hat sich offenbar erst danach, nicht zuletzt durch die von der Bundesregierung eingesetzte Atomkommission, formiert. Anfang 1953 hatte der Geologe Kirchheimer von der maßgeblichen Beteiligung der Wirtschaft an der künftigen Atomkommission sogar nur eine blockierende Wirkung befürchtet! Im Herbst 1954 gab es im Planungsausschuss »erhebliche Meinungsdifferenzen« zwischen Heisenberg und dem Chef der Industrie-Kreditbank, der dem Ausschuss vorsaß, die zu Heisenbergs Austritt führten und vermutlich auch seinen Argwohn weckten, bei der Verschleppung des Standortentscheides und der schließlich gegen München ausfallenden Wahl habe die Wirtschaft ihre Hand im Spiel gehabt.

Der SPD-Bundestagsabgeordnete Karl Bechert, Ordinarius für theoretische Physik und 1962–1965 Vorsitzender des Bundestagsausschusses für Atomkernenergie, äußerte 1960 in einem Vortrag auf Einladung der Arbeitsgemeinschaft sozialdemokratischer Lehrer Frankfurts: Wenn man »viel zu früh mit dem Bau von Atomreaktoren begonnen habe«, so habe das seinen Grund: »Die geschäftstüchtigen Konzernherrn seien von der Wissenschaft überfahren worden und ständen nun ein wenig hilflos da.« Wenn man liest, dass Heisenberg Ende 1952 in einem Rundfunkvortrag verkündete – so jedenfalls verstand ihn eine Chemie-Korrespondenz –, dass »in absehbarer Zeit ein Großteil der Industrie Atomindustrie sein werde«, und dass 1955 der einflussreiche Nationalökonom Edgar Salin mit seiner suggestiven Rhetorik versicherte, dass es sich bei der Atomkraft »um die Wirklichkeit von morgen« handele und »infolgedessen schon heute die gesamten Groß- und Kleinbetriebe der Versorgungswirtschaft, der Kohlen- und Stahlindustrie, der Chemie usw. ihre langfristigen Pläne und Investitionen auf diese neue Situation ausrichten und einstellen sollten«, erscheint Becherts Behauptung nicht übertrieben.

Der Präsident des Bundesverbandes der Deutschen Industrie (BDI), Fritz Berg, von Haus aus ein Fahrradspeichen- und Matratzenfeder-Fabrikant, wollte zu jener Zeit von der Idee einer »zweiten industriellen Revolution« durch Atomenergie und Automation nichts wissen; das war zu jener Zeit eher ein Schlagwort der Linken. Selbst der Verein Deutscher Ingenieure (VDI) zeigte bis 1955 nur wenig Interesse an der Kerntechnik. Nicht ohne Grund erkannte Karl Jaroschek später aus der Sicht des Ingenieurs am Anfang der kerntechnischen Entwicklung eine »journalistische« und eine »naiv-physikalische Phase«, beide Phasen von Ingenieurserfahrung unbeleckt!

Die Atomphysik spielte in der Anfangszeit der Reaktorentwicklung eine viel größere Rolle als später; und doch war stets klar, dass der Reaktorbau vor allem eine Angelegenheit der Technik, nicht der Physik war. Die amerikanischen Erfahrungen der Nachkriegszeit, als die zivile Kerntechnik viele Jahre lang kaum vorankam, bewiesen eindrucklich, dass Physiker zwar zur Konstruktion einer Bombe, aber nicht zum Bau eines industriell brauchbaren Reaktors in der Lage waren. Dass der weitere Fortschritt des Reaktorbaus von der Lösung technischer Probleme abhing, musste auch Heisenberg schon 1953 zugeben, wenn er auch darauf beharrte, den »engsten Kontakt« mit der Max-Planck-Gesellschaft als »beste Gewähr für eine naturgemäße Entwicklung der Reaktorstation« zu empfehlen.

Unter Heisenbergs Einfluss entschied sich der Planungsausschuss 1954 zunächst für den Bau eines Kleinreaktors im Rahmen der vom EVG-Vertrag zugelassenen Größenordnung von 1,5 MW. Heisenberg war damals der Auffassung, nur solche Kleinreaktoren könnten in Forschungszentren gebaut werden, während »Großreaktoren« von 50 MW und mehr »ziemlich weit von jeder größeren Siedlung entfernt auf einem großen freien Gelände errichtet werden« müssten. Reaktoren von dieser geringen Kapazität waren jedoch industriell uninteressant; bereits der erste Karlsruher Forschungsreaktor (FR 2) war für eine Kapazität von 12 MW konstruiert und es folgte der »Mehrzweck-Forschungsreaktor« (MZFR) von 50 MW: trotz Heisenbergs Warnung unmittelbar im Kernforschungszentrum!

Dennoch ginge die Annahme zu weit, Heisenberg hätte die Interessen der Wissenschaft schlechthin gegenüber denen der Wirtschaft repräsentiert: Eher versuchte er, Interessen der Wirtschaft zu antizipieren, und das durchaus nicht unter allgemeinem Beifall der akademischen Zunft. Heisenberg und Wirtz entsprachen mit ihrem Bestreben, die Projektierung des Reaktors innerhalb der Max-Planck-Gesellschaft zu halten, den Wünschen »verschiedener Industrieller«, während viele Wissenschaftler den Reaktorbau gerne ganz der Industrie überlassen hätten. Haxels Empfehlung, das Reaktorzentrum der Industrie zu unterstellen, war von der Sorge um die Aufrechterhaltung der bisherigen atomphysikalischen Forschung an den Hochschulen bestimmt und diese Sorge wurde von vielen Kollegen geteilt. Staatliche Organisation und projektgebundene Zusammenarbeit mit der Industrie empfand das Gros der Wissenschaftler als Bedrohung der akademischen Freiheit.

Schon Anfang der 1950er-Jahre war Heisenberg als Präsident des neu gegründeten Forschungsrates in seinem Bestreben, die Zusammenarbeit von Wissenschaft und Staat zu intensivieren, heftig mit der Notgemeinschaft der Deutschen Wissenschaft kollidiert, die die Abschirmung der Wissenschaft gegen politische Einflüsse verfocht, wobei sich beide Seiten auf ihre Art und mit konträren Folgerungen auf die Erfahrungen der NS-Zeit beriefen. Heisenberg verkörperte bei seinem atompolitischen Engagement kein kollektives Interesse der Wissenschaft; zur Schlüsselfigur wurde er in der nuklearen Frühzeit durch sein Geschick, zwischen Wissenschaft, Wirtschaft und Politik zu vermitteln – zu »vernetzen«, um im heutigen Jargon zu reden. Das Zusammenwirken dieser drei Bereiche erfolgte schließlich jedoch auf eine eher planlose Art.

Das Erbe des Zweiten Weltkriegs: Schwerwasserreaktor und Uranzentrifuge

Das Weiterwirken der Reaktorpläne aus der Kriegszeit verrät sich am deutlichsten bei den Entscheidungsprozessen über die Typenwahl des ersten bundesdeutschen Reaktors: Schon hier zeigt sich die historische Aussagekraft des technischen Details. Karl Wirtz und Wolf Häfele schrieben 1961, man könne von dem soeben kritisch gewordenen Karlsruher Schwerwasserreaktor FR 2 »eine direkte Linie bis zu den Arbeiten Heisenbergs im Jahre 1940 als erstem Ursprung zurückverfolgen«. Heisenberg selbst wies später bedeutungsvoll darauf hin, es sei »vielleicht kein Zufall«, dass das erste von einer deutschen Firma ins Ausland – in das argentinische Atucha – gelieferte Kernkraftwerk »mit einem Reaktorkern versehen ist, der so, wie wir es im Kriege geplant hatten, aus Natururan und schwerem Wasser besteht«. Aber auch die Resignation vor erreichtem Ziel, wie im Frühjahr 1945 in

Haigerloch, sollte sich bei der Schwerwasserlinie später in weit größerer Dimension wiederholen.

Im Krieg war die deutsche Reaktorentwicklung vor allem an der Knappheit des schweren Wassers gescheitert; als sie in den 1950er-Jahren wieder aufgenommen wurde, geriet sie sogleich wieder an die bereits bekannte Klippe. Wie schon im Krieg sah man sich auf die norwegische Firma Norsk Hydro angewiesen, bekam jedoch (1952) ohne weitere Erläuterung mitgeteilt, »dass wir auf mehrere Jahre hinaus keine Möglichkeit sehen, schweres Wasser liefern zu können«. Noch jahrelang blieb der Schwerwasser-Engpass bestehen. Auch die Nachfolger des IG-Farben-Konzerns wussten anfangs keinen Rat. Der Leiter des Laboratoriums von Bayer Leverkusen berichtete Ende 1952: »Die Arbeiten, die in Leuna während des Krieges über die Gewinnung von schwerem Wasser durchgeführt worden sind, waren so geheim, dass ich bis jetzt noch keinen Herrn gefunden habe, der darüber Bescheid weiß.« Da gab es also keine Kontinuität in der Schwerwasser-Kompetenz; wohl aber in der von Wirtz geleiteten Reaktorabteilung des Max-Planck-Instituts und man beharrte dort mit merkwürdiger Zähigkeit auf dem alten Konzept.

Mit der Entscheidung für den Schwerwasserreaktor zeichnete sich ein großes Geschäft für Schwerwasserproduzenten in der chemischen Industrie ab, und in diesem handfesten Zusammenhang begann das kerntechnische Engagement der Farbwerke Hoechst, das später in den Reden Winnackers mit noch kühneren Perspektiven ausgestattet wurde. Wirtz erweckte damals die trügerische Hoffnung, schweres Wasser deutscher Produktion könne selbst dann auf »guten Absatz« rechnen, wenn es doppelt so teuer wäre wie das vom Ausland angebotene; dieser Irrglaube verführte Hoechst in der Folge zum Aufbau einer Versuchsanlage zur Schwerwasserproduktion. Im April 1954 hatte Wirtz als Vorsitzender des Moderator-Ausschusses eine erste Besprechung mit den Farbwerken und Degussa. Er gewann dabei den Eindruck, dass beide Firmen »um jeden Preis an der Kernenergieentwicklung in Deutschland teilnehmen wollen«. In den Augen des Atomphysikers war der Schwerwasserreaktor mit seiner hervorragenden Neutronenökonomie das ideale Konzept.

Minderwertig dagegen war aus der Sicht des Physikers der amerikanische »Schwimmbadreaktor«, den es auf der Genfer Atomkonferenz zu sehen gab und den Maier-Leibnitz aus den USA für München besorgte: Das war ein Reaktor, der als Moderator einfach nur normales Wasser brauchte, dafür als Spaltstoff das nur aus den USA erhältliche angereicherte Uran. Obwohl der erste bundesdeutsche Reaktor, wird er in der Kernenergiehistorie von Winnacker/Wirtz nur ganz kursorisch erwähnt: Dabei war es eben diese Leichtwasserlinie, der die Zukunft gehörte! Aber die Beschaffung des »Atomeis« war ein bloßer Gelegenheitskauf, der mehr institutsstrategisch als atompolitisch motiviert war: Wie er selber später offen zugab, brauchte Maier-Leibnitz das »Atomei«, um nach einer »leichtsinnigen« personellen Expansion Planstellen bewilligt zu bekommen. Als auch noch der Plan aufkam, für München einen weiteren kompletten Reaktor aus England zu bestellen, ließ Atomminister Strauß »die Münchener dringend davor warnen«: »Er werde hierfür kein Geld zur Verfügung stellen.«

Ökonomische Rahmenbedingungen der Kernenergie in der Bundesrepublik

Heinrich Mandel, der einflussreichste Vorkämpfer der Kernenergie in der Energiewirtschaft, hämmerte in den 1970er-Jahren der Öffentlichkeit unermüdlich ein, die Entscheidung für Kernkraftwerke sei allein eine Frage der Stromkosten und die fundamentale Inkompetenz der Kritiker bestehe in ihrer Unfähigkeit, quantitativ zu denken. Aber 1964, in der Zeit der Entscheidung, las es sich anders: Da gab er zu, die Kosten des Atomstroms seien noch nicht exakt zu berechnen, betonte jedoch zugleich, man dürfe nicht vor dem Wagnis zurückschrecken; denn »jede große technische Entwicklung vollziehe sich »im wirtschaftlichen Halbdunkel«. Das heißt nicht, dass die kerntechnische Entwicklung nicht doch klaren ökonomischen Bedingungen unterlag; aber im Bereich der Stromnachfrage sind sie schwerlich zu suchen.

Der Kernenergiesektor wäre demnach ein Argument gegen Wirtschaftstheorien, die in der Nachfrage die entscheidende Triebkraft des Wirtschaftslebens sehen. Der Bau der ersten Kernkraftwerke hing nicht an den Stromkosten, wohl aber an den Finanzierungsmöglichkeiten; gesamtökonomische Zusammenhänge der Kernenergieentwicklung sind vor allem hier zu suchen. In der Energiewirtschaft wurde in den 1950er- und frühen 60er-Jahren immer wieder – nicht nur im Blick auf Kernkraftwerke – unterstrichen, das Hauptproblem bei Neuinvestitionen sei die Kapitalbeschaffung. Vom damaligen Kapitalengpass wurde die Kernenergie in besonderem Maße betroffen: denn war in der Elektrizitätswirtschaft die Kapitalintensität für damalige Verhältnisse ohnehin schon ungewöhnlich hoch, so wurde dieses damals als Belastung empfundene Strukturmerkmal durch die Kerntechnik noch weiter verschärft.

Die Kostenstruktur der Kernenergie war in groben Zügen von Anfang an klar: »Teure Atomanlagen – billiger Brennstoff« lautete eine Hauptschlagzeile des »Handelsblatts« im August 1955 zur Zeit der Genfer Konferenz. Ein Kommentator der *Frankfurter Allgemeinen* bemerkte 1957, die Hauptschwierigkeit bei einem zu größeren Kapazitäten voranschreitenden Atomprogramm bleibe die Kapitalbeschaffung: Namhafte Bankiers hielten es für

»ausgeschlossen«, in den folgenden acht Jahren die damals für eine Kernkraftkapazität von 1500 MW veranschlagten 2,5 Milliarden DM »aufzutreiben«. Demnach wäre vorerst der Staat gefordert gewesen – aber wie war es um dessen finanziellen Spielraum bestellt?

Atompolitik und Entwicklung der öffentlichen Finanzen

Während der ersten Jahre des Bundesatomministeriums, als es noch im Godesberger Rheinhotel untergebracht war, blieb dessen Etat nahezu belanglos: Seine Anfänge fielen in die Zeit des »Juliusturms«, der rigiden Schatzhortungspolitik des damaligen Finanzministers Fritz Schäffer (bis 1957). Da jedoch die geringen Voranschläge des Atomhaushalts – man staune! – von den Ist-Ausgaben regelmäßig noch unterschritten wurden, muss der geringe Aufwand aus inneren Gründen der kerntechnischen Entwicklung erklärt werden.

Heftige Konflikte zwischen Atom- und Finanzministerium brachen um 1960 auf: Damals kollidierte die Förderung der Kerntechnik, die von nun an allmählich zielstrebiger auf bestimmte Schwerpunkte hin betrieben wurde, mit der von der Bundesbank über den öffentlichen Haushalt verhängten restriktiven Ausgabenpolitik. Auch in der Folge war das finanzpolitische Gesamtklima in der Atompolitik deutlich zu spüren. Das in der ersten Hälfte der 1960er-Jahre verringerte Defizit des Bundeshaushalts konnte ab 1965 steil ansteigen; die sich darin verratende gelockerte Finanzmoral war eine Rahmenbedingung für die 1965 ebenfalls steil nach oben schnellenden Ausgaben für Versuchs- und Demonstrationsreaktoren. Die Geschichte der Kernenergie bietet ein Negativbeispiel für die innere Verwandtschaft von technologischer Rationalität und finanzpolitischer Solidität.

Von unmittelbarer Bedeutung für den Bau der ersten Demonstrationskernkraftwerke war ein öffentlicher Finanzsektor, der auf den Marshallplan zurückging: das ERP-Sondervermögen des Bundes und die von der öffentlich-rechtlichen Kreditanstalt für Wiederaufbau (KfW) gegebenen beziehungsweise garantierten Kredite. Beide Finanzierungsquellen hatten am Wiederaufbau der Energieversorgung einen wesentlichen Anteil gehabt; nach dessen Abschluss öffnete sich hier ein finanzieller Spielraum. Die KfW, die sich als »Kapitalmarktsurrogat« verstand, sah von etwa 1957 an zur Finanzierung normaler Elektrizitätswerke keinen Anlass mehr, da sich der dafür zur Verfügung stehende Kapitalmarkt erholt hatte. Der Bergbau dagegen konnte weiterhin mit KfW-Mitteln rechnen; die Sicherung der Energieversorgung war als Schwerpunkt nach wie vor gegeben. Von 1959 bis 1962 waren die KfW-Kredite jedoch rückläufig: Genau in der Zeit, als über die Finanzierung der ersten Demonstrationskraftwerke verhandelt wurde, gab es hier einen nicht voll genutzten Kreditrahmen – ein weiterer Hinweis auf verborgene finanzpolitische Rahmenbedingungen des Durchbruchs der Kerntechnik.

Die Umfunktionierung eines Teils der mit der Nachkriegsnot begründeten, dem liberalen Dogma jedoch zuwiderlaufenden öffentlichen Investitionshilfe und Investitionslenkung zugunsten der Kerntechnik war also eingeleitet. Während die Bedeutung des Marshallplans für das »Wirtschaftswunder« traditionell weit überschätzt wird, war dessen Fernwirkung auf die Etablierung der Kernenergie beachtlich. KfW-Kredite unter Einsatz zinsgünstiger ERP-Mittel spielten noch eine wesentliche Rolle bei dem ehrgeizigen Kernkraftgeschäft mit Brasilien von 1975. Derartige Hilfen allein reichten freilich zum Bau der ersten Kernkraftwerke nicht aus.

Atomwirtschaft und Konjunkturen des privaten Kapitals

Neben dem Rückstand der bundesdeutschen Kernforschung und der ökonomischen Unübersichtlichkeit des gesamten Atomkomplexes lag anfangs das stärkste Hemmnis für den industriellen Einstieg in die Kerntechnik im Kapitalmangel und der Aus- und Überlastung der in Frage kommenden industriellen Kapazitäten; anders ausgedrückt: in dem Umstand, dass in reichem Maße lukrativere und verlässlichere Anlagemöglichkeiten als die Atomkraft zur Verfügung standen. Seit dem Ende der 1950er-Jahre wandelte sich jedoch die Situation allmählich und ein Jahrzehnt später war die Lage der bundesdeutschen Wirtschaft durch einen Überfluss an liquidem Kapital, teilweise auch schon durch entstehende Überkapazitäten gekennzeichnet.

Für die Höhe der industriellen Investitionen in der Kerntechnik fehlen zuverlässige Unterlagen. Der Umstand, dass die Deutsche Atomkommission von Anfang an zahlreiche Spitzenkräfte der Wirtschaft als ehrenamtliche Mitarbeiter gewinnen konnte, lässt darauf schließen, dass es frühzeitig ein starkes und verbreitetes Interesse an der Kerntechnik gab. Das bedeutet jedoch nicht, dass dieses Interesse bereits in den 1950er-Jahren zu einem stärkeren finanziellen Engagement geführt hätte. Eine Statistik des Branchenorgans *atomwirtschaft* schätzte 1960 die industriellen Aufwendungen auf weniger als ein Fünftel des von Bund und Ländern ausgegebenen Betrages. Über Jahre war der Anteil der Privatwirtschaft gegenüber den Staatsfinanzen sogar rückläufig: 1965 bezifferte selbst Mandel (RWE) den Anteil der Privatwirtschaft nur noch auf zehn Prozent!

Noch in den folgenden Jahren, als die Kapitalknappheit nachließ, folgte die Energiewirtschaft der Faustregel, dass es bei der Auswahl der Reaktortypen vor allem auf Minimierung der Anlagekosten ankomme, auch wenn dafür höhere Betriebskosten in Kauf genommen werden müssten. Mit diesem Argument pflegte insbesondere die Entscheidung für den Leichtwasserreaktor begründet zu werden. In den 1970er-Jahren wäre der Vorrang niedriger Anlagekosten vermutlich nicht mehr in diesem Maße betont worden: zu einer Zeit, als Kapital im Überfluss zur Verfügung stand, als Ölkrisen, Uranpreiserhöhungen und die technischen und ökonomischen Probleme der Wiederaufarbeitung eine bessere Spaltstoffnutzung im Interesse der langfristigen Versorgungssicherheit wünschenswert machten, und als die »Kostenexplosion« des Schnellen Brüters völlig neue Maßstäbe setzte. Hätte man sich bei den Reaktortypen der »ersten Generation« nicht schon zu einer Zeit, als noch Kapitalknappheit herrschte, ein für alle Mal festgelegt, sondern die Entscheidung für weitere Lernprozesse offen gelassen, hätte man womöglich eine unter Sicherheitsaspekten überlegtere Auswahl unter den Reaktortypen treffen können.

Alles in allem wurden Ende der 1960er-Jahre die ökonomischen Bedingungen für die Kernkraft günstig wie nie zuvor: Flüssiges Kapital stand reichlich zur Verfügung; infolge der allgemein gestiegenen Kapitalintensität fiel der Aufwand für Kernkraftwerke nicht mehr in dem Maße aus dem Rahmen wie noch ein Jahrzehnt davor, vielmehr passten die hoch automatisierten Kernkraftwerke in die sich Ende der 60er-Jahre verstärkende Rationalisierungswelle bestens hinein. 1969 konnte Mandel verkünden, »angesichts der zwangsläufig stets steigenden Löhne« werde die Situation für die verschiedenen Primärenergieträger desto schwieriger werden, »je höher der Lohnanteil« sei. Aus der an der Minimierung des Lohnkostenanteils orientierten Strategie ergab sich ein prinzipielles Plus für die Kernenergie. Zudem war das ökonomische Risiko der Kernkraftwerke zu einer Zeit, da überschüssiges Kapital schon aus Gründen der Steuerersparnis nach Anlage drängte, die Felder für lukrative Neuinvestitionen jedoch eine schrumpfende Tendenz zeigten, nicht mehr so abschreckend wie früher. Dass von der Kerntechnik, kurzfristig gesehen, Verluste drohten, fiel weniger ins Gewicht zu einer Zeit, in der neben den Marktchancen zunehmend die Abschreibungsmöglichkeiten das unternehmerische Kalkül bestimmten.

Wenn daher 1969 die Aufträge für Kernkraftwerke zu einem kontinuierlichen Strom anschwollen, erklärt sich der Zeitpunkt mindestens so sehr aus der allgemeinen Wirtschaftsentwicklung wie aus Sonderentwicklungen innerhalb der Atomwirtschaft. Die 1966 in den USA einsetzende »Bestell-Explosion« von Kernkraftwerken erhöhte deren Kreditwürdigkeit und trug dazu bei, den wachsenden Kapitalstrom in nukleare Kanäle zu lenken. Die Kapitalnot der Elektrizitätswirtschaft war Ende der 60er-Jahre vorbei. Der größte Stromproduzent, die Rheinisch-Westfälische Elektrizitätswerk AG (RWE), konnte 1969 bei Biblis das damals größte Kernkraftwerk der Welt in Auftrag geben und sogar ohne Schwierigkeit großenteils aus eigenen Mitteln finanzieren. Die RWE-Bilanz von 1967/68 zeigte »üppige Liquidität«, die nicht nur auf die Umsatzentwicklung, sondern auch auf einen Rückgang der Investitionen zurückzuführen war; in der Bilanz von 1968 waren die Abschreibungen höher als die Investitionen.

Der Drang zur Kerntechnik war also durch einen Mangel an Gewinn versprechenden Investitionssektoren mitbedingt. Ein Presseartikel aus dem Jahre 1972 – »RWE sieht sich zum Milliardenrausch gezwungen« – bemerkte, die neu zu investierenden Abschreibungen würden sich von gegenwärtig rund 550 Mio. DM binnen fünf Jahren auf 1100 Mio. DM verdoppeln. In den Jahren nach 1970 war bei RWE der Anteil der Selbstfinanzierung immer noch im Steigen: Von 30 Prozent im Zeitraum 1970/71 stieg er auf 48 Prozent im Zeitraum 1972/73. Ein Pressebericht Anfang 1974 vermerkte, der Kreditspielraum des RWE sei »mit mehr als einer Milliarde DM noch längst nicht ausgenutzt«.

Die Elektroindustrie erlebte in den 1950er-Jahren ein steiles Wachstum; einer späteren Aussage zufolge waren ihre Kapazitäten damals, vor allem durch die Elektrifizierung der Bundesbahn, so stark ausgelastet, dass für ein kerntechnisches Engagement großen Stils kein Raum mehr übrig blieb. Auch die Elektrifizierung der Haushalte und die Verbreitung des Fernsehgerätes – beides Zeichen einer ganzen Ära bundesdeutscher Alltagsgeschichte – brachten der Elektrobranche jahrelang hohe und kalkulierbare Gewinnmargen.

Diese Situation begann sich im Laufe der 1960er-Jahre zu ändern: Der große Boom der elektrischen Haushaltsgeräte und mehr noch der Rundfunk-, Fernseh- und Phonogeräte lief nach 1960 aus und bei der Industrie entstanden Überkapazitäten. Schon in den frühen 60er-Jahren wurde der Rundfunk- und Fernsehmarkt für harte Preiskämpfe bekannt und einige Jahre später hatte die Elektroindustrie über »irrsinnigen Preisverfall« auch bei Waschmaschinen zu klagen. Die Rezession von 1966/67 brachte dem Inlandsumsatz der Elektrofirmen eine spürbare Schrumpfung; umso mehr wurden sie auf das Auslandsgeschäft verwiesen. Für die Situation der Elektroindustrie während der 60er-Jahre kam die Kerntechnik wie gerufen: als ein großes neues elektrotechnisches Projekt nach dem Auslaufen bisheriger Wellen der Elektroproduktion und zugleich als ein Mittel, um das Prestige der deutschen Elektrofirmen auf dem Weltmarkt zu sichern.

Mit diesem Längsschnitt haben wir weit vorgegriffen. Was lässt sich aus den dargestellten Zusammenhängen folgern? Sie erinnern daran, dass man die Geschichte der Kernenergie nicht isoliert betrachten darf, und lassen erkennen, dass sich diese neue Energietechnik nicht als Reaktion auf eine vorhandene Nachfrage durchsetzte, sondern als Betätigungsfeld für industrielle Überkapazitäten und für liquides Kapital, das nach Anlage suchte. Dass man sich in dieser Situation auf die Kerntechnik verlegte, war allerdings schon seit langem vorgezeichnet: Bereits Mitte der 1950er-Jahre galt die Atomkraft als *die* Branche der Zukunft und dieser Plan lag fortan gleichsam in der Schublade der Industrie.

Wie man die Wahl der Kerntechnik und die Typenwahl unter den Reaktoren beurteilt, ist von Bedeutung auch für die Interpretation der Gesamtentwicklung: Aus marxistischer Sicht handelt es sich um jenen »tendenziellen Fall der Profitrate«, der am Ende die Krise des Kapitalismus herbeiführt; falls sich die Kernenergie als unwirtschaftlich erweist, würde dies darauf hindeuten, dass es immer weniger Auswege gibt, um dieser Niedergangstendenz zu entrinnen. Der Aufstieg der Atomwirtschaft würde zudem darauf hindeuten, dass das Machtstreben des Kapitals – nämlich sein Streben nach Minimierung des Lohnanteils – noch stärker ist als sein Profitstreben. Und die darauf folgende Krise wäre ein Lehrstück dafür, wie der Kapitalismus an den ausufernden Fixkosten erstickt und die Fähigkeit zu rationalem Handeln verliert. Aus liberal-ökonomischer Sicht dagegen äußert sich in jenen Vorgängen die Dynamik des Kapitalismus und es zeigt sich, dass selbst große Konzerne mit oligopolistischer Position auf bisherigen Gewinnquellen nicht ausruhen können, sondern durch sinkende Gewinnspannen zur Erschließung neuer Märkte angespornt werden. Der sinkenden Tendenz der Kapitalrentabilität lassen sich also konträre Pointen geben, je nachdem, ob man die Kerntechnik als Fortschritt ansieht oder nicht.

Selbst heute, wo sich die Kerntechnik als Fehlinvestition erweist, gäbe es noch eine Möglichkeit zur Rettung der liberalen Position: wenn es sich nämlich herausstellte, dass es vor allem außerökonomische, politische Einflüsse waren, die zur Bevorzugung der Kerntechnik führten, und dass ein von solchen Verzerrungen unbeeinträchtigter Markt bessere Alternativen parat gehabt hätte. Die ~~sozialistische/zentralistische Position dagegen würde gestärkt,~~ wenn sich herausstellen sollte, dass die Misere der Atomwirtschaft durch einen Mangel an zentraler staatlicher Planung verschuldet wurde. Die vorliegende Untersuchung wird streckenweise Argumente für die eine wie für die andere Seite liefern; was sich als Gesamtresultat festhalten lässt, ist bis in die Gegenwart eine offene Frage.

KAPITEL II

Das »friedliche Atom« als Vision: die Phase der Spekulationen

Kerntechnische Entscheidungsfelder und ihr politischer Symbolwert: britischer oder amerikanischer Weg?

In den Anfängen der bundesdeutschen Atompolitik vor 1955 war die verwirrend breite Palette theoretisch möglicher Reaktortypen noch kaum im Blickfeld. 1955 dagegen erfuhr die bis dahin überschaubare Szenerie eine schlagartige Ausweitung in unübersichtliche Dimensionen: Das im Februar 1955 bekanntgegebene britische Zehnjahresprogramm für Kernkraftwerke, der im gleichen Jahr in den USA zusammengestellte Fünfjahresplan für Reaktoren sowie die erste internationale Atomkonferenz in Genf eröffneten eine überwältigende Fülle kerntechnischer Möglichkeiten.

Die volle Komplexität der Möglichkeiten konnte verständlicherweise von denen, die in der Atompolitik die Weichen stellten, nicht auch nur annähernd begriffen werden. Da reduzierte sich die Materie auf einige simple Alternativen, die sich politisch akzentuieren ließen und dadurch auch für Laien eine Physiognomie bekamen. Für Politiker am raschesten greifbar war um 1955 die Alternative, ob man den US-amerikanischen oder den britischen Weg gehen solle. Für ungeduldige Vorkämpfer der Kernkraft war damals vor allem Großbritannien das Land, wo man zielstrebig zum Serienbau von Leistungskernkraftwerken und, darauf aufbauend, zu einer weiterentwickelten Hochtemperatur-Technologie voranschritt, während in den USA mit ihren viel niedrigeren, denen der Bundesrepublik nicht vergleichbaren Energiekosten die Bestellungen vorerst nur zögernd und sporadisch erfolgten. Da empfahl sich die britische Reaktorlinie dadurch, dass sie mit Natururan zu betreiben war und nicht die aufwendigen Urananreicherungsanlagen brauchte, die in den USA zu militärischen Zwecken errichtet worden waren.

Im Frühjahr 1957 unternahm eine Delegation der Deutschen Atomkommission eine England-Reise. Ein Vorstandsmitglied der Firma Siemens zeigte sich »außerordentlich beeindruckt«: Das »Atomzentrum« Calder Hall sei »ganz unter dem Gesichtspunkt der Sicherheit gebaut worden« und habe »seine anfängliche Skepsis gegen Natururan-Reaktoren völlig zerstreut«. Noch mehr als fünf Jahre darauf empfahl er, Zweifler »zu einem informativen Besuch« in die britischen Atomzentren zu schicken: »Nach einem solchen Besuch werde aus einem Saulus ein Paulus.« Reiseeindrücke gewannen in der Frühzeit der deutschen Atomtechnik eine Bedeutung, die an die Reiseversessenheit der Unternehmer in der frühen Industrialisierung erinnert. Aber ähnlich wie zu jener Zeit schlug auch in den 1950er-Jahren die Bewunderung rasch in Eifersucht um. Eine direkte Übernahme des britischen Reaktortyps wurde kaum je angestrebt; eher interpretierte man Calder Hall als Erfolg der Natururan-Linie und damit als Argument für den deutschen Schwerwasserreaktor.

Ein Hauptziel der britischen Reaktorprojekte war jedoch nicht nur die Stromerzeugung, sondern auch die Produktion von Plutonium. Das britische Atomprogramm von 1955 erklärte freilich, es sei »äußerst wünschenswert«, »dass alles Plutonium für zivile Zwecke verwendet wird«, und wollte es als künftigen Kernbrennstoff verstanden wissen. Für den sozialdemokratischen Wirtschaftswissenschaftler Fritz Baade dagegen – einen der wenigen, denen die damalige Atomeuphorie tief suspekt war – waren derartige Erläuterungen des britischen Kernkraftprogramms mitsamt der üblichen Rechtfertigung aus der angeblich drohenden Energienot nichts als eine scheinheilige Verschleierung der Realität: »In den meisten Presseberichten wird Calder Hall als Atomkraftwerk vorgestellt. Das entspricht nicht den Tatsachen. Calder Hall ist eine auf Verlangen des englischen Generalstabs gebaute Fabrik zur Produktion von Plutonium für Atombomben. Diese Bombenfabrik ist mit einem Kraftwerk umkleidet.« Die erzeugte Energie sei in Wahrheit nur ein Abfallprodukt der Bombenproduktion.

Dagegen verfocht Leo Brandt, der führende Kopf der nordrhein-westfälischen und sozialdemokratischen Atompolitik, eine an England orientierte Strategie. Er argumentierte 1956 noch mit dem angeblich drohenden Kohleengpass, dem England sich wie die Bundesrepublik gegenübersehe. Da entgegnete der neue Atomminister Strauß mit Recht, man dürfe »die englische Planung nicht nur unter dem Gesichtspunkt der Ausfüllung ihrer Stromlücke sehen«, sondern »müsse hierbei auch das englische Bombenprogramm berücksichtigen«; die Engländer suchten »aus jedem Reaktortyp Plutonium zu gewinnen, um damit ihren Atombombenstapel entsprechend aufstocken zu können«. Die Unschuld, die das Plutoniumziel in den Ausführungen von Wirtz besaß – Plutonium als Kernbrennstoff für Reaktoren, als ob es nichts anderes sei –, ging diesem Spaltstoff aus der Sicht des künftigen Verteidigungsministers durchaus ab.

»Natururan auf unserer Fahne« und Drang zum Plutonium: die Brennstoffwahl als strategische Entscheidung

Die Entscheidung zwischen dem britischen und dem amerikanischen Weg war zu einem Gutteil eine Entscheidung über den in deutschen Reaktoren zu verwendenden Spaltstoff: ob Natur- oder angereichertes Uran (Uran, in dem der Anteil des spaltbaren Isotops U-235, der im Natururan nur 0,7 Prozent beträgt, künstlich erhöht wird). Die Tragweite dieser Alternative, die zu jener Zeit weltweit als die Grundfrage der zivilen Kerntechnik schlechthin gesehen und oft politisch aufgeladen wurde, verdient genauer betrachtet zu werden.

Die Wahl des Brennstoffs war vor allem dann, wenn man eine weitgehende bundesdeutsche Brennstoffautarkie anstrebte, eine strategische Entscheidung, die eine Kette von Konsequenzen nach sich zog. Wenn man sich für angereichertes Uran entschied und zugleich das Ziel der Brennstoffautarkie beibehielt, musste man Urananreicherungsanlagen bauen. Mit der Entscheidung für Natururan hingegen wurde damals, wenn auch nicht logisch zwangsläufig, im Allgemeinen die Entscheidung für Schnelle Brüter und Wiederaufarbeitungsanlagen verbunden, da die Entscheidung für Natururan auch eine Entscheidung für Plutonium war: den einzigen auf diesem Wege zu gewinnenden Spaltstoff.

Beide Wege erforderten die Hinzuziehung ganz verschiedener Industriebranchen, waren also auf unterschiedliche Interessenallianzen angewiesen: die Urananreicherung als ein mechanischer, die Wiederaufarbeitung als ein chemischer Vorgang. Beide Brennstoffe erforderten und ermöglichten unterschiedliche Reaktortypen: Natururan erforderte einen besonders wirksamen Moderator wie schweres Wasser oder Graphit, während bei angereichertem Uran normales Wasser als Moderator genügte. Unterschiedliche Moderatoren beeinflussten die gesamte Konstruktion des Kernkraftwerks. Mehr noch: Beide Wege führten zu einer unterschiedlichen internationalen Orientierung der deutschen Atomwirtschaft. Auch die Zeitperspektive war verschieden: Beim Natururan erschien eine relative Brennstoffunabhängigkeit schon von Anfang an gesichert, wenn auch erst durch den Bau von Brütern und Wiederaufarbeitungsanlagen dauerhaft gefestigt; beim angereicherten Uran war man bis zur Fertigstellung der Isotopentrennanlagen von den USA abhängig. Offiziell war Autarkie als Leitziel seit dem Ende des NS-Regimes diskreditiert; hinter den Kulissen der frühen Atompolitik war jedoch das Autarkieziel gruppenbildend.

Aus späterer Sicht erstaunt der hohe Stellenwert, den man der Brennstofffrage gab; man hätte damals stattdessen – so erscheint es aus der Rückschau – vor allem darüber nachdenken sollen, wie man ein betriebssicheres und funktionstüchtiges, technisch und ökonomisch kalkulierbares Kernkraftwerk bekäme. Aber zu einer Zeit, da es noch an praktischer Erfahrung mit Reaktoren fehlte und es vor allem auf den Symbolwert der Atomtechnik ankam, schien das Ziel Spaltstoffunabhängigkeit noch am ehesten einen politisch brauchbaren Anhaltspunkt zu geben.

Der im Arbeitskreis »Kernreaktoren« frühzeitig hergestellte Konsens zugunsten des Natururans wurde vor allem von Mandel (RWE) gestört, dem aus der Sicht der Energiewirtschaft, die die Kernkraftwerke am Ende bezahlen und betreiben sollte, die Natururan-Argumentation von Anfang an suspekt war. Im Mai 1956, als die amerikanische Atombehörde bereits größere Mengen von angereichertem Uran für den Export freigegeben hatte, wünschte er in dem Arbeitskreis »eine Diskussion über die Frage herbeizuführen, ob es wirtschaftlicher sei, mit natürlichem oder mit angereichertem Uran zu beginnen«; aber die anderen Mitglieder des Arbeitskreises ließen sich auf den Aspekt der Wirtschaftlichkeit erst gar nicht ein. Vor allem Finkelnburg (Siemens) ergriff Partei für das Natururan; aber auch Bagge, das Oberhaupt der Hamburger Gruppe, äußerte sich »pessimistisch über die Beschaffung von angereichertem Uran aus dem Ausland«. Am Ende ergab sich Übereinstimmung, »dass alle Vorschläge darauf abzielen, eine gewisse Unabhängigkeit von der Einfuhr von angereichertem Uran zu erreichen«.

Kurz darauf jedoch bekam die Natururan-Strategie Gegenwind durch die Berichte der aus den USA zurückkehrenden Strauß und Haxel, die sich alle optimistisch über die Chancen zur Beschaffung angereicherten Urans äußerten. Das Ausmaß der amerikanischen Lieferbereitschaft war für die Beteiligten damals eine große Überraschung. Auf der Reaktor-Informationstagung Ende 1956, die der Aufstellung des ersten deutschen Reaktorprogramms vorausging, unternahm Mandel einen energischen Vorstoß zugunsten von Reaktoren mit angereichertem Uran. Sein Wort besaß Gewicht; denn das RWE konnte ohne Rücksicht auf die Atomkommission vollendete Fakten schaffen: was es mit dem Ankauf des Leichtwasserreaktors Kahl dann auch tat. So wurde in das kurz darauf konzipierte Reaktorprogramm auch ein Leichtwasserreaktor aufgenommen und die zusätzliche Beschaffung von 1500 kg angereichertem Uran vorgesehen.

Wirtz zeigte sich freilich nachher »überrascht, dass die Ergebnisse von Eltville zum Teil erheblich von den früheren Vorstellungen des Arbeitskreises abwichen. Man habe doch die Meinung vertreten, dass eine eigene Entwicklung sich im Wesentlichen auf die Verwendung natürlichen Urans stützen solle.« Dass eben dies nach wie vor der eigentliche Sinn des »Eltviller Programms« sei, behauptete noch 1959 ein ungezeichneter, offiziell wirkender Artikel der *atomwirtschaft*. Noch 1962 erinnerte der inzwischen aus dem Atomministerium ins Kernforschungszentrum Karlsruhe übergewechselte Walther Schnurr geradezu pathetisch daran: »Die Bundesrepublik hat die Entwicklung von Natururan-Reaktoren auf ihre Fahne geschrieben.«

Es wäre denkbar gewesen, einen Natururan-Reaktor wie den Schwer-wassertypen nicht als ersten Schritt zum Plutonium-Reprocessing und zu den Brütern zu empfehlen, sondern ihn ganz im Gegenteil als einen Reaktor zu begreifen, der durch seine gute Spaltstoffnutzung Schnelle Brüter und Wiederaufarbeitung vorerst unnötig macht und außerdem durch seine geringere Spaltstoffdichte einen höheren Sicherheitsgrad als Leichtwasser-reaktoren besitzt. Im Blick darauf wirkt die Diskussion in den deutschen Gremien durch die unausgesprochene Präsenz der militärtechnischen Rah-menbedingungen, die damals das internationale Prestige der Kerntechnik entscheidend bestimmten, von vornherein verzerrt und verwirrt: Die Natur-uran-Linie, für die es gute Gründe gegeben hätte, fand einzig im Plutonium ihren Sinn! Die militärische Bedeutung des Plutoniums war jedoch in den Diskussionen durchweg tabu; stattdessen wurden eine Reihe beliebiger und wechselnder Argumente für die Plutoniumstrategie ins Feld geführt, die mehr oder weniger spekulativ waren. Außerhalb der Waffentechnik war über die Verwendbarkeit von Pu-239 noch wenig bekannt; soviel war immerhin klar, dass Plutonium »außerordentlich ungünstige technologische Eigen-schaften« besitze. Besonders dieser Umstand ist geeignet, die ökonomisch-technologische Rationalität jener atompolitischen Entscheidungen in Frage zu stellen.

Der Fortschrittsglaube in der Kerntechnik: die Vorschau auf künftige Reaktor-»Generationen«

Historisches Verstehen bedeutet im Falle der Kerntechnik nicht nur Rekon-struktion vergangener Zustände, sondern mehr noch eine Rekonstruktion einstiger Zukünfte; denn die Kerntechnik war ja in der Bundesrepublik zu jener Zeit keine Realität, sondern eine Spekulation. Der große Aufwand für die Kerntechnik verlangte nach ungewöhnlichen Rechtfertigungen; auch die Unendlichkeit der Endlagerung des »Atommülls« mit seiner über Jahr-zehntausende fortwirkenden Radioaktivität – eine Tücke der Kerntechnik, die besonders früh erkannt und auch der Öffentlichkeit geläufig wurde – brauchte als Gegengewicht Segnungen von ähnlich überzeitlicher Dimen-sion. David E. Lilienthal, der erste Vorsitzende der US-Atomkommission, bekannte 1963: Hätte man schon 1946 gewusst, dass bei der Kerntechnik am Ende nichts weiter als ein neuer Weg zur Stromerzeugung herauskommen würde, dazu einer, der nicht einmal billiger sei als die bisherigen Methoden, wäre der Kongress nie zu der Milliarden hohen Förderung bereit gewesen. Sarkastisch wies er darauf hin, auf welche Weise sich die Atomprotagonis-ten der drohenden Ernüchterung zu erwehren suchten: »Brüter, das ist das neueste atomare Klischee. Wenn man dir harte Fragen über die altmodischen Atomwerke stellt, sag nur ›Brüter‹, und schon hast du dich aus der Schlinge gezogen; denn die Zukunft gehört dem Brüter-Kraftwerk – wer kann die Vorhersage bezweifeln?«

In den frühen 50er-Jahren allerdings hielt man den Brüter nicht für Zukunftsmusik, sondern glaubte, es gebe ihn schon: mit dem amerikanischen Versuchsbrüter EBR I, dessen winzige Kapazität (0,1 MW) allerdings noch weit unter der später bei Versuchsanlagen üblichen Größe lag. Heisenberg erweckte in einem Vortrag vor dem Hamburger Übersee-Club 1953 den absurden Eindruck, als sei die Brüterwirtschaft in den USA bereits Tatsache: Er führte aus, man sei in den USA zu Reaktoren, die mit schnellen Neutronen arbeiten, übergegangen; diese seien »sozusagen gesteuerte Atombomben«, es sei aber »meines Wissens mit diesen schnellen Reaktoren niemals ein Unfall erfolgt«. Das »Brutproblem« sei in den USA gelöst. Das war ein Musterbeispiel für die irreführende Wirkung einer vorwiegend theoretischen Sicht: In der atomphysikalischen Theorie konnte damals das Problem des Brütens tatsächlich als »gelöst« gelten, aber für die großtechnische und ökonomische Realisierung waren die bis dahin vorliegenden Erfahrungen noch so gut wie belanglos. Die allzu frühe Fixierung auf Brutreaktoren war militärischen Ursprungs: Für die Zwecke des Bombenbaus war ja nur die Bruteigenschaft der Reaktoren zu gebrauchen.

Von den USA griff die Brüter-Euphorie auch auf die Bundesrepublik über. In einem 1955 von der Arbeitsgemeinschaft sozialdemokratischer Akademiker herausgegebenen Sammelwerk heißt es, der »sog. Breeding-(Züchtungs-) Prozess« sei das, »was jedem vorschwebt«. Der Nationalökonom Edgar Salin verkündete im gleichen Jahr, nach amerikanischen Angaben ergäben sich beim Brüter Stromkosten von 0,0056 Pf./kWh! Daher verwundert es nicht, dass Finkelnburg (Siemens) 1956 in seinem Vorschlag zu einem Reaktorprogramm darauf drang, »so früh wie möglich fortgeschrittene Brüter und andere Leistungsreaktoren auf Pu-Basis in Angriff« zu nehmen. Selbst Mandel erklärte es für absolut gesichert, dass die nuklearen »Kraftwerke der Zukunft« Brüter sein würden; sogar sein Chef, der gegenüber der Kerntechnik noch zurückhaltende Heinrich Schöller (RWE), betonte 1956, dass »alle Überlegungen bei der Erörterung eines Reaktorprogramms darauf gerichtet sein müssten, wie man am schnellsten zum Breeder komme«. Dass »jedes Programm zu Brutreaktoren hinführen« muss, erklärte selbst Maier-Leibnitz, der den ersten Leichtwasserreaktor in die Bundesrepublik geholt hatte. So kam der Arbeitskreis »Kernreaktoren« auf seiner programmatischen Eltviller Klausurtagung im Januar 1957 »einmütig zu der Überzeugung«, dass das »eigene Entwicklungsprogramm schließlich auf Brutreaktoren mit Thorium oder Uran hinauslaufen müsse«. Das war die Grundlinie des sogenannten »Eltviller Programms«.

Die Formulierung lässt allerdings erkennen, dass man in den Brütern nun nicht mehr eine unmittelbar vor der Tür stehende Realität erblickte.

Der EBR I wurde nämlich im November 1955 durch einen Unfall zerstört; das veränderte die Perspektive. Im Februar 1956 bemerkte Wirtz, »leider« böten »sowohl die Verarbeitung des Plutoniums als auch seine Verwendung in einem Brutprozess besondere technische Schwierigkeiten« und »auch in Amerika« befänden sich die Brutreaktoren »noch in einem sehr frühen Stadium der Entwicklung«. Gerade diese Situation bot jedoch in der Folge dem Kernforschungszentrum Karlsruhe die Chance, in der Plutonium- und Brütertechnologie international die Führung zu erlangen. Im Mai 1957 wurde der Atomkommission erstmals mitgeteilt, dass »Karlsruhe an Entwicklungsarbeiten für einen Brutreaktor interessiert sei«.

Die Fata Morgana der Atomeuphorie: der Fusionsreaktor

Wenn schon für die Fachleute um 1955 die Brüter im Brennpunkt der Atomambitionen standen, strebten die Hoffnungen in der neugierigen Öffentlichkeit noch höher hinaus: Hier war vielfach schon die Kernfusion die wahre Lichtquelle der Visionen vom »Atomzeitalter« – sie verhieß die Lösung aller Energienöte der Menschheit für alle Zukunft und dazu auf »saubere« Art. In den darauffolgenden Jahrzehnten ist die Fusion eher ferner als näher gerückt; die Fusionsforschung wurde zu einem eigenen Komplex neben der auf der Kernspaltung beruhenden Technologie und hat nach einem halben Jahrhundert noch nicht annähernd ein Stadium erreicht, in dem sich auch nur von ferne industrielle Interessen geltend machen könnten. Ihre weitere Entwicklung wird daher in dieser Untersuchung nicht mehr verfolgt. Mitte der 1950er-Jahre war sie jedoch noch integraler Bestandteil der atomaren Zukunftspläne.

Das theoretische Konzept der Fusionsenergie, in der man eine Nachahmung der auf der Sonne ablaufenden Energiefreisetzungen erblickte, war ebenso alt wie das Konzept der Kernspaltenergie und als sieben Jahre nach den ersten Atombomben die erste auf Fusion beruhende Wasserstoffbombe gezündet wurde (1952), konnte der Laie glauben, dass die Fusions- den Spaltreaktoren in ähnlicher Weise auf dem Fuße folgen würden. 1954 stellte ein redaktioneller Artikel der Zeitschrift *Außenpolitik* die absurde Prognose, die Kernfusion werde »in zwei Jahren etwa praktisch verwendungsreif sein«; dann könne sie, »einem Zauber gleich«, allen Uranreichtum zur Bagatelle entwerten. Die interessierte Öffentlichkeit war zu jener Zeit nur allzu empfänglich für auch nur die vagesten Hinweise auf Fortschritte in der Kernfusion. So erklärt sich die Paradoxie, dass die Genfer Atomkonferenz vom August 1955 ihre enorme Öffentlichkeitswirkung nicht zuletzt durch das Thema erlangte, das sie ausgeklammert hatte und nur in sporadischen Andeutungen berührte: die Kernfusion.

Die Genfer Zurückhaltung war wohlbegründet: Über den Fusionsreaktor gab es in der Tat noch nichts Konkretes mitzuteilen; aber die damals unter der Suggestion der Wasserstoffbombe stehende Öffentlichkeit entwickelte aus dem Schweigen den Verdacht, hier werde ihr etwas systematisch vorenthalten. Selbst der neu ernannte Atomminister Strauß erwähnte auf seiner ersten Pressekonferenz den Genfer Hinweis auf die Fusion als die »vielleicht« einzige Sensation der Konferenz. Es handelte sich hierbei vor allem um die Bemerkung des Konferenzpräsidenten, des indischen Atomphysikers Homi Bhabha, in etwa zwanzig Jahren könne man mit der Verwirklichung der Kernfusion rechnen. Die Konferenzteilnehmer waren »über die Sicherheit, mit der diese Behauptung formuliert wurde, erstaunt« (Wirtz) und vor allem die Journalisten wurden hellhörig und bestürmten die Delegationsteilnehmer mit Fusionsfragen, über die bis dahin offiziell gar nicht gesprochen worden war.

Die von Bhabha vermutlich aufs Geratewohl angegebene Zeitspanne von zwanzig Jahren wurde von nun an die stehende Wendung bei Prognosen über die Fusionsenergie. »20 Jahre« wurden zu jener Zeit von dem Atomphysiker Pascual Jordan auch als die Frist angegeben, bis zu der »wahrscheinlich« »jede Krebserkrankung chemo-therapeutisch heilbar und somit harmlos sein werde«, entsprechende Gefahren radioaktiver Strahlung also auf die leichte Schulter genommen werden könnten. Noch 1973, als die 1955 in Aussicht gestellten zwei Jahrzehnte schon fast abgelaufen waren, wurde einmal mehr prophezeit, dass Fusionskraftwerke in zwanzig Jahren konkurrenzfähig sein könnten. Wenn ausgerechnet Edward Teller, der »Vater der Wasserstoffbombe«, zu bedenken gab, bis zur Energiegewinnung aus Kernfusion könnten noch vierzig Jahre vergehen, war das nach damaligen Maßstäben schwärzester Pessimismus.

Heisenberg vertrat 1956 in der Atomkommission jedoch den »Standpunkt, man sollte zunächst die riesigen Uranvorkommen der Erde verbrauchen. Die Kernsynthese sei noch in weiter Ferne«. Und doch wurde unter seiner Protektion 1960 in Garching das Institut für Plasmaphysik (IPP) gegründet, das sich der Fusionsforschung widmete. Aber Heisenberg meinte gelegentlich zu dem Atomminister Balke: Auch wenn der Fusionsreaktor nie zu realisieren sei, würden doch auf dem Wege dahin so viele wertvolle Entdeckungen anfallen, dass sich der Aufwand lohne. Je weiter der Fusionsreaktor in die Ferne entrückte, desto mehr wurde er zum Lieblingskind – oder, wenn man will, zur Lebenslüge – einer vom industriellen Kalkül ungestörten atomphysikalischen Grundlagenforschung. So verblieb das IPP im Rahmen der Max-Planck-Gesellschaft und hat sich dem Übergang zur Projektforschung großen Stils mit Erfolg widersetzt.

Damals war es in der Öffentlichkeit um die Kernfusion schon wieder still geworden, und zwar vor allem dadurch, dass die USA und die Sowjetunion auf der Zweiten Genfer Atomkonferenz 1958 ihre Arbeiten auf diesem Gebiet offengelegt hatten. Dabei stellte sich klar heraus, dass der Fusionsreaktor »entgegen mancher Hoffnung offenbar noch in unabsehbar ferner Zukunft liegt« (Wirtz). Die nächste, erst sechs Jahre darauf folgende Genfer Atomkonferenz dokumentierte eine allgemeine Ebbe der Fusionsforschung. Einige noch 1958 »in der Presse groß gefeierte Erfolge« der Fusionsforschung hatten sich mittlerweile als Messfehler erwiesen (Küppers). Ende der 1960er-Jahre begannen im Zeichen der Laserstrahlen wieder Erfolgsmeldungen der Presse über die Kernfusion; aber hernach stellte sich regelmäßig heraus, dass der Fusionsreaktor noch immer nicht näher gerückt war, und das Thema »Fusion« wurde sprichwörtlich für falsche Sensation und verfrühten Jubel. In der Öffentlichkeit, die in den 1970er-Jahren die Sonnenenergie wieder entdeckte, geriet die einst als Nachahmung der Sonne verherrlichte Fusionsenergie nahezu in Vergessenheit, zumal auch die Umweltfreundlichkeit dieser Energietechnik in Zweifel geriet.

Nachdem 1969 General Electric die Fusionsforschung eingestellt hatte, erklärte ein Vertreter der mit General Electric verbundenen AEG in dem Bundestagshearing Ende 1970: »Der Fusionsreaktor liegt am anderen Ende der Welt« und auch Mandel (RWE) gefiel sich, hierzu befragt, in einer Kannitverstan-Attitüde. Der Leiter des IPP bestätigte sogar die Skeptiker: Das Fusionsvorhaben sei »abenteuerlich«; »100 Millionen Grad ist eine phantastische Temperatur; daran besteht kein Zweifel«. Das Problem sei so schwierig, dass man auch heute noch nicht sicher wisse, ob es »überhaupt gelöst werden kann« Bei den damals errichteten Kernkraftwerken kam man nicht weit über 300 Grad hinaus!

Die Reaktoren jedoch, die sich am Ende weltweit durchsetzten, wurden in ihren Vor- und Nachteilen auffallend wenig diskutiert: die Leichtwasserreaktoren. Sie waren weder Politiker- noch Physiker- noch Ingenieurreaktoren: Sie verhießen keine nationale Spaltstoff-Autarkie; ihre Neutronenökonomie war nicht besonders gut; ihre Nassdampfturbinen wurden von Ingenieuren, für die der Fortschritt bei höheren Dampftemperaturen lag, als »Wasserschleudern« verachtet. Aber sie besaßen einen simplen Vorzug, der nicht viel Worte erforderte: Wie schon 1955 zu erkennen, lagen ihre Kapitalkosten deutlich unter denen der anderen Reaktoren. Auch der Vorteil der Verwendung von normalem Wasser als Moderator und Kühlmittel leuchtete gerade dem Laien ein: Wasser gab es überall und mit Wasserdampf besaß man in Kraftwerken jahrzehntelange Erfahrungen.

»In der Verwendung des Wassers bewegt man sich auf einem vertrauten Gebiet«, bemerkte der RWE-Berater Jaroschek im Hinblick auf den Leichtwasserreaktor (1962), belegte dies aber nur mit den 21 amerikanischen Atom-U-Booten, die mit Druckwasserreaktoren »sehr zufriedenstellend« arbeiteten. Auch bei den deutschen Projekten taucht der Druckwasserreaktor am frühesten als Schiffsantrieb auf. Tatsächlich waren die mit angereichertem Uran arbeitenden Reaktoren seinerzeit speziell für U-Boote entwickelt worden, da Natururan-Reaktoren für diesen Zweck zu sperrig waren. Sie setzten sich offenbar vor allem einfach deshalb durch, weil sie am frühesten da waren und in den Branchenführern General Electric und Westinghouse den kapitalstärksten Rückhalt besaßen. Noch auf einer Konferenz der europäischen Atomenergiegesellschaft im Mai 1956 wurde die Druckwasser-Reaktorentwicklung »übereinstimmend« als »nicht zukunftsreich« angesehen; die Durchsetzung gerade dieses Reaktortyps empfand Finkelnburg als »die Überraschung des Jahres 1963«.

Bei aller technischen Vervollkommnung blieben Grundnachteile des Leichtwasserreaktors bestehen: die Abhängigkeit von angereichertem Uran, relativ schlechte Spaltstoffnutzung und geringer Wirkungsgrad, die Betriebsunterbrechung beim Brennelementwechsel und infolgedessen die Notwendigkeit, den Reaktorkern für lange Zeit mit Spaltstoff zu versehen und daher im Fall einer Kernschmelze ein hohes Restrisiko in Kauf zu nehmen. Man kann daher kaum bezweifeln, dass dieser Reaktortyp bei einem rationalen, gesamtwirtschaftlich orientierten Entscheidungsprozess nicht zur Alleinherrschaft gelangt wäre.

Der Mythos vom »Atomzeitalter«: das »friedliche Atom« als Integrationsideologie der 1950er-Jahre

Das Allzweck-Atom als »unerschöpfliches Füllhorn«

Wäre es bei der Kerntechnik in den populären Vorstellungen der 50er-Jahre nur um gewöhnliche Stromerzeugung gegangen, dann wäre man schwerlich auf den Gedanken gekommen, das Atom zum Wahrzeichen einer neuen Ära zu erheben, so wie es damals in einer Flut von Populär- und selbst Fachliteratur geschah. Aber zu jener Zeit verband man mit dem Atom eine bunte Fülle von Hoffnungen; die Aussicht auf einen neuen Kraftwerksantrieb stand nicht durchweg im Zentrum, sondern war in dem Gesamtpanorama eher eine der trivialeren Perspektiven, die zuweilen fast abschätzig erwähnt wurde als eine von höheren Zielen ablenkende Borniertheit. Wenn der Atomphysiker Walther Gerlach 1955 lapidar bemerkte, von einem »Umsturz der Technik« durch das Atom sei »keine Rede«, vielmehr habe man »nur eine andere Möglichkeit des Heizens«, war eine solche Bescheidung in der Publizistik jener Zeit fast ketzerisch.

Ein anonymer Artikel der *atomwirtschaft*, der die Auffassung des Bundesatomministers wiedergab, mahnte 1959, man dürfe die »volkswirtschaftliche Bedeutung der Kernenergie« nicht »mit Scheuklappen, das heißt allein unter dem Gesichtspunkt der Energieversorgung« betrachten. Der Atomminister betonte dem zuständigen Bundestagsausschuss gegenüber wiederholt, die Beschränkung auf Stromproduktion markiere lediglich eine Anfangsphase der Kerntechnik. Sein Ministerium sei »kein Propagandaministerium für eine Energieerzeugung«, versicherte er (1958), der sein Ressort bereits am liebsten zum Wissenschaftsministerium erweitert hätte, und wies bedeutungsvoll darauf hin, dass der Haushaltsplan seines Ministeriums »eine Art Lehrbuch der Atomphysik« sei. In Wirklichkeit war eben dieses Gießkannenprinzip bei den Atomausgaben eine vorübergehende Anfangserscheinung und die Konzentration auf Kraftwerksreaktoren nahm immer mehr zu.

Der Atomphysiker Pascual Jordan verkündete 1954 in gesperrtem Druck: »Es gibt überhaupt keinen Industriezweig, keine Fabrik und keine Werkstatt von mindestens mittlerer Größe, die nicht erhebliche Arbeitsverbilligung erzielen könnte, wenn sie sich von einem praktischen Kernphysiker und Isotopen-Physiker beraten ließe«. Die keinen Widerspruch duldende Apodiktik der Behauptung kontrastiert zu den dürftigen Kenntnissen von der Kerntechnik, die Jordan in der gleichen Schrift offenbarte. In ähnlichem Tenor bluffte Salin 1955, dass »schon heute die gesamten Groß- und Kleinbetriebe der Versorgungswirtschaft, der Kohle- und Stahlindustrie, der Chemie usw. ihre langfristigen Pläne und Investitionen auf diese neue Situation« – nämlich den angeblichen Durchbruch der Kerntechnik – »einstellen sollten«. Ausgerechnet die Elektroindustrie ließ er aus!

Ein mit Geleitworten von Otto Hahn und Franz Josef Strauß versehenes, also halboffizielles Buch »Wir werden durch Atome leben« (1956), das sich als Bilanz der Ergebnisse der Genfer Atomkonferenz ausgab, sprach von den »unabsehbaren Chancen« des friedlichen Atoms und erwähnte unter anderem die Bereiche Biologie, Medizin und Landwirtschaft. Als »schlechthin unermesslich« »für alle Gebiete des Lebens« wurden die Möglichkeiten der friedlichen Atomnutzung im gleichen Jahr im Vorwort eines Sammelbandes mit Beiträgen von Heisenberg und Salin glorifiziert. »Ohne jeden Zweifel«, heißt es dort, werde das Atom »unsere Epoche wirtschafts- und sozialgeschichtlich von anderen Zeitaltern gegenwärtig und auf unabsehbare Dauer« unterscheiden. Eine von der Süddeutschen Bank 1956 editierte Schrift erweckt den Eindruck, als würden »Einzweckreaktoren«, die nur der Stromerzeugung dienten, eher die Ausnahme sein und würden Reaktoren im Regelfall dazu noch der Produktion anderweitig nutzbarer hochradioaktiver Strahlung dienen. Noch 1960 resümierte ein Artikel der *atomwirtschaft*: »So öffnet die Atomindustrie für die gesamte Volkswirtschaft ein unerschöpfliches Füllhorn neuer Erkenntnisse, neuer Aufgaben und neuer Chancen.«

Worin bestand nun konkret diese angebliche Vielfalt von Chancen? Man erinnere sich: Damals galt es als ausgemacht, die Kernkraftwerke der »ersten

Generation« würden schon bald von den Brütern und wenig später von den Fusionsreaktoren abgelöst werden; diese »zweite« und »dritte Generation« war die eigentliche Strahlungsquelle der »Atomzeitalter«-Visionen. Es ging nicht um normale Stromproduktion wie bisher, sondern um Sicherung einer fast kostenlosen Energieversorgung für alle Zeiten, frei von Rohstoff- und Standortfragen. Die leichte Transportierbarkeit der Spaltstoffe und ihre Regenerationsfähigkeit mittels des Brutprozesses verhießen eine Korrektur der Ungerechtigkeit in der Verteilung der natürlichen Energieressourcen über die Welt; die ungeheure Energiedichte des Spaltstoffs führte frühzeitig zu dem Fehlschluss, die Atomkraft sei wie geschaffen für Kleinmechanismen. Die vermeintliche Standortunabhängigkeit schien die Nutzung der Prozesswärme zu erleichtern. Ein buntes Spektrum groß- und kleintechnischer Perspektiven pflegte von der »Atomzeitalter«-Literatur wie eine gesicherte Realität der Zukunft ausgemalt zu werden: Revolutionierung der chemischen Industrie durch die Strahlenchemie; Meerwasserentsalzung, Wüstenbewässerung und Erschließung arktischer Gebiete mittels der Kernenergie; Einsatz von Kleinreaktoren nicht nur in Schiffen und U-Booten, sondern auch in Flugzeugen, Lokomotiven, ja selbst in Automobilen und Klimaanlagen von Einzelhäusern! Auch die Revolutionierung der Messtechnik durch die Elektronik wurde gern in einem unabgegrenzten Kontinuum zur Atomwissenschaft geschildert. Das Atom schien fähig, ganz verschiedene Bereiche zu einem Strukturzusammenhang zu vereinen. Großräumige Landschaftskorrekturen mittels friedlicher Kernexplosionen, Kanaldurchbrüche, Erschließung von tief liegenden Bodenschätzen wurden in Aussicht gestellt, wenn auch nicht so sehr in der Bundesrepublik, die offiziell auf die Herstellung von Atombomben verzichtet hatte. Den Hintergrund all dieser Hoffnungen auf das »friedliche Atom« bildete oftmals die Existenz der Kernwaffen, von denen man hoffte, dass sie dauerhaften Frieden und internationale Zusammenarbeit erzwingen würden.

Besondere Aufmerksamkeit fanden in der Bundesrepublik die Möglichkeiten der Strahlenchemie; in der Phase der Spekulationen rangierten sie nicht selten noch vor der Energieerzeugung durch Kerntechnik. Heisenberg notierte sich um 1952 für die Atombesprechungen im Wirtschaftsministerium zur »wirtschaftlichen Bedeutung« der Kerntechnik an erster Stelle die Kernchemie und vermerkte sodann, der Energieaspekt sei »einstweilen unbedeutend«. Als gegenwärtig realistisches Ziel notierte er: »Uranbrenner für Kernchemie«. Dass das weiteste und zukunftsträchtigste Betätigungsfeld der Kerntechnik nicht die Energie, sondern die Strahlenchemie sei, wurde dann zu einem Lieblingsgedanken des langjährigen Bundesatomministers Balke, der selber aus der Chemie kam und überdies zusehen musste, dass sein kleines Ministerium nicht der Energieabteilung des mächtigen Wirtschaftsministeriums ins Gehege kam.

Aber »der große Durchbruch zur industriellen Anwendung der Strahlenchemie« ließ auf sich warten. Ausgerechnet die chemische Industrie hielt sich mit der Begeisterung für die Strahlenchemie zurück. Ab 1960 gab sie dem Atomgesetz und der Strahlenschutzverordnung die Schuld daran, dass der industrielle Einsatz von Radioisotopen nur wenig vorankam. Es ist jedoch zweifelhaft, ob jemals ein starkes industrielles Interesse an der chemischen Nutzung radioaktiver Substanzen bestand.

Nicht besser verhielt es sich mit den meisten anderen der in der Euphorie der Anfangszeit dem Atom zugeschriebenen Möglichkeiten. Der Nutzung der nuklearen Prozesswärme trat frühzeitig die »Standortfrage als kaum überwindbares Hindernis« (Jaroschek) entgegen: Ein Kernkraftwerk hätte zu diesem Zweck in nächster Nähe eines großen Industriekomplexes errichtet werden müssen, aber hierfür sah »selbst der Vertreter des Volkswagenwerkes« trotz der Nähe der Heidelandschaft keine Möglichkeiten«. Wirtz redete später dem befreundeten Winnacker die Idee eines firmeneigenen Kernkraftwerks bei Hoechst aus, das sein Unternehmen mit Prozesswärme versorgen sollte: »Dann wäre dort alles radioaktiv geworden, das wäre das Ende von Hoechst gewesen«, klagte er dem Verfasser. Der Gipfel des Absurden war die 1955 von einem amerikanischen Heizkörperproduzenten für 1958 in Aussicht gestellte und von dem griechisch-französischen Atomenthusiasten Angelopoulos geglaubte Anwendung nuklearer Prozesswärme in Wohnhäusern: die Beheizung der Häuser durch an Ort und Stelle befindliche »Baby-Reaktoren«!

Eine fixe Idee gerade auch »linker« Atomzeitalter-Visionen war der Traum von der Wüstenbewässerung und Erwärmung der Polargebiete durch Kernenergie. »Die Pole werden bewohnbar werden und die Wüsten in Blüte stehen«, schwärmte Angelopoulos; und Ernst Bloch begeisterte sich in seinem philosophischen Hauptwerk »Das Prinzip Hoffnung«, die Atomenergie schaffe »in der blauen Atmosphäre des Friedens, aus Wüste Fruchtland, aus Eis Frühling. Einige hundert Pfund Uranium und Thorium würden ausreichen, die Sahara und die Wüste Gobi verschwinden zu lassen, Sibirien und Nordamerika, Grönland und die Antarktis zur Riviera zu verwandeln«. Selbst ein nüchterner Analytiker wie Pollock dachte 1957 bei den »sozialökonomischen Auswirkungen« der Atomtechnik vorrangig an Wüstenbewässerung durch entsalztes Meerwasser. Der israelische Staatschef Ben Gurion rechtfertigte damit den Einstieg seines Landes in die Atomforschung.

Leo Brandt, der technologiepolitische Vordenker der Sozialdemokratie, schwärmte 1956 auf dem Münchener Parteitag der SPD, wie die Kerntechnik zur Bewässerung der Wüsten, zur Kultivierung der Urwälder und zur Erschließung der arktischen Eiswüsten dienen werde. Er hatte sich gutgläubig von einem amerikanischen Firmenvertreter erzählen lassen, es seien für »die ungewöhnlich geringe Summe von 1 Million Dollar« schon Kleinreaktoren zu haben, die in ein paar Kisten unterzubringen seien: Diese Kisten müssten nur einen halben Meter tief im Eis oder im Kies des Amazonas vergraben werden, »am Ende kommt ein Kabel raus« und dieses könne eine Stadt von 10 000 Einwohnern mit Strom versorgen. Auch das »Atomtriebwerk für Flugzeuge« – eine Anwendung, die dem Kernbrennstoff »geradezu auf den Leib geschrieben« sei – stehe schon »vor der Tür«.

All diese Märchen, die damals von dem SPD-Parteitag kritiklos hingenommen wurden und noch in der Präambel zum Godesberger Programm ihre Spuren hinterließen, verblassten in den 1960er-Jahren: Schon lange vor Ausbruch des Atomkonflikts verlor die Kerntechnik ihr ursprüngliches Charisma. Der nukleare Flugzeug- und Lokomotivenantrieb wurde durch das Gefahrenpotenzial der selbst in kleinen Reaktoren enthaltenen Spaltstoffe rasch indiskutabel; ähnlich zerstob die aller Infrastrukturproblematik spottende Vorstellung einer Erschließung menschenleerer Gegenden durch Kernreaktoren. Selbst bei der nuklearen Meerwasserentsalzung blieb der anfangs erwartete internationale Wettlauf aus, obwohl die Sowjetunion mit einer derartigen Anlage bei Schewtschenko am Kaspischen Meer vorangegangen war.

Dass »der Hauptwirkungsbereich der Kernenergie auf dem Sektor der gebändigten Klein- und Kleinstexplosionen« liege, wobei die Kernenergie »gigantische Erdkorrekturen, kosmetische Veränderungen der Erdoberfläche« möglich mache, behauptete noch 1968 der persönliche Referent des CSU-Vorsitzenden Strauß in einer Philippika gegen den Atomsperrvertrag, die auch noch von »Kernenergie-Motoren für Lokomotiven« fabulierte, aber das war damals nur noch eine krampfhafte und unglaubwürdige Verrenkung, um den Widerstand gegen die Nichtverbreitung von Kernwaffen friedlich zu bemänteln, wie denn überhaupt in der Kampagne gegen den »Atomsperrvertrag« manche Motive der spekulativen Phase noch einmal auflebten. Damals war die Kerntechnik in Wirklichkeit längst simpel und eindeutig auf den Kraftwerksantrieb konzentriert und dementsprechend waren die »Atomzeitalter«-Visionen verpufft.

Das Auf und Ab der Atomeuphorie

Auf die Zeit um die Mitte der 1950er-Jahre blickte man schon bald darauf wie auf eine Phase verfrühter und übertriebener Euphorie zurück, ob mit Nostalgie oder Sarkasmus oder auch mit dem Unterton, dass man jetzt aber ein realistisches Verhältnis zur Kerntechnik gewonnen habe. Besonders gereizte Seitenhiebe erteilte Friedrich Münzinger, ein alterfahrener Großkraftwerksbauer der AEG, diesem für einen Ingenieur wie ihn lächerlich dilettantischen Optimismus. Er klagte 1960, die Welt sei »eine Zeitlang« von »eine(r) Art Atomkraftpsychose« ergriffen worden, in der selbst »ganz kleine« Entwicklungsländer, »in denen Öl beinahe billiger als Wasser ist«, »stürmisch den schleunigen Bau von Atomkraftwerken« verlangt hätten. Der »noch vor einigen Jahren herrschende Überschwang der Gefühle« sei von einer »geschäftige(n) Propaganda« genutzt worden und manches werde »behauptet und gedruckt, was besser nicht veröffentlicht worden wäre«. Man solle »nicht die Illusion aufkommen lassen, dass der Bau von Atomkraftwerken eine Art technischer Sonntagnachmittagsspaziergang sei« und »sich vor Prophezeiungen hüten wie der, dass die Atomkraft bald das Los des kleinen Mannes in unerhörter Weise erleichtern werde, weil sie durch Sachkenntnis nicht getrübte Flunkereien« seien.

Typisch war der Spott des erfahrenen Ingenieurs und Betriebswirts auf eine allzu stark von Physikern und Journalisten angeführte Atompropaganda. Der Wärmetechniker Jaroschek, der das RWE beriet, konstruierte aus der Rückschau gleich eine ganze Reihe naiver Phasen in der Beurteilung der Atomperspektiven: die »journalistische Phase«, die »naiv-physikalische Phase«, die »Phase der wirtschaftlichen Fehlkalkulationen«: sie allesamt Bestandteile einer atomaren Prähistorie vor der Ära, in der die Ökonomen und die Maschinenbauer das Wort hatten.

In Wahrheit hatte allerdings ein internationaler Kongress vermeintlicher Experten, die Genfer Atomkonferenz von 1955, die Atomeuphorie weltweit verbreitet. Häfele, der Leiter des Karlsruher Schnellbrüter-Projekts, erklärte 1963, im Zusammenhang mit der Ersten Genfer Atomkonferenz sei weltweit ein »überschäumender … aber unnatürlicher Optimismus« entstanden; »unnatürlich« nannte er ihn, weil die Kernenergieperspektive »noch nicht von der inneren Logik der Sache selbst getragen war, sondern vielmehr von einem woanders liegenden Motiv her, nämlich von der kontrollierten Abrüstung«.

In der Bundesrepublik wurde die Wirkung der in Genf eröffneten zivilen Atomperspektiven durch das zeitliche Zusammentreffen mit dem Wiedergewinn der eigenen Souveränität verstärkt. Aber auch in der französischen Kernenergiegeschichte galten jene Jahre als »les années d'euphorie«. Ein Mitglied der französischen Atombehörde ging sogar so weit, die in der kommunikationsfreudigen Genfer Atmosphäre vollzogene Offenlegung vieler Nukleargeheimnisse mit der Selbstentäußerung des französischen Feudaladels in der Nacht des 4. August 1789 zu vergleichen!

Schon 1954 stellte ein skeptischer Vertreter der Energiewirtschaft »mit einiger Sorge« fest, dass auf Grund britischer Verlautbarungen die »Wunder der Atomkraft« ein »dankbar scheinendes Thema« der westdeutschen Presse geworden seien und von ihr »immer häufiger« behandelt würden. 1955 kam dann die »nahezu fieberhafte« Aktivität der USA »im Abschließen von Atomprogrammen« hinzu, um in der Bundesrepublik – noch vor Genf – eine wahre »Flut von Zeitungsartikeln, von Aufsätzen in Zeitschriften und

Vorträgen« auszulösen. Der Ursprung der Atomeuphorie ist daher nicht allein bei den in Genf versammelten Wissenschaftlern, sondern auch in Bedürfnissen und Erwartungen der Öffentlichkeit zu suchen. Durch sie bekam die Genfer Atomkonferenz mit ihren Ausstellungen und Begleitveranstaltungen eine Signalwirkung, die an die der Weltausstellungen des 19. Jahrhunderts erinnert und die vergessen ließ, dass in Genf, genau besehen, noch so gut wie gar nichts industriell Relevantes präsentiert wurde.

In den USA hatte es eine erste Welle des Atomoptimismus bereits in der frühen Nachkriegszeit gegeben, die manches von der Atombegeisterung der mittfünfziger Jahre vorwegnahm, ja dank des damaligen Nuklearmonopols der USA noch weniger als die spätere Atomeuphorie durch Angst vor dem Atomkrieg getrübt war. Die erste Begeisterung war dann wieder in Pessimismus umgeschlagen, als die zivile Kernenergie noch Jahre nach Hiroshima auf sich warten ließ. Ein Pendeln zwischen Optimismus und Pessimismus war für die spekulative Ära der Kerntechnik charakteristisch; Balke klagte 1960, sein Ministerium gerate bisweilen »zwischen die Mühlsteine von Atomhysterie und Atomlethargie«. Da fragt sich, welchen Tiefgang diese Schwankungen besaßen.

Zur Skepsis neigte in den 1950er-Jahren vor allem die Energiewirtschaft, die die Kernkraftwerke am Ende bezahlen und ihr Betriebsrisiko tragen sollte. Sie hatte Grund zur Vorsicht, besaß auch keinen Anlass, sich zu einer Zeit, da fossile Energieträger reichlich zur Verfügung standen, für eine aufwendige neue Energietechnik in die Pflicht nehmen zu lassen. Obendrein hegte sie nicht gerade Sympathie für solche »Atomzeitalter«-Visionen, in deren Licht die noch eben zugebauten konventionellen Kraftwerkskapazitäten schon in Kürze zum alten Eisen gehören würden. Einer der seinerzeit bekanntesten und hartnäckigsten Atompessimisten war der RWE-Berater Oskar Löbl, der dem Atomenthusiasmus immer wieder mit lapidaren Kostenrechnungen eine kalte Dusche verabreichte. Er rühmte die EVUs als eine Insel der Nüchternheit im Meer der Atomeuphorie: »Alles war hoffnungsvoll gestimmt, das Atomzeitalter war angebrochen, die Zukunft hatte begonnen. Nur eine Gruppe hatte Vorbehalte. Es waren dies die großen Stromversorgungsunternehmen, darunter das größte von ihnen, das RWE. Sie wollten an das Goldene Zeitalter nicht glauben.« Spöttisch schilderte er, wie die Anbieter von Atomreaktoren kleinlaut würden, sobald das RWE von ihnen verlangte, sie sollten die von ihnen verheißenen niedrigen Kosten auch garantieren. Seine Skepsis wurde von dem für Atomfragen zuständigen RWE-Vorstandsmitglied Schöller geteilt, der 1957 in einer Besprechung im Wirtschaftsministerium noch entgegen dem späteren Usus die »Beseitigung des Atommülls« in die Kostenrechnung einbezog und anmerkte, dieser Prozess würde »vorläufig« etwa ebenso kostspielig sein wie die Stromerzeugung selbst.

Skeptisch gegenüber der Kernenergie waren selbstverständlich auch die Vertreter der Ruhrkohle. Ein Mitglied des Rheinisch-Westfälischen Instituts für Wirtschaftsforschung (Essen) behauptete 1956, »die meisten Fachleute auf dem Gebiet der Atomenergie« seien »überzeugt, dass es noch viele Jahre dauern wird, ehe die Kernspaltung einen wesentlichen Beitrag zur Deckung des Energiebedarfs leisten kann«. Ähnliches galt, wie nicht anders zu erwarten, für die Vertreter des Mineralöls: Der Leiter der Volkswirtschaftlichen Abteilung der Hamburger Esso AG bemerkte 1957, »zahlreiche Fachleute« rieten »zur Vorsicht« bei größeren Investitionen in der Kerntechnik, und berief sich in dem Zusammenhang auf das RWE. Ein Artikel in der *Frankfurter Allgemeinen Zeitung* vom Mai 1956 mit der Schlagzeile »Atomenergie noch in weiter Ferne« berief sich auf Aussagen von Vertretern der amerikanischen Kohle- und Ölindustrie.

Solche Auffassungen wurden damals im Bundeswirtschaftsministerium geteilt. Ein Ministerialdirigent erklärte 1957 unwidersprochen in einer Energiebesprechung, wer schon heute nach den Kosten einer Atom-Kilowattstunde frage, frage »zehn Jahre zu früh«, und wer heute gar schon wisse, was sie koste, beweise damit, »dass er von den Dingen nichts versteht«. Nicht einmal im Atomministerium dachte man damals daran, mit genauen Kostenkalkulationen für Atomstrom aufzuwarten; ein Ministerialrat gab Anfang 1958 zu, die Kostenangaben für die nukleare Kilowattstunde schwankten noch immer zwischen 3,4 und 30 Pfennig; im Klartext: Man wusste über die Kosten so gut wie nichts.

Aber es waren ohnehin weder exakt belegbare Kostenrechnungen noch ein akuter bundesdeutscher Strombedarf, der die Atomeuphorie inspirierte. Der Atomphysiker Gerlach tat in einem öffentlichen Vortrag (1955) die Frage, »was denn eine Kilowattstunde aus einem solchen Uranmeiler kostet«, und den Versuch entsprechender Kalkulationen als »eigentlich etwas töricht« ab, um im Anschluss daran die bemerkenswerte Feststellung zu treffen: »Ich glaube, man sollte von vornherein sagen, solche wirtschaftlichen Überlegungen haben mit dem Kernenergieproblem überhaupt gar nichts mehr zu tun.« Für ihn ergab sich die Kernenergieförderung als kategorischer Imperativ aus einer »in absehbarer Zeit« drohenden katastrophalen Energienot. Dieses »qualitative« Argument war damals am aufrichtigsten; daneben gab es jedoch schon zu jener Zeit – so die amerikanische Zeitschrift *Nucleonics* 1958 – eine förmliche »Manie«, detaillierte Rechnungen über Reaktorkosten aufzustellen, die aus der Luft gegriffen waren (»guessticates«).

Selbst manche Skeptiker jener Zeit wirken aus der Rückschau als Optimisten. Zwar gehörte es unter Fachleuten zum guten Ton, sich von journalistischen Übertreibungen zu distanzieren; aber die Quelle der Übertreibungen waren doch oftmals Fachpublizisten, die für die Öffentlichkeit als Experten gelten mussten. Dabei ist zu bedenken, dass in Anbetracht der Vielzahl der bei der Kernkraft zu berücksichtigenden Aspekte damals ebenso wenig wie heute verbindlich zu definieren war, wer als »Experte« im vollen Sinne gelten durfte. So veröffentlichte die seriöse *atomwirtschaft* 1956 ein Schaubild über die »Aussichten der Atomenergie im Jahre 1960 in diversen Ländern«, aus dem sich ergab, dass die Kernenergie in der Bundesrepublik die besten Aussichten habe und bei stark ansteigenden Stromkosten schon 1960 bereits nicht weniger als 80 Prozent der Gesamterzeugung decken könne! Die Absurdität dieser Hypothese war dem Begleittext nicht zu entnehmen. Im gleichen Jahr schwelgte Leo Brandt in seiner Ansprache auf dem Münchener Parteitag der SPD in einer aus dem Rückblick grotesk und närrisch anmutenden Atomeuphorie, wobei er seine Voraussagen nicht als Hypothesen erkennen ließ, sondern als gesicherte Fakten ausgab. Er war zwar kein Fachmann im Sinne der Kerntechniker, musste aber von seiner Laufbahn und Position her für die SPD als Experte gelten, der Zugang zu allen Informationen besaß.

Einen ähnlichen Extremfall rückhaltloser Atomeuphorie bot Edgar Salin, den Marion Gräfin Dönhoff später als »großen Zauberer« in Erinnerung hielt. Er war zwar kein Atomphysiker, konnte aber gerade dann, wenn man im Bau von Kernkraftwerken ein gesamtwirtschaftliches Problem mit vielen Dimensionen erblickte, als idealer Gewährsmann gelten, da er als Wissenschaftler einen weiten und visionären Blick besaß, wie er der nuklearen Problematik entsprach. Seine Atomschriften übten offenbar einen Einfluss aus, der vom Atomministerium bis zur Opposition reichte. Salin begnügte sich nicht mit Hypothesen und Wenn-dann-Aussagen, sondern behauptete 1955, »mit Sicherheit« werde die Atomenergie »schon in wenigen Jahren« zu weltwirtschaftlicher Bedeutung aufsteigen. Noch ein Jahr darauf unterstrich er, »angesichts des erreichten Standes beim Bau von Atomkraftwerken sollte es selbstverständlich sein, dass keine thermischen Kraftwerke mehr errichtet werden, die nicht durch ihre Lage außerhalb der Städte den späteren Anbau von Reaktoren gestatten.«

Kein Wunder, dass Ende 1955 selbst Hermann Josef Abs, der ebenso mächtige wie nüchterne Chef der Deutschen Bank, es für möglich hielt, dass »die Atomenergie schon in nicht zu ferner Zukunft die wichtigste Energiequelle überhaupt sein« werde. Eine Broschüre der Gesellschaft für öffentliche Wirtschaft stellte es 1957 wie eine »Tatsache« dar, »dass Westeuropa und besonders die Bundesrepublik aller Voraussicht nach in den nächsten zehn Jahren zum größten Atomkraftmarkt der Welt wird«. In der renommierten Zeitschrift *Außenpolitik*, in der 1954 ein redaktioneller Artikel den Fusionsreaktor in zwei Jahren prophezeit hatte, glaubte 1955 ein Herausgeber zu wissen, dank ihrer Standortungebundenheit »dürfte die friedliche Atomtechnik als Mittel der Industrialisierung kohlearmer Länder täglich an Bedeutung gewinnen«. Ein redaktioneller Artikel der Zeitschrift »Wehr und Wirtschaft« prophezeite 1958, bald würde das Öl von der Atomenergie abgelöst und danach nur noch »in den Petroleumlampen der letzten Elendsquartiere« gebraucht; daher brauche man sich um den Nationalismus der arabischen Ölstaaten nicht zu sorgen.

Der Atomphysiker Haxel, der auf einer Kundgebung des DGB »Kern-Energie im Dienste der Menschheit« am 2. November 1957 in Frankfurt sprach, trat als vorsichtiger Fachmann auf, der »bewusst Zurückhaltung« übe und sich der Prophezeiungen enthalte. Und doch scheute sich selbst er nicht, zu behaupten, »wie ein Geschenk des Himmels« komme »uns im richtigen Moment die Kernenergie zu Hilfe«, die es ermögliche, »in beliebigem Umfange Energie zu produzieren«, und »schon in wenigen Jahren« konkurrenzfähig sein dürfte; ebenfalls »in wenigen Jahren« werde man »sicher« so weit sein, dass die Anwendung radioaktiver Isotope mehr Kostenersparnisse einbringe »als die gesamten Kosten, die jemals für die Atomforschung aufgewandt worden sind«. Als Spezialist für Kernenergie auf der Arbeitgeberseite profilierte sich damals W. Alexander Menne, Vorstandsmitglied der Farbwerke Hoechst und Vizepräsident des DBI; er rief unmittelbar nach der Genfer Atomkonferenz zur Forcierung der Kernkraftentwicklung auf und trug zum ersten Heft der Zeitschrift *atomwirtschaft* bei. Dort distanzierte er sich zwar von der »Atompsychose«, von der »die öffentliche Meinung« erfasst sei – wobei er dieser den Glauben unterstellte, »dass schon morgen die Kohle durch Atomkraft ersetzt werden könnte« –, zeigte sich aber doch in Wahrheit arg optimistisch, wenn er es für möglich hielt, dass schon in einem Jahrzehnt »große Atomkraftwerke einen erheblichen Anteil unserer Energieerzeugung übernehmen werden«. Wie man sieht, ist die Atomeuphorie ungemein lehrreich, wenn wir in der Gegenwart und Zukunft immer neuen Hypes über »Neue Technologien« von vermeintlichen Experten begegnen, die neue Technikrevolutionen wie Tatsachen prophezeien und sich als Insider und harte Realisten aufführen!

Besonders berüchtigt für verfrühten Optimismus wurde später der Bericht der sogenannten drei »Euratom-Weisen« vom Mai 1957 über »Ziele und Aufgaben von Euratom«. Der deutsche Vertreter unter den »Weisen«, Franz Etzel, gehörte zum engsten Vertrautenkreis des Bundeskanzlers, war allerdings mangels nuklearer Kompetenz bei der Abfassung des Berichts wohl nicht federführend und trug auch in der Folge nichts zur Verwirklichung dessen ehrgeiziger Intentionen bei. Der Bericht der »Weisen« – eines der unüberlegtesten Dokumente der internationalen Atomhistorie – setzte allen Ernstes das Ziel, binnen eines Jahrzehnts in den sechs Euratom-Staaten Kernkraftkapazitäten von insgesamt 15 000 MW zu erstellen! Wenn er allerdings zugleich einräumte, dass dieses Ziel »ehrgeizig« sei und »unzweifelhaft viel größer als die Summe der in unseren sechs Ländern gegenwärtig einzeln aufgestellten Programme«, weckt das Zweifel an der Ernsthaftigkeit des 15 000-MW-Ziels. Das bundesdeutsche Atomprogramm von 1957 plante nur den Bau von ganzen 500 MW und selbst dieses Ziel erwies sich vorerst als zu hoch gegriffen; der Euratom-Bericht hätte in der Bundesrepublik eigentlich indiskutabel sein müssen.

Balke entschied sich, zu dem Bericht zu schweigen, da die Auseinandersetzung um ihn »in erster Linie die Energiewirtschaft berühre«, gegenüber der er Distanz pflegte. Nicht dazu schweigen konnte der »Energiekreis«, der sich im Februar 1956 im Wirtschaftsministerium konstituiert hatte. Anfangs ignorierte er die Kernenergie; im Januar 1957 ließ er verlauten, »dass sich sehr unterschiedliche Meinungen über die künftige Bedeutung der Atomenergie ausbreiteten«, wobei jedoch die überwiegende Meinung des Kreises die zu sein »scheine«, dass die Atomenergie in den nächsten zehn Jahren noch keinen nennenswerten Beitrag zur Energieversorgung erwarten lasse und daher vorerst kein Thema zu sein brauche. Nach Vorlage des »Drei-Weisen-Berichts« und einem Gespräch Erhards mit Etzel und Balke wurde jedoch die Kernenergie unter die Themen des »Energiekreises« aufgenommen. Dabei waren sich die Vertreter des Wirtschafts- und des Atomministeriums aber darin einig, dass der Euratom-Bericht keine gesicherte Grundlage besaß. Und doch trug er dazu bei, dem Thema »Kernkraft« in der politischen Arena schon zu einer Zeit Aktualität zu geben, als noch kein einziges Kernkraftwerk in Betrieb war.

Alles in allem war die Atomeuphorie nicht lediglich, wie hernach gerne behauptet, ein von Journalisten hochgepuschter Oberflächenwirbel ohne praktischen Effekt. Gewiss blieben die materiellen Investitionen der Industrie und auch des Staates in der Kerntechnik noch jahrelang gering. Auf der Ebene der politischen und wirtschaftlichen, der nationalen und internationalen Organisationen erfolgte jedoch damals jene Fixierung auf die Kernenergie als die Energie der Zukunft unter Verdrängung jeglicher Alternativen, die die Entwicklung der folgenden Jahrzehnte vorprogrammierte. Der grundsätzliche Konsens zugunsten der Kernenergie, der damals fast alle Machtgruppen der Gesellschaft umfasste, kam in den 1950er-Jahren umso leichter zustande, als er damals noch unverbindlich war und vorerst nicht durch kostspielige und prekäre praktische Entscheidungen auf die Probe gestellt wurde.

»Gesellschaften und Vereine« zur Förderung der Kerntechnik schossen nach 1955 in der Bundesrepublik »wie Pilze aus der Erde« – in einem Maße, dass sie selbst dem Atomministerium und der Atomkommission lästig wurden. Der BDI wie der DGB richteten Arbeitskreise für Atomfragen mit teilweise prominenter Besetzung ein; nicht nur auf Bundes-, sondern auch auf Länderebene entstanden Atomkommissionen; zahlreiche Hochschulen und Kommunen zeigten ein nicht selten kurioses Interesse an Reaktoren. Die »Atomzeitalter«-Vorstellung begleitete den Weg der SPD zum Godesberger

Programm. Nicht zuletzt die Europäische Atomgemeinschaft wäre ohne die verfrühte Atomeuphorie kaum denkbar gewesen: Ohne die Vorstellung einer schon bald in großem Stil zu realisierenden friedlichen Kerntechnik wäre sie als ein von militärischen Ambitionen inspiriertes Unternehmen dagestanden und hätte damit ihr Gesicht verloren.

Die Verdrängung der Solarenergie

Die »Atomzeitalter«-Visionen verdrängten andere Visionen von der künftigen Energieversorgung der Welt, die bis dahin eine Faszination ausgeübt hatten. Zukunftsträume von der großtechnischen Nutzung unerschöpflicher Energiequellen – Solar-, Wind- oder Gezeitenenergie – hatten schon damals eine lange Geschichte. Der RWE-Vorstand Schöller hob noch 1948 zur Verteidigung der Verbundwirtschaft die »überragende Bedeutung der künftigen Wasserkraftausnutzung« hervor: Nur »diese ewigen Energiequellen« könnten den wachsenden Strombedarf befriedigen; auch technisch sei dies »die eleganteste, sauberste und betriebssicherste Art der Stromerzeugung«. Auch die Weltkraftkonferenz befasste sich damals mit neuen Energietechniken außerhalb der Atomkraft. Im Auftrag der deutschen Sektion dieser Konferenz wandte sich 1952 Herbert F. Mueller, einer der ersten deutschen Energiewissenschaftler, an Heisenberg, um sich von ihm bestätigen zu lassen, dass man sich zur Deckung des künftigen Energiebedarfs »nicht auf die Arbeiten an der Atomenergie allein verlassen« dürfe. Hierzu fand sich Heisenberg jedoch nicht bereit, wenn er auch das bemerkenswerte Zugeständnis machte, dass vermutlich »auch in 20 Jahren Kohle und Wasserkraft noch billiger sein werden als Atomenergie«.

Der österreichische Atomphysiker Hans Thirring, zugleich ein führender Kopf der dortigen Friedensbewegung, schrieb 1952, die Nutzung der Kernenergie sei erst dann zu verantworten, wenn die Möglichkeiten der Solar- und Wasserenergie gänzlich erforscht und ausgeschöpft seien. Dass er jedoch an ein solches Verantwortungsbewusstsein der Wissenschaft nicht glaubte, zeigt sein merkwürdiger Zusatz: »Dixi et salvavi animam meam« – »Ich habe gesprochen und meine Seele gerettet«. Das war ein zum Sprichwort gewordenes Gewissensalibi, das aus dem Buch Hesekiel stammte: Auch wenn die Gottlosen der Verdammnis verfallen, rettet man doch seine eigene Seele, indem man sie warnt – wohl wissend, dass sie auf die Warnung nicht hören.

Homi Bhabha, Leiter der indischen Atomkommission und Vorsitzender der Genfer Atomkonferenz von 1955, war noch 1952 als engagierter Anhänger der Solarenergie hervorgetreten, in der Folge jedoch schwieg er zu diesem Thema. Mitte der 1950er-Jahre begann die Entwicklung von Solarzellen deutliche Fortschritte zu machen; aber zugleich ließ sich erkennen, dass

Zukunftsvisionen, die traditionell an die Solarenergie geknüpft wurden, nunmehr auf die Atomenergie umprojiziert wurden. Auch den Brütern und schon gar den Fusionskraftwerken wurde die Erschließung unerschöpflicher Energiequellen zugeschrieben, die darin der Sonnenenergie ähnelten. So kam es, dass die regenerativen Energiequellen auf die Öffentlichkeit in den 1970er-Jahren wie eine Neuentdeckung wirkten.

Der Atomoptimismus und die Furcht der Bevölkerung

Handelte es sich bei der Atomeuphorie um eine »öffentliche« oder nur um eine »veröffentlichte Meinung«? Auch wenn sie sich in Politik und Publizistik zeitweilig fast widerstandslos ausbreitete, ist nicht gesagt, dass sie der Einstellung breiter Bevölkerungsschichten entsprach. Eine Emnid-Umfrage ergab 1958, dass zwei Drittel der erwachsenen Bevölkerung mit »Atomenergie« spontan die Bombe und deren Wirkungen assoziierten und ein Drittel von friedlicher Kernenergie noch nie etwas gehört hatte. »Positive Vorstellungen« von »friedlicher Kerntechnik« waren in den oberen Bildungsschichten »sehr viel stärker« vorhanden als in den unteren. Zur gleichen Zeit registrierte eine Repräsentativumfrage des Allensbach-Institutes, dass nur acht Prozent der Bevölkerung vorbehaltlos für die Atomenergie waren, während 17 Prozent befürchteten, die Atomenergie werde eines Tages zum Atomkrieg führen! In seiner Ansprache auf der erwähnten Frankfurter DGB-Kundgebung »Kern-Energie im Dienste der Menschheit« (1957) ging Ludwig Rosenberg davon aus, dass die Atomenergie für die meisten Menschen nach wie vor durch den »Rauchpilz von Hiroshima« symbolisiert werde und bei dem Durchschnittsbürger die Furcht vor der Kerntechnik bei weitem überwiege.

Vor diesem Hintergrund bekommt die Atomeuphorie einen Abwehrcharakter: Manche Übersteigerungen mögen sich aus der Allgegenwart einer anders gesonnenen schweigenden Mehrheit erklären – und auch aus der Allgegenwart der Angst vor der Atombombe. Nicht zuletzt die Internationale der Atomphysiker selber brauchte den Glauben an die Segnungen des »friedlichen Atoms«, um ihr Elitebewusstsein zu erhalten und vor der Welt nicht als Handlanger des Todes dazustehen.

Der Zusammenbruch des verfrühten Optimismus

Nicht nur die euphorische Phase, sondern auch das darauffolgende Tief waren markant, vor allem aus der Sicht der danach folgenden Phase des Durchbruchs, als man die vorausgegangene Zeit des Pessimismus in der Erinnerung am liebsten verdrängen wollte. Aus Amerika wurde schon Anfang 1956 gemeldet, dass die durch die Genfer Atomkonferenz ausgelöste »Welle des Enthusiasmus« und der verbreitete Glaube, das »Zeitalter der Atom-energie« sei bereits Realität, schon teilweise von einer »vorsichtigeren und skeptischeren Beurteilung abgelöst worden« sei. Auch aus Großbritannien verlautete damals, auf die bisherigen Kostenkalkulationen für Atomstrom sei kein Verlass und die Kernkraftwerke würden teurer werden als ursprünglich angenommen. Ein Bericht der OEEC – Vorläufer der OECD kam 1956 auf der Grundlage britischer Schätzungen zu der realistischen Annahme, dass die Kernenergie noch 1975 »wahrscheinlich nicht mehr als acht Prozent des gesamten Energiebedarfs Westeuropas decken« werde; der Gesamttenor des Berichts stand in scharfem Kontrast zu dem wenig später vorgelegten Bericht der »Euratom-Weisen«, die ihren Ehrentitel Lügen straften.

Die Absatzkrise der Kohle, die in der Bundesrepublik 1957 begann, wirkte sich auf die Kernenergiepläne zunächst wenig aus: Wenn man, wie es damals geschah, die Brennstoffunabhängigkeit als Ziel des Atomprogramms setzte, konnte man die Kohlekrise sogar als Beweis nehmen, dass die Bundesrepublik zunehmend unter einem Mangel an preiswerten einheimischen Energieträgern fossiler Art leide. Stärker wurde die Stimmung von Signalen aus dem Ausland getroffen.

Da gab es 1958 eine deutliche Zäsur. Damals wurde in der amerikanischen Atomwirtschaft eine »offene Krise« wahrgenommen, und zwar gerade nach der Inbetriebnahme des ersten Kernkraftwerks. Noch im Jahr davor hatte man in der Deutschen Atomkommission das erste Atomprogramm mit dem Hinweis auf eine angebliche Lehre der »Geschichte der letzten beiden Jahrhunderte« zu rechtfertigen versucht, dass nämlich »alle technischen Neuentwicklungen mit der Zeit erheblich billiger geworden sind, nachdem die Anfangsschwierigkeiten überwunden waren«. Aber jetzt zeigte sich in den USA, dass bei den Kernkraftwerken von Kostendegression noch keine Rede war, sondern die Kosten wider Erwarten immer höher wurden. Bei dem 1957 in Betrieb genommenen Druckwasser-Kernkraftwerk Shippingport kostete die Kilowattstunde schließlich 21,8 Pfennig gegenüber 2,0 bis 3,5 Pfennig bei amerikanischen Kohlekraftwerken!

Mit dieser internationalen Veränderung der Perspektiven wurden die Deutschen vor allem auf der Zweiten Genfer Atomkonferenz (1958) konfrontiert, auf der auch die Hoffnungen auf eine baldige Verwirklichung des Fusionsreaktors zerstoben. Diese Konferenz, auf der das »Frage-und-Antwort-Spiel zwischen Journalisten und Wissenschaftlern« »viel besser« funktionierte als 1955 und weniger Missverständnisse unterliefen, markiert in der allgemeinen Stimmung eine Wende zur Ernüchterung: nicht nur in der Bundesrepublik, sondern auch in den USA.

Die Skepsis wurde im folgenden Jahr verstärkt durch eine von der OEEC veranstaltete Informationstagung in Stresa über die industriellen Aussichten der Atomenergie. Dort wurden die Kosten des Atomstroms offenbar erstmals systematisch und auf der Grundlage bisheriger Erfahrungen, nicht optimistischer Extrapolationen erörtert; und nicht zuletzt dank beharrlichen Bohrens des RWE-Beraters Oskar Löbl wurde klargestellt, dass es ein konkurrenzfähiges Kernkraftwerk noch nirgends gab und in naher Zukunft auch kaum geben würde.

In der Deutschen Atomkommission gelangte 1958 der einflussreiche Arbeitskreis »Kernreaktoren« zu einer »pessimistischen Beurteilung der Lage«. Anfang 1959 wandelte sich dieser Pessimismus zwar noch einmal auf »geheimnisvolle Weise« (Wirtz) zu einer günstigen Einschätzung der Entwicklung, vor allem wohl auf Grund des damals von einem Konsortium der Energiewirtschaft geplanten Kernkraftwerks Stuttgart, aber das Scheitern des Stuttgarter Projekts Anfang 1960 machte dann die nukleare Baisse evident. 1960 verblasste obendrein der Nimbus des britischen Kernkraftwerks Calder Hall, das bis dahin die Illusion verbreitet hatte, als gebe es den Atomstrom bereits als normales Produkt. 1962 registrierte die *Financial Times* ein »atomic ice age«: ein Signal, das dem Bundesatomminister vom BDI übermittelt wurde. Die allgemeine Situation um 1960 hätte, rein ökonomisch betrachtet, Anlass zu einer grundsätzlichen Revision der gesamten Kursrichtung auf die Kernenergie geben können, zumal damals in der Bundesrepublik in diesem Sektor erst geringe Summen investiert worden waren. Umso bemerkenswerter ist es, dass eine solche Fundamentalrevision nie zur Diskussion stand. Energietechnische Alternativen wurden Anfang der 60er-Jahre ebenso wenig diskutiert wie in der Zeit der Atomeuphorie.

Der sich Ende der 1950er-Jahre ausbreitende Pessimismus hinsichtlich der kurzfristigen industriellen Chancen der Kerntechnik wurde von verschiedenen Instanzen und Interessen unterschiedlich verarbeitet. Der Atomminister, dem es mehr auf den Aufbau einer breit gefächerten Atomforschung als auf den raschen Übergang zu Leistungskernkraftwerken ankam, sah sich in dieser seiner Linie nur bestätigt. Wenn ein Gutachter wie Jaroschek »von Atomphysikern gelegentlich als Pessimist bezeichnet« wurde, so war das damals in den Augen des Atomministeriums ein Gütezeichen. Die Forschungszentren konnten sich durch den kommerziellen Rückschlag zu längerfristigen Zukunftsprojekten ermutigen lassen; 1960 begann in Karlsruhe die Schnellbrüterentwicklung.

Wilhelm Alexander Menne (Hoechst), der Atomoptimist im BDI-Vorstand, forderte 1958, den Zweifeln der Öffentlichkeit an der Ernsthaftigkeit des industriellen Engagements müsse »durch kräftigeres Läuten des Atomglöckchens entgegengetreten werden«. Im Mai 1959 setzte mit der Gründung des Deutschen Atomforums, das aus einem Zusammenschluss von vier Gesellschaften zur Förderung der Kerntechnik hervorging, eine zentral gesteuerte Öffentlichkeitsarbeit ein. Ein Opfer der nuklearen Rezession wurde vor allem das neoliberale Konzept, das der Industrie die Führung geben und dem Staat nur eine Hilfsfunktion lassen wollte; bereits auf der Konferenz in Stresa im Mai 1959 drohten sich die deutschen Vertreter in den Augen der anderen Nationen mit diesem liberalen Dogmatismus lächerlich zu machen. Nunmehr entstand auch in der Bundesrepublik ein Konsens, dass die kerntechnische Entwicklung noch weit über die Grundlagenforschung hinaus bis hin zum Bau von Demonstrationskraftwerken vom Staat zu finanzieren sei. Daher führte die nukleare Baisse um 1960 nur noch zu einer stärkeren politischen Verankerung der Kerntechnik.

Politische und ideologische Akzente des »Atomzeitalters«

In der spekulativen Ära war die Bombe die einzige nukleare Realität. Auf den ersten Blick wirkt es paradox, dass die Jahre der Atomeuphorie genau die gleiche Zeit waren, in der die von den atomaren Waffen drohende Gefahr in das allgemeine Bewusstsein trat. Es war die Zeit, als nicht mehr allein die USA, sondern auch die Sowjetunion eine Atommacht war. 1954 begann nicht nur der weltweite Atomoptimismus, sondern im selben Jahr entstand auch die Debatte über die aus dem Fallout der Atomtests drohenden Gesundheitsschäden, die damals von dem japanischen Fischerboot »Glücklicher Drache«, das zu seinem Unglück am 1. März 1954 in die Gefahrenzone der ersten US-amerikanischen Wasserstoffbombenexplosion geraten war, in schockierender Weise vor Augen geführt wurden. Mitte der 50er-Jahre begann die Kampagne der »Federation of American Scientists« gegen die Atomtests. Im Juli fand die erste der internationalen Pugwash-Konferenzen gegen die Nuklearversuche statt und im April des gleichen Jahres protestierten die führenden bundesdeutschen Atomphysiker im Göttinger Manifest gegen Bestrebungen der Bundesregierung zur atomaren Bewaffnung der Bundeswehr.

Es liegt nahe, aus der Gleichzeitigkeit der Atomeuphorie mit der öffentlichen Erkenntnis der Atomwaffengefahr auf einen inneren Zusammenhang zu schließen: Gerade die Atomphysiker brauchten die Perspektiven der friedlichen Kerntechnik, um sich mit den Atomwaffen öffentlich auseinandersetzen zu können und die Atomwissenschaften dennoch nicht als Werkzeug des Todes erscheinen zu lassen. Die friedliche Kerntechnik bot eine Alternative, von der aus man die militärische Kerntechnik kritisieren konnte, und je mehr die Gefahr eines Atomkrieges ins allgemeine Bewusstsein drang, desto nötiger bedurfte man des positiven Gegenbildes. Auch die Angst vor der Bombe ist in den »Atomzeitalter«-Entwürfen enthalten: Die Bombe zwang zum Frieden und dieser versprach durch das »friedliche Atom« gefestigt zu werden, das den Streit der Nationen um Kohle und Öl beendete.

Als Gegenreaktion erscheint die »Atomzeitalter«-Vorstellung auch vor dem Hintergrund der damaligen Vergangenheit. Zumindest die Europäer hatten damals eine schon über eine Generation dauernde Ära mit düsterem Horizont hinter sich, die von vielen nur mit pessimistischen Weltbildern bewältigt werden konnte. Selbst der Friede von 1945 war bald durch die Furcht vor einem neuen, noch vernichtenderen Krieg verdunkelt worden; ob dem Frieden, der günstigen Wirtschaftskonjunktur und dem wachsenden Wohlstand zu trauen sei, blieb noch lange Zeit unsicher. Gegenüber dieser Welt der Knappheit, des Kampfes um die begrenzten Ressourcen und der Herrschaft des Stärkeren und Brutaleren wurde die Welt des »Atomzeitalters« gern als ein Reich der Fülle, der Aussöhnung der Gegensätze, des unendlichen Fortschritts und der Herrschaft des Geistes entworfen. Es waren Fantasien einer Zeit, in der man nach einer langen Ära der Hoffnungsarmut wieder an einen dauerhaften Frieden und Wohlstand zu glauben begann. So widersprüchlich und unausgegoren die »Atomzeitalter«-Entwürfe oft waren, so bekommen sie doch vor dem Hintergrund der vorangegangenen Jahrzehnte ihre historische Kontur und man versteht den utopischen, ja manchmal rauschhaften Zug der populären »Atomzeitalter«-Literatur der 1950er-Jahre, die noch heute zahlreich in den Büchereien verstaubt.

Das Schlagwort »Atomzeitalter« war ein internationales Phänomen. Schon 1954 wird berichtet, »Begriffe und Ausdrücke des Atomzeitalters« begegneten einem »überall – in Zeitung und Rundfunk, in Gesprächen und Nachrichten aus aller Welt«. Der Ursprung des Schlagworts lag in den USA: Dort wurde das »Atomic Age« schon lange vor dem Bau der ersten Kernkraftwerke zu einem Reizwort der Reklame und einem Thema für »fantasievolle Witzbilder«. Es besaß aber von Anfang an auch eine ernstere Substanz: Da in Fachkreisen frühzeitig zu erkennen war, dass es vermutlich keinen technischen Weg gab, um zu verhindern, dass sich mit der Kerntechnik zugleich die Fähigkeit zum atomaren Bombenbau über die Welt ausbreitete, war mit der Hoffnung auf das »friedliche Atom« die Überzeugung von der Notwendigkeit einer friedlichen Weltordnung, also auch der Verständigung mit der Sowjetunion, verknüpft. Daher bekam die Vorstellung »Atomzeitalter« fast zwangsläufig eine Spitze gegen den Kalten Krieg und »McCarthyismus«. Ein temperamentvolles Buch »It's your atomic age« (1951) bemerkte, der Friede sei dadurch sicherer geworden, dass auch die Sowjetunion die Atombombe habe: in einer Zeit hysterischer Jagd auf angebliche Sowjetagenten ein mutiges Wort. Durch Albert Einstein, Robert Oppenheimer und David Lilienthal besaß die Atomforschung in den USA ein progressives Image. »The Socialist Island« wurde zum geflügelten Wort für den staatlichen Kernforschungskomplex.

Ein populäres Handbuch der Atomtechnik prophezeite, die Kernenergie bringe eine »industrielle, wirtschaftliche und soziale Revolution, die größer sei als alle Revolutionen der Vergangenheit« und an historischer Bedeutung nur mit der Entdeckung Amerikas verglichen werden könne. 1960 veröffentlichte der »National Council of the Churches of Christ« (NCC) eine Erklärung zur friedlichen Kernenergie, die mit den Worten begann: »Christians view the advent of the nuclear age with hopeful realism.« Bezeichnend für die politische Akzentuierung des »Atomzeitalters« ist auch hier, dass der damit verbundene Aufruf zur weltweiten Versöhnung von dem schärfer antikommunistischen »American Council of Christian Churches« (ACCC) heftig attackiert wurde.

In Westeuropa findet sich die »Atomzeitalter«-Vorstellung mit besonders visionärem Elan bei sozialistischen Autoren. Ein Extrembeispiel von Atomeuphorie bot der französische Sozialist Angelopoulos; weltpolitisch erhoffte er sich von der Kernenergie eine »Verschmelzung« von Ost und West. Auch für den einflussreichen belgischen Trotzkisten Ernest Mandel war die Kernenergie ein Epochenmerkmal und Triebkraft einer neuen industriellen Revolution. Auf das »Atomzeitalter« hoffte gleichfalls der englische Sozialist und berühmte Wissenschaftshistoriker John D. Bernal, der davor warnte, diese famose neue Energietechnik der zögerlichen Privatwirtschaft zu überlassen.

Dieser neue Glaube reichte jedoch über politische Fronten hinweg; nicht zuletzt darin bestand sein Charme. Als Integrationskonzept diente die an die Kernenergie geknüpfte Vorstellung einer neuen industriellen Revolution Mitte der 1950er-Jahre nicht zuletzt für die westeuropäische Einigung. Die Messina-Resolution von Juni 1955 begründete die vorgesehene Schaffung einer Atomgemeinschaft mit der erstaunlichen Behauptung, dass die Kernenergie »binnen kurzem« eine »neue industrielle Revolution« erwarten lasse, »die unendlich viel größer sein wird als diejenige der letzten hundert Jahre«. Dieser dick aufgetragene Optimismus fungierte freilich als Deckfarbe für die damals noch viel handgreiflicheren militärischen Möglichkeiten der Kerntechnik. Ein »Atomzeitalter«-Konzept, das zur Bombe schwieg, ließ das damals gewichtigste Faktum unausgesprochen.

Ein Wechselbad von Hoffnung und Furcht findet sich besonders krass in Schriften von Edgar Salin, dem letzten bedeutenden Kopf der historischen Schule der Nationalökonomie. Die Ära der Atomenergie bedeutete für ihn nicht nur eine »neue Etappe der industriellen Revolution«, sondern eine »neue Epoche«, in der – man beachte die doppelbödige Formulierung! – »die Technik das Amt des Schöpfers usurpiert«. »Es drohen apokalyptische Greuel – niemand darf sich das verhehlen«, verkündet Salin in barockem Helldunkel inmitten von übertriebenen Hoffnungen; und Gefahren sieht er nicht nur bei der militärischen, sondern auch bei der friedlichen Kerntechnik: Ganz realistisch erkennt er schon, dass die Atomwirtschaft »das Gewicht der monopolistischen und der staatlich-interventionistischen Kräfte gewaltig verstärken« werde. Er steigert sich sogar zu der Warnung, es drohe »die Gefahr einer Technokratie von solcher Machtfülle, dass alle Diktaturen der Vergangenheit daneben als bloße Stümperei erscheinen«. Aber der simple und nahe liegende Schluss, dass der Weg in die Kerntechnik eben nicht forciert werden dürfe, ist tabu; mit dem »Atomzeitalter« wird bereits wie mit einem unabänderlichen Schicksal hantiert.

Sozialdemokratie und »Atomzeitalter«

In der SPD und ihr nahe stehenden Kreisen gab es wiederholt Ansätze, das »Atomzeitalter« ähnlich wie die »Zweite industrielle Revolution« zu einem kritisch-oppositionellen Konzept zu machen. Ihren Höhepunkt erreichten diese Bestrebungen in der Anti-Atomtod-Kampagne und sie wurden, auch nachdem diese Bewegung von SPD und Gewerkschaften fallengelassen worden war, in der Zeitschrift *Atomzeitalter* fortgesetzt, einem Bindeglied zwischen der pazifistischen Opposition der 1950er-Jahre und der »neuen Linken« der späten 60er-Jahre. Und doch wurde das im »Atomzeitalter« enthaltene kritische Potenzial nicht wirklich genutzt. Zwar wurde dieser Begriff in der SPD-Führung schon früh aufgeschnappt: Carlo Schmid referierte schon im Frühjahr 1955 über »Politik im Atomzeitalter«; Fritz Erler erklärte am Ende des gleichen Jahres, mit der Atomenergie habe ein neues Kapitel auch der Sozialgeschichte begonnen, und auch Waldemar von Knoeringen sah zu jener Zeit »die aktuellen Fragen gern im Zeichen von Atom und Automation«. Aber das blieb in der Regel ein vager rhetorischer Dynamismus ohne praktisch-reformerische Konsequenzen.

Das »Atomzeitalter« wurde mehr rhetorisch beschworen als kritisch analysiert und gedanklich verarbeitet. Mitten in einer durch restaurative Züge geprägten Zeit schien das Atom eine revolutionäre Automatik neuer Art zu installieren, die mit Klassenkampf nichts mehr zu tun hatte. Auf dem Münchener Parteitag der SPD 1956 konnte Leo Brandt unwidersprochen seine Mär von den mannigfaltigen Segnungen des Atoms präsentieren, die alle Übertreibungen der Atompropaganda kritiklos für bare Münze nahm und als gesicherte Fakten ausgab. Die Ansprache wurde von den Nachrednern, darunter Herbert Wehner, durchweg gerühmt; man fand daran kaum etwas zu diskutieren. Der anschließend beschlossene »Atomplan« der SPD sprach davon, die Kernenergie leite »den Beginn eines neuen Zeitalters für die Menschheit ein«; die im Uran und Thorium enthaltene Energie sei »nach menschlichen Begriffen schon unerschöpflich«, und vollends die Fusion werde die Abhängigkeit der Energiegewinnung von Bodenschätzen gänzlich aufheben. Mit der Berufung auf die »Urkraft des Atoms« und das »atomare Zeitalter« setzten dann die beiden Teile – die Ängste und die Hoffnungen – jener »beinahe kantatenhaften« und politisch unverbindlichen

(Theo Pirker) Präambel zum Godesberger Programm der SPD vom November 1959 ein: zu einer Zeit, als die erste Atomeuphorie unter den Experten bereits einem nuklearen Katzenjammer gewichen war. Das Helldunkel des »Atomzeitalters« war an die Stelle gesellschaftlicher Antagonismen getreten, anstatt zu ihnen in Beziehung gesetzt zu werden.

Der Eindruck des Göttinger Manifests (1957): friedliche kontra militärische Atomkraft

Die Sorge vor einem künftigen Atomkrieg und vor den aus Atomwaffentests resultierenden Gesundheitsschäden hätte eigentlich dahin führen müssen, auch die zivile Kerntechnik kritischer zu beleuchten; denn auch diese enthielt die Gefahr der Verbreitung nuklearer Waffen und der Freisetzung radioaktiver Substanzen. Dennoch wurde im Göttinger Manifest vom April 1957, das von der Elite der bundesdeutschen Atomforschung unterzeichnet wurde, die Warnung vor den Atomwaffen ohne Weiteres mit dem Aufruf zur Förderung der friedlichen Kerntechnik »mit allen Mitteln« verbunden. Dieses zu jener Zeit scheinbar selbstverständliche Junktim ist dann auch in der »Anti-Atomtod«-Bewegung zu finden, die in den Atomphysikern nunmehr ihre Autoritäten gefunden zu haben glaubte. Man konnte förmlich den Eindruck gewinnen, die »friedliche« Kerntechnik schaffe, wenn sie sich erst einmal durchsetze, die kriegerische aus der Welt, obwohl die Kernforschungszentren im eigenen Interesse danach strebten, den Übergang zwischen ziviler und militärischer Kerntechnik fließend zu halten. »Atombomben könnten Kraftwerke heizen« behauptete 1966 eine kuriose Schlagzeile der *Süddeutschen Zeitung*, als könnten die Bomben in Reaktoren verschwinden!

Waren die Gefahrenpotenziale der zivilen Kerntechnik zu jener Zeit noch nicht zu erkennen? Zumindest eine Gefahr war von Anfang an überdeutlich und damals noch augenfälliger als später: die Proliferationsgefahr, also die Möglichkeit, aus Reaktoren Bombenspaltstoff zu entnehmen. Zur Zeit des Göttinger Manifests gab es ja nur solche Leistungsreaktoren, die auch militärischen Zwecken dienten. Eine wirklich »friedliche«, proliferationsfreie Kerntechnik wäre eine Aufgabe für die Zukunft gewesen; aber ob es sie prinzipiell geben könne, war stets fraglich.

Zwar gab es bis in die 60er-Jahre hinein die Theorie, dass, wenn nur der Kernbrennstoff genügend lange im Reaktor belassen werde, ein für militärische Verwendung nicht mehr brauchbares Plutonium-Isotop entstehe (eine Theorie, die sich dann als falsch erwies); aber auch hierbei war der gute Wille des Reaktorbetreibers vorausgesetzt. Ein amerikanischer Autor (Leonard Beaton), der diese Theorie referiert, brandmarkt denn auch die von der US-Regierung betriebene Ausbreitung der Kerntechnik als einen von

Anfang an »selbstmörderischen Kurs«. »Jedes Uran-Kraftwerk ist ... zwangsläufig eine Kernsprengstofffabrik«, stellte Otto Haxel schon 1952 klar und setzte hinzu: »In Krisenzeiten oder gar während des Krieges wird sich keine Regierung den Gewinn an militärischen Machtmitteln durch das produzierte Plutonium entgehen lassen.« Das bedeutete, dass auch die beste internationale Kontrolle im Ernstfall wirkungslos war. Damals konnte Haxel daraus noch die Konsequenz ziehen: »Dieser Zustand schließt ... eine ökonomische Energiegewinnung und auch die technische Entwicklung dieses Gebiets weitgehend aus«. Diese simple Logik war dem Denkvermögen der Folgezeit versperrt; kein anderer als Haxel feierte die Kernenergie 1957 öffentlich als »Geschenk des Himmels«. Dennoch wurden Warnungen vor der Proliferationsgefahr wiederholt in aller Offenheit ausgesprochen.

Werner Kliefoth, in der Folge Verfasser einer offiziösen und immer neu aufgelegten Broschüre über Kernreaktoren, warnte 1956, auch die »friedlichste« Atomenergie sei »gefährlich« und die im Bereich der Sicherheit erwachsenden Aufgaben seien »schier unübersehbar«. Er zitierte sogar den 78-jährigen Frederick Soddy, einen frühen und visionären Pionier der Atomwissenschaft, der das britische Atomprogramm für »wahnsinnig« erklärte und – eine später beliebte Aufforderung der Atomgegner vorwegnehmend – jene Atompropagandisten, die alle Gefahren für die Umwelt leugneten, auf die Spitze der Schornsteine ihrer Reaktoren wünschte.

Otto Hahn, für die Öffentlichkeit der prominenteste unter den deutschen Atomwissenschaftlern, bemerkte 1950, die »großen Atommaschinen« seien, »auch wenn sie den friedlichsten Zwecken dienen, gleichzeitig dauernde Produktionsstätten von Plutonium«. Er bezog diese Warnung zwar nur auf die »größten Anlagen«, aber das waren für ihn damals Kernkraftwerke von 100 MW, also von einer nach späteren Maßstäben geringen Kapazität. Das von Jean Monnet geleitete »Aktionskomitee«, das die Modalitäten für Euratom aushandelte, stellte Anfang 1956 fest, die »energieerzeugende Atomindustrie« werde »unvermeidlich in der Lage sein, auch Bomben herzustellen«. Atomminister Strauß erklärte im gleichen Jahr, die Abgrenzung des für eine Verhinderung militärischer Nutzung erforderlichen Kontrollbereichs sei »unendlich schwierig, wenn nicht unmöglich«. Beide Seiten gelangten zu diesem ähnlichen Resultat aus konträren Interessen: das Aktionskomitee aus dem Streben nach möglichst umfänglicher Kontrolle, der deutsche Atomminister aus dem Interesse an der Verhinderung jeglicher Kontrolle.

In der deutschen Bevölkerung scheint die nukleare Problematik im ersten Jahrzehnt nach Hiroshima noch kein Thema gewesen zu sein; selbst die Diskussion um die Wiederbewaffnung wurde im Allgemeinen so geführt, als ob es die Atomwaffen nicht gebe. Zu einer Zeit, als die USA noch weltweit die nukleare Hegemonie besaßen und über die Spätfolgen an den Überlebenden von Hiroshima und Nagasaki, den Hibakusha, infolge der US-Zensur noch wenig bekannt war, ließ sich der Schock von Hiroshima wieder verdrängen. Als jedoch die Sowjets in der Atomrüstung gleichzogen, drastische Berichte über Strahlenschäden an die Weltöffentlichkeit drangen und überdies ein Wettlauf zwischen den Atommächten mit immer gefährlicheren Bombentests eskalierte, wurde die Furcht vor der Atombombe und dem radioaktiven »Fallout« allgegenwärtig und drang bis in die Alltagsgespräche.

Hatte es 1954/55 in der bundesdeutschen Öffentlichkeit noch eine von Sorgen wenig getrübte Atomeuphorie gegeben, war 1956 ein Jahr der Wende, als in der Bevölkerung – wie man im Atomministerium beunruhigt feststellte – »da und dort geradezu eine Strahlenangstpsychose« aufkam und das Ministerium mit besorgten Briefen überschüttet wurde. Diese Sorgen richteten sich vielfach auch gegen die zivile Kerntechnik: eine von den Atominteressenten immer wieder beklagte Reaktion, die häufig mehr auf gefühlsmäßiger Assoziation beruht haben mag, aber doch von Anfang an auch rational zu begründen war. Eine Repräsentativumfrage ergab 1959, dass nur 8 Prozent der Bürger uneingeschränkt für die Atomnutzung waren, während 17 Prozent fürchteten, die Kernenergie werde eines Tages zum Atomkrieg führen. Noch 1965, zwei Jahre nach der Einstellung der Atomwaffenversuche, klagte der Geschäftsführer des Atomforums, die Meldungen über die von den Atomtests verursachten radioaktiven Niederschläge ließen »das Misstrauen der Bevölkerung auch gegenüber der friedlichen Nutzung der Kernenergie stets von neuem« aufleben.

Nicht zuletzt vor diesem Hintergrund lassen sich Motive und Wirkungen des Göttinger Manifests bestimmen: Bedeutungsvoll war nicht nur der Protest gegen die Atombewaffnung, sondern auch die demonstrative Abkopplung der friedlichen von der militärischen Kerntechnik. Dass ein solches Manifest zustande kam, war ein durchaus ungewöhnlicher und Aufsehen erregender Vorgang, der nach Erklärung verlangt: Viele der Unterzeichner standen der CDU vermutlich näher als der SPD und überwanden sich nicht ohne Loyalitätskonflikte zu einer öffentlichen Kritik an der Regierung. Der sozialdemokratische Atomphysiker Bechert, der seit 1955 bei seinen Fachkollegen auf eine solche Erklärung drang – die nach seinem Konzept auch die Forderung nach einer Reaktorsicherheitskommission umfassen sollte! –, stieß zunächst auf Abwehr, wobei ihm zufolge selbst Hahn den Passus über die Reaktorsicherheitskommission streichen wollte, um in der Öffentlichkeit den Gedanken an die Gefährlichkeit auch des »friedlichen Atoms« gar nicht erst aufkommen zu lassen!

Ende 1960 unternahmen die *Physikalischen Blätter*, wiederholten Leseranfragen folgend, eine Rundfrage unter den »Achtzehn«, ob sie noch zu ihrer Erklärung vom April 1957 stünden: Das Ergebnis war zwar positiv; bezeichnend ist jedoch, dass eine solche Umfrage geboten erschien. Der Göttinger Erklärung folgte kein dauerhafter Kontakt der Elite der Atomforscher zu kritischen Kreisen und es folgten auch keine Bemühungen um eine proliferationssichere zivile Kerntechnik.

Ein Hauptmotiv der »Göttinger Achtzehn« bei ihrer Erklärung war offenbar der Wunsch nach Absicherung der bundesdeutschen Kernenergieentwicklung gegen den Argwohn der innerdeutschen, mehr noch der internationalen Öffentlichkeit. Der Mitunterzeichner Wirtz gab später dem Manifest ein Verdienst daran, dass die Karlsruher Forschung »eigentlich in Ost und West nie« dem Verdacht militärischer Intentionen ausgesetzt gewesen sei. Gerade Heisenberg hatte nach 1945 sehr unter ausländischen Anfeindungen gelitten; er fühlte sich seither aus der internationalen »Familie der Physiker« ausgeschlossen; Freunde waren in der Emigration zu Gegnern geworden und immer wieder sah er sich dem Vorwurf ausgesetzt, dem NS-Regime gedient und geschwiegen zu haben. Die Aussicht, erneut als Kollaborateur einer deutschen Atomrüstung verdächtigt zu werden, bedeutete für ihn eine existenzielle Bedrohung. Derartige Sorgen, verbunden mit der Erbitterung über den Adenauerschen Standortentscheid für das Kernforschungszentrum, brachten ihn schließlich zur Flucht an die Öffentlichkeit und sein Verhalten übte unter den deutschen Atomforschern Signalwirkung aus.

Gerade vor dem Hintergrund des schon damals in der Bevölkerung verbreiteten Misstrauens gegenüber der Kernkraft erkennt man, in welchem Maße das Göttinger Manifest dazu beitrug, dass sich die »Kampf-dem-Atomtod«-Kampagne, mit Ausnahme der Gruppe um die Zeitschrift *Das Gewissen*, nicht gegen die zivile Kerntechnik wandte, sondern diese sogar ausdrücklich befürwortete und die Atomphysiker als Gegenautorität gegen die Autorität Adenauers aufbaute. »1 Bundeskanzler klüger als 18 Atomforscher?« stand auf einem Spruchband. Da wurde ein Kontrast konstruiert, obwohl zivile und militärische Kerntechnik nach wie vor im Empfinden weiter Bevölkerungsteile und auch in der Realität eng zusammenhingen.

Kernenergie als Bestandteil ökonomischer Strategien

Die Atomwirtschaft unter Führung der Elektroindustrie

Dass beim Bau der Kernkraftwerke den großen Elektrokonzernen eine führende Rolle zukommen würde und aufstrebende Firmenneulinge allenfalls als Zulieferer eine Chance hatten, stellte sich rasch heraus, sobald es mit dem Reaktorbau ernst wurde. Bereits bei der Auftragserteilung für das erste bundesdeutsche Kernkraftwerk bei Kahl am Main standen als Lieferanten praktisch nur Siemens und AEG zur Wahl, beide als Vertreter der Reaktortypen ihrer amerikanischen Partnerfirmen Westinghouse und General Electric. Ursprünglich war nur Siemens als Lieferfirma im Gespräch; wenn der Auftrag dann doch an die AEG ging, erkennt man eine bewusste Förderung der Konkurrenz durch den Auftraggeber, das RWE. Auch die fast gleichmäßige Verteilung der Kernkraftwerksbestellungen während der gesamten 60er-Jahre zeugt von dem am Ende vergeblichen Bestreben der Energiewirtschaft, auf der Angebotsseite Monopolpositionen zu verhindern.

Wenn am Ende doch Siemens siegte – trotz des anfänglichen Vorsprungs der AEG und der späteren Fusion der Kraftwerksabteilungen beider Firmen in der KWU –, erklärt sich dies nicht nur aus der Gesamtsituation beider Konzerne, sondern auch aus der Geschichte ihres Kernkraftengagements. Der Siemens-Konzern war von Anfang an intensiv darauf bedacht, eine eigene nukleare Kompetenz zu erwerben, und begann schon Mitte der 1950er-Jahre mit dem Aufbau einer Abteilung Reaktorentwicklung unter der Leitung des renommierten Atomphysikers Finkelnburg. Der Eigenwille dieses Mannes, der zeitlebens beharrlich den Schwerwasserreaktor verfocht, kam die Firma zwar teuer zu stehen, hat am Ende aber doch ihre kerntechnische Unabhängigkeit begründet, während die AEG auf General Electric angewiesen blieb und dort scheiterte, wo sie – wie bei der Turbinenwelle des Kernkraftwerks Würgassen – von ihrem amerikanischen Partner im Stich gelassen wurde.

Der Siemens-Konzern war durch die Geschlossenheit und Stetigkeit seiner Führung mehr als die AEG dazu imstande, auf lange Sicht zu handeln, wie es den Erfordernissen der Kerntechnik entsprach; die AEG fällte ihre nuklearen Entscheidungen im Blick auf kürzerfristige Rentabilität und übernahm daher von General Electric ohne große Änderungen den Siedewasserreaktor, der damals am einfachsten und billigsten erschien. Die AEG-Manager gaben sich in der Atomkommission unverhohlen als Firmenvertreter, während sich die Siemens-Angehörigen schon frühzeitig auf die Rolle des scheinbar am nationalen Interesse ausgerichteten Experten verstanden. Damit war Siemens besser gerüstet für ein Geschäftsfeld, das zum Politikum wurde.

Die Angleichung der Kernkraftwerke an konventionelle Kraftwerke

Durch die Dominanz der Elektrokonzerne, für die die Kernkraftwerke nur ein Produkt unter anderen waren, wurde es zu einer Entwicklungsbedingung des Reaktorbaus, dass er sich der bisherigen Entwicklung der Energietechnik möglichst weit einpasste. Ob die Kerntechnik eine ganz neue Technologie war oder ein integraler Bestandteil der bisherigen Energietechnik, war nicht von vornherein durch die Sache selbst bestimmt, sondern hing davon ab, was man aus der Kerntechnik machte und welche Industrie-branchen bei der kerntechnischen Entwicklung die Regie führten. Wenn die chemische Industrie die Führung behalten hätte, wäre vermutlich der Schritt zur Wiederaufarbeitung und Plutoniumwirtschaft zielstrebiger erfolgt und hätte der Kerntechnik von Anfang an eine deutlich neue Qualität gegeben; eine Dominanz der Schwerindustrie, ob Krupp oder GHH, hätte den Übergang zur Hochtemperaturtechnologie mit ihrer Möglichkeit industrieller Prozesswärmenutzung vorangetrieben. Eine weniger oligopolistische, mehr klein- und mittelindustriell bestimmte Struktur der Atomwirtschaft hätte womöglich zur Wahl von Reaktortypen geführt, die schon bei kleiner oder mittlerer Kapazität wirtschaftlich gewesen wären, so wie es im Blick auf die Bedürfnisse der Entwicklungsländer oder abgelegener und dünn besiedelter Regionen immer wieder gefordert wurde.

Wäre die Kerntechnik von einer ganz neuen, auf sie spezialisierten Industriebranche entwickelt worden, wären vielleicht auch neue, den Besonderheiten der Nuklearprozesse entsprechende Formen der Energieerzeugung durchgesetzt worden. So wäre es etwa, wie Atomminister Balke bemerkte, theoretisch möglich gewesen, »die Energie der Strahlung unmittelbar und nicht auf dem Umweg über die Wärme, sondern auf dem Wege der sogenannten direkten Umwandlung in Elektrizität zu verwandeln«. Man konnte die Kerntechnik aber auch weitgehend der bisherigen Kraftwerkstechnik auf Kohlebasis anpassen. Dann unterschieden sich die Kernkraftwerke größtenteils im Prinzip kaum von konventionellen Kraftwerken: Lediglich die Feuerung war durch den Reaktor ersetzt und der Wasserdampfkreis-lauf diente nun nicht mehr nur der Wärmeabfuhr, sondern auch der Neutronenmoderation. Ansonsten schien im Prinzip alles beim Alten geblieben zu sein.

Und doch ergab sich in Wirklichkeit ein Zwang zu einer ganzen Serie von Innovationen, die zum Teil gerade durch die Angleichung an die Gesamtkonstruktion der fossilen Kraftwerke bedingt waren, wie sie vor allem in Gestalt der Leichtwasser-Kernkraftwerke erfolgte. Die Leistungsdichte eines Leichtwasser-Kernkraftwerks war etwa 140-mal so hoch wie die eines Braunkohlekraftwerks; allein schon dadurch erhöhte sich die Problematik der Regelung und Wärmeabfuhr ganz erheblich. Wenn man zur Wärmeabfuhr wie bisher normales Wasser verwandte, musste man die dadurch verursachten Korrosionsschäden mit in Kauf nehmen. Eben dieses konventionelle Kühlmittel brachte eine Kette von Problemen mit sich; denn Risse und Brüche in Rohrleitungen, wie sie in fossilen Kraftwerken an der Tagesordnung waren, beschworen in Kernkraftwerken die Gefahr radioaktiver Verseuchung herauf. Auch in Leichtwasserreaktoren wurden Rohrlecks zur Normalerscheinung; um dennoch den Austritt radioaktiver Substanzen zu minimieren, musste noch ein Sekundärkreislauf zwischengeschaltet werden, der den Reaktor vom Turbinenhaus trennte; und es musste der Primärkreislauf von einem »Containment«, einer gasdichten Umhüllung, umgeben werden. Dies wiederum zog in der Folge die Forderung nach sich, das Containment gegen Zerstörung von außen und innen – gegen einen Flugzeugabsturz oder gegen eine Explosion im Reaktor – zu sichern: eine Kette von Maßnahmen, die nicht von Anfang an einkalkuliert wurde und deren Durchsetzbarkeit und Effektivität stets fraglich blieb. Ein Berater der Nukem wies 1958 mit Recht darauf hin, dass »mitunter auch einfache Dinge in einem Reaktor durch die neuen physikalischen Verhältnisse zu recht komplizierten technischen Gebilden werden«. Insbesondere verwies er auf die durch die Einwirkung starker radioaktiver Strahlung aufgeworfenen neuartigen Materialprobleme. Dass Sicherheit ganz wesentlich eine Materialfrage ist, hatten seit einem Jahrhundert die Erfahrungen mit Dampfkesselexplosionen gezeigt; aber die »Sicherheitsphilosophien« der Reaktortechnik blieben gegenüber diesem Faktum hilflos.

Gerade aus intimer Vertrautheit mit der Geschichte der Kraftwerkstechnik heraus ließ sich die Nichtidentität der Kerntechnik mit konventioneller Technologie begreifen. Das beste Beispiel dafür bietet Münzinger, der erfahrene Kraftwerksbauer, der 1960 einen bedeutungsvollen Überblick über »einige typische Unterschiede zwischen der Dampfkraft und der Atomkraft an sich und zwischen den Erscheinungen bei ihrer beider Einführung« verfasste. Ein Physiker wie Walter Gerlach behauptete dagegen, die Umwandlung von Wärme in elektrische Energie in Atomkraftwerken unterscheide sich »in nichts« von bisherigen Verfahren. Der Bericht der »Euratom-Weisen« betonte den großen Anteil konventioneller Technologie an Kernkraftwerken. Ausgerechnet Balke meinte sogar später, der Erfinder des Reißverschlusses sei genialer gewesen als der Konstrukteur des ersten Kernkraftwerks.

Diese betont konventionelle Ausstattung der Kernkraftwerke lag jedoch nicht in der Natur der Sache, sondern war in Industriestrukturen begründet. Gerade in der explosionsgefährdeten Dampferzeugungstechnik gab es schon eine lange und selbstbewusste Tradition korporativer industrieller Zusammenarbeit. 1969 nennt ein Artikel der *atomwirtschaft* das Traditionsbewusstsein des Großmaschinenbaus als Grund dafür, dass selbst die Einführung der Kernenergie an der »Monopolstellung« des Dampfkraftwerks »nichts geändert« habe. »Trotz der verwirrenden Vielzahl der im Laufe des vorigen Jahrzehnts unterbreiteten Entwürfe für thermische Reaktoren, von denen jeder auf dem Papier nachweislich der Beste war, und trotz des aufwendigen Baues verschiedener nuklearer Versuchs- und Kraftwerksreaktoren … gewann dasjenige Konzept eines Kernkraftwerkes eindeutig das Rennen, das die einfachste Abwandlung eines Dampfkraftwerkes darstellt.« Mandel prophezeite schon 1959: »Unter den in Entwicklung befindlichen Reaktorbauarten werden in der näheren Zukunft nur die technologisch einfachsten Aussicht auf Erfolg haben, die sich weitgehend an die herkömmliche Technik anlehnen.«

Ein altes Zukunftsprojekt des Kraftwerksbaus war die Gasturbine, die schon für den RWE-Gründer Hugo Stinnes der Inbegriff technischen Fortschritts gewesen war, aber seit bald einem halben Jahrhundert vergebens um ihre industrielle Durchsetzung kämpfte. Da sich bei Reaktoren ohnehin die Gaskühlung anbot, war es verlockend, die Kernenergie mit diesem alten Zukunftstraum der Kraftwerkstechnik zu koppeln, und an entsprechenden Plänen hat es nicht gefehlt. Vor allem mit dem Hochtemperaturreaktor wurde im Laufe seiner Entwicklung all das verbunden, was in der Kraftwerkstechnik traditionell als Fortschritt galt: nicht nur Übergang zu höheren Temperaturen, sondern auch Abwärmenutzung, Gasturbine und kóntinuierliche Brennstoffbeschickung. Aber eine derartige Kombination verschiedener Innovationen wurde der Energiewirtschaft zu riskant.

Stattdessen reagierten die Kraftwerksbauer auf die Unsicherheiten der Kerntechnik mit der Faustregel, dass man nicht mehrere Risiken addieren dürfe und daher in dem konventionellen Teil der Kernkraftwerke mindestens so sehr wie bei Kohlekraftwerken auf altbewährte Komponenten zurückgreifen müsse. Das war eine Sicherheitsphilosophie, die selten klar ausgesprochen wurde, aber aus der Realentwicklung abzulesen ist. Ob dies eine angemessene Berücksichtigung des nuklearen Risikos war, ist zweifelhaft; eher zeugt diese Strategie von einer gewissen Hilflosigkeit gegenüber einem unübersichtlichen Gefahrenpotenzial. Eine Untersuchung von 1974 über Störfälle in Kernkraftwerken – so ein Bericht der *atomwirtschaft* – kam zu dem Schluss, gerade das Bestreben, die »konventionellen« Elemente eines Kernkraftwerks »so problem- und risikolos als möglich zu gestalten«, habe offenbar in der Praxis »zu einem genau entgegengesetzten Ergebnis geführt«, nämlich die Störanfälligkeit von Kernkraftwerken erhöht.

Furcht vor der »Energielücke«: Gab es sie wirklich?

Strategien der Energiewirtschaft gegenüber der Kerntechnik

Die Vorstellung, dass die moderne westliche Zivilisation mit der Erschöpfung der fossilen Energieträger dereinst ihr Ende finden werde, ist nicht neu; und auch die Gegenargumentation gegen diese Art von Zukunftssorgen hat schon ihre Geschichte. Max Weber setzte den Zeitpunkt, da »der letzte Zentner fossilen Brennstoffs verglüht ist«, mit dem Ende der modernen Wirtschaftsordnung gleich. Oswald Spengler dagegen wollte von einem so trivialen Untergang der westlichen Kultur nichts wissen und tat es als eine Mode des 19. Jahrhunderts ab, »von der drohenden Erschöpfung der Kohlenlager in wenigen Jahrhunderten und deren Folgen zu reden«: »kein platter Umstand wie der Mangel an Stoffen« werde das Ende der westlichen Zivilisation herbeiführen, sondern die Ermattung des »faustischen Denkens«. Auch Werner Sombart vermutete, dass das Wirtschaftsleben nach Erschöpfung der Kohlelager noch auf der Grundlage der Solarenergie werde fortbestehen können. Wie dem auch sei, die Endlichkeit der fossilen Energieträger war als Problem schon seit dem 19. Jahrhundert geläufig, wenn auch nicht als Impetus zu praktischem Handeln.

Die »Energielücken«-Diskussion

Um die Mitte der 1950er-Jahre war in der Öffentlichkeit häufig von künftigen Energienöten die Rede; damals kam das Schlagwort von der drohenden »Energielücke« auf. Aus der Rückschau wirkt die damalige »Energielücken«-Diskussion unmittelbar vor der großen Absatzkrise der Kohle paradox. Damals trafen jedoch mehrere Umstände zusammen, um diesen Begriff in Umlauf zu bringen: Die Kohlenot der Nachkriegszeit war noch in frischer Erinnerung; bis Mitte der 50er-Jahre traten immer wieder Engpässe in der bundesdeutschen Kohleversorgung auf; das Energienotgesetz von 1949 wurde noch 1953 verlängert. Zugleich war zu erkennen, dass die Kohle durch wachsende Förderkosten in Zukunft immer teurer werden würde. Das wurde umso spürbarer, als man sich mit jedem Jahr des »Wirtschaftswunders« mehr daran gewöhnte, in Vorstellungen eines permanenten Wachstums zu denken und daraus auch die Notwendigkeit einer ständigen Zunahme des Energieverbrauchs abzuleiten. In diesen Wachstumskurven öffnete sich bei stagnierender Kohleförderung eine Lücke. Und das Erdöl? Da stellte eine RWE-Schrift von 1948 die verblüffende Prognose, eine »nennenswerte Steigerung« sei hier nicht mehr zu erwarten und das Öl könne »bei der europäischen Energieplanung ... außer Betracht bleiben«. Damals wurde die niederrheinische Braunkohle zum Trumpf des RWE.

Die unerwartete Ölschwemme seit der zweiten Hälfte der 50er-Jahre schien alle »Energielücken«-Prognosen Lügen zu strafen. Man konnte allerdings gerade die steil anwachsenden Ölimporte als Alarmsignal für eine »Energielücke« betrachten: wenn man nämlich die Selbstversorgung mit Energieträgern als Norm setzte. Eine solche Denkweise entsprach damals in Deutschland noch der gewohnten Versorgung mit reichlich vorhandener heimischer Kohle; der Bericht der drei »Euratom-Weisen« (Frühjahr 1957) setzte die Norm der Energieautarkie obendrein für ganz Westeuropa. Der Bericht kam folglich zu dem Schluss, die »Energieknappheit« drohe »den wirtschaftlichen Fortschritt entscheidend zu hemmen«, und nannte dies als einen »neuen Tatbestand«, der »die Zukunftsaussichten beherrsch(e)«.

Im Bundeswirtschaftsministerium wurde dazu freilich angemerkt, der »Begriff der Energielücke«, der den »Angelpunkt des Berichts« bilde, sei »wirtschaftspolitisch und wirtschaftstheoretisch nicht brauchbar«, da die »Grundforderung« einer rentablen Energieproduktion dabei zu kurz komme. Ein kohleorientierter Informationsdienst empörte sich später, die »Protagonisten« der Kernenergie hätten seinerzeit »das Steinkohlen-Debakel mit ihrer Energielücken-These mit angestiftet, weil sie zu den Zechen-Überkapazitäten in Deutschland beitrug, gleichzeitig aber auch monomanische Tendenzen bei Euratom entband«. Der Vorwurf, der »fatale Begriff der Energielücke« habe die Krise des Steinkohlenbergbaus verschuldet, wurde später beliebt. Die Wirklichkeit sah eher so aus, dass langfristig gemeinte Prognosen in Argumente für einen weit kürzerfristigeren orientierten Kohle- und Kernenergie-Protektionismus umgemünzt wurden.

Die von Herbert F. Mueller geleitete Forschungsstelle für Energiewirtschaft an der TH Karlsruhe stellte 1955 die Prognose, dass bis zum Jahr 2000 – da permanentes Steigen des Energiebedarfs anzunehmen sei – »eine Energiekrise von unabsehbarer Auswirkung« entstehen müsse. »Der Beginn dieser Krise könnte etwa um 1975 herum erwartet werden.« Im folgenden Jahr wurde der »Alpdruck der Energienot« von zahlreichen Publikationen beschworen, die für die beschleunigte Entwicklung der Kernenergie eintraten. Ob allerdings die Furcht vor einer künftigen »Energielücke« das wahre Motiv der Atomeuphorie jener Zeit war, ist zu bezweifeln. Wäre es jenen Autoren mit dieser Langzeitperspektive wirklich ernst gewesen, hätten sie sich auch um andere Energiealternativen neben der Kernenergie kümmern müssen: eine von Herbert F. Mueller durchaus bemerkte Konsequenz. Die Aussicht auf die »Energielücke« war seit Mitte der 50er-Jahre jedoch zu weitläufig, zu vage und auch zu anfechtbar, als dass sie zu jener Zeit ein Motiv für praktisches Handeln, gar für Investitionsentscheidungen hätte abgeben können.

Selbst im Atomministerium pflegte man, zumal in der Zeit der Kohlekrise, die energetische Bedeutung der Kerntechnik eher hintanzustellen. Balke bezeichnete die drohende »Energielücke« 1957 augenzwinkernd als einen »vor allem in der Öffentlichkeit als wichtigen Punkt zu betrachtenden Umstand«. Noch 1964 teilte das Atomministerium einer Elektrofirma auf entsprechende Anfrage rundheraus mit, dass in diesem »Hause keine Berichte über den Strombedarf und andere damit zusammenhängende Fragen ausgearbeitet werden«. Auch in der Atomkommission grübelte man nicht über Energiebedarfsprognosen.

Und doch kam ein Artikel »Atomwirtschaft für Deutschland – aber schnell!« (1956) aus der Feder eines Angehörigen der Süddeutschen Bank zu dem Schluss, »dass Deutschland vom Rentabilitätsstandpunkt aus für Atomkraftwerke prädestiniert ist«. Das relativ hohe Energiepreisniveau der Bundesrepublik blieb ein Ärgernis vor allem der mit Billigstromländern konkurrierenden Industrie. Auch wenn man daher an eine »Energielücke« nicht ernstlich glaubte, gab es doch die Spekulation darauf, dass die Kernenergie auf die Dauer viel billiger kommen werde als die fossile Energie. Dieser relative Anreiz ließ sich dann mit dem Schlagwort »Energielücke« zur zwingenden Notwendigkeit hochstilisieren. Selbst Mandel, der stärkste Protagonist der Kerntechnik in der Energiewirtschaft, gab jedoch 1959 offen zu: »Es gibt heute und in der näheren Zukunft keine Energielücke, die unbedingt durch die Atomenergie geschlossen werden müsste. Es gibt kein Energie-Mengenproblem, sondern nur ein Preisproblem. Auf der Welt gibt es noch genug Kohle und Öl für die Zukunft.«

Der Vorsitzende der Vereinigung Deutscher Elektrizitätswerke stellte 1961 lapidar fest, von den inneren Bedürfnissen der Bundesrepublik her könnte man sich mit der Kernenergie »noch Zeit lassen«; es seien vornehmlich Exportbedürfnisse, die hinter der Kernenergieentwicklung stünden, und daher dürfe man von der Energiewirtschaft keine sonderliche Risikobeteiligung erwarten. Das war der Punkt! In den 50er- und frühen 60er-Jahren fürchtete die Energiewirtschaft die hohen Anlagekosten und das noch nicht übersehbare Betriebsrisiko der Kernkraftwerke sowie die Konkurrenz dieser Technologie gegenüber den zahlreichen im Zuge des Wiederaufbaus neu errichteten Kohlekraftwerken. Und doch war die Strategie der Energiewirtschaft gegenüber der Kerntechnik nie rein negativ. Die Fixierung auf die Kernenergie zumindest als Fernziel war auch bei ihr frühzeitig da. Nur sporadisch kam die Energiewirtschaft auf die Idee, die »Atomzeitalter«-Ideologie von Grund auf in Frage zu stellen. Aus ihrer Interessenlage ergaben sich jedoch unterschiedliche praktische Konsequenzen.

An und für sich legte die Einsicht, dass die Kerntechnik für die bundesdeutsche Stromversorgung erst in weiter Zukunft gebraucht wurde, die Folgerung nahe, auf eine lange Experimentierphase zu dringen und einer verfrühten Festlegung auf bestimmte Reaktortypen entgegenzuwirken; das ergab sich nicht zuletzt auch aus dem Interesse, die Konkurrenz unter den Produzenten aufrechtzuerhalten. Mandel (RWE) warnte denn auch bei der Beratung des ersten Atomprogramms davor, »sich auf eine einzige Reaktortype (zu) beschränken«. Eine ganz andere Strategie ergab sich dagegen für den Fall, dass sich die Energiewirtschaft veranlasst sah, schon in Kürze zur Bestellung von Kernkraftwerken überzugehen. Dann war es ihre Sache, die Übernahme der relativ billigen amerikanischen Leichtwasserreaktoren zu betreiben und sich solchen Bestrebungen zu widersetzen, die die Stromerzeuger auf die Beteiligung an kostspieligen deutschen Eigenentwicklungen verpflichten wollten.

Die Notwendigkeit, gegenüber der Kernenergie Position zu beziehen, entstand in den 1950er-Jahren vor allem aus Auseinandersetzungen innerhalb der Energiewirtschaft. In der Nachkriegszeit war die alte Kontroverse über die ökonomische Zweckmäßigkeit der Verbundwirtschaft wieder heftig aufgeflammt. Die kommunalen Energiebetriebe erneuerten die Versuche, sich von den großen Verbundunternehmen zu emanzipieren. Als die Kernenergie am Horizont dieses Kampffeldes auftauchte, wurde sie sofort als Argument dafür ins Feld geführt, dass der Großverbund zwischen der Ruhrkohle und der Wasserkraft des Alpenvorlands künftig nicht mehr notwendig sei. Die Verbundbetriebe dagegen entwickelten ihr Kernenergiekonzept von Anfang an in Verteidigung der Verbundwirtschaft.

Aus späterer Sicht verblüfft, dass es nach 1955 zuerst kommunale Energieunternehmen waren, die in die Kerntechnik unverzüglich vorzupreschen suchten. Ende 1956 empörte sich ein Experte des Bundesgesundheitsamtes in einem Vortrag vor dem Nürnberger Exportklub: »Es gehört heute zum guten Ton, dass sich jede größere Stadt um einen Atomreaktor bemüht. Hundert andere Industriebetriebe anzusiedeln, ist weniger gefährlich als ein solches Teufelswerk.« Aber das Gesundheitsamt hatte in der Atompolitik nicht mitzureden. Selbst in nächster Nähe des Ruhrreviers wagten sich um 1956 die Stadtwerke Düsseldorf mit einem Reaktorplan hervor. Wenige Jahre darauf war das Vorhaben der »Arbeitsgemeinschaft Kernkraftwerk Stuttgart« (AKS) das erste Großprojekt, das in die Nähe der Realisierung gelangte. Noch zu einer Zeit, als der erste atomare Überschwang eine herbe Ernüchterung erfahren hatte, betonte der Verband kommunaler Unternehmen der Orts- und Kreisstufe (VKU) sein Interesse an der Kernenergie und motivierte es ganz aus dem Bestreben, »sich von den Verbundbetrieben selbständig zu halten«. Für diese Selbstständigkeit sei man bereit, »einen gewissen Preis zu bezahlen«. Man hoffte, dass selbst dann, wenn viele Kommunen nicht ernsthaft an den Bau von Kernkraftwerken denken könnten, doch »die bloße Existenz von rentablen Kernkraftwerken« gegenüber den Verbundbetrieben, von denen die Kommunen abhingen, bereits »als Preisdruckmittel« wirken werde. Im Übrigen gab es die Hoffnung, kommunale Kernkraftwerke von 50 MW, einer nach späteren Maßstäben lächerlichen Kapazität, würden »viel schneller konkurrenzfähig« werden als »Mammutkraftwerke« der überregionalen Verbundwirtschaft. Spekulation über Spekulation!

Aus dieser Konfrontation heraus ergaben sich für die großen Energieproduzenten frühzeitig Motive, zur Erhaltung ihrer Monopolstellung ein Experimentieren mit Kleinkernkraftwerken einzuschränken. Schöller (RWE) verkündete bereits 1956, von amerikanischen Erfahrungen her sei zu erwarten, dass die Wirtschaftlichkeit von Kernkraftwerken »nur bei ganz großen Einheiten etwa in der Größenordnung von 700–1000 MW läge«: eine den damaligen Kapazitäten weit vorauseilende, durch die spätere Entwicklung freilich bestätigte Prognose. Aus dem Streben der Großen nach Unterdrückung kommunaler Autarkiegelüste konnte sich also eine Forcierung des Übergangs zu Großkraftwerken ergeben, wie sie, rein von den Bedürfnissen der Energieversorgung und den Bedingungen der Kerntechnik her, weder nötig noch ratsam gewesen wäre.

Das RWE, der mit weitem Abstand größte bundesdeutsche Stromproduzent, war in besonderem Maße gegenüber der Kernenergie auf eine Doppelstrategie verwiesen. Die Anfänge der Kerntechnik trafen beim RWE zeitlich zusammen mit einer im großen Stil betriebenen Umstellung auf die Braunkohle, die zu fast 80 Prozent von diesem Unternehmen kontrolliert wurde; daraus ergab sich ein Zielkonflikt. Leo Brandt warnte die Atomkommission 1956, in Nordrhein-Westfalen werde »augenblicklich eine halbe Provinz wegen Braunkohle umgegraben«; es würden »hier ungeheure Summen investiert«, deren Abschreibungen sich »auf 50 Jahre erstrecken« würden, und daher dürfe man von den Akteuren nicht zu gleicher Zeit »avantgardistische Pläne« für die Erzeugung von Atomstrom erwarten. Schöller verkündete 1952, dass »die Braunkohle in den nächsten 100 Jahren in zunehmendem Maße der Mittelpunkt der europäischen Elektrizitätserzeugung sein wird«; und wenn er sich in dem Zusammenhang auf das »Zeitalter der Atomkernspaltung« berief, so nur deshalb, um »mit hundertprozentiger Sicherheit« zu behaupten, »in Kürze« werde man geeignete Abbaumethoden für diese Kohle entwickelt haben: zwischen den Zeilen die Hoffnung auf den Einsatz von Kernexplosionen im Bergbau!

Eine zwiespältige Haltung des RWE-Vorsitzenden zur Kernenergie tritt besonders krass in Stellungnahmen Schöllers 1956/57 hervor. Einerseits erklärte er in einer Ansprache vor dem RWE-Aufsichtsrat, es sei ihm »ganz unverständlich, wie maßgebende Männer glauben, angesichts der kommenden Atomenergieerzeugung von dem Aufschluss neuer Kohlenfelder und dem Bau von Wasserkraftwerken abraten zu müssen, wo doch die Atomenergie in absehbarer Zeit nur ein ›ergänzendes‹ und kein ›ersetzendes‹ Energiemittel sein« werde. In einer Energiebesprechung im Bundeswirtschaftsministerium (1957) bemerkte er, er teile die Ansicht des RWE-Beraters Löbl, des notorischen Kernkraftskeptikers, »der der Kernenergie für die nähere Zukunft keine nennenswerten Aussichten einräumt«.

Und doch konnte Schöller bei aller Skepsis ziemlich abrupt auf eine andere Argumentationsebene springen: »Immerhin« werde »in der ganzen Welt fieberhaft an der technischen Entwicklung von Atomreaktoren gearbeitet«; jeder Staat, der dabei nicht mitmache, werde »als Industriestaat in Zukunft keine Rolle mehr spielen«; Deutschland sei »für eine erfolgreiche Einführung der Atomenergie geradezu prädestiniert«; man dürfe nicht weiter abwarten, sondern es gelte zu handeln. Und so gab das RWE das Versuchskernkraftwerk Kahl in Auftrag, das ohne Rücksicht auf die Pläne der Atomkommission mit einem amerikanischen Siedewasserreaktor ausgestattet wurde und jene Durchsetzung der Leichtwasserreaktoren in der Bundesrepublik einleitete, die schließlich alle auf längere Zeitperspektiven eingestellten Planungen überrollte.

Dabei war Kahl zu jener Zeit nur als ein Versuchsballon gedacht, der noch nichts auf die Dauer festlegen sollte. Später bekannte Schöller, bei der Entscheidung für Kahl sei er »von dem Gedanken bestimmt« gewesen, »dass, wenn schon der Staat durch übereilten Bau von (Kern-)Kraftwerken Dummheiten machen will, wir diese Dummheiten dann doch besser selber machen wollen, um sie unter Kontrolle zu halten«. Oder war das nur ein Witz? Schöller offenbarte für seine Person eine trotz rationaler Skepsis vorhandene Schwäche für die Kerntechnik, indem er als Ruheständler, »ehrenamtlich als ›Hobby‹«, die technische Aufsicht beim Bau des mit Schwerwasser arbeitenden Karlsruher Mehrzweck-Forschungsreaktors übernahm. Die Kerntechnik besaß eben zu jener Zeit ein Charisma; sich mit ihr zu beschäftigen, gab ein neues Selbstgefühl, mochte man auch an ihrem ökonomischen Nutzen zweifeln und das Engagement nicht mit vollem Ernst betreiben.

Balke erblickte in der Energiewirtschaft gleichwohl seinen Gegenspieler. Wie er 1960 dem Kanzleramt klagte, versuchte das noch ganz auf die Braunkohle eingeschworene RWE »mit allen Mitteln der Propaganda«, »die Atomwirtschaft als Utopie hinzustellen«. Bei dem Atomminister braute sich ein dauerhafter Groll gegen die »kurzsichtige Haltung der deutschen EVUs« zusammen; noch 1967, kurz vor den Aufträgen für die Kernkraftwerke Stade und Würgassen, gab er zu bedenken, ob man nicht besser, statt auf kommerzielle Kraftwerke zu warten, weiter Demonstrationskraftwerke bauen solle, da man über die Einstellung der EVUs »keine Illusionen« mehr hegen könne. Mandel dagegen, der Vorkämpfer der Kernenergie im RWE, beschwerte sich darüber, dass bei den Atomplanungen »die Rechnung nach wie vor ohne die EVUs gemacht« werde.

Erklärt sich diese Lage der Dinge daraus, dass man in Industrie und Ministerium darauf baute, die EVUs unter Berufung auf ihren überwiegend gemeinwirtschaftlichen Charakter notfalls für die Erfüllung der Atomprogramme in die Pflicht nehmen zu können? »Ein gewisser Druck« seitens des Atomministeriums in diese Richtung wurde von der Energiewirtschaft in der Tat registriert und in Teilen der Industrie baute man offenbar eben darauf, dass sich durch das Ministerium ein solcher Druck ausüben lasse. Selbst der Staatssekretär im Bundeswirtschaftsministerium zog hier gelegentlich mit dem Atomminister an einem Strang: Ludger Westrick schrieb Anfang 1962 dem einer Beteiligung am Gundremmingen-Projekt noch widerstrebenden Bayernwerk, seines Erachtens solle »auch nicht vergessen werden, dass sich gerade die Bayernwerke AG als ein Unternehmen im öffentlichen Besitz gesamtwirtschaftlichen Überlegungen auch auf diesem

Gebiet nicht verschließen sollten«. Aber ein derartiges Pochen auf den gemeinwirtschaftlichen Charakter der EVUs findet sich nur sporadisch; Wirtschaftsminister Erhard, der damals ein fast gleich lautendes Schreiben an das RWE schickte, ließ bezeichnenderweise diesen Satz aus! Der Begriff »Gemeinwirtschaft« war altmodisch geworden; er gehörte nicht zum Vokabular des Neoliberalismus.

Wo bleibt der Widerstand der Kohle?
Die abgebogene Konfrontation

Von der Sache her müsste man erwarten, dass die Beziehung zur Kohle das zentrale und zugleich das prekärste Thema der bundesdeutschen Kernenergiegeschichte gewesen wäre: wenn man an die damals über ein Jahrhundert dauernde ökonomische Schlüsselstellung der Kohle und an die historisch begründete Macht der Kohleinteressen in Deutschland denkt und sich vor Augen hält, dass die Kohle eigentlich der natürliche Gegenspieler der Kernenergie gewesen wäre. Ein Zusammenstoß zwischen Kohle und Kernenergie wäre umso mehr zu erwarten gewesen, als die ersten praktischen Schritte in der Atompolitik mit dem Beginn der Kohlekrise zeitlich zusammenfielen. Im Interesse eines funktionierenden öffentlichen Entscheidungsprozesses hätte man eine offene Kontroverse zwischen Kohle und Kernenergie sogar wünschen müssen; nur so hätten sich realistische Maßstäbe für die Beurteilung der ökonomischen und gesundheitlichen Risiken der Kerntechnik gewinnen lassen.

In der Tat hat es zwar an Spannungen zwischen Kohle und Kernenergie nicht gefehlt. Und doch wirkt dieses Thema in den einschlägigen Quellen so marginal, dass man es über weite Strecken fast vergessen kann, da der Konflikt im Allgemeinen nicht offen ausgetragen wurde. Darin unterscheiden sich die deutschen Zustände deutlich von denen in Großbritannien und den USA, wo sich der Kohlebergbau gegenüber der Kernenergie konfliktfähiger zeigte. Nur gelegentlich kam in Atomkreisen der »geheime Widerstand der deutschen Kohleindustrie« zur Sprache. Bezeichnend ist nicht nur, dass dieser Widerstand »geheim« blieb, sondern auch, dass er nicht prinzipieller Art war, sondern sich lediglich gegen eine »zu rasche« Entwicklung der Kernenergie richtete.

Dabei wäre die Situation Ende der 1950er-Jahre, als die Steinkohle ihre erste schwere Absatzkrise erlebte und die »Energielücken«-Prognose ebenso wie die anfängliche Atomeuphorie Lügen gestraft wurde, zu einer Kampagne gegen die Kernenergie wie geschaffen gewesen! Hinter den Kulissen hat es eine entsprechende Stimmungsmache auch gegeben; der Unternehmensverband Ruhrbergbau ließ dem Bundeskanzleramt triumphierend einen Bericht über Verzögerungen des britischen Kernenergieprogramms zugehen, das vordem das Fanal der Atomeuphorie gewesen war. Balke klagte, die Kohle benutze jede Gelegenheit, »die Arbeiten an der Kernenergie als überflüssig darzustellen«. Dennoch gewinnt man nicht den Eindruck, dass es sich dabei um einen grundsätzlichen und konsequenten Widerstand gehandelt hat.

Zwar kam es 1954 vor, dass ein Atomskeptiker in den »Energiewirtschaftlichen Tagesfragen« die Gefahren der Radioaktivität als Argument zugunsten der Kohle ins Feld führte; aber diese so wirkungsvolle Argumentation wurde von den Parteigängern der Kohle sonst in bemerkenswertem Maße gemieden – vermutlich im Bewusstsein dessen, dass man hinsichtlich der Gesundheitsrisiken selber im Glashaus saß. Die Vorkämpfer der Kernenergie revanchierten sich damit, dass auch sie im Allgemeinen nicht mit der Umweltschädlichkeit der Kohlekraftwerke argumentierten. Mandel konstruierte 1971 eine Pattsituation, in der keiner dem anderen etwas vorzuwerfen hatte: Zwar trügen Kernkraftwerke »mindestens hundertmal weniger« zur Umweltbelastung bei als Kohlekraftwerke, aber die Freisetzung von Radioaktivität durch Wiederaufbereitungsanlagen höbe »diesen Vorteil des Kernkraftwerkes wieder auf, wenn man den gesamten Brennstoffkreislauf betrachtet«. Ein verblüffender Hinweis auf das ungewöhnliche Risiko der Wiederaufarbeitung ausgerechnet von dem kommenden Atompapst! Nicht umsonst kulminierte der Atomkonflikt um Gorleben.

Eine offene Konfrontation zwischen Kohle und Kernenergie entstand 1964 um das Projekt des Kernkraftwerks Lingen, mit dem sich die neue Energietechnik erstmals in Reichweite des Ruhrreviers vorwagte. Die Anstrengungen des Unternehmensverbandes Ruhrbergbau waren dabei jedoch nicht etwa auf eine Verhinderung des Projektes gerichtet, sondern zielten nur darauf ab, eine Beteiligung der Ruhrkohle durchzusetzen; in der Presse wurde daher über den Vorgang, den Staatssekretär Wolfgang Cartellieri als »Großangriff der Kohle« empfand, gelegentlich unter der Schlagzeile »Kohle flirtet mit Atomen« berichtet! Ein langjähriger Vorkämpfer der Atomkraft wie Wilhelm Alexander Menne versicherte 1966 sogar, der Bergbau habe »bisher für die Atomfragen volles Verständnis gehabt«; er warnte vor einer Distanzierung der Kernenergie von den Hilfsmaßnahmen für die Kohle, offenbar in der Hoffnung, dass die Kernenergie von den Subventionen am Ende auch etwas abbekommen würde.

Wie erklärt es sich, dass die große Konfrontation zwischen Kohle und Kernenergie ausblieb? Für die Anfangszeit mochte der Umstand eine Rolle spielen, dass das Atom noch unter vielen anderen Aspekten als dem der Stromerzeugung gesehen wurde und gerade der Atomminister zeitweise geflissentlich darauf bedacht war, das energetische Ziel zumindest nach außen hintanzustellen. Aber spätestens seit Anfang der 1960er-Jahre konnte kein Zweifel mehr daran bestehen, dass das Feld der Kerntechnik ganz überwiegend die Stromerzeugung war. Nun hatte sich jedoch zur gleichen Zeit herausgestellt, dass der Atomstrom mitnichten die »Wirklichkeit von morgen« war, es vielmehr noch lange dauern würde, bis ein erheblicher Teil der Stromversorgung durch Kernenergie gedeckt würde. Daraus ergaben sich gerade zu einer Zeit, als die Kohle von der Konkurrenz des Öls bedrängt wurde, Möglichkeiten eines Arrangements zwischen Kohle und Kernkraft. Schon die ölfreundlichen Resultate der Energie-Enquete von 1959/62 brachten Kohle wie Kernenergie gemeinsam in die Defensive. Unter der Schlagzeile »Kohle als Brücke zum Atomzeitalter« berichtete die *Welt* 1967 über eine Stellungnahme des Hauptgeschäftsführers des Unternehmensverbandes Ruhrbergbau, der »vor plötzlicher und zu großer Abhängigkeit der deutschen Energieversorgung von fremden Quellen« warnte, »ehe die Atomenergie die heimische Kohle ablösen könne«. Die Atomkraft, die von Anfang an als Weg zur Energieautarkie begründet wurde, ließ sich seitens der Kohle als möglicher Verbündeter im Kampf um eine auf »Versorgungssicherheit« abgestellte Energiepolitik ins Auge fassen: umso mehr, als man sah, dass es mit den Kernkraftwerken viel langsamer voranging, als anfangs herausposaunt worden war.

Diese Argumentation wurde sogar beim RWE-Vorstand aufgegriffen: Helmut Meysenburg, lange Zeit ein Verfechter der Braunkohlestrategie gegen die Kerntechnik, brachte schließlich beides zur Synthese, indem er verkündete: »Wir werden das Zeitalter des Öls überspringen und den Anschluss an das Atomzeitalter auf der Basis Braunkohle und Steinkohle erreichen.« Der in Energiefragen eloquente Fritz Burgbacher, Vorstandsmitglied der Rheinischen Energie AG, pendelte nach Bedarf zwischen einer Atom- und einer Braunkohle-Theologie: Verkündete er das eine Mal, die »göttliche Schöpfung«, die uns mit Energiequellen »nie im Stich gelassen« habe, habe mit der Nuklearkraft dafür gesorgt, dass man auch in Zukunft beim Energieverbrauch »nicht kleinlich« zu sein brauche, pries er ein andermal die Braunkohle als »edelsten Energieträger für die Stromerzeugung«, mit der »wir durch Gottes Fügung in der Bundesrepublik eine Art Stabilisator in der Stromerzeugung« hätten.

Die Kernenergie machte ihrerseits frühzeitig strategische Anleihen bei der Kohle. Ein Vertreter des Wirtschaftsministeriums bemerkte 1957 zum Bericht der drei »Atomweisen«, es sei »bemerkenswert«, dass hier der Gedanke der Versorgungssicherheit »als Argument für die Notwendigkeit einer raschen Entwicklung der Atomenergie« aufgegriffen werde, »während dieses Argument bisher stets von der heimischen Steinkohle allein in Anspruch genommen würde«. Zur gleichen Zeit wurde auf der Jahresversammlung der Wirtschaftsvereinigung Bergbau in Essen »scharfe Kritik« an der mangelnden Förderung des Uranbergbaus durch die Bundesregierung geübt und war von der Notwendigkeit einer »nationalen deutschen Uranversorgung« die Rede. Noch viel später wurde die Zusammengehörigkeit von »Kohle und Atom« unter dem Zeichen der Versorgungssicherheit beschworen, nunmehr gegen Kernkraftkritiker. Die Steinkohle AG (Steag) stieg über eine von ihr zu 100 Prozent kontrollierte Tochtergesellschaft (STEAG Kernenergie GmbH) in die Kernkraftbranche ein, mit besonderem Schwerpunkt auf den von den Kernkraftgiganten vernachlässigten Bereichen des Brennstoffkreislaufs. Auch die Gelsenkirchener Bergwerks-AG (Gelsenberg), die größte private Bergwerksgesellschaft der Bundesrepublik, engagierte sich ab 1964 gegen anfänglichen Widerstand des Atomestablishments in der Wiederaufarbeitungstechnologie, dem sprichwörtlichen Stiefkind der Kernenergieentwicklung. Auf diese Weise bekam das taktisch-rhetorische Bündnis zwischen Kohle und Kernenergie eine reale Basis, wenn auch – wie sich noch zeigen sollte – keine sehr solide.

Auch bei den Subventionsmodellen lassen sich gegenseitige Anleihen von Kernenergie und Kohle erkennen. Die ersten Kernkraftwerke nahmen eine Geldquelle in Anspruch, die bis dahin vor allem dem Kohlebergbau zur Verfügung gestanden hatte: die Kreditanstalt für Wiederaufbau. Kohlekraftwerke andererseits wurden mit dem 1966 in Kraft tretenden sogenannten 2. Verstromungsgesetz nach einem Modell gefördert, das bis dahin bei Kernkraftwerken angewandt worden war: Hatte sich deren Subventionierung an ihren Mehrkosten gegenüber Kohlekraftwerken orientiert, so orientierte sich nunmehr die Bezuschussung neu erbauter Kohlekraftwerke an ihren Mehrkosten im Vergleich zu Ölkraftwerken. Die Subventionierung der Kohle bot den Kernkraftvertretern einen Grund, nun ihrerseits »auch für den Bau von Kernkraftwerken entsprechende Unterstützungen« zu verlangen; das zu einer Zeit, als es an und für sich möglich erschien, die staatliche Förderung erprobter Kernkraftwerke »allmählich auslaufen« zu lassen.

Gerade zu jener Zeit verstärkten sich Bemühungen, noch auf ganz andere Art eine Allianz von Atom und Kohle zu schmieden: mit dem Projekt der Kohlevergasung durch die Prozesswärme des in Jülich entwickelten Hochtemperaturreaktors. Die vage Aussicht auf industriell nutzbare nukleare Prozesswärme, die in den USA schon früher als »der schlafende Gigant der Atomindustrie« gerühmt wurde, kam angesichts der drohenden Konfrontation von Kohle und Kernenergie wie gerufen. In Schlagzeilen der Presse war nunmehr davon die Rede, der Hochtemperaturreaktor werde die »Kohle retten«, das »Zeitalter der Kohle« habe dank der Kernenergie »erst begonnen«, der Schulten-Reaktor bringe »neue Blüte für die Ruhr«. Selbst Walter Arendt, der Vorsitzende der IG Bergbau und Energie, griff die von Leo Brandt, dem Schutzherrn des Hochtemperaturreaktors, in Umlauf gebrachten Parolen auf und nahm sie für bare Münze. Dabei war dies in Wirklichkeit eine Zukunftsmusik, die in Insiderkreisen als reine Propaganda galt; zu einer nuklearen Kohlevergasung ist es nie gekommen. Am

Ende kam heraus, dass Kernenergie und Kohle eben doch Konkurrenten waren, und der Mitte der 1970er-Jahre einsetzende Widerstand des nord-rhein-westfälischen Wirtschaftsministers Horst Ludwig Riemer gegen das Bonner Atomprogramm war ein Ansatz, den immer wieder abgebogenen Konflikt endlich auszutragen. Zu spät: Die Macht der Kohle war Vergangenheit!

Die Spekulation auf der Suche nach Rückversicherung: Grundzüge der frühen Kernenergiestrategien

Die Struktur dieses Oberkapitels geht davon aus, dass der durchgängige Grundzug der frühen Atompolitik ihr spekulativer Charakter ist. Welche Strategien sich daraus ergaben, verdient eine genauere Betrachtung. Mochte es sich bei der Kerntechnik auch realiter – so ein viel zitiertes Bekenntnis des amerikanischen Atomphysikers Alvin Weinberg zu Weihnachten 1971 – um einen »faustischen Pakt« der Menschheit mit säkularen Folgewirkungen handeln, war es doch Sache der Wirtschaft, aus der Kernkraft eine ganz undramatische Angelegenheit, ein scheinbar normales Geschäft mit minimalem Risiko zu machen, minimal zumindest für den Kraftwerksbetreiber. Von entscheidender Bedeutung war dabei die bei der Kerntechnik besonders verlockende Möglichkeit, den Löwenanteil des Risikos auf Staat und Gesellschaft abzuschieben. Ansonsten suchte man das Risiko, wie wir sahen, dadurch zu begrenzen, dass man den Anteil konventioneller Technik an den Kernkraftwerken möglichst hoch hielt.

Und doch war das Geschäft mit der Kernenergie kein »business as usual«. Wie der Vertreter einer hierbei auf der Strecke gebliebenen amerikanischen Firma aus eigener leidvoller Erfahrung bemerkte, ergaben sich »Nuklearprojekte nicht aus dem normalen Wachstum der Energienachfrage; sie waren kein gleichmäßig fließendes, vorhersehbares Geschäft. Ein Projekt war im Allgemeinen das Resultat einer bestimmten Situation, deren Hintergrund politische Kräfte und individuelle Persönlichkeiten umfasste«. Hans Grümm gab den treffenden Hinweis, es sei für das Schicksal von Reaktortypen entscheidend gewesen, ob sich eine »kritische Masse« – nukleare Metaphorik! – von potenten Förderern zusammengefunden habe, die diese Reaktorlinie »über Schwierigkeiten und Rückschläge hinweg konsequent ›durchzieht‹«, wobei die »Motive dieser Zusammenballung von Kräften« »sehr verschiedenartig« seien – »militärische, nationale, industrielle« – und »im Lauf der Zeit wechseln« könnten. Ein Kernkraftprojekt wurde seriös und kreditwürdig, wenn es Rückhalt bei Vorstandsmitgliedern mehrerer renommierter Unternehmen der Großindustrie fand; wenn es sich überdies auf prominente Wissenschaftler berufen konnte; wenn es konsensfähig für die Deutsche Atomkommission war und wenn es auch in der amerikanischen Atomkommission und Atomindustrie prominente Gewährsleute besaß. Es war eine Art von Rationalität, die sich der offenen Diskussion entzog.

Die Aussicht auf eine gewisse Rückversicherung beim Staat gehörte frühzeitig zu den Erfolgsbedingungen kerntechnischer Projekte, auch wenn in der Bundesrepublik das spätere Ausmaß des staatlichen Engagements nicht von Anfang an geplant war. Daher war der Atomkomplex frühzeitig auf Legitimation gegenüber der Öffentlichkeit angewiesen: auch deshalb seine propagandistische Grundeinstellung. Kernkraftprojekte mussten sich zum Nationalinteresse stilisieren lassen, damit sich das Risiko gegebenenfalls auf die Allgemeinheit abwälzen ließ. Auch die vermeintliche Alternativlosigkeit trug dazu bei, die Kernenergie als sichere Spekulation erscheinen zu lassen: als eine Energiequelle, die so oder so doch kommen müsse, da es keine andere Wahl gebe. Die Verdrängung jeglicher Alternativen im allgemeinen Bewusstsein war daher eine bedeutsame Hinterlassenschaft der frühen Atomeuphorie. Für die Großunternehmen auf der Erbauer- wie Betreiberseite besaß die Kerntechnik mit ihrem enormen Kapitalaufwand im Übrigen frühzeitig den Vorzug, dass sie sich gut in monopolistische Strategien einordnen ließ. Von daher konnte man erwarten, dass man die Kerntechnik – ganz gleich, ob sie »an sich« rentabel war oder nicht – doch durch Marktmacht und durch Abwesenheit von Substitutionsgütern profitabel machen könnte.

Atomplanung zwischen Staat, Wirtschaft und Wissenschaft

Umstritten und ungeklärt: die Rolle des Staates bei der Kernkraftentwicklung

Wirtschaftsminister Erhard erklärte 1954 dem Staatssekretär des Bundeskanzleramtes rundheraus, seines Erachtens solle es in der Bundesrepublik »nicht Sache des Staates sein«, sich im Bereich der »Gewinnung und Verwendung« von Kernbrennstoffen »wirtschaftlich zu betätigen«; das sei allein Aufgabe der Privatinitiative. Die Staatstätigkeit wollte er auf »gewisse« Überwachungsmaßnahmen beschränkt wissen, aber auch diese seien »auf das notwendige Mindestmaß« zu reduzieren. Das Atomministerium, wenn auch nicht ganz so moderat, passte sich dieser Richtlinie doch insofern an, als es mehr wissenschafts- als energiepolitische Interessen zeigte.

Anfangs wurde eine staatliche Subventionspolitik in Atomsachen sogar am heftigsten von der Industrie selbst abgewehrt. In der konstituierenden Sitzung der für finanzielle Fragen zuständigen Fachkommission V der DAtK machte Abs, der stellvertretende Vorsitzende dieses Gremiums, aus der Frage der »steuerliche(n) Begünstigung von Atominvestitionen« sogleich eine Prinzipienfrage und mahnte: »Man könne nicht die Privatwirtschaft wollen und gleichzeitig vom Staat die steuerliche Begünstigung und direkte Unterstützung verlangen.« Einige Monate darauf konzedierte er immerhin den »sicher sehr unwirtschaftlichen Versuchsatomkraftwerken« eine »Starthilfe des Staates«. Das RWE stellte sich bis Anfang der 1960er-Jahre konstant gegen staatliche Subventionen. Schöller erntete 1955 den Beifall des Wirtschaftsministeriums, als er sich gegen jeden staatlichen Zuschuss auf diesem Sektor wandte. Ende 1957 beschränkte er seinen Widerstand »gegen eine staatliche Inanspruchnahme« immerhin auf den Bereich der Leistungsreaktoren. Noch 1960/61, bei den Vorverhandlungen über den Bau des ersten Demonstrationskraftwerks, wollte das RWE »jede direkte Subvention und noch mehr jeden Anschein einer Subvention vermeiden«, machte jedoch zugleich eine »Subvention der Lieferfirmen« »durch seine ungewöhnlich hohen Garantieforderungen praktisch sogar zur Bedingung«!

Auch Siemens bezeugte anfangs kein sonderliches Interesse an staatlichen Subventionen: »Eine Unterstützung des Bundes, an die gewisse die Firma bindende Bedingungen geknüpft seien, sei nicht sehr erwünscht«; man wolle über kerntechnische Entwicklungen am liebsten nicht mit dem Bund, sondern mit »einem zukünftigen Käufer« verhandeln. Eine ähnliche Linie verfolgten die damals atompolitisch aktiven Farbwerke Hoechst. 1955 hätten sie den Staat aus der bei Karlsruhe geplanten Reaktorstation am liebsten ganz herausgehalten; nicht einmal an einer Anerkennung der Gemeinnützigkeit dieser Reaktoranlagen waren sie interessiert, aus Furcht vor den entsprechenden Auflagen! Menne warnte 1957 sogar, dass mit der im Euratom-Vertrag vorgesehenen Steuerfreiheit für sogenannte gemeinsame Unternehmen der Atomgemeinschaft ein »gefährlicher Tatbestand geschaffen« werde, der »die private und sogar staatliche Initiative« zu hemmen drohe; dabei wären die ersten deutschen Demonstrationskernkraftwerke ohne die Vorteile der »gemeinsamen Unternehmen« schwerlich zustande gekommen! In der Atomkommission wandte sich Winnacker immer wieder mit Heftigkeit gegen die Annahme von Staatssubventionen und konnte sehr aufgebracht werden, wenn ein Unternehmen der Versuchung nicht widerstand. Noch 1960 äußerte Leopold Küchler (Hoechst) »grundsätzliche Bedenken gegen die staatliche Förderung allgemeiner Entwicklungs- und Vorarbeiten der Industrie, die zu einem wirtschaftlichen Gewinn führen«.

Was waren die Beweggründe für dieses aus späterer Sicht höchst verwunderliche Widerstreben gegen staatliche Geschenke? Küchler äußerte eine wirtschaftsethische Begründung von einer Art, wie sie später fast nur noch aus dem Munde von Kernkraftkritikern zu hören war: »Wenn die Privatindustrie einerseits eine staatliche Bevormundung ablehne, müsse sie andererseits auch das Risiko auf sich nehmen, Entwicklungskosten selbst zu tragen.« Von der Höhe dieser Kosten besaß man damals zweifellos noch eine ganz unzulängliche Vorstellung. So erklärt sich die anfängliche Beteiligung der Industrie am Kernforschungszentrum Karlsruhe zum Teil einfach daraus, dass man die Kosten kolossal unter- und die unmittelbar anfallenden Gewinne überschätzte. Das Bundesfinanzministerium veranschlagte 1955 das erforderliche Geschäftskapital auf anfangs 5 Mio., später 15 Mio. DM, und es erschien damals schon ambitiös, wenn das Atomministerium 1956 das Anfangskapital des späteren Milliardenunternehmens auf 20 Mio. DM aufstocken wollte! Zu jener Zeit wandten sich die industriellen Teilhaber gegen einen Gemeinnützigkeitsstatus aus der Sorge, dass dann bestimmungsgemäß »die Verwendung von Überschüssen für den Fall der Auflösung der Gesellschaft ... nur für gemeinnützige Zwecke erfolgen« dürfe, als sei ein Reaktorzentrum ein Unternehmen, das sich nach einer gewissen Zeit mit gutem Gewinn liquidieren lasse!

Die Abwehr eines überwiegenden Staatsengagements in der Kerntechnik war bei der Großindustrie schwerlich aus einem liberalen Dogma motiviert; sonst wäre das mühelose Umschwenken in der Folge nicht zu erklären. Nicht dem freien Markt, sondern der korporativen Selbststeuerung der Großindustrie, die durch die Atomkommission aktiviert wurde, sollte die Kernenergie anvertraut werden. Das Engagement der Industrie zielte nicht unbedingt auf eine forcierte Entwicklung der Kerntechnik. Bei Vertretern des RWE oder der GHH (Reusch) ist für jene Zeit im Gegenteil anzunehmen, dass man die Entwicklung unter Kontrolle halten wollte und von einer massiven staatlichen Förderung eine zu rapide Aufblähung des Nuklearsektors befürchtete. Vor allem aber erkennt man in Kreisen der Großindustrie die Sorge, dass staatliche Unterstützung eine lästige Konkurrenz in Gestalt kleinerer Firmen hochzüchten könnte, die ohne Subventionen keine Chance hätten. Das wurde gelegentlich recht deutlich ausgesprochen. Insbesondere bei der RWE-Leitung, die eine Vorliebe für die relativ billigen Leichtwasserreaktoren frühzeitig erkennen ließ, gab es überdies die Sorge, öffentliche Subventionen könnten dazu verleiten, »auf Staatskosten auch unwirtschaftliche Reaktoren zu bauen«.

Die Abwehr staatlicher Subventionen erfolgte also bei der Großindustrie in der damaligen Situation nicht uneigennützig. Auf der anderen Seite gab es, gerade bei Atomenthusiasten, frühzeitig Stimmen, die eine stärkere Einschaltung des Staates für notwendig hielten und die Wirksamkeit des ganz privatwirtschaftlich ausgerichteten bundesdeutschen Konzepts anzweifelten. Heisenberg bemerkte 1955: Wenn die Bundesregierung anscheinend annehme, »dass die Finanzierung der Entwicklungsarbeiten im Wesentlichen von der privaten Wirtschaft durchgeführt werden könne«, vertrete sie einen Standpunkt, »der von dem fast aller anderen Länder abweicht« und – da »die Mittel der privaten Wirtschaft jedenfalls nicht ausreichen« – zwangsläufig dahin führe, dass sich der Vorsprung des Auslands »in Zukunft weiter vergrößern« werde. Fritz Marguerre vertrat 1956 als Vertreter kommunaler Energieunternehmen die Überzeugung, »dass wir unbedingt noch mehr ins Hintertreffen geraten, wenn wir in Deutschland die These aufstellen, die Entwicklung der Atomenergie müsse rein von privater Hand ausgehen«. Er wies darauf hin, dass der liberale Rigorismus vor allem »auf Seiten der Großindustrie und Großkonzerne« vertreten werde, hierüber jedoch »große Meinungsverschiedenheiten« bestünden.

Die SPD vertrat von Anfang an die Position, dass die aus der Kerntechnik erwachsenden Anforderungen die Kräfte der Privatwirtschaft überstiegen. Diese Prognose schien damals Ausführungen über die Kernenergie eine spezifisch sozialdemokratische Pointe zu geben. Aber auch ein Artikel des *Volkswirt* von 1957 hielt es für »wenig wahrscheinlich«, dass die Wirtschaft »aus eigener Kraft« in der Lage sein werde, die erforderlichen Summen zu beschaffen. Besonders wirkungsvoll war dabei stets der Hinweis auf das Ausland. In den darauf folgenden Jahren zeichnete sich ein allgemeiner Stimmungsumschlag zugunsten einer stärkeren Staatsbeteiligung ab. Der Markstein war auch hier der Zusammenbruch der frühen Atomeuphorie und die klare Einsicht, dass es ein rentables Kernkraftwerk noch nirgends auf der Welt gab und in absehbarer Zeit auch nicht zu geben schien.

Hinzu kam die Beobachtung, dass sich der bundesdeutsche Rückstand gegenüber den Atommächten in den letzten Jahren eher noch vergrößert hatte. Auf der ernüchternden Konferenz von Stresa (1959) glaubte ein Beobachter der FAZ zu bemerken, dass sich hinter den Mienen der ausländischen Vertreter »nur mühsam ein mitleidiges Lächeln zu verbergen« schien, als ein deutscher Teilnehmer die Gültigkeit des marktwirtschaftlichen Credos auch für die Atomwirtschaft unterstrich. Ein deutscher Industrieller zog aus der Tagung kurz und bündig die Lehre: »Mit der Marktwirtschaft ist das nicht zu machen.« Im gleichen Jahr sandte ein Industrievertreter ein langes beschwörendes Memorandum an den CDU-Politiker Fritz Burgbacher, in dem er auf Erweiterung der staatlichen Hilfe drängte und sogar bemerkte, dass die Reaktortechnik in der ganzen Welt »eigentlich nur dort grundlegende Fortschritte erzielt, wo sie als Kind der Rüstung mit gewachsen ist«. Ein treffender Hinweis! Burgbacher hielt das Memorandum für wichtig genug, um es sogleich an den Atomminister weiterzureichen.

Anfang 1962 schließlich bezeichnete es der *Industriekurier* als »bedeutsam«, dass »auch die früheren Befürworter einer Abstinenz des Staates« heute geneigt seien, »nach dem Staat zu rufen«, sogar »in vollem Bewusstsein der Unmöglichkeit, die vom Staat geschaffenen Fakten dann sehr schnell auf das Gleis einer Privatisierung oder lukrativer privater Teilhaberschaft schieben zu können«. Eduard Schüller (AEG) rief 1963 sogar bereits nach »echte(r) Wirtschaftsplanung im großen Stil« – ein Aufruf, der für die liberale Orthodoxie der 1950er-Jahre kommunistisch geklungen hätte! Erfahrungen der beteiligten Industrie mit dem Karlsruher Forschungszentrum werden zu dieser Kehrtwende beigetragen haben. Hatte die Industrie noch 1956 heftigen Widerstand gegen jede Klausel des Karlsruher Gesellschaftsvertrags gezeigt, die die Möglichkeit enthielt, dass die industriellen Partner später vom Staat überstimmt oder bei wachsender Expansion der Anlagen gar ausgeschaltet werden könnten, schenkte sie 1963 angesichts der steil ansteigenden Kosten und des immer weniger erkennbaren industriellen Nutzens ihren Anteil der staatlichen Gesellschaft. Diese in einem Festakt vollzogene Schenkung, scheinbar ein Akt industrieller Uneigennützigkeit, demonstrierte in Wahrheit die Entscheidung der Industrie, sich an der auf die fernere Zukunft gerichteten Forschung und Entwicklung finanziell nicht mehr zu beteiligen. Dadurch bekam der Akt eine Signalwirkung.

Atomministerium, Atomkommission und Atomforum

Das Atomministerium war ein Unikum unter den Ressorts der Regierung Adenauer und es ist nicht leicht zu erklären, warum es überhaupt geschaffen wurde. Auch Strauß gab als neu ernannter Atomminister auf die Frage »Warum Atomministerium?« keine befriedigende Antwort. Andere witzelten, das Ministerium für Atomfragen sei eben ein Ministerium für Fragen, nicht für Antworten. Die Schaffung eines gesonderten Atomressorts besaß in dieser Form in den ausländischen Staaten, mit denen sich die Bundesrepublik zu vergleichen pflegte, kein Vorbild. Vollends kurios wirkte sie in einem Land, wo es noch so gut wie gar nichts Atomares zu verwalten gab und man die Kerntechnik nicht einmal für eine prinzipiell staatliche Angelegenheit hielt.

Strauß gab selber zu, »ohne Zweifel« passe das neue Ressort »in das klassische Schema unserer Ministerialverteilung … wenig hinein«. Die Zeit für eine Forschungs- und Technologiepolitik des Bundes war Mitte der 1950er-Jahre noch nicht gekommen. In den vorausgegangenen Verhandlungen beim Wirtschaftsministerium und der Max-Planck-Gesellschaft wie überhaupt in den auf Atominitiative drängenden Stellungnahmen aus Industrie und Wissenschaft war, soweit zu übersehen, die längste Zeit kein Gedanke an die Schaffung eines eigenen Ministeriums gewesen, sondern die Überlegungen kreisten nach dem Muster der Atommächte um die Einrichtung einer Atomkommission oder Atombehörde. Erst im September 1955, nach der Genfer Konferenz, kam in der Physikalischen Studiengesellschaft erstmals der Vorschlag auf, einen Bundesminister mit den Fragen der Atomenergie zu betrauen.

Das neue Ministeramt wurde wohl nicht zuletzt für die Person von Strauß, bis dahin »Bundesminister für besondere Aufgaben«, geschaffen. Kann man daraus schließen, dass diese Gründung vor allem sein Werk war? Strauß-Biografen wissen zu berichten, dass seine Ambitionen schon damals auf das Verteidigungsressort zielten, er als Zwischenstation dorthin lieber ein Luftfahrtministerium bekommen hätte und er daher die – nicht von ihm, sondern von Adenauer ersonnene – Betrauung mit den Atomfragen zunächst eher als »sauren Apfel« und als potenzielle Kaltstellung empfunden habe. Bei dem Bundeskanzler, für den der Nuklearbereich damals vor allem als ein Hebel der westeuropäischen Einigung Bedeutung besaß, lässt sich ein Bestreben voraussetzen, diesen Sektor irgendwie aus der Kompetenz des Wirtschaftsministers herauszulösen. Er hat dabei schwerlich vorhergesehen, dass er gerade mit der Schaffung eines gesonderten Atomressorts seiner Euratompolitik ein Hindernis in den Weg legte.

Die eher zufälligen Begleitumstände der Entstehung des Atomministeriums brachten es mit sich, dass die Existenzberechtigung dieses Ressorts leicht anzufechten war. Erhard grollte, es gebe schließlich auch kein Dampfkesselministerium, und der auf Strauß folgende Atomminister Balke, der ebenfalls vom Sinn seines eigenen Ministeriums nicht restlos überzeugt war, hatte hierauf nur wenig zu erwidern. Vor allem von Seiten der Energiewirtschaft wurde der Sinn des Atomministeriums offen angefochten. Balke argwöhnte nach einigen Amtsjahren, sein Ministerium gelte als überflüssig, und wollte »auf einer Entscheidung des Bundeskanzlers bestehen, ob es noch eine Existenzberechtigung habe«. Noch in der Folgezeit wurde das Personal des Ministeriums, das im Godesberger Rheinhotel untergebracht war, bewusst klein gehalten, nach dem Grundsatz: »Ganz kleine Behörde, sehr großes Sachverständigengremium«. Ministerialdirektor Joachim Pretsch, der als einer der wenigen kerntechnischen Experten im Ministerium gelten konnte und als solcher in einer gewissen Spannung zu den Juristen stand, war überzeugt, eine große Verwaltungsorganisation leiste einer neuen Technik keine guten Dienste: »So schnell – entschuldigen Sie, dass ich als leitender Beamte das offen sage – lernt kein Beamter das.«

Franz Josef Strauß als erster Atomminister (1955/56)

Strauß, der als Verteidigungsminister die nuklearstrategische Umrüstung der Bundeswehr betrieb, verfolgte zuvor als Atomminister gegenüber der zivilen Kerntechnik eine auffallend zurückhaltende und abwartende Strategie, die von seinem späteren Image her überrascht. Von einem sofortigen Bau von Kernkraftwerken wollte er nichts wissen, da er die Ungeklärtheit der technischen und ökonomischen Voraussetzungen mit scharfem Blick erkannte; vielmehr gab er der Forschung und Ausbildung die Priorität. Im Unterschied zu vielen Atomenthusiasten, die damals vor allem auf England schauten, hielt er sich mehr an die USA, die er im Mai 1956 bereiste, und sah sich dort in seiner abwartenden Haltung bestärkt, zumal er sich wohl vor allem an Lewis Strauss, dem republikanischen Vorsitzenden der Atomkommission, und an den Anhängern von »Private Power« orientierte.

Von der Reise zurückgekehrt, berichtete er der DAtK, »nirgends in den USA werde eine wirtschaftliche Nutzung der Atomkraft in einem nennenswerten Maße betrieben«; bei den »wissenschaftlichen Monopolzentren« bestehe die Tendenz, auch Fehlentwicklungen jahrelang fortzusetzen; die Bundesrepublik werde sich daher als Spätkommer hohe Verluste ersparen. Man habe in Deutschland zwar »10–15 Jahre an Zeit versäumt, aber was die Amerikaner in dieser Zeit für die friedliche Atomentwicklung erarbeitet hätten, könnten wir jetzt zu 95 Prozent kostenlos übernehmen. Verlorene Zeit – gewonnenes Geld!« Und im Blick darauf sprach er geradezu vom »Zeitalter der umgekehrten Demontage«!

All das stand in krassem Widerspruch zu der vom Heisenberg-Kreis ausgehenden Wettlaufpsychose sowie der Meinungsbildung, die sich damals in der Deutschen Atomkommission, insbesondere in ihrem einflussreichen Arbeitskreis Kernreaktoren vollzog, wo man frühzeitig deutsche Eigenentwicklungen im Kernkraftwerksbau in Gang bringen wollte, zu Leistungsgrößen hindrängte und sich stark am britischen Vorbild orientierte. Strauß' kurze Amtszeit als Atomminister ließ es aber zu keinem offenen Konflikt mit seinem Beratergremium kommen.

Die politisch gewichtigste Konfliktzone der Atompolitik lag zu jener Zeit im Verhältnis zu den Ländern, da in der Forschungsförderung gemäß dem Grundgesetz Bundes- und Länderkompetenz konkurrierten und einige Bundesländer anfangs kräftige Anstalten zu einer eigenen atompolitischen Aktivität unternahmen. Auch hier wollte Strauß hinhaltend verfahren und den Bund zunächst einmal seine finanzielle Überlegenheit ausspielen lassen: »Wenn man sich einmal daran gewöhnt habe, dass der Bund subventionierend, subsidiär und koordinierend eingreife, so werde die Einsicht in die Notwendigkeit einer Ausgleichstätigkeit des Bundes viel stärker sein, als wenn er bereits vor der Hingabe der ersten Mark mit grundsätzlichen Forderungen nach Kompetenzerweiterung an die Länder herantrete.« Tatsächlich wurde so auf kaltem Wege eine atompolitische Führungsstellung des Bundes ohne große Konfrontationen mit den Ländern ausgebaut.

Zu einer Verzögerungstaktik entschied sich Strauß auch bei der Ausarbeitung eines Atomgesetzes. Zu Beginn seiner Amtszeit hatte er dies noch an erster Stelle unter den »dringlichsten Aufgaben« »für die nächsten sechs Monate« genannt, aber kurz darauf äußerte er in der DAtK: »Die in der Öffentlichkeit des Öfteren verbreitete Behauptung, das Fehlen eines Atomgesetzes würde die Entwicklung in der Atomenergienutzung in der Bundesrepublik aufhalten, sei völlig unbegründet.« Vertreter der in die Opposition gewechselten FDP, die damals die Initiative mit der Vorlage eines eigenen

Atomgesetzentwurfes ergriffen, empörten sich über die »unerklärliche Verzögerung« dieser Angelegenheit ausgerechnet im zuständigen Ministerium, das man schon »seit über einem halben Jahr auf allen möglichen Wegen« vergeblich dazu gedrängt habe, »irgendeine Äußerung von sich zu geben«, und unterstellten dem Strauß-Ressort sehr zu Unrecht einen »Dornröschenschlaf«.

Das Bundeswirtschaftsministerium hatte bis dahin schon die achte Fassung eines Atomgesetzes vorgelegt! Aber erst im Frühjahr 1957 kam ein Regierungsentwurf in den Bundestag, wurde aber am 2. Juli 1957 in zweiter Lesung auf Betreiben eben der Regierung torpediert, weil diese, wie verlautete, sich doch nicht zu der im Entwurf vorgesehenen strikten Beschränkung auf die friedliche Nutzung entschließen wolle! Von daher lassen sich Rückschlüsse auf die Motive der vorausgegangenen Verzögerungstaktik ziehen: Es steht zu vermuten, dass Strauß abwarten wollte, ob sich eine gesetzliche Beschränkung auf die zivile Kerntechnik auf die Dauer nicht doch vermeiden lasse.

Vom Post- zum Atomminister: Siegfried Balke (1956–1962)

Sein Nachfolger, Siegfried Balke, war hierin von entschieden anderer Gesinnung und ging sogar so weit, sich 1957 öffentlich auf die Seite der Unterzeichner des Göttinger Manifestes zu stellen! Weit stärker als Strauß empfand Balke den noch ungesicherten Status der bundesdeutschen Souveränität und die Auffälligkeit deutscher Atomambitionen gegenüber dem leicht zu weckenden Argwohn des Auslands. Balke hatte sich aus kleinen Verhältnissen zum Direktor der bayerischen Wacker-Chemie GmbH emporgearbeitet, die bis 1945 zu 50 Prozent von I.G. Farben, danach von Hoechst kontrolliert wurde. In der NS-Zeit als Halbjude eingestuft, wurde seine ursprüngliche Absicht einer Universitätslaufbahn zunichte, und er bewahrte nach 1945 einige Bitterkeit gegen eine gewisse Kameraderie unter den Wirtschaftsführern, die aus der Kriegswirtschaft stammte, sowie den Wunsch, in der Wissenschaft eine Bedeutung zu erlangen.

Nach 1945 einer der nicht allzu zahlreichen Nichtkompromittierten in den Chefetagen der Chemie, wurde ihm der Vorsitz des Vereins der Bayerischen Chemischen Industrie übertragen; später nach seinem Rücktritt als Atomminister stieg er zum Präsidenten der Bundesvereinigung der Deutschen Arbeitgeberverbände (BDA) und zum Vorsitzenden der Vereinigung der Technischen Überwachungsvereine (TÜV) auf. Die komplizierten Proporzregeln innerhalb der Bonner Regierungskoalition, die damals nach einem protestantischen Bayern verlangten, spielten ihm 1953 das Amt des Bundespostministers zu. In der Funktion entwickelte er eine gewisse Kompetenz für Automatisierungsfragen und knüpfte erste Beziehungen zu Siemens. Der CSU trat er erst als Minister bei, ohne sich in dieser Partei eine Hausmacht aufzubauen.

Balke hielt es im Vertrauen auf seine Sachkompetenz und seine industriellen Verbindungen für nicht nötig, sich eine politische Hausmacht zu schaffen; er redete geringschätzig von »den Politikern« und besaß für seine Person ein eher technokratisches Selbstverständnis. Wie sich jedoch zeigte, setzten sich in Bonn weder Beziehungen zur Wirtschaft noch fachmännische Beschlagenheit automatisch in politischen Einfluss um. Nach vierjähriger Tätigkeit klagte Balke dem Staatssekretär des Bundeskanzleramtes, der Bundeskanzler habe mit ihm während seiner Amtszeit noch kein einziges Mal über seine Ressortangelegenheiten gesprochen, sich hingegen »von dritter Seite« über Atomfragen informiert.

Bei Adenauers Kabinettsumbildung im Dezember 1962 wurde Balke aus seinem Amt katapultiert, ohne davon früher als die Öffentlichkeit zu erfahren. Diese schnöde Art der Entlassung brachte Balke eine Welle von Sympathiebekundungen vor allem aus Kreisen der chemischen Industrie ein, deren häufig sehr harte und geradezu erbitterte Auslassungen über den Bundeskanzler zugleich beleuchten, welch einen Tiefpunkt das Ansehen Adenauers kurz vor seinem Rücktritt in Kreisen der Wirtschaft erreicht hatte. Balke selber äußerte sich nach seinem Rücktritt geringschätzig über den »Dämmerschlaf des Traditionalismus« in Bonn. Auf dem Atomsektor zeigt sich deutlich, mit welcher Heftigkeit in der Endphase der Ära Adenauer gerade auch viele Wirtschaftsleute auf einen Innovationsschub im politischen Getriebe der Bundeshauptstadt drängten.

Balke unterschied sich als Atomminister von seinem Vorgänger Strauß durch seine entschiedene Bejahung einer auf zivile Zwecke beschränkten Kerntechnik sowie auch durch sein stärkeres Interesse an einer kerntechnischen Eigenständigkeit der Bundesrepublik. Anfangs trat Balke sogar dafür ein, sofort zum Bau großer Kernkraftwerke überzugehen. In seinen späteren Amtsjahren pflegte er jedoch, ähnlich wie Strauß, vor einem raschen Übergang zu größeren industriellen Kernkraftprojekten zu warnen und die Priorität von Forschung und Entwicklung zu betonen. Er vertrat mit dieser Leitlinie objektive Interessen der bundesdeutschen Wirtschaft, indem er auf diese Weise kostspieligen Fehlinvestitionen entgegenwirkte, die aus unzulänglicher Kenntnis des internationalen Standes der Entwicklung resultierten; zudem entsprach diese Ausrichtung seinem vorwiegend wissenschaftspolitischen Interesse. Am liebsten hätte er bereits sein Ressort zum Wissenschaftsministerium ausgeweitet, wie es ab 1962 unter seinem Nachfolger geschah. Die Stellungnahmen des Chemikers Balke bekamen ihre persönliche Note häufig durch die starke Hervorhebung der Strahlenchemie, der er wiederholt sogar den Vorrang vor der energetischen Nutzung der Kernspaltvorgänge gab.

Innere Spannungen im Atomministerium

Balke bestimmte die Atompolitik jener Jahre gewiss nicht allein, zumal er weder über ein präzise umrissenes Konzept noch über ausgeprägtes Durchsetzungsvermögen verfügte. Mit seiner späteren Abneigung gegen einen forcierten Bau von Leistungskernkraftwerken verstieß er gegen die Strategie führender Kreise der Atomindustrie, die ihren Ausdruck in Entschließungen der Atomkommission und des Atomforums, aber auch in Tendenzen innerhalb der Ministerialbürokratie fand. Die *Welt* äußerte 1960 im Namen der Reaktorindustrie die Hoffnung, »dass Atomminister Balke von seiner ihm lieb gewonnenen Vorstellung abrückt, der Forschung gegenüber der Praxis den Vorzug zu geben«, und der *Industriekurier* hielt es für wünschenswert, »wenn der sehr geschätzte Bundesminister für Atomkernenergie auch den Gebrauch der politischen Ellenbogen verstünde. Beobachter der Bonner Szene meinen jedoch, dass der kultivierte Prof. Balke zartfühlender sei als selbst die Frau Ministerin für das Gesundheitswesen«. Balke seinerseits identifizierte sich nur begrenzt mit den Planungen der seinem Ministerium zugeordneten Atomkommission; laut eigener Aussage hat er sich nie an dem Entwurf eines Atomprogramms beteiligt und diese Programme auch nicht ernst genommen. Der Bau des ersten deutschen Demonstrationskernkraftwerks wurde auf unterer Ebene des Ministeriums und im Widerspruch zu allen damaligen Vorsätzen Balkes ausgehandelt.

Schon bald nach seinem Amtsantritt bemühte sich Balke um eine Zentralisierung der Wissenschaftspolitik beim Bund. Im Februar 1957 unterbreitete er Adenauer einen entsprechenden Vorschlag, über den sich der Präsident der Deutschen Forschungsgemeinschaft (DFG) »doch etwas erschreckt« zeigte. Das Verhältnis zwischen DFG und Atomminister war von Anfang an belastet gewesen, da es die DFG-Spitze selber – man staune! – darauf abgesehen hatte, die Atomplanung an sich zu ziehen, und dabei die Unterstützung der Hochschulreferenten der Länder gefunden hatte. Mit Grund klagte Balke über den »geheimen Kampf« der DFG gegen die Tätigkeit seines Ministeriums. Nach 1960 spitzte sich Balkes Beziehung zu den Selbstverwaltungsorganen der Wissenschaft zu, als er seine wissenschaftspolitischen Pläne offensiver zu vertreten begann. Zugleich reagierte er auf den Grundsatz der »Freiheit der Wissenschaft« immer gereizter.

In ein fragwürdiges Licht geraten seine Motive, wenn er, der von Anfang an die Beschränkung der kerntechnischen Entwicklung auf friedliche Ziele bejahte, schließlich doch zu dem Argument der wachsenden rüstungstechnischen Bedeutung der Wissenschaft griff und sogar auf frühe Pläne einer Neutronenbombe verwies, um die Notwendigkeit einer staatlichen Erfassung und »Rationalisierung« der Wissenschaft zu unterstreichen. Den Mängeln der deutschen Wissenschaftsorganisation gab er die Mitschuld an der deutschen Niederlage im Zweiten Weltkrieg und wollte damit die Notwendigkeit einer politischen Steuerung der Forschung unterstreichen, »wenn man auch nicht das erfolgreiche Führen von Kriegen als alleinige Aufgabe der Wissenschaft werten kann«.

Erst nach Balkes Rücktritt wurde sein Ressort zum »Bundesministerium für wissenschaftliche Forschung« erweitert, aber Staatssekretär Wolfgang Cartellieri machte später Balke das Kompliment, während seiner Amtszeit seien »die entscheidenden Weichen« für den Ausbau des Atomministeriums zum Wissenschaftsministerium, »das auch die Förderung der ›Neuen Technik‹ nicht vernachlässigt, gestellt worden«. Mit dem Nachsatz war schon das künftige Ministerium für »Forschung und Technologie« vorprogrammiert.

Die Deutsche Atomkommission (DAtK): nur scheinbar ein Superhirn der Atompolitik

Die Pläne zur Atomkommission reichten länger zurück als die Pläne zum Atomministerium; und das Vorbild der mächtigen Atomic Energy Commission der USA mit ihrem direkten Draht zum Regierungschef wie zum Parlament ebenso wie der Rausch des »Atomzeitalters« ließen auch in der Bundesrepublik vor 1955 ehrgeizige Konzepte aufkommen. Wenn die DAtK dann als bloßes Beratergremium des Atomministeriums eingerichtet wurde, ohne zugleich über Kontakte zum Parlament oder anderen Ministerien zu verfügen und auf diese Weise eine Autonomie zu entwickeln, war das eine erhebliche Einschränkung gegenüber den ursprünglichen Plänen. Die Abschirmung der DAtK gegen das Parlament war wirkungsvoll; der zuständige Bundestagsausschuss blieb allem Anschein nach von der Kommission unberaten. Ein SPD-Abgeordneter klagte: »Diese Atomkommission steht völlig im Schatten des Ministeriums. Wir hören und sehen von ihr eigentlich recht wenig.«

Die DAtK umfasste in ihrer ursprünglichen Zusammensetzung 25 Mitglieder, von denen mindestens 13 der Privatwirtschaft zuzurechnen waren, wogegen der DGB allein durch Ludwig Rosenberg vertreten wurde. Auch aus der Energiewirtschaft kamen nur zwei Mitglieder; die Wissenschaft war dagegen mit acht Vertretern repräsentiert, mit den Halbgöttern Hahn und Heisenberg an der Spitze. Den Vorsitz führte der Atomminister; in der Folge wurden noch Hahn, Winnacker und Leo Brandt zu stellvertretenden Vorsitzenden berufen. Der DAtK waren fünf Fachkommissionen unterstellt (I: Kernenergierecht, II: Forschung und Nachwuchs, III: technischwirtschaftliche Fragen bei Reaktoren, IV: Strahlenschutz, V: wirtschaftliche, finanzielle und soziale Probleme), denen eine Reihe von Arbeitskreisen unterstanden. Als weitere Ebene darunter wurden vorübergehende Ad-hoc-

Ausschüsse berufen – und eine Wirkung übte die DAtK am ehesten durch Ad-hoc-Entscheidungen, nicht durch große Strategieüberlegungen aus.

Einzelne Arbeitskreise wurden in der Folge mehreren Fachkommissionen zugeordnet: Schon darin deutet sich an, dass diese Arbeitskreise nicht wirklich Unterinstanzen waren, sondern die Gremien, in denen viele Fäden zusammenliefen. Das gilt besonders für den Arbeitskreis Kernreaktoren, der den Fachkommissionen II und III zugeordnet wurde: Auf ihn konzentrierten sich die Industrieinteressen und er wurde rasch das aktivste und einflussreichste Gremium der DAtK. Das erste deutsche Atomprogramm, das sogenannte 500-MW-Programm (1957), war vor allem sein Werk; es lief auch unter der Bezeichnung »Eltviller Programm«, da es auf eine Sitzung des Arbeitskreises im Gästehaus der Farbwerke Hoechst zu Eltville (Januar 1957) zurückging, das für seine Weine berühmt war. Der Geschäftsführer der DAtK erkannte 1964 an, dass der Arbeitskreis Kernreaktoren »die meisten und schwierigsten Beratungen in der DAtK« geführt habe, bemängelte freilich die »besondere Neigung dieses Arbeitskreises für Auswärtssitzungen« – in der Regel in Firmenräumen und Kernforschungszentren –, die ein schlechtes Beispiel gebe.

Den Kontrast zum Arbeitskreis Kernreaktoren, dem Energiezentrum der DAtK, bildete die Fachkommission IV »Strahlenschutz«, die jahrelang von Ludwig Rosenberg (1959 stellvertretender, 1962 1. Vorsitzender des DGB) geleitet wurde: Sie präsentierte sich in einer Inaktivität und Einflusslosigkeit, die dieses Gremium nahezu als Farce erscheinen lässt. Die fünf Arbeitskreise, die ihr ursprünglich unterstanden, verlor sie im Lauf der Zeit allesamt an andere Fachkommissionen. Am Entwurf der Strahlenschutzverordnung, die in der DAtK auf heftige Kritik stieß, wurde sie nicht beteiligt, ja sie wurde in der entscheidenden Zeit zwischen dem Frühjahr 1958 bis Ende 1960 nicht einmal einberufen! Diese Untätigkeit suchte der Vorsitzende Rosenberg auch noch zu rechtfertigen. Auch in der Folgezeit tagte die Fachkommission immer nur sporadisch, mit jahrelangen Pausen; sie wurde, ob vom Ministerium oder DAtK-Vorstand, offenbar ganz bewusst kaltgestellt.

Einflussreich und prominent besetzt war dagegen die Fachkommission V »Wirtschaftliche, finanzielle und soziale Probleme«, obwohl sie anfangs nur über einen, später über gar keinen Arbeitskreis verfügte. Ihre Sache war es, gestützt auf ihre Beziehungen zu verschiedenen Ministerien und der Hochfinanz, Finanzierungsmodelle für kerntechnische Anlagen auszuhandeln. Zu dieser Kommission gehörte der Finanzgewaltige Abs; außerdem Konrad Adenauer, der Sohn des Bundeskanzlers, als Vertreter von Rheinbraun; Otto A. Friedrich vom Präsidium des BDI; Ludwig Rosenberg vom DGB-Vorstand; Heinrich Kost, der führende Mann der Kohle; auch Vertreter des RWE, der Großchemie, der Esso-Ölgesellschaft und der Allianz-Versicherung, während Siemens und AEG hier fehlten.

Die Vertraulichkeit der DAtK-Beratungen, die Strauß anfangs mehr »als eine Art Gentlemen's Agreement« verstanden wissen wollte, suchte der DAtK-Geschäftsführer in der Folge rigoros sogar gegenüber dem Innenministerium und gegenüber den Bonner Ländervertretungen durchzusetzen. Zur gleichen Zeit freilich gab Menne als Vorsitzender der Fachkommission V intern zu verstehen, soweit er unterrichtet sei, habe »die Vertraulichkeit der Beratungen der Atomkommission nicht den Sinn, interne Beratungen innerhalb der Firmen und Verbände, die die Herren in der Atomkommission und ihren Untergremien vertreten, unmöglich zu machen«. Eine Unterrichtung des Bundestages über DAtK-Beratungen stand dagegen nie auch nur zur Diskussion.

Diese Öffentlichkeitsferne der DAtK, die den Einflüssen der beteiligten Firmen und Forschungszentren umso mehr freies Feld ließ, hat sich auf die Entscheidungsfähigkeit dieses Gremiums auf die Dauer nicht günstig ausgewirkt; vielmehr wurde die DAtK durch das Gegen- und Nebeneinander der Partialinteressen, denen kaum neutrale Dritte und unabhängige Clearing-Instanzen gegenüberstanden, zunehmend paralysiert. Die DAtK selber pflegte seit 1958 jährlich nur noch eine Sitzung abzuhalten; auch die Sitzungsfrequenz der Fachkommissionen sank rapide; eine einigermaßen kontinuierliche Arbeit gab es schon bald nur noch in einer Reihe von Arbeitskreisen, später vor allem in den Ad-hoc-Ausschüssen.

Der Dritte im Bund neben BMAt und DAtK wurde das im Mai 1959 gegründete Deutsche Atomforum (DAtF): formal ein privater Verein, praktisch der Spitzenverband und die Public-Relations-Agentur der Atominteressenten und in seiner Zusammensetzung, seinem Anspruch und seiner Wirkungsweise der DAtK ähnlich. Auch hier vereinten sich Vertreter der Wirtschaft, Wissenschaft und Politik; mit dem ehemaligen FDP-Vorsitzenden Thomas Dehler hatte das DAtF sogar einen temperamentvollen Spitzenpolitiker für die aktive Mitarbeit gewonnen, der sich allerdings mit Adenauer verkracht hatte. Das DAtF wollte nicht als Lobby gelten, sondern proklamierte das Ziel, zu einem »Gewissen« der Kernenergieentwicklung zu werden, »daneben« freilich auch ihrer Förderung und der »möglichst engen Zusammenfassung« »aller solcher Bestrebungen« zu dienen.

Den Vorsitz im Atomforum führte niemand anders als Winnacker, der bereits in der Atomkommission den Ton angab. Ansonsten wurden jedoch in der Zusammensetzung manche Einseitigkeiten der DAtK vermieden: So war die Energiewirtschaft hier etwas stärker vertreten; auch saßen Bundestagsabgeordnete aus allen Fraktionen im Verwaltungsrat. Das DAtF, dessen Adressaten Parlament und Öffentlichkeit waren, sah sich manchmal mehr als die DAtK in der Lage, klare allgemeine Richtlinien zu formulieren. Zu einer Zeit, als die DAtK noch – mehr aus Unschlüssigkeit als aus einem positiven Konzept heraus – das breitgefächerte Experimentierprogramm verfolgte, konstatierte eine dann auch von der DAtK gebilligte Resolution des Atomforums (1961) klipp und klar: »Es gibt tatsächlich nur den einen Weg, im Reaktorbau den gewaltigen Vorsprung des Auslandes einzuholen, nämlich die Eigenentwicklung von Leistungsreaktoren und die Errichtung von Großanlagen.«

Die Bedeutung des DAtF wuchs in gleichem Maße, wie die Beeinflussung der Öffentlichkeit zu einem Kernstück der Atompolitik wurde. Schon 1963 bemerkte Staatssekretär Cartellieri mit Blick auf die Blockierung der Uranschürfarbeiten im Schwarzwald durch den Widerstand der Gemeinde Menzenschwand, dass infolge des Ermessenscharakters von Naturschutzfragen ein rein juristisches Vorgehen »nahezu aussichtslos erscheine« und man daher erst einmal mit Hilfe des Atomforums den Boden in der Öffentlichkeit bereiten möge. Solche Aufgaben wurden später zum Hauptinhalt der Atompolitik und daher hat das Atomforum die Atomkommission überlebt.

Das »Eltviller Programm« (1957) und die Mehrdeutigkeit der Bonner Atomplanung

Wieder und wieder stellt sich die Frage, wie weit man sich die bundesdeutsche Kernenergieentwicklung als programmgesteuerten oder als »naturwüchsigen« Prozess vorzustellen hat. Sie ist mit der Grundfrage verknüpft, ob eine vernünftige Planung einer derart komplexen technischen Entwicklung überhaupt möglich ist. Beide Fragen begleiten weite Teile dieser Untersuchung. Immer wieder stößt man auf die Misslichkeiten der Atomplanung; aber würde eine effektive Programmierung der Entwicklung überhaupt jemals ernsthaft versucht?

Seit wann es ein bundesdeutsches Atomprogramm gab, ist in den Quellen nicht eindeutig. Schon in der Zeit des Atomministers Strauß wird gelegentlich ein »dreistufiges Programm« oder zumindest ein »sogenanntes« Programm erwähnt. Auch das 1957 zustande kommende »500 MW-« oder »Eltviller Programm«, das in der späteren Zählung als »erstes deutsches Atomprogramm« rangierte, war nie ein offizielles Programm der Bundesregierung und seine Auslegung und Verbindlichkeit blieben umstritten. Auch bei späteren Atomprogrammen blieb in der Schwebe, wie weit es sich um ernst gemeinte und verbindliche Planungen handelte.

Das Eltviller Programm war von seiner Entstehungsweise her kein Programm der DAtK insgesamt, sondern ein Werk ihres von Anfang an aktivsten Gremiums, des Arbeitskreises Kernreaktoren; er konzipierte das Programm auf einer Klausurtagung am 25./26. Januar 1957 im Gästehaus der Farbwerke Hoechst zu Eltville und das Ergebnis entsprach dieser Umgebung. Die DAtK machte sich den Programmentwurf ihres Arbeitskreises Ende 1957 zu eigen und stellte hierfür einen Kostenplan auf, der bis 1965 insgesamt etwa 800 bis 1100 Mio. DM vorsah. Der Arbeitskreis Brenn- und Baustoffe dagegen, der bei einem wesentlich vom Brennstoff her konzipierten Programm eigentlich hätte hinzugezogen werden müssen, blieb in kritischer Distanz zum Eltviller Programm und machte seine eigenen Pläne, als ob es dieses Programm nicht gebe. Eine in dem Arbeitskreis gefallene, frontal gegen das Atomprogramm gerichtete Bemerkung, dass »dieser Trend zum natürlichen Uran … nicht im Interesse einer gesunden Entwicklung auf breiter Basis« liege, wurde hernach aus dem Protokoll gestrichen. Deutlich wird immerhin, dass das Eltviller Programm weder einen offiziellen Charakter nach außen noch innerhalb der DAtK eine klar verbindliche Kraft besaß.

Grundzüge des Eltviller Programms ergaben sich aus dem Ziel einer bundesdeutschen Spaltstoff-Autarkie: Daher eine Bevorzugung von Natururan-Reaktoren, Priorität der Plutoniumproduktion vor der Stromerzeugung und als Endziel die Brüterentwicklung. Auch durch die zumindest verbale Bevorzugung deutscher Eigenentwicklungen gegenüber dem Import ausländischer Reaktortypen bekam das Programm seine charakteristische Note, wenn es auch großenteils eine Kombination britischer und amerikanischer Planungen war. Für Winnacker und Finkelnburg, die Hoechst und Siemens vertraten, war jedoch dasjenige unter den fünf vorgesehenen Reaktorprojekten, das noch am wenigsten in England und den USA ein Vorbild besaß, das Kernstück: der Schwerwasserreaktor.

Die im Programm enthaltenen Reaktorprojekte – fünf Reaktoren unterschiedlichen Typs von je 100 MW – waren keine zwingende Folge aus den erwähnten Grundsätzen des Programms, sondern lediglich eine Festschreibung der bei den Firmen bereits angelaufenen Projekte. Ein Kartell der Atominteressenten deutete sich bereits an, als im Herbst 1957 – zu einer Zeit, als alle derartigen Kostenrechnungen noch mit zahlreichen Unbekannten behaftet waren – alle vier damaligen Reaktorentwicklungsgruppen die jeweils zu erwartenden Kosten für die Kilowattstunde übereinstimmend auf etwa 5 Pfennig bezifferten – eine Angabe, die der hinzukommende Fünfte, die AEG, nur sarkastisch aufnehmen konnte.

Sprung aus dem Stand zu großen Kernkraftwerken?

Aus späterer Sicht wirkt die Kapazität von 100 MW merkwürdig: Für ein Versuchskraftwerk war sie zu groß, für ein Demonstrationskraftwerk dagegen zu klein. In jedem Fall erscheint das Eltviller Programm als ein Experimentierprogramm mit Versuchs- und Demonstrationsanlagen, die noch nicht auf Rentabilität abzielen. 1957 jedoch lag die Kapazität normaler Leistungskraftwerke noch bei 100 MW; Kernkraftwerke dieser Kapazität galten als »Großanlagen« und ihre Projektierung bedeutete, sofern sie wirklich ernst gemeint war, dass man ohne langes Experimentieren gleich den großen Sprung zu wirtschaftlichen Anlagegrößen riskieren wollte.

Nun änderte sich freilich damals fast von Jahr zu Jahr, wie viel Megawatt »groß« und »klein« bedeuteten. Hier und da wurde schon in der Anfangszeit unter Berufung auf amerikanische Gewährsleute behauptet, dass Kernkraftwerke erst bei weit über 100 MW rentabel werden würden, und es gab sogar schon die sich später als zutreffend erweisende Prognose, dass die Wirtschaftlichkeit erst bei über 600 MW, ja sogar erst bei 1000 MW erreicht sei. Schon 1958 wurde die 100-MW-Klasse im Atomministerium zur Prototypstufe uminterpretiert und dabei behauptet, das Atomprogramm stelle »den Bau von Leistungsreaktoren bewusst zurück«. Als die AEG 1961 »konsequente Weiterführung des 500-MW-Programms« empfahl, machte sie nunmehr aus den 100-MW-Anlagen Kleinreaktoren der Art, wie sie für den Export in die Dritte Welt geeignet seien.

Auf der dürftigen Grundlage der deutschen Nuklearkompetenz von 1956/57 behielt das Eltviller Programm vor allem da, wo es konkret wurde, notgedrungen etwas von einer Verlegenheitslösung, die verhindern sollte, dass man in einer Zeit allgemeiner atomarer Projektschmiederei gänzlich mit leeren Händen dastand. Noch 1959 befasste sich ein Mitglied des Atomministeriums mit dem Problem, wie »wir als ausgesprochene Nichtwisser« verhindern könnten, die eigene Inkompetenz den nuklear erfahreneren Ländern gegenüber zu sehr zu offenbaren; solche Bemerkungen werfen ein Schlaglicht auf unausgesprochene Hintergedanken atompolitischer Deklarationen der ersten Jahre.

Ein Stück Fassade enthielt gewiss auch das Eltviller Programm. Nicht zu Unrecht hielt Maier-Leibnitz »eine allzu präzise Formulierung des Programms für bedenklich«, ebenso wie der zuvor zitierte Schreiber vor detaillierten Vorschlägen warnte, da sie zu leicht den deutschen Mangel an Erfahrung verrieten. Seit Jahresbeginn 1959 häuften sich in der Zeitschrift *atomwirtschaft* die besorgten Kommentare: Das 500-MW-Programm (nunmehr »Versuchsprogramm« betitelt) bleibe »im Stadium der Vorprojektierung stecken«; die Reaktorentwicklung der Firmen sei »an einem toten Punkt angelangt«; das Wort gehe um, »Natururan sei passé«.

Mit dem 1962 erteilten Auftrag für den ersten Block des Siedewasser-Kernkraftwerks Gundremmingen (250 MW) rückte die 500-MW-Marke wieder näher; dafür wurden die qualitativen Grundsätze von Eltville mit der Wahl dieses Reaktortyps umso mehr vernachlässigt. Das »500-MW-Programm« war ja seinem ursprünglichen Sinn nach vor allem ein Programm deutscher Eigenentwicklung und Kernbrennstoffautarkie gewesen und dessen war man sich zumindest im Arbeitskreis Kernreaktoren noch sehr wohl bewusst. Der Atomminister schrieb zwar damals dem RWE, die »im Rahmen des sogenannten 500-MW-Programms« entwickelten Projekte würden durch Gundremmingen »neue Impulse« erhalten, aber als im Arbeitskreis die Frage erörtert wurde, »ob das Projekt mit der im Atomprogramm vorgezeichneten Linie übereinstimme«, war es nur ein anwesender Ministerialdirektor, der die Übereinstimmung für gegeben hielt. Als wenige Monate darauf im Arbeitskreis wiederum Bedenken laut wurden, dass das Eltviller Programm in der Öffentlichkeit durch Gundremmingen diskreditiert werde, erinnerte der gleiche Ministerialvertreter »an die in der Vergangenheit zum Teil unterschiedlichen Auffassungen zum 500-MW-Programm« und empfahl, »die Dinge auf sich beruhen zu lassen, da das Eltviller Programm ... vor allem historische Bedeutung habe«. Damals verstärkten sich im Ministerium die Stimmen, die für die amerikanischen Leichtwasserreaktoren plädierten. Aus deren Sicht waren die Fürsprecher von Natururan und deutscher Eigenentwicklung eine »teutonische« Fraktion.

Einige Jahre darauf wurden Gundremmingen und auch die nachfolgenden Leichtwasser-Kernkraftwerke selbst von Winnacker und Wirtz zu programmgemäßen Projekten uminterpretiert. Wirtz meinte, ihm scheine nunmehr trotz mancher andersartiger Eindrücke, »dass Widersprüche (zwischen) den Programmen und dem, was wirklich geschah und geschieht, kaum vorhanden sind«. Man erkennt die normative Kraft des Faktischen! Mit einigem Recht stellte jedoch *atomwirtschaft* 1964 fest, die wirklich gebauten oder im Bau befindlichen Reaktoren stünden allesamt »außerhalb des Programms«.

Nuklear-Nationalismus und Euratom-Politik

Weltweiter Wettlauf als permanente Zwangsvorstellung der Atompolitik

Kernfakten der Kernenergieentwicklung sind nicht nur die Strukturen, Interessen und Resultate, sondern auch das Tempo, die Dynamik und innere Spannung. Gerade die historische Untersuchung, die ihre besondere Note durch die Beachtung der Zeitdimension gewinnt, vermag ein Licht auf diese schwerer fassbaren Dimensionen zu werfen. Die Analyse der Geschwindigkeit und Beschleunigung gibt Anhaltspunkte auch zur technischen Beurteilung der Vorgänge: Sie hilft zu ermitteln, ob es Zeit für Lernprozesse, für das Sammeln und Auswerten von Erfahrungen gegeben hat.

Besonders bedenklich erscheint im Blick darauf die Atmosphäre des internationalen Wettlaufs, in der sich die Entwicklung der Kernkraft vollzog, und das Ausmaß, in dem kerntechnische Experimente durch einen Wettlauf der Quantitäten überrollt wurden. Das kämpferische Klima war keine deutsche Besonderheit; im Gegenteil: Es begann mit dem ursprünglich nur militärischen Wettlauf der Atommächte. Nichtatommächte verhielten sich auch in der zivilen Kerntechnik generell zurückhaltender. Nüchtern betrachtet, gab es für die Bundesrepublik keinen Grund, sich durch das Ausland zu einem Wettlauf um jeden Preis gezwungen zu sehen. Kein anderer als Atomminister Strauß, der nach Bedarf bereits einen atomindustriellen »Kampf um die Weltmärkte« und »Wettlauf« um die Dritte Welt an die Wand malte und das Ziel setzte, den »Atomvorsprung der anderen« aufzuholen, vertrat intern die Auffassung, dass sich »unser zehnjähriger Rückstand« hier vorteilhaft auswirke und die Bundesrepublik, indem sie die Erfahrungen der anderen abwarte und nutze, viel Zeit und Geld spare. Wie wir von ihm schon drastisch hörten: »Verlorene Zeit – gewonnenes Geld«. Der alte Friedrich Münzinger warnte eindringlich vor einer Wettlaufpsychose im Reaktorbau und erinnerte an die »Titanic«-Katastrophe von 1912, die er als Zeitgenosse erlebt hatte.

Dennoch ließen sich Wissenschaftler, Wirtschaftler, Politiker und Publizisten von der Kampfstimmung, deren historischer Ursprung im atomaren Rüstungswettlauf lag, immer wieder anstecken und stießen selber kräftig ins gleiche Horn. Nicht zuletzt dadurch hat die kerntechnische Entwicklung bis in die jüngste Zeit einen irrationalen Unterton behalten. Noch vor der Ersten Genfer Atomkonferenz sprach Menne auf der Hannover-Messe von 1955 mit arger Übertreibung von den »gigantischen Anstrengungen«, die »überall in der Welt« für die industrielle Nutzung der Atomenergie gemacht würden, und von dem »Beginn eines Wettlaufes um jene Energiequellen«, »ohne die ein Industriestaat künftig nicht mehr lebensfähig sein werde«. Mit Recht bemerkte Bagge (1960), innerhalb der nuklearen Community ein Außenseiter: »Die Frage, ob es überhaupt zweckmäßig sei, sich in dieses besonders kostspielige Wettrennen um die friedliche Nutzung der Kernenergie einzuschalten, stand in keinem Augenblick etwa als Problem zur Diskussion.«

Der internationale Wettlauf um die Atomenergie, in dem es angeblich um Sein oder Nichtsein der Industriestaaten ging, erscheint von vornherein als eine fixe Idee, die nicht einmal von den Skeptikern der Energiewirtschaft ernsthaft angefochten wurde. Das von Hahn und Strauß eingeleitete Buch von Löwenthal/Hausen »Wir werden durch Atome leben« (1956) glaubte zu wissen: »Überall in der Welt weiß man heute, dass kein Land in den nächsten Jahrzehnten als industrielle Großmacht bestehen kann, wenn es ihm nicht gelingt, die Verwendung von Atomenergie in großem Stil zu entwickeln.« Selbst bei der Entwicklung des Hochtemperaturreaktors (HTR), die in Wahrheit nirgends in der Welt sehr weit vorankam und heute längst vergessen ist, erkannte Cartellieri um 1960 einen deutsch-französischen »Wettlauf«. Als im Oktober 1959 mit dem Bau des kleinen Versuchs-HTR in

Jülich begonnen wurde, jubelte die Mainzer *Allgemeine Zeitung*: »Deutschland hat die erste ›Atomschlacht‹ gewonnen!«

Auch Leo Brandt machte die Kerntechnik zur Existenzfrage, als er auf dem SPD-Parteitag von 1956 den Warnruf ertönen ließ: »Wehe aber der Nation unter den bisher führenden, die jetzt den technisch-wissenschaftlichen Anschluss verpasst! … Ihr Lebensstandard wird zurückbleiben, ihre politische und wirtschaftliche Unabhängigkeit kann bis zu einer neuen Art kolonialer Abhängigkeit gefährdet werden.« Man müsse daher »alles daransetzen«, um »im Rennen zu bleiben.« Mit diesem hektischen und aufgeregten Tenor gab er in der SPD den Ton an; so warnte der sozialdemokratische Abgeordnete Ludwig Ratzel Anfang 1959 im Bundestag mit Fünf-vor-zwölf-Alarmismus, es sei »allerhöchste Zeit« zu verhindern, dass die Deutschen »zu einem atomar unterentwickelten Volk« würden, und es sei »wirklich allerhöchste Zeit, die Bundesrepublik wissenschaftlich, technisch und kulturell aufzurüsten«.

Der eingebildete Brüterwettlauf

In besonders gezielter und zugleich willkürlicher Weise wurde das Phantom des weltweiten Wettlaufs bei der Beschleunigung der Brüterentwicklung beschworen, jenes Großprojektes, bei dem es ganz besonders darauf ankam, jeglichen Gedanken an Kosten-Nutzen-Kalkulationen gründlich zu verdrängen. Je nach Gelegenheit wurden einmal Frankreich, das andere Mal die USA, später auch einmal Großbritannien oder die Sowjetunion als Konkurrent im Brüterwettlauf erwähnt. Vor allem der Bau der ersten Brüterversuchsanlage, der »Schnellen Nullenergie-Anordnung« in Karlsruhe (SNEAK), vollzog sich im Wettlauf mit der parallelen französischen Anlage in Cadarache. Das Kopf-an-Kopf-Rennen wurde so weit getrieben, dass beide Anlagen in der gleichen Nacht – in der Nacht vom 15. zum 16. Dezember 1966 – kritisch gemacht wurden! Schon dieser Vorgang gibt einen Einblick in die Atmosphäre, in der sich die Brüterentwicklung vollzog. Für Wolf Häfele, den Leiter des Karlsruher Brüterprojekts, blieb diese Vorweihnachtsnacht noch viele Jahre danach als Sternstunde in Erinnerung: Wie man in Karlsruhe, als die Meldung aus Cadarache kam, auf Deibel komm heraus in Nachtarbeit nachzog!

Zugleich wurde das Tempo mit Hinweisen auf angebliche amerikanische Fortschritte in der Brüterentwicklung angeheizt. Wirtz erklärte 1964, die deutsche Entwicklung »sowohl auf dem Gebiet der Wasserreaktoren als auch auf dem Gebiet der sogenannten fortgeschrittenen Reaktoren« und der Brüter müsse »ausschließlich (sic!) unter dem Gesichtspunkt des Wettbewerbs der deutschen Industrie auf dem Weltmarkt mit der amerikanischen Industrie gesehen werden«. Die 1964 eifrig kolportierte, aber nicht gerade glaubwürdige Meldung, dass die amerikanische Industrie in zehn Jahren Schnelle Brüter zu Festpreisen auf den Markt bringen werde, nutzte man in Karlsruhe als Argument für einen überstürzten Sprung in die Prototyp-Phase, wie er sich aus den bis dahin getätigten Entwicklungen keineswegs organisch ergab; denn man hatte in Karlsruhe noch nicht einmal einen Versuchsbrüter gebaut. 1966 trieb das Kernforschungszentrum seinerseits den Bau des SEFOR-Reaktors für riskante Schnellbrüter-Experimente in den USA voran, indem es bluffte, der Reaktor werde andernfalls in Europa gebaut werden.

Aber am 5. Oktober 1966 wurde »Enrico Fermi« bei Detroit, der erste amerikanische Brutreaktor, durch einen schweren Unfall stillgelegt, und Ende der 1960er-Jahre gaben die USA zu erkennen, dass sie den Europäern bei dem Bau von Brüterprototypen gerne den Vortritt ließen. All dies hat jedoch die Wettlaufpsychose in der Brüterentwicklung mitnichten therapiert. 1970 diente ein Hinweis auf die sonst wenig beachtete sowjetische Brüterentwicklung als Beleg, »dass man sich nicht durch allzuviel Skrupel von einer aggressiven, zeitlich günstigen Entwicklung eines technologischen Großprojekts abbringen lassen sollte«; 1971 leistete ein Hinweis auf England und Frankreich ähnliche Dienste. Wirtz zog aus der Vierten Genfer Atomkonferenz (1971) die martialische Lehre, die die *atomwirtschaft* schon sieben Jahre zuvor aus der Dritten Atomkonferenz gezogen hatte: »Es kann nur eine Lösung geben: den Helm fester zu schnallen.« 1972/73 war in Schlagzeilen der angloamerikanischen Presse vom »Brüter-Rennen« und der »Brüter-Schlacht« die Rede. Die Psychose des großenteils nur eingebildeten Wettlaufs führte international zu einer verfrühten Festlegung auf den Natriumbrüter, dessen Sicherheitsprobleme die Brüterentwicklung gegen Ende der 70er-Jahre nach der Investition von Milliardensummen erst recht in die Krise brachte.

Der Misserfolg der Europäischen Atomgemeinschaft und des US-Euratom-Programms

Das Interesse an der westeuropäischen Integration besaß Mitte der 1950er-Jahre eine ähnliche Qualität wie das Interesse an der Atomkraft: Es war mehr auf Zukunftserwartungen als auf Realitäten gestützt; es entsprach zwar einem langfristigen gesamtökonomischen Interesse, besaß aber nur eine unsichere Grundlage in aktuellen und materiellen Interessen, wenn auch durch einen vagen Konsens weiter Teile der Gesellschaft gestützt. Es konnte als Deckmantel für unterschiedliche, ja widersprüchliche Bestrebungen dienen. Seine Wirkkraft war stark an bestimmte Personen und Kleingruppen wie Monnets Aktionskomitee geknüpft. Auf jeden Fall gehörte die Europaidee ebenso wie die Idee vom »Atomzeitalter« zu den großen integrativen Mythen der 1950er-Jahre, die das damalige Modernitätsbewusstsein prägten. In der Idee der Europäischen Atomgemeinschaft waren beide Mythen vereint.

Von der Sache her erschien eine europäische Zusammenarbeit bei der Kerntechnik denkbar naheliegend. Politische Gesichtspunkte machten eine Kooperation ebenso wünschenswert wie der ökonomisch-technische Vorteil des internationalen Erfahrungsaustausches und der Verteilung der hohen Entwicklungskosten des nuklearen Brennstoffkreislaufs auf mehrere Länder. Ein Politiker, der keine Tuchfühlung zur nuklearen Community besaß, konnte glauben, die Kerntechnik sei zur Pionierfunktion bei der europäischen Einigung wie geschaffen.

Dennoch entstand unter den interessierten Kreisen in der Bundesrepublik schon rasch ein Konsens, dass man in der im Juni 1955 auf der Konferenz von Messina beschlossenen Europäischen Atomgemeinschaft (Euratom) eine Störung, wenn nicht gar Gefährdung der bundesdeutschen Kernenergieentwicklung zu befürchten habe. Von Anfang an bis in die Mitte der 1960er-Jahre, als Euratom zunehmend paralysiert wurde und in der Bedeutungslosigkeit verschwand, gab es einen Kampf der Interessenten gegen Euratom, der immer neu aufflammte und immer neue Zielscheiben anvisierte. Die Kritik an Euratom war in einschlägigen Kreisen, in der Bundesrepublik wie in Frankreich, von Anfang an derart nachdrücklich und verbreitet, dass man allen Ernstes fragen muss, wer überhaupt hinter dem Konzept der Atomgemeinschaft stand.

Die Erklärung von Messina fiel in eine Zeit, als der Mythos vom »Atomzeitalter« bereits seine Blüten trieb, Interessen und Rivalitäten sich bei der zivilen Kerntechnik jedoch noch kaum formiert und auch der französische Drang zur Atombombe noch keine weithin sichtbare Form angenommen hatte. So konnte in Messina die atomare Integration Westeuropas unter den Problemen der europäischen Einigung als »das am meisten wichtige und das am leichtesten zu lösende Problem« erscheinen. Euratom folgte dem durch die Montanunion vorgegebenen Modell der sektoralen Integration; in der Hohen Behörde der Montanunion scheint denn auch die Euratom-Idee früher da gewesen zu sein als die Idee einer allgemeinen Europäischen Wirtschaftsgemeinschaft. Jean Monnet, 1952–55 Vorsitzender der Hohen Behörde der Montanunion und der prominenteste französische Europa-Enthusiast, wurde die treibende Kraft auch der Atomgemeinschaft. Vor allem durch Euratom, konkret: durch Beteiligung der Deutschen an den immensen Kosten einer eigenständigen französischen Nukleartechnik, wurde die westeuropäische Integration für Frankreich attraktiv.

Auf Seiten der Bundesrepublik dagegen, wo die Montanunion den Beigeschmack der Besatzungszeit besaß und nur ein Interesse an einer umfassenden Wirtschaftsgemeinschaft bestand, wollte man eine Priorität des

Nuklearsektors bei dem neuen Anlauf zur europäischen Integration vermeiden. Weitere Impulse zur Verwirklichung von Euratom kamen nach Messina – aus der Rückschau überraschend – von amerikanischer Seite. Die USA, die damals in England ihren Hauptrivalen auf einem künftigen nuklearen Weltmarkt sahen, schätzten Euratom als Gegengewicht gegen England und als Verhandlungspartner und Kontrollagentur für künftige Nuklearexporte. Hatte Bonn im Blick auf inneramerikanische Differenzen darauf gehofft, auch auf bilateralem Wege unter Vermeidung der Euratom-Agentur an amerikanische Kernbrennstoffe zu gelangen, so sah man sich hierin getäuscht: Der amerikanische Druck zugunsten der Atomgemeinschaft wurde vielmehr nachhaltig und massiv. Den politischen Druck verband Washington mit dem kommerziellen Köder und suchte das Zustandekommen der Atomgemeinschaft durch ein verbilligtes Angebot von angereichertem Uran zu fördern. Auf diese Weise wurde allerdings in der Bundesrepublik und Frankreich das Misstrauen der auf Natururan und Eigenentwicklung eingeschworenen Kreise geweckt und sogleich auch gegen Euratom gelenkt.

Das von der deutschen Industrie alsbald heftig angefochtene Kernbrennstoffmonopol der Euratom-Agentur entstand im Aktionskomitee als Kompromiss zwischen der privatwirtschaftlich eingestellten Rechten und der ursprünglich nach Verstaatlichung der Atomindustrie verlangenden Linken. Auch die durch Euratom im ursprünglichen Entwurf zu gewährleistende ausschließlich friedliche Ausrichtung der Kerntechnik war eine Konzession an die Linke und an die deutschen Vertreter: eine Konzession, die in der Folge unterlaufen wurde. Das am Ende ausgehandelte Konzept war derart, dass es von keiner durchsetzungsfähigen Kraft im Nuklearbereich wirksam getragen wurde. Die DAtK war von der Bundesregierung aus den Euratom-Verhandlungen wohlweislich herausgehalten und nicht einmal laufend unterrichtet worden; ihrem französischen Pendant, dem Commissariat à l'Energie Atomique (CEA), war es nicht besser ergangen.

Euratom als Komplize der französischen Atombombe

Konträre Positionen im Vorfeld der Euratom-Gründung formierten sich erstmals 1956 bei dem ehrgeizigen Projekt einer europäischen Isotopentrennanlage. An einer hierfür eingesetzten Studiengruppe beteiligten sich außer den sechs Staaten der Gemeinschaft auch Vertreter von Dänemark, Schweden und der Schweiz; die treibende Kraft war Frankreich, das sich in diesem Projekt damals am stärksten engagierte. Kontroversen gab es jedoch schon über die Frage des zu wählenden Technologiepfades: Frankreich, an einer möglichst raschen Fertigstellung der Anlage interessiert, setzte sich für das in den USA bewährte, allerdings extrem kostspielige Diffusionsverfahren ein, während Deutschland und die Niederlande damals wie später die Zentrifuge bevorzugten. Verschärft wurden die Differenzen durch die am 17. November 1956 von Präsident Dwight D. Eisenhower verkündete Bereitschaft der USA, den Grammpreis für angereichertes Uran von 25 auf 16 Dollar zu senken und Langzeitlieferverträge abzuschließen: ein Schritt, der von dem britischen Premier Harold Macmillan als »neuer Marshallplan« gefeiert, von den Protagonisten der europäischen Anreicherungsanlage dagegen als »ungewöhnliche Dumping-Operation« und gezieltes Störmanöver betrachtet wurde. Jetzt war abzusehen, dass das in einer europäischen Anlage anzureichernde Uran zwei- bis dreimal so teuer sein würde wie das aus den USA zu importierende; das Interesse der meisten beteiligten Staaten außer Frankreich ließ nach. Nicht einmal im Bericht der drei »Euratom-Weisen« (1957) wurde der Bau einer europäischen Isotopentrennanlage empfohlen; und bei den französischen Nuklear-Nationalisten, die die Atomgemeinschaft wenn überhaupt vorwiegend als Mittel zur Kostenabwälzung bei der erschreckend teuren Urananreicherung geschätzt hatten, schwand mit der Aussicht auf eine europäische Isotopentrennanlage auch das Interesse an Euratom.

Eben dieses französische Kalkül hatte unter den bundesdeutschen Atominteressenten schon bald eine Stimmung gegen das Isotopentrennprojekt aufkommen lassen, die sich mit einem Misstrauen gegen das gesamte Euratom-Projekt verband: Man sah das eigene Natururan-Konzept gefährdet und argwöhnte nicht ohne Grund, die Angelegenheit werde am Ende darauf hinauslaufen, dass die Deutschen die französische Atombombe mitfinanzieren sollten. Dieser Argwohn verstärkte sich, als in der Ära de Gaulle der französische Griff nach der Bombe offenkundig wurde. Ein vom *Industriekurier* zitierter »Volkswitz« bezeichnete Euratom als »Europäische Gemeinschaft zur friedlichen Herstellung einer französischen Atombombe«. Ein Versband »Das lustige Atom« reimte: »Zwar, Bomben dürfen wir nicht bauen, / doch immerhin mit heitren Mienen / atom-zivilen Zwecken dienen / und unser Geld zu denen rollen, / die ihre eignen Bomben wollen«, wobei eine darunter stehende Karikatur keinen Zweifel daran ließ, wer »die« waren.

Die Fiktion einer auf friedliche Kerntechnik beschränkten Atomgemeinschaft zerbricht

Seit dem Sommer 1956 bekamen die deutschen Euratom-Gegner unerwartete Schützenhilfe aus den Reihen französischer Militärs und weiterer Vorkämpfer einer französischen Atomrüstung, gerade auch in der französischen Atomkommission, die durch die Aussicht, durch eine monopolistische und strikt auf friedliche Nutzung beschränkte Atomgemeinschaft den Weg zur französischen Atombombe versperrt zu sehen, in hellen Alarm versetzt wurden. Ihre vor dem Hintergrund des Algerien-Kriegs wirkungsvoll inszenierten Kassandrarufe führten dahin, dass die französische Nationalversammlung am 11. Juli 1956 nach harter Debatte dem Beitritt zur Atomgemeinschaft zwar ihre Zustimmung erteilte, diese jedoch an die Bedingung band, dass eine eventuelle militärische Nutzung der Kerntechnik nicht in den Zuständigkeitsbereich von Euratom fallen dürfe. Selbst die Sozialisten schwenkten auf diese Position ein. Die Kriegsbegeisterung, die in Frankreich kurz darauf als Reaktion auf die Enteignung des Sueskanals durch Ägypten aufwallte, und erst recht der von den USA und der Sowjetunion mit nuklearem Druck erzwungene Abbruch des Suezkrieges waren dazu angetan, das französischen Streben nach der Atombombe anzuspornen.

Eine Woche nach dem Beschluss der französischen Nationalversammlung erörterte das »Aktionskomitee für die Vereinigten Staaten von Europa« die neue Situation. Der anwesende René Pleven, der schon 1954 als französischer Verteidigungsminister den Parteigängern des Bombenbaus Konzessionen gemacht hatte, suchte den deutschen Gesprächspartnern den Wandel zu versüßen, indem er darauf hinwies, dass durch die Ausklammerung eines autonom belassenen militärischen Sektors ein etwaiger Beitritt Großbritanniens zur Euratom erleichtert würde. Der SPD-Vorsitzende Erich Ollenhauer dagegen klagte, die Entscheidung der Nationalversammlung werfe »doch sehr, sehr ernste Probleme für unsere weitere Arbeit« auf; »für uns war die ausschließlich friedliche Verwendung einer der Kardinalpunkte«. Dennoch machte er sogleich die Einschränkung, seine »Besorgnisse« seien nicht unbedingt »so schwerwiegend«, »dass wir die Absichten des Komitees im entscheidenden Punkt gefährdet sehen«. Auch Ludwig Rosenberg, damals Leiter der Abteilung Wirtschaft im DGB, schwächte sein Bekenntnis zur friedlichen Kernenergienutzung durch den Nachsatz ab: »unbeschadet dessen, was in einzelnen Ländern geschieht«.

Herbert Wehner dagegen fuhr auf, »wenn durch die französischen Beschlüsse eine neue Lage entstanden sei, so solle man nicht versuchen, dies zu vertuschen«. Hatte er einige Tage vorher auf dem Münchener SPD-Parteitag noch unbestimmt von der Gefahr gesprochen, dass die Europäische Atomgemeinschaft »eine ganz leere Hülle« bleibe, »von der nur noch die Bezeichnung an die ursprünglichen Absichten erinnern mag«, erklärte er nun in einem internen Bericht an den SPD-Vorstand die im ursprünglichen Euratom-Konzept enthaltene Garantie der friedlichen Nutzung für eine sozialdemokratische conditio sine qua non. Die Aufrechterhaltung dieser Bedingung hätte jedoch das Scheitern der Euratom bedeutet und das wollte die SPD auf keinen Fall riskieren, zumal der Euratom-Vertrag mit dem dort vorgesehenen supranationalen Eigentum scheinbar eine international-sozialistische Note besaß, die den Rechtsparteien ein Dorn im Auge war. In der Euratom-Debatte des Bundestages waren es nicht die Sprecher der Regierungsparteien, sondern der SPD-Abgeordnete Ratzel, der sich am stärksten mit dem Euratom-Konzept identifizierte. Mit gespielter Arglosigkeit rühmte er die Beschränkung der Atomgemeinschaft auf die friedliche Nutzung und hielt sich nur flüchtig bei dem ominösen Artikel 84 auf, der die für »Zwecke der Verteidigung« bestimmten Kernbrennstoffe von der Euratom-Überwachung ausschloss. Ratzel begnügte sich hierbei mit der naiv wirkenden Frage, »woher dieses besondere spaltbare Material kommt«. Diese lässige Art wirkt in einer Zeit, in der das Göttinger Manifest noch keinen Monat zurücklag und die Kampagne gegen die Atombewaffnung der Bundeswehr ihrem Höhepunkt zustrebte, einigermaßen erstaunlich.

Für alle diejenigen in der Bundesrepublik, die die Möglichkeit einer deutschen Atomwaffenproduktion oder zumindest einer deutschen Beteiligung an einer gemeinsamen westeuropäischen Atomwaffenproduktion offenhalten wollten – eine Gruppe, als deren Repräsentant immer mehr Franz Josef Strauß galt –, bedeutete die Entscheidung der französischen Nationalversammlung vom Juli eine Erleichterung und Bestätigung. Wenn Frankreich atomar aufrüstete, konnte man schon aus Gründen der Parität ein Gleiches für die Bundesrepublik fordern; Euratom konnte in krassem Gegensatz zur ursprünglichen Absicht als Transmissionsinstrument französischer Bombenentwicklungen fungieren. Spätestens im Oktober 1956, als Strauß vom Atom- ins Verteidigungsministerium überwechselte, hat es im Bundeskabinett entsprechende Erwägungen gegeben. Die schwache Stelle dieses Kalküls bestand freilich darin, dass gerade die französischen Nuklear-Nationalisten im Allgemeinen am allerwenigsten gesonnen waren, ausgerechnet den Deutschen Zugänge zum Bombenbau zu öffnen. Kein anderer als Charles de Gaulle hat nach seinem Regierungsantritt entsprechende Ansätze sofort unterbunden. Das waren jedoch Vorgänge, von denen die Öffentlichkeit keinerlei Kenntnis erhielt.

Die militärische Kerntechnik: auch in der Bundesrepublik im Hintergrund des »friedlichen Atoms«?

Zu einer Zeit, als der zivile Nutzen der Kerntechnik nur erst in der Spekulation existierte, gab es eine einzige Anwendung, deren Wirklichkeit vor aller Augen stand: die Anwendung im Bombenbau. Hiroshima blieb lange Zeit der einzige für alle Welt sichtbare Beweis dafür, dass es die Atomenergie wirklich gab. Gerade weil alle anderen Chancen der Kerntechnik noch so unsicher waren, besaß die militärische Verwendbarkeit ihre besondere Qualität. Zumal Ende der 1950er-Jahre, als sich die wirtschaftlichen Aussichten der Kernenergie wieder getrübt hatten, fiel wieder stärker ins Gewicht, dass der militärische Wert der Kerntechnik so oder so gesichert war.

Nun hatte die Bundesrepublik ihre Aufnahme in die NATO nur unter der Bedingung erreicht, dass sie auf die Eigenproduktion atomarer Waffen verzichtete, und in jener ersten Zeit, als die Erinnerung an den Krieg noch frisch war und die Zugehörigkeit der Bundesrepublik zum westlichen Bündnissystem noch ungesichert erschien, war aus der Sicht der Regierung Adenauers alles geflissentlich zu vermeiden, was die Vertragstreue der Deutschen hätte ins Zwielicht rücken können. Die waffentechnischen Möglichkeiten der Kerntechnik waren also tabu und dieses Tabu wurde selbst im internen Schriftverkehr in bemerkenswertem Maße befolgt. Angesichts der anschwellenden Anti-Atomtod-Bewegung musste man sich nicht nur gegenüber dem Ausland, sondern auch gegenüber der eigenen Bevölkerung vorsehen; auf Anregung des Staatssekretärs Cartellieri wurde 1958 das bei Karlsruhe geplante Plutonium-Institut in »Transuran-Institut« umbenannt, da der Öffentlichkeit nur der militärische Zweck des Plutoniums geläufig war. Als aus Frankreich verlautete, der bisherige Leiter der französischen Atombombenentwicklung solle der Chef des Instituts werden, reagierte Cartellieri erregt mit Hinweis auf die dann zu erwartende »Unruhe in der Bevölkerung«, und Balke verhinderte diese Bestallung.

Aber hier ging es nur um den Eindruck nach außen; spielte intern das Kalkül, die Bundesrepublik über die Entwicklung der Kerntechnik zur realen oder potenziellen Atommacht zu machen, doch eine Rolle? Kann man das unterstellen, auch ohne dass sich militärische Motive in den dieser Untersuchung zugänglichen Akten niederschlugen, da die waffentechnischen Möglichkeiten dieser Technologie selbstverständlich allen Beteiligten bewusst waren? Oder hat man aus dem Schweigen der zugänglichen Akten auf ein tatsächliches Desinteresse an Atomwaffen zu schließen? Wenn es wirklich ein verbreitetes Interesse an der Bombe gegeben hätte: Hätte man sich dann durch den von Adenauer in einem seiner »einsamen Entschlüsse« ausgesprochenen Verzicht auf den Bombenbau bis in interne Planungen hinein gebunden gefühlt? Der von Adenauer ebenfalls unterzeichnete Verzicht auf die Produktion von Plutonium und angereichertem Uran wurde in den Diskussionen der Atomgremien ohnehin nie beachtet.

Bei alldem darf man nicht vergessen, dass die Kerntechnik ganz unabhängig von den erklärten Motiven und Intentionen der Bundesrepublik durch ihre militärische Genese vorstrukturiert war und in gewisser Weise noch heute ist. Urananreicherung und Wiederaufarbeitung sind nicht nur die Schlüsseltechnologien des Brennstoffkreislaufs ziviler Kernkraftwerke, sondern waren und blieben auch die Schlüsseltechnologien der Bombenherstellung. Gerade dann, wenn sich die bundesdeutsche Kernenergieentwicklung nicht an Erfordernissen der innerdeutschen Stromversorgung, sondern an den Atommächten und an künftigen Absatzmöglichkeiten in führenden Staaten der Dritten Welt wie Brasilien, Indien oder Iran orientierte, kam für sie nur eine waffentechnisch nutzbare Reaktorstrategie in Frage; denn bei allen ausländischen Vorbildern hatte sich die Kerntechnik im Schatten der Militärapparate entwickelt und war von diesen in der erwähnten Weise vorgeprägt worden, und ihr Prestige bei unterentwickelten Ländern mit Großmachtambitionen beruhte zu einer Zeit, als die Wirtschaftlichkeit von Kernkraftwerken noch undurchsichtig war, wesentlich auf der Faszination der Bombe. Von daher hätte die Orientierung der Kerntechnik an einem imaginären Weltmarkt geradezu als Chiffre für eine Orientierung an rüstungspolitischen Wünschen fungieren können – wenn solche Wünsche wirklich bestanden.

Adenauer und die Atomkraft

Bei Adenauer erkennt man deutlich, dass für ihn euphorische »Atomzeitalter«-Visionen kein Gewicht besaßen und nur der militärische Wert der Kerntechnik real war. Darauf verweist sowohl sein anfängliches Zögern bei der Gründung eines bundesdeutschen Reaktorzentrums, mit dem er die Ungeduld Heisenbergs erregte, als auch sein zeitweiliger Plan, den Vorsitz in einer künftigen Atomkommission selber zu übernehmen. Da Adenauer zu jener Zeit an Atomwaffen nicht interessiert war, die Schwerpunktverlagerung von konventioneller auf atomare Bewaffnung vielmehr für falsch hielt, fiel ihm der Verzicht auf eine deutsche Atomwaffenproduktion 1954 nicht schwer. Durch den Euratom-Plan bekam das Atom in der Folge für den Bundeskanzler einen europapolitischen Wert, war aber dabei doch nur Mittel zum Zweck. Bis zum Ende seiner Regierungszeit blieb Adenauer an der zivilen Kerntechnik in einem bemerkenswerten und eher noch wachsenden Maße desinteressiert.

Umso mehr macht stutzig, dass am 27. Juni 1957 die erste Atomgesetz-Vorlage, wie verlautete, auf Intervention des Bundeskanzlers wegen ihrer Beschränkung auf friedliche Zwecke im letzten Augenblick zu Fall gebracht wurde. Weiter fällt auf, dass Adenauer Anfang 1959 persönlich intervenierte, als sich Probleme bei der Gründung der Trägergesellschaft für das Kernforschungszentrum Karlsruhe ergaben, und dass er Anfang 1961 Winnacker zu dessen Überraschung auf »die berühmte Zentrifuge« ansprach, deren militärischer Wert im Herbst 1960 einen Sturm in der Presse erregt hatte. Ein merkwürdiges Nachspiel war die geradezu hysterische, für Adenauer ungewöhnliche Weise, in der er sich noch kurz vor seinem Tod an der Kampagne gegen den »Atomsperrvertrag« beteiligte. All das deutet darauf hin, dass die Atomtechnik in den Vorstellungen des greisen Bundeskanzlers eine primär militärstrategische Angelegenheit blieb, während die »friedliche Kernenergie« ihn kalt ließ.

Auch Strauß hatte als Atomminister beim Start der zivilen Kernkraftentwicklung auffallend wenig Ehrgeiz gezeigt; aber schon im Juli 1956 sprach Wehner intern von einer »Industriellen-Strauß-Politik«, »die darauf hinausläuft, die Bundesrepublik an den Punkt heranzuführen, an dem auch sie die Bombe machen kann«. Damit war nicht gesagt, dass Strauß allen Ernstes eine deutsche Atomwaffenproduktion ansteuerte; die reale Möglichkeit dazu wollte er jedoch als Trumpf in der Hand behalten. Wie Haxel, dem Strauß die Unterzeichnung des Göttinger Manifests sehr übel nahm, sich gegenüber dem Verfasser erinnerte, hatte Strauß ihm versichert, er sei doch nicht so dumm, sich einzubilden, die Bundesrepublik könne sich den Bau eigener Atomwaffen leisten. Aber die *Möglichkeit* dazu wolle er haben, als Faustpfand bei internationalen Verhandlungen.»Auf so was verzichtet man als Politiker nicht umsonst.« Aus der von Strauß angestrebten atomaren Bewaffnung der Bundeswehr ergab sich mit gewisser Logik die Forderung, dass auch die Bundesrepublik an nuklearstrategischen Entscheidungen der NATO beteiligt sein müsse; und die seit der Bermuda-Konferenz (März 1957) sichtbaren frappierenden Erfolge der Briten auf dem Wege zur atomaren Partnerschaft mit den USA schienen zu demonstrieren, dass ein Staat mit einer eigenen atomaren Waffenkapazität auftrumpfen müsse, um das Recht auf nukleare Mitsprache zu erlangen.

Der Kernchemiker und SPD-Bundestagsabgeordnete Karl Bechert, später ein Gründervater der bundesdeutschen Anti-Atomkraft-Bewegung, bemerkte 1960 im Bundestagsausschuss für Atomenergie, dessen Vorsitz er in der Folge übernahm:»Hinter dem ›Reaktorrummel‹ hätten vorwiegend militärische Interessen gestanden. Man wollte Plutonium, deswegen sollten Reaktoren gebaut werden.« Im Protokoll ist dazu kein Widerspruch verzeichnet; über konkrete Informationen verfügte Bechert jedoch anscheinend nicht. Der Vorrang der Plutoniumproduktion bei den frühen Reaktorplanungen der Atomkommission ist vielfach belegt; sie ist zugleich das deutlichste Indiz dafür, dass ein militärisches Kalkül tatsächlich in die Atompolitik der Anfangszeit hineinspielte. Dabei wäre längerfristig beim Betrieb von Kernkraftanlagen so oder so Plutonium angefallen; aber es gab das Bestreben, an Plutonium so rasch wie möglich heranzukommen. Dieses Motiv war für Finkelnburg in seinem wegweisenden»Vorschlag zu einem deutschen Reaktorprogramm« vom Mai 1956 am Ende ausschlaggebend, als er sich für den – unter anderen Aspekten problematischen oder zumindest nicht besonders vorteilhaften – Schwerwasserreaktor entschied: Auf diesem Wege habe man das Plutonium»so bald wie möglich« zur Verfügung.

Aber wozu diese Eile und wozu dieses Interesse an einer möglichst hohen Plutoniumausbeute, wo das Plutonium doch, wie man schon damals wusste, nicht nur durch seine Explosivität, sondern auch durch seine Giftigkeit eine der größten Gefahrenquellen dieser neuen Technologie bedeutete? Tatsächlich warf Maier-Leibnitz schon 1957 im Arbeitskreis Kernreaktoren die Frage auf,»warum eigentlich soviel Plutonium benötigt werde«. Alfred Boettcher (Degussa) erwiderte ausweichend,»dass die Verwendung von

U-235 unzweckmäßig und die Pu-Verwendung das wirtschaftlich einzig Richtige sei«; in Wahrheit war 1957 über die ökonomischen Aspekte des Plutoniums herzlich wenig bekannt. Als im Jahr darauf bei einer Besprechung im Atomministerium über das geplante Plutonium-Institut Staatssekretär Cartellieri zur Diskussion stellte, ob ein solches Institut notwendig sei, erwiderte Joachim Pretsch, einer der frühesten technischen Experten im Atomministerium, das Institut sei zur Erforschung der Verwendbarkeit von Plutonium als Reaktorbrennstoff erforderlich; daran schloss er den aufschlussreichen Hinweis, »bisher sei es auch im Ausland nicht gelungen, Pu zu einem einsatzfähigen Brennelement zu verarbeiten«, und gab sogar zu, »es sei durchaus denkbar, dass die Verwendung von Pu-Brennelementen im Reaktor überhaupt nicht befriedigend zu lösen sei und dass die Arbeiten eines Tages abgebrochen werden müssten«. Man müsse sich »darüber im Klaren sein, dass die Aufgabe infolge der besonderen Eigenschaften des Plutoniums äußerst schwierig, langfristig und kostspielig sei«. In der Tat! Damals sprach man zumindest intern über die Tücken mitunter noch Klartext.

Daraus geht klar hervor, dass zu jener Zeit von Plutonium als erprobtem Reaktorspaltstoff, der schon in absehbarer Zeit für Reaktoren nötig gebraucht würde, überhaupt keine Rede sein konnte; und diese Situation erfuhr lange Zeit keine drastische Änderung. Daher ist anzunehmen, dass die Formel »Plutonium als Reaktorbrennstoff« zugleich als Chiffre für die erwünschte Offenhaltung der waffentechnischen Option fungierte. Später wurde gelegentlich klar ausgesprochen, dass »in den Anfangsjahren der Kerntechnik« – und gemeint waren die bundesdeutschen Anfänge – »militärische Zwecke und politische Erwägungen im Vordergrund standen«.

Das auf Plutonium abgestellte Reaktorprogramm war freilich nicht viel mehr als eine Absichtserklärung, deren Verbindlichkeit nicht allgemein anerkannt wurde und deren Realisierung großenteils in ersten Ansätzen stecken blieb. Alles in allem lässt sich von den rüstungspolitischen Rahmenbedingungen der kerntechnischen Entwicklung ein einigermaßen plausibles Bild gewinnen. Dass in der anfänglichen Leitung der Atomkommission und des Kernforschungszentrums Karlsruhe die Meinung vorherrschte, man müsse die kerntechnische Entwicklung möglichst rasch in ein Stadium bringen, das auch eine waffentechnische Option enthielt, ist kaum zu bezweifeln. Damit ist noch nicht gesagt, dass man ernsthaft eine Nuklearrüstung anstrebte: Es genügte, wenn man die Möglichkeit einer solchen Rüstung bei NATO-, Euratom- oder Nonproliferationsverhandlungen ausspielen konnte. Eine zielstrebige Steuerung der deutschen Atomentwicklung im militärischen Interesse ist nicht zu erkennen und auch wenig wahrscheinlich. Selbst wenn bei Adenauer und Strauß dazu der Wille da war: Nach dem, was sich erkennen lässt, fehlte dazu das effektive Instrumentarium, zumal bereits die

Steuerung der Entwicklung durch die Atomkommission im Sinne der offen erklärten und anerkannten Ziele schlecht genug funktionierte.

Die französische Entwicklung der 1950er-Jahre scheint allerdings zu beweisen, dass die Weichenstellung zum Bombenbau auch als »Non-Decision« erfolgen kann. Unter den Wissenschaftlern des französischen Atomkommissariats (CEA) gab es ursprünglich eine starke Stimmung gegen waffentechnische Ziele und auch die französischen Regierungen gingen bis in die zweite Hälfte der 1950er-Jahre hinein nicht weiter als bis zu der Erklärung, dass man die Möglichkeit zum Bombenbau offen halten müsse, ohne anscheinend gezielt darauf hinzusteuern. Doch schon in den frühen 50er-Jahren hatte man sich für die Priorität der Plutoniumproduktion entschieden und diese konnte, da friedenswirtschaftliche Anwendungen auf sich warten ließen, nur mit dem Bombenbau einen Sinn bekommen.

Ein ähnlicher Gang der Dinge wäre auch in der Bundesrepublik denkbar gewesen, wäre nicht die »national« akzentuierte Plutoniumstrategie frühzeitig durch den Gegenstoß der amerikanischen Leichtwasserreaktoren überrollt worden. Auch in der US-Atomindustrie ließen um 1963/64 der kommerzielle Durchbruch der Leichtwasserreaktoren sowie die Einstellung der Kernwaffenversuche in der Atmosphäre das Interesse an der Plutoniumproduktion sinken. Im Übrigen ist jedoch zu bedenken, dass es in der Bundesrepublik weit weniger als in Frankreich einen Konsens gab, dass die Atombewaffnung ein Erfordernis der nationalen Autonomie sei: Dieser Umstand hätte in jedem Fall einer stillschweigenden Atomrüstung entgegengestanden.

KAPITEL III

Vollendete Fakten: der ungeplante Siegeszug des Leichtwasserreaktors

Das verstärkte Staatsengagement für die Kernkraft und das Umschwenken der Energiewirtschaft

Die Genese der staatlichen Fördermodelle für Kernkraftwerke

Spätestens seit dem Ende der 1950er-Jahre, als man allgemein begriffen hatte, dass mit rentablen Kernkraftwerken in absehbarer Zeit nicht zu rechnen war, kam dem Staat die Schlüsselrolle beim weiteren Fortgang der Entwicklung zu. Dass irgendeine Form von staatlicher Förderung zumindest als Starthilfe nötig sei, wurde zwar schon vorher angenommen, zumal Kapitalhilfen für die Energiewirtschaft noch aus der Zeit des Wiederaufbaus geläufig waren. Da man jedoch anfangs oft davon ausging, dass Kernkraftwerke schon bald rentabel und betriebssicher arbeiten würden, hielt man die Kapitalbeschaffung offenbar für ein normales Finanzierungsproblem. Die Programmvorschläge von Eltville begannen mit einem ebenso dunklen wie irreführenden Hinweis darauf, dass »von bestimmter Seite« die Finanzierung als gesichert angesehen werde.

Schon 1957 wurde von der Atomkommission immerhin ein Grundsatz formuliert, an dem man auch später festhielt: dass man der Energiewirtschaft beim Bau von Kernkraftwerken nur den Einsatz von soviel Eigenkapital zumuten dürfe, wie zum Bau bisheriger Kohlekraftwerke erforderlich sei. Von einer Entlastung der Energiewirtschaft vom Betriebsrisiko scheint noch keine Rede gewesen zu sein. 1957 wie auch später stellte man die Grobrechnung auf, dass Kernkraftwerke von der in Eltville geplanten Kapazität etwa dreimal so teuer kommen würden wie konventionelle Kraftwerke. In der Atomkommission folgerte man daraus, dass zwei Drittel der Kosten »durch besondere Hilfestellungen oder Maßnahmen aufgebracht werden« müssten, und das Atomministerium machte sich diese Auffassung, wenn auch mit Vorbehalt, zu eigen. Noch in den Finanzierungsplänen für die Demonstrationskraftwerke Gundremmingen, Lingen und Obrigheim kann man dieses Drittelungsmodell wiedererkennen; als Eigenbeteiligung der Energiewirtschaft hatte man dabei die runde Summe von 100 Mio. DM angesetzt. Zur Abdeckung der restlichen zwei Drittel wurden neben den erwähnten steuerfreien Rücklagen schon damals ERP-Mittel vorgeschlagen, allerdings nur für den Fall, dass »es gar nicht anders geht«.

In der Folgezeit setzte das Wirtschaftsministerium den Grundsatz durch, dass die Finanzierung der Investitionen grundsätzlich Sache der Privatwirtschaft sei, der Bund jedoch einen Teil der Betriebsverluste tragen könne. Genau dies entsprach den Wünschen der Energiewirtschaft, die mittlerweile mehr an einer Risiko- als an einer Investitionsbeteiligung des Bundes interessiert war: ein Indiz, dass man dort die Neuartigkeit des Risikos bei Kernkraftwerken begriffen hatte und nicht nur an Verluste beim Normalbetrieb, sondern auch bei Störfällen dachte. Das »Verlustrisiko« – so die *atomwirtschaft* 1959 – wurde »das eigentliche große Abschreckungsmoment gegen den Bau von Versuchskraftwerken aller Art« und die EVUs gaben zu verstehen, dass sie nicht einmal mit einer teilweisen, sondern nur mit einer vollen Verlustübernahme durch den Bund zufrieden sein würden.

In diesem Punkt stimmte schließlich sogar das Finanzministerium einer für die damalige Zeit außerordentlich großzügigen Regelung zu, indem die Obergrenze der vom Bund zu übernehmenden Betriebsverluste auf 100 Mio. DM pro Reaktor festgesetzt wurde: eine Summe, die man in der Folge auch für das größere Kernkraftwerk Gundremmingen als ausreichend erachtete. Man sah damals schwerlich voraus, dass diese vom Bund verbürgten 100 Mio. DM durch die später in Gundremmingen notwendigen Reparaturen tatsächlich voll in Anspruch genommen wurden! Der Gesamtumfang der Verlustgarantie des Bundes für die fünf geplanten Kernkraftwerke entsprach der – um die gleiche Zeit ebenfalls auf 500 Mio. DM festgesetzten – Obergrenze der Bundeshaftung bei einem nuklearen »Schadensereignis«. Die Regelung, dass die Investitionskosten prinzipiell vom Bauherrn zu beschaffen seien, wurde dadurch gemildert, dass die Finanzierung »durch Bundes- und Landesbürgschaften, durch Einschaltung der Kreditanstalt für Wiederaufbau und durch Gewährung langfristiger Darlehen aus dem ERP-Sondervermögen erleichtert werden könne«.

Um 1960 lässt sich in der Einstellung der Atominteressenten eine allgemeine Kehrtwende verzeichnen: das Aufkommen einer an staatlichen Subventionen orientierten Mentalität. Selbst Winnacker, eben noch erklärter Feind einer atomaren Subventionswirtschaft, teilte 1960 dem Atomminister mit, dass er »von Beschwerden der Industrie überlaufen« werde: Von allen Seiten werde geklagt, dass »aus der Atomwirtschaft nichts würde«, und die Schuld werde vor allem der Kleinlichkeit des Finanzministeriums gegeben. Der Staatssekretär der Finanzen allerdings erklärte zur gleichen Zeit vor dem Atomausschuss des Bundestages, es sei »doch erstaunlich, mit welch verhältnismäßig geringen Mitteln sich die Industrie an den Vorhaben« beteilige, für die sie staatliche Mittel fordere. »Die Industrie hat sich in der Tat etwas angewöhnt, zunächst einmal den Bund anzusprechen und zu sagen: Wenn du nichts gibst, tue ich nichts!« Man befand sich noch in einer Ära finanzpolitischer Solidität!

Der Atomkomplex dagegen war eine Vorhut jener Kräfte, die in die wachsende Staatsverschuldung führten. Selbst im Atomministerium, wo man es mit dem Bau von Großkraftwerken nicht eilig hatte, verbreitete sich allgemeiner Ärger, als das Finanzministerium jahrelang die Notwendigkeit einer Sonderbehandlung der Atomkraft nicht einsehen wollte. 1961 klagte Balke dem damaligen Verteidigungsminister Strauß, den er sonst nach Möglichkeit mied, das Finanzministerium stehe »deutlich auf dem Standpunkt, das BMAt sei schuld, dass der Bundeshaushalt am Rande des Defizits marschiere«, und »schon allein der rüde Ton mancher Briefe zwinge zu einer gewissen Selbstüberwindung, mit diesem Hause zu verhandeln«.

Das Tauziehen um die Finanzierung des ersten Leistungskernkraftwerks

Die Finanzierungsverhandlungen für das Projekt Gundremmingen (ursprünglich Bertoldsheim) zogen sich zwischen Atom-, Finanz-, Wirtschaftsministerium und dem Auftrag gebenden Konsortium RWE-Bayernwerk fast zwei Jahre hin. Bezeichnenderweise war dabei das Hauptthema nicht so sehr die Höhe der Investitionssumme, sondern die Art der staatlichen Risikobeteiligung. Schon Ende 1960 wurde den Ministerialvertretern klar, dass das mächtige RWE seine »Position auf dem gegenwärtig bestehenden Käufermarkt für Kernkraftwerke voll auszunutzen« gedachte, es ihm also nicht etwa einfiel, sich für die Kernenergie als »nationale Aufgabe« in die Pflicht nehmen zu lassen. Als das Kernkraftwerk zwei Jahre später endlich in Auftrag ging, zog der Verhandlungsführer des Atomministeriums die denkwürdige Bilanz: »Ohne das anhaltende Drängen staatlicher und überstaatlicher Institutionen und, was schwerer wiegt, ohne deren massive Unterstützung wäre das Vorhaben mit Sicherheit nicht, zumindest noch nicht, zustande gekommen.« In dieser entscheidenden Phase der Kernenergieentwicklung, als Atomindustrie und Energiewirtschaft aus eigener Kraft zu keiner Einigung kamen und die Kerntechnik nach marktwirtschaftlichen Gesetzen wieder in der Versenkung verschwunden wäre, hing alles an der Initiative des Staates.

Wie die staatliche Risikobeteiligung gestaltet werden sollte, war trotz der Übereinkunft vom Januar 1959 noch immer in der Schwebe. Im Atomministerium bemühte man sich längere Zeit um eine generelle Grundsatzregelung für neue Technologien, kam aber zu keinem Ziel. Das RWE wollte zunächst am liebsten das gesamte Problem von sich abwälzen und zu einer Angelegenheit der Herstellerindustrie machen, indem es sehr hohe Garantieforderungen stellte; weder wollte der Energiekonzern ein besonderes Risiko tragen noch als Subventionsempfänger dastehen. Aber dann ließ es sich doch die direkte Subvention gefallen. Ein Festbetrag war bei den Verhandlungen die auf die runde Summe von 100 Mio. DM fixierte Eigenbeteiligung des Auftrag gebenden Konsortiums. Hatte man einst in der Atomkommission die Faustregel aufgestellt, dass zwei Drittel der Kosten mit staatlicher Hilfe gedeckt werden sollten, stellte sich nunmehr heraus, dass der Staat – da das RWE über 100 Mio. DM nicht hinausging – noch für mehr als zwei Drittel würde aufkommen müssen.

Wie Wolfgang Finke, der Verhandlungsführer des Atomministeriums, zähneknirschend resümierte, brachte das schließliche »Arrangement« den beteiligten Energieunternehmen den Vorteil, dass sie »mit einem Minimum an eigenem Engagement, das freilich nach ihrer eigenen, vielleicht nicht ganz über jeden Zweifel erhabenen Darstellung zugleich das Maximum des für sie heute Vertretbaren darstellt«, nützliche kerntechnische Erfahrungen erlangten und »damit zugleich ihre führende Stellung in der deutschen Energiewirtschaft« untermauerten. Er kennzeichnete diese Finanzierungsweise als eine »in dieser Form wohl beispiellose Verbindung zwischen den im Wesentlichen vom Staat repräsentierten Interessen der Gesamtwirtschaft auf der einen Seite und den in erster Linie auf ihre eigenen Ziele gerichteten Bestrebungen der beiden Unternehmen auf der anderen Seite«. Er mahnte, das »Experiment« der Gundremmingen-Förderung dürfe »wohl kein Beispiel für alle Zukunft« geben, wenn es auch »möglicherweise noch ein zweites, vielleicht ein drittes Mal wiederholt werden« müsse. Damit hatte er die Zahl der Wiederholungen genau vorhergesehen. Schon zu Anfang war im Arbeitskreis Kernreaktoren vom »Gundremminger Förderungsmodell« die Rede, das auch künftig anzuwenden sei. Tatsächlich wurde es in modifizierter Form, unter Fortfall der Euratom-Zuschüsse, auch auf die Kernkraftwerke Lingen und Obrigheim angewandt, obwohl es sich bei beiden erneut um Adaptionen der amerikanischen Leichtwasserreaktoren handelte.

So hatte es der immer noch auf deutsche Eigenentwicklungen erpichte Arbeitskreis nicht gemeint: Im Frühjahr 1964 teilte er den EVUs mit, »dass er der öffentlichen Hand wohl kaum weiterhin die Förderung des bloßen Ankaufs erprobter Kernkraftwerke aus dem Ausland empfehlen wird, insbesondere wenn sie bereits in dem einen oder anderen Typ vertreten sind«. Da jedoch in Lingen und Obrigheim im Unterschied zu Gundremmingen die Bauleitung ganz bei deutschen Firmen lag und in Obrigheim angeblich sogar keine aus den USA stammenden Komponenten verwendet wurden, wurde den Wünschen des Arbeitskreises bis zu einem gewissen Grade Rechnung getragen.

1963/64 war unter den Ministerien vereinbart worden, dass nach Gundremmingen, Lingen und Obrigheim kein weiteres Kernkraftwerk mehr in gleichem Ausmaße mit Bundesmitteln gefördert werden solle. Als im Herbst 1964 eine Firmeninformation behauptete, das Forschungsministerium wolle »im Prinzip« einem Demonstrationskraftwerk mit Hochtemperaturreaktor die gleichen Fördermaßnahmen zukommen lassen wie den drei ersten Kernkraftwerken, wurde im Ministerium am Rande ein großes »Nein« vermerkt. Frommer Vorsatz: In Wirklichkeit wurden Hochtemperaturreaktor und Schneller Brüter später mit noch unvergleichlich viel höheren Staatsmitteln gefördert. Bei den Prototypen dieser »zweiten Generation« der Reaktoren, dem bei Kalkar gebauten Brüter und dem bei Hamm-Uentrop errichteten Hochtemperatur-Kernkraftwerk, wurde das Betriebsrisiko sogar zu neun Zehnteln vom Bund übernommen. Der Anteil der staatlich beschafften Mittel war hier noch weit größer als bei den ersten Demonstrationskernkraftwerken, ja erreichte ein derartiges Ausmaß, dass die Eigenbeteiligung des Energieunternehmens, das gleichwohl Eigentümer des Kraftwerks wurde, nur noch als »Zuschuss« gelten konnte.

Die ursprünglich nur für das Betriebsrisiko vorgesehene Proportionierung von staatlichem und privatem Anteil dehnte sich schließlich auch auf die Investitionskosten aus. Da bei Brüter und Hochtemperaturreaktor bereits der Bau unabsehbare Risiken enthielt, hatte diese extensive Risikoabwälzung auf den Staat ihre Gründe. Das RWE hatte von vornherein darauf gedrungen, den Brüter-Prototyp nach dem Modell eines Versuchsreaktors wie des Karlsruher KNK zu finanzieren; später stellte sich heraus, dass der bei Kalkar erbaute Brüter tatsächlich kaum mehr als eine Versuchsanlage war, da bis zum Erreichen der Wirtschaftlichkeit die Einschaltung noch einer weiteren Brüterstufe notwendig wurde.

Insgesamt wurde von dieser immer gewaltigeren staatlichen Finanzierung der Kerntechnik erstaunlich wenig Aufhebens gemacht. Später gab es im Ministerium gelegentlich einen ärgerlichen Vermerk, als ein Siemens-Film über den fertiggestellten MZFR diesen mit Steuergeldern finanzierten Reaktor ganz zur Siemens-Leistung hochstilisierte. Ansonsten kann man jedoch in der damaligen Publizistik über den Aufstieg der Kernenergie geradezu vergessen, dass es sich um eine großenteils mit öffentlichen Geldern finanzierte Entwicklung handelte. Selbst der Bundesrechnungshof wurde von der Expansion der Atomförderung am Ende überrollt. In den Bundestagsdrucksachen kann man verfolgen, dass er es bis Mitte der 60er-Jahre mit der Kerntechnik genau nahm und in manchen Fällen detailliert untersuchte, ob die Projektierung kerntechnischer Anlagen ordnungsgemäß vor sich gegangen war und Firmenlieferungen in vereinbarter Weise und zum abgemachten Preis erfolgten. Sogar ein eher moderat gehaltenes Mittagessen der Atomkommission mit Gesamtkosten von 735 DM wurde beanstandet! In der Folge jedoch, als sich die Atomausgaben auf die Milliardengrenze zu und über sie hinaus bewegten, glitt dem Rechnungshof die Entwicklung sichtlich aus den Händen, und gelegentlichen Kritiken merkt man die Hilflosigkeit an. Die Förderung der Kerntechnik war zu einem kaum mehr kontrollierbaren Freiraum geworden, dessen Finanzgebaren sich an der Art orientierte, wie in der Rüstung mit Geld umgegangen wurde, und dessen ökonomische Undurchsichtigkeit ebenfalls an die Rüstungswirtschaft erinnerte, der die Kerntechnik entstammte. Ein beteiligter Politiker erinnerte sich im Gespräch mit dem Verfasser (1975), erst allmählich habe man dem Bundesrechnungshof beibringen können, dass man Betriebe mit kerntechnischen Auftragsarbeiten so großzügig wie Rüstungsbetriebe behandeln, nämlich auf detaillierte Prüfungen verzichten müsse. Auf derartige »Lernprozesse« kam es an!

Eben zu jener Zeit, als die »neuen Technologien« zum Zauberwort avancierten, um öffentliche Mittel locker zu machen, vollzog die Energiewirtschaft eine Wende, indem sie die Reaktoren nicht mehr als »neue Technologie« zu entwickeln, sondern als erprobten Kraftwerksantrieb einzusetzen suchte. Die äußeren Begleitumstände wirken zunächst paradox: Ausgerechnet im Jahr 1967, als eine durch Überproduktion verursachte Lawine von Zechenstilllegungen jegliche Sorge vor einer nahenden deutschen Energienot so abwegig wie nur möglich erscheinen ließ, wurden die ersten beiden bundesdeutschen Kernkraftwerke auf kommerzieller Basis bestellt. 1969 setzte dann mit Biblis eine nahezu kontinuierliche Serie von Bestellungen ein, die bis Anfang der 80er-Jahre anhielt. Die Hintergründe dieser großen Wende sind ohne Einblick in einschlägige Firmenarchive nicht vollständig zu klären. Das zugängliche Quellenmaterial zeigt jedoch die Bedeutung politischer Impulse für jenen Prozess, in dem die Energiewirtschaft ihr Zögern gegenüber der Kerntechnik überwand.

Atompolitik in der Ära Stoltenberg

Ab Oktober 1965, mit der Ernennung Gerhard Stoltenbergs zum Forschungsminister, wurde die Atompolitik erstmals über Jahre hinweg von einem kommenden Spitzenpolitiker geleitet, der Durchsetzungsvermögen und die Fähigkeit zur Formulierung umfassender Konzepte besaß. Im Unterschied zu seinen Amtsvorgängern war er ein Vertreter Norddeutschlands, wo denn auch – trotz Karlsruhe, Gundremmingen, Obrigheim – unter seiner tätigen Mithilfe der kommerzielle Durchbruch der Kernkraft erfolgte. Er verstand sich darauf, den Schock der Rezession von 1966/67 zu nutzen, um die Bedeutung der von ihm betreuten Forschung und technischen Entwicklung für die Sicherung der industriellen Zukunft gehörig herauszustreichen. Schon während der ersten Monate seiner Amtszeit verdiente Stoltenberg sich in den Augen der Atomwirtschaft seine Sporen, als er in harten Verhandlungen mit dem Finanzministerium die Bundesfinanzierung von drei neuen Versuchsreaktoren – sie alle erwiesen sich später als mehr oder minder bedeutungslos – und der Wiederaufarbeitungsanlage Karlsruhe durchsetzte. Mit ungewöhnlicher Häufung von Superlativen würdigte Winnacker, dass der neue Minister eine »äußerst schwierige Aufgabe« dank seiner »äußerst zielstrebigen und konsequenten Verhandlungsführung« zu einer Lösung gebracht habe, über die »alle beteiligten Kreise außerordentlich befriedigt sein dürften«.

Zu jener Zeit kam eine neue Dynamik in die Atomplanungen des Bundes. Das ökonomische Gesamtklima hatte sich spürbar gewandelt: In der Industrie begannen sich Kapitalüberfluss und Kapazitätenüberhang abzuzeichnen; die bis dahin relativ hohen Kapitalkosten der Kernkraftwerke verloren ihren abschreckenden Effekt; zugleich sorgte die zum Gemeingut der Öffentlichkeit gewordene Panikmache über den behaupteten »technological gap« gegenüber den Amerikanern dafür, dass der sich Mitte der 60er-Jahre in den USA abzeichnende kommerzielle Durchbruch der Kernkraftwerke alsbald auch in der Bundesrepublik als Signal wahrgenommen wurde. Die Rezession führte in der Wirtschaftspolitik zu einer Renaissance des Keynesianismus und die Kerntechnik stand bereit, um von der Expansion des Staatshaushaltes ihren Teil abzubekommen. Die sich erneut verschärfende Kohlekrise führte in diesem wirtschaftspolitischen Gesamtpanorama dazu, ökonomische Strukturpolitik fortan als Normalerscheinung zu begreifen. All das erklärt die Paradoxie, dass der kommerzielle Durchbruch der Kernenergie gerade in einer Zeit wachsender Kohlehalden erfolgte.

Das erste bundesdeutsche Demonstrationskernkraftwerk, Gundremmingen, ging 1966 in Betrieb; Lingen und Obrigheim folgten 1968. Es hätte dem Sinn dieser Anlagen entsprochen, wenn vor der Bestellung weiterer Kernkraftwerke hier erst eine geraume Zeitlang Betriebserfahrungen gesammelt worden wären, zumal angesichts des Überflusses an fossilen Energieträgern gar kein Grund zur Eile bestand; aber so lange wollte man nicht warten. 1966 wurde die deutsche Atomindustrie sichtlich nervös. Die *atomwirtschaft* schrieb, die »Bestell-Explosion« habe in den USA »Ausmaße erreicht, die aus deutscher Sicht schier beängstigend« seien und die Bundesrepublik als Exportland dazu zwängen, schleunigst nachzuziehen. Die enorme Bedeutung des Exports für die deutsche Industrie gerade während der Rezession verstärkte die Durchschlagskraft des Exportargumentes. Um jedoch Exportaufträge zu bekommen, brauchte man Referenzanlagen im eigenen Land. Umso mehr verursachte das Ausbleiben kommerzieller Aufträge in der Atomwirtschaft »steigendes Unbehagen«. Dabei gab man zu, dass die für rentable Kernkraftwerke erforderliche Kapazität von 500–600 MW die bisher »bei konventionellen Kraftwerken in der Bundesrepublik verwirklichten Blockgrößen um 100 %« übersteige; die Zurückhaltung der Energiewirtschaft war also nur zu verständlich.

Das RWE stellt seine Bedingungen für den Einstieg in die Kernenergie

Im RWE-Vorstand behielten noch 1966/67 die Atomskeptiker die Oberhand und Mandel hatte als Vorkämpfer der Atomkraft einen schweren Stand; Freunde von ihm führten später das Krebsleiden, an dem er vorzeitig starb, auf den ewigen Ärger in der Firma zurück. Er konnte zwar Ende 1965 mitteilen, dass das RWE »eventuell« zusammen mit anderen, darunter Schweizer Unternehmen, den Bau eines 600-MW-Kernkraftwerks am Oberrhein »in Aussicht« nähme; aber dieses noch vage, auf breite Risikostreuung angelegte Projekt kam nicht zum Ziel. Der RWE-Berater Löbl, wie eh und je voller Misstrauen gegenüber Kostenrechnungen für künftigen Atomstrom, zerpflückte kurz darauf in der *atomwirtschaft* gnadenlos optimistische Kostenprognosen, mit denen damals Euratom aufgewartet hatte. Löbl rechnete vor, dass die Kosteneinsparungen durch Kernenergie, wenn überhaupt vorhanden, so gering seien, dass sie sich bei einer Veränderung der Ausgangsdaten mit Leichtigkeit in Nichts auflösen könnten, und verwies dazu auf die »ganz spezielle(n) Schwierigkeiten«, die ein steiles Anwachsen der Kernkraftkapazitäten mit sich bringe, »angefangen von der gefahrlosen Beseitigung und Unterbringung der kumulativ anwachsenden bedeutenden Mengen an radioaktiven Spaltprodukten bis zu der immer schwieriger werdenden Standortfrage«. Das sich in den 1970er-Jahren voll enthüllende Kernkraftdilemma ließ sich also schon damals vorhersehen. Löbls Empfehlung, sich »Zeit und Ruhe für die Entwicklung der künftigen Reaktortypen« zu lassen, war der Situation vollauf angemessen. Meysenburg, der Mann der Braunkohle und Mandels Gegenspieler im RWE-Vorstand, betonte noch immer, dass die Kernenergie »zunächst nicht überschätzt werden sollte«: »Für die nächste Zukunft sei die Braunkohle weiterhin Hauptenergieträger des RWE.«

Zur gleichen Zeit drohte die Kraftwerksindustrie, sie werde ihre Reaktorbaugruppen auflösen, »wenn es nicht sehr bald zur Bestellung mehrerer Kernkraftwerke mit 600 MW Leistung durch deutsche Energieversorgungsunternehmen komme«, und dann könne man auch die gesamte Brüterentwicklung getrost begraben. Das wäre nun allerdings eine Wendung gewesen, die die Langzeitperspektiven auch der Energiewirtschaft durchkreuzt hätte. In dieser Situation, als Energiewirtschaft und Atomindustrie von sich aus nicht auf einen gemeinsamen Nenner kamen, auch wenn sie allgemein und längerfristig hinsichtlich der Notwendigkeit der Kernenergie übereinstimmten, gelangte das Forschungsministerium – wie schon bei den Verhandlungen über die ersten Demonstrationskernkraftwerke – erneut in eine Schlüsselrolle.

Ende 1966 kam es zwischen dem Ministerium und dem RWE zu einem Meinungsaustausch von einer bis dahin ungewöhnlichen Art, sowohl in der Ausführlichkeit wie auch in der Offenheit und Schärfe. Dabei manifestierte sich ein neues Rollenverständnis des Ministeriums, das im Geist der »konzertierten Aktion«, dem Konzept der zur gleichen Zeit anbrechenden wirtschaftspolitischen Ära Schiller, durch staatliche Vermittlung und auch mit großzügigem Einsatz öffentlicher Mittel ein Interessen-Clearing auf breiter Front und eine Wirtschaftspolitik auf weitere Sicht bewerkstelligen wollte. Stoltenberg äußerte dem Energiekonzern gegenüber rundheraus den Wunsch, dieser möge einen »Katalog von Bedingungen« zusammenstellen, unter denen er in näherer Zukunft den Bau von Kernkraftwerken für machbar halte.

Das RWE reagierte sieben Wochen darauf mit einem ausführlichen Memorandum, dessen Forderungen die gesamte Wirtschaftspolitik betrafen und zugleich erkennen ließen, wie wenig eine energiewirtschaftliche Notwendigkeit für den Bau von Kernkraftwerken bestand. Der Grundton des Memorandums wurde durch die selbstbewusste Überzeugung bestimmt, dass das RWE von sich aus in näherer Zukunft keine Kernkraftwerke benötige und daher, sollte es sich doch dazu herbeilassen, seine Forderungen stellen könne. »Als unerlässliche Voraussetzung« für die Einführung der Kernenergie, so begann das denkwürdige Schreiben des RWE an den Forschungsminister, erscheine »ein Anwachsen des Elektrizitätsverbrauchs in etwa gleichem oder gar stärkerem Umfang, als er in den letzten Jahren zu beobachten war«; und dies wiederum setze »ein gleichmäßiges Weiterwachsen der Industrieproduktion wie des häuslichen Wohlstandes« voraus. Während in den 1970er-Jahren Kernenergie als Bedingung für wirtschaftliches Wachstum propagiert wurde, wurde damals also eine wachstumsorientierte Wirtschaftspolitik um der Kernenergie willen gefordert, in einer Situation, als in führenden Wirtschaftskreisen vielfach der Erhardschen Kreditrestriktion die Schuld an dem wirtschaftlichen Rückschlag gegeben wurde.

Bemerkenswert ist im Übrigen, dass es in den Augen des RWE nicht einmal sicher war, ob eine Rückkehr zu dem Wirtschaftswachstum *vor* der Rezession zur Einführung der Kernkraft ausreichen würde und nicht vielmehr ein noch stärkeres Wachstum nötig sei. Ausführlich legte der Energiegigant dar, dass bei gleich bleibendem Stromverbrauch an den Bau rentabler Kernkraftwerke gar nicht zu denken sei: Erst kürzlich seien gewaltige Braunkohlefelder aufgeschlossen worden und die Auslastung der dort geschaffenen Förderkapazität sei für das RWE »eindeutig vorrangig« vor der Kernenergie. Dank des Wiederaufbaus nach dem Krieg verfüge die Energiewirtschaft »weitgehend über relativ neue Anlagen«, deren vorzeitige Stilllegung »unmöglich« durch Kostenvorteile des Atomstroms wettgemacht werden könne. Im Übrigen sei es so, dass »infolge des rückläufigen Trends des Elektrizitätsverbrauchs zur Zeit noch erhebliche ungenutzte Kraftwerkskapazität freisteht«. Selbst »für neue stromintensive Produktionen« könne man mühelos »einige hundert MW« unter solchen Bedingungen zur Verfügung stellen, »die mit den zur Zeit diskutierten Kosten der Kernenergie in Wettbewerb treten können.« Dennoch sei das RWE, beeilte man sich gleich darauf zu versichern, am Fortschritt der Kernenergie »äußerst interessiert«; nur müssten eben »gewisse Garantien und Bedingungen erfüllt werden«. Zuerst einmal müsste mit der »Erdgas-Propaganda« Schluss gemacht werden, die »trügerische Hoffnungen auf erhebliche Preisermäßigungen für das Gas beim letzten Konsumenten« erweckt und zu einer »Erdgas-Psychose« geführt habe, die, wenn sie »nicht rechtzeitig abzubremsen« sei, »mindestens zu einer Verminderung der Wachstumstendenz der Elektrizitätsanwendung für Kochen, Heißwasserbereitung und Heizen führen« könne. Diese Forderung gewährt einen aufschlussreichen Einblick in Strategieprobleme, denen sich damals der RWE-Vorstand gegenübersah. Zwischen der Gas- und der Elektrowirtschaft bestand bereits seit Jahrzehnten eine Kampffront, da es sich zugleich um eine Auseinandersetzung zwischen dem Selbstversorgungsstreben der Kommunen und dem Monopolanspruch der Verbundunternehmen handelte. Das in den 1950er- und 1960er-Jahren stürmisch vordringende Erdgas, dessen Image durch keine Vergiftungsgefahr beeinträchtigt wurde, versprach die bereits geschwächte Position der Kommunen wieder zu stärken; Mitte der 60er-Jahre arbeitete die kommunale Energiewirtschaft »fieberhaft« an der Umstellung auf Erdgas.

Erdgas galt Ende der 1960er-Jahre als die Alternative zur Kernenergie und besetzte in der Folgezeit tatsächlich jenen Platz in der bundesdeutschen Energieversorgung, auf den die Kernenergie spekuliert hatte. Unter solchen Umständen empfahl sich für die großen Stromproduzenten der Einstieg in die Kernkraft nicht zuletzt als eine Anti-Gas-Strategie. Dennoch war das RWE nicht leicht zu einer Kurswende in Richtung Kernenergie zu bewegen. In dem Brief an Stoltenberg ging der Katalog der Forderungen in ultimativem Ton noch weiter. Ein Punkt war, dass ein für alle Mal die »gegenwärtige Unsicherheit beim Genehmigungsverfahren« behoben werden müsse: Es sei »einfach untragbar, dass, wie es sich in Gundremmingen gefährlich zu entwickeln drohte, durch Einspruchs- und verwaltungsrechtliche Verfahren die Inbetriebnahme genehmigter Kraftwerke in Frage gestellt werden kann«. Im Klartext wurde also gefordert, dass das übliche Teilgenehmigungsverfahren intern durch Druck von höchster Stelle auf einen raschen positiven Ausgang festgelegt würde, und das, obwohl die Sicherheitsberichte erst in einer späten Phase des Reaktorbaus vorzuliegen pflegten. Damit war die Szenerie des kommenden Atomkonflikts vorgezeichnet: jene öffentlichen Anhörungen, die Kritikern den Eindruck vermittelten, sich einem abgekarteten Spiel gegenüberzusehen.

Der zuständige Ministerialreferent, dem die Klagen der Reaktorsicherheitskommission über jahrelange Verschleppung der Sicherheitsberichte nur zu vertraut waren und der wusste, dass bei den Verzögerungen ein Gutteil der Schuld auf der Seite der Erbauer und Betreiber lag, gestand dennoch zu, eine »Verbesserung« und »Vereinfachung« des Verfahrens könne von Staats wegen unterstützt werden. Wie das dann in der Praxis vor sich ging, erfuhr die lokale Öffentlichkeit kurz darauf bei dem Baubeginn des Kernkraftwerks Würgassen, wo das Genehmigungsverfahren von den Einwendern als reine Farce erlebt wurde und sich zum ersten Mal, wenn auch noch punktuell, jene Vertrauenskrise abzeichnete und jene Erbitterung zusammenbraute, die während der 1970er-Jahre zur Lawine anschwoll.

Damals reagierte man im Ministerium allerdings nicht nur mit Nachgiebigkeit auf die RWE-Forderungen; vielmehr kam intern der Vorschlag, das RWE solle durch »echte Konkurrenz« von Kernkraftwerken förmlich dazu gezwungen werden, »frühzeitig zur Kernenergie überzugehen«. Heftige Kritik an dem Energiegiganten wurde laut: Der RWE-Brief offenbare »sehr deutlich, wie sehr sich die privatwirtschaftlichen Interessen des RWE von dem von der Bundesrepublik Deutschland zu vertretenden volkswirtschaftlichen Gesamtinteresse unterscheiden«; »mit erschreckender Deutlichkeit« zeige sich, wie die Braunkohleinvestitionen des RWE »die notwendige rasche Einführung der Kernenergie« verzögerten. Atompolitik wurde sogar als antimonopolistische Strategie empfohlen: Das Braunkohlemonopol werde es dem RWE »früher oder später« gestatten, die Energiepreise zu diktieren, »wenn nicht auf dem deutschen Markt durch die Politik der Regierung, in diesem Falle unseres Hauses, die Kernenergie als Konkurrenz eingeführt wird«. Nur wenige Jahre vor Ausbruch des Atomkonflikts, bei dem das RWE als stärkste Bastion der Atomlobby in Erscheinung trat, war es noch der stärkste Widersacher der Kernkraft!

Erst einmal forderte der Minister das RWE durch Förderung der Konkurrenz heraus. Im Juni 1967, unmittelbar vor der Vergabe der Aufträge für die Kernkraftwerke Stade und Würgassen, legte das Atomforum eine Liste von Empfehlungen vor, die der Kernkraft zum endlichen Durchbruch verhelfen sollten; es ging vor allem um Finanzierungshilfen wie Vorzugskredite und stark degressive Abschreibungsmöglichkeiten. Stoltenberg versicherte sogleich, er werde die Vorschläge »sehr sorgfältig prüfen«, wenn er auch im Prinzip darauf bestand, kommerzielle Kernkraftwerke sollten »ohne Staatshilfe« erbaut werden. In die Vorverhandlungen für Stade und Würgassen hatte er sich schon längst erfolgreich eingeschaltet. Beide Aufträge wurden im Juli 1967 fast am selben Tag, also sichtlich in konzertierter Aktion, erteilt: der Würgassen-Auftrag von der Preußenelektra und der Auftrag von Stade von ihrer Tochter NWK, zusammen mit HEW. Der eine Auftrag ging an die AEG, der andere an Siemens: Damals konnte zum letzten Mal beim Kernkraftwerksbau die Konkurrenz zwischen beiden Konzernen genutzt werden.

Der ganze Vorgang enthielt für das RWE eine unverkennbare Provokation. Bis dahin war es stets wegen seiner billigen Braunkohle im Vorteil und für seine Konkurrenten Gegenstand des Neides gewesen; nun trumpfte die Preußenelektra, die einst vom preußischen Staat als Gegenzug gegen die RWE-Expansion gegründet worden war, mit der angeblich ebenso billigen Kernenergie auf. Tatsächlich scheint die Strategie der Auftraggeber von Stade und Würgassen ganz von dem Ehrgeiz beherrscht gewesen zu sein, dem billigen Braunkohlestrom des RWE etwas entgegenzusetzen. Das RWE konnte nunmehr den Eindruck gewinnen, dass Positionen weitab von der Braunkohle, deren Transport über längere Entfernungen nicht lohnte, auf die Dauer nur noch mit Kernenergie zu halten waren.

1967 stieg Heinrich Mandel, der Vorkämpfer der Kernenergie, endlich zum ordentlichen Mitglied des RWE-Vorstandes auf, nachdem er sechs Jahre lang in der Position eines stellvertretenden Mitgliedes gehalten worden war und mehr und mehr von unbefriedigtem Ehrgeiz gequält wurde. Mandel hatte sich schon seit langem in einem Maße mit der Kernenergie identifiziert, wie es für den Manager eines Energieunternehmens, dessen Trumpf in der Braunkohle bestand, nicht ohne Risiko war; das bekam er immer wieder zu spüren. Bis Ende der 60er-Jahre kann er denn auch keineswegs als Repräsentant der RWE-Einstellung schlechthin gelten; vielmehr besaß er an der Spitze des Unternehmens entschiedene Gegner. Besonders markant, sachlich wie persönlich, war die Gegnerschaft zwischen ihm und Helmut Meysenburg, den beiden Technikern im RWE-Vorstand.

Meysenburg, zeitlebens dem Ruhrrevier verhaftet, stand der Kernenergie lange skeptisch gegenüber und wollte sie 1966 lediglich als Ausweg für die fernere Zukunft gelten lassen, wenn die fossilen Energieträger nicht mehr ausreichten. Noch im Februar 1967 erklärte er dem Verwaltungsbeirat des RWE, der Atomstrom sei »bei uns noch uninteressanter als in anderen Ländern«; »für den Normalverbraucher« bedeuteten Kernkraftwerke »praktisch nichts« und seien nur geeignet, »Verwirrungen zu stiften«, konkret: den Tarifabnehmern den Floh ins Ohr zu setzen, sie hätten künftig Anspruch auf billigeren Strom. In seiner Gesamteinstellung war er mehr ein Traditionalist, der »die Mode in der Technik für eine der größten Gefahren« erklärte und noch 1966 die 300-MW-Einheit vorerst als »Standardgröße des RWE« beibehalten wollte.

Von ganz anderem Schlage war Mandel, der als Flüchtling aus dem Sudetenland gekommen war: Er war ein Mann des Neuanfangs, der sich frühzeitig an den USA orientierte; er dachte über die bisherige Situation des RWE hinaus, trat gern an die Öffentlichkeit und entwarf Strategien für die gesamte Energiewirtschaft. Da er zugleich ein Mann der Fakten und der Zahlen war, der am liebsten als nüchterner Rechner auftrat und sich selbst im Urlaub am Strand Zahlen einpaukte, war er wie geschaffen dazu, um in der Atomwirtschaft Solidität und Vertrauen auszustrahlen, als diese aus dem spekulativen Stadium herauszugelangen suchte.

Meysenburg richtete gegen Mandel den schärfsten aller Vorwürfe: Er habe dem RWE mit seiner Behauptung, dass Atomstrom besonders billig sein werde, »das Geschäft verdorben«. Er gab ihm die Schuld daran, dass 1967/68 industrielle Großabnehmer des RWE – vor allem amerikanische Chemie- und Aluminiumfirmen, die Niederlassungen im Ruhrgebiet planten – in ihren Verträgen mit dem RWE auf Atomstromklauseln bestanden. Noch 1966 hatte das RWE mit dem Braunkohlekraftwerk Frimmersdorf II (2300 MW) das größte Wärmekraftwerk der Erde fertiggestellt. Die Braunkohle war in besonderem Maße ein Konkurrent der Kernenergie, da beide wegen der hohen Kapitalkosten der Kraftwerke fast nur für den gleichbleibenden Grundlastbedarf in Frage kamen.

Anfang 1969 kaufte das RWE sich als Großaktionär bei Gelsenberg ein. Es war eine spektakuläre Transaktion, die vor allem von Meysenburg betrieben worden war und den Einstieg des Elektrogiganten in das Mineralöl zu markieren schien. Bis dahin hatte das RWE kein einziges Ölkraftwerk gebaut. Aber eben durch das Engagement bei Gelsenberg bekam der RWE-Vorstand Einblick in die wachsenden Risiken der Ölimporte aus dem Nahen Osten. 1973 war man froh, das Gelsenberg-Paket an den Bund los zu werden. Gerade die Öleskapade scheint wesentlich dazu beigetragen zu haben, im RWE-Vorstand die Überzeugung zu festigen, dass es zur Kernenergie keine Alternative gebe. In der Öffentlichkeit scheinen die Atomkraftanhänger allerdings noch zu jener Zeit nie mit der Unsicherheit der billigen Ölzufuhr argumentiert zu haben, da dieses Argument damals am leichtesten für Kohlesubventionen einzusetzen war.

1969 setzte sich das RWE in dramatischer Kurswende mit dem Auftrag für Biblis an die Spitze der Atomwirtschaft. Da bis dahin die Zurückhaltung des RWE – das ja nicht nur das weitaus größte deutsche Energieunternehmen war, sondern auch Kahl und Gundremmingen gebaut hatte – »psychologische Probleme« bei der Einführung der Kernenergie geschaffen hatte, war diese Wende von großer Signalwirkung: Nun war der Bann um die Kernenergie gebrochen! Dabei war im RWE schon Anfang 1967 ausgemacht, dass man, wenn man schon in die Kernenergie gehe, sich nicht mit bloßen 600-MW-Blöcken abgeben dürfe. Die Überlegungen gingen bereits in Richtung von 900, ja 1200 MW, und selbst dort, schließt eine RWE-Stellungnahme, dürfe man nicht stehen bleiben; »nur ein Mangel von Phantasie« – jener in der Atomwirtschaft sonst selten genug bemühten Fähigkeit – könne einen Ingenieur dazu verleiten, dort eine »Endstufe« zu sehen.

Zugleich gab man allerdings zu, ein 1200-MW-Block mit einem Einwellen-Turbosatz sei »zum gegenwärtigen Zeitpunkt technisch noch nicht sicher realisierbar«. Aber zwei Jahre darauf vollzog das RWE seinen kommerziellen Einstieg in die Kernenergie dann doch auf spektakuläre Art mit einem Auftrag für einen Kraftwerksblock von 1200 MW. Es war ein abenteuerlicher Sprung nach vorn, der weithin Überraschung hervorrief, handelte es sich bei Biblis doch um das damals größte Kernkraftwerk der Welt! Es wurde fortan zum Renommierstück der deutschen Atomindustrie – bis es zu einer ihrer größten Angriffsflächen mutierte.

Zu dem Sprung über 1000 MW war die Energiewirtschaft vom Forschungsministerium angefeuert worden. Wenige Monate vor dem Auftrag von Biblis hatte ein Sprecher des Ministeriums mit Hinweis auf weitergehende US-Projekte öffentlich beklagt, dass man sich in der Bundesrepublik bei 600 MW zur Ruhe setze. Ein Vertreter der Energiewirtschaft hatte allerdings ziemlich spitz erwidert, man müsse an solche Fragen »mit einem gewissen Fingerspitzengefühl und nicht mit Hurra herangehen«; man sei »gut beraten«, wenn man »erst später einmal auf 1000 MW übergehe«. Ingenieurtechnisch war der Übergang von 600 auf über 1000 MW nicht lediglich eine quantitative Steigerung, sondern ein qualitativer Sprung. Winnacker hatte 1967 sogar vor dem sofortigen Übergang auf 600 MW gewarnt und für solche Kapazitäten eine weitere technische Verbesserung der Reaktoren für notwendig erklärt. Eine Zurückhaltung der Chemie erklärt sich allerdings auch daraus, dass das gigantische Biblis-Projekt einen gemeinsamen Plan von RWE und BASF zur Errichtung von »ein bis zwei 600-MW-Kernkraftwerken« verdrängte. All das wirft ein Licht auf das forcierte Tempo der Kapazitätensteigerung, mit dem das RWE nunmehr auch im Nuklearbereich die Führung an sich riss. Der kommerzielle Durchbruch der Kernenergie ist mindestens so sehr in Begriffen der Macht wie des Marktes zu beschreiben.

Der Aufstieg der Atompolitik vom Rand zum Zentrum der Bonner Politik

Hatte die Atompolitik bis Mitte der 1960er-Jahre eher eine Randexistenz als Sektoralpolitik geführt, wurde sie 1967 allmählich als Angelegenheit der gesamten Wirtschaft begriffen. Im Januar 1967 forderte der Bundestag, einem Antrag des zuständigen Ausschusses entsprechend, die Bundesregierung auf, sich für einen steigenden Anteil der Kernenergie an der Deckung des Energiebedarfs einzusetzen. Das Atomforum und der Arbeitskreis Atomfragen des BDI kamen im Herbst 1967 einmütig zu der Auffassung, die Kohleförderung dürfe sich nicht, wie das bisher durch die Verstromungsgesetze der Fall sei, zu Ungunsten der Kernenergie auswirken. Der erhöhte politische Stellenwert der Kerntechnik äußerte sich zur selben Zeit in der heftigen öffentlichen Debatte über den Atomsperrvertrag und auch darin, dass das Ende 1967 verkündete Dritte Atomprogramm im Unterschied zu seinen Vorgängern ein offizielles Programm der Bundesregierung war.

Und doch war es nicht so, dass die Ausdehnung der staatlichen Aktivität in verstärktem Maße den Staat zum effektiven Dirigenten der Kernenergieentwicklung gemacht hätte. Die staatliche Bürokratie war strukturell unfähig, die Leitung solcher komplexen Prozesse wirksam in den Griff zu bekommen, und trug infolgedessen eher dazu bei, die Machtkonzentration in Industrie und Großforschung voranzutreiben. Bei den Vorverhandlungen zu Stade und Würgassen suchte das Forschungsministerium, anstatt die Konkurrenz in der Atomindustrie zu fördern, die nervös nach Großaufträgen drängenden Konkurrenten AEG und Siemens zu bremsen, als diese sich von den Energieunternehmen bis auf einen als ruinös geltenden Preis herunterhandeln ließen. Die kurz danach und als Reaktion darauf von Siemens und AEG gegründete Kraftwerk Union (KWU) konnte von vornherein mit dem Segen der Bonner Regierung rechnen, obwohl abzusehen war, dass diese industrielle Machtzusammenballung imstande war, staatliche Atomplanungen zu durchkreuzen. Eine Besprechung von Vertretern des Forschungsministeriums mit der Firma Siemens Ende 1967 ließ erkennen, dass industrielle Bestrebungen, »zu einer Großfirma zu kommen, wie sie im Interesse der Zukunft der europäischen Wirtschaft notwendig ist«, von Bonn selbst dann unterstützt wurden, wenn die Benachteiligung der Zulieferindustrie recht deutlich war und sogar von dem Geschäftsführer der Atomkommission beanstandet wurde.

So sehr war das antimonopolistische Credo der Erhardschen Marktwirtschaft in Bonn in Vergessenheit geraten! Die damalige Bonner Politik suchte sogar die Konkurrenz zwischen Kernenergie und Kohle auszuschalten, die politische Handlungsspielräume eröffnet hätte! Die gerade zur Zeit der verschärften Kohlekrise drohende Kollision beider Energieträger wurde durch die mit Milliardenbürgschaften des Staates erfolgte Gründung der Ruhrkohle AG abgebogen. Die Ausdehnung der ökonomischen Aktivität des Staates förderte am Ende eine auf Kosten des Steuerzahlers funktionierende Interessenkorporation in der Wirtschaft.

Eigendynamik der Großforschung – Verselbstständigung der Zukunftsreaktoren

Karlsruhe im Sog des Brüterprojekts: von der Reaktorstation zum Großforschungszentrum

Dass die Kernforschungszentren Karlsruhe und Jülich – anfangs war nur von der »Reaktorstation Karlsruhe« die Rede – noch viele Jahre nach ihrer Gründung ein steiles Wachstum erfahren und sich zu Großforschungskomplexen mit mehreren tausend Mitarbeitern entwickeln sollten, war nicht von

Anfang an auch nur in der Tendenz beabsichtigt. Und ebenso wenig ist sicher, ob sich dieses Wachstum aus einer Logik der Sache heraus ergab. Ursprünglich war in der Bundesrepublik kein Gedanke daran, amerikanische Atomstädte wie Oak Ridge oder Los Alamos, deren militärischer Ursprung wohlbekannt war, auch für deutsche Kernforschungsanlagen zum Vorbild zu nehmen. Aus den USA brachte Strauß 1956 die noch heute beherzigenswerte Lehre mit, »dass nichts gefährlicher sei als die Herausbildung wissenschaftlicher Monopolzentren. Wenn sich da einmal eine Fehlentwicklung durchgesetzt habe, werde diese jahrelang beibehalten ohne Korrektur und ohne Widerspruch«. Wie weitsichtig!

Noch 1962 versicherte Staatssekretär Cartellieri dem Bundestagsausschuss für Atomfragen, man wolle die Atomforschung »grundsätzlich an den klassischen Bildungsstätten betreiben«, zu denen er auch die Technischen Hochschulen und Max-Planck-Institute zählte, und nur dort, wo deren Kapazitäten nicht ausreichten, gesonderte Kernforschungsanlagen ins Leben rufen. Sein 1967 veröffentlichtes Gutachten über die Großforschungsinstitute war mit viel Skepsis durchsetzt. Er bemerkte, der »erste und weitaus wichtigste Grund« für den Aufbau solcher Einrichtungen seien Großprojekte von der Art der Atombombe und des Mondflugs gewesen. Beide spektakuläre Unternehmen hätten jeweils eine »Gründungswelle« ähnlicher Institute hervorgerufen, aber dabei sei es doch »nicht so sehr die aus konkreter Zielsetzung abgeleitete Funktion« gewesen, die sich eine passende Institution geschaffen habe, sondern am Anfang habe »eher umgekehrt« »die zunächst nur abstrakt Potenzial und Prestige versprechende Institution« gestanden, »welche sich im Zuge ihres Entstehens und in der Regel am Vorbild schon bestehender Einrichtungen orientiert eine Funktion suchte«. Der Sarkasmus war unüberhörbar! Die Expansion der Kernforschungszentren war in ihrem tatsächlichen Ausmaß also keine im Ministerium von langer Hand geplante Entwicklung, obwohl sie einen wachsenden Anteil des ministeriellen Atombudgets beanspruchte. Sie lief sogar der Meinungsbildung in Spitzenkreisen der Atomforschung und Atomwirtschaft direkt zuwider. Gerade zu der Zeit, als sich die Leichtwasserreaktoren ohne Zutun der deutschen Forschungszentren durchzusetzen begannen, erfolgten die stärksten Wachstumsschübe in Karlsruhe und Jülich, ein Zusammentreffen, das später sogar aus der Sicht eines beteiligten Ministerialbeamten widersinnig wirkte.

Die Karlsruher Forschungsinstitute waren ursprünglich vorwiegend für Arbeiten mit dem dort errichteten Forschungsreaktor FR 2 bestimmt. Wenn Karlsruhe auch nach Abschluss der Projektion und Fertigstellung dieses Reaktors weiter wuchs, kam ein Hauptimpuls zunächst von dem »Mehrzweck-Forschungsreaktor« (MZFR) – der nur notgedrungen in Karlsruhe gebaut wurde, da sich kein Energieunternehmen als Abnehmer dieses für das deutsche Atomprogramm bedeutsamen Reaktors gefunden hatte –, danach jedoch noch viel stärker von der Entwicklung des Schnellen Brüters. Die zitierten Bemerkungen Cartellieris geben Grund zu der Frage, ob sich das Wachstum Karlsruhes zwangsläufig aus dem Brüterprojekt ergab oder ob Karlsruhe umgekehrt das Brüterprojekt eben deshalb an sich zog und zu ambitionierten Dimensionen entwickelte, um aus einem bereits angelaufenen Wachstumsprozess einen Dauerzustand zu machen.

Das Brüterziel hatte am Anfang der bundesdeutschen Atomplanungen gestanden. Auf den Brüter orientierte sich nicht nur der Kreis um Heisenberg und Wirtz, sondern auch Maier-Leibnitz betonte 1956, »jedes Programm« müsse »zu Brutreaktoren hinführen«. Das Eltviller Programm von 1957 bekundete die »einmütige Überzeugung«, dass das deutsche Entwicklungsprogramm »schließlich, auf Brutreaktoren mit Thorium oder Uran hinauslaufen müsse«. Uran- und Thoriumbrüter wurden hier noch als Alternativen verstanden; später wurden beide in Karlsruhe und Jülich nebeneinander entwickelt. Aus dem durch die Planungen der DAtK gesetzten Fixpunkt Plutonium ergab sich jedoch ein Vorrang für den Plutoniumbrüter, auf den sich Karlsruhe verlegte.

Dennoch blieb die Brüterentwicklung in Karlsruhe nach 1957 noch jahrelang in einem Stadium akademischer Vorüberlegungen. Hatte es kurz vorher noch so ausgesehen, als gebe es die Brüter in den USA bereits als nahezu ausgereifte Technologie und als könne man unverzüglich auf den Brüterbau hinsteuern, wandelte sich das Bild, als Einzelheiten über den schweren Störfall des amerikanischen Versuchsbrüters EBRI im November 1955 bekannt wurden. Die Informationen deuteten darauf hin, dass Brüter dieser Konstruktion kein Mindestmaß an inhärenter Sicherheit besaßen, sondern höchst anfällig für explosionsartige Leistungsexkursionen waren. Von daher hätte eigentlich alles dafür gesprochen, den Weg der Schnellen Brüter überhaupt zu vermeiden und sich auf thermische Brüter zu beschränken, deren Störfallmöglichkeiten zumindest theoretisch durch die Neutronenbremsung in engeren Grenzen gehalten wurden.

Zur selben Zeit, als in Karlsruhe die Brüterentwicklung begann, wurde in den USA entschieden bestritten, dass es in absehbarer Zeit einen ökonomischen Bedarf an Brütern geben werde. Die Karlsruher Forscher verspürten denn auch zunächst ein »gewisses Unbehagen« und begnügten sich noch in den frühen 1960er-Jahren mit theoretischen Studien. Ein Indiz für das Zögern und die Unsicherheit ist der Umstand, dass man anfangs keine Bedenken gegen eine starke Euratom-Beteiligung an dem Projekt trug. In der Folgezeit dagegen, als die Entwicklung mit Volldampf betrieben wurde und die Konstruktion eines Prototyps bevorstand, wurde eine Europäisierung von dem Projektleiter Häfele entschieden abgewehrt.

Zur förmlichen Besessenheit wurde die Karlsruher Brüterentwicklung in einer Situation, als das Kernforschungszentrum ein solches Projekt zur

Sicherung des eigenen Weiterlebens und Wachstums dringend brauchte. Als sich die Industrie aus der Karlsruher Trägergesellschaft zurückzog (1963) und sich immer mehr offenbarte, dass das Forschungszentrum für die Kernkraftwerke der Gegenwart kaum mehr gebraucht wurde, boten nur ehrgeizige Zukunftsprojekte die Grundlage für weiteres Wachstum. Von seinen Motiven her gesehen erscheint das Brüterprojekt zugleich als ein Relikt jener Frühphase der Atomplanung, als diese noch kaum auf kommerzielle Stromerzeugung, weit mehr jedoch auf Plutoniumproduktion ausgerichtet war.

Auch der hochgradig spekulative Charakter des Brüterprojekts erweist dieses als eine Ausgeburt jener ersten Phase, deren Motive teilweise in der Großforschung fortlebten. Dort verloren die Zukunftsprojekte freilich den Zusammenhang mit der nunmehr von der Energiewirtschaft bestimmten kerntechnischen Gegenwart. Auf der Grundlage der Schwerwasserlinie wäre eine schrittweise Weiterentwicklung von konventionellen Kernkraftwerken zu Brütern, insbesondere thermischen (mit gebremsten Neutronen arbeitenden) Thorium-Brütern, denkbar gewesen; vom Leichtwasserreaktor zum Schnellen Plutonium-Brüter war es dagegen ein Sprung, der noch waghalsiger wurde, als Ende der 60er-Jahre die Entscheidung gegen den Dampf- und für den Natriumbrüter fiel.

Später wurde der »Beginn der Brüterentwicklung in Karlsruhe« von Häfele auf den Tag genau datiert: auf den 1. April 1960. Die Situation war zu jenem Zeitpunkt günstig, da in Karlsruhe damals die Planungsarbeiten für den Forschungsreaktor FR 2 abgeschlossen und infolgedessen, wie Häfele bemerkte, die Karlsruher »Planungskapazität« »frei geworden« war. Das Brüterprojekt kam unter diesen Umständen wie gerufen; es versprach eine Auslastung des Forschungszentrums auf lange Sicht, da sich eben zu jener Zeit herausgestellt hatte, dass der bis dahin in den Brüterprojekten der Atommächte beschrittene Weg metallischer Brennelemente eine Sackgasse war und daher eine offene Situation vorlag, die Chancen für Neuanfänger enthielt, allerdings auch einen Vorgeschmack von den Tücken des Brüterprojektes gab.

In der Atomkommission war denn auch zu jener Zeit von einem Brüterenthusiasmus kaum etwas zu spüren; aus der damaligen Sicht der DAtK handelte es sich bei dem Karlsruher Projekt lediglich um Planungsarbeiten zur Vorauswahl möglicher Reaktortypen unter ausdrücklichem Hinweis auf die Eventualität, im Falle ungünstiger Resultate das ganze Projekt wieder fallen zu lassen. Man durchschaute noch nicht die Schwierigkeiten, ein einmal angelaufenes Programm Erfolgskontrollen zu unterwerfen und bei negativem Resultat abzustoppen. 1960, als über die Brüterentwicklung immer noch vorwiegend hypothetisch geredet wurde und für die nächsten drei Jahre nur 25 Mio. DM veranschlagt wurden, verzichtete der Arbeitskreis Kernreaktoren auf eine detaillierte Erörterung.

Aber bereits vor Ablauf der damals vorgesehenen dreijährigen Planungs-phase arbeiteten in Karlsruhe »mehrere zum Teil neu gebildete Institute mit insgesamt 200 Mitarbeitern« für das Projekt. Schon wenige Monate darauf war deren Zahl auf etwa 300 angestiegen. Wolf Häfele, anfangs Leiter der theoretischen Abteilung des Karlsruher Forschungszentrums, wurde Ende der 1950er-Jahre für ein Jahr an das Oak Ridge National Laboratory, eines der im Zweiten Weltkrieg gegründeten amerikanischen Atomzentren, ent-sandt, um die Probleme der Brüterentwicklung und der entsprechenden Forschungsorganisation an Ort und Stelle zu studieren. Er kehrte zurück als ein begeisterter Verfechter der zentralisierten Projektforschung großen Stils, der »Big Science«, wie es im Vokabular von Oak Ridge hieß. Immer wieder berief er sich auf Alvin Weinberg, den Leiter von Oak Ridge, obwohl dieser eine Präferenz für andere Reaktortypen hatte und dem Brüter, dem Projekt des konkurrierenden Kernforschungszentrums Argonne, kritisch gegenüberstand, wie er sich überhaupt zunehmend zum nuklearen Dissi-denten entwickelte. Häfele verfocht rückhaltlos eine Expansion der bundes-deutschen Kernforschungszentren bis hin zu amerikanischen Dimensionen, obwohl er zur gleichen Zeit auf den militärischen Ursprung der amerika-nischen »National-Laboratorien« hinwies sowie auf die Notwendigkeit, die militärisch bestimmte Anfangsphase der Kerntechnik zu überwinden. Er liebte eine offene Sprache und konnte sie sich leisten.

Der aus der Astrophysik kommende und für Äonen-Visionen empfängli-che Häfele suchte einen Teil jener inzwischen erloschenen »Atomzeitalter«-Euphorie der 1950er-Jahre mit seinen Brüterzukunftsszenarien neu zu be-leben. Unter Berufung auf Alvin Weinberg stellte er in einem viel zitierten Vortrag in der Evangelischen Akademie Loccum »Atomstädte und Raketen-stationen« in eine Reihe mit den Pyramiden des alten Ägyptens und den Kathedralen des Mittelalters, jenen »rational nicht begründbaren Akten der Vergegenständlichung einer Zeit«, wie er mit einer hinsichtlich der Ratio-nalität von Atomstädten verräterischen Formulierung hinzufügt. Später ver-glich er den Brüterbau gar mit der ersten Nutzung des Feuers durch den Menschen der Urzeit; der Vergleich mit der Tat des Prometheus pflegte bis dahin für den Fusionsreaktor reserviert zu werden.

Dass die Kosten der Brüterentwicklung alles bisher Gewohnte übersteigen würden, ließ Häfele schon 1963 mit erstaunlicher Unbekümmertheit erken-nen; es war eine Zeit, in der sich in Bonn die Sparmoral der 1950er-Jahre zu lockern begann. Häfele stattete sein Projekt vorsorglich mit massiven Legi-timationen aus: Solche gewaltigen Unternehmungen gehörten »zum Sich-behaupten eines Volkes«, »auch dann, wenn der dafür zu bezahlende Preis phantastisch wird und andere wichtige Dinge deswegen vernachlässigt wer-den müssen«. In der Tat sei »der Preis, der für das Fortschreiten jetzt ver-langt« werde, »so hoch, dass man vom Quantitativen her erschrickt und etwas

Neues zu ahnen scheint«. Da die Projektwissenschaft, so Häfele 1965, »das Überleben der Nation in einer hoch technisierten Welt« gewährleiste, reiche sie »politisch in die Nähe der Verteidigung, der sie sich finanziell ebenfalls nähert«. Auch wenn er die Kosten des Brüterbaus oftmals weit untertrieb, gab es bei ihm zwischendurch doch immer Stunden der Wahrheit. Wenn die Kosten der Brüterentwicklung später, allen Voranschlägen spottend, auf Milliardenhöhe stiegen – eine nach früheren Maßstäben unfassliche Summe –, besitzt dies im Licht der von Häfele projektierten Dimensionen nichts Überraschendes. Es lag auf der gleichen Linie, wenn bei der Typenwahl die Entscheidung nicht auf den konventionell gekühlten Dampfbrüter, sondern auf den Brütertyp fiel, der mit dem zwar besonders wirksamen, aber in dieser Verwendung neuartigen und riskanten Natrium gekühlt wurde.

Mitte der 1960er-Jahre war auch im Forschungsministerium die Zeit gekommen, da das Brüterfieber ansteckend wirkte. Man erkennt an den Formulierungen der Akten, wie ein Teil der Ministerialbürokratie Feuer fing. Die Alarmrufe über die »technologische Lücke«, die günstige Konjunktur für Forschungs- und Technologiepolitik, der wachsende Kapitalüberfluss und die im Zuge des Neokeynesianismus zunehmende Ausgabefreudigkeit des Staates wirkten zusammen, um ein Klima zu schaffen, in dem der Brüterentwicklung alle finanziellen Schleusen geöffnet wurden und das zu dem eher pedantisch-sparsamen Stil der Atompolitik in der voraufgehenden Zeit scharf kontrastierte.

1965 wurde sich das Atomforum mit Regierungsvertretern und Bundestagsabgeordneten darüber einig, »dass die unerwartet schnelle Entwicklung der Brutreaktoren eine Wende in der Kerntechnik herbeigeführt hat und zu einer Konzentration des Atomprogramms zwingt«. Selbst der später scharf kritische Ministerialrat Wolfgang Finke war damals über Häfele des Lobes voll: Die Brüterentwicklung, versicherte er in der Atomkommission, liege in Karlsruhe »in besten Händen, wie am vortrefflichsten das stetig wachsende internationale Ansehen der unter der Leitung von Prof. Häfele stehenden Mannschaft beweist. Dort hat man schon seit Jahren zu modernen Planungsmethoden gegriffen, um alle Teile des Projektes zu koordinieren, zusammenzufassen und neu zu orientieren.« Die Politiker, die sich bis dahin nicht selten über den schwer zu koordinierenden Individualismus und die mangelnde Zielstrebigkeit der Wissenschaftler geärgert hatten, glaubten in Häfele endlich ihren Mann gefunden zu haben. Nach vielen unschlüssig und unverbindlich betriebenen Papierprojekten, die nicht recht ernst zu nehmen waren, zeigte sich hier erstmals eine dynamische Kraft mit einem zunehmend an Substanz gewinnenden Projekt, das man international vorzeigen konnte.

Der Brüterenthusiasmus war Mitte der 1960er-Jahre nicht nur ein nationales, sondern auch ein internationales Phänomen, nachdem die Brennelementprobleme als gelöst galten, die Ende der 50er-Jahre die Entwicklung ins Stocken gebracht hatten. Im Mai 1966 fand in London die erste große Brutreaktorkonferenz Europas statt, die, wie es ein französischer Vertreter ausdrückte, zum »Debütantenball der schnellen Reaktoren« wurde. Die *atomwirtschaft* triumphierte, dort habe eine Atmosphäre geherrscht, »die an vergangene Zeiten der frühen Reaktorentwicklung erinnerte« und »heute selten geworden« sei: »der Enthusiasmus derer, die an einer großen, weit in die Zukunft reichenden Aufgabe arbeiten«.

Wer nur die Europaidee und nicht die Euratom-Realität im Blick hatte, mochte glauben, das Schnellbrüterprojekt sei wie geschaffen für eine europäische Kooperation. In der Tat hatte Euratom »ganz erheblich« bei der Beschaffung der für das Brüterprojekt benötigten »großen Plutonium-Mengen« mitgeholfen und auch »intensive Verbindungen zum französischen Schnellbrüterprojekt« hergestellt; aber der Gedanke an einen »europäischen« Brüterbau »mit starker Euratom-Betätigung oder gar -Führung« wurde von Häfele 1965 entschieden zurückgewiesen. Umso mehr war es für ihn ein Triumph, als zur gleichen Zeit »sowohl Holland als auch Belgien«, als sie »von Euratom vor die Wahl gestellt« wurden, »sich entweder mit Cadarache oder Karlsruhe zu integrieren«, sich beide für Karlsruhe entschieden. Zur gleichen Zeit begab sich Karlsruhe mit der Fertigstellung von SNEAK (»Schnelle Nullenergie-Anordnung Karlsruhe«), dem ersten praktischen Schritt auf dem Weg zum Brüter, in einen förmlichen Wettlauf mit dem französischen Atomzentrum Cadarache, das zur selben Zeit die Parallelanlage MASURCA errichtete.

Auf dem Weg zum großen Sprung

Ein eigentlicher Versuchsbrüter war weder in Karlsruhe noch in Cadarache vorgesehen; die beiden Hauptinnovationen des Schnellen natriumgekühlten Brüters; der schnelle Neutronenfluss und die Verwendung des explosiven Natriums als Kühlmittel, wurden jeweils für sich in getrennten Anlagen (SNEAK und KNK in Karlsruhe) erprobt. Dass man ausgerechnet bei der bis dahin neuartigsten und riskantesten kerntechnischen Entwicklung auf jenes experimentelle Sich-Hineintasten verzichten zu können glaubte, das man bei den viel konventionelleren Kernkraftwerken der »ersten Generation« keineswegs unterlassen hatte, ist eine besonders schwer zu erklärende Merkwürdigkeit der Kernenergiegeschichte, die ein Licht auf die Ungeduld der Projektleitung und zugleich auf ihr Desinteresse an Ingenieurproblemen wirft.

Die Fragwürdigkeit jener Zeitpläne, die schon für Ende der 1960er-Jahre den Baubeginn des Brüterprototyps vorsahen, erhöht sich noch, wenn man danebenhält, dass die amerikanischen SEFOR-Experimente, an denen Karlsruhe beteiligt war und die überhaupt erst ermittelten, ob der Schnelle Natriumbrüter eine hinreichende inhärente Stabilität besitzt, erst 1971 abgeschlossen waren! Bei der KNK, die die Funktionsweise des ungewohnten Kühlmittels Natrium erproben sollte, konnte überhaupt erst 1972 der »sehr komplexe, schwierige Versuchsbetrieb« beginnen.

Die Überstürzung bei der Brüterentwicklung ist umso auffälliger, als die amerikanische Atomkommission, die man sonst als Autorität zu zitieren pflegte, sich zu jener Zeit – noch vor dem Fiasko des Versuchsbrüters »Enrico Fermi« – dafür einsetzte, vor dem Bau größerer Brüterprototypen noch ein umfangreiches Forschungsprogramm durchzuführen, und darüber einen »zähen Kampf« mit der Großindustrie führte, die direkt zum Prototypenbau übergehen wollte: ein Indiz, dass manche Industriekreise sich damals noch vom Brüter eine relativ kurzfristige und kalkulierbare Rentabilität versprachen. Die Europäer hielten es in dieser Beziehung mit der amerikanischen Industrie gegen die USAEC. Dabei ist freilich zu bedenken, dass der schließlich in den 70er-Jahren bei Kalkar gebaute Brutreaktor trotz seiner auf eine Leistung von 280 MW angelegten Kapazität in seiner tatsächlichen Bedeutung eher ein bloßer Versuchsbrüter als ein Prototyp im vollen Sinne war; denn es war schon frühzeitig zu erkennen, dass bis zur Kommerzialisierung des Brüters noch eine weitere Generation von Demonstrationskraftwerken mit nahezu vierfacher Kapazität eingeschoben werden musste.

In den USA war die Brüterbegeisterung schon um 1967 deutlich abgeflaut. Der schwere Unfall des Brüters »Enrico Fermi« am 5. Oktober 1966 hatte gezeigt, dass ein hemdsärmeliger Umgang mit Sicherheitsbedenken beim Brüterbau auch ökonomisch verhängnisvoll war und sich für die Energiewirtschaft vorerst Zurückhaltung empfahl.

Vor allem jedoch ließ die Verdrängung langfristiger Perspektiven durch lukrativere Nahziele in der Atomwirtschaft den Reiz der Brüter verblassen. Die bei Beschränkung auf konventionelle Reaktoren in einigen Jahrzehnten drohende Uranverknappung war kein gewichtiges Argument mehr; stattdessen fiel ins Gewicht, dass der Brüter hier und jetzt keine ökonomischen Vorteile bot. Interessant waren jetzt nur noch Vorteile bei den Stromerzeugungskosten; hier geriet der Brüter jedoch in eine »äußerst scharfe Konkurrenzsituation« mit den Leichtwasserreaktoren. Was die »magische« Qualität des Brüters, die Spaltstofferzeugung betraf, hatte man sich ursprünglich um den Zeitfaktor nur wenig gekümmert; allmählich stellte sich jedoch heraus, dass die Verdoppelung des Spaltstoffs im Brüter nicht Wochen oder Jahre, sondern Jahrzehnte dauerte. Auch dadurch wurde das Brutpotenzial des Brüters ökonomisch uninteressant.

Da die Brüterentwicklung jedoch in der Bundesrepublik mittlerweile fast ganz aus öffentlichen Mitteln finanziert wurde, hatte die schwindende ökonomische Basis des Brüters vorerst keine Folgen, und auch der lawinenartige Kostenanstieg war in einer Ära allgemeinen Wachstums kein schwerer Makel. Als die Fördermittel Ende der 1960er-Jahre die Milliardengrenze überstiegen, wurde im Forschungsministerium ein »Quantensprung« registriert; das Projekt scheint aber durch den beispiellosen Aufwand eher noch imposanter geworden zu sein. Die Kostenexplosion setzte sich während der 1970er-Jahre fort und zugleich verschoben sich die Zeitperspektiven immer weiter in die Zukunft, bis die genauen Zeitprognosen überhaupt außer Brauch kamen. Dabei verdeckten die Attacken der Atomkraftgegner auf den Brüter, dass das schwindende Interesse der Energiewirtschaft die wahre Misere der Brüterentwicklung war.

Jülich: der Hochtemperaturreaktor (HTR) als Brüterkonkurrent – vom Firmenprodukt zum Großforschungsprojekt

Das Nebeneinander der Kernforschungszentren Karlsruhe und Jülich stellte sich seit den späten 1960er-Jahren wie ein in sinnvoller Symmetrie vorbedachter Dualismus dar: beide von etwa gleicher Größe und jedes auf ein Großprojekt der »zweiten Generation« von Kernkraftwerken konzentriert, Karlsruhe auf den natriumgekühlten Schnellen Brüter, Jülich auf den heliumgekühlten Thorium-Hochtemperaturreaktor. Es handelte sich um zwei Projekte, die zumindest in den Zukunftsszenarien der »Reaktorstrategien« und »Brennstoffkreisläufe« ineinanderzugreifen versprachen.

Aber dieser Sinn und diese Symmetrie waren den Entwicklungen keineswegs von Anfang an mitgegeben. Der Hochtemperaturreaktor wurde anfangs nicht als Pendant zum Schnellen Brüter begriffen, sondern galt zunächst als ein weniger aufwendiges und kürzerfristig zu kommerzialisierendes Vorhaben. Seine Entwicklung wurde daher bis Mitte der 1960er-Jahre von einem Industriekonsortium betrieben – allerdings schon damals fast ganz vom Bund finanziert – und erst danach teilweise ins Kernforschungszentrum in Jülich verlagert. Die organisatorische Entwicklung lief daher in umgekehrter Richtung wie in Karlsruhe: Dort lagen die Anfänge des Brüterprojekts ganz innerhalb des Kernforschungszentrums, während Mitte der 60er-Jahre mit der Planung des Brüterprototypen die Verantwortung teilweise der Industrie übertragen wurde.

Die KFA Jülich unterschied sich in ihrer anfänglichen Struktur erheblich vom KFZ Karlsruhe, ja stellte geradezu einen strukturellen Gegenentwurf dar: Während das KFZ Karlsruhe von vornherein ohne Zusammenhang mit Hochschulen bestand und weitgehend um die Reaktorentwicklung konzentriert war, wurde die anfangs bei Köln geplante KFA Jülich, eine Gründung des Landes Nordrhein-Westfalen, als Forschungsstätte für die Universitäten Köln, Bonn und Münster und die Technische Hochschule Aachen gegründet. Allerdings wurden auch Forschungsinstitute der Industrie auf dem Gelände der KFA erstellt.

Leo Brandt hatte sich Anfang 1956 auf der konstituierenden Sitzung der DAtK im Jülicher Interesse »gegen den Plan eines deutschen Atomzentrums« gewandt, »da dies mit der Freizügigkeit und mit einer vernünftigen Konkurrenz unter den Wissenschaftlern nicht vereinbar sei«. Strauß jedoch erklärte im Mai 1956 nach Rückkehr aus den USA, es werde »schon aus finanziellen Gründen nicht möglich sein, mehrere große Atomforschungszentren … in der Bundesrepublik einzurichten«. Damit war noch nicht gesagt, ob es in der Bundesrepublik überhaupt ein »großes Atomforschungszentrum« amerikanischen Stils geben werde; aber wenn, dann war von Bonner Seite nur Karlsruhe dazu ausersehen. Auch Heisenberg erklärte 1956, die »Zersplitterung der Kräfte« auf mehrere Reaktorstationen wäre vorerst wegen des Mangels an Fachleuten ein »grober Fehler«. Noch ein Jahrzehnt darauf polterte er gegen Jülicher Widerspruch, Jülich sei »gegen den Rat der Bundesinstanzen vom Land Nordrhein-Westfalen aus eigener Machtvollkommenheit errichtet worden«. Jülich war in der DAtK bis Ende der 1960er-Jahre schwächer vertreten als Karlsruhe und Jülicher Projekte wurden dementsprechend kritischer geprüft, zumal die Schwächen der Jülicher Strukturen für den Außenstehenden lange Zeit weit durchsichtiger waren als die Schwachstellen des frühzeitig nach außen geschlossenen KFZ Karlsruhe.

Das Jahr 1956 galt in der späteren Rechnung als das Gründungsjahr der KFA Jülich, da damals in Regierung und Landtag von Nordrhein-Westfalen die entsprechenden Beschlüsse gefasst wurden und Jülich bei dieser Zählung das gleiche Alter erreichte wie der Karlsruher Konkurrent; in Wirklichkeit tat sich jedoch während der ersten Jahre nur wenig. Der Grundstein der KFA wurde erst 1958 im Stetternicher Forst bei Jülich gelegt; noch 1959 hatten sich weder für die Leitung der KFA noch für die im Zusammenhang mit dem Forschungszentrum eingerichteten Lehrstühle akzeptable Bewerber gefunden. 1960 stellte der Deutsche Forschungsdienst fest, um Jülich sei es in der letzten Zeit »still geworden«, und das Gros der für die KFA vorgesehenen Arbeitsgruppen sei »an mehreren Plätzen zwischen Tübingen und dem schwedischen Göteborg weit verstreut«.

Im Vergleich zu Karlsruhe wird deutlich, wie sehr es im ersten Jahrzehnt der KFA Jülich an treibenden Kräften fehlte. Da aber zur Forcierung der Kernenergieentwicklung objektiv kein Grund war, ist dieses gemächliche Entwicklungstempo nicht notwendig zu tadeln, zumal der Schwerpunkt, der sich dann am Ende des ersten Jahrzehnts doch herauskristallisierte, in mancher Hinsicht besser überlegt war als die Karlsruher Fixierung auf den natriumgekühlten Schnellen Brüter, dessen Risiken auch für Laien relativ leicht zu durchschauen waren.

Konkurrenzkämpfe bei der Entwicklung des Hochtemperaturreaktors (HTR)

Die Geschichte des Hochtemperaturreaktors stellt sich in ihren Motiven, Trägern und Entwicklungstendenzen unsteter und unübersichtlicher dar als die Schnellbrüterentwicklung. Das verrät schon die schwankende Benennung dieses Reaktortyps, die einmal die kugelförmigen Brennelemente, das andere Mal die hohe Betriebstemperatur, dann aber auch die Brutrate und die Thoriumverwendung als Kennzeichen hervorhob. Das waren Eigenschaften höchst unterschiedlicher Art, die technologisch in keinem zwingenden Zusammenhang standen, und dieser Umstand führte immer wieder zur Zersplitterung der Anstrengungen. Theoretisch waren zahlreiche Typen von Thoriumbrütern beziehungsweise -konvertern denkbar; auch die Kugelform der Brennelemente, die gerade in der Frühzeit namensgebend war (»Kugelhaufenreaktor«), war nicht technologisch notwendig und wurde wiederholt zum Gegenstand heftiger Auseinandersetzungen zwischen den beteiligten Firmen. Seit dem Ende der 50er-Jahre gab es neben dem »Kugelhaufenreaktor« von Brown Boveri/Krupp (BBK) HTR-Projekte des Gutehoffnungshütte-(GHH-)Konzerns; 1968 begann auch ein akuter Konflikt zwischen den Partnerfirmen der BBK.

Während sich der »Kugelhaufenreaktor«, wenn in seiner Originalität auch nicht unangefochten, als deutsche Eigenentwicklung propagieren ließ, suchte die GHH einen amerikanischen Reaktortyp einzuführen, der von der Firma General Atomic entwickelt und in Versuchskapazität bei Peach Bottom erbaut wurde, von der amerikanischen Atomkommission allerdings nur widerstrebend akzeptiert worden war. 1962/63 zeigte die Nordwestdeutsche Kraftwerke AG (NWK) Interesse an dem HTR von GHH/General Atomic für ein im ostfriesischen Wiesmoor geplantes Kernkraftwerk von Minikapazität (40 MW).

In Atomkommission und Forschungsministerium machte sich das Projekt rasch missliebig: Die GHH wurde ohnehin als Reaktorbauer mangels eigener Entwicklungskapazitäten nicht für voll genommen; überdies machte die amerikanische Atomkommission unmissverständlich klar, dass das für Wiesmoor benötigte hochangereicherte Uran nur dann zur Verfügung gestellt werde, wenn der Reaktor von General Atomic bezogen würde. Im Forschungsministerium betonte man verärgert, dass eine solche Bedingung, die der deutschen Industrie nur die Lieferung konventioneller Anteile übrig lasse, »nicht im Sinne der deutschen Atomindustrie« liege und auch »dem vom Hause aufgestellten Atomprogramm« widerspreche. Kurz vorher hatte der Generaldirektor der BBC, für den das GHH-Projekt eine unlautere Konkurrenz darstellte, beim Ministerium gegen Wiesmoor heftig Einspruch erhoben. Mit dem Scheitern des Wiesmoor-Projekts war das Engagement der

GHH in der HTR-Entwicklung jedoch keineswegs beendet, zumal immer wieder Zweifel aufkamen, ob sich der konkurrierende»Schulten-Reaktor« am Ende durchsetzen werde.

Die Verwandlung des HTR vom Gegenwarts- in einen Zukunftsreaktor

Der Versuchsreaktor AVR bei Jülich bekam bei Baubeginn (1959) von der Presse üppige Vorschusslorbeeren: Als»deutscher Siebenmeilenschritt ins Atomzeitalter« wurde er in einer Schlagzeile hochgejubelt und ein anderes Blatt triumphierte, Deutschland habe mit dem AVR»die erste ›Atomschlacht‹ gewonnen«. Als der Bau sich dann sieben Jahre hinzog – das amerikanische Pendant bei Peach Bottom brauchte sogar neun Jahre (1958–67)! –, wurde es stiller um den Reaktor. Wiederholt musste der Reaktorentwurf infolge neuer Erkenntnisse revidiert werden; bei der endlichen Fertigstellung des Baus wurde mit unüblicher Offenheit eine Zusammenstellung aller Konstruktionsfehler publik gemacht, die zu»wesentlichen Verzögerungen« geführt hätten.

Bis Anfang der 1960er-Jahre erschien der Übergang zu höheren Betriebstemperaturen als der Königsweg des Fortschritts in der Kraftwerkstechnik; dann zeigte sich jedoch, dass oberhalb von 530 Grad»die betriebliche Zuverlässigkeit zurückging«; wo man sich darüber hinausgewagt hatte, steckte man in der Folge wieder zurück. Diese Wende im konventionellen Kraftwerksbau stellte auch die kommerziellen Chancen des HTR in Frage. Der Erfolg der Leichtwasserreaktoren wirkte in die gleiche Richtung. Hatte man noch kurz vorher geglaubt, mit dem HTR bald ein großes Geschäft machen zu können, suchte seit 1964 selbst die amerikanische Industrie die HTR-Entwicklung als Regierungsprogramm weiterlaufen zu lassen. Innerhalb der»ersten Generation« der Kernkraftwerke schien die Konkurrenzsituation hoffnungslos zu werden.

Umso verlockender wurde der Plan, den HTR mit aufwendigerem Konzept zum Zukunftsreaktor emporzustilisieren und zum Großforschungsprojekt mit Anspruch auf umfangreiche staatliche Förderungsmittel auszugestalten. Schon in den Jahren 1962-64 wurde der HTR in Atomministerium und Atomkommission manchmal in einem Atemzug mit dem Schnellen Brüter als ein ähnlich zukunftsträchtiges Projekt genannt; damit war der weitere Weg vorgezeichnet. Rudolf Schulten, der ideenreiche Chefkonstrukteur der BBK, der wie Häfele aus dem Umkreis Heisenbergs stammte und nach dem der AVR-Reaktortyp gern benannt wurde, wechselte zu Jahresbeginn 1965 zur KFA Jülich über.

Der Regierung von Nordrhein-Westfalen, die immer stärker auf Bundesfinanzierung für Jülich drängte, stellte das Forschungsministerium Ende

1964 das Karlsruher Brüterprojekt als Vorbild hin: »Dieses ehrgeizige, aber wohldurchdachte 15-Jahresprogramm in Karlsruhe fordert dazu auf, über ein ähnliches Programm für die KFA Jülich auf dem Gebiete des Thoriumbrüters nachzudenken.« Mit Berufung auf die Dritte Genfer Atomkonferenz vom September 1964, an der Pretsch, der das Schreiben aufsetzte, teilgenommen hatte, erhielt Düsseldorf den Wink, es erscheine »nun aussichtsreich, über den THTR, der noch kein Brutreaktor ist, hinausgehend Stadien für einen thermischen Thoriumbrüter sobald als möglich einzuleiten«. Ministerpräsident Franz Meyers griff diesen Rat sogleich beifällig auf und die folgenden Jülicher Entwicklungen sind im Blick auf jene deutlichen Hinweise aus Bonn zu sehen, dass man, um in den Genuss der erhofften Bundeshilfe zu gelangen, etwas Ähnliches wie das Karlsruher Brüterprojekt vorweisen müsse. Die THTR-Anhänger versicherten, das sei nicht schwer: Man brauche nur dem bereits vorhandenen Hochtemperaturreaktor einen »Brüterhut« aufzusetzen. In Jülich schossen alsbald die Thoriumbrüterprojekte wie Pilze aus dem Boden und der Ministerpräsident glaubte, nunmehr energischer auf eine Gleichberechtigung von Jülich mit Karlsruhe drängen zu können.

Die Jülicher Entwicklungen hätten weit mehr Substanz bekommen, wenn man das Ziel des Thoriumbrüters fallengelassen und sich auf den HTR beschränkt hätte, wo es bereits seit langem eine klare Linie, ein Firmenkonsortium und einen in absehbarer Zeit fertiggestellten Versuchsreaktor gab. Bei dem als Weiterentwicklung der Hochtemperaturreaktoren geplanten Thoriumbrüter war die Phase des hochgemuten Pläneschmiedens schnell vorbei. Ein internationales Symposium in London im Mai 1966 führte im Bundesforschungsministerium zu der Erkenntnis: »Die Aussichten, im Thoriumzyklus zu einem wirtschaftlichen Brüter zu kommen, wurden als ungünstig bezeichnet. Wegen der Spaltproduktvergiftung ist ein echter Brutgewinn nur bei kleinem Abbrand und kleiner Leistungsdichte zu erzielen. Daraus ergibt sich die Notwendigkeit, verhältnismäßig häufig aufzuarbeiten, was wiederum durch die Anwesenheit von starken Gammastrahlen aus dem U-232-Zerfall erschwert und verteuert wird.« Die Problematik der Wiederaufarbeitung, die im Laufe der 1970er-Jahre als eine Klippe der gesamten Kernenergieentwicklung ins Bewusstsein der Öffentlichkeit trat, wurde für den materiell und institutionell noch nicht abgesicherten Bereich der Thoriumbrüter im Klartext ausgesprochen. Der Arbeitskreis »Kernreaktoren« hatte schon vorher die Vielzahl der Jülicher Brüterprojekte mit Skepsis verfolgt und klipp und klar empfohlen, »die KFA Jülich möge sich vonseiten der Reaktorentwicklung mit den Problemen des THTR identifizieren«: eine Identität, die sich Jülich dann auch zu eigen machte.

Dass der THTR in der Tat noch mit erheblichen Problemen zu kämpfen hatte und es sich keineswegs um eine mit dem Bau des AVR im Wesentlichen ausgereifte Entwicklung handelte, war schon damals zu erkennen und sollte in Zukunft noch deutlicher werden. Schon die Konstruktion eines für den Leistungsbetrieb verwendbaren THTR erwies sich als ein höchst aufwendiges Unternehmen, dessen Kosten am Ende eine ähnliche Größenordnung wie die des Schnellen Brüters erreichten. Die THTR-Entwicklung, die nur begrenzt auf dem AVR aufbauen konnte, enthielt noch gegen Ende der 1960er-Jahre zahlreiche Unbekannte. Ein Vermerk im Ministerium besagte 1967, man wisse über den Kugelhaufenreaktor immer noch »erschreckend wenig«: »Die technischen und Kostendaten des Brennstoffkreislaufs sind völlig unsicher, die Investitionskosten größerer Anlagen kaum sicherer; eine Abschätzung der voraussichtlichen Stromgestehungskosten fehlt«. Die Wiederaufarbeitungsproblematik wurde bei den kugelförmigen Brennelementen besonders vertrackt. Selbst in der KFA gab man 1967 zu, der Stand der »Bemühungen um die Wiederaufarbeitung bei Thorium-Reaktoren« sei »nicht sehr eindrucksvoll«, und auch in der folgenden Zeit gab es in diesem Bereich keine rechten Fortschritte.

Nun waren Probleme nicht unbedingt ein Nachteil, sondern in gewissem Maße sogar eine Notwendigkeit, wenn ein Reaktortyp als Forschungsprojekt gelten sollte. So wurde denn die HTR-Reaktorlinie frühzeitig mit zwei weiteren Projekten verknüpft, die noch langwierige Forschungsanstrengungen erforderten: mit dem Projekt einer Helium-Einkreis-Turbine, die den Wirkungsgrad und die Wirtschaftlichkeit erheblich zu erhöhen versprach und eine beispielhafte technische Innovation für die gesamte Kraftwerkstechnik bedeutete, und mit dem Projekt der industriellen Nutabarmaskung der Prozesswärme; einer spezifischen Chance des HTR, die theoretisch zur Kohlevergasung genutzt werden könnte und daher ein politisch überaus nützliches Bündnis Kernenergie-Kohle verhieß. Diese beiden Projekte gewannen an Bedeutung, als Jülich notgedrungen seine Thoriumbrüterpläne zurückstellte und einstweilen darauf verzichtete, den THTR mit dem Nimbus des Brüters auszustatten.

Dafür spielte Jülich zuweilen mit dem Plan eines heliumgekühlten Schnellen Brüters, nachdem dieser in Karlsruhe fallengelassen worden war. In den Zukunftsträumen wurde der Heliumbrüter sogar der »Reaktorfamilie« der Hochtemperaturreaktoren einverleibt, wobei der HTR mit Heliumturbine als Zwischenglied figurierte. Seit den späten 1960er-Jahren gab es in den Fachgremien eine jahrelang und nicht ohne Schärfe geführte Diskussion darüber, ob und wie eng der THTR mit dem Projekt einer Heliumturbine zu verknüpfen sei. Die Kontroverse, ob Dampf- oder Heliumturbine, hat eine gewisse Ähnlichkeit mit der gleichzeitigen Auseinandersetzung über die Alternative Dampf- oder Natriumbrüter in Karlsruhe. In beiden Fällen war die Entscheidung für den Wasserdampf die konventionellere Lösung, während die Alternative den traditionellen Zukunftsträumen der Kerntechnik entsprach. Die an sich technisch reizvolle Gasturbine kämpfte seit einem halben Jahrhundert vergeblich um ihre Durchsetzung im Kraftwerksbau; der Hochtemperaturreaktor mit Heliumturbine versprach dieses technische Ideal endlich zu erfüllen. Die HTR-Erbauerfirma BBC war zugleich der größte Gasturbinenhersteller des europäischen Kontinents und, ähnlich wie GHH, wohl nicht zuletzt über die Gasturbine zum HTR gelangt.

Die anderen Hauptbeteiligten am Bau des THTR, die KFA Jülich und aufseiten der Energiewirtschaft die VEW, opponierten jedoch immer wieder gegen eine Verkoppelung von THTR und Heliumturbine. Ihr Widerstand war wohlbegründet: Schon das HTR-Projekt als solches war aufwendig und riskant genug; die Verbindung mit der Gasturbine, deren Probleme man seit Generationen kannte, drohte es zusätzlich zu belasten und immer weiter zu verzögern. Diese Bedenken setzten sich zunächst auch in Bonn durch und 1968 wurde entschieden, es bei dem THTR mit einer Dampfturbine zu belassen. Dieser Entscheid geriet jedoch von mehreren Seiten unter Beschuss. Ein im Deutschen Forschungsdienst veröffentlichter Leserbrief behauptete, »unter Fachleuten, die nicht von Firmenpolitik beeinflusst« seien, bestehe »kein Zweifel, dass die Entwicklung HTR-Kraftwerke in Richtung Gasturbine, weg von der Dampfturbine gehen« werde. Josef Wengler (Hoechst) klagte im Arbeitskreis Kernreaktoren, die Heliumturbine sei die Chance der Deutschen, bei der HTR-Entwicklung doch noch einen Vorsprung vor den Amerikanern zu bekommen, und diese Chance werde jetzt verschenkt.

Selbst Mandel pries die Kombination von HTR und Heliumturbine. Da er jedoch im Übrigen nicht gerade ein Freund Schultens und seiner Reaktorpläne war, ist bei ihm schwerlich ein Interesse an einer baldigen Realisierung des THTR anzunehmen: Daher machte es ihm nichts aus, den THTR auch noch mit der Heliumturbine zu verknüpfen. Man kann sich vorstellen, wie verwirrend die HTR-Szenerie für die politischen Entscheidungsträger war! In den 1970er-Jahren setzte sich das Projekt des HTR mit Heliumturbine (HHT) in Bonn schließlich durch; aber die dabei mitspielenden Motive waren für Schulten und die VEW suspekt. Das HHT-Projekt kam während der 70er-Jahre ebenso wenig voran wie das mit ihm verknüpfte, nicht weniger problembelastete Projekt der Kohlevergasung durch HTR-Prozesswärme.

Der Baubeschluss für das THTR-Kraftwerk in Uentrop bei Hamm kam »nach langwierigen Verhandlungen«, in die sich der Minister – zuerst Stoltenberg, dann Leussink – »mehrfach persönlich einschalten musste«, im Juli 1970 endlich zustande. Im Rezessionsjahr 1967, als die Wiederbelebung der Konjunktur durch Staatsaufträge nach keynesianischem Rezept als Gebot der Stunde galt, fiel im Forschungsministerium offenbar die Grundsatzentscheidung, durch hinreichende staatliche Förderung sicherzustellen, dass der THTR nicht dem Kalkül der Energiewirtschaft oder der Unschlüssigkeit der projektierenden Firmen zum Opfer fiele. In dem 1968 verkündeten Dritten Atomprogramm der Bundesregierung hatte der THTR eine Art Gleichrangigkeit mit dem Schnellen Brüter erlangt. Im gleichen Jahr gründete ein halbes Dutzend kommunaler Elektrizitätswerke die Hochtemperatur-Kernkraftwerk GmbH (HKG). Erst in der Folge stieß mit der Vereinigten Elektrizitätswerke AG (VEW) auch einer der Energiegiganten hinzu, der bereits mit dem Auftrag für Lingen (1964) einer der Pioniere der Kernenergie geworden war und nunmehr seine Strategie fortsetzte, dem RWE vor den Toren des Ruhrreviers eine nukleare Konkurrenz aufzubauen. Die VEW stellte das Baugelände in Uentrop zur Verfügung und bestimmte damit die Standortwahl.

Die Beteiligung der Energiewirtschaft an der Finanzierung des THTR war freilich nicht viel mehr als eine Fiktion: Hatte sie 1962–1964 bei den Demonstrationskraftwerken der Leichtwasserlinie noch ein knappes Drittel betragen, war sie bei dem HTR-Prototyp auf ein Vierzehntel gesunken (50 Mio. DM von den auf 690 Mio. DM geschätzten Gesamtkosten), und das auch nur, wenn man von dem ursprünglichen, viel zu niedrigen Kostenvoranschlag ausging! Der THTR war damals »das mit Abstand teuerste deutsche Kernkraftwerk« und die Presse unterließ es nicht, diesen Punkt hervorzuheben; erst die Kosten des seit 1972 bei Kalkar gebauten Brüters SNR sollten den THTR in den Schatten stellen. Um die fast vollständige Finanzierung aus öffentlichen Mitteln zu rechtfertigen, wurde es üblich, »jetzt nicht mehr von einem Demonstrationskraftwerk, sondern von einem Versuchskraftwerk (zu) sprechen«. Da keine kommerziellen Anschlussaufträge kamen und stattdessen noch ein HHT-Demonstrationskraftwerk von weit höherer Kapazität geplant wurde, war diese Bezeichnung nicht einmal unberechtigt. 1972 hieß es sogar, dass der Hochtemperaturreaktor überhaupt erst mit dem Helium-Einkreissystem wettbewerbsfähig werden könne.

Ein Jahr nach dem Baubeschluss und noch vor der Grundsteinlegung in Hamm-Uentrop zog sich die Firma Krupp aus dem Erbauerkonsortium BBK zurück: ein Akt, der in Atomkreisen als Eklat angesehen wurde und ein schlechtes Omen für den THTR bedeutete. Es war die gleiche Zeit, als der andere nuklear engagierte Ruhrkonzern, die GHH, die HTR-Reaktorentwicklung ebenfalls einstellte. Offenbar war es für die Schwerindustrie, die mehr für die konventionellen Teile von Kernkraftwerken als für die staatlich subventionierten Reaktorentwicklungen zuständig war, mittlerweile einträglicher geworden, sich an Lieferungen für die nunmehr serienweise gebauten Leichtwasserreaktoren zu beteiligen, als sich in Zukunftsreaktoren zu engagieren.

Bereits 1968 hatte es zwischen Krupp und BBC eine Kontroverse gegeben, die auch in die Presse gelangte. Schon früher war es zu Meinungsverschiedenheiten zwischen den beiden recht unterschiedlichen Firmen gekommen, die die Verzögerung des AVR-Baus mitbewirkt hatten; als der Bau des THTR nahte, brach der Konflikt erneut und verschärft auf. Während Krupp nach wie vor auf das Kugelhaufenkonzept eingeschworen war, das als einziger spezifisch deutscher Zug des THTR übrig geblieben war und zur Krupp-Tradition passte, trug man sich bei der BBC mit dem Gedanken, nun vollends auf die britische Entwicklungslinie einzuschwenken, der man ohnehin inzwischen weitgehend folgte. Kurz darauf akzeptierte BBC dann doch, wenn auch nicht uneingeschränkt, das Kugelhaufenkonzept, setzte jedoch beim Kraftwerkbau ihren Führungsanspruch gegenüber der damals krisengeschwächten Firma Krupp durch.

Wie im Ministerium zutreffend vermerkt wurde, handelte es sich bei der Kontroverse nicht um einen bloßen Machtkampf, sondern auch um eine sachbezogene Auseinandersetzung, die aus der Unterschiedlichkeit der Firmen herrührte. BBC war »im Gegensatz zu Krupp am Hochtemperaturreaktor lediglich als Stromerzeuger, nicht so sehr als Erzeuger von Prozesswärme interessiert«; Krupp dagegen legte »als größter Konzern im Ruhrgebiet im Rahmen der Strukturwandlung des Ruhrgebietes darauf Wert, einen vielseitig verwendbaren Reaktor für möglichst breit gestreute Wirtschaftszweige (Kohleverflüssigung, Erzverhüttung) anzubieten«. Aber auch hier wie überall in der Atomwirtschaft setzten sich am Ende die reinen Elektrizitätsinteressen durch. Diese Kräfteverschiebung auf der industriellen Seite stand nicht im Einklang mit den Projekten, die die KFA Jülich mit dem HTR verband. Obendrein kam 1968 heraus, dass die BBC, die bereits an dem Geschäft mit Leichtwasserreaktoren teilhatte, sich mit dem THTR – den sie jetzt als ein bloßes »Versuchskraftwerk« kennzeichnete – nicht mehr voll identifizierte, sondern sogar den Skeptikern Argumente lieferte. Wenn der THTR dennoch gebaut werden sollte, mussten die entscheidenden Impulse von Staat und Großforschung kommen. Aber die Finanzierung durch öffentliche Gelder verlangte nach einer öffentlichen Diskussion.

Zwischen Wissenschaft und Industrie: Strukturprobleme der Großforschung

Während es in der KFA Jülich, die sich in engem Verbund mit Hochschulen entwickelte und den Bau des AVR-Versuchsreaktors ganz der Industrie überließ, lange Zeit weder mit den Traditionen der Wissenschaft noch mit den Interessen der Industrie nennenswerten Konfliktstoff gab, mussten im KFZ Karlsruhe, das in klarer Trennung von den Hochschulen entstand, den Bau seines Versuchsreaktors (FR 2) selbst übernahm und frühzeitig den Übergang zur Projektforschung vollzog, beide Konflikte von Anfang an ausgetragen werden.

Die Errichtung des Karlsruher Forschungsreaktors FR 2 war mit unangenehmen Überraschungen verbunden, die nicht nur die Fertigstellung des Baus erheblich verzögerten, sondern auch zu wechselseitigen Beschuldigungen zwischen Wissenschaft und Industrie und zu entsprechend unterschiedlichen Folgerungen für das in Zukunft einzuschlagende Verfahren führten. Wirtz und Haxel, die führenden Köpfe aufseiten der Forschung, gaben der Unbelehrbarkeit der Praktiker die Hauptschuld an den Misslichkeiten. Wirtz machte Anfang 1961 gegenüber Heisenberg seinem Ärger in einem ungewöhnlichen Pauschalangriff auf die Ingenieure Luft und pochte zugleich auf den Physikerstolz: Bei den »technischen Konstruktionsmängeln« des Reaktors »räch(t)en sich Jugendsünden, auf die die Physiker oft, aber völlig vergeblich, hingewiesen haben und (die) leider gar nicht durch uns behoben werden konnten. Die Technik eines Reaktors ist von der Art, dass eine Ingenieurtradition bisheriger Art ihr nicht gerecht wird. Leider gehört es aber zur Ingenieurtradition bisheriger Art, dass die Ingenieure glauben, mit schlicht allem fertig zu werden«. Jetzt habe sich herausgestellt, dass die Reaktorkühlung nicht funktioniere; man werde den Reaktor zwar demnächst kritisch machen, ihn in dieser Form aber nicht auf hohe Leistung bringen können, sondern den Reaktortank bald auswechseln müssen. So werde »teures Lehrgeld gezahlt«; aber er, Wirtz, glaube, »dass dieses Lehrgeld nur der Anfang einer Epoche ist, in welcher die Physiker auch die Ingenieurwissenschaften anführen werden«: ein Ausblick, der ein Licht auf den grundsätzlichen Charakter der Kontroverse wirft.

Auch Haxel sah in Unzulänglichkeiten der deutschen Industrie die Ursache der Misserfolge. Er glaubte allerdings nicht, dass ausgerechnet die Theoretiker es besser machen könnten, sondern zog aus den negativen Erfahrungen die gegenteilige Konsequenz, dass die Probleme des Reaktorbaus im Bereich der Ingenieurtechnik lägen und es bei ihrer Lösung auf die Ingenieure ankomme. In den Spannungen zwischen Physikern und Ingenieuren, die bereits die Anfänge des Reaktorbaus in den USA begleitet hatten und auch in Karlsruhe zu einer Dauererscheinung wurden, ergriff er Partei für die Ingenieure und überstimmte mit ihnen immer wieder die von Wirtz repräsentierten Physiker.

Die Kritik an dem nonchalanten Umgang der Industrie mit Reaktorproblemen war jedoch als solche berechtigt, auch wenn man daran zweifeln kann, ob es die Physiker besser gemacht hätten. Wenn man liest, dass sich deutsche Industriekreise schon 1958 einbildeten, man könne Uran-Brennelemente auf »beste(m) internationalen Stand« produzieren, und wenn die *atomwirtschaft* schon 1961 gegen die – ihr zufolge vor allem von Wissenschaftlern angezettelte – »atomare Qualitätspsychose« wetterte, bestätigt sich Wirtz' Urteil ebenso wie durch das Eingeständnis des Deutschen Atomforums (1961), der Bau des Karlsruher Reaktors habe »eindeutig gezeigt«, »dass selbst renommierte Firmen nicht immer in der Lage sind, auf Anhieb die komplizierten Anforderungen der Reaktortechnik auch an konventionellen Teilen der Anlage zu erfüllen«. Auch die Tatsache, dass sich der allein von der Industrie durchgeführte Bau des Jülicher AVR noch viel länger verzögerte als der Bau des Karlsruher FR 2, deutet darauf hin, dass ein Zuviel an wissenschaftlicher Leitung schwerlich der entscheidende Grund der Schwierigkeiten war.

Der Leiter der Siemens-Reaktorabteilung dagegen bestand darauf, die jahrelange Verzögerung beim Bau des FR 2 sei »zweifellos nicht die Schuld der Industrie, die von Anfang an schwerste Bedenken dagegen hatte, eine so komplizierte Anlage ohne klare technische Oberleitung zu bauen«; man könne daraus für die Zukunft lernen, »dass Karlsruhe sich entweder auf die Reaktorwissenschaft beschränken oder zu einer ähnlichen Zusammenarbeit mit der Industrie wie Jülich kommen muss, wenn es sich ernsthaft der Fragen der Reaktortechnik im Zusammenhang mit dem Schnellen Brüter annehmen will«. Ob man den FR 2 als Leistung des Kernforschungszentrums ansehen dürfe, blieb umstritten. Die Auffassung, dass der Bau großtechnischer Anlagen am besten unter industrieller Leitung geschehe, wurde auch von dem Atomminister und seinem Staatssekretär geteilt. Cartellieri erinnerte später in einem Brief an Balke daran, »dass es nur mit Hilfe der Wirtschaft, die Sie mit herangezogen hatten, möglich war, den ersten Reaktor fertigzustellen«; er führte dies als Argument gegen Karlsruher Bestrebungen ins Feld, die dort künftig erbauten kerntechnischen Großanlagen der Geschäftsführung des Kernforschungszentrums zu unterstellen. Die Kontroverse, ob man sich in Karlsruhe zu viel oder zu wenig auf die Industrie gestützt habe, brodelte intern weiter. Die Antwort hing davon ab, ob man die Brüterentwicklung als offenes Experiment oder als möglichst direkten Weg zu einem marktreifen Produkt begriff.

Die Einschaltung der Industrie in den Brüterbau

Bei der Brüterentwicklung wurde schon frühzeitig von Industrie und Energiewirtschaft – und zwar unter Berufung auf negative Erfahrungen mit dem Bau des FR 2 – gefordert, dass die Konstruktion unter maßgeblicher Beteiligung der Industrie zu erfolgen habe, obwohl der Schnelle Brüter – im Unterschied zu Reaktoren wie MZFR, KNK und AVR, die, ursprünglich zu kommerziellen Zwecken begonnen, erst sekundär zu Forschungsreaktoren deklariert wurden – das einzige größere Reaktorprojekt war »das in Deutschland nicht von der Industrie, sondern von einem Forschungszentrum konzipiert und begonnen worden ist«. Das Projekt fand in Industriekreisen anfangs eine kühle Resonanz; der Projektleiter Häfele jedoch, der den industriellen Einfluss zur Verstärkung der Karlsruher Projektkonzentration einzusetzen verstand, verfolgte im Unterschied zu einem Teil der Karlsruher Leitung frühzeitig die Strategie, die industrielle Teilnahme an der Brüterentwicklung zu bejahen und freimütig zuzugeben, dass der Bau eines Brüterkraftwerks die Karlsruher Fähigkeiten überstieg. Wenn um 1966 in Karlsruhe der Entschluss fiel, beschleunigt zum Bau eines Brüterprototyps ohne vorherige Versuchsanlage überzugehen, bedeutete das in der Tat, dass man auf die Industrie angewiesen wurde; im Kernforschungszentrum war man noch längst nicht so weit, um mit dem Bau eines Brüters in Kraftwerksgröße beginnen zu können.

Der Bau des Prototyps wurde der Firma Interatom übertragen, obwohl diese zu einer finanziellen Beteiligung nicht bereit war, da »z. Z. das Projekt noch große Unsicherheiten in sich berge«. Karlsruhe behielt nur die Leitung eines begleitenden Basisforschungsprogramms. Die Abgabe der Bauleitung an die Industrie war laut Häfele eine »tief greifende und entscheidende Zäsur« des Brüterprojekts, der »bittere Auseinandersetzungen« in Karlsruhe vorausgingen. Die Aufteilung der Verantwortlichkeiten war denn auch in der Praxis nur begrenzt zu vollziehen, da »man nicht gut Dinge fertig beziehungsweise fertigungsreif entwickeln kann, für die die entscheidenden tausend Kleinigkeiten an ganz anderer Stelle forscherisch bearbeitet werden« (Finkelnburg).

Noch schwieriger wurde die Situation, als entgegen den Karlsruher Wünschen das mächtige RWE als Auftraggeber für den SNR-300 mitzureden hatte. Die Divergenz der Ziele – sowohl Spaltstofferbrütung wie auch Stromproduktion – schuf Konfliktstoff zwischen Forschung und Energiewirtschaft. Der Baubeginn des Brüters verzögerte sich um Jahre. Am Ende verdarb das RWE dem Brüterprojekt die Pointe, indem es aus Kostengründen darauf bestand, die Brutrate unter 1 zu belassen! Damit war der SNR-300 kein echter Brüter mehr. Als Kalkar schließlich zur Zielscheibe der Atomkraftgegner wurde, war aufseiten der Verteidiger von der alten, utopischvisionären Brüterbegeisterung erstaunlich wenig übrig geblieben; die Anti-AKW-Bewegung stieß auf einen bereits angeschlagenen Gegner, ohne dass sie sich im Anblick der Polizeiknüppel dessen bewusst gewesen wäre.

Trotz der Karlsruher Beflissenheit breitete sich in der Industrie eine gewisse Enttäuschung über das KFZ aus. Selbst Finkelnburg, der über die Schwerwasserlinie mit Karlsruhe besonders verbunden war, bedauerte wiederholt, die deutsche Industrie habe »von der Karlsruher Reaktorstation bisher fast nichts gehabt«, entgegen ihrer ursprünglichen »etwas vagen Hoffnung, dass dadurch das Einsteigen in die Reaktorentwicklung leichter werden würde«. Wenn die Industrie 1963 ihren Gesellschafteranteil der Karlsruher Gesellschaft für Kernforschung (GfK) schenkte, besaß dieser scheinbar generöse Akt doch zugleich den Charakter einer Distanzierung: Gerade kurz davor hatte es zwischen Wirtz und der Industrie heftige Auseinandersetzungen gegeben und auf industrieller Seite mochte man sich damals zeitweise mit der Hoffnung tragen, dass die Bundesförderung künftig stärker den kerntechnischen Forschungsinstituten der Industrie zugute kommen werde, zumal diese im Ministerium ohnehin höher geschätzt wurden als Karlsruhe. Das KFZ hatte also allen Grund, sich bei der Brüterentwicklung der Industrie gegenüber kulant zu zeigen; industrielles Interesse galt bei Politikern als Gütezeichen von Forschungsprojekten.

Aber auch die schrittweise Übertragung der Brüterentwicklung an die Industrie ließ die Klagen über mangelnde Kommunikation zwischen Wissenschaft und Wirtschaft nicht verstummen, ja man gewinnt den Eindruck, dass ungeachtet zahlreicher Querverbindungen das Interesse beider Seiten aneinander im Laufe der Zeit eher abnahm und nicht einmal ein hinreichender Informationsfluss aufrechterhalten wurde. Auch die personelle Fluktuation zwischen Industrie und Kernforschungszentrum war weit geringer, als man sie sich ursprünglich vorgestellt hatte.

Zukunftssorgen mit den Zukunftsreaktoren in Karlsruhe

Schon 1966 zeigten sich in Karlsruhe die Gefahren der ausschließlichen Konzentration auf den Brüter: Als der Bau des Prototypen an die Industrie übertragen wurde, stellte sich sogleich die Frage, welchen Sinn das KFZ in seiner bestehenden Größe noch habe. Das war nicht nur in Karlsruhe von Anfang an die Schicksalsfrage der Projektforschung, die bei den Beteiligten eine gewisse Unsicherheit zur Dauererscheinung machte und sowohl den Wunsch, Projekte auf möglichst lange Zeit anzulegen, als auch die Sehnsucht nach der Rückkehr zur Grundlagenforschung mit ihrer Grenzenlosigkeit der Ziele erklärt.

Vor diesem Hintergrund beurteilte Staatssekretär Cartellieri, zugleich Aufsichtsratsvorsitzender der Karlsruher GfK, Sinn und Chancen der Großforschung mit bemerkenswerter Skepsis und wies in seinem 1967 veröffentlichten Gutachten unverblümt auf die Gefahr »bloßer Scheinaktivität der ihrer Anfangsaufgabe beraubten Forschungseinrichtungen« hin. Zwischen den Zeilen erkennt man die Einsicht, dass auf die Errichtung autonomer Großforschungseinrichtungen im Grunde besser verzichtet worden wäre. Diese Einsicht schimmert selbst in Ausführungen eines Institutsleiters im österreichischen Kernforschungszentrum Seibersdorf über die »sogenannte Krise der Reaktorzentren« (1970) durch. Er wehrte solche Ketzereien freilich mit dem augenzwinkernden Hinweis ab, »dass Institutionen in der Regel ein ungemein zähes Leben haben und nicht einfach wie ein Wasserhahn abgedreht werden können« und es »unrealistisch« sei, »in einer Zeit der allgemeinen Entfaltung und Wertschätzung der Forschung die Schleifung mächtiger Zitadellen der Wissenschaft zu verlangen«. Immerhin wurde das

Wachstum der bundesdeutschen Kernforschungszentren nach 1970 »abgestoppt« und ihnen 1973 sogar eine gelinde Verschlankungskur verordnet. Inzwischen war mit der Kontroverse um den Natriumbrüter auch die Struktur des KFZ Karlsruhe zur Zielscheibe heftiger öffentlicher Attacken des Wissenschaftsredakteurs der *Frankfurter Allgemeinen Zeitung*, Kurt Rudzinski, geworden, die immer mehr an den Nerv der Atompolitik rührten und von dem FDP-Abgeordneten Karl Moersch bis in den Bundestag getragen wurden. Man staune: Die erste aufsehenerregende Anti-AKW-Initiative kam von der konservativen *FAZ*! Mehrere nicht immer zueinander passende Motive kamen bei dieser Kritik zusammen: die interne, zum Teil unter dem Banner »Techniker contra Physiker« ausgetragene Karlsruher Kontroverse über das Brüterkühlmittel; Ärger der Universitäten über die gewaltigen Mittel, die diesem außeruniversitären Forschungszentrum zuflossen und die – so schon damals eine verbreitete Meinung – in keinem Verhältnis zu den wissenschaftlichen Leistungen Karlsruhes standen; schließlich auch die Bewegung der Zeit um 1968 zur Demokratisierung der Hochschulen, die die extrem hierarchische Struktur des Kernforschungszentrums in Frage stellte und zu einem Aufbegehren der unteren Ränge führte. Ein sichtbarer Erfolg war diesen Bestrebungen kaum beschieden, obwohl damals selbst die *atomwirtschaft* die »autoritär-hierarchische Struktur« der Kernforschungszentren beklagte. Mit Jahresbeginn 1970 wurde ohne Rücksicht auf den Protest der Karlsruher Sektion des Verbands der Wissenschaftler an Großforschungsinstituten die Stellung der Schnellbrüter-Projektleitung sogar noch verstärkt.

Bei allen Spannungen hatte sich am Ende doch zwischen der Großforschung, die an Langzeitprojekten interessiert war, und der Industrie, die von den Kernforschungszentren nicht ungern Auftragsarbeiten übernahm, aber von diesen keine Reaktorkonkurrenz auf dem Markt dulden wollte, eine für beide Seiten einträgliche Symbiose herausgebildet, die sich mit wechselseitigem Desinteresse vertrug. Von einer gegenseitigen Kontrolle und einer langfristigen Abstimmung der beiderseitigen Ziele aufeinander, wie es im gesamtgesellschaftlichen Interesse wünschenswert gewesen wäre, war unter solchen Umständen keine Rede; es gab vielmehr Formen der Kooperation von Großforschung und Industrie, die weder dem Modell der »countervailing powers« noch dem einer gesteuerten »Verflechtung« entsprachen, sondern sich besser als Kollaboration kennzeichnen ließen.

»Wer selbst im Glashaus sitzt ...«:
Konkurrenz und Arrangement zwischen Karlsruhe und Jülich

Wie wir schon sahen, war das Nebeneinander zweier Kernforschungszentren von der Größenordnung, wie sie in Karlsruhe und Jülich im Laufe der 1960er-Jahre erreicht wurde, ursprünglich nicht geplant. In führenden Kreisen der DAtK blieb eine kritisch-skeptische Grundhaltung gegenüber der KFA Jülich lange bestehen und Finkelnburg erinnerte noch 1966 den ähnlich gesonnenen Heisenberg daran, dass er selbst »von Anfang an auch im Arbeitskreis ›Kernreaktoren‹ die Meinung vertreten habe, dass Jülich nicht hätte gebaut werden sollen«. Beide Forschungszentren, anfangs von sehr unterschiedlicher Struktur und mit unterschiedlichem Träger – in Karlsruhe überwiegend der Bund, in Jülich das Land Nordrhein-Westfalen –, entwickelten sich bis Mitte der 60er-Jahre weithin unkoordiniert und ohne viel Rücksicht darauf, was der andere tat, wenn auch in den größeren Projekten offensichtliche und eklatante Überschneidungen vermieden wurden. Die Vermeidung regelrechter Doppelarbeit war freilich nicht allzu schwer, denn das Feld der Kerntechnik war groß genug; weit schwieriger war es dagegen, die Jülicher und Karlsruher Arbeiten in eine sinnvolle Beziehung zueinander zu setzen, ob in der Art einer Kooperation oder der einer produktiven Konkurrenz.

Solange Jülich noch größtenteils vom Land Nordrhein-Westfalen getragen wurde, war man in Bonn nicht gezwungen, sich mit dem Koordinationsproblem zu befassen; die Jülicher Reaktorprojekte AVR und THTR allerdings, deren Leitung bei der Industrie, nicht bei der KFA lag, wurden von Anfang an fast ganz vom Bund finanziert. 1964 drängte die nordrheinwestfälische Landesregierung erstmals darauf, dass der Bund auch die KFA übernehmen möge. Wie in der Presse verlautete, galt Jülich schon seit Jahren bei den Landespolitikern als »Fass ohne Boden«. Aber erst 1967 kamen Bund und Land überein, die KFA Jülich künftig je zur Hälfte zu finanzieren. 1970 stieg die Bundesbeteiligung auf 75 Prozent und das Betriebsrisiko des THTR wurde sogar zu 90 Prozent vom Bund getragen.

Als sich 1966 das Bundesforschungsministerium durch die bevorstehende Teilübernahme der KFA Jülich veranlasst sah, das Problem der Koordination der Kernforschungszentren ernsthaft in Angriff zu nehmen, griff es auf Heisenberg, den Nestor der deutschen Atomwissenschaften, zurück, der sich ein unabhängiges Urteil noch leisten konnte. Er war schon 1963 Vorsitzender des zur Begutachtung der Karlsruher Entwicklung eingesetzten Ausschusses gewesen, hatte die Reaktorentwicklung allerdings seit einem Jahrzehnt kaum mehr verfolgt und konnte nur noch begrenzt als »Experte« gelten. Unter Heisenbergs Leitung wurde im Sommer 1966 eine sechsköpfige Sachverständigenkommission zur verstärkten Koordinierung der Forschungsarbeiten in Jülich und Karlsruhe berufen. Nach Lage der Dinge musste es sich dabei in erster Linie um eine kritische Sichtung der Jülicher Projekte handeln; die KFA Jülich sah denn auch den Entschließungen der Kommission mit Besorgnis entgegen. Verlautbarungen aus dem Ministerium ließen die Tendenz erkennen, projektunabhängige Aktivitäten, die an die benachbarten Hochschulen angebunden waren, zusammenzustreichen: Das hätte einen Großteil der Jülicher Forschungsarbeiten getroffen. Aber auch Karlsruhe sollte nach dem Wunsch mancher Ministerialbeamter nicht ungeschoren davonkommen; so monierte ein Abteilungsleiter: Beim Vergleich der Institute und Arbeiten in Karlsruhe und Jülich falle »immer wieder auf, von welch verschiedenen Auffassungen her und in welch eigenständigem Wildwuchs sich an beiden Stellen ein kostspieliges Nebeneinander von Aufgaben und Ausgaben der Forschung ergibt«.

Aber der schon in weitgreifenden »Reaktorstrategien« schwelgende Pretsch, der nicht so genau auf die Kosten schaute, sah es anders: Obwohl »die Entstehungsgeschichte beider Zentren verschiedene Wurzeln« habe, meinte er, dass »sich das Eigenleben dieser beiden Großzentren im Laufe der Jahre bemerkenswerterweise auf ein recht ähnliches Bild hin entwickelt« habe. Eine solche Sicht, die hinter allem »Wildwuchs« eine Sachgesetzlichkeit erkennen wollte, ließ der ministeriellen Koordination nicht mehr viel zu tun übrig; tatsächlich hat die Sachverständigenkommission an der Eigendynamik der Karlsruher und Jülicher Entwicklung nicht viel ändern können.

Mündlich gab Heisenberg dem Ministerium zu verstehen, dass ihn die Jülicher Planungen nach wie vor nicht überzeugten; »Alles in allem sei die Konzeption in Jülich ... verschwommen und unklar. Es sei schwer, eine vernünftige Gesamtplanung für Jülich zu finden.« Skeptisch kommentierte er auch die dort neuerdings energisch in Angriff genommenen »Großvorhaben«. Als er das Kommissionsgutachten Anfang 1967 dem Minister zusandte, ließ er im Begleitschreiben sein Unbehagen erkennen: Er empfahl, man möge in der DAtK künftig durch rechtzeitige Prioritätensetzung und Evaluation der geplanten Großprojekte verhindern, »dass ohne eine erneute Diskussion in der Atomkommission ein fait accompli hinsichtlich einzelner Projekte geschaffen werden kann«. Heisenberg, dem das KFZ Karlsruhe schon 1963 zu groß wurde, machte kurz darauf mit dem neuerlichen Vorsatz wenigstens bei der Abwehr des von Karlsruhe geplanten Großbeschleunigers Ernst.

Im Bundesforschungsministerium war man von den Ergebnissen der Kommission, die mit erheblichem Aufwand von Korrespondenzen und Konferenzen einberufen worden war, bitter enttäuscht. Die Eigendynamik der Großforschung, der unkontrollierte Übergang von der Planung zur vollendeten Tatsache, der Mangel an unabhängigen Experten: Diese im späteren Atomkonflikt zum Gemeingut gewordene Problematik scheint zu jener Zeit erstmals im Ministerium in vollem Umfange begriffen worden zu sein. Die Politik der öffentlichen Hearings und die versuchte Reform des Beratungswesens, die zur Auflösung der DAtK führte, bereiteten sich vor. Aber auch die Kernforschungszentren intensivierten ihre Querverbindungen: Sie waren die Hauptträger der 1970 gegründeten »Arbeitsgemeinschaft der Großforschungseinrichtungen«. Selbst die *atomwirtschaft* bemerkte bei der Reaktortagung 1971 die wachsende »Gefahr«, dass »Annahme oder Zurückweisung« von Referenten »immer stärker vom Proporz der Institutionen – seien es Forschungszentren, Universitäten und Industrie, sei es hie Jülich, hie Karlsruhe usw. – bestimmt oder andererseits zu einer reinen Lotterie werden«. Wolfgang D. Müller, der Chefredakteur dieses führenden Branchenorgans, bekam die zunehmende Intransparenz seiner Branche mitunter selber zu spüren. Von einer internen Kontrolle war immer weniger die Rede; nicht ohne Logik wurde die Kontrolle des Atomkomplexes zur Forderung einer kritischen Öffentlichkeit.

»Reaktorstrategie« als Politik des Sowohl-als-auch

Wenn sich die Koordination der Karlsruher und Jülicher Aktivitäten also im Wesentlichen auf die Festschreibung der dort ohnehin längst begonnenen Großprojekte beschränkte, blieb doch die Frage bestehen, in welche Beziehung sich beide Projekte zueinander setzen ließen. Es gab die Möglichkeit, sie als konkurrierende Alternativen zu sehen, von denen eine über kurz oder lang das Feld räumen musste; es gab aber auch den bequemeren Ausweg, beide Projekte komplementär zu verstehen und in einem Prozess wechselseitiger Ergänzung zu positionieren. Dieser Weg wurde mit dem Entwurf langfristig-systematischer, auf bundesweite Brennstoffökonomie gerichteter »Reaktorstrategien« eingeschlagen; solche Planspiele kamen eben zu jener Zeit auf, als sich das Problem der sinnvollen Koordination der Kernforschungszentren stellte, und sind deutlich von diesem Interesse mitbestimmt.

»System«, unter dem Nationalsozialismus das Schimpfwort für die Weimarer Republik, wurde in den 1960er-Jahren zum Zauberwort; kein Wunder, dass die Rhetorik der Systemplanung besonders früh in der nuklearen Community grassierte. Seit 1965 erfreuten sich, wie der gut informierte Robert Gerwin bemerkte, »komplizierte Strategie-Überlegungen … allgemein wachsender Beliebtheit«; dabei gehörte Häfele zu den Initiatoren. Im Ministerium griff Pretsch dieses Thema mit Begeisterung auf. Unter dem bis dahin ungewöhnlichen Titel »Zusammenschau aller Entwicklungslinien« erklärte er Ende 1965 in der Atomkommission unter Berufung auf internationale Tendenzen der letzten Jahre, »dass die voneinander unabhängige Verfolgung einzelner Entwicklungslinien im Reaktorbau … abgelöst werden muss durch eine Zusammenschau aller Reaktortypen«. Unter dem Aspekt der Brennstoffökonomie »bis etwa zum Jahr 2000 oder gar bis zur Mitte des nächsten Jahrhunderts« – eine äußerst ungewöhnliche Zeitperspektive, die in eklatantem Kontrast zu der in der Regel kurzfristigen Ausrichtung der realen Politik stand! – gebe es »für jeden dieser Typen günstigste Zeitabschnitte, günstigste Anteile für die nukleare Stromerzeugung innerhalb der nächsten 75 Jahre«. Das »Zusammenspiel dieser Reaktoren ... zu ergründen«, sei »der Zweck einer neuartigen Reaktorstrategie«. Ein derart großzügiger Planungsstil war nur möglich zu einer Zeit, als die Kerntechnik mit öffentlichen Mitteln immer großzügiger umgehen konnte, und kennzeichnet den atmosphärischen Wandel der Atompolitik um die Mitte der 60er-Jahre.

Die Harmonie zwischen den Anhängern des Brüters, des Hochtemperaturreaktors und der Leichtwasserreaktoren war bei den »Strategie«-Diskussionen allerdings nicht ganz ungestört, zumal bei den rapide steigenden Kosten nicht abzusehen war, ob die Bundesrepublik sich aus finanziellen Gründen nicht am Ende doch zwischen den Projekten werde entscheiden müssen. Offen kontrovers wurde die Atmosphäre 1966, als die Koordination Karlsruhe-Jülich auf die Tagesordnung rückte. Signalwirkung besaß ein Vortrag des Präsidenten von General Atomic, Frederic de Hoffmann – eines deutschen Emigranten mit einflussreichen Beziehungen in der Bundesrepublik –, auf einer Reaktortagung in Mailand, der scharfe Kritik an der allgemeinen Bevorzugung des Natriumbrüters enthielt und auf die ungelösten technischen Probleme dieses Reaktortyps hinwies; de Hoffmann prion demgegenüber den Heliumbrüter, der an die HTR-Technologie anknüpfte und den sich Karl Wirtz zu eigen machte. Im selben Jahr begann Rudzinski in der *Frankfurter Allgemeinen* seine heftigen Frontalangriffe auf den Natriumbrüter. Schon 1965 hatte er den Jülicher HTR als einen Reaktortyp erwähnt, »der bisher immer noch unverdient im Schatten steht«, wenn er auch erst später begann, den HTR systematisch gegen den Natriumbrüter auszuspielen.

Rudolf Schulten und Alfred Boettcher, der wissenschaftlich-technische Direktor der KFA Jülich, übten Anfang 1966 öffentliche Kritik an der Bevorzugung des Schnellen Brüters vor dem thermischen Thorium-Brüter. Schulten zog dabei Register, die bis dahin ungewohnt waren: Er verwies auf die »ungemütlich« hohe Energiekonzentration im Schnellen Brüter mit seiner im Vergleich zum thermischen Brüter »tausendmal so hohen Neutronengeschwindigkeit« und hob den Mangel des Schnellen Brüters an inhärenter Sicherheit hervor. Leistungsexkursionen seien bei diesem möglich, erklärte Schulten unumwunden, und fügte hinzu: Wenn in England, Frankreich und der Sowjetunion dennoch Schnelle Brüter entwickelt würden, »so wirke fraglos auch der Umstand mit, dass dort die aus der Atombombenproduktion anfallenden Plutoniumvorräte verwandt werden sollten«. Damit war die Rationalität der Brüterentwicklung von Grund auf in Frage gestellt.

Häfele revanchierte sich, indem er im selben Jahr dem Forschungsministerium erklärte, dass es bei erfolgreichem Verlauf der Schnellbrüterentwicklung »keinen Grund« gebe, auch noch Thoriumbrüter zu entwickeln. Im Frühjahr verkündete er mit verfrühtem Triumph, der neuerliche Londoner Foratom-Kongress habe »erwiesen, dass der Schnelle Brüter nicht mehr ein sich in der weiteren Zukunft abzeichnendes Projekt sei, sondern eine vor der Tür stehende Realität«; der Interatom-Direktor Rudolf Harde setzte hinzu, dass in Anbetracht dessen die »fortgeschrittenen Konverter«, zu denen der THTR zählte, »möglicherweise« zu spät kommen würden. Man erkennt ein nukleares Powerplay.

Als jedoch in der Folge die enorme Kostensteigerung und zeitliche Verzögerung des Natriumbrüters wie des THTR den Projektleitern in Karlsruhe und Jülich bewusst machten, das man beiderseits im Glashaus saß, wurde es jahrelang sehr schwer, von der einen Seite kritische Urteile über die andere zu bekommen; es waren offenbar interne Sprachregelungen getroffen worden. Nur Leo Brandt hielt sich nicht an die neue Sprachregelung, sondern bekundete seinen Unmut über das abgekartete Spiel und den allgemeinen Tenor, »das Problem der Sicherheit sei immer das gleiche und alle Reaktoren seien immer gleich sicher«. Er entwarf von den Sicherheitseigenschaften des HTR ein ideales Bild, mehr als dies die Projektleiter selber taten, und äußerte zugleich deutliche, wenn auch vorsichtig formulierte Zweifel an der »Zweckmäßigkeit« und den Sicherheitseigenschaften des Natriumbrüters. Rudzinski, der in der *Frankfurter Allgemeinen* bisher den Dampfbrüter gegen den Natriumbrüter verfochten hatte, ging nach dem Hearing vom Dezember 1970 immer mehr dazu über, den HTR als Alternative zum Schnellen Brüter zu präsentieren.

Hinter den Kulissen bestand die Spannung zwischen SNR- und THTR-Projekt fort; sie manifestiert sich besonders deutlich in dem Buch des wegen angeblicher Terroristenkontakte entlassenen SNR-Chefkonstrukteurs Klaus Traube, der, wenn er auch mit den nuklearen Großprojekten insgesamt abrechnete, die HTR-Entwicklung – ihm zufolge ein »dilettantisches Abenteuer« – zur bevorzugten Zielscheibe geringschätziger Kritik machte. Auf der anderen Seite witterten HTR-Protagonisten in der Kernkraft-Kontroverse der 70er-Jahre Morgenluft und setzten als Geheimtipp in Umlauf, mit diesem Reaktor sei das Ideal der inhärenten Sicherheit zu erreichen, auch wenn sie sich nicht öffentlich mit dem nuklearen Mainstream anlegten. Damals bekannte selbst der sozialdemokratische Forschungsminister Hans Matthöfer, er gebe »auf lange Sicht« dem HTR den Vorzug. Zwar hatte ein KFA-Vertreter noch 1973 in einer öffentlichen Informationssitzung des Bundestagsausschusses darauf beharrt, er werde, ebenso wenig wie gegen den HTR (»Also bitte, so unabhängig bin ich auch nicht.«), »aber anständigerweise natürlich auch nichts gegen die Schnellen Brüten sagen, gegen die Kollegen in Karlsruhe«, und damit den Ausschussvorsitzenden Ulrich Lohmar in komische Verzweiflung über die »Experten« versetzt: »Das ist das Problem, genau das ist das Problem! Und dies noch belegt mit dem Wort ›anständigerweise‹ verrät alles.« Ein Jahr später jedoch erklärte Schulten in einer ähnlichen Informationssitzung, die Thoriumkonverter erzeugten »etwa tausendmal so wenig Plutonium und entsprechend langlebige Alpha-Strahler« wie Plutoniumkonverter, und die inhärente Stabilität des Hochtemperaturreaktors sei so hoch, dass bei einem Unfall das Notkühlsystem »erst nach 4 bis 5 Stunden« eingeschaltet werden müsse, während »für die anderen Reaktortypen« – die namentliche Nennung des Schnellen Brüters wird vermieden! – »das Notkühlsystem in weniger als einer Minute funktionieren muss«.

Auf eine harte Sicherheitskontroverse mit Karlsruhe, die in der Zeit der Anti-Atomkraft-Bewegung weiten Widerhall gefunden hätte, ließ Jülich es jedoch nach wie vor nicht ankommen; und man kann annehmen, dass die HTR-Anhänger für diese Zurückhaltung ihre Gründe hatten. Mochte auch im Thoriumkonverter nur wenig Plutonium entstehen, besaß doch das dort erbrütete Uran-233 eine weit härtere Strahlung (Gammastrahlen) als Plutonium; außerdem wurde zum Betrieb hochangereichertes Uran benötigt, das den Thoriumkonverter »beängstigend in die Nähe der Bombe« rückte (Alexander von Cube). Besonders die Konstrukteure des THTR, die ursprünglich nicht einmal ein Voll-Containment vorgesehen hatten, bekamen die steigenden Sicherheitsnormen der 1970er-Jahre empfindlich zu spüren: Die neuen Forderungen waren für den THTR laut Angabe des Technischen Geschäftsführers »revolutionär« und führten dazu, dass »das Gesamtkonzept zum Teil total überarbeitet werden« musste. Kaum weniger schwerwiegend war vermutlich für die KFA Jülich, dass die mit dem THTR längst verknüpften Zukunftsprojekte der Helium-Einkreisturbine und der Prozesswärmenutzung – das eine wie das andere unter dem Aspekt der Sicherheit bedenklich – einem sensibleren Sicherheitsbewusstsein zum Opfer zu fallen drohten. So erklärt es sich, dass innerhalb des Atomkomplexes selbst von denjenigen, die sich eine Sicherheitsdebatte am ehesten hätten leisten können, kaum entsprechende Anstöße kamen. Das Arrangement Jülich-Karlsruhe erreichte einen vor dem Hintergrund der Vergangenheit geradezu grotesken Höhepunkt, als 1980 ausgerechnet Häfele zum Vorstandsvorsitzenden der KFA Jülich berufen wurde!

Auseinanderentwicklung durch planlose Verflechtung: Zentrifugalkräfte im Dreieck Staat-Wissenschaft-Wirtschaft

Die programmwidrige Durchsetzung der Leichtwasserreaktoren und die Atomprogramme der 1960er-Jahre

Von den real gebauten Kernkraftwerken her scheint die bundesdeutsche Kernenergieentwicklung in ihrer Typenwahl von Anfang an eine gerade und konsequent durchgehaltene Linie zu beschreiben: Einen Leichtwasserreaktor enthielt bereits das erste Versuchskernkraftwerk (Kahl), ebenso das erste Demonstrationskraftwerk (Gundremmingen) und auch die beiden darauf folgenden (Lingen und Obrigheim) und dann schließlich auch die ersten kommerziell errichteten Großkernkraftwerke (Stade und Würgassen) sowie die Serie der sich daran anschließenden noch größeren Kraftwerksblöcke.

Die andere einst in Haigerloch begonnene, über den FR 2 und den MZFR zum KKN Niederaichbach und zum Exportauftrag Atucha führende Schwerwasserlinie geriet später im Schatten der siegreichen Leichtwasserreaktoren in Vergessenheit, als der MZFR zum Forschungsreaktor deklariert und das KKN aus den Listen der bundesdeutschen Kernkraftwerke getilgt wurde. Nach den Aufträgen für Stade und Würgassen wirkte die Behauptung der *atomwirtschaft* plausibel, die »auch in Deutschland mit Erfolg durchgeführte Entwicklung von Leichtwasserreaktoren« sei das mit Unterstützung der Bundesregierung erreichte Resultat einer »zielgerichteten Anstrengung der deutschen Industrie«. Der Sieg des Leichtwasserreaktors galt fortan als schlagender Beweis, dass sich auch in der Kerntechnik der Gesichtspunkt der Wirtschaftlichkeit gegen andere weniger rationale Aspekte durchgesetzt habe.

In Wahrheit handelte es sich jedoch bei der Aufeinanderfolge der Leichtwasserreaktoren um alles andere als um eine zielstrebig geplante, in ihrem Für und Wider ausdiskutierte Entwicklung. Die Durchsetzung dieses Reaktortypen, der auf angereichertes Uran angewiesen war, stand vielmehr, wie wir sahen, in krassem Widerspruch zu den ursprünglichen deutschen Atomplänen mit ihrer Bevorzugung des Natururans und deutscher Eigenentwicklungen. Noch in dem offiziellen Taschenbuch für Atomfragen von 1960/61 bekam der Moderator Leichtwasser – im Unterschied zu schwerem Wasser, Graphit und selbst dem umstrittenen, später obskuren Terphenyl – kein eigenes Kapitel. Entscheidend für die Durchsetzung dieses Reaktortyps in der Bundesrepublik waren die Demonstrationskraftwerke Gundremmingen (1962), Lingen und Obrigheim (1964); es waren allesamt Aufträge, die erst durch staatliche Kapital- und Risikobürgschaften zustande kamen. Von daher stellt sich die Frage, wieso sich die von Ministerium und Atomkommission bis dahin bevorzugte Schwerwasserlinie nicht ebenso durchsetzen konnte.

Die Typenwahl beim ersten deutschen Leistungsreaktor

Für das anfangs bei Bertoldsheim geplante Kernkraftwerk Gundremmingen hatte es neben dem von AEG und General Electric angebotenen Siedewasserreaktor, der das Rennen machte, noch ein Alternativangebot von Siemens gegeben: Es handelte sich dabei jedoch nicht um den von Siemens entwickelten Schwerwassertyp, sondern um einen mit Natururan zu betreibenden Magnox-Reaktor aus der britischen Gas-Graphit-Linie; Siemens ging bei dem Angebot mit English Electric und Babcock & Wilcox zusammen. Es stand offenbar von Anfang an fest, dass für Bertoldsheim beziehungsweise dann Gundremmingen nur ein bereits großtechnisch einigermaßen erprobter Reaktortyp in Frage käme; daher gab es als Alternative zu dem amerikanischen Reaktor nur einen Reaktor der britischen Calder-Hall-Linie.

Im Hinblick auf die Risikobeteiligung des Bundes suchte damals Ministerialrat Finke das »wahrscheinliche Gesamtrisiko« beider Reaktortypen mitsamt dem Brennstoffkreislauf vergleichend zu bewerten; er kam dabei auf 237 Mio. DM für das AEG-Angebot, dagegen auf nur 169 Mio. DM für die Siemens-Vorlage. »Als größtes Einzelrisiko« des AEG-Angebots erläuterte er, müsse die »Entwicklung der Brennstoffkreislaufkosten« gelten; dieser Posten umfasse »ein Drittel des wahrscheinlichen Gesamtrisikos«. Das gleiche Risiko sei bei dem Siemens-Angebot »zureichend durch Garantien der britischen Atomenergiebehörde abgedeckt«. Auch der zuständige Referent des Wirtschaftsministeriums glaubte, bei dem Siemens-Projekt sei eine Risikobeteiligung des Bundes auf der Grundlage der bis dahin geltenden Richtlinien leichter zu bewerkstelligen.

Für das RWE, das das Kernkraftwerk in Auftrag geben sollte, stellte sich jedoch die Rechnung ganz anders dar: Es interessierte sich nicht für die Kosten des gesamten Brennstoffkreislaufs mitsamt Urananreicherung und Wiederaufarbeitung, sondern nur für die des Kraftwerks, und die wurden bei dem Siedewasserreaktor auf nur 61 Prozent von denen des Magnox-Typs geschätzt. Damit war die Typenwahl für das RWE entschieden, zumal auch die niedrigeren Betriebskosten des Magnox-Reaktors die höheren Fixkosten nicht zu kompensieren versprachen. Im Frühjahr 1962 bequemte man sich auch im Ministerium zu einem Kostenvergleich, der im Einklang mit der RWE-Methode die mit dem Brennstoffkreislauf verbundenen Kostenrisiken herausließ und infolgedessen dem Siedewasserreaktor den Vorzug gab. Nach dieser Erfahrung schwenkte auch Siemens zumindest als Ausweichstrategie auf die Leichtwasserlinie ein und machte sich neben dem Schwerwasserreaktor den Druckwassertyp zu eigen, der mit der Schwerwasserlinie relativ gut zu koppeln war und in den USA bereits von der Firma Westinghouse, einem jahrzehntelangen Siemens-Partner, vertreten wurde. 1964 bekam Siemens mit Obrigheim seinen ersten Auftrag für einen Druckwasserreaktor: jenen Reaktortyp, der am Ende dominierte.

War also die Durchsetzung des Leichtwasserreaktors das Werk der Energiewirtschaft? Sicher nicht im vollen Sinne; denn die EVUs hätten von sich aus zu jener Zeit überhaupt noch keine Kernkraftwerke bestellt; nur durch umfangreiche staatliche Subventionen waren sie zu solchen Aufträgen zu bewegen. Das vom Atom- und vom Wirtschaftsministerium in die Kernenergie gedrängte RWE erklärte im Frühjahr 1962 in gleichlautenden Schreiben an Balke und Erhard, man glaube nicht,»dass etwa im Hinblick auf eine sich in näherer Zukunft abzeichnende Energielücke der Baubeginn bereits im gegenwärtigen Zeitpunkt oder auch nur in absehbarer Zeit erforderlich« sei.

Der einflussreiche RWE-Aufsichtsratsvorsitzende Abs gehörte damals in Sachen Kernenergie eher zu den Skeptikern; noch 1963 zweifelte er an Berichten über einen kommerziellen Durchbruch der Kernenergie in den USA und zeigte sich mitnichten als Anhänger des Leichtwasserreaktors, sondern betonte,»dass das Deutsche Atomprogramm nur dann sinnvoll sei, wenn am Ende der Entwicklung der Bau deutscher Kernkraftwerke stehe«. Mit gutem Grund trat er für eine Fortsetzung der Experimentierphase ein:»Da beim gegenwärtigen Überangebot an fossilen Brennstoffen ... keine Notwendigkeit für die Elektrizitätsversorgung aus Kernenergie bestehe, sollte das Programm für die nächste Zukunft vornehmlich auf die Forschung, Entwicklung, Ausbildung und Sammlung von Erfahrungen abgestellt werden.« Die Energiewirtschaft hatte damals ebenso wenig wie das Gros der Industrie ein Interesse an einem Monopol der Leichtwasserreaktoren.

Die Durchsetzung des Leichtwasserreaktors war vor allem durch den Zeitpunkt und das Tempo der Entwicklung bedingt: Wenn sich die Energiewirtschaft schon zu jenem verfrühten Zeitpunkt zur Bestellung von Kernkraftwerken herbeiließ, dann lag es für sie nahe, Leichtwasserreaktoren zu bevorzugen, die relativ billig, unkompliziert und erprobt erschienen, mochten sie auch auf lange Sicht weniger vorteilhaft sein. Der Arbeitskreis Kernreaktoren unternahm im Februar 1963 eine Umfrage bei der Energiewirtschaft, um deren Bedingungen für Kernkraftaufträge in Erfahrung zu bringen. Erst im November 1963 kam»eine erste Antwort«; ihr war laut Wirtz zu entnehmen,»dass man bei im Ausland erprobten Kernkraftwerken das Schema Gundremmingen für geeignet« hielt, bei »nicht erprobten deutschen Eigenentwicklungen« jedoch ein höheres Risiko voraussetzte und eine entsprechend höhere Risikobeteiligung der öffentlichen Hand erwartete. Der Bericht ließ erkennen, dass die EVUs am liebsten noch gar keine Kernkraftwerke bestellt hätten: Selbst für die 1970er-Jahre glaubten sie noch nicht an eine Konkurrenzfähigkeit des Atomstroms! Von einer Signalwirkung des im gleichen Jahr in den USA vergebenen Auftrags für Oyster Creek war noch nichts zu merken.

Durch die Haltung der Energiewirtschaft wurde der Bau der ersten Kernkraftwerke einschließlich der Typenwahl überwiegend eine Frage der Bundesgarantien. Es wurde schon dargestellt, wie unter diesen Umständen das Atomministerium eine Schlüsselrolle erlangte. Das gilt selbst gegenüber der DAtK: Dort dominierten zu sehr die Interessen der Herstellerindustrie, als dass sie in der Lage gewesen wäre, einen Kompromiss zwischen Industrie und Energiewirtschaft auszudenken. Aus den DAtK-Akten erfährt man über die Vorgeschichte von Gundremmingen bemerkenswert wenig, weit mehr jedoch aus den Akten des Ministeriums. Daher stellt sich die Frage, ob das Ministerium auch die Typenwahl bewusst beeinflusst hat.

Hier ergibt sich ein widersprüchliches Bild. Balke selbst war nach wie vor der Auffassung, dass deutschen Eigenentwicklungen der Vorrang gebühre und es im Übrigen keinen Anlass gebe, den Übergang zu großen Kernkraftwerken zu forcieren. Noch Ende 1960 hatte er sich in einer Besprechung mit der Bewag, die ein Kernkraftwerk für West-Berlin plante, dafür eingesetzt, dass, wenn man schon einen »erprobten« Reaktor vorziehe, man wenigstens den britischen Calder-Hall-Typ wählen möge; er hatte in dem Zusammenhang nicht zu Unrecht die viel gerühmte Erprobtheit der amerikanischen Leichtwasserreaktoren bestritten. Als sich erkennen ließ, dass ein sofortiger Bau von Kernkraftwerken den Nachbau amerikanischer Reaktoren bedeuten würde, gab Balke sogar vor dem Bundestagsausschuss die denkwürdige Erklärung: »Wir haben uns überzeugt, dass wir angesichts der wirtschaftspolitischen Verhältnisse bei uns zurzeit keine großen Leistungsreaktoren in Deutschland brauchen, vielleicht später oder aus Gründen der Autarkiereserve … Die Arbeiten unseres Ministeriums – das möchte ich hier betonen – haben sich von dem ursprünglichen Zweck … d. h. Deckung der Energielücke durch Erzeugung von Elektrizität aus Atomenergie – entfernt und völlig gewandelt«. Und er setzte hinzu – im selben Jahr, als Gundremmingen in Auftrag gegeben wurde! –, es möge immerhin schon heute Standorte geben, wo ein Bedürfnis nach Kernenergie vorhanden sei: »in der Arktis, in der Antarktis oder auf den ozeanischen Inseln«: eine Bemerkung, die sich wie ein Witz anhörte, wenn man sich nicht der Schwärmereien über die Erschließung der arktischen Eiswüsten mittels Kernenergie erinnerte. Die Stellungnahme dokumentiert, dass Balke sich mittlerweile erheblich von den tatsächlichen Vorgängen in seinem Ministerium entfernt hatte. Schon das Scheitern des Projektes für ein Kernkraftwerk Stuttgart 1960 hatte zu heftiger öffentlicher Kritik an Balke geführt, den man nicht zu Unrecht im

Verdacht hatte, dass er mehr an Atomforschung als am Bau größerer Kernkraftwerke interessiert sei.

1961 gab das Deutsche Atomforum die Parole aus, dass man nur mit der »Errichtung von Großanlagen«, allerdings auch nur durch »Eigenentwicklung von Leistungsreaktoren«, den »gewaltigen Vorsprung« des Auslands einholen könne. Ein Teil des Arbeitskreises Kernreaktoren wurde nunmehr sichtlich nervös und warnte, man werde sich alle Marktchancen verscherzen, wenn man »die möglicherweise erst in einem Jahrzehnt erreichbare Wirtschaftlichkeit bestimmter Konstruktionen abwarten wollte«; ein einhelliger Beschluss dazu kam jedoch nicht zustande. Im Frühjahr 1962 ging beim Atomministerium eine ganze Serie von Schreiben aus der Atomindustrie ein, die die Notwendigkeit hervorhoben, endlich ein »großes Atomkraftwerk« zu bauen. Selbst Ludwig Erhard, der lange Zeit an der Kerntechnik kaum ein Interesse gezeigt hatte, drängte das RWE nunmehr in ziemlich scharfer Form dazu, der Atomindustrie endlich einen Auftrag zu geben und nicht »in der reinen Papierarbeit« stecken zu bleiben. Auch das Atomministerium wurde trotz der Ansichten seines Chefs von diesem verstärkten Druck der Atomindustrie beeinflusst.

Trotz der Dominanz der »deutschen« Entwicklung gab es im Ministerium auch schon erklärte Anhänger der amerikanischen Reaktorstrategie: so vor allem den energischen und eigenwilligen Ministerialrat Finke, der die Finanzierungsverhandlungen über Gundremmingen führte. Schon Anfang 1961 gab er zu erkennen, dass er nur die Kostenrechnungen der USAEC für zuverlässig hielt: er betonte, man solle diese in der Bundesrepublik »stets im Blick« behalten. Er wurde ein scharfer Kritiker »teutonischer« Reaktorambitionen in seinem Ministerium und der Atomkommission; ein Ersuchen der Farbwerke Hoechst, das Hoechster Schwerwasser trotz seines höheren Preises »wenigstens teilweise« bei der Ausstattung des FR 2 dem amerikanischen vorzuziehen, wies er brüsk zurück. In den Besprechungen, die er mit dem RWE und den Konkurrenten Siemens und AEG über das Gundremmingen-Projekt führte, war weder von dem Reaktortyp noch überhaupt vom Eltviller Programm die Rede, ja es wurde sogar ausdrücklich »festgestellt, dass durch die Förderungsmaßnahmen des Bundes keinerlei Einfluss auf die vom RWE zu treffende technische Entscheidung ausgeübt werden solle«. Nach Lage der Dinge bedeutete das freie Bahn für den Leichtwasserreaktor, selbst vonseiten des Atomministeriums. Auf solche Weise hat das Ministerium der Durchsetzung der amerikanischen Reaktoren Vorschub geleistet, nicht jedoch auf der Grundlage irgendeiner langfristigen Planung.

Atompolitik im politischen Gesamtklima

Man kann annehmen, dass es um 1961/62 durch das politische Gesamtklima erleichtert wurde, amerikanische Reaktoren gegenüber deutschen Eigenentwicklungen zu bevorzugen. Der im Herbst 1961 erfolgte Wechsel von Heinrich von Brentano zu Gerhard Schröder in der Leitung des Außenministeriums bedeutete einen atmosphärischen Wandel in der Außenpolitik und eine Suche nach verstärkter Zusammenarbeit mit den USA in der neuen Ära Kennedy, auch auf Kosten der Beziehungen zu dem gaullistischen Frankreich. Mit dem Ende der Ära Adenauer 1963 verstärkte sich die Option für die USA und gegen Frankreich, nicht zuletzt durch die Kontroverse um den Atomteststoppvertrag, jenes Vorspiel zu der weit heftigeren Kontroverse über den »Atomsperrvertrag«. All das legt die Vermutung nahe, dass die Durchsetzung der Leichtwasserreaktoren in der Bundesrepublik nicht ein rein »sektoraler« Vorgang war, sondern in einem größeren Zusammenhang stand. Man erkennt jedoch nicht, dass diese Reaktorstrategie damals bewusst in ihrer politischen Dimension begriffen worden wäre: Dann hätte nämlich die delikate Frage erörtert werden müssen, ob auf die Bereitschaft der Amerikaner, angereichertes Uran zu liefern, langfristig Verlass sei. Zu solchen Diskussionen zwang jedoch erst die Kontroverse um den »Atomsperrvertrag«.

Die Anhänger der »amerikanischen« Linie pflegten inner- und außerhalb der Bundesrepublik in ihrer Auseinandersetzung mit dem Reaktor-Nationalismus als Sachwalter der ökonomischen Rationalität aufzutreten. In Wirklichkeit ist bei ihnen eher ein Glaube an die prinzipielle Überlegenheit der amerikanischen Technik zu erkennen; rein ökonomische Kalkulationen sprachen nicht klar genug für die amerikanischen Reaktoren. Das erste Leichtwasserkernkraftwerk der USA (Shippingport) war nicht geeignet und von seinem Erbauer, dem Admiral Hyman Rickover auch gar nicht dazu bestimmt, Leichtwasserreaktoren sonderlich attraktiv zu machen: Sein sehr unrentabler Betrieb rief allgemeine Enttäuschung hervor und auch Mandel betonte, man könne es nicht als Prototyp für ein Leistungskraftwerk anerkennen. Rickover, der harte Zuchtmeister der entstehenden Atomindustrie, wurde später zum Kritiker der Atomkraft. Der Durchbruch der Leichtwasserreaktoren wurde aus späterer Retrospektive durch den Auftrag für Oyster Creek (1963) markiert; dieser wurde jedoch 1963/64 in der Bundesrepublik noch nicht als Signal wahrgenommen. Die Typenwahl bei den Kernkraftwerken Gundremmingen, Lingen und Obrigheim wurde noch nicht durch Oyster Creek beeinflusst.

Im Übrigen war der Hintergrund von Oyster Creek, soweit sich aus den bisherigen Veröffentlichungen vermuten lässt, mindestens so sehr politischer wie ökonomischer Art: In der Ära Kennedy sah es zeitweise so aus, als werde der Kernkraftwerksbau mangels privater Initiative in staatliche Hand genommen werden; diese Aussicht machte die Privatwirtschaft und auch die Atomkommission nervös und erleichterte dort einen Konsens über den möglichst raschen Bau eines Kernkraftwerks. Noch 1965 hielt die AEC den ökonomischen Nutzen der Leichtwasserreaktoren nicht für gesichert; aber wenn man sofort große Kernkraftwerke wollte, blieb nur der Leichtwassertyp übrig. Ähnlich wie in der Bundesrepublik wurde die Typenwahl wesentlich eine Frage des Tempos. Mag man auch in der Planlosigkeit der Reaktorpolitik das produktive Chaos der Konkurrenz erkennen, lässt sich doch der rekonstruierbare historische Verlauf in seiner ganzen Verworrenheit schwerlich als Weg zum wirtschaftlichsten Reaktor interpretieren.

Innerhalb der Atomkommission suchten die Fachkommission III und der Arbeitskreis Kernreaktoren, voran ihre Vorsitzenden Winnacker und Wirtz, dafür Sorge zu tragen, dass, wenn schon in Gundremmingen die Wahl eines Leichtwasserreaktors nicht zu vermeiden war, zumindest die dann folgenden Demonstrationskraftwerke andere Reaktortypen erhielten, die besser den ursprünglichen Vorsätzen entsprächen. Nur »zur Überwindung der Anfangsschwierigkeiten« hielt man damals die Übernahme eines US-Reaktors für »vertretbar«. Für künftige Kernkraftwerke dagegen erinnerte man »nachdrücklich daran, den Brennstoff Natururan nicht zu vergessen, da nur er allein eine gewisse Unabhängigkeit vom Ausland gewährleistet und billig ist«. Dass Gundremmingen dem deutschen Atomprogramm im Grunde widersprach, ja darüber hinaus die Entwicklung in anderer Richtung festzulegen drohte, wurde von Winnacker und Wirtz deutlich zum Ausdruck gebracht. Die vollendeten Fakten verfehlten aber auch auf sie nicht ihre Wirkung. Als 1964 auch die beiden nächsten Kernkraftwerke mit Leichtwasserreaktoren in Bau gingen, erklärte Winnacker sie allesamt für programmgemäß. Etwas vorsichtiger bemerkte Wirtz, trotz mancher Programmabweichungen »schein(e)« es ihm »heute, dass Widersprüche (zwischen) den Programmen und dem, was wirklich geschah und geschieht, kaum vorhanden sind«. Da damals der Brüter zum Kernstück der Bonner Atomplanungen aufstieg, verloren aus Karlsruher Sicht Programmwidrigkeiten in der »ersten Generation« der Kernkraftwerke an Bedeutung.

Die negativen Erfahrungen mit dem Eltviller Programm, die programmwidrige Durchsetzung des Leichtwasserreaktors und schließlich auch der wachsende Sog des Karlsruher Schnellbrüterprojekts minderten zwangsläufig das Gewicht, das die darauffolgenden Atompläne für Eingeweihte besaßen; nur vor diesem Hintergrund sind die Atomprogramme der 1960er-Jahre zu werten.

Planung als Fassade:
die papierenen Atomprogramme der 1960er-Jahre

Das Eltviller Programm von 1957, das nicht nur inoffiziell, sondern auch nichtöffentlich war –, ursprünglich eine Entschließung lediglich des Arbeitskreises Kernreaktoren –, war gerade im industriellen Bereich noch vergleichsweise konkret und detailliert gewesen. Das Atomprogramm von 1963 – zunächst als Neufassung des Eltviller Programms begriffen, dann als »deutsches Atomprogramm« schlechthin erwähnt und erst später, in nachträglicher Legitimierung des Eltviller Programms, als »Zweites Atomprogramm« geführt – nannte im »Nahprogramm der Reaktorentwicklung« wohlweislich keine bestimmten Reaktortypen mehr, sondern nur noch allgemeine Kriterien zur Typenwahl, die zwar manche Eltviller Grundsätze wieder aufnahmen, aber auch andere, dazu in Spannung stehende Gesichtspunkte einführten. Schon das erste Kriterium war voller innerer Widersprüche: »Der Reaktortyp soll in naher Zukunft wirtschaftliche Energie versprechen« – das ließ sich als Votum für den Leichtwasserreaktor deuten – »und eine Wettbewerbsfähigkeit für einen längeren Zeitraum erwarten lassen« – das konnte eine Distanzierung von dem wenig entwicklungsfähigen Leichtwassertyp bedeuten. »Bei der Beurteilung der Wirtschaftlichkeit ist der Brennstoffzyklus auf lange Sicht zu untersuchen«: Das war ein deutlich gegen Leichtwasser gerichtetes Kriterium. Wenn darauf der zweite Punkt lautete, in das Reaktorprojekt müssten »die international vorhandenen Erfahrungen mit einbezogen werden«, ließ sich das wieder als Argument für den amerikanischen Reaktor deuten.

Das Atomprogramm gab im Übrigen zu, dass »in Deutschland noch keine Energielücke zum sofortigen Ausbau von Reaktorkraftwerken zwingt«, ja es prophezeite nicht einmal eine künftige Energielücke. Dennoch befürwortete es den unverzüglichen Bau von zwei großen Kernkraftwerken zusätzlich zu Gundremmingen. Der früher gemachte Vorschlag einiger Mitglieder des Arbeitskreises Kernreaktoren, man möge bereits für 1970 »kerntechnische Anlagen in größerem Umfang« ankündigen, fand in der Endredaktion keine Berücksichtigung, vielmehr hieß es recht vage, die Einführung der Kernenergie »als zusätzliche Energiequelle« sei »nach der heutigen Kenntnis in etwa einem Jahrzehnt zu erwarten«. Auch der Vorschlag, den »steigenden Energiebedarf der Bundesrepublik« ins Feld zu führen, wurde bemerkenswerterweise nicht aufgenommen: Man war zu jener Zeit aus böser Erfahrung vorsichtig mit Energieprognosen.

Nicht ohne Grund wurde die Genese des Zweiten Atomprogramms von der *Frankfurter Rundschau* als »schmerzensreiche Zangengeburt« charakterisiert. Das Ministerium, obwohl an der Endredaktion mit ihren vorsichtigen Formulierungen wesentlich beteiligt, wollte sich vor der Öffentlichkeit doch nicht voll mit dem Programm identifizieren: Zur Empörung der *atomwirtschaft* und des früheren Atomministers Balke, während dessen Amtszeit (aber ohne seine aktive Beteiligung) das Programm noch im Wesentlichen entstanden war, beließ der neue Forschungsminister Hans Lenz das Programm als unverbindlichen Vorschlag der DAtK. Die Meinungsdifferenzen innerhalb der Ministerialbürokratie und der rasche Wandel der nuklearen Perspektiven werden ihn in dieser hinhaltenden Taktik bestärkt haben: Durch die Projekte Lingen und Obrigheim wurde der Kriterienkatalog des Programms für Reaktorentwicklungen schon nach kurzer Zeit unglaubwürdig. Erst das 1968 verkündete Dritte Atomprogramm wurde zum offiziellen Programm der Bundesregierung erhoben. Damals hatten sich bereits in einem Maße feste Strukturen und vollendete Fakten herausgebildet, dass man diese getrost in einem Programm festschreiben konnte, ohne Sorge, binnen kurzem wieder vieles revidieren zu müssen.

»Das 3. deutsche Atomprogramm« – so kennzeichnete Pretsch 1968 die Entwicklungslinie der Programme seit 1957 – »pendelt vom Wunschdenken des ersten über das Zögern des zweiten in eine realistische Linie ein«. Aber auch das war Wunschdenken. Immerhin: Die Doppelherrschaft des Karlsruher und des Jülicher Großprojektes, des Schnellen Brüters und des THTR, kam jetzt klar zum Ausdruck, aber auch Subventionsmaßnahmen für bereits erprobte Reaktoren wurden ermöglicht. Wenn die repräsentative Bedeutung dieses Programms weit größer war als die aller vorigen, so war doch seine effektive Bedeutung eher noch geringer und wurde offenbar von Anfang an nicht hoch eintaxiert. Im Taschenbuch für Atomfragen von 1968 ist ihm nicht einmal ein eigenes Kapitel gewidmet, sondern es wird nur im Zusammenhang mit verschiedenen Einzelsektoren erwähnt, und auch da nur kursorisch. Wenn die 1960er-Jahre generell und in der Öffentlichkeit als eine erste große Zeit der Planung erscheinen – während in den 50er-Jahren der Planung offiziell noch das Odium des Kommunismus angehaftet hatte –, verbirgt sich ausgerechnet in der so planungsbedürftigen Kernenergie hinter den Kulissen eine pure Planungsposse. Die wirklichen, nämlich die aktiv die kerntechnische Entwicklung bestimmenden Programme waren nicht die Pauschalprogramme der DAtK, sondern die Projekte der Kernforschungszentren. Diese »eigentlichen Großprojekte« waren jedoch, wie 1973 im Forschungsausschuss des Bundestages festgestellt wurde, nicht aus Bonner Planungen hervorgegangen, sondern »mehr oder weniger naturwüchsig gewachsen.«

Der Präsident der Physikalisch-Technischen Bundesanstalt, zugleich langjähriger Mitarbeiter der DAtK, glaubte 1968 die Planungsmethoden der DAtK als Vorbild auch für andere Gebiete hinstellen zu können, ja rühmte sogar, diese Planung habe »in Tempo und Ergebnis eine deutsche Parallele geschaffen zu den planerischen Meisterleistungen der Japaner auf ausgewählten Gebieten der modernen Technik«. In Frankreich freilich, wo man konkretere Vorstellungen von *planification* besaß, sah man es anders: *Le Monde* bemerkte 1965, es gebe zwar deutsche Reaktoren, aber kein deutsches Reaktorprogramm. Im Atom- und nachfolgenden Forschungsministerium wurden die Atomprogramme offenbar nicht wichtig genommen; nach einem Vorgang »Atomprogramme« sucht man bis Ende der 60er-Jahre in den Ministerialakten vergebens. Selbst Balke, der kerntechnisch kompetenter war als seine Nachfolger, versicherte dem Verfasser geradezu mit Stolz, er habe sich nie am Entwurf von Atomprogrammen beteiligt! Bis 1970 fehlte es dem Ministerium überhaupt an einem Planungsstab. Die Programme brauchte man vornehmlich gegenüber dem Bundestag und dem Finanzministerium, um Haushaltsanträge begründen zu können; vermutlich war der Sinn der Atomprogramme für das Ministerium hiermit großenteils erschöpft. Auch die Absegnung der Anträge durch DAtK-Gremien war am Ende nur noch eine Pflichtübung für das Finanzministerium.

Alles in allem erkennt man einen geradezu negativen Lernprozess hinsichtlich der Chancen staatlicher Atomplanung; kein Wunder, dass die Atomlobby für den Ansturm der Kritik in den 1970er-Jahren schlecht gerüstet war. Im Ministerium war es der Querdenker Wolfgang Finke, der diese negative Erfahrung 1970, nach Beginn der sozialliberalen Ära, in einem Artikel in der *atomwirtschaft* mit Schärfe und Courage artikulierte; Rudzinski feierte den Artikel als »erste kritische Äußerung aus dem Bundeswissenschaftsministerium«. Finkes Bilanz war vernichtend: »Insgesamt war die Trefferquote bei der Entwicklung der Kernkraftwerkstechnik während der letzten 15 Jahre erstaunlich niedrig; entsprechend waren Anzahl und im Einzelfall auch Umfang der Fehlschläge ungewöhnlich groß. An ihnen hatten staatliche Entwicklungsorganisationen einen besonders hohen, für künftige Fälle zur Vorsicht mahnenden Anteil. Sämtliche von ihnen, aber auch von den meisten anderen Stellen bis 1965 abgegebenen Prognosen haben sich als falsch, die daraus abgeleiteten Kosten-Nutzen-Vergleiche als irreführend und die darauf gestützten Entscheidungen als mindestens fragwürdig und oft verhängnisvoll erwiesen. Das Planungsinstrumentarium der für die nationalen und supranationalen Atomprogramme Verantwortlichen hat seine Feuerprobe nicht bestanden und sich gegenüber den meist konventionelleren und stets vorsichtigeren Planungsmethoden der Industrie und der Versorgungswirtschaft nicht behaupten können«. Hier muss man sich allerdings daran erinnern, dass Finke frühzeitig ein Verfechter der »amerikanischen« Linie und der Leichtwasserreaktoren war und deren Durchsetzung für ihn gleichbedeutend war mit dem Sieg der ökonomischen Vernunft. Ob dies zutraf und Industrie und Energiewirtschaft wirklich bessere Planungsmethoden als der Staat besaßen, ist zweifelhaft. Durch die Macht, ökonomische Fakten zu schaffen, besaßen sie jedoch die Fähigkeit zur »self-fulfilling prophecy«.

Die wachsende Kluft zwischen Gegenwarts- und Zukunftsreaktoren und der Niedergang des Schwerwasserreaktors

Der Schwerwasserreaktor war in Deutschland, wie wir sahen, ein schon aus dem Zweiten Weltkrieg überkommenes Reaktorkonzept, in dem sich in der spekulativen Ära der Atompolitik am ehesten durchsetzungsfähige Interessen verschiedener Art – wissenschaftliche, industrielle, machtpolitische – zu vereinigen schienen. Man gelangte zu diesem Reaktortyp fast automatisch, wenn man Reaktoren unter dem Gesichtspunkt der Unabhängigkeit von den Urananreicherungsanlagen der Atommächte, der guten Urannutzung und der hohen Plutoniumausbeute konzipierte. Weltweit galten die Schwerwasserreaktoren lange Zeit als die wichtigste Alternative zu den Leichtwasserreaktoren, wenn man die Pläne, nicht die tatsächlich gebauten Kernkraftwerke betrachtet. In der Bundesrepublik profitierte dieser Reaktortyp lange Zeit besonders ausgiebig von der staatlichen Förderung: Das gilt nicht nur für den Karlsruher FR 2 und den sogenannten»Mehrzweck-Forschungsreaktor« (MZFR), sondern noch für das Leistungskernkraftwerk Niederaichbach (KKN) und das Kernkraftwerk im argentinischen Atucha, den ersten Exportauftrag der deutschen Atomindustrie. Lange Zeit besaß der Schwerwasserreaktor seinen Rückhalt bei der Firma Siemens, dem potentesten deutschen Reaktorbauer. Nach alledem ist es umso seltsamer, dass dieser Reaktortyp am Ende kaum erprobt und fallengelassen wurde.

Ein aufschlussreiches Vorspiel ist eine Stellungnahme zum KKN-Projekt, die 1964 im Auftrag des Arbeitskreises Kernreaktoren von Boettcher, Häfele, Jaroschek und Mandel verfasst wurde. Das Gutachten repräsentiert eine ungewöhnliche Allianz der beiden Kernforschungszentren mit der Energiewirtschaft und der Partei des Leichtwasserreaktors. Die Gutachter, wenn auch verbindlich gegenüber dem Schwerwasserreaktor, zeigten sich doch»stark beeinflusst durch die jüngste Preisentwicklung amerikanischer Leichtwasserreaktoren« und betonten die Konkurrenzfähigkeit gegenüber diesen Reaktoren als entscheidenden Gesichtspunkt. Sie ließen durchblicken, dass sie dem Schwerwassertyp diese Konkurrenzfähigkeit nicht zutrauten, und zeigten sich besorgt, die Bundesrepublik könne sich mit der Zahl der von ihr geförderten Reaktortypen finanziell übernehmen. Das Gutachten dokumentiert, dass der Schwerwasserreaktor nicht einmal mehr im KFZ Karlsruhe einen vollen Rückhalt besaß. Nicht nur der Leichtwasserreaktor, sondern auch der Schnelle Brüter drängte ihn aus dem Feld.

Als Reaktion auf den Erfolg der Leichtwasserreaktoren wurde es bei den Anhängern des Schwerwassertyps auch außerhalb der Bundesrepublik beliebt, diesen Reaktor, der ursprünglich als besonders einfacher Typ galt, wegen seiner relativ hohen Brutrate zum»fortgeschrittenen Konverter« hochzustilisieren. Als solcher brauchte er nicht mehr auf kommerzieller Ebene mit den Leichtwasserreaktoren zu konkurrieren, sondern konnte vielmehr einen Anspruch auf fortlaufende Förderung aus öffentlichen Mitteln erheben. Probleme ergaben sich nur daraus, dass die Zukunftsdimension der Kerntechnik, in die der Schwerwassertyp auf solche Weise ausgesiedelt wurde, damals bereits anderweitig besetzt war: von den Schnellen Brütern und Hochtemperaturreaktoren. Die Schwerwasserreaktoren wurden daher manchmal auch als »Zwischengeneration« zu dieser angeblich »zweiten Generation« von Kernkraftwerken empfohlen.

In diesem Zusammenhang wurde damals ein Bündnis des schweren Wassers mit dem Thorium propagiert, also mit der in Jülich vorangetriebenen HTR-Entwicklung. Ein solches Bündnis hätte rein technologisch betrachtet eine gute Grundlage besessen und zugleich eine neue Kräftekonzentration und Kontinuität der bundesdeutschen Kernenergieentwicklung versprochen. Der Gedanke eines Schwerwasser-Thoriumreaktors oder gar -brüters tauchte immer wieder auf: Schon für Balke war er maßgebend bei der Förderung der Schwerwasserlinie; seit 1964 betrieb Siemens entsprechende Studien und arbeitete auf diesem Gebiet mit der Kernforschungsanlage Jülich zusammen. Siemens erweckte damals den Eindruck, der thermische Thoriumbrüter sei sogar noch vorteilhafter als der Schnelle Brüter, da es »bei diesem Reaktortyp, im Gegensatz zum Schnellbrüter, keine grundlegenden neuen technologischen Probleme zu lösen« gebe: eine reichlich optimistische Behauptung, die man allerdings im Vergleich zu den Problemdimensionen des Natriumbrüters gelten lassen kann. Im Protokoll eines DAtK-Arbeitskreises findet sich 1965 der Hinweis, dass von kanadischer Seite der Schwerwasserreaktor »als Vorstufe und – auf lange Sicht – echter Konkurrent zum Brüter angesehen werde«. Die Passage wurde auf Karlsruher Veranlassung aus dem Protokoll gestrichen!

Die technologisch an und für sich reizvollen Planungen, die mit dem Schwerwassertyp verbunden wurden, blieben papierene Konzepte ohne wirkliches Gewicht. Trotz aller theoretischen Vorzüge gab es auch in der zweiten Hälfte der 1960er-Jahre nirgends in der Welt einen mit Thorium betriebenen Schwerwasserreaktor. In der Bundesrepublik war die Schwerwasserlinie mit dem MZFR schon in Karlsruhe verankert und nicht so leicht nach Jülich zu transferieren. Jülich musste sich in der Folgezeit um eine Konzentration seiner Kräfte bemühen und die Vielzahl der Entwicklungslinien reduzieren. Siemens strebte danach, seinen Schwerwasser-Thoriumkonverter in Jülich an die Stelle des dort zum Großprojekt aufsteigenden gasgekühlten Hochtemperaturreaktors zu rücken; aber bei solcher Konkurrenz musste in Anbetracht der Jülicher Verhältnisse das Schwerwasserprojekt unterliegen. Eine Schwerwasser-Thorium-Allianz hätte zu den entstanden Nuklearformationen quer gelegen.

Der erste Exportauftrag für die deutsche Kernkraftwerksindustrie

Vorübergehend bekam der Schwerwasserreaktor als Exportartikel Auftrieb: dabei jedoch nicht als zukunftsträchtiger »fortgeschrittener Konverter«, sondern als relativ simpler Gegenwartsreaktor, der mit Natururan betrieben werden konnte und somit Unabhängigkeit von den USA verhieß – gerade in Lateinamerika eine besondere Attraktion. Als Argentinien 1968 bei Siemens ein Schwerwasserkernkraftwerk bestellte, war das der erste Exportauftrag für die deutsche Atomindustrie. Der Triumph in deutschen Industriekreisen war umso größer, als es sich bei dem Projekt im argentinischen Atucha um das erste Kernkraftwerk Lateinamerikas handelte; »alle führenden Reaktorbaufirmen der Welt«, an der Spitze die der USA, hatten sich um diesen Auftrag bemüht. Der nukleare Einstieg versprach überdies eine Kette von Nachfolgeaufträgen, die sich nahtlos in die weit vor 1945 zurückreichende Lateinamerika-Strategie führender deutscher Firmen einfügte. Die *Welt* glaubte damals zu wissen, Kernforschung und Kerntechnik stünden »sowohl in Argentinien und Brasilien als auch in Chile an der Spitze jener Gebiete, auf denen diese Länder künftig mit der Bundesrepublik Zusammenarbeit wollen«. Der *Industriekurier* feierte zur gleichen Zeit Atucha als Auftakt zu einem großen »La-Plata-Projekt« – einer gemeinsamen Erschließung des La-Plata-Beckens durch die Anliegerstaaten –, das »eine Goldgrube für die Bundesrepublik« zu werden verspreche.

Ob jedoch Atucha wirklich als Erfolg der deutschen Industrie und insbesondere der Schwerwasserlinie gelten konnte, war gerade in wohl informierten Wirtschaftskreisen zweifelhaft. Ein redaktioneller Artikel der *atomwirtschaft* deutete auf die wahren Verhältnisse hin, wenn er feststellte, der Auftrag für Atucha zeige, »dass es jetzt auch der Bundesrepublik und speziell dem Forschungsministerium gelungen ist, der deutschen Industrie die bei solchen Projekten nötige Hilfestellung zu geben«. Tatsächlich wurde die Finanzierung des argentinischen Kernkraftwerks bis zum letzten Pfennig vom Staat besorgt: Über die Kreditanstalt für Wiederaufbau gewährte Bonn eine »Kapitalhilfe« von 100 Mio. DM und einen weiteren Kredit von 75 Mio. DM; die restlichen 125 Mio. DM des insgesamt 300 Mio. DM betragenden Kaufpreises wurden mit Hilfe von Hermes-Bürgschaften durch langfristige Bankkredite aufgebracht. Dem jahrelangen Ruf der Wirtschaft nach verstärkter Exportförderung für Kernanlagen wurde im Zeichen des Neokeynesianismus mit beispielloser Großzügigkeit entsprochen und dazu weitere Förderung in Aussicht gestellt. 1969 setzte sich der Forschungsminister auf einer Südamerikareise persönlich für Reaktorexporte ein.

In der Folge zeigte sich jedoch, dass das Atucha-Abkommen nicht nur auf dem Rücken des deutschen Steuerzahlers, sondern auch der deutschen Zuliefererindustrie abgeschlossen worden war; und so demontierte ausgerechnet die *atomwirtschaft* bemerkenswert ungeschminkt den Nimbus dieses angeblichen Exporterfolges:»›Exporte‹, bei denen der Hauptauftragnehmer das Risiko für Garantien und Finanzierungen trägt, während sich das betreffende Land von vornherein den Löwenanteil der Lieferungen für die eigene Industrie ausbedingt, sind auch keine dauerhafte Lösung.« Im Übrigen zeigte sich alsbald, dass die Schwerwasserreaktorlinie ohne eine eigene bundesdeutsche Schwerwasserproduktion ein brüchiges Fundament besaß. Es ist merkwürdig, wie wenig diesem nahe liegenden Erfordernis in der Bundesrepublik Rechnung getragen wurde: Allein dieser Umstand wirft ein Licht auf den Mangel an umfassender Planung. Größere Mengen von schwerem Wasser konnten damals nur von der amerikanischen Atomkommission bezogen werden; die Situation war also ähnlich wie bei angereichertem Uran und dieser Reaktortyp verhieß unter solchen Umständen keine Unabhängigkeit von der amerikanischen Hegemonialmacht.

Hoechst hatte zu jener Zeit die in den 1950er-Jahren begonnene Schwerwasserproduktion längst eingestellt, da der Bund die erhofften Subventionen verweigerte. 1968/69 unternahm Winnacker, dessen Ära damals auch bei Hoechst ihrem Ende zuging, jedoch noch einmal in Atomkommission und Atomforum einen Vorstoß zugunsten einer deutschen Großanlage zur Schwerwasserproduktion. Er wurde dabei von Wirtz unterstützt, der – nicht gerade überzeugend – ausführte, ein Akt wie der Bau einer Schwerwasseranlage besitze selbst dann, wenn die Schwerwasserreaktorlinie auf die Dauer doch nicht »zum Tragen käme«, »nicht zuletzt auch hohe politische Bedeutung«. Aber die einst von Winnacker und Wirtz beherrschte Fachkommission III der DAtK nahm solche Ausführungen lediglich zur Kenntnis und aus dem Ministerium verlautete, die ungesicherten Chancen des Schwerwasserreaktors seien ein hinreichender Grund, um mit dem Bau einer Schwerwasseranlage zu warten. Mandel suchte 1968 in einem viel beachteten Gedenkvortrag für den verstorbenen Finkelnburg über die »wirtschaftlichen Aussichten von Schwerwasserreaktoren« zugleich auch dessen große Leidenschaft, den Schwerwasserreaktor, zu beerdigen. Kurz vor Ausbruch der großen Kernenergiekontroverse zeigte die nukleare Community Zerfallstendenzen.

Das absurde Finale des Schwerwasserkernkraftwerks Niederaichbach (KKN)

Ein im Forschungsministerium 1968 ausgearbeitetes Memorandum erklärte rundheraus, D_2O-Reaktoren könnten auf Grund technischer Komplikationen und mangelnder Leistungsdichte niemals gegenüber Leichtwasserreaktoren konkurrenzfähig werden. Und doch ging der vom Staat finanzierte Bau des Schwerwasserkernkraftwerks Niederaichbach weiter, bis es 1973 nach siebenjähriger Bauzeit betriebsbereit war – um kurz darauf stillgelegt zu werden und die ungelösten Probleme der Demontage von Kernkraftwerken zu demonstrieren.

Neben dem Trägheitsgesetz war für den Weiterbau offenbar das Bestreben maßgebend, die vermeintlichen Exportchancen des Schwerwassertyps nicht durch einen Baustopp zu gefährden. Die Firma Siemens teilte dem Ministerium kurz nach Atucha mit, inzwischen sei auch aus Taiwan, Rumänien, Jugoslawien, der Türkei, Portugal, Südafrika und Indien Interesse an »unsere(m) Reaktortyp« geäußert worden – nicht in einem einzigen Fall führte dieses angebliche Interesse jedoch zu einem Auftrag! –, dass man jedoch bei den argentinischen Verhandlungen »sehr schmerzlich« habe erkennen müssen, wie abträglich neben dem Fehlen einer deutschen Schwerwasserproduktion auch der Mangel an »Referenzanlagen im eigenen Land« sei. Siemens hätte zusätzlich zu dem 100-MW-Kraftwerk bei Niederaichbach am liebsten noch eine weitere wesentlich vom Bund finanzierte Demonstrationsanlage von nicht weniger als 600 MW gehabt! Daran war nicht zu denken; aber Atucha trug immerhin dazu bei, dass von einem Abbruch des Bauprojekts in Niederaichbach keine Rede war. Die Funktionalisierung Niederaichbachs für Atucha ging so weit, dass man erwog, dem KKN Niederaichbach schweres Wasser zugunsten von Atucha zu entziehen! Die bundesdeutsche Fixiertheit auf den Export wurde zur Groteske.

Die gesamte Geschichte des KKN Niederaichbach bis hin zu ihren Nachspielen ist voller Misslichkeiten und zeigt, wie es trotz umfangreicher staatlicher Unterstützung weder möglich war, konsequent eine langfristig ausgerichtete Entwicklung zu verfolgen, noch gelang, den Erfordernissen kurzfristiger Wirtschaftlichkeit zu genügen. Stattdessen wurde ein Kompromiss gewählt, der weder auf kurze noch auf lange Sicht einen Sinn besaß. Die wesentlichen Entscheidungen wurden dabei schon frühzeitig gegen den Widerstand Finkelnburgs von der Atomkraft Bayern GmbH getroffen, die den Projektierungsauftrag vergab, danach den Bauentscheid viele Jahre verzögerte und die Finanzierung am Ende anderen überließ.

Die allgemeine Lustlosigkeit, mit der Projektierung und Bau erfolgten – zumal nach dem Tod Finkelnburgs (1967), der die treibende Kraft der Schwerwasserlinie gewesen war –, mag sich in jenen Konstruktionsmängeln niedergeschlagen haben, die am Ende dazu führten, dass der Wirkungsgrad kaum ein Viertel der berechneten Werte betrug! Die Konzeptionslosigkeit gipfelte darin, dass man das KKN ungeachtet der überlangen Baugeschichte nicht auch nur einer eingehenden Erprobung würdigte, sondern mit der Stilllegung nicht einmal ein Jahr nach der Inbetriebnahme wartete. Offenbar ging es am Ende nur noch darum, die für die staatlichen Subventionen erforderlichen Leistungen vorzuweisen. Die Abschaltung des von den Auftraggebern noch nicht abgenommenen Kernkraftwerks erfolgte durch einseitigen Entscheid der Erbauerfirma ohne vorherige Absprache mit Bonn. Um dem KKN posthum doch noch einen Erfahrungswert zu geben, gab man die Parole aus, an Niederaichbach solle erstmals der Abriss von Kernkraftwerken demonstriert werden; aber selbst dies ließ auf sich warten. Alles in allem demonstriert die KKN-Groteske die Grenzen einer planvollen großtechnischen Entwicklung, zumal wenn diese von einer schwer durchsichtigen Mixtur staatlicher und privatwirtschaftlicher Akteure betrieben wird.

Das Schicksal des Karlsruher »Mehrzweck-Forschungsreaktors« (MZFR)

Ähnlich verworren verlief auch die Geschichte des Karlsruher MZFR, dessen Bau 1961 mit hochtönenden Fanfaren Finkelnburgs eingeleitet und der bei seiner Fertigstellung als »erster selbständig entwickelter deutscher Leistungsreaktor« und »zur Zeit größte(r) Schwerwasser-Kraftwerksreaktor der Welt« gefeiert wurde. Welcher von den angeblichen drei Zwecken des »Mehrzweck-Forschungsreaktors« die Priorität besaß, blieb in der Schwebe: ob Forschung, Plutoniumproduktion oder Stromerzeugung. Dass bei manchen Beteiligten anfangs auch noch das Bestreben nach Offenhaltung waffentechnischer Möglichkeiten mitspielte, machte die Konfusion vollkommen.

Die Wirtschaftler wollten in der Bezeichnung »Forschungsreaktor« nicht viel mehr als ein mit Rücksicht auf die seinerzeitigen Subventionsbedingungen der öffentlichen Hand gewähltes Etikett sehen; Angehörige des Ministeriums und der Forschungszentren dagegen wollten mit der Forschung Ernst machen. Für einen Forschungsreaktor war der MZFR jedoch zu groß, für ein Demonstrationskraftwerk dagegen zu klein. Im Übrigen konnte er vorerst weder die eine noch die andere Funktion erfüllen, da es während der gesamten 1960er-Jahre nicht gelang, einen auch nur einigermaßen störungsfreien Betrieb zu bewerkstelligen. Hauptproblem waren die durch Lecks verursachten fortwährenden Verluste des kostspieligen schweren Wassers und der damit ebenfalls verbundene Austritt von Radioaktivität. Die Schwerwasser-Anreicherungsanlage in Karlsruhe kam mit den Verlusten zeitweise nicht mehr mit und Reparaturen wurden »durch die hohe Strahlenbelastung des Personals erschwert«. Daraus kann man schließen, dass man zu jener Zeit in der Bundesrepublik beim Bau großer Kernkraftwerke tatsächlich keine andere Wahl hatte als den Leichtwasserreaktor. Die Schwerwasserlinie hätte sich nur dann durchsetzen lassen, wenn man bereit gewesen wäre, mit dem Übergang zu größeren Kapazitäten noch länger zu warten.

Immerhin ließ sich übersehen, dass der Weg zu betriebsreifen Schwerwasserreaktoren, insbesondere die Reduzierung der D_2O-Verluste vornehmlich eine Frage wachsender Ingenieurerfahrung, also wesentlich ein Zeitproblem war; das wurde durch die erfolgreiche kanadische Entwicklung bestätigt. Auch der MZFR wurde in den 1970er-Jahren auf eine normale Betriebstüchtigkeit gebracht. Aus dem Schicksal der Schwerwasserlinie in der Bundesrepublik sind daher weniger grundsätzliche Mängel des Schwerwasser- im Vergleich mit dem Leichtwasserkonzept zu folgern als vielmehr Mängel des atompolitischen Entscheidungsprozesses, wobei ein überhastetes Tempo und eine geringe Fähigkeit zu effektiver Planung in die gleiche Richtung wirkten.

In den 70er-Jahren hätte der steile Anstieg der Preise für angereichertes Uran den Vorteilen von Natururan-Reaktoren, wenn sie als reale Alternative noch vorhanden gewesen wären, wieder Gewicht verliehen. Die horrenden Probleme der Wiederaufarbeitung, die ab Mitte der 1970er-Jahre zum Gemeingut der öffentlichen Diskussion wurden, hätten einem Reaktorkonzept, das einen Verzicht auf Wiederaufarbeitung ermöglichte, einen erhöhten Reiz verliehen. Die für den Schwerwassertyp frühzeitig erkennbaren Exportchancen – ob in Indien, Argentinien oder gar Rumänien – bestanden auch weiterhin und hätten bei einer zielstrebigeren bundesdeutschen Politik möglicherweise realisiert werden können. Gerade in brasilianischen Atomkreisen gab es nach wie vor eine starke Anhängerschaft des Schwerwasserreaktors; sie wurde jedoch von dem deutsch-brasilianischen Atomgeschäft auf schnöde Art überfahren. Das Schicksal des Schwerwasserreaktors wirft ein Licht darauf, wie wenig es bei allen Interessenverflechtungen eine wirksame und zielstrebige Zusammenarbeit von Staat und Atomindustrie gab.

Dieser Reaktortyp war das prominenteste Opfer der in den 1960er-Jahren vollzogenen Polarisierung von Gegenwarts- und Zukunftsreaktoren, die beide eine autonome Eigendynamik gewannen: zum einen durch die kurzfristig-kommerzielle Rationalität der Leichtwasserreaktoren, zum anderen durch den Ausbau der Großforschungsinstitute und den Sog der Schnellen Brüter, die jene Unabhängigkeit zu bescheren schienen, die man sich vordem von Natururan-Reaktoren versprochen hatte. Die Weiterentwicklung der D_2O-Reaktoren, die vermutlich am ehesten einen kontinuierlichen Übergang von den Nah- zu den Fernzielen ermöglicht hätte, geriet in die immer weiter aufklaffende Zeitlücke hinein. Dass es sich hierbei um eine allgemeine Gesetzmäßigkeit handelt, verdeutlicht das Schicksal auch anderer Reaktorprojekte. Besonders aufschlussreich ist die Typenkontroverse innerhalb der Brüterentwicklung.

Die Kontroverse um die Brütertypen

Evolutionäre »Entwicklung« von Brutreaktoren?

Den Erfahrungen der Technikgeschichte hätte es eigentlich am besten entsprochen, wenn man sich bei der Brüterentwicklung schrittweise vorangetastet und möglichst an erprobte Technologie angeknüpft hätte. Wenn man bei Kernkraftwerken von verschiedenen »Generationen« sprach, setzte man als Norm ein »organisches« Hervorgehen der Zukunftsreaktoren mit besserem Wirkungsgrad und höherer Brutrate aus den »konventionellen« Kernkraftwerken voraus. Das industrielle Interesse an der Weiterverwendung möglichst vieler konventioneller Komponenten lief auf einen solchen kontinuierlichen Anknüpfungsprozess ebenso hinaus wie die wesentlich auf das Kriterium der »Erprobtheit« abgestellte Sicherheitsphilosophie der Energiewirtschaft.

Diesen Bedingungen wurde anfangs in der internen Brüterdiskussion Rechnung getragen. »Auf Grund unserer gesellschaftlichen Struktur«, erklärte Häfele 1960 vor dem Arbeitskreis »Kernreaktoren«, gebe es »eine intensive Wechselwirkung zwischen langfristigen Aufgaben und kurzfristigem Gewinn in wirtschaftlicher und tagespolitischer Hinsicht«. »Dieser Situation hat man sich zu stellen, indem man Brutreaktoren so baut, dass sie selbst nach ... Maßstäben der nahen Zukunft schon fast wirtschaftlich arbeiten, andernfalls wird man der Lage der Dinge nach die langfristige Aufgabe nicht wahrnehmen können«. Diese Wechselwirkung zwischen Gegenwarts- und Zukunftsplanung, die zugleich eine Kombination von einzelbetrieblicher Rentabilität und gesamtwirtschaftlichem Nutzen hätte sein können, trat jedoch paradoxerweise bei der Brüterentwicklung gerade zu der Zeit außer Funktion, als die Leitung des Prototypenbaus der Industrie übertragen wurde.

Natrium kontra Wasserdampf

Die Auseinandersetzung um die Typenwahl beim Schnellen Brüter war die bis dahin heftigste Kontroverse der deutschen Atompolitik. Die technische Alternative, ob Natrium oder Wasserdampf als Kühlmittel dienen sollte, enthielt zugleich markante Differenzen in der kerntechnischen Gesamtstrategie. Der Meinungskampf verdient daher eine genauere Betrachtung.

Flüssiges Natrium, das sich am Ende bei der Brüterkühlung durchsetzte, war schon das bei den Atommächten am frühesten für Schnelle Brüter vorgesehene Kühlmittel. Zu einer Zeit, als man sich Brüter nur mit relativ kleinem Reaktorkern und entsprechend sehr hoher Leistungsdichte vorzustellen vermochte, besaß nur ein flüssiges Metall die erforderliche Kühlkapazität.

Nicht zum ersten Mal siegte in der Kerntechnik einfach diejenige Lösung, die am ehesten da war und in die daher am längsten Geld investiert und ein Schein vollendeter Fakten geschaffen worden war. Dabei war Natrium ein in der Kraftwerkstechnik »völlig fremder Arbeitsstoff«, dessen Unannehmlichkeiten und neuartige technische Probleme frühzeitig erkannt wurden. Als Anfang der 1960er-Jahre durch die Einführung nichtmetallischer Brennelementkonzepte – es war die für den Karlsruher Einstieg in die Brüterentwicklung wegweisende Wende! – die Leistungsdichte verringert wurde, eröffnete sich die Chance, statt Natrium Gas (Helium) oder sogar Wasser als Kühlmittel zu verwenden. Das Karlsruher Brüterprojekt trat daher mit dem Vorsatz einer kritischen Revision bisheriger ausländischer Entwicklungen auf den Plan.

Als Referent für die Natriumtechnologie wurde 1963 in der DAtK Ludolf Ritz gehört, der Verfechter des Dampfbrüters, der das Natrium später als »Teufelszeug« brandmarkte. Ritz verwies darauf, dass der Natriumkreislauf »der aufwendigste aller Reaktorkreisläufe« sei und sogar »die Kosten des Reaktors selbst übersteig(e«). Die Vorzüge des Natriums bestanden demgegenüber in seiner exzellenten Wärmeleitfähigkeit und dem dadurch ermöglichten relativ geringen Betriebsdruck, der zugleich ein Sicherheitsmoment darstellte. Die Tücke bestand dagegen in den heftigen Reaktionen des Natriums mit Wasser und Sauerstoff, die die Gefahr einer Explosion heraufbeschworen, und das in einem Reaktor, der durch den Verzicht auf Neutronenbremsung ohnehin schon gegenüber anderen Reaktoren ein prinzipiell neuartiges Gefahrenpotenzial enthielt! Die Natriumproblematik trat beim Brüter als Problem der Dampferzeuger in Erscheinung, in denen die Hitze des Natriums auf den durch die Turbinen führenden Wasserkreislauf zu übertragen war. Da zum optimalen Wärmetransfer möglichst ausgedehnte und dünnwandige Berührungszonen zwischen dem Natrium- und dem Wasserkreislauf vorhanden sein mussten, kollidierte die thermodynamische Perfektionierung mit Erfordernissen der Sicherheit. Die Aussichten mussten umso bedenklicher erscheinen, als in den Dampferzeugern der Leichtwasserreaktoren – wie überhaupt in den Rohrsystemen konventioneller Kraftwerke – Lecks häufig vorkamen. Noch 1966 wurde die »Erforschung der Natrium-Wasserreaktionen« im Institut für Reaktorsicherheit als ein erst in Zukunft zu bearbeitendes Gebiet genannt; ja noch 1970 wurde im Schlussresümee eines internationalen Symposiums über Natriumbrüter das Verhalten der Dampferzeuger bei Natrium-Wasser-Reaktionen als »wesentliche Frage«, bei der es »sicherlich noch viel zu lernen gebe«, hervorgehoben. Grundlegende Erkenntnisse über die inhärenten Sicherheitseigenschaften des Natriumbrüters wurden überhaupt erst 1971 aus den SEFOR-Experimenten in den USA gewonnen. In der Industrie blieb Natrium als Kühlmittel nach wie vor ungebräuchlich.

Die spezielle Dampferzeugerproblematik entfiel, wenn man bereits den Primärkreislauf mit Wasser betrieb; dann konnte man sogar darauf hoffen, selbst beim Schnellen Brüter zum Direktkreislauf zu gelangen. Das Konzept des Dampfbrüters gelangte jedoch mehr auf zufälligem Wege nach Karlsruhe: Es war mit der Person von Ludolf Ritz verbunden, eines aus dem Ausland zurückgekehrten Ingenieurs, der nach dem Krieg in der englischen Atomindustrie aufgestiegen war und nach seinem Eintritt in das KFZ Karlsruhe (1961), wo er Direktor des Instituts für Reaktorbauelemente wurde, den Nimbus des im Ausland bewährten Praktikers genoss. Die sich Mitte der 1960er-Jahre abzeichnende Dominanz der Leichtwasserreaktoren in der »ersten Generation« der Kernkraftwerke führte dazu, dass um 1965 in Karlsruhe der Entwurf eines Dampfbrüters sogar »im Vordergrund« stand. Der Arbeitskreis »Kernreaktoren« bescheinigte 1965 dem Dampfbrüter, dort sei »die Entwicklung von Großkomponenten weniger aufwendig, da es sich um konventionelle Technik handelt«. Für das »Dampfprojekt« stellte man daher nur ganze 38 Mio. DM zur Verfügung, während man zugleich die für die »Vorbereitung des Natrium-Prototyps« erforderliche Summe – immer noch viel zu niedrig – auf 140 Mio. DM bezifferte. Wäre der Entscheidungsprozess in der »zweiten Reaktorgeneration« ähnlich verlaufen wie in der ersten, dann wäre die Wahl mit größter Wahrscheinlichkeit auf den Dampfbrüter gefallen; und dieses Bewusstsein, die objektive betriebswirtschaftliche Rationalität zu verfechten, gab den Kämpfern gegen den Natriumbrüter, Ritz und Rudzinski, eine Sicherheit und Beharrlichkeit, die man sonst in der Zeit vor der Kernkraftkontroverse der 1970er-Jahre bei Kritikern kerntechnischer Entscheidungen nahezu vergeblich sucht. In der deutschen Öffentlichkeit der 1960er-Jahre steht die Kampagne gegen den Natriumbrüter einzig dar.

Gewisse Bedenken gegen den Natriumbrüter unter Aspekten der Sicherheit wie der Wirtschaftlichkeit äußerte Rudzinski in der *Frankfurter Allgemeinen Zeitung* schon 1964. Zum geballten Angriff schritt er jedoch erst 1966, als mit dem Dampfbrüter eine ökonomisch erheblich vorteilhaftere Alternative zur Verfügung stand, die Verfechter des Dampfbrüters im KFZ Karlsruhe sich jedoch von der Natriumpartei zunehmend überspielt sahen und daher zu erwarten stand, dass in Bonn die über kurz oder lang notwendige Wahl zwischen den Brütertypen das Ende des Dampfbrüters bedeuten würde. Damals trat Ritz – ein in der Geschichte der bundesdeutschen Kerntechnik beispielloser Akt! – die Flucht nach vorne an, wandte sich direkt ans Bundesforschungsministerium und beschuldigte die Leiter des Brüterprojekts »übelster Cliquenwirtschaft«.

Zur gleichen Zeit führte Rudzinski, von Ritz mit Insider-Informationen versehen, den Kampf in der Öffentlichkeit. Der Forschungsminister Stoltenberg wurde bereits durch Rudzinskis ersten Artikel »sehr beunruhigt«, da er als Folge »Schwierigkeiten beim Haushaltsausschuss« befürchtete; Rudzinski besaß Beziehungen zu Parlamentariern vor allem der FDP. Die Kontroverse führte am Ende zu dem ersten öffentlichen Hearing der deutschen Kernenergiegeschichte (23./24. Januar 1969). Das änderte nichts an der Entscheidung für den Natriumbrüter, war aber doch der erste Ansatz zu einer folgenreichen Wiederbelebung der öffentlichen Diskussion über die Kerntechnik.

Der Wissenschaftsredakteur Rudzinski, Sohn eines Maschinenfabrikanten und selbst durch seinen beruflichen Werdegang mit der Metallurgie und Natriumchemie vertraut, führte ähnlich wie Ritz seinen Kampf gegen die Leiter des Brüterprojekts unter der Devise Praktiker kontra Theoretiker, Techniker kontra Physiker, Ökonom kontra Wissenschaftler. Der aus der Astrophysik stammende Häfele mit seinen rhetorischen Höhenflügen war hierfür eine geeignete Zielscheibe. Rudzinskis »Reaktorphilosophie« war im Großen und Ganzen die gleiche, an der sich die Vertreter der Leichtwasserreaktoren zu orientieren pflegten: Der beste Reaktor war danach derjenige mit den geringsten Anlagekosten, der einfachsten Konstruktion, der maximalen Verwendung erprobter Technologie. In den 1970er-Jahren allerdings, als Rudzinski gegen den Natriumbrüter nicht mehr den Dampfbrüter, sondern immer mehr den Hochtemperaturreaktor mit seiner – zumindest theoretisch – höheren inhärenten Sicherheit ausspielte, gab er Sicherheitskriterien ein stärkeres Gewicht und ging hierbei streckenweise mit den Atomkraftgegnern zusammen. Da weitete sich seine Polemik zu einer grundsätzlichen Kritik an der Struktur der Kernforschungszentren und an den Dimensionen der staatlichen Technologieförderung. 1973 führte er dem Bundestagsausschuss für Forschung und Technologie gegenüber die Reaktorenentwicklung als Beispiel dafür an, dass man mit zu viel Geld »die beste Forschung erschlagen« könne. Im Übrigen fallen die Artikel von Ritz und Rudzinski dem Historiker dadurch auf, dass hier und nur hier die Geschichte der Kraftwerkstechnik gegenwärtig ist und als Argument eingesetzt wird: Der Dampfbrüter wird als »konsequente Weiterentwicklung der deutschen Dampftechnik« gerechtfertigt, der Natriumbrüter dagegen wegen des Mangels an industriegeschichtlicher Kontinuität verworfen.

Die Argumentation von Ritz und Rudzinski gegen den Natrium- und für den Dampfbrüter besaß freilich ihre Begrenztheiten und Schwachstellen. Allzu sehr stand sie unter dem Eindruck der Durchsetzung des Leicht-, insbesondere des Siedewasserreaktors und nahm diesen Vorgang für einen Sieg der ökonomischen Rationalität und des praktischen Verstandes. Eine hierauf abgestellte Argumentation zugunsten des Dampfbrüters konnte in den atompolitischen Entscheidungsgremien, denen die langfristig unvorteilhaften Aspekte der Leichtwassertechnologie bekannt waren, nicht überzeugen. Wenn Ritz argumentierte, »die weitgehende Ähnlichkeit zwischen

Siedewasserreaktor und D(ampf)B(rut)R(eaktor) dürfte den EVUs den Übergang auf den letzteren erleichtern«, war das ein anfechtbares Argument, da man die Brüterentwicklung schwerlich an aktuellen EVU-Strategien orientieren konnte. Es wurde durch die Entwicklung der 1970er-Jahre widerlegt, als sich die Siedewasserreaktoren mit ihrem bestechend einfachen Einkreissystem trotz aller angeblicher »Erprobtheit« als störanfällig erwiesen. Wenn die Kampagne gegen den Dampfbrüter ähnlich wie die für den Siedewasserreaktor unter der Parole »einfach gegen kompliziert« geführt wurde, war dies schon damals eine fragwürdige Suggestion: Bereits 1968 wies das Institut für Reaktorsicherheit (IRS) das Ministerium darauf hin, die Verwendung von überhitztem und hoch beschleunigtem Wasserdampf in Schnellen Brütern habe nicht wirklich den Charakter einer erprobten Wassertechnik und die bisher »bekannten Entwürfe für heißdampfgekühlte Schnelle Brüter« seien »in fast allen wesentlichen Punkten weit entfernt von bewährter Technologie«. Im Blick darauf ist es nicht zu verwundern, dass sich Ritz und Rudzinski im Ministerium nicht durchsetzten. In Wahrheit war es so, dass die »erste Generation« der Kernkraftwerke seit dem Durchbruch der Leichtwasserreaktoren keine hinreichenden Anhaltspunkte mehr zur Orientierung einer »organisch« fortschreitenden Brüterentwicklung bot. Nur Reaktoren mit einem wirksameren Kühlmittel und Moderator als Wasser hätten sich zu höheren Wirkungsgraden und Brutraten weiterentwickeln lassen.

Obwohl Rudzinski den Dampfbrüter mit Argumenten betriebswirtschaftlicher Rationalität verfocht, besaß er dabei kaum einen industriellen Rückhalt. Bei den mit öffentlichen Geldern finanzierten und an den Kernforschungszentren entwickelten Reaktoren, die in absehbarer Zeit als marktfähige Produkte gar nicht gebraucht wurden, waren selbst für die Industrie Argumente der Wirtschaftlichkeit uninteressant. Nicht einmal die AEG, die die Projektierung des Dampfbrüters übernommen und die Fortsetzung dieser Entwicklung 1966 für »dringend geboten« erklärt, ja noch 1967 auf dem Londoner Foratom-Kongress gegen ausländische Kritik verfochten hatte, setzte sich 1968, als die Entscheidung zwischen den Brütertypen im Ministerium endlich gefällt werden musste, noch ernstlich für den Dampfbrüter ein, sondern war sichtlich daran interessiert, das Projekt abzustoßen: Unter solchen Umständen war die Entscheidung des Ministeriums bereits weithin vorstrukturiert. Im April 1968 forderten die AEG und die ebenfalls beteiligten GHH und MAN das ministerielle Projektkomitee »Schneller Brüter« sogar förmlich dazu auf, die laufenden Arbeiten zur Projektierung des Dampfbrüters einzustellen!

Ein im selben Jahr vorgelegtes Memorandum der AEG hob hervor, alle Brüterexperten seien sich darin einig, »dass der Dampfbrüter trotz zunehmend günstigerer Beurteilung seiner Wirtschaftlichkeit und technischen

Realisierbarkeit ... kein hinreichend belegtes langfristiges Fortentwicklungs-potenzial erkennen« lasse. Eigentlich war das eine seltsame Argumentation bei einem Industrieunternehmen, das sich bei Reaktoren sonst nur für »Wirtschaftlichkeit und technische Realisierbarkeit«, nicht jedoch für lang-fristige Entwicklungspotenziale interessierte. Die wahren Motive der AEG sind denn auch anderswo zu suchen und wurden von ihr selbst bekannt, als sie darauf hinwies, dass die Situation des Dampfbrüters »durch äußere nichttechnische Gründe entscheidend mitbestimmt« werde: Es sei nämlich General Electric »trotz großer Anstrengungen« nicht gelungen, das Dampf-brüterprogramm von der USAEC finanziert zu bekommen. »Als Folge da-von sind auch die Interessen dritter Stellen an der Verfolgung des Dampf-konzepts weitgehend erloschen.«

Mit Recht hob ein kompetenter Vertreter der Energiewirtschaft hervor, dass die technologischen Gesichtspunkte bei den Brüterentscheidungen im wesentlichen Scheinargumente seien und nur die »internationale Situation« zugunsten des Natriums wirklich ins Gewicht falle. Aus der Sicht der AEG wurde eben die kommerzielle Durchsetzung der Leichtwasserreaktoren, in der Ritz und Rudzinski das stärkste Argument für den Dampfbrüter sehen wollten, zu einem wichtigen Grund *gegen* den ökonomischen Vorteil die-ser Brüterlinie: Gerade der Erfolg der Leichtwasserreaktoren, von dem sich damals auch die AEG ihren Anteil erhoffen konnte, führte dahin, dass man auf keinen Fall einen Brüter haben wollte, der schon in absehbarer Zeit den Leichtwasserreaktoren auf dem Markt Konkurrenz machen konnte. In die-ser Situation bestand der Vorzug des Natriumbrüters eben in dem, was ihn für Ritz und Rudzinski abqualifizierte: dass seine Entwicklung noch lange Zeit und hohen Aufwand erforderte! Mag auch aus heutiger Sicht die Sorge vor einem zu raschen Aufkommen marktgängiger Brüter absurd wirken, so war das damals doch keineswegs der Fall: So prophezeite Maier-Leibnitz 1966, dank der Brüter und Konverter, die »die Reaktoren der Zukunft« seien, würden die heute gängigen Reaktoren »in einer nicht allzu fernen Zu-kunft ... nur noch einen sehr kleinen Markt finden«. Noch 1968 glaubte Finke sich in einem ganzen Artikel mit der Frage auseinandersetzen zu müs-sen: »Lieber auf die Brüter warten, weil die heutigen Kernkraftwerke zu schnell veralten?«

Vor diesem Hintergrund sind die Ausführungen in dem AEG-Memo-randum von 1968 zu verstehen, dass sich dank der »Fortschritte auf dem Gebiet der Leichtwasserreaktoren« »die wirtschaftlichen Vorteile von Brut-reaktoren heutiger Auslegung ... stark reduziert« hätten. Nunmehr müsse man bei Brütern eine »entscheidende Verbesserung der Wirtschaftlichkeit« erwarten, wie sie sich nur durch den »Übergang auf einen fortschrittliche-ren Brennstoff, der höhere Leistungsdichten erlaubt«, erzielen lasse. Dass es der AEG dabei nicht so sehr positiv auf entwicklungsfähige Reaktorkonzepte wie vielmehr negativ auf die Verhinderung einer baldigen Konkurrenz für den Leichtwasserreaktor ankam, zeigt sich deutlich in der Art, wie ein AEG-Vertreter 1970 in einem Bundestagshearing den Sinn des Hochtemperaturreaktors anzweifelte: Er gab zwar zu, dass der HTR »einer kommerziellen Anwendung schon viel näher« stehe als der Schnelle Brüter, betonte jedoch, das Potenzial des Letzteren führe »natürlich viel weiter« als das des HTR.

Des Pudels Kern fand sich jedoch in der nachfolgenden Bemerkung, dass »der Hochtemperaturreaktor letzten Endes mehr oder weniger einen Ersatz bzw. – wenn Sie so wollen – einen Konkurrenten für den heutigen Leichtwasserreaktor darstellt«. Der Leichtwasserreaktor, dessen erste Erfolge dem Dampfbrüter zunächst Auftrieb gaben, drängte mit wachsender Monopolstellung diesen artverwandten Brüter aus dem Spiel. Die Reaktoren der »ersten Generation«, die ursprünglich als Ausgangsbasis einer kontinuierlichen Entwicklung zu den Zukunftsreaktoren, ihren angeblichen Sprösslingen, gedacht waren, übten in der Ära der Kommerzialisierung und der Konkurrenz auf die Letzteren eine Abstoßungskraft aus und trugen dazu bei, diese weiter in die Zukunft zu schieben. Diese Dynamik tat gleichfalls ihre Wirkung, als die Hochtemperaturreaktoren, anfangs als fortgeschrittene Typen der ersten Reaktorgeneration vorgesehen und zu baldiger Kommerzialisierung bestimmt, in Zukunftsreaktoren der »zweiten Generation« verwandelt wurden und ihre industrielle Durchsetzung sich durch Verkoppelung mit den aufwendigen Projekten der Helium-Einkreisturbine und der nuklearen Prozesswärme in immer weitere Ferne schob.

Im Verlauf dieser Entwicklung erfuhr die Funktion der Kernforschungszentren für die Industrie einen grundlegenden Wandel: Während sie ursprünglich nach allgemeiner Auffassung die laufende industrielle Reaktorentwicklung unterstützen sollten, entfiel diese Funktion mit der Durchsetzung des Leichtwasserreaktors, der weder in Karlsruhe noch in Jülich einen Schwerpunkt dargestellt hatte, sondern ganz ohne Zutun der Forschungszentren, ja im Widerspruch zu ihren Planungen entwickelt worden war. Fortan war es aus der Perspektive der Industrie bedenklich, wenn sich die Forschungszentren im Bereich der ersten Reaktorgeneration betätigten, da man dann eine staatlich subventionierte Konkurrenz befürchtete. Schon 1963 musste das Forschungsministerium »gewisse Besorgnisse« der Industrie beschwichtigen, »dass sich das Kernforschungszentrum (Karlsruhe) auf Gebieten betätigen könnte, die mit genügender Aussicht auf wirtschaftlichen Erfolg von der Privatwirtschaft betrieben werden können«. Karlsruhe und Jülich machten sich in der Folgezeit vor allem dadurch nützlich, dass sie den Forschungsabteilungen der Industrie ein Auftragspolster auf lange Sicht boten; so gesehen war es kein Schaden, wenn die Großprojekte der Kernforschungszentren so langwierig und aufwendig wie möglich wurden.

Dabei blieb aber doch die Frage bestehen, ob nicht die unter solchen Bedingungen auswuchernden Projekte ein Irrweg seien, der niemals zu wirtschaftlich brauchbaren Reaktoren führe. Heinz Kornbichler (AEG) forderte in dem Bundestagshearing vom Dezember 1970, man solle die Industrie bereits in die »Entwicklungssteuerung« innerhalb der Kernforschungszentren »stärker einschalte(n)«, da »bei der Industrie durch die äußeren Umstände ein Klima erzwungen« werde, »das die Entwicklung viel härter immer wieder auf den realistischen Kern zurückführ(e)«. Ob der industrielle Einfluss jedoch auch bei solchen Projekten, die die Industrie nicht selber bezahlen musste, ein Garant für »Realismus« war, ist nach den Erfahrungen mit der Entscheidung bei der Brütertypenwahl zu bezweifeln.

Als schließlich die definitive Entscheidung für das Natrium gefallen war, gab Häfele bemerkenswert offen und mit denkwürdigen Worten zu verstehen, dass ungeachtet der Zweifel an den technischen Vorteilen des Dampfbrüters doch nicht wissenschaftlich-technische Gründe den Ausschlag gegeben hatten: Es sei »nützlich«, so Häfele, »sich vor Augen zu führen, dass bei der Beurteilung des Dampfbrüters als einem akuten Problem vielleicht mit zum ersten Mal deutlich wird, dass es nicht angemessen ist, einen Reaktortyp allein aus sich heraus zu beurteilen, sondern dass man vielmehr ebenso die Umweltbedingungen wie zum Beispiel Zeitskala, technische Reife, Konkurrenzbedingungen und ›strategische‹ Überlegungen zu berücksichtigen hat«. (Wie man sieht, hatte »Umwelt« noch nicht den ökologischen Sinn, den der Begriff kurz darauf bekommen sollte!) Später gab er zu, die Entscheidung für den Natriumbrüter sei »unter Qualen« getroffen worden und habe ihn persönlich viel gekostet.

Die Wahl des Natriums bedeutete, dass man der Neutronenökonomie den Vorrang vor der Ökonomie, dem Bruteffekt den Vorrang vor wirtschaftlicher Stromerzeugung gab; es war eigentlich eine typische Entscheidung nach atomphysikalischen, nicht nach industriellen Kriterien, und sie stammte denn auch aus der Frühphase der Kerntechnik, als wirtschaftliche Gesichtspunkte noch keine Rolle spielten. Diese in Forschungskapazitäten der USAEC verankerte Option bestimmte auf dem Wege über die Industrie auch den Gang der Dinge in der Bundesrepublik, ohne dass das Gros der Beteiligten diese Mechanik durchschaute. Dabei war die Option für den Natriumbrüter selbst in den USA schon 1967 heftig umstritten, wie damals überhaupt das Tempo der amerikanischen Brüterentwicklung ins Stocken geriet. Die Mehrdeutigkeit der amerikanischen Situation wurde jedoch in bundesdeutschen Entscheidungen nicht berücksichtigt.

Die Brüterentscheidung als negativer Lernprozess

Die deutsche Atomforschung vermochte an und für sich gegenüber ausländischen Trends autonom zu sein: Das zeigt die Ausrichtung des weitgehend industrieunabhängigen Instituts für Plasmaphysik (Garching), das entgegen der internationalen Trendwende seine eigene Fusionstechnologie zu entwickeln suchte. Auch bei der Karlsruher Brüterentwicklung wurden ursprünglich Chancen gerade dort gesehen, wo man noch etwas Eigenes machen konnte, und dieses Bestreben wurde von Ritz und Rudzinski noch in der zweiten Hälfte der 1960er-Jahre artikuliert, wenn sie den Dampfbrüter nicht zuletzt mit Hinweis darauf verfochten, dass diese Technologie im Ausland vernachlässigt werde und die Bundesrepublik hier einen Vorsprung gewinnen könne.

Aber die allgemeine Denkweise, zumal die der Industrie, wandelte sich im Laufe der 1960er-Jahre. Das wachsende Tempo und der zunehmende Aufwand der kerntechnischen Entwicklung brachten eine neue Art von »Sicherheitsphilosophie« hervor: ein Streben nach internationaler Rückversicherung, das darauf baute, bei aller Undurchsichtigkeit der nuklearen Chancen doch dadurch sicherzugehen, dass es keine Alternativen gab, die die Richtigkeit der eigenen Strategie widerlegen konnten. Der Dampfbrüter hätte sich ständig dem Vergleich mit dem Natriumbrüter stellen müssen; schlug man dagegen den Natriumpfad ein, hatte man keine konkurrierende Alternative zu fürchten. Das war jedoch keine ökonomische Rationalität, sondern die Rationalität des Subventionssystems, der es auf die Absicherung gegen bürokratische Beanstandungen ankommt.

Dass zwischen den Projekten der Kernforschungszentren und der industriell realisierbaren Kerntechnik eine bedenkliche Kluft entstand, wurde in Wirtschaftskreisen durchaus erkannt. Dort schob man die Schuld gern auf den Staat, dessen Subventionsbereitschaft dort am höchsten sei, wo Projekte von der Wirtschaftlichkeit weit entfernt seien. Ebenso konnte man jedoch die Wurzel des Übels in der zunehmenden Subventionsmentalität der Atomindustrie erkennen. Im Ministerium hinterließ die Brüterentscheidung, die dort nicht mehr als Wahl zwischen echten Alternativen begriffen wurde, sondern nur in der Erkenntnis einer vorstrukturierten Situation bestand, eine Art von Fatalismus. Dieser negative Lernprozess zeigt sich später, 1973, in einer ministeriellen Stellungnahme zu einer erneuten Kritik Rudzinskis an dem Fehlen eines Kostenvergleichs zwischen Brüteralternativen: »Eine Papierstudie«, so erklärte das Ministerium dem wieder einmal hellhörig gewordenen Bundestagsausschuss, »und sei sie noch so sorgfältig ausgeführt, kann … keinen Vergleich mehr bieten gegenüber einem laufenden Projekt, in das bereits die Ergebnisse langwieriger Lieferverhandlungen … eingeflossen sind, sowie die kostenwirksamen Auswirkungen eines atomrechtlichen

Genehmigungsverfahrens.« Diese Scheu vor Alternativen mitsamt der Unfähigkeit, eine Mehrzahl von Optionen rational zu diskutieren, war eine schlechte Ausgangsbasis für die kurz darauf einsetzende große Kontroverse um die Kernenergie.

Inkonsequenzen und Ungleichzeitigkeiten im Brennstoffkreislauf

Von Anfang an stimmten Nuklearexperten darin überein, dass zur Kernenergietechnik nicht nur Kraftwerke gehörten, sondern noch eine ganze Reihe anderer, zum Teil sehr aufwendiger Produktionsanlagen: in jedem Fall Fabriken zur Aufbereitung der Uranerze und zur Herstellung der Brennelemente; dazu Isotopentrennanlagen für Reaktoren, die angereichertes Uran benötigten, und für sämtliche Kernkraftwerke Anlagen zur Herauslösung des »erbrüteten« Plutoniums aus den abgebrannten Brennelementen (Reprocessing- beziehungsweise Wiederaufarbeitungsanlagen). Schon aus dem Zweiten Weltkrieg wusste man, dass gerade die beiden zuletzt genannten Prozesse ungeheuer kostspielig und technisch schwer zu bewältigen waren, hatten sie doch die Errichtung ganzer Atomstädte (Oak Ridge und Hanford) erfordert. Aber weil es sich hier um Schlüsseltechnologien für den nuklearen Bombenbau handelte, die bei allen Atommächten lange Zeit ganz vom Staat finanziert wurden, war es möglich, dass sich im Bereich der zivilen Kernenergienutzung das Interesse bis in die späten 1960er-Jahre vorwiegend auf die Kraftwerke beschränkte. Wo bereits in den 1950er- und frühen 60er-Jahren ein Interesse an Isotopentrennung und Wiederaufarbeitung geäußert wurde, gibt es Grund zu dem Verdacht, dass es dabei nicht nur um zivile Nukleartechnik ging.

Häfele, der einige Jahre zuvor selber noch deutsche Wiederaufarbeitungspläne gebremst hatte und erst um 1966 seine Position revidierte, erklärte Anfang 1967, die »bisherige staatliche Förderung« habe »sich an dem Reaktor als solchem« orientiert und das sei auch »natürlich« gewesen; erst jetzt, wo »die Lösung dieses Problems«, der Reaktorkonstruktion, »in etwa gegeben« sei »bzw. in greifbarer Nähe« liege, gebe es »außer dem Reaktor das dann ebenso wichtige Problem des geschlossenen Brennstoffzyklus«. Er führte auf, was alles dazugehörte: Der »Brennstoffzyklus« beziehungsweise »Brennstoffkreislauf« war damals noch ein relativ neuer Sammelbegriff für die kerntechnischen Installationen außerhalb der Kraftwerke und wurde erst um 1970 Gemeingut der öffentlichen Diskussionen, obwohl die Vorstellung einer Selbstversorgung der Kernkraftwerke durch Erbrütung von Spaltstoff von Anfang an da war. Wenn man »Brennstoffkreislauf« als Begriff akzeptiert, muss man sich doch seines suggestiven Charakters bewusst bleiben; denn ob die Kernenergieerzeugung wirklich ein kreislaufartiges System werden würde, bei dem die Reaktoren größtenteils mit Spaltstoff, der in den Reaktoren selbst »erbrütet« würde, betrieben werden könnten, war, wenn auch vielfach bereits wie eine Tatsache genommen, in Wirklichkeit alles andere als gesichert. Einen ganz und gar in sich geschlossenen Kreislauf konnte es ohnehin nicht geben.

Dass die aufwendigsten Bereiche des »Brennstoffkreislaufs«, Isotopentrennung und Wiederaufarbeitung, erst so spät in die Planungen der zivilen Atomwirtschaft einbezogen wurden, wirft ein Licht darauf, mit welcher Selbstverständlichkeit die Atomwirtschaft lange Zeit von der militärischen Kerntechnik zehrte; die Durchsetzung der Leichtwasserreaktoren war überhaupt nur durch Außerachtlassung der Gesamtheit des »Brennstoffkreislaufs« möglich. Auch die weitere Vorherrschaft der Leichtwasserreaktoren war daran gebunden, dass die Kosten weiter Teile des Brennstoffkreislaufs verschleiert blieben und überwiegend vom Steuerzahler getragen wurden; daher hat sich diese durch die militärischen Ursprünge der Kerntechnik bedingte Situation bis heute nicht nachhaltig verändert. Wenn Schöller (RWE) 1962 darauf hinwies, »die Wiederaufarbeitung und die Abfallbeseitigung stellten die großen Unbekannten in der Wirtschaftlichkeitsberechnung von Atomkraftwerken dar«, galt das mehr oder weniger noch Jahrzehnte später.

Der Brennstoffkreislauf: eine »nationale« Aufgabe

Da Isotopentrennung zwecks Urananreicherung und Wiederaufarbeitung zwecks Plutoniumproduktion ursprünglich zu militärischen Zwecken entwickelt worden waren und daher bei den Atommächten noch lange Zeit Sache des Staates blieben, hatte man sich allgemein daran gewohnt, diese Technologien als »nationale« Aufgabe zu betrachten. Das galt auch für die Bundesrepublik, zumal in der Ära Adenauer Grund zu der Annahme bestand, dass die Kernenergieentwicklung in der Bundesrepublik wie überall auf der Welt auch waffentechnische Optionen eröffnen sollte. Die Schwierigkeit bestand nur darin, dass diese Option in der Bundesrepublik so sehr tabu war, dass man sich nicht einmal intern darüber klar verständigen konnte, wie gewichtig dieses Interesse war und wie weit man sich darauf verlassen könne, dass der Staat die erforderlichen Technologien zu gegebener Zeit ohne viel Aufhebens mitfinanzieren werde.

Im Zusammenhang damit blieb auch eine Reihe weiterer Fragen in der Schwebe: ob die Brennstoffkreislauf-Technologien auf nationaler Ebene zu halten oder auch für internationale Zusammenarbeit zur Disposition zu stellen seien; ob solche Projekte so bald wie möglich in Angriff genommen werden sollten oder erst dann, wenn in der Bundesrepublik ein klarer ökonomischer Bedarf vorhanden war; ob, rein ökonomisch gesehen, überhaupt eine eindeutige Notwendigkeit für einen Aufbau dieser Technologien bestand; ob man all das vorerst als eine Angelegenheit der Kernforschungs-institute zu verstehen habe oder ob sich daraus auch ein Geschäft für die Privatwirtschaft machen ließe. Immer wieder kam es vor, dass der Staat auf Initiativen der Industrie und diese auf Initiativen des Staates wartete, jeder in der Meinung, dass es sich um eine Angelegenheit des anderen handele; noch während der 1970er-Jahre lässt sich dieses Verhaltensmuster beobachten.

Von der Sache her wäre denkbar und sogar wünschenswert gewesen, dass die Reaktorkonstruktion und die Wahl der Reaktortypen von vornherein unter Einbeziehung des Brennstoffkreislaufs erfolgt wären. Anfangs hat es solche Erwägungen denn auch gegeben: So plante man bei der Brüterent-wicklung ursprünglich einen »geschlossenen Zyklus«, der die Wiederaufar-beitung enthielt; bei der Typenwahl von Gundremmingen wollte das Mi-nisterium zuerst die gesamten Brennstoffkreislaufkosten einbeziehen. Für die Energiewirtschaft war jedoch eine solche Kalkulation damals uninteres-sant und sie setzte sich mit ihrer Sichtweise durch. Als die Problematik des Brennstoffkreislaufs in den 1970er-Jahren akut wurde, war es für entspre-chende Konsequenzen bei der Auswahl der Reaktortypen zu spät.

Frühe Wiederaufarbeitungspläne in der Bundesrepublik

Die deutschen Reaktorplanungen der ersten Zeit waren vielfach von dem Wunsch mitbestimmt, den Bau von Isotopentrennanlagen zu vermeiden; das war ein Grund für die Bevorzugung von Natururan-Reaktoren. Bei der Isotopentrennung wusste man von Anfang an, dass sie äußerst kostspielig und, wenn überhaupt, in großtechnischem Maßstab nur vom Staat zu finan-zieren war, wenn sich auch an die deutsche Uranzentrifuge die Hoffnung einer erheblichen Kostensenkung gegenüber dem bis dahin vorherrschen-den Gasdiffusionsverfahren knüpfte. Bei der Wiederaufarbeitung dagegen erschien die Technologie als solche anfangs weniger aufwendig und es gab hier – auf der Grundlage von manchmal grotesken Fehlkalkulationen – zeitweise Hoffnungen auf ein profitables Geschäft. Die besondere Tücke der Wiederaufarbeitung: Die hier weit stärker als irgendwo anders drohende radioaktive Umweltbelastung wurde zu einer Zeit, als man mit der Sicher-heitsproblematik noch recht hemdsärmelig umging, wenig beachtet.

Wiederaufarbeitungsprojekte wurden zu einem Hauptangriffspunkt der Kernkraftkritiker in den 1970er-Jahren, während die Isotopentrennung im Vergleich dazu wenig Beachtung fand. Tatsächlich ist die Gefahr radioakti-ver Umweltbelastung bei der Isotopentrennung geringer, nicht jedoch die Gefahr der Proliferation von Bombenspaltstoff. In den Anfängen der Kern-technik, als die Gefahr der Atomtechnik für die Öffentlichkeit vor allem von Hiroshima verkörpert wurde – der Spaltstoff der auf Hiroshima abge-worfenen Bombe war durch Isotopentrennung gewonnen worden –, war vor allem die Isotopentrennung Gegenstand des Misstrauens, wie es die Bundesrepublik 1960 bei der Erregung der internationalen Presse über die deutsche Zentrifugenentwicklung zu spüren bekam.

Während die Isotopentrennung in der Bundesrepublik nach 1960 lange Zeit in der Versenkung verschwand – ausgerechnet zu der Zeit, als mit den Leichtwasserreaktoren ein ökonomischer Bedarf nach ihr entstand! –, offenbart das Schicksal der Wiederaufarbeitung in den 1960er-Jahren Akzentverschiebungen, Widersprüche und konzeptionelle Schwächen der bundesdeutschen Atomplanung. Aus den ursprünglichen Atomplanungen, die ihren Ausdruck im Eltviller Programm fanden – dem damals gesetzten Ziel eigener Spaltstoffgewinnung über Brutreaktoren –, hätte sich, wenn man konsequent gewesen wäre und an eine Realisierung von Reaktoren auf Plutoniumbasis in absehbarer Zeit geglaubt hätte, eine hohe Priorität für die Wiederaufarbeitung ergeben; denn nur durch sie wurde das in Reaktoren erbrütete Plutonium verfügbar. Auch konnte die chemische Industrie, die anfangs der Wortführer der industriellen Atominteressenten war, nur durch die Wiederaufarbeitung eine kerntechnische Schlüsselrolle behaupten. So war denn auch wiederholt und mit bedeutendem Ton von Wiederaufarbeitung die Rede; aber man befand sich noch in der spekulativen Phase und gerade beim »Reprocessing« bestand eine weite Kluft zwischen Worten und Taten.

Ein Memorandum der DAtK über die Durchführung des Eltviller Programms (Dezember 1957) sah 120 Mio. DM für eine Wiederaufarbeitungsanlage vor; Es war der zweitgrößte Posten nach den Aufwendungen für den Reaktorbau. Als Kapazität war das für damalige Verhältnisse enorme Volumen von 500 Tonnen pro Jahr vorgesehen; die über zehn Jahre später in Karlsruhe errichtete Wiederaufarbeitungsversuchsanlage war auf ganze 40 Tonnen pro Jahr eingerichtet! Schon das Finanzierungsprogramm von 1957 enthielt jedoch den realistischen Zusatz, dass die Ausführung »wahrscheinlich« erst »später« erfolgen werde. Eigentlich hätte es nahe gelegen, das für Karlsruhe ohnehin geplante Plutonium-Institut auch mit »heißen Zellen« für das Plutonium-»Reprocessing« auszustatten; aber ein entsprechender Vorstoß der Firma Degussa wurde 1958 vom Atomministerium mit Hinweis auf die im Rahmen der OEEC geplante Versuchsanlage Eurochemic abgelehnt.

In der Tat war damals ein sich aus deutschen Reaktoren ergebendes Bedürfnis nach einer eigenen Wiederaufarbeitung nicht einmal von ferne zu erkennen, zumal die in Eltville geplanten Reaktorkapazitäten in der Folgezeit rapide schrumpften. Nicht nur Mandel (RWE) opponierte 1962 gegen Pläne einer deutschen Anlage, sondern sogar Häfele, der als Leiter des Brüterprojekts in besonderem Maße auf die künftige Existenz von Wiederaufarbeitungskapazitäten angewiesen war, lehnte es damals ab, sich für solche

Pläne, bei denen obendrein militärische Hintergedanken geargwöhnt werden konnten, einspannen zu lassen. Er erklärte, für den Schnellen Brüter werde eine Wiederaufarbeitungsanlage erst ab 1970/71 benötigt; indes war selbst dieser Termin noch viel zu früh angesetzt. Häfele betonte sogar, es werde »von der Karlsruher Projektgruppe Schneller Brüter als glücklicher Umstand empfunden, dass heute, das heißt 1962, noch keine Entscheidung über den Typ der Anlage getroffen werden« müsse; es erscheine »verfrüht, sich heute schon für den Bau irgendeiner Reprocessing-Anlage stärker zu engagieren«.

Die treibende Kraft auf der Gegenseite waren die Farbwerke Hoechst mit dem einflussreichen Winnacker an der Spitze; Leopold Küchler, Direktor der Abteilung Chemische Verfahrenstechnik bei Hoechst und Mitarbeiter in DAtK-Gremien, hatte schon Ende der 1950er-Jahre ein Vorprojekt für eine Wiederaufarbeitungsversuchsanlage ausarbeiten lassen. Winnacker und Küchler setzten sich in der DAtK und in der Öffentlichkeit für den Bau einer vom Staat finanzierten Versuchsanlage nach dem Hoechster Modell ein und versetzten zugleich den zurückhaltenden Kernforschungszentren deutliche Seitenhiebe. Ende 1963 erklärte Winnacker, man müsse das Schwergewicht nunmehr von der Reaktorentwicklung »auf den Brennstoffkreislauf und damit auf die Wiederaufbereitung« verlagern; dazu brauche man die »chemische Großindustrie«, »da seiner Meinung nach Karlsruhe bei einem solchen großtechnischen Projekt nicht viel beitragen könne«. Erst mit der Wiederaufarbeitung, so Winnacker 1965, werde der »Zyklus der Atomenergie« in der Bundesrepublik »vollständig sein«. Küchler kritisierte 1964, die Kernforschungszentren hätten sich »mit Problemen der Wiederaufbereitung praktisch überhaupt nicht beschäftigt«, und er prägte die Formel von der Wiederaufarbeitung als dem »Stiefkind« der deutschen Kerntechnik: eine Metapher, die bald auch im Ministerium in Umlauf gelangte. Dort hatte ein Referent Wiederaufarbeitung 1963 noch fantasievoller als »strukturlosen schwarzen Fleck« in der ansonsten »sehr erfreuliche(n) nukleare(n) Palette« charakterisiert und zugleich als einen Sektor gekennzeichnet, ohne den die Atomwirtschaft »unweigerlich« stecken bleibe.

Hinzu kamen 1963/64 mehrere von außen herangetragene Projekte, die die Frage nach dem »nationalen« Charakter der Wiederaufarbeitung akut werden ließen. 1963 wurde auf eine französische Initiative hin vom Forschungsministerium mit Unterstützung eines Teils der DAtK mit der französischen Atomenergiebehörde (CEA) über die Errichtung einer gemeinsamen »Plutonium-Reprocessing«-Anlage verhandelt, ein Projekt, das sich eng an das gemeinsame Transuran-Institut angeschlossen hätte. Von den Befürwortern wurde – eine in der DAtK sonst unübliche Argumentation – vor der »politischen Belastung des deutsch-französischen Verhältnisses« gewarnt, die bei einer Ablehnung des französischen Vorschlages zu befürchten sei.

Sehr entschieden wandten sich jedoch führende Vertreter des KFZ Karlsruhe gegen den Bau einer deutsch-französischen Anlage zum damaligen Zeitpunkt, als Frankreich noch einen erheblichen technischen Vorsprung besaß und die Anlage nach seinen eigenen Bedürfnissen hätte ausrichten können. Wirtz erklärte mit Recht, die Anlage sei »nur sinnvoll, wenn sie für den Schnellbrüter projektiert« werde. Das sei gegenwärtig aber noch nicht möglich, da man die Brennelemente des Brüters noch gar nicht kenne, und daher werde das deutsch-französische Projekt »im gegenwärtigen Zeitpunkt als Störung der Karlsruher Entwicklung empfunden werden«. Die Studiengruppe Schneller Brüter lehnte die Anlage als »verfrüht, zu teuer« und überhaupt »unpassend« ab, ja erwähnte ausdrücklich die »Gefahr, dass mit dem Bau der Anlage in Karlsruhe der französische Einfluss auf die Entwicklung des Schnellbrüter-Projektes in einem nicht vertretbaren Maße verstärkt werde«. Es war die Zeit, als Karlsruhe den Brüterwettlauf mit Cadarache begann. Der Karlsruher Widerstand tat in Bonn seine Wirkung; das Ministerium beschied das CEA mit einer unverbindlichen und hinhaltenden Antwort.

Zur gleichen Zeit ermutigte die Durchsetzung der Leichtwasserreaktoren in der Bundesrepublik amerikanische Vorstöße auch bei der Wiederaufarbeitung. Die USAEC, die gerne verhindert hätte, dass Plutonium in deutsche Hände geriet, machte eben zu der Zeit, als sich die Pläne für die Karlsruher Versuchsanlage konkretisierten, den Vorschlag, »den gesamten Brennstoffkreislauf für die Bundesrepublik Deutschland zu übernehmen« (Winnacker/Wirtz); ein Angebot, das für Winnacker ein gezieltes Störmanöver war. Die Anhänger einer nationalen Kernenergieentwicklung, die sich bei den Kernkraftwerken der »ersten Generation« überrollt sahen, setzten bei der Wiederaufarbeitung eine standhaftere Linie gegenüber den USA durch.

Das »bestgehasste« Projekt der Atomphysiker: internes Gerangel um die Wiederaufarbeitungsanlage Karlsruhe (WAK)

Der Industrie kam es darauf an, die Wiederaufarbeitung vorerst in Karlsruhe zu platzieren, um ihr den vollen Segen der staatlichen Subventionen zu sichern. In Karlsruhe war man jedoch von dieser Bescherung alles andere als erbaut: Nicht nur störte es die Konzentrationsbestrebungen der Brüter-Projektleitung, sondern man fürchtete auch die von einer solchen Anlage zu erwartende hohe radioaktive Umgebungsbelastung. Gerade bei den Physikern, für die die Wiederaufarbeitung wissenschaftlich uninteressant war, war die »heiße Chemie« das »bestgehasste« Projekt. So zog sich die Realisierung der WAK, obwohl es sich nur um eine kleine Versuchsanlage handelte, ungewöhnlich lange hin.

1964 veröffentlichte die Zeitschrift *atomwirtschaft* eine Warnung des in deutschen Atomkreisen sonst nicht eben geschätzten Euratom-Direktors Jules Guéron: Bei der Wiederaufarbeitung solle »ein unüberlegtes Vorprellen sorgfältig vermieden werden«; der »übereilte Bau unnötiger und unwirtschaftlicher pseudoindustrieller Anlagen« könne »nur zur Verschwendung von Zeit, Geld und Arbeitskräften führen« und müsse »die schlimmsten Auswirkungen auf die öffentliche Meinung haben«. Selbst Küchler musste nach einer USA-Reise zur Orientierung über dortige Wiederaufarbeitungsforschungen feststellen, dass auf dieselben Fragen in verschiedenen Laboratorien »direkt entgegengesetzte Antworten« gegeben und die zurzeit realisierten Verfahren nicht unbedingt als die auch künftig optimalen angesehen würden. Ende 1965 hatten sich, wie das Finanzministerium bemängelte, die ursprünglich auf 20 Mio. DM veranschlagten Kosten für die WAK bereits auf 60 Mio. DM verdreifacht, und das schon im Stadium der Vorplanungen!

Wenn Pretsch Anfang 1967 auf erneute Einwände des kritischen Finke erwiderte, »dass die WAK jedenfalls gebaut werde, da man aus politischen Gründen nicht mehr zurück könne«, konnte dies den Verdacht mangelnder Rationalität nur bestätigen. Finke dachte denn auch gar nicht daran, Pretsch seine »politischen Gründe« abzunehmen, sondern lenkte die Aufmerksamkeit des Ministers auf die Fadenscheinigkeit der gesamten WAK-Argumentation. Aus ökonomischer Sicht erschien der Bau der WAK umso absurder, als zur gleichen Zeit der europäischen Wiederaufarbeitungsanlage in Mol (Eurochemic) die Liquidation drohte, weil sie zu wenig ausgelastet war und ihre Preise von der britischen Anlage in Windscale unterboten wurden. Als mit dem Bau der WAK begonnen wurde, wirkte sie wie ein Relikt aus der früheren, schärfer »national« akzentuierten Phase bundesdeutscher Atompolitik. 1967 wollte sich nicht einmal das KFZ darauf festlegen lassen, diese an Ort und Stelle gebaute Wiederaufarbeitungsanlage soweit wie möglich zu nutzen!

1966 gab es insofern eine Wende, als es nun möglich erschien, die zunächst nur für konventionelle Kernkraftwerke konzipierte WAK zugleich auch auf die Erfordernisse des Schnellen Brüters einzustellen. Jetzt konnte die WAK von der Dynamik des Brüterprojekts ihr Teil abbekommen, was um so erwünschter war, als sich nur durch Verbindung mit der Brüterentwicklung eine friedenswirtschaftliche Notwendigkeit der Wiederaufarbeitung überzeugend nachweisen ließ. Ob diese Möglichkeit tatsächlich praktikabel war, sich also die gleiche Reprocessing-Technologie auf die abgebrannten Brennelemente der Leichtwasserreaktoren wie der Brüter anwenden ließ, blieb ungeklärt.

1967 begann schließlich der staatlich finanzierte Bau der WAK und damit war die Wiederaufarbeitung vorerst in den mit öffentlichen Mitteln getragenen Bereich der Forschung und der Zukunftsprojekte abgeschoben und vom

Druck ökonomischer Rentabilität entlastet. Amerikanische Erfahrungen der Folgezeit mit Wiederaufarbeitungsanlagen auf wirtschaftlicher Grundlage waren erst recht dazu angetan, die Privatinitiative abzuschrecken. Die Anlage West Valley, seit 1966 in Betrieb, wurde 1972 geschlossen, nachdem sie nicht einmal ihre Investitionskosten erwirtschaftet, jedoch mehr Radioaktivität als alle amerikanischen Kernkraftwerke an die Umwelt abgegeben hatte. Eine von General Electric errichtete Anlage konnte, wie 1974 bekannt wurde, aus technischen Gründen gar nicht erst in Betrieb gehen.

Ist Wiederaufarbeitung überhaupt notwendig?

Die schon aus den Anfängen der Kerntechnik stammende Doktrin, dass Wiederaufarbeitung ein integraler Bestandteil des Kernenergiesystems sei, bestand weiter fort, auch als sich die kommerzielle Durchsetzung des Brüters in eine unbestimmte Zukunft verschoben hatte.

Der im Zuge des neuen Umweltbewusstseins kreierte Begriff »Entsorgung«, der die Wiederaufarbeitung mit der Endlagerung des »Atommülls« koppelte, verstärkte den Eindruck der selbstverständlichen Notwendigkeit. Ein Teil der chemischen Industrie hatte lange Zeit die Wiederaufarbeitung als Sachzwang propagiert, um staatliche Subventionen zu erwirken; nun suchte der Staat den Spieß umzudrehen, indem er ankündigte, die Genehmigung weiterer Kernkraftwerke an eine privatwirtschaftliche Lösung der »Entsorgung« zu knüpfen, stieß jedoch bei der dafür zuständigen Chemie auf Ablehnung.

In den USA, wo die historische Erinnerung bis in die militärischen Ursprünge der Wiederaufarbeitung – im Klartext: Plutoniumproduktion – zurückreichte und wo inzwischen auch ausgiebig negative Erfahrungen über Wiederaufarbeitung auf privatwirtschaftlicher Basis vorlagen, wurde man sich zuerst dessen bewusst, dass der Glaube an den Zwang zur Wiederaufarbeitung auf einer Reihe von Prämissen beruhte, die noch längst nicht gesichert waren: (1) dass auch bei hoch abgebrannten Brennelementen eine Plutoniumextraktion zu wirtschaftlichen Bedingungen und unter Begrenzung der Umweltbelastung auf ein gesellschaftlich akzeptiertes Maß möglich sei – das zu militärischen Zwecken gewonnene Plutonium war aus Brennelementen mit niedrigem Abbrand von Reaktoren, die nicht der Stromerzeugung dienten, und ohne viel Rücksicht auf Kosten und Umweltbelastung extrahiert worden; (2) dass Wiederaufarbeitung die nuklearen Rückstände für die Endlagerung besser oder doch auf keinen Fall schlechter geeignet mache; (3) dass das Tempo der Erbrütung von neuem Spaltstoff mit dem laufenden Spaltstoffbedarf der Kernkraftwerke mithalten könne, wie es das Bild vom »Brennstoffkreislauf« voraussetzte; (4) dass Plutoniumreaktoren auf wirtschaftlicher Basis möglich seien.

All dies waren hypothetische Annahmen, denen zwar keine fundamentalen theoretischen Gründe entgegenstanden, deren ingenieurtechnische, ökonomische und ökologische Solidität jedoch mitnichten gesichert war. Erwiesen war nur der bombentechnische Wert der Wiederaufarbeitung. Es ist merkwürdig, wie lange man in der Bundesrepublik diese Unklarheiten übersah. Die Tabuisierung der waffentechnischen Aspekte, die Ausklammerung der Wiederaufarbeitung aus der ökonomischen Rationalität und die Kommunikationsmängel im Dreieck Wissenschaft-Wirtschaft-Politik haben diesen blinden Fleck mit verursacht.

Unauffälligere Sektoren des »Brennstoffkreislaufs«

Isotopentrennung, Uranprospektion und Endlagerung blieben lange Zeit in der Nuklearszene vergleichsweise unauffällige Themen. In der Anfangszeit zeichnete sich bei der Isotopentrennung, die nach 1945 nie ganz unterbrochen war, ein gewisser Vorsprung ab, obwohl sie der Hauptlinie der Atomplanungen, der Ausrichtung auf Natururan, widersprach. Die auf US-Druck erfolgte Geheimstellung der deutschen Uranzentrifuge (1960) machte diese damals erst recht zur Sensation und wirkte vorübergehend wie eine Reklame, aber entzog sie in der Folge der Aufmerksamkeit nicht nur der Öffentlichkeit, sondern selbst der Atomkommission. Unter den am Zentrifugenbau beteiligten Wissenschaftlern erzeugte die Geheimstellung einen dauernden Groll, da sie fortan nur noch eingeschränkt publizieren durften; darauf gegründete Entschädigungsforderungen der Arbeitsgemeinschaft für Gaszentrifugen (AGAZ), die vom Atomministerium abgelehnt wurden, führten zu einem durch mehrere Instanzen betriebenen Verfahren, das sich durch die gesamten 1960er-Jahre hinzog und das Klima der Zusammenarbeit belastete.

Als sich seit 1964 der Sieg der Leichtwasserreaktoren abzeichnete, die angereichertes Uran brauchten, wäre eine gezielte Förderung der Isotopentrenntechnik eigentlich das Gebot der Stunde gewesen, zumal es dort bereits beachtliche deutsche Ansätze gab; aber das ganze Thema war damals nicht zeitgemäß. Zu jener Zeit erreichte die Brütereuphorie ihren Höhepunkt und zog die Aufmerksamkeit vollends von der oftmals als Alternative zum Brüten betrachteten Isotopentrennung ab. Häfele erklärte dem Ministerium 1966 hochgemut, eine deutsche, ja selbst eine europäische Trennanlage dürfte sich wegen der »zu kurzen Ausnützung wirtschaftlich nicht lohnen, wenn um 1980 die Schnellen Brüter zum Zuge kommen.«

Während der gesamten 1960er-Jahre war für die atompolitischen Gremien nicht klar zu erkennen, welchem der verschiedenen Isotopentrennverfahren der Vorzug zu geben sei. Immerhin machte es sich gegenüber der Verfahrensweise mit der Wiederaufarbeitung vorteilhaft bemerkbar, dass man sich hier der Existenz unterschiedlicher Verfahren sowie ihrer ungefähren Charakteristika und der nach wie vor auch international bestehenden Erprobungsbedürftigkeit klarer bewusst war. Daher wirkt der Entscheidungsprozess hier trotz aller zeitweiligen Verworrenheit rationaler als in den meisten anderen Bereichen der Kerntechnik und es ist kein Zufall, dass es hier gelang, im Bunde mit Großbritannien und den Niederlanden dem von der USAEC propagierten Verfahren (Diffusion) eine andere Technik (Zentrifuge) entgegenzusetzen. Die Entscheidung wurde dadurch erleichtert, dass das allzeit wirkungsvolle Argument der vergleichsweise einfachen und billigen Konstruktion für die Zentrifuge zu sprechen schien. Im Unterschied zu den meisten anderen Bereichen der Kerntechnik gab es bei der Urananreicherung überdies noch bis in die 1970er-Jahre hinein kein funktionierendes Kartell der Experten, sondern Kontroversen zwischen den verschiedenen Verfahrenstechniken wurden mit einiger Offenheit ausgetragen. Das Forschungsministerium hatte es leicht, von einer Seite kritische Informationen über die andere zu erhalten. Der Mangel an Machtkonzentration und massiver Subvention erwies sich für die politischen Entscheidungsgremien am Ende als Vorzug: ein Resultat, das allgemeine Lehren für die Technologiepolitik gestattet.

Eine relative Entscheidungsfreiheit wurde auch dadurch gewährleistet, dass es hier lange kein starkes Engagement der Großindustrie und ebenso wenig der Kernforschungszentren gab. Gerade bei dieser Technologie waren die enormen Kosten von Anfang an bekannt und gefürchtet; von dem Aufwand bei der Trennung der Uranisotopen, die sich nur durch eine winzige Differenz im Atomgewicht voneinander unterschieden, konnte sich auch der Laie unschwer eine Vorstellung machen. Erst gegen Ende der 1960er-Jahre wurde ein industrielles Interesse an dem Bau einer deutschen oder europäischen Urananreicherungsanlage erkennbar. Kurz darauf verbesserten sich ziemlich unerwartet die ökonomischen Aussichten der viele Jahre kaum beachteten Zentrifuge. Um 1970 war es bereits soweit, dass die Urananreicherung in der industrienahen Presse als »das große Geschäft von morgen« und als Gewähr für eine »milliardenschwere Exportzukunft« gefeiert wurde.

Die Erschließung von Uranlagerstätten

Die erstrebte Unabhängigkeit in der Versorgung mit Kernbrennstoffen war jedoch nur dann gegeben, wenn die Bundesrepublik Besitzrechte an Uranlagerstätten erlangte. Der Uranprospektion hätte eigentlich frühzeitig eine hohe Priorität zukommen müssen, da das Ziel der Brennstoffunabhängigkeit ein Ausgangspunkt der bundesdeutschen Atompolitik gewesen war. Tatsächlich stehen zeitlich weit am Anfang der bundesdeutschen Kernenergiegeschichte die schon 1950 einsetzenden Uranschürfarbeiten der Maxhütte im Fichtelgebirge. Hoffnungen auf umfangreiche deutsche Uranvorkommen haben die Perspektiven der Anfangszeit wesentlich bestimmt. Da aber eine staatliche Absatzgarantie für deutsche Uranerze nicht zu erlangen war und die meisten deutschen Uranvorkommen keine ergiebige Ausbeute versprachen, kam der erste Elan bald zum Erliegen. Die verbliebenen Hoffnungen konzentrierten sich vor allem auf Menzenschwand im Schwarzwald; aber die dortigen Schürfarbeiten wurden während der 1960er-Jahre durch den zähen Widerstand der um ihre Touristen bangenden Gemeinde blockiert. So weist die Geschichte der bundesdeutschen Uranprospektion ähnliche Ungleichzeitigkeiten auf wie andere Sektoren des Brennstoffkreislaufs: In der Anfangszeit, als nach Uran noch so gut wie gar kein Bedarf bestand, gab es dennoch schon eifrige Bemühungen um Erschließung von Uranlagern, die jedoch in der Folgezeit erlahmten, als sich ein realer Bedarf nach Uran abzeichnete.

1966 wurde dieses Missverhältnis im Ministerium und in der Atomkommission erstmals kontrovers diskutiert. Von mehreren Seiten wurde über den Mangel an Privatinitiative im Bereich der Uranprospektion geklagt. Damals gab es schon seit langem auf dem Weltmarkt ein Überangebot an Uran: Die Atomeuphorie der 1950er-Jahre und die damals »von den USA forcierte internationale Uranjagd« *(atomwirtschaft)* hatte vor allem im kanadischen Uranbergbau zu einer derartigen Überproduktion geführt, so dass man dort über eine förmliche »Katastrophe« zeterte. Dieses Warnzeichen wirkte noch bis in die späten 60er-Jahre. Unter solchen Umständen war der deutsche Bergbau nur durch staatliche Subventionen zur Uranprospektion im In- und Ausland zu bewegen. Aber der Energiewirtschaft, die das Uran billig auf dem Weltmarkt beziehen konnte, widerstrebte ein staatlich geförderter Uranabbau, der ihr höchstens Abnahmeverpflichtungen zu einem über dem Weltmarktniveau liegenden Preis einbringen konnte. Nur Mandel, damals als Vorkämpfer der Kernenergie in der Energiewirtschaft noch isoliert, sorgte sich schon 1964 um die Sicherung der bundesdeutschen Uranversorgung in den 80er-Jahren. 1966 wies sogar Finke, sonst ein Gegner der »nationalen« Linie, warnend darauf hin, der unerwartet rasche Durchbruch der Kernenergie in den USA werde bald automatisch einen Nachfrageboom auf dem Uranmarkt auslösen; wenn »der Sprung auf den fahrenden Zug nicht verpasst« werden solle, müsse sich die Bundesrepublik jetzt »so schnell wie möglich« um die langfristige Sicherung der Uranversorgung kümmern. Auch die zuständige DAtK-Fachkommission rechnete mit einem Preisanstieg, empfahl den Erwerb von Urankonzessionen im Ausland und schloss daran die Mahnung, man dürfe sich »nicht der Illusion hingeben, dass auf dem Uransektor die klassischen Prinzipien der Privatwirtschaft Gültigkeit hätten.«

Die Baisse auf dem Uranmarkt hielt bis in die 1970er-Jahre an; noch Anfang 1972 wird von einem »Tiefstand« geredet, der den stellvertretenden Leiter eines führenden Uranbergbau-Unternehmens zu dem Stoßseufzer veranlasste: »So kann es auf dem Uranmarkt nicht weitergehen, das weiß wohl inzwischen jeder.« Seit Mitte der 1960er-Jahre gab es jedoch mit dem anlaufenden Reaktorbestellboom Grund zu der Annahme, dass diese Baisse nur vorübergehend sein werde. Von dieser Zeit an machte die bundesdeutsche Uranprospektion im Ausland Fortschritte. Ende 1965 kam unter aktiver Anteilnahme des Forschungsministeriums ein entsprechendes Firmenkonsortium zustande. Der Schwerpunkt lag anfangs auf Verhandlungen mit Kanada, Australien und Südafrika; in den folgenden Jahren wurden die Bemühungen auf Spanien, Portugal, Ghana, Somalia und Niger ausgedehnt, im Einklang mit der von Stoltenberg befürworteten »geographischen Streuung der Bezugsquellen«. Der zuständige DAtK-Arbeitskreis gab 1967 die Parole aus, künftig solle der Uranprospektion im Ausland »der Vorzug gegenüber langfristigen Lieferverträgen gegeben werden«.

Der kommerzielle Durchbruch der Kernenergie in der Bundesrepublik, aber auch der »weltweite Prospektions-Boom« verstärkten die Initiativen zur Uranschürfung. Die Bundeszuschüsse zum Uranabbau, die sich bis Mitte der 1960er-Jahre auf etwa 1 Mio. DM pro Jahr hielten, stiegen im Voranschlag für 1967 auf 2,7, für 1968 auf 5,4 und für 1969 auf 7 Mio. DM. Dem Direktor der Bundesanstalt für Bodenforschung schien es 1968, »als sei nunmehr nicht zuletzt durch die Bemühungen des Ministeriums eine geschlossene Linie von den Elektrizitäts-Versorgungs Unternehmen über Handels- bzw. Bergbaufirmen zum Ministerium und dem Arbeitskreis (III/4 der DAtK) hergestellt«. Das 1971/72 entstehende internationale Urankartell gab Grund zu der Befürchtung, dass die Ära des billigen Urans nicht von Dauer sein würde. Dennoch blieb die Uranprospektion weiterhin ein Randgebiet der bundesdeutschen Atomaktivitäten. Auch in den 1970er-Jahren konnte keine Rede davon sein, dass die bundesdeutsche Uranversorgung bereits durch eigene Abbaurechte im Ausland gesichert sei und schon die ersten »Erfolge« der deutschen Uranprospektion in Kanada und Südafrika (Namibia) sorgten für außenpolitische Komplikationen.

Noch randständiger war in den 1960er-Jahren das Thema Endlagerung, obwohl – oder gerade weil – die Jahrtausenddimension dieses Problems schon früh erkannt wurde: früher als die meisten anderen Probleme der Kerntechnik. Die Endlagerung wurde damals noch nicht im Zusammenhang mit der Wiederaufarbeitung projektiert; den suggestiven Begriff »Entsorgung« gab es noch nicht. Am Anfang, als noch kaum »Atommüll« existierte, konnte man die ungeheuerliche Zeitperspektive der Endlagerung – das Plutonium-Isotop 239 besitzt eine Halbwertzeit von 24 360 Jahren! – noch im Klartext ansprechen. So hieß es 1961 in einem Bericht des zuständigen

DAtK-Arbeitskreises, zu berücksichtigen sei »nicht zuletzt die Tatsache, dass mit einem einmal angelegten Lager eine säkulare Anhäufung radioaktiven Materials geschaffen« werde; »dies alles« gebe »der Entscheidung über die Art der Endlagerung eine gewisse Endgültigkeit« und daher solle sie »nicht unter Zeitdruck getroffen und wohl erwogen werden.«

Das Postulat, für Zehntausende von Jahren vorauszudenken, war jedoch in Wahrheit unerfüllbar. Ein Bericht von 1962 mahnte »zur Vorsicht bei der Verwendung aufgelassener Bergwerke«; aber eben dies geschah ein Jahr später, als sich die günstige Gelegenheit bot, das stillgelegte Salzbergwerk Asse für solche Zwecke zu erwerben. Dabei ließ man sich trotz der Jahrzehntausendperspektive von der bisherigen Besitzerin, der Wintershall AG, auch noch unter Zeitdruck setzen: So schnell waren die gerade noch gefassten Vorsätze vergessen! Ein Gutachten über Asse versicherte, »unter normalen Verhältnissen« bestehe »keinerlei Gefahr des Ersaufens«: eine im Grunde tautologische Feststellung, da Geschehnisse, die zum Absaufen führten, eben nicht »normal« waren. Immerhin wurde eingeräumt, dass unter bestimmten Bedingungen ein Absaufen der Salzschächte möglich wäre und nur »für die unmittelbar bevorstehende Zeit« mit einem »solchen Ereignis« nicht zu rechnen sei. Und das bei einem Projekt, das auf Jahrzehntausende vorausdenken sollte! Man kann den Eindruck bekommen, dass gerade diese absurde Zeitperspektive zu einem eher lässigen Umgang mit der Problematik führte, nach der Devise: Wir müssen mit unseren aktuellen Problemen fertig werden; mögen künftige Generationen die ihrigen lösen! Es war noch lange vor der Ära der »Nachhaltigkeits« Rhetorik.

Die zeitlich limitierte Unbedenklichkeit wurde obendrein auf schwachaktive Stoffe beschränkt. Über die Endlagerung hochradioaktiver Stoffe scheint man sich zu jener Zeit noch gar keine Gedanken gemacht zu haben. In der unmittelbar darauffolgenden Zeit wurde Asse klar als bloßes Provisorium in Erinnerung gehalten, zumal 1965 herauskam, dass es in dem Schacht doch bereits einen Riss gab, durch den Wasser einsickerte. In den 1970er-Jahren war jedoch von Asse öfter schon wie von einer Dauerlösung die Rede. Nur Winnacker und Wirtz, sonst in der Regel Befürworter einer »nationalen« Atompolitik, gaben zu, das Problem der Endlagerung könne »auf lange Sicht nicht mit nationalen Maßnahmen bewältigt werden«. Unter solchen Umständen ist die Aufschiebetaktik nicht zu verwundern.

Monopolistische Konzentration in der Atomindustrie – Paralyse der Deutschen Atomkommission

Die Chance zu einer umfassenden Planung des »Brennstoffkreislaufs« wurde durch Zentrifugaltendenzen im Dreieck Staat-Wirtschaft-Wissenschaft erschwert. Dieser Zerfallsprozess zeichnet sich besonders deutlich in Funktionsmängeln der Atomkommission während der 60er-Jahre ab. Lähmend wirkte sich hier die wachsende Eigendynamik der Großforschung, aber auch die wachsende Konzentration in der Atomindustrie aus. Mochten die Konzentrationsvorgänge eine Zeitlang einen Balancezustand von »countervailing powers« bewirken, erreichten sie Ende der 1960er-Jahre ein monopolistisches Stadium. Noch 1965 konnte Mandel (RWE) darauf hinweisen, »dass auf dem Gebiet des Kernkraftwerksbaues in Frankreich 3 Firmengruppen, in Großbritannien 3, in den USA 2, höchstens 3, in Deutschland dagegen 7 Unternehmensgruppen tätig« seien; schon vier Jahre darauf zeichnete sich jedoch ab, dass künftig in der Bundesrepublik nur noch die KWU, die gemeinsame Gründung von Siemens und AEG, als Hauptauftragnehmer für Kernkraftwerke zählte. Um 1970 wurde deutlich, dass die in der Kerntechnik engagierten Ruhrkonzerne, die in der DAtK ohnehin nie starkes Durchsetzungsvermögen entwickelt hatten, als Anbieter eigener Reaktortypen keine Chance mehr hatten; 1971 schieden Krupp, GHH und Demag als Hauptauftragnehmer von Kernkraftwerken aus. Der alte Korpsgeist der Ruhr hatte auf dem Kernkraftsektor merkwürdig schlecht funktioniert: Alle drei Firmen hatten unterschiedliche und konkurrierende Reaktorkonzepte verfolgt. Mit dem Ausscheiden der Ruhr schrumpfte die Reaktorpalette drastisch zusammen.

Die Gründung der KWU musste als solche noch keine einschneidende Kurswende bedeuten. Die Kooperation in einer gemeinsamen Tochtergesellschaft war bei Siemens und AEG gerade in neuen Produktionsbereichen nichts Ungewöhnliches; national wie international reizte der hochkonzentrierte Stand der Elektroindustrie schon seit langem zu Arbeits- und Marktaufteilungen, Preis- und Produktionsabsprachen und noch engeren Kooperationsformen. Auf dem Atomsektor waren in der ersten Zeit die Zeichen noch vorwiegend auf Konkurrenz gestellt, obwohl gerade bei der Kerntechnik das Bedürfnis nach Erfahrungsaustausch und Risikoverteilung sehr stark war. Die Fronten der spekulativen Ära waren geeignet, die Rivalität zwischen Siemens und AEG zu verschärfen und mit ideologischen Akzenten zu versehen, da Siemens zeitweise eine »nationale«, AEG dagegen von Anfang an eine auf die USA orientierte Linie vertrat; beide Strategien entsprachen dem historischen Profil der jeweiligen Firma.

Die Energiewirtschaft mit dem RWE an der Spitze suchte durch ihre Auftragsvergabe die Konkurrenz zwischen den Elektrogiganten systematisch zu fördern; wenn am Anfang die AEG mit Kahl und Gundremmingen vorübergehend einen gewissen Vorsprung gewann, wurden in dem folgenden Jahrzehnt die Aufträge doch nahezu gleichmäßig zwischen beiden Firmen verteilt. Zwar gab es von Anfang an laut Finkelnburg eine »gewisse Koordinierung« zwischen Siemens und AEG, aber bis zu dem 1968 ausgeschriebenen Auftrag für das 1145-MW-Kernkraftwerk Biblis bewarben sich die beiden Konzerne doch immer wieder um die gleichen Aufträge und ließen sich gegeneinander ausspielen und herunterhandeln. Nur bei der Projektierung der verschiedenen Brütertypen, als AEG den Dampf- und Siemens den Natriumbrüter übernahm, legten beide Firmen von vornherein vertraglich eine »gegenseitige Beteiligung« fest für den Fall, dass »nur ein Typ gebaut werden würde«.

Zur gleichen Zeit (1966) begannen gemeinsame Untersuchungen von Siemens und AEG »über die Auswirkungen einer Zusammenarbeit im Turbinen-, Kraftwerks- und Transformatorengeschäft«; das Resultat war positiv. Die Aufträge für die Kernkraftwerke Stade und Würgassen (1967), als sich die miteinander scharf konkurrierenden Firmen von den Energieunternehmen in einer Weise gegeneinander ausspielen ließen, die selbst im Forschungsministerium als »Erpressung« angesehen wurden, werden die Impulse zur Kooperation verstärkt haben. 1968 wurde die Gründung von zwei gemeinsamen Tochtergesellschaften, an denen Siemens und AEG paritätisch beteiligt waren, beschlossen, die beide ihre Tätigkeit am 1. April 1969 aufnahmen: die Kraftwerk Union (KWU) und die Transformatoren Union. Im Bereich des Reaktorbaus wurde damals nur die »Entwicklung von Reaktoren der nächsten Generation« in die Kooperation einbezogen; bei den Leichtwasserreaktoren dagegen waren noch »Bindungen an amerikanische Partner«, Westinghouse und General Electric, in Kraft und verhinderten zumindest im Produktionsbereich eine Fusion. Der Vertrieb der Kernkraftwerke dagegen erfolgte von Anfang an durch die KWU, wenn auch nach außen hin »regional und länderweise durch jeweils eine der beiden Stammfirmen«.

Die Kunden der Atomindustrie hatten denn auch schon ein Jahr nach Gründung der KWU über einen Preissprung bei Kernkraftwerken »um 20 bis 25 %« zu klagen. Der Chef der Bayernwerk AG grollte, die KWU sei ein »dankbares Objekt« für ein Gesetz zur Fusionskontrolle, und verzögerte demonstrativ den Auftrag für das geplante Kernkraftwerk Ohu; in Bonn jedoch konnte die KWU auf positive Resonanz rechnen. Das RWE, das zu gleicher Zeit mit Unterstützung der Regierung Großaktionär bei Gelsenberg wurde und damit Aussicht auf eine Monopolstellung in der westdeutschen Erdölindustrie erlangte, saß gegenüber antimonopolistischen Klagen selber im Glashaus.

Das RWE bemühte sich noch in der Folgezeit, wenn auch ohne viel Erfolg, auf der Angebotsseite des Kernkraftwerksgeschäftes die Konkurrenz aufrechtzuerhalten. 1971 fielen auch die Ruhrkonzerne aus; so blieben nur noch die deutsch-schweizerische Brown, Boveri & Cie. AG (BBC) und die ausländischen Reaktorfirmen übrig. Die Energiewirtschaft gab zu erkennen, dass man keine national motivierten Hemmungen haben, sondern durchaus in der Lage sein werde, »in verstärktem Umfang Anlagen im Ausland zu bestellen«; in ungewohnt dramatischer Formulierung erklärte Mandel einen »Mangel an Konkurrenz« für »tödlich«. Selbst der KWU-Chef erwartete damals ein »Vordringen der US-Konkurrenz auf dem deutschen Markt« als Folge der KWU-Gründung; das ist jedoch nicht erfolgt, sondern einige Jahre darauf war die KWU-Leitung des Lobes voll über die gute Zusammenarbeit mit dem RWE. Der Strom der Sicherheitsauflagen, der in den 1970er-Jahren durch den Ansturm der Kritik angetrieben wurde, trug dazu bei, dass die bundesdeutschen Kernkraftwerke trotz der anfänglichen Übernahme amerikanischer Reaktortypen immer »deutscher« wurden und sich keine internationalen Standardtypen etablieren konnten.

Nur vorübergehend schien die BBC, deren Reaktorabteilung 1971 mit der deutschen Babcock & Wilcox AG zur Babcock-Brown Boveri Reaktor GmbH (BBR) fusionierte und 1973 vom RWE den Zuschlag für das Kernkraftwerk Mülheim-Kärlich bekam, als Vermittlerin amerikanischer und britischer Reaktoren und einzige Alternative zur KWU eine Schlüsselposition zu erlangen; es blieb jedoch vorerst bei dem Auftrag von Mülheim-Kärlich. Obendrein wurde der erst 1975 begonnene Bau 1977 durch Gerichtsentscheid gestoppt; in der Nuklearszene bekam Mülheim-Kärlich den Spitznamen »Mühsam-Kläglich«. 1983 zog sich die BBC als Hauptauftragnehmer für Kernkraftwerke zurück.

Der Konzentrationsprozess in der Atomindustrie war Bestandteil allgemeinerer und längerfristiger Konzentrationsprozesse. Als treibende Kraft der Konzentration wirkte der Reaktorbau vor allem durch den steilen Anstieg der Blockgrößen, die alle längerfristig angelegten Experimente überrollende Beschleunigung des Entwicklungstempos und die entscheidende Bedeutung von Beziehungen zum Staatsapparat. Nicht zuletzt der Einfluss des Staates hat in der Bundesrepublik wie auch bei den westlichen Atommächten der ökonomischen Konzentration Vorschub geleistet. Da das wirkliche Risiko der Kerntechnik noch nicht zu übersehen war, gab es allgemein die Neigung, eine Risikominderung dadurch zu suchen, dass man sich auf große und alteingesessene Firmen stützte. Aber selbst Finke, im Prinzip ein Anhänger sowohl des Leichtwasserreaktors wie der atomindustriellen Konzentration, gab 1969 öffentlich zu, es sei »nicht auszuschließen«, dass der in der Bundesrepublik nunmehr erreichte Konzentrationsgrad – »allen in Forschungszentren und Regierungsstellen erdachten Kraftwerksstrategien und Modellrechnungen zum Trotz ganze Reaktorlinien zum Tode oder doch zu anhaltendem Siechtum verurteilen« könne.

Spätestens mit der Gründung der KWU wurde deutlich, dass die DAtK nicht mehr der Ort war, an dem sich die atomwirtschaftlichen Entscheidungsprozesse vollzogen. In einem früheren, noch oligopolistischen Stadium war der Konzentrationsvorgang dem Funktionieren der DAtK nicht durchweg abträglich gewesen, sondern hatte deren Arbeit teilweise sogar erleichtert, indem er zu einer Zeit, in der die Vielfalt theoretisch möglicher Reaktortypen ungemein verwirrend wirkte, das nukleare Entscheidungsfeld übersichtlicher machte. So hatte der Arbeitskreis »Kernreaktoren« auf seiner programmatischen Eltviller Tagung den Zusammenschluss von Firmen mit dem Ziel gemeinsamer Reaktorprojekte sogar empfohlen und das »Eltviller Programm« beruhte auf einer bereits durch Firmenkooperationen getroffenen Auswahl unter der Vielzahl möglicher Reaktorlinien. Der Fortgang des Konzentrationsprozesses führte jedoch dahin, dass die DAtK als Clearing-Instanz nicht mehr gebraucht wurde und auch nicht mehr funktionierte.

Auch der Übergang von der spekulativen Ära zur Schaffung vollendeter Fakten war von fundamentaler Bedeutung für die Funktionsweise der DAtK. In der Ära der Spekulationen und der Versuchsballons waren die DAtK-Gremien als Meinungsbörse von Nutzen. Harte Entscheidungen waren noch kaum zu treffen; denn solange nicht in Gestalt größerer industrieller Investitionen mit der Reaktorentwicklung Ernst gemacht wurde, konnte man zahlreiche Projekte beziehungsweise Vorprojekte nebeneinander bestehen lassen. All das änderte sich, als umfangreicher Kapitaleinsatz für die Industrie vollendete Fakten schuf: Jetzt bestand an offenen Entscheidungsprozessen kein Interesse mehr, sondern eher ein Interesse an deren systematischer Verhinderung. Mit Grund seufzte der Geschäftsführer der DAtK schon 1961 über den Arbeitskreis Kernreaktoren: »Je mehr die Reaktorprojekte sich in größerer Zahl dem Stadium der Entscheidung über ihre Verwirklichung nähern, desto mehr wird der Arbeitskreis sich vor fachlich und psychologisch äußerst schwierige Entscheidungen gestellt sehen, in denen das Gewicht fachlich angesehener und unparteiischer Persönlichkeiten u. U. den Ausschlag für das Fortbestehen einer fruchtbaren Beratungstätigkeit geben kann.« Aber »unparteiische« Experten zu finden, deren Kompetenz allgemein anerkannt war und deren Stimme Gewicht besaß, erwies sich immer mehr als Quadratur des Zirkels.

Ganz allgemein werden die Protokolle der DAtK-Gremien gegen Ende der 1960er-Jahre inhaltsärmer: eben zu der Zeit, als die Diskussionen in der Öffentlichkeit allmählich an Substanz gewannen. Dass die Diskussion über die Technik in die Öffentlichkeit übersprang, hat seine Logik. Als der Arbeitskreis Kernreaktoren 1969 vom Ministerium zu einer Stellungnahme gebeten wurde, ob die »Struktur« der am THTR-Projekt beteiligten Industrie »tragfähig« sei – damals war es zwischen Krupp und BBC zum offenen Konflikt gekommen –, wand sich der Arbeitskreis förmlich vor Verlegenheit. Am Ende stand im Protokoll die vielsagende Bemerkung, dass in der »längere(n) Diskussion«, die es darüber gegeben habe, »wiederholt darauf hingewiesen« worden sei, dass sich der Arbeitskreis zwar »bis dato nicht gescheut habe, zu industriepolitischen Fragen Stellung zu nehmen, dass aber andererseits der Arbeitskreis in seiner jetzigen Zusammensetzung außer Stande sei, zu Fragen der Industriestruktur im Detail Stellung zu nehmen.« Das vernichtende Urteil, das Finke 1970 über das »Planungsinstrumentarium der für die nationalen und supranationalen Atomprogramme Verantwortlichen« fällte, hatte aktuelle Gründe. Noch drastischer und detaillierter machte ein ungenannter Ministerialangehöriger 1966 einem wissenschaftlichen Interviewer gegenüber seinem Ärger über die DAtK Luft (teilweise bezog er sich auch auf die Weltraumkommission): »Z. B. tagen manche Fachkommissionen alle paar Jahre. Wenn sie tagen, dann handelt es sich nicht um eine Beratung für uns, sondern wir müssen sie erst einmal informieren, worum es geht, und sie darüber beraten – es ist eine reine Farce«. Die Prüfung von Anträgen auf Bewilligung von Geldmitteln durch die Gremien sei »miserabel«. Der Umgang der Gremienmitglieder untereinander sei »gepolstert mit vornehmen Professorenverhaltensweisen«; entsprechend scheue man sich vor offener Kritik, sowohl gegeneinander wie gegen das Ministerium. »Und wenn sie mal wirklich gegen die Politik des Hauses Stellung nehmen, dann wird das ignoriert, das ist ziemlich leicht, weil diese Stellungnahmen eh nicht gut durchdacht sind. Oder aber sie sind neutral, dann liegt der Grund meist darin, dass ihre Stellungnahmen nicht gut begründet sind«. Bei der Besetzung der Ausschüsse bestehe immer die Neigung, dass »der innere Zirkel nur an den inneren Zirkel verteilt«. Nachteilig sei auch die Prominenz der Mitglieder; denn »der Sachverstand ist umso geringer, je höher man kommt«. Der Kritiker folgert, man solle nur noch Ad-hoc-Kommissionen oder Gutachten von einzelnen Persönlichkeiten heranziehen und im Übrigen die Expertenkapazität des Ministeriums selbst ausbauen: »Die Theorie ist falsch, dass man das Ministerium klein halten kann, weil man so schöne Berater habe.« Ein mit Blick auf das seither noch rapide gewachsene Berater- und Gutachterwesen ein klassischer und denkwürdiger Text!

Diese wohlbegründete, wenn auch im Eigeninteresse der Ministerialbürokratie zugespitzte Kritik an der DAtK steht in merkwürdigem Kontrast zu dem eindrucksvollen Bild, das manche späteren politologischen Untersuchungen von den Führungsqualitäten dieser Kommission entworfen haben. Hier scheint eine prinzipielle Überschätzung der Bedeutung von Planung, bisweilen auch eine zu hohe Vorstellung von der Überlegenheit der Experten über die Laien sowie des Kapitals über die Bürokratie die Darstellung mitbestimmt zu haben. Die Auflösung der DAtK im September 1971 im Zuge einer Reorganisation des Beratungswesens durch die sozial-liberale Regierung zog lediglich den Schlussstrich unter einen schon seit langem fortgeschrittenen Zerfallsprozess und erregte kaum noch Aufsehen. In dieser neuen Ära erhielt das Ministerium den seit langem geforderten Planungsstab. Vordergründig könnte der gesamte Vorgang wie ein Sieg des Staates über die Interessenten wirken. Insgesamt gesehen war es jedoch gerade die bei diesen erfolgte Konzentration, die die DAtK überflüssig und funktionsunfähig machte. Es war die Atomwirtschaft selbst, die nach der Konzentration der Entscheidungen im Ministerium und nach dessen Ausstattung mit Experten rief. Nicht nur hier erwiesen sich Konzentration der Industrie und Expansion der Bürokratie als parallele, miteinander verknüpfte Prozesse.

Die Kontroverse um den »Atomsperrvertrag«

Reale und vorgeschobene Interessen der zivilen Kerntechnik

Betrachtet man die erregte Kampagne ab 1967 gegen den Vertrag über die Nichtverbreitung von Kernwaffen (»Atomsperrvertrag«) nicht vor dem Hintergrund der bundesdeutschen Außenpolitik, sondern der kerntechnischen Entwicklung – und um diese ging es angeblich den Gegnern des Vertrages –, bietet sie ein paradoxes Bild: Nachdem die im Entstehen begriffene deutsche Atomwirtschaft jahrelang von der Öffentlichkeit kaum beachtet und auch vom Bundestag und Kabinett weithin sich selbst überlassen wurde, schnellte sie nunmehr schlagartig an die Spitze der politischen Themenskala und erschien als nationales Anliegen ersten Ranges: und dies ausgerechnet auf Initiative des 91-jährigen Altbundeskanzlers Adenauer, der sich während seiner Regierungszeit um die zivile Kernkraft herzlich wenig gekümmert hatte!

Die außenpolitischen Kontexte der Auseinandersetzungen um den »Atomsperrvertrag«, die schon ausführliche Darstellungen gefunden haben, sind nicht Gegenstand dieses Buches; hier geht es nur um die Klärung der Rolle, die dabei die Interessen der Atomwirtschaft und der Atomforschung spielten. Dass nicht von ihnen die Initiative zu der Gegenkampagne kam, ist offenkundig: Die Opposition wurde vielmehr von Politikern angeführt, die den Vorgang vor dem Hintergrund der Kampffronten des Kalten Krieges betrachteten und vor allem die Aspekte »Einigung von USA und UdSSR auf Kosten Europas und der NATO«, »Schwächung der amerikanischen Bereitschaft zum vollen Einsatz für die Verteidigung der Bundesrepublik«, »Konzessionen an die Sowjetunion ohne sowjetische Gegenleistungen« anklagend herausstrichen.

Der Nichtverbreitungs-(NV-)Vertrag wurde von seinen Gegnern häufig wie ein eigens gegen die Bundesrepublik gerichtetes Manöver behandelt. Diese Sichtweise war damals nicht ganz unbegründet und wurde mitunter auch im Ausland geteilt, denn um 1967 war die Bundesrepublik tatsächlich die einzige nukleare »Schwellenmacht«, von der die Produktion von Atomwaffen gefürchtet wurde und die sich zugleich unter Druck setzen ließ. Auf längere Sicht war jedoch diese germano-zentrische Interpretation verfehlt: Der NV-Vertrag war die logische Konsequenz des Teststoppabkommens von 1963 und ging auf einen von Irland beantragten Beschluss der UN-Generalversammlung von 1961 zurück. Die gesamte Kampagne gegen den »Atomsperrvertrag« offenbart recht deutlich, wie wenig nicht nur die allgemeine nukleare Problematik, sondern überhaupt der aktuelle Stand der atomwirtschaftlichen Entwicklung von den Vertragsgegnern wahrgenommen wurde. Ob und wieweit die Interessen der Atomwirtschaft bei der Kontroverse nicht nur erst sekundär mitspielten, sondern überhaupt nur vorgeschoben waren, ist zu untersuchen.

Ein internationales Abkommen zur Nichtverbreitung von Atomwaffen stand schon seit Jahren im Raum. Den unmittelbaren Anstoß hatte 1964 der erste chinesische Atombombentest gegeben. Im Sommer 1965 hatten die USA einen ersten Entwurf vorgelegt und schon diesen hatte Adenauer als »Tragödie für uns Deutsche« beklagt und als eine Politik charakterisiert, die Europa auf die Dauer den Russen überantworte, während der »atlantische« Flügel der CDU sowie die SPD dem Plan generell positiver gegenüberstanden. Es war die SPD, die in ihrer Erklärung über die Regierungsaufgaben zu Beginn der Großen Koalition erstmals die »friedliche Entwicklung der Atomwissenschaft und Atomwirtschaft« – ein Schlagwort, das damals seinen fortschrittlichen Klang noch nicht verloren hatte – ins Spiel brachte und deren Nichtbeeinträchtigung zur Bedingung für einen deutschen Beitritt zu einem künftigen NV-Vertrag machte.

Das war die Situation, in der die Vertragsgegner auf einmal das Interesse der friedlichen Kernenergienutzung mit schrillsten Alarmrufen beschworen: Es war Anfang 1967 ein »völlig neuer Gesichtspunkt« (Theo Sommer) in der Debatte um den NV-Vertrag. Bis dahin konnte die SPD auf die alte, wenn auch anfechtbare Vorstellung zurückgreifen, dass sich die Förderung friedlicher und die Verhinderung militärischer Kernenergienutzung miteinander bestens vertrügen; nun, da die SPD zum ersten Mal an der Regierung beteiligt war, suchte ihr die Gegenseite das Argument der friedlichen Kernenergieentwicklung aus der Hand zu schlagen. Solcherart gewappnet attackierten Adenauer und Strauß den Vertrag nunmehr mit einer beispiellosen Radikalität, die aus den innerhalb des westlichen Bündnisses üblichen Verhaltensmustern krass herausfiel und zumal vor dem Hintergrund des unter Adenauers Kanzlerschaft aufgebauten deutsch-amerikanischen Vertrauensverhältnisses einigermaßen paradox anmutet. In einer Sensationsmache ohnegleichen, wie sie normalerweise nicht Sache verantwortlicher Politiker ist, stimulierte das Duo Adenauer-Strauß traumatische Ängste: Als ein »neues Versailles von kosmischen Ausmaßen« (Strauß), als »Morgenthau-Plan im Quadrat« und »Todesurteil« für Deutschland (Adenauer), ja als

»Kastration der Enthaltsamen« (Strauß-Referent Marcel Hepp, nach einem Wort des französischen Verteidigungsministers) brandmarkten sie den Sperrvertrag. Wenn auch mit Adenauer der prominenteste und heftigste Wortführer der Fronde kurz darauf starb, hielt die öffentliche Kontroverse doch jahrelang an und schien mitunter zur »Schicksalsfrage der Großen Koalition« zu werden. Erst am 28. November 1969, nach Regierungsantritt der sozialliberalen Koalition, wurde der Vertrag von dem neuen Bundeskanzler Brandt unterzeichnet; die parlamentarische Ratifikation ließ noch vier weitere Jahre auf sich warten.

Den ersten Auftakt zu der im Frühjahr 1967 einsetzenden Kampagne gaben nicht die Kassandrarufe von Adenauer und Strauß, sondern ein Vortrag Wilhelm Grewes am 24. Januar 1967 vor der Gesellschaft für Auswärtige Politik. Grewe, der sich 1961 als deutscher Botschafter in Washington auf ungewöhnlich scharfe Art mit der Regierung Kennedy angelegt hatte, bei der er die Absicht eines Arrangements mit der Sowjetunion auf Kosten der Nichtanerkennungspolitik gegenüber der DDR witterte, und der auf Kennedys Druck hatte versetzt werden müssen, war ein besonders rigider Verfechter der außenpolitischen Orthodoxie aus der Zeit des Kalten Krieges und der Hallstein-Doktrin. Grewes Ausführungen enthielten bereits, wenn auch in vorsichtiger Formulierung, die Leitmotive der kurz darauf losbrechenden Kampagne. Bei ihm war jedoch der Vorrang nichtökonomischer Motive noch klar zu erkennen. An erster Stelle betonte er den Symbolwert des Kernwaffenbesitzes und akzeptierte in dem Zusammenhang sogar die These des revisionistischen Historikers Gar Alperovitz, dass der Abwurf der Atombombe auf Hiroshima nicht so sehr auf das bereits am Boden liegende Japan wie vielmehr auf die Sowjetunion gezielt habe. Nur beiläufig und nicht eben mit dem Eindruck sonderlicher Sachkenntnis erwähnte er negative Wirkungen eines Verzichts auf Atomforschung und Atomwirtschaft – aber eben diese Bemerkungen waren es, die Schlagzeilen machten.

Grewes erklärtes Hauptziel bestand darin, zu verhindern, dass durch den NV-Vertrag der Weg zu einer gemeinsamen westlichen Nuklearstreitmacht verbaut würde, und hier ist überhaupt das ursprüngliche Motiv der Gegenkampagne zu suchen, auch wenn es in den Presseartikeln kaum hervorgekehrt wurde. Die Erwartungen, die die Regierung Erhard/Schröder auf das einst von den USA gegen de Gaulle ausgespielte Projekt der multilateralen Atomstreitmacht (MLF) noch zu einer Zeit setzte, als die MLF allgemein als Phantom verspottet wurde, gehören zu den besonders schwer zu durchschauenden Seltsamkeiten bundesdeutscher Außenpolitik in den 60er-Jahren; aber eben solche Hoffnungen, zusammen mit den noch gewagteren Spekulationen der deutschen Gaullisten auf eine deutsch-französische Nuklearkooperation, bildeten den Hintergrund für den erbitterten Abwehrkampf gegen den NV-Vertrag.

Dabei wurde die aktuelle Situation der bundesdeutschen Atomwirtschaft von den Vertragsgegnern oft verkannt oder bewusst verzeichnet. Außerhalb der Atomwirtschaft hatte man vielfach noch nicht begriffen, in welche Abhängigkeit von den USA, den damals einzigen Lieferanten von angereichertem Uran, die Bundesrepublik mit den Leichtwasserreaktoren geraten war. Die Behauptung des Strauß-Referenten Hepp, die deutsche Wirtschaft könne sich »mit verhältnismäßig geringen Kosten« auf Natururan-Reaktoren umstellen, und seine Wunschvorstellung, dass die kontinentaleuropäischen Staaten »mit einem einheitlichen Reaktortyp auftreten und dadurch ein massives Gegengewicht gegen die amerikanische Konkurrenz bilden« könnten, verrät eine erstaunliche Ignoranz gegenüber der mittlerweile entstandenen atomwirtschaftlichen Realität. Die Unabhängigkeit von den USA konnte man zwar auf die Dauer durch Errichtung einer europäischen Urananreicherungsanlage erlangen; aber dies geschah in Kooperation mit Großbritannien und Holland und setzte, wie sich zeigte, die deutsche Unterschrift unter den NV-Vertrag voraus: Diese Zwangslage wurde zu einem besonders gewichtigen Argument der Befürworter.

Von den Gegnern wurde manchmal behauptet oder zumindest vorausgesetzt, dass der Besitz nuklearer Waffentechnik auch der zivilen Kerntechnik erhebliche Vorteile bringe. Die Entstehungsweise der Kerntechnik schien dies zu beweisen und der Glaube an den »spin-off«, den industriell nutzbringenden Abfall militärischer Spitzentechnologien, war in der Ära des Rüstungswettlaufs im Weltraum eine beliebte Annahme. Kenner der Materie wiesen demgegenüber immer wieder darauf hin, dass die Atomindustrie bereits in eine Phase eingetreten sei, in der sie militärtechnische Impulse nicht mehr brauche, ja in der militärische Einflüsse eher desorientierend auf die Reaktorentwicklung einwirken könnten. Auch dies war allerdings insofern eine Halbwahrheit, als das ökonomische Kalkül der Leichtwasserreaktoren noch immer die Isotopentrenn- und Wiederaufarbeitungsanlagen militärischen Ursprungs voraussetzte; aber diese »Brennstoffkreislauf«-Problematik, den meisten damals noch unvertraut, kam wenig zur Sprache, obwohl sich gerade hier die Proliferationsgefahr konzentrierte.

Ein Leitmotiv der Gegenkampagne war die Furcht vor einer mittels der im Vertragsentwurf geforderten Kontrollorgane betriebenen Industriespionage. Ein kompetenter Beobachter versicherte jedoch, die »nuklearen Kenntnisse« seien »kein Geheimnis mehr«. Das galt umso mehr, als es die Bundesrepublik ohnehin aufgegeben hatte, in der Kerntechnik eigene Wege zu gehen, und im Wesentlichen internationalen Entwicklungslinien folgte. Die als Kontrollinstanz vorgesehene Internationale Atomenergie-Behörde (International Atomic Energy Agency, IAEA) in Wien, die der UNO unterstand, war bis dahin in der Bundesrepublik nur wenig bekannt; vor allem wusste und fürchtete man, dass die Sowjetunion an ihr beteiligt war. Auch die Bundesrepublik war in der IAEA vertreten, hatte sich jedoch bis dahin nicht viel um Einflussnahme gekümmert. Die IAEA selbst reagierte im Bewusstsein ihrer Harmlosigkeit und Seriosität »empört und gekränkt« auf die Welle von Spionageverdächtigungen, denen sie sich unversehens ausgesetzt sah; der Atomjournalist Robert Gerwin bezeichnete die Bangemache vor der Wiener »Atompolizei« als »töricht und wirklichkeitsfremd«.

Gänzlich an den Haaren herbeigezogen und eine mehr als dürftige Verbrämung waffentechnischer Ambitionen war das Argument, dass der NV-Vertrag Kernexplosionen zu friedlichen Zwecken verhindere. Die Vorstellung, in dem dicht besiedelten Gebiet der Bundesrepublik Kernexplosionen zur Erschließung von Bodenschätzen oder Beseitigung von Gebirgsbarrieren einzusetzen, wäre der Gipfel des Absurden gewesen. Das Argument der friedlichen Nuklearexplosionen war den Vertragsgegnern dennoch nicht zu schlecht: ein weiterer Beweis, wie schwierig es war, die aus dem NV-Vertrag der friedlichen Kerntechnik angeblich drohenden Gefahren nachzuweisen.

Ausgerechnet an einen Hinweis auf die durch den Vertrag verhinderten friedlichen Kernexplosionen knüpfte Grewe seinen düsteren Ausblick auf die »ökonomischen Konsequenzen« der Nonproliferation! Marcel Hepp, Herausgeber des *Bayernkurier* und persönlicher Referent des CSU-Vorsitzenden Strauß, brachte es sogar fertig, zu behaupten, der »Hauptwirkungsbereich der Kernenergie« liege »auf dem Sektor der gebändigten Klein- und Kleinstexplosionen«; »gigantische Erdkorrekturen, kosmetische Veränderungen der Erdoberfläche« verhieß er als die durch die Kernenergie gebotene neue Möglichkeit. In einem willkürlichen Drauflosphantasieren, das sich ganz auf den Spuren des seit einem Jahrzehnt verflüchtigten Atomeuphorie der ersten Zeit bewegt und Ende der 1960er-Jahre ohne Beispiel ist, prophezeite der Referent des einstigen Atomministers sogleich auch noch »Kernenergie-Motoren für Lokomotiven und Schleppkähne«, um das »Dorado der Technik und des Geschäfts«, alles auf der Basis der Kerntechnik, weiter auszumalen. Zur gleichen Zeit wurde in den USA das »Plowshare«-Projekt, das der Erprobung unterirdischer Kernexplosionen zu technischen Zwecken diente, zur ersten Zielscheibe der beginnenden Anti-Kernkraft-Bewegung; 1971 wurde es eingestellt, zumal es auch bei der Privatwirtschaft nur mangelhaft Unterstützung fand. Auf so schwachen Füßen stand dies angebliche »Dorado des Geschäfts« selbst in den USA!

In der gesamten öffentlichen Kontroverse um den NV-Vertrag war von der Furcht vor einem Atomkrieg oder vor radioaktiver Verseuchung der Atmosphäre durch immer neue Atomtests erstaunlich wenig zu spüren. Das Interesse an diesem Thema, das ein Jahrzehnt zuvor international die Öffentlichkeit bewegt hatte, war längst abgeklungen; die neue Protestbewegung konzentrierte sich ganz auf den nichtnuklearen Vietnamkrieg; die einstige Bewegung »Kampf dem Atomtod«, die noch in den 1960er-Jahren unter wechselndem Namen fortbestanden hatte, löste sich Ende der 60er-Jahre im breiten Spektrum der »neuen Linken« auf. Am Anspruchsniveau dieser neuen Opposition gemessen, war der »Atomsperrvertrag« fast belanglos, da er sich nur – und noch dazu in unzulänglicher Weise – mit äußeren Symptomen der internationalen Friedlosigkeit befasste und dazu die Hegemonie der Atommächte festigte. Der wirksamste Gegenstoß gegen die Kampagne der Vertragsgegner kam nicht etwa von pazifistischer oder gar atomkritischer Seite, sondern eben aus der Atomwirtschaft, auf deren Lebensinteressen sich die Vertragspartner beriefen!

Die Atomwirtschaft und die Kontroverse um den NV-Vertrag

Das Deutsche Atomforum nahm zu dem Vertragsentwurf wiederholt kritisch Stellung; von daher mag es sich erklären, dass die Gegner des Sperrvertrags zeitweise das Interesse der zivilen Kernenergienutzung auf ihrer Seite wähnten. Schon am 24. Februar 1967 überreichte Winnacker im Namen des Atomforums dem Forschungsminister eine Stellungnahme, die »das grundsätzliche Verbot der Anwendung atomarer Sprengsätze durch kernwaffenlose Staaten auch für friedliche Zwecke« für »problematisch« erklärte: »Auch wenn die Bundesrepublik heute weder willens noch in der Lage ist, solche Sprengsätze zu entwickeln, so lässt sich doch die weitere technische Entwicklung mit all ihren Konsequenzen und für alle Zeiten noch nicht übersehen.« Ein solcher Hinweis trug jedoch unverkennbar die persönliche Handschrift Winnackers und war für die Einstellung in Kreisen der deutschen Atomwirtschaft gewiss nicht repräsentativ. Es war die Zeit, in der in Karlsruhe der Bau der von Hoechst projektierten Wiederaufarbeitungsanlage – bis dahin das fehlende Glied einer potenziellen bundesdeutschen Bombenproduktion – begonnen wurde; mit Blick darauf hatte Winnacker angesichts des NV-Vertrags tatsächlich Grund zur Sorge. Dem Gros der Atomindustrie war jedoch das Schicksal der WAK gleichgültig.

Im Juli 1968, als sich bereits der Kompromiss der instrumentierten Spaltstoffflusskontrolle abzeichnete, veröffentlichte das Atomforum noch einmal ein kritisches Memorandum zum NV-Vertrag, das zu jener Zeit, als sich die erste Hitze der Kontroverse bereits gelegt hatte, mehr Aufsehen erregte als die Stellungnahme vom Februar 1967. Auch jetzt verlieh das DAtF noch der Sorge Ausdruck, dass die internationale Konkurrenzfähigkeit der deutschen Atomindustrie durch den Beitritt zum Sperrvertrag beeinträchtigt werden könnte. Der Gesamttenor des Memorandums war jedoch nicht mehr der einer prinzipiellen Opposition, vielmehr wurde anerkannt, dass die Bundesregierung wesentliche Verbesserungen des Vertragstextes erreicht habe. Es ging jetzt nur noch um Details für die Endredaktion des Vertrages: an erster Stelle um die Ersetzung der IAEA- durch Euratom-Kontrolle. Es waren

Postulate, die in der Folge zumeist von der Bonner Politik aufgenommen und durchgesetzt wurden. Dennoch übte Robert Gerwin, der immer mehr zum Starpublizisten der Atombranche aufstieg, eine ausführliche und nicht ohne Schärfe formulierte Kritik an dem DAtF-Memorandum: Das Atomforum sei mit dieser Stellungnahme »sicher ein gutes Stück übers Ziel hinausgeschossen«; gerade im Blick auf ihre Exportinteressen könne sich die Bundesrepublik ein Nein zum NV-Vertrag gar nicht leisten, da sie sich bei der Spaltstoffversorgung in »völlige(r) Abhängigkeit« von den USA befinde; hinter den DAtF-Vorschlägen zur weiteren Verbesserung des NV-Vertrages verberge sich »ein etwas weltfremder Wunsch nach Perfektionismus«.

Insgesamt ist deutlich zu erkennen, dass Gerwin besser als das DAtF-Memorandum die wirkliche Meinung der Atomindustrie wiedergab. Richtungsweisend war schon der erste Kommentar der *atomwirtschaft* im Frühjahr 1967 zu dem neuerlichen Sturm gegen den Sperrvertrag: Mit wegwerfender Geringschätzigkeit erwähnte das Blatt die »Hysterie« der Vertragsgegner, wies darauf hin, dass Kontrollen von der im Vertrag vorgesehenen Art »nichts Neues«, sondern von den USA schon eh und je praktiziert worden seien, und betonte, die Bundesrepublik müsse »grundsätzlich jeden Schritt begrüßen, der eine noch weitere Verbreitung solcher Waffen verhindert oder auch nur erschwert«. »Dies sollte deutlich genug gesagt werden.« Der Deutsche Forschungsdienst versandte schon am 23. Februar 1967 einen von Gerwin verfassten »Sonderbericht Kernenergie«, der auf die nukleare Inkompetenz der Vertragsopponenten hinwies und diese falschen Freunde der Kerntechnik mit beißender Ironie abfertigte: »Bei den vielen unerwarteten Umarmungen, denen die bisher mitunter recht stiefmütterlich behandelte kerntechnische Entwicklung in der Bundesrepublik plötzlich ausgesetzt ist, läuft sie Gefahr, förmlich erdrückt zu werden. Es ist darum an der Zeit, sie selbst mit ihren wirklichen Sorgen zu Wort kommen zu lassen und die bereits bestehende Situation ohne Illusion zu sehen.« »Ohne Illusion« bedeutete konkret: die Abhängigkeit der deutschen Reaktorindustrie von den USA zu erkennen.

Was nun den damaligen Forschungsminister Stoltenberg anging, gab er sich zwar Mühe, seine Parteifreunde nicht in aller Form zu desavouieren, ging aber doch in deutliche Distanz zu den Vertragsgegnern. Wenn er dem Bundestagsausschuss mitteilte, der NV-Vertrag sei aus den Abrüstungsverhandlungen heraus entstanden, stellte er gleich den angemessenen politischen Kontext her, und wenn er ankündigte, man werde sich wahrscheinlich über die Beibehaltung von Euratom als Kontrollinstanz »mit der IAEA zu verständigen versuchen«, gab er schon jene pragmatische Marschroute vor, die dann mit Erfolg eingeschlagen wurde. Von einem Interviewer auf den Vortrag Grewes angesprochen, bemerkte er trocken, man könne »natürlich nicht bei jedem bedeutenden Politiker und Diplomaten« »die nötigen wissenschaftlich-technischen Detailkenntnisse« voraussetzen. Mandel beantwortete die Frage, ob die Atomwirtschaft die Bedenken der Sperrvertragsgegner teile, mit einem kategorischen »Nein«. Auf die Frage, ob die Versorgung mit Kernbrennstoff durch die Unterzeichnung gefährdet werde, erwiderte er brüsk: »Die Brennstoffversorgung ist nur dann gefährdet, wenn sich die Bundesrepublik nicht kontrollieren lässt.« 1969 erhielt Grewe wegen seiner fortgesetzten Kritik am NV-Vertrag vom Auswärtigen Amt Redeverbot.

Das KFZ Karlsruhe erwarb sich seit dem Frühjahr 1968 entscheidende Verdienste um die Überleitung der Sperrvertragspolitik von der grundsätzlichen auf eine technisch-pragmatische Ebene, indem es, mit Häfele an der Spitze, trickreich die Idee einer instrumentierten Spaltstoffflusskontrolle durch spionagesichere »black boxes« aufgriff, die – Mythos »Automation«! – auf die hohe Automatisierung aller unmittelbar mit radioaktivem Material befassten Prozesse baute und daraus ein Forschungsprojekt machte, von dem sich schon rasch Zwischenergebnisse vorzeigen ließen. Dadurch erfuhr die gesamte Szenerie der bundesdeutschen NV-Diskussionen einen grundlegenden Wandel: Staatsrechtliche Erörterungen traten allmählich gegenüber technischen zurück. Schien sich anfangs nur die Alternative zwischen trotzigem Sich-Aufbäumen und Kleinbeigeben im Bewusstsein der eigenen Abhängigkeit zu stellen, gab es nun einen Ansatz, um der Problematik mit praktischen Einfällen beizukommen.

Mit der in Karlsruhe ausgedachten Idee der automatisierten Spaltstoffkontrolle fand die Bundesrepublik 1968 die Unterstützung der Genfer Konferenz der Nichtkernwaffenstaaten und auf diese Weise ging das Konzept schließlich in den endgültigen Text des NV-Vertrags ein. Eine Monographie urteilt im Superlativ, noch nie zuvor habe die Bundesrepublik »bei einem internationalen Vertrag von universaler Bedeutung ihre Interessen so wahren und in gewissem Maße auch durchsetzen« können »wie beim NV-Vertrag«. Zumindest hatte Bonn durch das Bündnis mit den Nichtnuklearen eine Manövrierfähigkeit neuer Art erlangt; die massive Kritik am NV-Vertrag konnte man nunmehr Staaten der Dritten Welt wie Brasilien und Indien überlassen.

Als »neues Element in der Sperrvertragsdiskussion« (Handelsblatt) tauchte Anfang 1969 das Thema der Uranzentrifuge auf: Es ließ sich erkennen, dass die in Aussicht stehende Kooperation mit England und Holland nur bei einem deutschen Beitritt zur Nonproliferation zu realisieren war, da die vorgesehenen Zentrifugenpartner den NV-Vertrag bereits unterzeichnet hatten. Es war diese Einsicht, die dazu führte, dass nunmehr fast die gesamte wirtschaftsnahe Presse auf die Unterzeichnung des NV-Vertrages drängte. »Unterschreiben – und das möglichst bald«, nannte der Volkswirt als einzigen Ausweg aus der Situation; andernfalls drohe der Zusammenbruch der gesamten deutschen Atomwirtschaft.

Der *Industriekurier* brachte einen geharnischten Angriff Rüdiger Proskes auf die Vertragsgegner, wie es ihn in solcher Schärfe bis dahin in der führenden Wirtschaftspresse kaum gegeben hatte: Das Wutgeschrei gegen den Sperrvertrag, so Proske, sei »komisch« geworden, und die Argumentation der Vertragsgegner könne »kein Mensch mehr verstehen, weil sie überdurchschnittlich unlogisch« sei; »und sie ist unlogisch, weil ihr die Ehrlichkeit fehlt«. Und Proske nannte beim Namen, was er unter der von ihm geforderten ehrlichen Offenlegung der Motive verstand: nämlich zuzugeben, »dass wir am liebsten eben doch eines Tages noch zu einer Verfügung über Atombomben kommen möchten«. Und er schloss mit einem Aufruf zu sofortiger Unterzeichnung des Vertrages und mit einer Aufforderung an die Vertragsgegner, sie sollten »den Mut haben«, offen zu bekennen, dass sie den Zugang zu Atomwaffen wünschten und die bisher abgegebenen Verzichtserklärungen nicht ernst gemeint gewesen seien – dann wüssten wenigstens alle über sie Bescheid. Das *Handelsblatt* warnte im Herbst 1973, als die Ratifikation des NV-Vertrages im Bundestag anstand, mit großer Schlagzeile: »Ohne Atomsperrvertrag werden Deutschlands Kernkraftwerke kalt.«

Der Sturm gegen den Sperrvertrag wirft nachträglich ein Licht auf die atompolitischen Motive der Adenauer-Ära. Das militärische Interesse an der Kerntechnik, das in der spekulativen Ära leicht friedenswirtschaftlich zu tarnen war – man wusste ja noch so wenig über die konkrete Gestalt ziviler Kernenergienutzung –, kam verräterisch zum Vorschein, als in der Zeit des industriellen Durchbruchs der Kernenergie mit dem NV-Vertrag die Probe aufs Exempel gemacht wurde. Aber handelte es sich auch um einen Klärungsprozess im Hinblick auf das vom NV-Vertrag aufgeworfene Problem der Spaltstoffproliferation für den Bombenbau? Für die Öffentlichkeit klargestellt wurde im Zuge der bundesdeutschen NV-Debatte vor allem die mittlerweile bestehende Abhängigkeit der deutschen Atomwirtschaft von den USA; vor allem darum ging es, nicht so sehr um die Proliferationsgefahr im eigentlichen Sinne. Insofern kann man die Kontroverse um den Sperrvertrag in ihrem Kern als »uneigentliche« Debatte charakterisieren.

Kontinuität des Schweigens gegenüber der Proliferationsgefahr

Es gab noch einen weiteren Klärungsprozess, der den Eindruck der »Uneigentlichkeit« der NV-Debatte bestärkt: die Klarstellung, dass – zugespitzt gesagt – mit der Verhinderung der Proliferation nicht wirklich Ernst gemacht wurde. Hätte man die Proliferation von waffenfähigem Spaltstoff bei den Nicht-Atommächten tatsächlich wirksam verhindern wollen, dann hätte man dort den Aufbau einer Atomwirtschaft starken Restriktionen unterwerfen, wenn nicht überhaupt unterbinden müssen: Zumindest wären Brüter, Isotopentrenn- und Wiederaufarbeitungsanlagen, wenn nicht gar kerntechnische Großforschungszentren überhaupt unter Verbot zu stellen gewesen. Wenn man hiervon ausging, so wie es mitunter auch geschah, dann war die Sorge um das Schicksal der deutschen Atomwirtschaft in der Tat begründet.

Nicht zu Unrecht bemerkte Carl Friedrich von Weizsäcker, hundertprozentige Kontrollen würden »praktisch auf eine Abwürgung der friedlichen Atomenergie hinauslaufen«. Aber vor dem Hintergrund der weltweiten Atomeuphorie war von Anfang an klar, dass sich derart einschneidende Maßnahmen international unmöglich durchsetzen ließen. Als sich die Diskussion auf die Kontrolle des Spaltstoffflusses beschränkte und mit Rücksicht auf den Vorwurf der Industriespionage die Kontrolle der Anlagen selber bewusst ausgeklammert, ja die Proliferationsgefahr der »Brennstoffkreislauf«-Technologien überhaupt nicht in Angriff genommen wurde, wurde die Grundproblematik der Kerntechnik verdrängt.

Der renommierte und auf Nuklearfragen fokussierte kanadische Journalist Leonard Beaton, der diese Problematik nie vergaß und daher ein prinzipieller Gegner der Verbreitung der Kerntechnik überhaupt war, machte sarkastisch darauf aufmerksam, wie sich die Verlässlichkeit der NV-Garantien in Nichts auflöse, sobald man in historischen Zeiträumen denke: Angenommen, England habe 1952 einen Reaktor in Ägypten auf der Grundlage eines entsprechenden Kontrollabkommens mit König Faruk erbaut, »wie wäre die Haltung des Nasser-Regimes (besonders nach Suez) zu solch einem kolonialistischen Übereinkommen gewesen«? Oder man stelle sich vor, die USA hätten das Gleiche 1952 in Kuba getan. Aber in der mit viel kürzerer Zeitperspektive geführten NV-Debatte war für eine solche praktische Anwendung der historischen Dimension kein Raum.

Doch selbst ohne Berücksichtigung historischer Zäsuren war das vom NV-Vertrag etablierte Kontrollsystem der IAEA lückenhaft genug und überhaupt nur partiell durchsetzbar; das offenbarte schon wenige Monate nach der Ratifikation des Vertrages durch den Bundestag die Explosion der ersten indischen Atombombe. Noch Ende der 1970er-Jahre war obendrein offen, ob die »instrumentierte Spaltstoffflusskontrolle«, von der oft schon wie von einer Realität gesprochen wurde, überhaupt wirksam funktionierte. Karl Wirtz, der die Idee in Karlsruhe als Erster aufgebracht hatte, gestand 1990 dem Verfasser, das sei damals eine situationsbedingte Improvisation und nicht viel mehr als ein bloßes Schlagwort gewesen, zu einer Zeit, als selbst Häfele – wie sich Egon Bahr im Gespräch mit dem Verfasser erinnerte – eine wirksame Proliferationskontrolle ohne massive Behinderung der Atomwirtschaft für unmöglich gehalten hatte. Der Brandt-Intimus Bahr hatte seinerseits in der damaligen Situation verständlicherweise nicht den geringsten Grund, die Zuverlässigkeit einer automatisierten Proliferationskontrolle kritisch zu hinterfragen. Willy Brandt wollte die Atomwirtschaft ebenso wie die Entspannung; da war diese technische Lösung, ob real oder symbolisch, ganz einfach patent!

Der erbitterte Kampf gegen den Sperrvertrag wirkte im Rückblick schon einige Jahre darauf wie viel Lärm um nichts und verdeutlicht am Ende lediglich die politische Manipulierbarkeit eines von der Öffentlichkeit noch kaum begriffenen Kernenergieinteresses. Eine Ironie dieses ersten großen Atomkonflikts besteht darin, dass gerade die Befürworter des NV-Vertrages, die aus den Schützengräben des Kalten Krieges heraus wollten und sich um die neue Regierung Brandt sammelten, das stärkste Interesse daran hatten, den Zusammenhang zwischen ziviler und militärischer Kerntechnik herunterzuspielen, wogegen die Hardliner der Gegenseite die Realisten waren, indem sie die scharfe Grenze zwischen dem guten und dem bösen Atom bestritten. Wirtz und Winnacker schlossen in ihrer gemeinsam verfassten Geschichte der bundesdeutschen Kernenergieentwicklung (»Das unverstandene Wunder«, 1975) das Kapitel über den »Atomsperrvertrag« in brutaler Offenheit: »Eines aber ist sicher: Wenn eines Tages auf der ganzen Welt Kernreaktoren in Betrieb sein werden, dann wird es an weiteren solchen Überraschungen (wie dem indischen Atombombentest von 1974; J. R.) nicht fehlen. Die Menschen werden dann in der Lage sein, an jedem beliebigen Platz in der Welt Kernexplosionen ohne großen Aufwand auszulösen.« Auch das ein »unverstandenes Wunder«!

KAPITEL IV

Das intern verdrängte Risiko elektrisiert die Öffentlichkeit

Reaktorsicherheit als separater Bereich der kerntechnischen Entwicklung

Was bedeutet »Sicherheit«?
Fortschritte und Rückschritte in der Sicherheitsdiskussion

Von Anfang an war das Risiko bei der Atomkraft ein mulmiges Thema; das wussten die Insider am besten. Schon auf der Genfer Atomkonferenz von 1955, als eine offene Diskussion des atomaren Risikos noch nicht durch vollendete Fakten und investierte Milliarden belastet war, wurde das Thema »Sicherheit« separat behandelt: Es war dort eine Angelegenheit der Biologen, Genetiker und Mediziner, nicht der Atomphysiker, und der Konferenzablauf stellte keinen Zusammenhang her. »Man hat eine vollständige Isolierung dieser beiden Kategorien festgestellt«, klagte ein französischer Beobachter (Charles Noel-Martin: »Atom – Zukunft der Welt?«, 1957), »einen tiefen Graben, der sie trennt. Ihre Beratungen erfolgten unabhängig voneinander und parallel   Man stellte sich gegenüber der anderen Seite einfach taub ... Zahlreiche Beobachter unter den Pressedelegierten, selbst Teilnehmer der Debatten haben in privaten Gesprächen ihr Erstaunen über diese Zustände zum Ausdruck gebracht.« Schon damals hatten die Vorkämpfer der Kernenergie Grund, von der Genetik und Strahlenbiologie nichts Gutes zu erwarten. Der renommierte amerikanische Genetiker H. J. Müller, von dem bekannt war, dass er die Schädlichkeit selbst minimaler Dosen von radioaktiver Strahlung behauptete und die Vorstellung von der Existenz einer »Toleranzdosis« anfocht, wurde auf Betreiben der USAEC aus der amerikanischen Delegation ausgeschlossen. Die in Genf in der Sektion »Radioaktivität und Leben« abgehaltenen Diskussionen enthielten »kaum verhüllte Anklagen« gegen die weltweite Forcierung der Kerntechnik.

Auch bei der Reaktorentwicklung bemerkt man frühzeitig eine separate Behandlung der Sicherheitsvorsorge: Das Sicherheitskonzept eines Reaktors wurde von der Konstruktion getrennt und in der Regel erst nachträglich ausgearbeitet. Diese Separierung verfestigte sich dadurch, dass mit der Vorherrschaft des Leichtwasserreaktors Konzepte der »inhärenten Sicherheit« – einer durch die physikalischen Eigenschaften des Reaktors selbst im schlimmsten Fall gewährleisteten Schadensbegrenzung – zwangsläufig gegenüber »engineered safeguards«, einer extern einwirkenden Sicherheitsinstrumentierung, zurücktraten. Auf diese Weise wurde »Sicherheit« schon aus technischen Gründen etwas Äußerliches und Zusätzliches, das auf die Kosten schlug und mit dem ökonomischen Interesse kollidierte. Daher hatte es seine Logik, wenn »Sicherheit« am Ende von einer kritischen Öffentlichkeit gegen die Kerntechnik insgesamt ausgespielt wurde.

Nun gab es freilich eine andere Art des Sicherheitsinteresses, die ein integraler Bestandteil der Reaktorentwicklung war: das Interesse an Funktionssicherheit, Zuverlässigkeit, Absicherung gegen Pannen, maximaler Verfügbarkeit des Kernkraftwerks. Die Verschiebung des Interesses von »safety« auf »availability« und »reliability« wurde auf Expertentagungen geradezu als Fortschritt in der Problemdefinition präsentiert. »Sicherheit« bedeutete hier vor allem die Perfektionierung des technischen Details. Dieser Sicherheitsbegriff lenkte von der Frage ab, ob nicht das Reaktorkonzept als solches mit Grundrisiken behaftet war, die seine prinzipielle Verantwortbarkeit in Frage stellten. In der Geschichte der Reaktorsicherheitsforschung sind daher Fortschritte und Rückschritte miteinander verquickt: Der Fortschritt im technischen Detail kann mit einem Rückschritt im Sicherheitskonzept insgesamt einhergehen.

Schon aus dem Reaktorunfall im britischen Windscale am 10. Oktober 1957, dem ersten spektakulären Störfall in einem Kernkraftwerk, zog der Bonner Atomminister die Lehre, es handele sich um ein »typisch technisches Versagen«, und im Blick darauf dürfe sich die vom Bund zu finanzierende Atomforschung nicht auf die »Erarbeitung der Grundlagen« beschränken, sondern müsse »auch die Anwendungsprobleme umfassen«. Die Einsicht, dass Sicherheit noch nicht durch das Konzept auf dem Papier, sondern erst durch die Praxis vor Ort gewährleistet wird, stützte sich auf die Erfahrung ganzer Ingenieursgenerationen. Aber die allzu früh erfolgte pragmatische Einengung des kerntechnischen Sicherheitsbegriffs führte die Sicherheitsdiskussion am Ende erst recht ins Uferlose. Der wachsende Aufwand für die instrumentierte Sicherheit, für automatisch funktionierende Schnellabschalt- und Notkühlsysteme lenkte von der Notwendigkeit ab, schon durch die Grundkonstruktion des Reaktors ein hinreichendes Maß an inhärenter Stabilität zu gewährleisten – oder, falls sich das als unmöglich erwies, dann eben auf die Kerntechnik zu verzichten.

Die Frage, ob »Sicherheit« lediglich Vorkehrungen gegen empirisch erwiesene Gefahrenquellen meint oder auch Vorkehrungen gegen vermutete, theoretisch denkbare Gefahren, enthält die größte Verständigungsbarriere zwischen Anhängern und Gegnern der Kerntechnik. Wenn Amory B. Lovins darauf hinwies, dass »vermutlich« »einige Millionstel Gramm Plutonium« bei einem Menschen Lungenkrebs hervorriefen, ein einziger Schneller Brüter aber »Millionen Gramm« davon enthalte, also fast das Tausendfache der

Menge, die theoretisch ausreichen würde, um die gesamte Menschheit zu vernichten, dann scheint sich daraus wie ein kategorischer Imperativ, der allen Einzelüberlegungen vorgelagert ist, die Forderung zu ergeben, auf die Kerntechnik grundsätzlich zu verzichten. Auf der anderen Seite ließ ein Blick auf das bis Tschernobyl vergleichsweise geringe Ausmaß nachweisbarer Personenschäden durch Reaktorstörfälle den Ansturm gegen die Kernkraft irrational erscheinen. Kaum je in der Geschichte der technischen Risiken war der Widerspruch zwischen hypothetischen Möglichkeiten und erwiesenen Fakten so extrem gewesen.

Man erkennt die fatalen Wirkungen der Ungreifbarkeit des nuklearen Risikos, wenn man auf neuartige technische Großprojekte früherer Zeiten zurückblickt, bei denen sich Erfolg oder Misserfolg, Sicherheit oder Katastrophe rasch und drastisch manifestierten: Da durchlebten die leitenden Ingenieure die Zeit bis zur Fertigstellung und Inbetriebnahme oft in quälender Spannung. Bei zwei deutschen Großbrückenbauten soll es vorgekommen sein, dass sich der Chefingenieur aus Angst, die Brücke werde einstürzen, das Leben nahm. Bei radioaktiven Emissionen dagegen bestand kein Grund zur Sorge, dass Schadenswirkungen so prompt und krass demonstriert würden wie beim Einsturz einer Brücke. Von einer ängstlichen Spannung, die dem tatsächlichen Risiko entsprochen hätte, bemerkt man in der Geschichte der Kerntechnik nicht eben viel.

Dabei wurden die neuartigen Risiken der Kerntechnik von den frühen Propheten des »Atomzeitalters« manchmal mit bemerkenswerter Offenheit zugegeben. Selbst ein Musterexemplar verfrühter Atomeuphorie wie das halboffizielle Buch von Löwenthal/Hausen »Wir werden durch Atome leben« hob hervor, dass sich Reaktoren hinsichtlich ihrer Betriebssicherheit »grundlegend von allen bisherigen Energiequellen« unterscheiden: »Sie haben die einzigartige Eigenschaft, dass die von ihnen entbundene Energiemenge in Sekundenbruchteilen auf das Vieltausendfache anwachsen kann.« Selbst nach der Abschaltung setze sich die Wärmeentwicklung fort; auch die Beseitigung des Abfalls bereite »erhebliche Schwierigkeiten«. Der Höhenflug atomarer Visionen war zu jener Zeit so euphorisch, dass er hier und da auch den Blick in den Abgrund vertrug.

Als sich Atomminister Strauß 1956 bei Heisenberg nach möglichen Schäden erkundigte, die von Kernspaltstoffen drohten, stellte Heisenberg ihm eine lange Stichwortliste, allerdings fast ohne Gewichtung, zusammen; er fügte hinzu, dass »die Fragen des Schadenersatzes und der Versicherung außerordentlich schwierig« sein dürften, da »Spätschäden« und »genetische Schäden« »viel häufiger sein werden« als »unmittelbar feststellbare Schäden«. Daraus ergab sich, dass bei diesen neuartigen Schädigungen der Verursacher prinzipiell nur sehr schwer zu belangen sein würde! Genau dieser Umstand hätte Grund zur Beunruhigung geben müssen. Stattdessen erkennt man jedoch bei dem berühmten Atomphysiker zwischen den Zeilen ein Desinteresse an der Risikofrage nach dem Motto:»Was ich nicht weiß / macht mich nicht heiß.«

Gewiss hat es seit den 1950er-Jahren erhebliche Fortschritte in der Reaktortechnik gegeben, die sich auch auf die Sicherheitsbilanz positiv auswirkten. Es ist jedoch schwieriger, als man zunächst vermuten könnte, diese Fortschritte präzise zu ermitteln. Man findet nur selten eine Erfolgshistorie der Reaktorsicherheit, die bis in die technischen Details geht, da damit zwangsläufig auch nachteilige Aussagen über die früher errichteten Reaktoren verbunden wären. Im Blick darauf wurde in der Hauptverwaltung des RWE 1973 vor einem historischen Rückblick auf die Erhöhung der Sicherheitsvorkehrungen sogar ausdrücklich gewarnt! Man erkennt ein delikates Dilemma der Nuklear-Apologetik.

Die Vernachlässigung der Reaktorsicherheitsforschung in der Bundesrepublik

Experimentelle Sicherheitsforschungen blieben bis in die späten 1960er-Jahre ein Stiefkind der deutschen Reaktorentwicklung. Ungeachtet deutscher Ambitionen auf kerntechnische Selbstständigkeit zog man es bei der Reaktorsicherheit lange vor, sich auf ausländische Erfahrungen zu verlassen. Deutsche Auffassungen in Sachen Sicherheit blieben daher lange Zeit Anhängsel britischer oder amerikanischer Positionen; das eigene deutsche Element bestand vorwiegend in der mehr oder minder langen Reaktionsverzögerung oder Abschwächung: all das in eklatantem Kontrast zur deutschen Ingenieurstradition, die damals in der Kerntechnik noch von dem alten Friedrich Münzinger verkörpert wurde. 1958 riet sogar ein vom Atomministerium befragter DAtK-Arbeitskreis mit recht fadenscheinigen Argumenten davon ab, eine Gruppe von Gewerbeaufsichtsvertretern zur Orientierung über Sicherheitsfragen in die USA zu entsenden: Bis auf Weiteres könne man sich mit dem Studium britischer und französischer Erfahrungen begnügen. Bis Mitte der 1960er-Jahre umfasste der Posten »Reaktorsicherheit« im Bundesetat weniger als eine Million DM; er lag noch erheblich unter einem Prozent der Gesamtausgaben für die Kerntechnik!

Erst in der zweiten Hälfte der 1960er-Jahre wurde man hier und da unruhiger; Josef Wengler (Hoechst) mahnte, »auch die Bundesrepublik müsse wirkliche Beiträge zu Sicherheitsuntersuchungen leisten«, und machte in der Reaktorsicherheitskommission (RSK) darauf aufmerksam, bisher fehle es am »Nachweis einer einwandfreien Kühlung des Reaktorcontainments unter Unfallbedingungen«. »Derartige Entwicklungen«, so Wengler, seien »im Interesse der Sicherheit der Bevölkerung mit großem Nachdruck (Unterstreichung im Original) zu betreiben«; aber die Diskussion darüber »konnte nicht abgeschlossen werden«. 1967 forderte auch die *atomwirtschaft* mit Hinweis auf den Baubeginn bei Stade und Würgassen energisch eine deutsche Reaktorsicherheitsforschung;»die Zeit, da man sich bei uns weitgehend auf ausländische Arbeiten verlassen konnte, geht zu Ende«. Aber erst Anfang der 1970er-Jahre, als bereits die Kritik an der Kernkraft zunehmend weitere Kreise zog, kamen nennenswerte deutsche Programme allmählich in Gang, wenn auch immer noch mit relativ bescheidenen Geldmitteln.

Ein Markstein in der Entwicklung eines kritischen Expertentums waren die sogenannten Idaho-Experimente der USAEC (1971), die die Wirksamkeit des Notkühlsystems in Frage stellten. Sie wurden zu einem Anstoß für erste deutsche Sicherheitsforschungen, die freilich als Nachweis dienen sollten, dass die Idaho-Ergebnisse für deutsche Kernkraftwerke nicht repräsentativ seien. Das in der Folge beim KFZ Karlsruhe ins Leben gerufene »Projekt Nukleare Sicherheit« verstand sich, so der Projektleiter,»in erster Linie als ›Problemlöser‹ und nicht als ›Problemsucher‹«. Der Verdacht drängt sich auf, dass der Blickwinkel dadurch von vornherein auf solche Probleme eingeengt wurde, die sich von außen aufgedrängt hatten und deren technische Lösbarkeit abzusehen war.

Dass die Bundesrepublik in der Reaktorsicherheitsforschung weit hinter den USA herhinkte, hinderte deutsche Kernkraftapologeten nicht daran, in den späten 1970er-Jahren mit der Behauptung aufzuwarten, in der Bundesrepublik habe man für die Reaktorsicherheit mehr getan als in den USA. In Wahrheit wurde die deutsche Atomgemeinde jedoch erst unter dem Ansturm der Anti-AKW-Bewegung besonders sicherheitsbeflissen. Offiziell wurde am liebsten der ganz verkehrte Eindruck erweckt, als seien die deutschen Atomforscher frühzeitig in höchstem Maße sicherheitsbewusst gewesen und als habe die kerntechnische Entwicklung von vornherein extremen Sicherheitsanforderungen entsprochen. So glaubte Stoltenberg 1979 Sicherheitsbedenken mit einem weiten historischen Rückblick beschwichtigen zu können: Von Anfang an sei die bundesdeutsche Atompolitik von hohem Verantwortungsbewusstsein, nicht von »blinder Fortschrittsgläubigkeit« geleitet gewesen; »Männer wie Otto Hahn und Werner Heisenberg, die lange Jahre hervorragende wissenschaftliche Berater der Bundesregierung waren, kannten die zerstörerischen Möglichkeiten des Atoms besser als manche der heutigen Kritiker« und dennoch hätten sie »ein reflektiertes, gewissenhaft erwogenes Ja zur friedlichen Nutzung der Kernenergie« gesprochen.

Aber in Wahrheit war Hahn nie und Heisenberg nur in der ersten Anfangszeit, als über Kernkraftwerke nur wenig Genaues bekannt war, »Berater der Bundesregierung« gewesen und bei beiden ist nur allzu deutlich, dass sie sich nur wenig für Details der Reaktortechnik und schon gar nicht für Fragen der Reaktorsicherheit interessierten. Frühzeitig besorgt zeigte sich dagegen Heisenbergs Schwager Erich Kuby, ein prominenter publizistischer Querkopf der 1950er-Jahre; aber am 19. Dezember 1953 wimmelte ihn der Nobelpreisträger mit der Versicherung ab, das Problem der radioaktiven Emissionen und Abfälle von Atomanlagen sei von den Amerikanern bereits so erfolgreich gelöst worden, »dass es an keiner Stelle zu einer Gefährdung der Bevölkerung oder zu ernsthaften Unglücksfällen gekommen ist«: eine Vorspiegelung, die – wenn wohl auch keine bewusste Lüge – von einem gänzlichen Desinteresse gegenüber den Risiken der zivilen Kerntechnik zeugt und gewiss auch von der Überzeugung, dass ein Laie wie Kuby da überhaupt nicht mitzureden habe. Aber waren da die hochrangigen Atomphysiker wirklich Experten?

Bezeichnend ist eine Szene, die sich im April 1957 im Bundestagsausschuss für Atomfragen abspielte. Der Abgeordnete Ludwig Ratzel fragte den Atomphysiker Walther Gerlach nach Literatur über die Gefahrenpotenziale von Reaktoren; der erwiderte: »Die Literatur, die er kenne, beschäftige sich jedoch nur damit, was aus physikalischen Gründen bei einem langsamen und einem schnellen Reaktor passieren könne. Ob es auch Literatur gebe, die sich mit den durch das Zusammenspiel von Reaktor und technischem Zubehör entstehenden Gefahren befasse, wisse er nicht. Wenn der Dampfkessel explodiere, könne aber auch nur ein sehr lokales Unglück entstehen.« Auf die Frage, in welcher Höhe er »einen Versicherungsschutz anstreben würde, wenn er als verantwortlicher Mann eines Reaktors dafür zu sorgen hätte«, gab er die klassische Antwort, »er sei Professor und habe sich um solche Dinge nicht zu kümmern«. Im gleichen Ausschuss rühmte Schulten es 1959 als Zeichen von »Mut«, wenn die Atommächte es – ihm zufolge – zuließen, dass ihre »großen Plutoniumerzeugungskraftwerke … schon im Normalfall in derselben Größenordnung Radioaktivität abgäben wie ein Kraftwerk im Katastrophenfall.«

Der hochgradig spekulative Charakter der damaligen kerntechnischen Entwicklung und der extreme Helldunkelkontrast zwischen den Schrecken und den erwarteten Herrlichkeiten der Atomkraft: Beides wirkte sich auf die Mentalität der Atomforscher aus. Ein versierter Beobachter schrieb 1959 über das »Gesicht des Atomforschers«: Es sei »auffallend«, wie bei internationalen Zusammenkünften von Atomforschern die »Profile der Teilnehmer« einander glichen. »Es gibt zwei Kategorien: das Gesicht des Spielers und das Gesicht des Bankiers. Der Charakter des Spielers ist auf den Gesichtern der jüngeren Forscher abzulesen … wogegen die Gesichter der älteren Atomforscher der Maske eines nüchternen, das Risiko wohl abwägenden und dabei trotzdem um einen hohen Einsatz spielenden Bankiers gleichen«. Bei beiden erkenne man den »Defekt eines nicht genügend stark ausgeprägten Verantwortungsbewusstseins«. Es ist eine der sehr wenigen Beobachtungen über den Menschentyp, der sich um die Kerntechnik sammelte. Die brüske Art, mit der die Atomforscher die Bedenken der Strahlenbiologie ignorierten, bestätigt diesen Eindruck.

Dabei war ein Großteil jener atomaren Risiken, die in den 1970er-Jahren zum Gemeingut der öffentlichen Diskussion wurden, zumindest in den Grundzügen schon früh bekannt. Wenn man nach dem Fortschritt bei der Erkenntnis der Sicherheitsproblematik sucht, sieht man sich zunächst durch das Ausmaß dessen überrascht, was schon lange als Information vorlag, allerdings noch nicht als Alarmsignal begriffen war. Zu den einsamen Warnern der Frühzeit gehörte in der Bundesrepublik Friedrich Wagner mit seiner »Wissenschaftssoziologie der Atomphysik« (1963), dem schon viele der später diskutierten Gefahrenquellen geläufig waren.

In der damaligen Publizistik war allerdings die Angst vor der Atombombe nicht automatisch mit der Angst vor radioaktiver Strahlung verbunden. Teilweise überwog noch eine positive Einstellung zur Radioaktivität, deren Brauchbarkeit bei medizinischer Diagnose und Therapie Vertrauen erweckte. In dem von der Arbeitsgemeinschaft sozialdemokratischer Akademiker herausgegebenen Sammelband »Weltmacht Atom« (1955) schwärmt ein Autor: »In einem Atommeiler ... wird praktisch alles radioaktiv. Was können wir nun alles damit machen, wenn wir solche radioaktiven Stoffe haben?« Nur vom möglichen Nutzen, nicht vom Schaden der Radioaktivität war seitenlang die Rede! Bis in die 1960er-Jahre hinein wurden »radioaktive Hausmittel«, so etwa »Radiumkissen« in »mannigfaltiger Form« und in »unübersehbaren Stückzahlen von vielen Herstellern und Vertriebsfirmen« »an jedermann verkauft«; die langfristig krebserzeugende Wirkung vieler solcher Präparate war noch nicht allgemein bekannt, obwohl es schon damals an Verdachtsgründen nicht fehlte. Erst mit der 1960 in Kraft tretenden Ersten Strahlenschutzverordnung (SSV), die im Anschluss an das Atomgesetz erlassen wurde, intervenierte der Staat gegen einen skandalösen Unfug solcher Art.

Die Ursünde der Atompolitik: die unzulängliche Haftpflicht

Wolfgang Finke, der im Atomministerium und seinen Nachfolgeministerien wiederholt dadurch auffiel, dass er öffentlich Klartext redete, wies 1962 in der *atomwirtschaft* darauf hin, die wahre Ursache für die Zurückhaltung der Wirtschaft sei nicht etwa Kapitalmangel, sondern die Unübersichtlichkeit des nuklearen Risikos. Sehr realistisch! Da hätten also theoretisch die großen Versicherungsunternehmen als Wächter über das nukleare Risiko fungieren können: wenn sie nämlich im Falle eines Falles zur vollständigen Schadensdeckung herangezogen worden wären. Aber davon war nie die Rede – stillschweigend scheint man stets davon ausgegangen zu sein, dass die Kernkraft bei voller privater Haftung keine Chance habe. Einschlägige

Versicherungsexperten gingen von Anfang an davon aus, dass das nukleare Risiko privatwirtschaftlich gar nicht zu kalkulieren sei, und riefen daher nach dem Staat; und da der Staat in Atomangelegenheiten meist rasch zur Stelle war, hatten es die Versicherungen auch gar nicht nötig, über die Quantifizierbarkeit dieses neuen Risikosektors lange zu grübeln.

Der Versicherungsfachmann der britischen Firma Babcock & Wilcox, eine Hauptauftragnehmerin beim Bau des ersten Kernkraftwerks Calder Hall, wies schon 1954 unverblümt darauf hin, dass »der privatwirtschaftliche Betrieb eines Reaktors riesige Prämien erfordern würde«; daher »bleibe nur staatliche Hilfe übrig«. Ein Vorstandsmitglied der Allianz-Versicherung spielte sogar schon 1956 den Mutigen gegenüber der Kernenergie, offenbar im Vertrauen darauf, dass die Hauptlast vom Bund zu tragen und im Übrigen ein Großteil der Strahlenschäden juristisch gar nicht einklagbar wäre: »Ich kann mich des Eindrucks nicht erwehren«, schrieb er an einen Bankmann, »dass die Bundesregierung, vielleicht in einem besonderen Maße durch die übergroßen Bedenklichkeiten des Justizministeriums veranlasst, sich bei ihren Überlegungen von der Atomangst mehr als berechtigt beeinflussen ließ und möglicherweise auch der Gefahr, sich nach der Straße zu orientieren, nicht völlig entgangen ist.«

Gemeint war mit der »Atomangst« vor allem die sich in Bonn abzeichnende Linie, bei der Haftung für Schadenswirkungen der Technik nicht das Verschuldens-, sondern das Gefährdungsprinzip gelten zu lassen, also eine Entschädigung auch dann zu fordern, wenn dem Verursacher ein schuldhaftes Verhalten nicht nachzuweisen war: ein Grundsatz, der selbst bei der Bundesbahn galt und in einem Sektor wie dem der Kerntechnik eigentlich von Anfang an hätte selbstverständlich sein müssen, da dort ein hoher öffentlicher Anspruch auf Sicherheit bestand, ein individuelles Verschulden jedoch voraussichtlich relativ schwer nachzuweisen war. Aber eben auf diesen Umstand spekulierte der Versicherungsvertreter, wenn er glaubte, sich über die »Atomangst« mokieren zu können. In Wahrheit hatten die Versicherungen selber Angst vor dem nuklearen Risiko!

Derselbe Staat, der die »Atomangst« abschütteln sollte, sollte nach dem Wunsch der Versicherungen, der schließlich auch erfüllt wurde, den Löwenanteil des nuklearen Risikos übernehmen. Die Sprecher der Versicherungen erklärten sich in dürren Worten außerstande, den vollen Umfang des Risikos zu tragen, was sie aber nicht daran hinderte, sich im selben Atemzug zugunsten der Kernenergie auszusprechen, die einträgliche Versicherungsgeschäfte verhieß. Wenn Hans Goudefroy, der Chef der Allianz-Versicherung, in der Atomkommission anerkannte, »vonseiten der Sachverständigen werde die Möglichkeit des Durchgehens eines Reaktors für äußerst gering gehalten«, zog er daraus nicht etwa die Folgerung, dass dieses Risiko für die Versicherungen zu tragen sei, sondern philosophierte: »Ein solch außergewöhnlicher Fall sei dann als nationales Unglück zu betrachten, bei dem der Staat eingreifen müsse. Das habe mit Sozialisierung der Verluste nichts zu tun.«

In einer Argumentation, aus der man einen untergründigen Sarkasmus gegenüber der staatlichen Atomförderung heraushören kann, erläuterte ein schweizerischer Versicherungsexperte dem Bundestagsausschuss für Atomfragen:»Es sei aber ein allgemein anerkannter, unbestrittener Rechtsgrundsatz des Staatsrechtes, dass der Staat verpflichtet sei, seine Bevölkerung zu beschützen. Durch die Zulassung von Kernenergie-Produktionszentren mit ihrer inhärenten, zusammengeballten, gewaltigen Energie, die durch menschliches Versagen oder aus irgendwelchen Gründen unkontrolliert sich auslösen könnte, handele er diesem Grundsatz zuwider. Deshalb müsse er die Folgen tragen und konsequenterweise die Haftung, die sich daraus ergäbe, übernehmen.«

Mit dem Aufbau der Karlsruher Reaktorstation, des künftigen Kernforschungszentrums, wurde das Haftungsproblem akut, da die fehlende Haftungsvorsorge der benachbarten Bevölkerung Grund zur Klage und sogar juristisch gewichtige Gegenargumente in die Hand gab. Ein leitender Angehöriger der Kernreaktor Bau- und Betriebsgesellschaft klagte in Bonn, immer wieder brächten Bürgermeister und Gemeinderäte der umliegenden Dörfer zum Ausdruck,»dass sie das Vertrauen an Bund und Land verlören, weil noch immer keine Regelung ihrer, wie sie meinten, berechtigten Ansprüche in haftungsrechtlicher Hinsicht erfolgt sei. Seit Bestehen der Gesellschaft habe sich gezeigt, dass die Einführung der Kernenergie in Deutschland für friedliche Zwecke wesentlich friedlicher gefördert werden könne, wenn neben den bestehenden allgemeinen Haftpflichtbestimmungen entsprechende bundesgesetzliche Bestimmungen geschaffen würden, die damit der Bevölkerung den berechtigten Schutz gewährten.«

Zunächst jedoch folgte ein jahrelanges Tauziehen um die»Deckungsvorsorge«, das heißt die von der Privatwirtschaft aufzubringende Haftungshöchstsumme. Goudefroy nannte im April 1957 ganze 3 Mio. DM als den für die deutsche Versicherungswirtschaft erträglichen Höchstbetrag; auch zu 5 Mio. DM ließ man sich herbei, aber dies waren gemessen an den Summen, um die es in der Atomwirtschaft ging, lächerlich geringe Beträge, die nur dokumentierten, dass man das Ganze eigentlich als Angelegenheit des Staates ansah. Dann schien sich um die runde Summe von 10 Mio. DM ein gewisser Konsens einzupendeln; andererseits wurde bekannt, amerikanische Versicherungsgesellschaften hätten bereits für den Münchener Swimmingpool-Reaktor mit seiner noch winzigen Kapazität eine Versicherungssumme von 50 Mio. Dollar angeboten! Ein Experte klagte in der Atomkommission, »es sei ein Würfelspiel, ob nach der jeweiligen Einstellung der Parlamentsmehrheit ein Betrag von 10, 25, 50 oder gar 100 Mio. DM eingesetzt werde.

Bei einem Großschadensfall sei es immer zweifelhaft, ob man mit den genannten Summen auskomme.«

Aus dem Bundesrat kam der Vorschlag, »jede Haftungshöchstgrenze überhaupt wegfallen zu lassen«. Dagegen sträubten sich die zuständigen DAtK-Gremien zunächst »mit aller Energie«, aber diese »elastische Regelung« setzte sich in Anbetracht der Unübersehbarkeit des nuklearen Risikos am Ende durch:»Art, Umfang und Höhe« der Deckungsvorsorge waren alle zwei Jahre von der für die Genehmigung kerntechnischer Anlagen zuständigen Verwaltungsbehörde festzusetzen (Atomgesetz § 13,1). Die Höhe des Maximalbetrages sollte sich an demjenigen Versicherungsschutz orientieren, »der auf dem Versicherungsmarkt zu wirtschaftlich zumutbaren Bedingungen erhältlich« sei. Eine Deutsche Kernreaktor-Versicherungsgesellschaft (DKVG), die sich als Zusammenschluss von 88 Unternehmen konstituierte, behauptete (1960),»in der Sachversicherung je Risiko 16,8 Mio. DM …, in der Haftpflichtversicherung 14,5 Mio. DM« aufbringen zu können. Zur selben Zeit fand sich eine entsprechende Vereinigung von amerikanischen Versicherungen immerhin zu 60 Mio. Dollar bereit.

Die Art und Weise, ein strittiges Problem an die Verwaltung abzuschieben, war bezeichnend und zukunftsträchtig; die Unübersichtlichkeit des atomaren Risikos begünstigte die Autonomie der Exekutive. Im Übrigen kam es auf die Höhe der privaten Deckungsvorsorge ohnehin nicht an, da offenbar nie zweifelhaft war, dass die Hauptlast beim Bund liegen würde. Schon die amerikanischen Versicherungsgesellschaften hatten sich außerstande erklärt, Reaktoren auch nur annähernd bis zur vollen Höhe des möglichen Risikos zu versichern. 1957 wurde in den USA das sogenannte Price-Anderson-Gesetz durchgebracht, das eine Bundeshaftung bis zur Höhe von 500 Mio. Dollar pro Reaktorunfall vorsah. Es war abzusehen, dass in der Bundesrepublik etwas Ähnliches erfolgen würde. Tatsächlich übernahm das deutsche Atomgesetz (§ 36) von den USA die 500 Mio. und setzte für Dollar DM ein. Die Befriedigung von darüber hinausgehenden Schadenersatzansprüchen war künftigen Regelungen überlassen (§ 37); es war, wie der führende Atomjurist Hans Fischerhof spitz bemerkte, »eine neuartige Haftungsbegrenzung, die letzten Endes eine Begünstigung der Atomenergieverwendung darstellt«. Nicht nur die Privatwirtschaft, sondern auch der Bund wurde auf diese Weise der Notwendigkeit enthoben, sich über das volle Ausmaß des nuklearen Risikos den Kopf zu zerbrechen; damit war ein möglicher Steuerungsmechanismus außer Kraft gesetzt.

Ein strittiger Punkt war die Frage, ob die Haftungsvorschriften des Atomgesetzes dem Prinzip der Verschuldens- oder dem der Gefährdungshaftung folgen sollten. Die endgültige Lösung sah so aus, dass für Reaktoren und Spaltstoffproduktionsanlagen die absolute Gefährdungshaftung galt (§ 25), für sonstigen Umgang mit radioaktiven Isotopen hingegen eine Mischung aus

Verschuldens- und Gefährdungshaftung (§ 26). Der bereits zitierte schweizerische Experte hatte diese Unterscheidung mit dem bildhaften Vergleich begründet, der Reaktor und »die verwandten Betriebe« enthielten gewissermaßen »ein ungebändigtes, wildes Tier ..., das fortlaufend beobachtet und gezähmt werden müsse, während die Radioisotope sich mit einem zahmen Tier, das natürlich auch eine Gefahr darstellen könne, vergleichen ließe«. Der Bundesrat hatte die Gefährdungshaftung auf den gesamten Umgang mit radioaktiven Isotopen ausdehnen wollen; der Bundesverband der Deutschen Industrie und die einschlägigen DAtK-Gremien waren dagegen Sturm gelaufen. Nicht einmal mit der Endfassung des § 26, die über die bloße Verschuldenshaftung immer noch etwas hinausging, waren Versicherungswirtschaft und Chemie zufrieden.

Ansonsten hielt sich das Atomgesetz an manchen Stellen außerordentlich milde, wenn nicht gar hilflos gegenüber dem nuklearen Gefahrenpotenzial. So sah § 31,2 eine Ersatzpflicht bei Sachbeschädigung »nur bis zur Höhe des gemeinen Wertes der beschädigten Sache« vor. Fischerhof malte 1959 unter Schilderung eines hypothetischen Großunfalls aus, wie diese Regelung für Firmen oder kommunale Wasserversorgungsunternehmen ruinös werden könnte, und resümierte: »Die Begrenzung der Sachschädenhaftung und der Ausschluss von Vermögensschäden bedeutet praktisch die Einräumung eines Vorranges der Atomwirtschaft vor allen anderen Interessen.« Wer vorsätzlich »durch Freisetzung von Kernenergie eine Explosion« herbeiführte, um »Leib und Leben eines anderen« zu gefährden, musste mit einer »Freiheitsstrafe nicht unter fünf Jahren rechnen (§ 40), konnte jedoch bei »tätiger Reue« auf eine Milderung hoffen (§ 44). Hier wurde in grotesker Weise das Gefährdungs- durch das individualrechtliche Verschuldensprinzip ersetzt; eine Atomkatastrophe wird wie ein Akt zwischen zwei Individuen behandelt, der je nach der schuldhaften Absicht des einzelnen Delinquenten zu ahnden ist!

Von Anfang an machte man sich intern nichts darüber vor, dass ein erheblicher Teil der nuklearen Schadensmöglichkeiten mit juristischen Mitteln gar nicht zu fassen war, und zwar umso weniger, je mehr das ganze Land mit kerntechnischen Anlagen überzogen sein würde: Wie sollte man dann die Herkunft radioaktiver Emissionen gasförmiger Art oder gar die Ursachen von Spätschäden, die möglicherweise vor Jahrzehnten durch radioaktive Substanzen verursacht waren, vor Gericht hieb- und stichfest nachweisen? Schon in einem frühen Stadium der Bonner Beratungen wurde der Gedanke aufgegeben, auch für sogenannte »anonyme« Strahlenschäden eine Haftungsvorsorge zu treffen. Das »Problem der Kausalität« blieb aus juristischer Sicht »das Zentralproblem des gesamten Strahlenschutzes«. Auf diese Weise bekam ein Großteil der Strahlenüberwachung und strahlenmedizinischen Forschung von vornherein etwas juristisch Folgenloses.

Die fiktive Toleranzdosis

Schon in der Sektion »Radioaktivität und Leben« der Genfer Atomkonferenz (1955) wurde unmissverständlich klargestellt, dass die von den Atombehörden aus politischen Gründen festgesetzte »Toleranzdosis«, die Obergrenze der bei kerntechnischen Anlagen zugelassenen radioaktiven Umgebungsbelastung, einer wissenschaftlichen Grundlage entbehre und kein Grund zu der Annahme bestehe, dass es einen »Schwellenwert der Strahlungsdosis« gebe, unterhalb dessen die Strahlung ungefährlich sei. Das Verwirrspiel mit der Toleranzdosis, das Ende der 1960er-Jahre zur ersten Zielscheibe der Kernkraftkritiker in den USA wurde, stieß bei Strahlenbiologen und Genetikern von Anfang an auf Kritik. Ein Referent auf dem Frankfurter »Symposium über die wissenschaftlichen Grundlagen des Strahlenschutzes« (1956) zog aus dem Nichtvorhandensein einer Toleranzdosis die Folgerung: »Wenn wir uns unsere jetzige Situation vergegenwärtigen, so müssen wir uns darüber klar sein, dass wir heute mit entscheiden über das, was die Menschheit in den nächsten 1000 Jahren an Erbkrankheiten und erblich bedingtem Versagen erleiden wird.« Man solle sich daher »mit dem Gedanken vertraut machen«, im Interesse künftiger Generationen auf bestimmte Annehmlichkeiten der Zivilisation zu verzichten.

Dass eine negative Veränderung der Erbmasse selbst von niedrigsten Strahlendosen zu befürchten sei, blieb kein Geheimnis von Insidern, sondern wurde auf der Atomkundgebung des DGB vom November 1957 ebenso wie vor dem zuständigen Bundestagsausschuss klargestellt. Gerade Atomminister Balke ließ keine Gelegenheit aus, um auf die Unmöglichkeit fundierter »Toleranzgrenzen« hinzuweisen. »Diese Grenzen seien aber nicht Toleranzgrenzen, sondern eher Beruhigungsgrenzen«, erklärte er dem Bundestagsausschuss 1957; einstweilen müsse man annehmen, »dass jede zusätzlich ionisierende Strahlung gefährlich sei«, und er gehe daher »vorläufig davon aus, dass jede zusätzliche ionisierende Strahlung bei technischen Anlagen unterbunden werden müsse«. Dies müsse man auf dem Gesetzeswege »einfach erzwinge(n)«, »und zwar ohne Rücksicht auf die Wirtschaftlichkeit«. Noch 1962 teilte er dem Ausschuss mit: »In unserem Hause ist es auch nicht üblich, von Toleranzdosen oder Ähnlichem zu sprechen. Erstens vermeiden wir das, weil wir als Naturwissenschaftler wissen, dass der Körper keine Schädigungen toleriert, und zweitens sind Erbschäden erst recht irreversibel.«

Welche Konsequenzen wurden jedoch in der Praxis des bundesdeutschen Strahlenschutzes aus dieser Einsicht gezogen? Was bedeutete Balkes Abfuhr an die Idee der Toleranzdosis? Gewiss nicht, dass das Atomministerium etwa darauf bestanden hätte, die radioaktiven Emissionen kerntechnischer Anlagen auf null zu halten; dann hätte es eine kerntechnische Entwicklung in der Bundesrepublik vermutlich nicht gegeben. Es bedeutete nicht einmal, dass das Ministerium systematisch darauf hingewirkt hätte, die Emissionen extrem niedrig zu halten und ihre biologischen Auswirkungen laufend zu kontrollieren. Eher lief die Geringschätzung von »Toleranzgrenzen« darauf hinaus, in diesem Bereich keine eigenen Initiativen zu ergreifen und auch der Praxis des Auslands nur zögernd zu folgen. Balke, in Sachen Sicherheit eine schwankende Gestalt, glaubte gerne an die evolutionsgeschichtliche Bedeutung der natürlichen radioaktiven Strahlung für die Höherentwicklung der Lebewesen: »Ohne Radioaktivität wären wir noch Pantoffeltierchen!« Erst die am 13. Oktober 1976 verkündete neue Strahlenschutzverordnung setzte einen Jahreshöchstwert für die zulässige Ganzkörperbelastung durch radioaktive Emissionen fest; dieser neue Wert (30 mrem) betrug weniger als ein Sechzehntel der in den bis dahin gültigen Regelungen gesetzten Obergrenze (500 mrem), die den amerikanischen Bestimmungen der 60er-Jahre sowie den damaligen Euratom-Normen entsprach. Hatte die erste deutsche Strahlenschutzverordnung von 1960 noch volle 5 rem als höchstzulässige Jahresdosis für »beruflich strahlenexponierte Personen« angesehen (§ 25), war dies in der Verordnung von 1976 (§ 28) die Obergrenze für die schwersten denkbaren Störfälle. Die USAEC hatte unter dem Druck der Kritiker bereits 1971 die Toleranzgrenze für Leichtwasserreaktoren von 500 auf 5 mrem pro Jahr herabgesetzt.

Das Atommülldilemma als frühzeitiger Kritikpunkt

Wegen der ungeheuren Langlebigkeit mancher radioaktiver Substanzen war die Endlagerung auch für Außenstehende schon früh als ein auf lange Sicht prinzipiell unlösbares Problem der Kerntechnik zu erkennen; daher stand das »Atommüll«-Problem zu einer Zeit, als die innertechnischen Gefahrenquellen der Kerntechnik den interessierten Laien noch nicht geläufig waren, unter den Risiken der Kernenergie ganz obenan. Auch Experten hoben den Umgang mit den hochradioaktiven Rückständen als »Hauptproblem«, ja »Schlüsselproblem« und »größte Gefahrenquelle« der friedlichen Kerntechnik hervor.

Besonders eindringlich wies Robert Gerwin, später ein führender Propagandist der Kernenergie, auf die historisch beispiellose Lebensbedrohung durch Abfälle der Kernkraftwerke hin: »Würde der gesamte Energiebedarf der USA durch Atomkraftwerke gedeckt«, so Gerwin 1959, »dann würde wöchentlich so viel Radioaktivität entstehen, wie 4500 Atombomben erzeugen. ... Bei dem großen Aufwand, der heute bei der Beseitigung von nur einigen Kilogramm radioaktiver Spaltprodukte erforderlich ist, kann man sich kaum vorstellen, wie unsere Enkel und Urenkel mit diesen gewaltigen Mengen fertig werden wollen, ohne dass die Strahlenbelastung der Menschheit bedrohliche Formen annimmt.« Noch 1963, als man mit dem Gelegenheitskauf des stillgelegten Salzbergwerks Asse das Atommüllproblem pragmatisch, nämlich ohne große Sorge um seine Zeitdimension in Angriff zu nehmen begann, warnte Gerwin, es gehöre »schon einige Unverfrorenheit dazu, seinen Nachfahren eine Last aufzubürden, an der diese noch nach zehn Generationen zu tragen haben« (auch die zehn Generationen waren in Wirklichkeit noch weit untertrieben!), um dann den Vorschlag eines sowjetischen Atomphysikers, den Atommüll mit Raketen in den Weltraum zu befördern, als den »zweifellos zuverlässigsten Weg« zu preisen. Allein die Rückstände, die in Gundremmingen an einem einzigen Tag anfielen, enthielten ihm zufolge noch nach hundert Tagen so viel Radioaktivität, dass man »damit bequem die Bewohner einer Millionenstadt umbringen« könne.

1961 glaubte ein redaktioneller Artikel der *atomwirtschaft* die »Atommüll«-Frage bereits als eine inzwischen erledigte Frage der Vergangenheit abtun zu können; aber 1963 enthüllte die konkurrierende Zeitschrift *Atomkernenergie*, in den USA habe man »inzwischen die beunruhigende Feststellung machen« müssen, »dass einige der ältesten Behälter undicht geworden« und »für europäische Verhältnisse beachtliche Mengen in den Untergrund gesichert« seien. In der Folge wurde es üblich, bei dem Thema »Atommüll« mit Hinweis auf Asse, das mittlerweile geschaffene vollendete Faktum, die günstigen Lagerbedingungen in Salzstöcken hervorzuheben; aber bis in die erste Phase der Kernkraftkontroverse der 70er-Jahre blieb doch die Endlagerungsfrage ein, wenn nicht das Hauptthema der Kritik und wurde durch mehrere »Atommüll«-Skandale aktualisiert. Im Blick auf die horrende Absurdität einer Planung für Jahrtausende ist die Problematik der Endlagerung nach wie vor einer der wundesten Punkte der Kerntechnik.

Die provokativen Risikodimensionen von Plutonium und Wiederaufarbeitung

Während die in der Frühzeit besonders beachteten Gefahrenpotenziale der Kerntechnik – die mögliche Schädigung der menschlichen Erbmasse und der Verbleib der radioaktiven Rückstände – auf dem Höhepunkt des Atomkonflikts eher in den Hintergrund traten, erfuhren zwei andere Risikobereiche schon vorher eine zunehmende Beachtung: die Gefahr der Proliferation von Spaltstoffen für den Bombenbau und das Gefahrenpotenzial des Plutoniums. Dass gerade die Proliferationsgefahr nicht zu den frühzeitig im Mittelpunkt der Aufmerksamkeit stehenden Kehrseiten der Kernenergie gehörte, ist eigentlich paradox; denn damals war die Angst vor einem Atomkrieg weit lebendiger als Mitte der 1970er-Jahre. Noch lange wurde »Atom« von weiten Teilen der Bevölkerung vor allem mit Bomben, nicht mit Kraftwerken assoziiert; erst allmählich setzte sich in Fachkreisen die Sprachregelung durch, strikt nur noch von »Kern-« statt von »Atomenergie« zu sprechen. Aber wenn die Verbindung der Atomenergie mit der Atombombe bei Laien als gefühlsmäßige Assoziation noch lange bestand, blieb doch die Natur dieses Zusammenhanges undeutlich und wurde von nuklearen Fachkreisen im Allgemeinen auch bewusst undeutlich gehalten. Auf der Genfer Atomkonferenz von 1955 war das Thema tabu; die zeitliche und räumliche Nachbarschaft der Atomkonferenz zu der Genfer Viermächtekonferenz vom Juli 1955, die unbegründete Hoffnungen auf ein Ende des atomaren Rüstungswettlaufs weckte, ebenso wie die Göttinger Erklärung der deutschen Atomphysiker (1957) verführten die Öffentlichkeit dazu, militärische und zivile Nutzung der Kernkraft als Alternativen zu sehen.

Eine Gefahrenparallele bestand in der öffentlichen Wahrnehmung vor allem zwischen dem Fallout der Atomwaffentests und dem »Atommüll« der Reaktoren; nicht zuletzt aus dem hier möglichen Transfer kritischer Argumente erklärt sich die frühere Konzentration auf die »Atommüll«-Problematik. Anlass zur Sorge gab manchmal auch die Parallelität zwischen der Bombe und dem mit ungebremsten Neutronen arbeitenden Schnellen Brüter; die Nähe des Brüters zur Bombe wurde damals noch von Fachleuten in einer heute verblüffend zu lesenden Direktheit erwähnt. Die Bombe war ja damals die wirkungsvollste Demonstration der im Atom schlummernden Kraft. 1954 stellte sogar der spätere Chefredakteur der *atomwirtschaft*, Wolfgang D. Müller, lakonisch fest: »Auch die Atombombe … ist ihrem Wesen nach ein Reaktor.«

Die wichtigste Verbindung zwischen Reaktor und Bombe bestand in dem Plutonium, das alle Reaktoren außer den Thoriumkonvertern produzierten. Hierüber gab es bei Fachleuten nie einen Zweifel, waren doch die ersten Reaktoren überhaupt für die Plutoniumproduktion gebaut worden. Aber gerade diese leicht zu erfahrende Tatsache erlangte in früheren Auseinandersetzungen mit der Kernenergie nur selten das ihr zukommende Gewicht. Die Tabuisierung dieser Binsenwahrheit war in der Bundesrepublik schon deshalb notwendig, weil die Plutoniumproduktion oberstes Ziel der frühen Atomplanungen war; und das galt nicht nur für die Bundesrepublik. Selbst Gerwin äußerte 1966 Verwunderung darüber, »dass bei den jahrelangen Verhandlungen über eine Kontrolle und Beschränkung der Kernwaffenrüstung die Möglichkeit einer Eigenproduktion von Atomwaffen mit der Hilfe großer Forschungs- und Kraftwerksreaktoren so spät in die Debatte geworfen wurde.«

War die bombentechnische Brauchbarkeit des Plutoniums von Anfang an jedem, der es wissen wollte, wohlbekannt, wurde die extreme Giftigkeit dieses Spaltstoffs, die in den 70er-Jahren die Öffentlichkeit am meisten alarmierte, in der früheren Zeit gewöhnlich nur beiläufig erwähnt. Sie war zwar schon damals in etwa bekannt, aber erst gezielte Untersuchungen der

Folgezeit erbrachten jene quantitativen Ergebnisse, die die Öffentlichkeit später schockierten. Der Umstand, dass die Strahlung des Plutoniums relativ schwach ist und die Hauptgefahr durch körperliche Berührung entsteht, mag die kritische Aufmerksamkeit zu einer Zeit, als sie sich vor allem auf die Strahlungsgefahr konzentrierte, vom Plutonium abgelenkt haben. Dass bereits »ein Millionstel Gramm« Plutonium »eine tödliche Wirkung ausüben« könne und bei der Handhabung dieses Stoffes daher ganz neuartige Sicherheitsvorkehrungen notwendig seien, wurde im Bonner Atomministerium gelegentlich (1959) aktenkundig gemacht, als es darum ging, eine nicht zum nuklearen Establishment gehörige Firma in die Schranken zu weisen. Die seltenen Presseartikel zum Thema pflegten jedoch bis in die späten 6oer-Jahre Plutonium nur als Reaktorbrennstoff zu würdigen; die Giftigkeit dieses Stoffes wurde dabei in der Regel, wenn überhaupt, nur nebenbei erwähnt.

Die eindrucksvollste Ausnahme und zugleich erste ausführliche Presserezeption neuerer Erkenntnisse bietet ein Artikel der *Neuen Zürcher Zeitung* von 1967, der schon genau quantifiziert: Plutonium sei »als etwa 10 hoch 9 mal giftiger anzusehen als das bekannte starke chemische Gift Blausäure«; die höchstzulässige Menge, die sich ohne Schaden im Körper akkumulieren dürfe, betrage etwa 0,6 Millionstel Gramm. Intern gab es schon 1959 noch pessimistischere Schätzungen; diese wurden in den 7oer-Jahren allgemein bekannt. Selbst in der sonst dezenten Atmosphäre eines Atomrechts-Symposiums gab 1974 der damalige Parlamentarische Staatssekretär im Innenministerium, Gerhard Baum, zu bedenken, »eine Plutoniumkugel in der Größe einer Pampelmuse würde genügen, um alle heute auf der Erde lebenden Menschen zu töten«. Schaut man nicht nur auf explizite politische Positionen, sondern auch auf die Sprache mancher Politiker mitsamt gewisser Zwischentöne, erkennt man, wie eine latente Abkehr von der Kernkraft schon früh begann!

Plutonium ist nur ein Teil des von Kernkraftwerken ausgehenden Gefahrenpotenzials; aber dieses nach dem mythischen Herrscher der Unterwelt benannte Element, das von Anfang an als Bombenspaltstoff bekannt war und später vor allem durch die Brüterentwicklung zum akuten Problem wurde, bekam in den Augen der Kernkraftgegner rasch einen extrem negativen Symbolwert. Schwieriger war dies mit der unübersichtlichen Vielzahl der in Reaktoren entstehenden radioaktiven Spaltprodukte, deren Gefährlichkeit besonders im Zusammenhang mit Wiederaufarbeitungsanlagen akut wurde, deren Namen jedoch den allermeisten Laien nichts sagten. Bei der Erforschung der Schädlichkeit dieser Substanzen – es handelte sich vor allem um Strontium 90, Krypton 85, Cäsium, die früh durch den Windscale-Unfall in Verruf gekommenen radioaktiven Jod-Isotope und das lange verharmloste Tritium – gab es Erkenntnisfortschritte, die zu einer drastischen

Herabsetzung der Toleranzgrenzen führten. Gerade in diesem Bereich zeigen sich aber deutlich die Grenzen dessen, was sich von interessierten Laien kritisch mitverfolgen lässt.

Die Öffentlichkeit hat daher die besonderen Risiken der Wiederaufarbeitung erst relativ spät begriffen, zumal dieser Bereich des »Brennstoffkreislaufs« lange Zeit ohnehin vernachlässigt wurde. Für Experten war jedoch das ungewöhnliche Gefahrenpotenzial der Wiederaufarbeitung frühzeitig zu erkennen. Haxel wies den Bundestagsausschuss für Atomfragen 1957 wiederholt auf die besondere Qualität dieses Risikobereichs hin. Als der Ausschussvorsitzende August-Martin Euler die Ansicht vertrat, es liege im Interesse der Bundesrepublik, »möglichst bald eine eigene Aufbereitung zu bekommen«, warnte Haxel: »Die wirklichen Probleme werden erst dann auftreten, wenn die Brennstoffelemente aufgearbeitet, also die künstlich radioaktiven Substanzen herausgenommen und konzentriert werden und dann irgendwo sicher gelagert werden müssen.« Noch deutlicher wurde er einige Monate später: »Die wirkliche Gefahr, die die künftige Entwicklung der Atomenergie mit sich bringt, scheint nach meiner Meinung die schleichende Vergiftung zu sein, die dadurch eintritt, dass die vielen chemischen Aufbereitungswerke, die wir dann brauchen werden, mal da, mal dort laufend geringe Mengen in unsere Gewässer abgeben.« Umso merkwürdiger, dass er gleichwohl zu dem Schluss gelangte, »dass man alle die Gefahrenmomente, die die künftige Atomtechnik mit sich bringt, mit denselben Bestimmungen und Verordnungen beherrschen kann, die man heute schon für die chemische Industrie hat«. Dies wurde zu einer Zeit gesagt, als noch nicht einmal die Erste Strahlenschutzverordnung in Sicht war! Die besondere Tücke der Wiederaufarbeitung konnte also sehr wohl erkannt werden – aber es fehlte an der Bereitschaft, auf diese Gefahr angemessen zu reagieren.

Der skeptische Jaroschek bemerkte vielsagend, die bei der Wiederaufarbeitung zu bewältigenden Schwierigkeiten erinnerten an das biblische Wort, »dass wir im Schweiße unseres Angesichts unser Brot essen müssen«. 1965 suchte die Karlsruher Gesellschaft für Kernforschung das Heranrücken der Siedlungen an das Kernforschungszentrum »besonders mit Rücksicht auf die künftigen atomtechnischen Anlagen des Zentrums« zu bremsen; damit wird vor allem die geplante Wiederaufarbeitungs-Versuchsanlage (WAK) gemeint gewesen sein. Aber auch die Karlsruher Kernforscher sahen eine solche Anlage nur ungern in ihrer Nachbarschaft; mit Hinweis auf die »mögliche Beeinflussung empfindlicher Strahlenschutz-Messeinrichtungen« im Kernforschungszentrum durch radioaktive Emissionen der WAK wurde der Baubeginn jahrelang verzögert. Es wurde sogar die Auffassung vertreten, Kernforschungszentren sei die Nachbarschaft einer solchen Anlage grundsätzlich nicht zuzumuten! (Weil sie ohnehin genug anderweitig radioaktiv belastet waren?)

Wenn Mandel (1971) ausführte, dass Kernkraftwerke als solche die Umwelt zwar »hundertmal weniger« belasteten als Kohlekraftwerke, »beim gegenwärtigen Stand der Technik« jedoch »die Freisetzung von Radioaktivität aus Aufbereitungsanlagen (vor allem durch Krypton-85)« diesen Vorteil des Kernkraftwerks, vom gesamten Brennstoffkreislauf her betrachtet, wieder aufhebe, hieß das, dass selbst für diesen Vorkämpfer der Kernenergie die Umweltschädlichkeit der Wiederaufarbeitungsanlagen die der Kernkraftwerke um ein Hundertfaches überstieg! Die lang dauernde Bagatellisierung des Risikos manifestiert sich besonders krass in der Art und Weise, wie man die Wiederaufarbeitungsproblematik immer wieder liegen ließ.

Die formale Korrektheit beim Festklopfen des Risikos: der »größte anzunehmende Unfall« (GAU)

Der Reaktorsicherheitsdiskurs unter den Experten und in der Öffentlichkeit ist *eine* Geschichte; eine andere, davon nur wenig berührte Geschichte dagegen ist die Festlegung von Sicherheitskriterien bei den Genehmigungsbehörden. Die markante Zäsur ist hier die Einführung des aus den USA stammenden MCA-Konzepts (»Maximum Credible Accident«), wobei der »größte glaubhafte« in der Bundesrepublik zum »größten anzunehmenden Unfall« (GAU) modifiziert wurde. Hatte man unter Reaktorsicherung »ursprünglich ... lediglich die Einrichtungen zur Abschaltung des Reaktors« verstanden – so ein Skript im Nachlass von Heinrich Mandel –, rückte seit den späten 1960er-Jahren die Nachwärmeabfuhr unter ungünstigen Bedingungen ins Zentrum der Sicherheitsbetrachtung. Im technischen Sinne war dies ohne Zweifel ein Fortschritt; aber er wurde mit einer gleichzeitigen Blickverengung erkauft. Der GAU wurde bei Leichtwasserreaktoren als plötzlicher Bruch der Hauptkühlleitung definiert; die wichtigste Vorkehrung bestand daher in einem vom normalen Kühlkreislauf unabhängigen Notkühlsystem. Dabei fielen jedoch andere noch schwerere Störfallrisiken wie insbesondere die Kernschmelze und der Bruch des Reaktordruckgefäßes aus der Betrachtung heraus, obwohl sie theoretisch nicht auszuschließen waren.

Die Fixierung auf einen Maximalunfall bei der Bestimmung der Sicherheitsvorkehrungen war, wie der Reaktorsicherheitsreferent des Atomministeriums 1960 mit spürbarer Skepsis vermerkte, eine »in der konventionellen Sicherheitspraxis nicht vorkommende Betrachtung«; nur langsam und unter Widerständen setzte sie sich in der Bundesrepublik durch. Der MCA beziehungsweise GAU war und blieb ein willkürlich unterstellter Maximalstörfall; es ist nicht zu erkennen, dass seine Definition auf der Analyse tatsächlicher Unfälle beruhte und sich auf der Grundlage wachsender Störfallerfahrung weiterentwickelte. Schon der aufsehenerregende Reaktorunfall im britischen Windscale am 10. Oktober 1957, der eine radioaktive Wolke aufsteigen ließ und noch viele Jahre später als his dahin schwerstes Reaktorunglück in Erinnerung war, entsprach nicht dem Muster des MCA. Der zuständige DAtK-Arbeitskreis unterschied denn auch 1958 ganz richtig zwischen dem »maximal beherrschbaren« und dem »maximal denkbaren« Unfall. In dem Frankfurter Strahlenschutz-Symposium von 1956 wurde von einem französischen Referenten bereits ein weit über den GAU hinausgehender Unfall geschildert, der gar nicht einmal besonders extreme Annahmen voraussetzte: Wenn infolge eines Brandes bei einem 100-MW-Reaktor – diese geringe Kapazität war damals noch die Norm – auch nur ein Zehntel der gesamten Aktivität nach außen gelange, dann würde die umliegende Bevölkerung »bis zu einer Entfernung von 50 km … in weniger als einer Stunde mehr als das Zehnfache der Menge an Plutonium oder an Spaltprodukten in sich aufnehmen, die für die berufliche Strahlenbelastung innerhalb von 50 Jahren zulässig ist«. Er folgerte, Reaktoren stellten für die »im Umkreis von mehreren 10 km um den Reaktor wohnende Bevölkerung« »eine ständige Gefahr dar«. Ein Unfall wie der eben beschriebene durfte jedoch keineswegs als der »größte anzunehmende« gelten. Karl E. Zimen vom Berliner Hahn-Meitner-Institut erläuterte dem Ministerium 1961 den GAU mit denkwürdigen Worten: »Es liegt in der Natur der Sache, dass ein ›glaubwürdiger‹ Maximalunfall keine objektiv angegebene Größe ist, sondern von subjektiven Faktoren abhängt. Einzig und allein der (größtmögliche) Unfall (gleich momentane Freisetzung sämtlicher Spaltprodukte in die Atmosphäre als radioaktive Wolke über dem zerstörten Gebäude) ließe sich objektiv formulieren… Daher ist es nur natürlich, dass in den Sicherheitsberichten verschiedener Kernenergieanlagen sehr verschiedene ›Philosophien‹ bei der Definition des glaubwürdigen Maximalunfalls zutage treten…« Würde man nämlich den größtmöglichen Unfall zugrunde legen, dann gäbe es in den »bewohnten Gebieten dieser Erde« kaum einen Reaktorstandort!

Bereits die Forderung nach Vorkehrungen für den GAU stellte an die Reaktorkonstruktion höhere Ansprüche als die, die man anfangs in der Praxis gelten lassen wollte. Es dauerte noch Jahre, bis sich das GAU-Konzept in der Bundesrepublik als herrschende Norm sowie in der Praxis durchsetzte. Das 1964 in Auftrag gegebene Kernkraftwerk Lingen war mangels entsprechender Rechenprogramme noch nicht für den GAU ausgelegt. Galt auch der Bruch der Hauptleitung bereits als Auslegungskriterium, ging man doch bis dahin noch davon aus, dass man eine teilweise Kernschmelze in Kauf nehmen könne. Die konsequente Durchsetzung des GAU-Konzepts bedeutete zu jener Zeit eine Verschärfung der technischen Anforderungen.

Und doch war bereits zu erkennen, dass es sich die GAU-Definition noch immer viel zu leicht machte, indem sie viele andere Unfallmöglichkeiten nicht berücksichtigte und auf neuere Einsichten der Reaktorsicherheitsforschung kaum zu reagieren vermochte. Der GAU war seinem Wesen nach vornehmlich eine bürokratische Fiktion, die einen Reaktor für die Behörden formal genehmigungsfähig machte. Die Willkür und Subjektivität des MCA-Konzepts war von Anfang an international Gegenstand heftiger Kritik. Noch 1966 wurden auf einer Tagung des Instituts für Reaktorsicherheit massive Vorwürfe gegen das GAU-Konstrukt erhoben, und zwar gerade auch gegen die darin enthaltene Untertreibung des nuklearen Risikos. Dabei enthielt bereits die Formulierung des »GAU«, die Übersetzung des amerikanischen »credible« mit »anzunehmend«, eine distanzierende Abschwächung; »dass Kernschmelzunfälle als nicht glaubhaft gelten, schien den deutschen Experten zu weitgehend«, so aus der Rückschau von 1980 der zum Dissidenten gewordene Ludwig Merz, alter Siemens-Mann und über viele Jahre Mitglied der Reaktorsicherheitskommission. Im Gespräch mit dem Verfasser äußerte er 1981, der »unglückliche GAU« sei gar keine wirkliche »Philosophie« der Sicherheit, sondern nur zu einer solchen hochstilisiert worden. Weder mit Philosophie noch mit Wissenschaft habe er zu tun, sondern sei lediglich eine Fiktion der Verwaltungsvorschriften. Unter dem Eindruck des Störfalls von Harrisburg (1979), der über den GAU hinausging, betrachtete auch Dieter Smidt, ein Sicherheitsexperte des KFZ Karlsruhe, die Fixierung auf den GAU mit Unbehagen; auf dem Atomrechts-Symposium von 1980 warnte er, dieses Konzept könne sich »bei gedankenloser Benutzung ... zu einer Pseudolegalität verhärten, bei der man dann einfach Genehmigungsvoraussetzungen abhaken kann.« Da sind wir schon mitten im Atomkonflikt.

Ein fragwürdiger Fortschritt: die »probabilistische Revolution« in der Definition des Reaktorrisikos

Von Anfang an gab es in der Kritik am MCA alias GAU auch die Tendenz, dass dieses Konzept zu aufwendige Anforderungen an die Reaktorsicherheit stelle. Besonders die britische Kritik an diesem terminologischen US-Import rührte daher, dass man in England auf ein kostspieliges Reaktor-Containment amerikanischen Stils verzichten wollte. Man argumentierte dabei mit der geringeren Störfallwahrscheinlichkeit der britischen Reaktortypen; das war die Ausgangsbasis für den Angriff der »Probabilisten« auf das »deterministische« MCA-Konzept. Später wurde eine Kombination von »Determinismus« und »Probabilismus« beliebt, wohlgemerkt eine Kombination der Art, dass am Ende ein niedrigeres Reaktorrisiko herauskam: Zunächst wurden die Störfallmöglichkeiten in »deterministischer« Manier eingegrenzt und danach »probabilistisch« das Risiko »als das Produkt der möglichen Schadensauswirkungen und der Wahrscheinlichkeit ihres Eintretens« errechnet. Das war die »Produktformel« des Reaktorrisikos. Die Erkenntnisfortschritte, die der »Probabilismus« gegenüber dem »Determinismus« bringen mochte, mündeten in einer fragwürdigen Synthese.

Bei der Berechnung der Wahrscheinlichkeit von Schiffsunglücken und Brandschäden besaßen Versicherungen jahrhundertelange Erfahrung. Bei der Anwendung probabilistischer Methoden auf das Reaktorrisiko handelte es sich um eine noch relativ junge und wenig erprobte Verfahrensweise, deren Verlässlichkeit in Expertenkreisen mit Blick auf die komplizierte Kerntechnik und die geringe Betriebserfahrung von Anfang an bezweifelt wurde. Der klassische Gültigkeitsbereich der Wahrscheinlichkeitsrechnung waren Vorgänge geringer Komplexität, über die es massenhafte Erfahrungen und gleichartige Daten gibt; bei der Kerntechnik trifft in jeder Hinsicht das Gegenteil zu. Die Wahrscheinlichkeitsrechnung wurde hier aus dem Zwang heraus eingeführt, dass man sich ein empirisches Lernen durch »Trial and Error« nicht leisten konnte, nicht etwa auf Grund einer Entdeckung, dass die Kerntechnik ein geeignetes Feld für solche Kalkulationen sei.

Selbst bei der Risikoanalyse der viel weniger komplizierten Dampfkessel fossiler Kraftwerke hatte man einst mit theoretischen Vorausberechnungen kaum Erfolg gehabt. Zwar hatte es das gesamte 19. Jahrhundert hindurch immer wieder Versuche gegeben, die häufigen Dampfkesselexplosionen durch Anwendung von Theorien zu verhindern, aber wirksame Fortschritte gab es doch erst durch genaue Analyse bereits erfolgter Explosionen. Wachsende Erfahrung mit Materialien und ihrer Verarbeitung erwies sich als entscheidend für die Erhöhung der Sicherheit; nicht einmal nachträglich ließen sich statistisch gesicherte Ergebnisse und Theorien über den Anteil verschiedener Faktoren an den Kesselexplosionen aufstellen. Es gab keinen Grund zu der Annahme, dass es sich ausgerechnet bei der Kerntechnik ganz anders verhalten sollte, zumal gerade die Erfahrungen mit der Sicherheit der Hochdrucktechnik als notwendige Vorschule für die Reaktorsicherheit hervorgehoben wurden. Häfele erklärte 1969, »die Entwicklung von Brennelementen erfordere ausführliche Tests, und man müsse dabei beachten, dass inzwischen bekannt gewordene Strahlenschäden alle nicht theoretisch vorhergesagt wurden«. Die Schäden an der Niederdruckturbine von Würgassen (1974) waren sogar noch, nachdem sie festgestellt worden waren, »zunächst völlig unerklärlich«. Der Bericht der sogenannten »Euratom-Weisen«, auch in dieser Hinsicht ungewöhnlich unweise und schlecht informiert, behauptete schon 1957, »alle Sachverständigen« seien sich »einig, dass die Wahrscheinlichkeit von Unfällen (in kerntechnischen Anlagen) außerordentlich gering« sei. In Wirklichkeit hatte zu jener Zeit die Entwicklung probabilistischer Modelle für die Reaktorsicherheit kaum begonnen.

Die neue Disziplin der »reliability analysis« wurde damals zunächst für die Luft- und Raumfahrt entwickelt. Hatte früher die Faustregel gegolten:

»Ein Flugzeug ist nach zwei Abstürzen sicher«, wurde dieser Zynismus bei der Raumfahrt zu kostspielig. Bei Raumschiffen mit ihrer relativ kurzen Betriebszeit fielen jedoch die sich durch langjährige Nutzung ergebenden Materialprobleme kaum ins Gewicht; ganz anders bei den Kernkraftwerken, zumal die Materialzersetzung durch jahrelange radioaktive Intensivstrahlung zu den großen Unbekannten der Nukleartechnik gehörte. Schon von daher besaß der Transfer der »reliability analysis« von der Raumfahrt auf die Kerntechnik ein brüchiges Fundament. Noch auf dem internationalen Reaktorsicherheits-Symposium von 1962 gab es »kaum eine Erwähnung des Wortes ›probability‹ in bezug auf nukleare Sicherheit«. Adolf Birkhofer, bald einer der führenden Reaktorsicherheitsexperten, erwähnte noch 1966 die Anwendung der Wahrscheinlichkeitsrechnung bei der Prognose von Reaktorunfällen dem zuständigen Ministerialreferenten gegenüber sarkastisch als bloße Modeerscheinung. »Dieses Vorgehen ist von Grund auf sehr problematisch. Meiner Ansicht nach gibt es derzeit keine Bewertungsmaßstäbe und Bewertungsziffern, aus denen man die Wahrscheinlichkeit des Eintretens eines Schadens ableiten kann.«

Ähnliche Bedenken wurden zur gleichen Zeit auf der Jülicher Tagung des IRS geäußert und »besonders nachhaltig« von Wengler (Hoechst) vertreten, der die Diskussion leitete. Als »Hauptargument gegen die Wahrscheinlichkeitsanalyse« wurde angeführt, »dass eine Statistik nur sinnvolle Aussagen über die Gesamtheit einer großen Zahl von gleichartigen Elementen« zulasse; solche Rechnungen seien zwar als Risikokalkulationen für Versicherungen von Nutzen, als Beleg für die Sicherheit im Einzelfall jedoch »unzulässig«. Man müsse es daher ablehnen, »als einzige Sicherheit gegen schwere Störfälle nur eine geringe Eintrittswahrscheinlichkeit zu dulden«. Mit dieser Skepsis gegenüber der Wahrscheinlichkeitsrechnung konnte man sich damals und noch in der Folge auch auf die amerikanische und britische Atomenergiebehörde berufen. Der Sicherheitsreferent des Bonner Ministeriums betonte 1967 die »speziellen, individuellen Sicherheitsaspekte« der einzelnen Reaktoren.

Eine Hemmschwelle gegenüber dem Probabilismus resultierte jedoch auch daraus, dass dieser neue Stil der Risikobetrachtung darauf hinauslief, die Möglichkeit großer Katastrophen und reaktorbedingter Todesfälle einzuräumen, wenn auch nur mit minimaler Wahrscheinlichkeit. Noch 1969 wird in verschiedenen Gremien festgestellt, dass »Wahrscheinlichkeitsaussagen über Reaktorstörfälle nur schwierig zu erhalten seien«; »das Wahrscheinlichkeitskonzept wird nur erwähnt, ohne dass es angewandt wird«.

Dies sollte sich während der 1970er-Jahre, vor allem im Zuge der Kernkraftkontroverse, gründlich ändern: Genaue Zahlenangaben über die angeblich unendliche Winzigkeit der Wahrscheinlichkeit einer Katastrophe wurden in der Öffentlichkeit zu den beliebtesten Argumenten der Kernenergieprotagonisten. Die »reliability analysis«, die lediglich als Mittel zum Aufspüren bisher unbeachteter Schwachstellen der Kerntechnik getaugt hätte, wurde der Öffentlichkeit gegenüber in unzulässiger Weise als Beweis für die Sicherheit der Kerntechnik verwendet. Theoretisch hätte man bei entsprechenden Prämissen gerade mit probabilistischer Methodik zu einem pessimistischen Urteil über die Kerntechnik gelangen können; in der Praxis wurde jedoch von den Probabilisten »immer angenommen, dass ein Schutzsystem als Ganzes nur äußerst selten versagen kann« und man daher vornehmlich die Funktionstüchtigkeit der Einzelteile für sich statt möglicher Folgen einer Verkettung mehrerer Funktionsstörungen durchrechnen müsse. Auch »Alter und Verschleiß« waren mit den probabilistischen Modellen nicht zu erfassen. Zugleich wird festgestellt, dass »die probabilistische Meinung«»im deutschen Schrifttum« immer mehr vordringe. Selbst die Kritiker der Kerntechnik haben während der 70er-Jahre die errechneten extrem niedrigen Wahrscheinlichkeiten zwar im Einzelnen angezweifelt, aber die Verwendung der Wahrscheinlichkeitsrechnung doch nur selten grundsätzlich beanstandet.

Ob in den internen Diskussionen der Entscheidungsgremien die »reliability analysis« während der 1970er-Jahre zu viel höheren Ehren als in den 60er-Jahren gekommen ist, lässt sich bezweifeln. Die Energiewirtschaft richtete sich – Theorie hin, Theorie her – bei ihrer Auftragsvergabe wie eh und je nach der bisherigen Bewährung von Reaktortypen in der Praxis. Das IRS schob die Aufstellung allgemeiner Regeln für die Reaktorsicherheit mit Hinweis auf die noch unzureichende praktische Erfahrung immer wieder hinaus. Für Fachleute war es von Anfang an eine aus generationenlangen Erfahrungen hervorgegangene Selbstverständlichkeit, dass Sicherheit in der Großtechnik ganz wesentlich eine Frage des Materials, der Materialprüfung und der rechtzeitigen Ermittlung von Phänomenen der Materialermüdung war. Es war klar, dass hier nicht theoretische Berechnungen, sondern allein praktische Erfahrungen entscheidend weiterhelfen konnten. Soweit zu erkennen, haben sich einschlägige Versicherungs- und Rückversicherungsgesellschaften in Sachen Reaktorrisiko wohlweislich nicht auf Wahrscheinlichkeits- beziehungsweise Unwahrscheinlichkeitsberechnungen verlassen.

Auf der Ebene der hypothetischen Berechnungen feierte der Probabilismus gleichwohl seine Triumphe, obwohl er für die Praxis anscheinend nur geringe Bedeutung gewann; Wolfgang Braun (KWU) kennzeichnete 1983 augenzwinkernd»probabilistische Risikoanalysen« als »beliebtes Beschäftigungsprogramm für kerntechnische Berater«. Die probabilistische Methodik war insofern trickreich der durch den Atomkonflikt entstandenen Situation angepasst, als sie es gestattete, die Horrorszenarien des Super-GAU zu thematisieren, auf diese Weise also auf die Kritiker der Kerntechnik äußerlich einzugehen, zugleich aber diese extremen Störfallmöglichkeiten durch

Multiplikation mit einer noch extrem niedrigeren Eintrittswahrscheinlichkeit quasi in ein Nichts zu verwandeln. Die»Produktformel« – Risiko = Störfallausmaß × Eintrittswahrscheinlichkeit – erlangte gleichsam den Rang einer Sicherheitsphilosophie, die sich auf die Methode der Risikoermittlung bezog.

Dennoch konnten auch Befürworter der Kernenergie nicht ernsthaft glauben, dass es sich bei diesen (Un-)Wahrscheinlichkeiten um exakt gesicherte Größen handele. Die logische Konsequenz daraus wäre ein Abgehen von der Produktformel gewesen, wobei das Eigengewicht eines sehr hohen Störfallausmaßes gewürdigt worden und dieses nicht erst nach Multiplikation mit einer angeblich extremen Unwahrscheinlichkeit in die Sicherheitsbetrachtung eingegangen wäre. Darüber entstand bemerkenswerterweise bereits in der ersten Bundestags-Enquetekommission Kernenergie 1979/80 Konsens; aber dieser blieb damals folgenlos. Viele Befürworter hatten das probabilistische Spiel ohnehin nur widerwillig mitgemacht und sahen sich in ihrem Unbehagen bestätigt. Alle offiziellen Sicherheitsphilosophien litten spätestens seit der Zeit, als es große Kernkraftprojekte zu legitimieren gab, unter der Crux, dass ihnen die Freiheit zu gedanklicher Konsequenz und damit ein Lebenselement echter Philosophie fehlte. Sie konnten nicht einmal den überwiegenden Teil der Atomkraftanhänger befriedigen: kein Wunder, dass es selbst innerhalb der atomaren Community nie zu einem sicherheitsphilosophischen Konsens kam.

»Sicherheitsphilosophien« als Mittel zur Eingrenzung des Reaktorrisikos

Vom Anfang bis heute waren die hypothetisch denkbaren Risiken der Kerntechnik ein höchst unübersichtliches Feld. Um dennoch Atomanlagen bauen zu können, brauchte man Konzepte, die die für die Praxis relevanten Risiken sowie die Art der zu treffenden Vorkehrungen bestimmten. Diese »Sicherheitsphilosophien« wurden wesentlich von dem technisch Machbaren bestimmt. In der Aufeinanderfolge unterschiedlicher Sicherheitsphilosophien spiegelt sich einiges von der Geschichte der Kerntechnik. Bei dem Gebrauch des Wortes »Philosophie« für Reaktorsicherheitskonzepte handelte es sich um einen Amerikanismus, der auch in anderen »neuen Technologien« beliebt wurde und der Tatsache Rechnung trug, dass es sich hier nicht von selbst ergab, was »Sicherheit« bedeutete. Der Haken dieses angeblich »philosophischen« Umgangs mit der Sicherheit lag darin, dass sie von der empirischen Analyse tatsächlicher Störfälle ablenkte.

Bereits in den 1950er-Jahren zeigt *philosophy* in amerikanischen Erörterungen der Reaktorsicherheit manchmal ein eigentümliches Schwanken zwischen der Bedeutung »Ideologie/Grundannahme« und der Bedeutung

»kritischer Reflexionsprozess«. So schrieb der Geschäftsführer der amerikanischen Atomenergiekommission (AEC) Willard F. Libby 1956, es sei zu erwarten, dass Kraftwerksreaktoren sich mehr auf eine »philosophy of containment« als auf Abstandsregeln stützen würden – hier «Philosophie» im Sinne einer bestimmten technischen Vorkehrung –, schloss daran jedoch im folgenden Satz die bemerkenswerte Feststellung: »In summary then, our safety philosophy assumes that the potential danger from an operating atomic reactor is very great ...«. »The ultimate safety of the public« fordere daher die Berücksichtigung sämtlicher möglichen Störfälle, die bedenkliche radioaktive Emissionen nach sich ziehen könnten. Dort also »Philosophie« als Öffnung der Sicherheitsdiskussion über die Grenzen des in der Folgezeit festgesetzten »größten anzunehmenden Unfalls« (maximum credible accident, MCA) hinaus. Das war möglich zu einer Zeit, als es noch keine Kernkraftwerke gab und die Diskussion noch nicht durch vollendete Fakten belastet war!

Als einen »philosophical approach« im vollen Sinne des Begriffs »Philosophie« hebt David Okrent, der Autor der besten Insiderstudie zur Frühgeschichte der amerikanischen Reaktorsicherheit, das Postulat der strikten Trennung der Sicherheitssysteme von den Kontrollsystemen des Reaktors hervor, da die Sicherheitssysteme gerade dann am nötigsten gebraucht würden, wenn die Kontrollsysteme versagten. Okrent vergleicht diesen »philosophical approach« mit dem Prinzip der Trennung von Kirche und Staat. Das Postulat wurde ab 1966 von dem erfahrenen Sicherheitsexperten Stephen S. Hanauer mit kategorischem Nachdruck erhoben; es war für ihn wie er bekannte, eine Prinzipienfrage, die sich nicht nur auf Betrachtung technischer Details gründete. Zugleich bekannte er, man dürfe sich nicht einbilden, dass eine vollständige Unabhängigkeit beider Systeme erreichbar sei. Sein Trennungsprinzip war »Philosophie« also auch in dem Sinne, dass es ein über das aktuell Realisierbare hinausgehendes Ideal enthielt.

Die Ambivalenz des nuklearen »Philosophie«-Begriffes begegnet uns auch in bundesdeutschen Diskussionen der 1970er-Jahre. In dem ersten Bundestagshearing über das Risiko der zivilen Kernenergie (Dezember 1974) setzte Wolfgang Braun (KWU) der »Philosophie der Reaktorsicherheit« das Ziel, »die Notwendigkeit eines Core-Catchers durch höchste Zuverlässigkeit und Wirksamkeit der Notkühlsysteme auszuschließen«, der Atomwirtschaft also eine damals besonders gefürchtete Auflage vom Halse zu halten. Sodann erklärt er es aber auch zur Aufgabe der »Philosophie«, »die Verhaltensweise der Kernschmelze ... eingehend und grundlegend zu untersuchen, um festzustellen, wie denn nun ein Core-Catcher wirklich gemacht werden müsste.« Hier also »Philosophie« in explorativer Funktion – wenn auch gewiss mit der Hoffnung, dass sie am Ende die Nichtbegründbarkeit des Core-Catchers zeigen werde.

Bis Anfang der 1970er-Jahre hatten »Sicherheitsphilosophien« vor allem die Funktion, Atomanlagen für die Aufsichtsinstanzen genehmigungsfähig zu machen; dies verquickte sich mit der anderen, umstritteneren Funktion, den Fortschritt in der Sicherheitstechnik voranzutreiben. Durch die Kontroverse der 70er-Jahre wurde die Legitimation der Kerntechnik gegenüber der öffentlichen Kritik zur wichtigsten Aufgabe der Sicherheitsphilosophien. Die zunehmende Professionalisierung der Sicherheitsforschung durch die wachsende Zahl einschlägiger Spezialisten trug andererseits dazu bei, »Sicherheit« immer komplexer zu fassen und den «Approach» immer aufwendiger anzulegen. Der größte Teil dieses Aufwands diente freilich dem Nachweis, dass die bestehenden Kernkraftwerke sicher seien, und nicht der Erhöhung ihrer Sicherheit. Infolgedessen kann man einen roten Faden des sicherheitsphilosophischen Diskurses darin erkennen, dass zwar brisante Themen immer wieder aufgegriffen, dann aber auf irgendeine Art entschärft, abgehakt oder liegengelassen wurden. Dank der historisch einzigartigen Intervention einer kritischen Öffentlichkeit war es jedoch nicht immer leicht, heikle Fragen auf die Dauer von der Tagesordnung abzusetzen.

Es ist aufschlussreich, die umfangreichen Inhaltsangaben der IAEA-Symposien über Reaktorsicherheit von 1962 und 1973 miteinander zu vergleichen: Das zweibändige Sammelwerk über die Tagung von 1962 beginnt noch, ganz punktuell-empirisch, mit einem Rückblick auf Reaktorstörfälle, während die erste Sektion von 1973 den Titel »Philosophy of Safety Design« trägt. 1973 folgt eine Sektion, die sich den Methoden der »reliability analysis«, also unter anderem der auf die Kerntechnik angewandten Wahrscheinlichkeitsrechnung, widmet; keine Sektion dagegen befasst sich ausdrücklich mit der Analyse wirklich geschehener Störfälle, obwohl 1973 hierüber eine ungleich größere Erfahrung vorlag als 1962. Viele Sektionstitel von 1962 (»Safety through good design and construction«; »Safety through good siting and Containment«; »Safety through good administration«) machen im Vergleich zu den Überschriften von 1973 den Eindruck naiver und handfester Direktheit.

Bundesforschungsminister Stoltenberg mokierte sich 1967 über die ihm damals offenbar noch nicht geläufige und höchst unphilosophische Verwendung des Begriffes »Philosophie«: Als aus Karlsruhe ein Bericht kam »über die bisherige Philosophie der Vermeidung von D_2O-Verlusten, die künftige Philosophie der Vermeidung von D_2O-Verlusten unter Berücksichtigung der Wirtschaftlichkeit des MZFR-Betriebes«, merkte er an: »Hier gibt es keine ›Philosophien‹, sondern exakte technische Studien!« Und eben dies bestätigte auch der folgende Satz des Schriftstückes: »D_2O-Austritte in Vergangenheit wie Zukunft zu verhindern, ist eine Frage der Betriebserfahrung und Technik.« Aber selbst für die auf dieser Ebene gewonnenen Regeln wurde manchmal der Begriff »Philosophie« gebraucht. Im Übrigen kam es vor, dass der Begriff der »Sicherheitsphilosophie« gegen den der »Sicherheits-politik« – gemeint war eine durch Druck der Öffentlichkeit veranlasste Erhöhung der Sicherheitsanforderungen – ausgespielt wurde.

Es gab manche »Sicherheitsphilosophien«, die in der Praxis eine entscheidende Rolle spielten, aber doch kaum je ausdrücklich als »Philosophie« erwähnt wurden; so etwa die Regel, in Kernkraftwerken soweit wie möglich auf solche Komponenten zurückzugreifen, die bereits in fossilen Kraftwerken erprobt waren, und »Sicherheit« als eine Art von Risikobegrenzung aufzufassen. Der Versuch, neue Konzepte zunächst soweit wie möglich älteren aufzupfropfen, ist ein normaler Vorgang in der Wissenschafts- wie in der Technikgeschichte; es ist jedoch fraglich, ob diese Strategie auf die Dauer zum Erfolg führt. Ähnliches gilt für die vor allem in der Energiewirtschaft von Anfang an üblichen Regel, am ehesten solche Kernkraftwerke als sicher anzusehen, die schon relativ »erprobt« waren. Diese »Sicherheitsphilosophie« konnte die Einsicht verhindern, dass die Kerntechnik, ganz gleich um welchen Reaktortyp es sich handelte, noch langjähriger Erprobung bedurfte, und dass in Anbetracht der militärischen Ursprünge der Kerntechnik eben die Reaktortypen, die am frühesten da waren, nicht unbedingt die sichersten und für den Kraftwerksbetrieb optimalen sein mussten. Ausgerechnet der Siedewasserreaktor, der in der Bundesrepublik am längsten »erprobt« war, stellte sich am Ende als nicht besonders betriebszuverlässig heraus.

Die AEG-Vertreter glaubten etwas Positives zu sagen, wenn sie hervorhoben, dass der Siedewasserreaktor von Gundremmingen ganz nach dem Prinzip von Kahl konstruiert sei und der Siedewasserreaktor von Lingen sich »in seiner Grundkonzeption eng an den des Kernkraftwerkes Gundremmingen« anschließe; aber hierbei proklamierte »Grundsatz, möglichst viel beim Bau und Betrieb von Siedewasserreaktoren Bewährtes zu übernehmen«, verdeckte den Umstand, dass der Bau von Lingen zu einer Zeit begonnen wurde, als auch Gundremmingen noch im Bau war und von einer »Bewährung« noch keine Rede sein konnte. Als später das Siedewasser-Kernkraftwerk Würgassen nach immer neuen Pannen stillgelegt wurde, erklärte ein Vorstandsmitglied der Preußenelektra der Presse, die Pannen am Reaktorteil seien »immer dort aufgetreten, wo die Erbauer von den bewährten Konstruktionen abgewichen seien und sich selbst ein Denkmal setzen wollten«. In Wirklichkeit war den Erbauern nichts anderes übrig geblieben, da der Sprung über 600 MW hinaus neuartige Konstruktionen erforderte, die man noch nicht in den USA fertig vorfand. Das Würgassen-Debakel wäre also mit mehr Recht darauf zurückzuführen gewesen, dass die AEG zu wenig eigene kerntechnische Kompetenz entwickelt hatte, zu rasch auf die für damalige Verhältnisse enorme Kapazität von 600 MW übergegangen war und sich – in Konkurrenz zu Siemens – auf eine zu kurze Lieferzeit eingelassen hatte.

Die Sicherheitsphilosophie der »Erprobtheit«, die lange Zeit ganz einfach auf die Bevorzugung amerikanischer Reaktoren hinauslief, konnte im Arbeitskreis »Kernreaktoren« keinen Anklang finden. Als die Energiewirtschaft dem Arbeitskreis Ende 1963 »grundsätzlich« erklärte, »dass ein schon sehr weit entwickelter Reaktortyp, der bereits in einzelnen oder mehreren Baumustern im Einsatz ist und über den daher in gewissem Umfang Betriebserfahrungen vorliegen, in der Regel als weniger risikobehaftet anzusehen ist als ein Reaktortyp, von dem vielleicht nur ein Prototyp geringerer Leistung erst verhältnismäßig kurze Zeit oder nicht in Betrieb ist«, erwiderte der Arbeitskreis sichtlich unzufrieden, er würde es »begrüßen, wenn die Kriterien für die Entscheidung näher formuliert werden könnten«. Das Herumreiten auf angeblicher »Erprobtheit« erlangte zumindest in der Atomkommission nicht den Rang einer »Philosophie«.

Die Philosophie der »inhärenten Sicherheit«

Ein schon eher »philosophisches« Niveau besaß dagegen die Grundfrage, ob man sich unter »Reaktorsicherheit« etwas vorstellen sollte, das durch die gesamte Reaktorkonstruktion zu gewährleisten sei, oder ob man die Sicherung als etwas zusätzlich zu Installierendes zu begreifen habe. Aus einer prinzipiellen Skepsis gegenüber der Zuverlässigkeit der Technik heraus konnte man fordern, schon durch die Grundeigenschaften der Reaktorkonstruktion das Gefahrenpotenzial in solchen Grenzen zu halten, dass auch bei dem unwahrscheinlichsten Versagen aller Sicherungen keine große Katastrophe entstünde. Wenn man jedoch davon ausging, dass »Sicherheit« in der Großtechnik so oder so nie von vornherein vorhanden ist, sondern immer auch durch besondere Vorkehrungen und Kontrollen gewährleistet werden muss, dann konnte man das Hauptgewicht auf die Sicherheitsinstrumentierung legen. Tatsächlich waren Reaktoren in jedem Fall auf externe Sondervorkehrungen angewiesen, um ein akzeptables Maß von Sicherheit zu gewährleisten; ein ganz und gar »inhärent sicherer« Reaktor war nicht vorstellbar. Man konnte die »Sicherheitsphilosphie« von Reaktoren jedoch in unterschiedlichem Maße auf inhärente Sicherheitseigenschaften gründen. Vor allem in der Anfangszeit der Reaktortechnik wurde das Prinzip der inhärenten Sicherheit, die auch im schlimmsten Fall, beim Versagen aller von außen einwirkenden Mechanismen, noch gegeben ist, als wichtigstes Sicherheitskriterium hervorgehoben, zumindest in der Theorie. Aber da gab es noch keine großen Kernkraftwerke zu legitimieren.

Eine relativ hohe inhärente Sicherheit konnte man nur bei bestimmten Reaktortypen annehmen: etwa bei solchen mit geringer Kerndichte wie den graphitmoderierten Natururan-Reaktoren; ebenso bei Reaktortypen mit ausgeprägt »negativem Temperaturkoeffizienten der Reaktivität« (das heißt einer Unterbrechung der Kettenreaktionen bei steigender Temperatur) und/ oder mit einer Brennelementkonstruktion, die einen ständigen Brennstoffwechsel ermöglichte, so dass der Reaktor nur die momentan benötigte Kernbrennstoffmenge enthalten und nicht mit einem für ein Jahr hinreichenden Reaktivitätsüberschuss versehen sein musste. Der inhärenten Sicherheit konnte also nur zu einer Zeit, als die Typenwahl unter den Reaktoren noch offen war, ein hoher Stellenwert eingeräumt werden.

Als 1954 ein Angehöriger der Firma Leybold in die USA reiste, um sich über den dortigen Stand der Kerntechnik zu informieren, übermittelte ihm Heisenberg einen entsprechenden Fragenkatalog; zum Thema »Sicherheit« wurde nur die eine Frage gestellt: »Werden Reaktoren gebaut, die nicht ›inhärent‹ stabil sind, und wie wird dort die Stabilisierung praktisch durchgeführt?« Die Formulierung lässt erkennen, dass man inhärente Stabilität als übliche Norm voraussetzte. Ein amerikanischer Gewährsmann bemerkte dazu, er verstehe diese Frage nicht ganz – »was vielleicht auch heißt, dass diese Frage zu weit geht«, kommentierte der Deutsche in seinem Bericht an Heisenberg. Für amerikanische Experten musste die Frage nur zu gut verständlich gewesen sein; denn unter den AEC-Kriterien für Reaktorsicherheit von 1959 rangierten die »inhärenten Eigenschaften« des Reaktors an erster Stelle. »Inhärente Sicherheit« war damals ein Argument gegen den Leichtwasserreaktor; aber eben dieser Reaktortyp setzte sich durch und engte damit den Spielraum der Sicherheitsphilosophien ein. Ein Sprecher des Elektrokonzerns Westinghouse, der an dem Siegeszug der Leichtwasserreaktoren teilhatte, unterschied 1958 zwei »Reactor control philosophies«; eine auf »externe« und eine andere auf »interne« Kontrolle ausgerichtete »Schule«. Schon damals war jedoch zu bemerken: »However, the freedom of design provided by sophisticated external control systems is most appealing.«

Heisenbergs amerikanischer Informant äußerte sich 1954 lediglich kritisch über die schwierige Stabilisierung des homogenen Reaktors, eines Reaktortyps, vor dessen allzu geringer inhärenter Stabilität Schulten 1956 warnte: Es genüge, »die Turbinenleistung zu ändern …, um den Reaktor zur Explosion zu bringen«. Dieser ökonomisch wie technisch in mancher Weise höchst reizvolle und anfangs vieldiskutierte Reaktortyp, bei dem Spaltstoff und Moderator gemischt waren, geriet früher als die meisten seiner Reaktorkonkurrenten außer Diskussion, wobei weniger ein grundsätzlicher Sicherheitsmangel als vielmehr die starke Korrosion in den Wärmetauschern als entscheidende Schwachstelle erwähnt wird. Wenn über prinzipielle Sicherheitsprobleme in Expertenkreisen zu Anfang der Kernenergieentwicklung offener geredet wurde als später, bedeutet das nicht unbedingt, dass Sicherheitsaspekte damals eine größere Durchschlagskraft besessen hätten. Sicherheit fungierte von Anfang an als famoses Argument, um Konkurrenten auszutricksen!

Am ehesten lässt sich die inhärente Sicherheit als ein Leitgedanke bei dem von Schulten konstruierten Kugelhaufenreaktor erkennen. Schulten erklärte 1957 in der Atomkommission, auch auf die »verspäteten Neutronen« – ohne die die Regelstäbe nicht funktionieren konnten – sei kein völliger Verlass; im Übrigen könne man nicht ausschließen, dass »trotz der raffiniertesten Regeltechnik alle Systeme ausfielen«. »Daher sollten die Reaktorsysteme so gebaut sein, dass sie selbst beim Ausfall der gesamten Regeleinrichtung absolut sicher blieben, das heißt, dass ihre selbstregelnden Eigenschaften ausreichten, um den Kettenprozess zu drosseln. Auch Häfele betonte 1960, als das Karlsruher Brüterprojekt noch in den allerersten Anfängen stand, dass man die Typenwahl bei den Brütern vor allem unter dem Aspekt der hier besonders gewichtigen Sicherheitsfrage vornehmen müsse.»Es ist sehr leicht möglich, dass das dazu führt, dass Na(trium) als Kühlmittel ausscheidet.« Er sprach nicht nur von der Gefahr einer Natriumexplosion, sondern erwähnte sogar die Möglichkeit einer Nuklearexplosion im Brüter.

Unter den Kriterien der USAEC für Reaktorsicherheit von 1959 rangierten die »inhärenten Eigenschaften« des Reaktors an erster Stelle. Noch höher rangierte dieser Aspekt in England, das damit den Vorzug seiner graphitmoderierten Natururan-Reaktoren unterstreichen und die Sicherheit der amerikanischen Leichtwasserkonkurrenten in Frage stellen konnte. Wie 1964 berichtet wurde, wehrte man sich in den USA »gegen den summarischen (natürlich inoffiziellen) Vorwurf seitens der UKAEA (der britischen Atombehörde; J. R.), die amerikanische ›Sicherheitsphilosophie‹ sehe ihre Hauptaufgabe im Abfangen von Spaltprodukten (FP, Fissile Products) mittels Containment – also eigentlich in sekundären Anstrengungen, während das britische Augenmerk doch bereits der Verhinderung von FP-Austritt aus dem Brennstoff gelte, das heißt der Unterbindung aller nur erdenklichen primären Schadensursachen«.

Mit dem Vordringen der amerikanischen Reaktoren setzte sich jene damals noch als amerikanisch geltende »Sicherheitsphilosophie«, die einer lückenlos dichten und stabilen Reaktoreinfassung (Containment) eine besondere Rolle zuwies, international allgemein durch. Ein Kritiker der britischen Reaktorpolitik brachte 1967 den Unterschied zwischen der britischen und amerikanischen Sicherheitsphilosophie auf die griffige Kurzformel: »Die Vereinigten Staaten gebrauchten Wasser als Kühlmittel: das Vereinigte Königreich gebrauchte Luft, weil das sicherer war … Die Vereinigten Staaten machten Wasser sicher.« Die britische Vorgehensweise charakterisierte er als physikerhaft, die amerikanische als ingenieurmäßig: Man erkennt die Präferenz!

Der Sieg der Leichtwasserreaktoren bedeutete zugleich den Sieg der Philosophie der »engineered safeguards«. Die gleiche Wirkung hatte bei den Zukunftsreaktoren die Durchsetzung des Natriumbrüters, um dessen inhärente Sicherheitseigenschaften es relativ schlecht bestellt war. »Inhärente Sicherheit« wurde fortan, wenn überhaupt, nur noch als Funktionsbedingung der Sicherheitsinstrumentierung erwähnt. 1964, als die Typenwahl noch offen war, schrieb Wirtz: »Offen ist auch, ob die Sicherheit der künftigen großen Schnellen Brüter auf ihren inhärenten Stabilitätsfaktoren ... oder aber auf einer besonders sorgfältigen Instrumentierung beruhen wird. Hier scheiden sich, wie es scheint, zurzeit etwas die Geister.« Dies änderte sich sogleich, als die Entscheidung für den Natriumbrüter perfekt war. In dem Brüter-Hearing vom Januar 1969 erklärte der Projektleiter Häfele, die Sicherheitsdiskussion habe »zwischen den an der Entwicklung Schneller Brüter arbeitenden Gruppen in der ganzen Welt zu einer Konvergenz der Meinungen geführt: Die Sicherheit müsse durch ingenieursmäßige Maßnahmen (engineered safeguards) ... sichergestellt werden«. Während der 70er-Jahre war das Konzept der inhärenten Sicherheit fast verschollen und wurde sogar von den Atomkraftgegnern kaum je wiederentdeckt.

Gerade hier ist der historische Rückblick geeignet, eine verschüttete Alternative der Kerntechnik wieder ans Licht zu holen. Es ist nicht so, dass die »Philosophie« der inhärenten Sicherheit mittlerweile durch neue Erkenntnisse überholt worden wäre: Kein Geringerer als Carl Friedrich von Weizsäcker leitete aus dem gewachsenen Risikobewusstsein die »Forderung möglichst weitgehender inhärenter Sicherheit« ab. Bezeichnenderweise war der Begriff nunmehr erklärungsbedürftig geworden. 1981 schloss sogar ein offizieller Rückblick auf die Geschichte der mittlerweile daniederliegenden Brüterentwicklung mit der »Vision eines natriumgekühlten Schnellen Brüters ohne Kernschmelzenunfall und mit inhärent sicherem Nachwärmeabfuhrverhalten« als »faszinierendes Ziel« für die Zukunft.

Die Philosophie der »engineered safeguards« als Sackgasse

Dass die »Philosophie« der durch äußere Vorkehrungen gewährleisteten Sicherheit selbst dann, wenn diese »abundant«, »im Überfluss« vorhanden waren, eine prinzipielle Schwäche besaß, war schon in den Anfängen der Kerntechnik zu erkennen. In jener Zeit, als selbst die kerntechnischen Experten noch nicht den Sinn für prinzipielle Fragen verloren hatten, wurde sie manchmal eindrücklich formuliert. Das damalige Standardwerk Münzingers (»Atomkraft. Der Bau von Atomkraftwerken und seine Probleme«) warnte, »eine überflüssig reiche Ausstattung« vermindere »die Betriebssicherheit oft mehr, als sie sie erhöht, weil besonders diejenigen automatischen Vorrichtungen, die nur selten in Tätigkeit treten, im Bedarfsfall erfahrungsgemäß leicht versagen«; die Bedienungsmannschaft sei in solchen Fällen besonders hilflos. »Manche Besucher, die sich durch eine sehr weitgehende Automatisierung und Instrumentation imponieren lassen, sollten bedenken, dass dieser übergroße Aufwand nicht immer als ein Zeichen besonderer Fortschrittlichkeit angesehen werden darf.«

Diese Warnung erscheint auch durch die Erfahrungen der seitdem vergangenen Jahrzehnte nicht überholt. Rudzinski kritisierte 1977 die neuere »Reaktorsicherheits-Philosophie«, die darin bestehe, »jedes neu erkannte Risiko mit zusätzlichen Sicherheitseinrichtungen abzudecken«: Sie führe »letzten Endes zu einem monströsen, überladenen Sicherheitssystem«, dessen »Zuverlässigkeit in keinem Verhältnis mehr zum Aufwand« stehe und dennoch »eine Gefährdung der Allgemeinheit nicht zuverlässig ausschließen« könne. Als Musterbeispiel einer »sicherheitstechnischen Überladung« führte er den bei Kalkar errichteten Natriumbrüter an.

Als wichtigste Vorkehrung unter den »engineered safeguards« galten vielfach Notkühlsysteme; bei Leichtwasserreaktoren war der »größte anzunehmende Unfall« (GAU) so definiert, dass er im Wesentlichen durch Notkühlung zu beherrschen war. Intern gab es jedoch frühzeitig Zweifel daran, ob auf ein Notkühlsystem im Ernstfall unbedingt Verlass sei. 1963 ging der TÜV München bei einer Studie über die Sicherheitseigenschaften des Kernkraftwerks Gundremmingen, mit dessen Bau damals gerade begonnen worden war, »davon aus, dass beim Bruch einer Speisewasserleitung das Reaktordruckgefäß innerhalb 10 Sekunden entleert« sei. »Bei teilweisem Versagen der Notkühlung sind innerhalb weiterer 10 Sekunden … die Brennstoffhüllen so weit erwärmt, dass sie durch den Innendruck der Spaltgase gesprengt werden«. Dabei sei anzunehmen, dass 20 Prozent der Spaltgase sofort und die restlichen 80 Prozent binnen einer Stunde in die Atmosphäre freigesetzt würden. Das bedeutet im Klartext den Tod von Tausenden! Hatte man aus einer solchen Prognose Konsequenzen gezogen, dann hätte man den Bau des Kernkraftwerks sofort unterbinden müssen, zumal der endgültige Sicherheitsbericht über Gundremmingen von der Erbauerfirma jahrelang verschleppt wurde.

Während der gesamten 60er-Jahre verließ man sich in der Bundesrepublik bei den Notkühlinstallationen wie auch sonst in der Kerntechnik auf amerikanische Erfahrungen und Kalkulationen. Sogar nachdem 1967 die ersten beiden Großkernkraftwerke, Stade und Würgassen, in Auftrag gegeben wurden, dauerte dieser Zustand zunächst noch an. Inzwischen verstärkte sich jedoch in der Reaktorsicherheitskommission (RSK) und im Institut für Reaktorsicherheit (IRS) die Unzufriedenheit mit diesem laxen Umgang mit Sicherheitsfragen, zumal als man durchschaute, dass auch die amerikanische Sicherheitstechnik noch nicht als wirklich erprobt gelten konnte. Ein IRS-Vertreter bemerkte 1969, dass »bezüglich Notkühlwirksamkeit … für alle Leichtwasserreaktoren auf der Welt eine echte Wissenslücke bestehe«. Daher wurde zu jener Zeit ein gemeinsames Notkühl-Forschungsprogramm der Firmen Siemens und AEG eingeleitet; finanziert wurde es vom Staat, obwohl die Kernkraftwerke, für die es bestimmt war, als kommerzielle Unternehmen galten. Nur für die Zukunft wurde von der RSK mit zartfühlender Vorsicht »eine gewisse finanzielle Eigenbeteiligung der Firmen AEG und Siemens« empfohlen.

1971 wurde der Öffentlichkeit bekannt, dass Versuchsergebnisse in der Reaktorteststation der USAEC in Idaho Anlass zu Zweifeln an der hinreichenden Wirksamkeit von Notkühlsystemen gegeben hatten. Dabei hatte es sich nur erst um Modellversuche und um Computersimulationen, nicht um Versuche unter realistischen Bedingungen gehandelt; noch in der Folgezeit wurden Notkühlversuche nicht an nuklearen Brennelementen, sondern an elektrischen Heizstäben vorgenommen. Die Notkühlproblematik wurde zum Gegenstand einer »weltweiten Diskussion«, die viele Jahre lang anhielt. Dies führte unweigerlich zu Diskussionen über technisch nicht mehr zu beherrschende Störfälle: über den »Super-GAU« alias »Restrisiko«. Schon 1969 machte Ludwig Merz in der zuständigen Fachkommission der DAtK darauf aufmerksam, dass bei einem Versagen der Notkühlung eine Beschädigung des Containment, also eine Freisetzung radioaktiver Substanzen in die Atmosphäre zu erwarten sei. Von daher konnte die Forderung nach einem zusätzlichen Berstschutz, aber auch nach unterirdischer Anlage von Kernkraftwerken aufkommen. Zu ähnlichen Konsequenzen führte die in jener Zeit intensivierte Diskussion über die Folgen möglicher äußerer Einwirkungen auf Kernkraftwerke: Sabotage, Flugzeugabsturz, Krieg.

Wenn durch die Festschreibung der Reaktortypenwahl der Weg zu einer Erhöhung der inhärenten Sicherheit abgeschnitten war, blieben nur noch aufwendige und umstrittene Wege, um das »Restrisiko« doch auf irgendeine Weise erträglich zu machen. Der Konflikt zwischen Sicherheit und Wirtschaftlichkeit wurde dadurch verschärft, da sich mit dem Restrisiko ein Sicherheitsaufwand rechtfertigen ließ, der jede Aussicht auf ein gewinnbringendes Kernkraftgeschäft zerstörte. Daher haben sich für diesen Risikobereich nie überzeugende und allgemein anerkannte Sicherheitskonzepte durchgesetzt.

Im Schatten des Mauerbaus: der Plan eines Kernkraftwerks in West-Berlin

Auf dem Höhepunkt des Atomkonflikts, 1977, entrang sich der niedersächsische Wissenschaftsminister Eduard Pestel, auf den die Gorleben-Kontroverse zukam, öffentlich den Stoßseufzer, die Produktion von Kernenergie möge »nicht auf den eng besiedelten Territorien der Industriestaaten stattfinden, sondern in den großen Wüsten Afrikas oder in der menschenleeren Inselwelt der Südsee«. In der dicht besiedelten Bundesrepublik konnte man solche Wunschträume nicht ausleben; zeitweise machte man sogar energische Anstalten, um von Bevölkerungskriterien für Reaktorstandorte ein für allemal fortzukommen.

Ein erster Versuch, die Kernenergieproduktion in Großstadtnähe, ja gleich in die größte deutsche Stadt zu bringen, wurde schon 1960–62 unternommen, zu einer Zeit, als in der Bundesrepublik, vom MZFR abgesehen, noch kein einziges Kernkraftwerk in Auftrag gegeben worden war. Damals plante die Bewag (Berliner Kraft- und Licht AG) die Errichtung eines Druckwasser-Kernkraftwerks von 150 MW, einer nach damaligem Maßstab durchaus ansehnlichen Kapazität, im äußersten Südwesten West-Berlins. Wenn man den Sicherheitsaspekt nicht beachtete, erschien West-Berlin für ein Kernkraftwerk tatsächlich prädestiniert: Keine andere deutsche Stadt befand sich hinsichtlich der Versorgungssicherheit mit fossilen Energieträgern in einer derart prekären Lage wie diese inselartige Exklave der Bundesrepublik. Besonders der Mauerbau vom 13. August 1961 ließ alte Ängste um die Zufahrtswege der isolierten Stadt wieder aufleben. Doch schon vorher war »die Situation für die Energieversorgung West-Berlins« nach Auskunft der Bewag »sehr kritisch«.

Darüber hinaus jedoch wurde, wie ein Jahrzehnt darauf bei dem Ludwigshafen-Projekt der BASF, der exemplarische Charakter dieses Vorhabens betont: dass nämlich das Berliner Projekt »von allgemeinem Interesse für die Beurteilung der Zukunftsaussichten der Kernenergienutzung nicht nur für Berlin, sondern auch für die dichter besiedelten Gebiete der Bundesrepublik sei«. Die Bewag teilte dem Bonner Atomministerium Anfang 1961 mit, sie habe das Kernkraftwerk bereits »fest eingeplant«. Das war zu einer Zeit, als sich die westdeutschen Energieunternehmen nicht einmal durch Bonner Bitten und Subventionen zu Kernkraftaufträgen bewegen ließen, eine höchst ungewöhnliche Initiative, die sich aus dem Berliner Vertrauen erklärte, für alles und jedes die nötigen Bundessubventionen zu bekommen und daher kein finanzielles Risiko einzugehen.

Bei einer anderen Stadt hätte das Atomministerium vermutlich erfreut und entgegenkommend reagiert; aber die politische Situation West-Berlins machte diesen Plan doch so brisant, dass man ihn vor der Öffentlichkeit ängstlich verborgen hielt. Als Standort war für das Kernkraftwerk der Südteil der Wannsee-Insel (Pfaueninsel) vorgesehen: Auf diese Weise war das Kraftwerk zwar von dem größten Teil der Westberliner Wohngebiete durch den Grunewald getrennt, aber bereits in einem Kilometer Entfernung begannen Wohnviertel der DDR! Ein »Vorläufiger Sicherheitsbericht« der hier zu Rate gezogenen Euratom teilte mit: »Die Gesamtzahl der Wohnbevölkerung innerhalb des 3000-Meter-Kreises um den Reaktorstandort beträgt etwa 45 000; der größte Teil davon gehört zur sog. DDR«. Bei einem schweren Unfall hätte jedoch, wie sich der Berliner Bürgermeister Willy Brandt von Atomminister Balke belehren lassen musste, die Bevölkerung in einem sehr viel weiterer Umkreis evakuiert werden müssen. Die Vorstellung, Massen von Westberlinern möglicherweise in größter Eile in die DDR abtransportieren zu müssen, war kurz nach dem Mauerbau so haarsträubend wie nur möglich! Eine Grundsatzdiskussion über die sicherheitsbedingte Zulässigkeit großstadtnaher Kernkraftwerke wurde damals nicht geführt; aber unter den Berliner Verhältnissen ließen sich entsprechende Bedenken leicht politisch formulieren.

Die Bewag zog den Bundesatomminister erst zu einem Zeitpunkt hinzu, als sie selber den Bau des Kernkraftwerks bereits als beschlossene Sache ansah. Das Elektrizitätsunternehmen schrieb an Balke, man brauche seine Hilfe »zur Klärung der technischen Voraussetzungen ..., die eine unerlässliche Vorbedingung zur politischen Entscheidung über das Kernkraftwerksprojekt Berlin« seien; Balke notierte dazu: »Ist dieser Kausalnexus richtig?« In der Tat bedeutete ein Kernkraftwerk in West-Berlin zuerst und vor allem ein Politikum; von dem damaligen sicherheitstechnischen Diskussionsstand in den Bonner Atomgremien her waren schwerlich klare Entscheidungskriterien zu gewinnen. Staatssekretär Cartellieri erregte sich daher, es erscheine »unverantwortlich, wenn ohne Klärung der politischen Voraussetzungen Projekte begonnen werden, für die der Bund entweder direkt (über das BMAt) oder indirekt (über die Berlin-Hilfe) aufkommen« müsse. Die »politische Lage«, schrieb er schon drei Monate vor dem Mauerbau, werfe »die Frage auf, ob die Westmächte ... jetzt das Risiko eingehen wollen, neben Kuba, Laos usw. das Berlin-Problem besonders herauszustellen«. Er nahm es also für gegeben, dass das Kernkraftwerk auf der Wannsee-Insel außenpolitische Probleme nach sich ziehen würde.

Balke schrieb dem Regierenden Bürgermeister von Berlin, »erste Zwischenergebnisse« des angeforderten TÜV-Gutachtens ließen bereits »erkennen, dass der in Aussicht genommene Standort nicht günstig beurteilt werden kann«. Im Übrigen würden »die sicherheitstechnischen Bedenken ... durch den Umstand verstärkt, dass weder die von den britischen noch die von den amerikanischen Behörden bei der Beurteilung von Reaktorstandorten angewandten Kriterien den Bau eines Kernkraftwerks auf dem vorgesehenen Standort in Berlin erlauben würden«. Da eine rasche Evakuierung der West-Berliner bei einem Reaktorunfall ausgeschlossen sei, müsste »ein besonders konstruierter Sicherheitseinschluss für den Reaktor« vorgesehen werden, »der den Auswirkungen auch des größtmöglichen Unfalls standhielte«; dafür fehle jedoch noch ein überzeugendes Konzept. Ähnlich wie später bei dem großstadtnahen BASF-Projekt bewegten sich die Überlegungen also auf eine Art von Berstschutz hin. Die gereizte Art und Weise, in der Brandt später als Kanzler das BASF-Projekt unterstützte, mag ein späteres Reflex des Ärgers sein, den er ein Jahrzehnt zuvor als Regierender Bürgermeister von Berlin mit dem Wannsee-Projekt erlebt hatte. Dass er dieses

Projekt überhaupt ernsthaft betrieb, zeugt von einer erstaunlichen Naivität in Sachen Reaktorsicherheit!

1961/62 zog sich der TÜV am Ende mit dem ambivalenten Urteil aus der Affäre, zwar könne »der in Aussicht genommene Standort ... nicht als günstig bezeichnet werden«, aber »bei geeigneten technischen Vorkehrungen« könne dort eine »unzumutbare Gefährdung« der Bevölkerung vermieden werden. Die Sicherheitsgutachter der Euratom-Kommission flüchteten sich in eine ähnliche Tautologie. Auch das Atomministerium konnte sich der Bewag gegenüber nicht zu einem klaren Nein aufraffen, sondern erklärte sich Ende 1961, wenn auch voller Vorbehalte, zu einer fünfzigprozentigen Beteiligung an den Projektierungskosten bereit, obwohl damit, wie man im Ministerium erkannte, »gewisse Präjudizien geschaffen« wurden.

Da auf ähnliche Weise auch anderswo in der Kerntechnik vollendete Fakten zu entstehen pflegten, wäre möglicherweise das Berliner Kernkraftwerk am Ende doch gebaut worden, hätten nicht die Alliierten ihre Irritation unmissverständlich zu erkennen gegeben. Eine Woche vor dem Mauerbau erklärte die amerikanische Botschaft dem Atomministerium, »dass sich die amerikanische Regierung in der Frage des BEWAG-Projekts in einer höchst peinlichen Lage befinde. Rücksichten auf Euratom und Westinghouse (das für den Kraftwerksbau in Aussicht genommene amerikanische Unternehmen; J. R.) hinderten sie, sich bereits im Augenblick offiziell gegen das Projekt zu wenden«. Man fühle sich gleichwohl »in amerikanischen Regierungskreisen ... äußerst unbehaglich bei dem Gedanken, dass Berlin die Vorbereitungen für das Projekt immer weiter treibe und die amerikanische Regierung schließlich gezwungen sein könnte, in einem weiter vorgerückten Stadium Einspruch einzulegen«. »Auf amerikanischer Seite bedenke man, dass es keinem Lande erlaubt sein solle, in unmittelbarer Nähe der Grenze zu einem Nachbarstaat einen Reaktor zu bauen, ohne hierüber zuvor mit der Regierung des Nachbarstaates Fühlung aufgenommen zu haben.«

Die Aussicht, wegen des Kernkraftwerks mit der DDR verhandeln zu müssen, wird vollauf gereicht haben, um das Projekt für die Regierung Adenauer indiskutabel zu machen; Anfang 1962 beschied die Bundesregierung aus »politischen Gründen« die Bewag mit einem klaren Nein. Als die vom Atomministerium mitfinanzierten Projektierungsarbeiten dennoch weiterliefen, legte sich das Finanzministerium quer und versetzte auf diese Weise dem von der Bewag immer noch hartnäckig verfolgten Projekt den Todesstoß. Bei der Kontroverse um das Berliner Projekt hatte man wohlweislich öffentliches Aufsehen vermieden; Staatssekretär Cartellieri verordnete der Bewag den Verzicht auf jegliche Publizität. Weder bei der späteren Auseinandersetzung um das BASF-Projekt noch bei dem 1976 von der Bewag erneut vorgebrachten Plan eines Kernkraftwerks für Berlin wurden die Vorgänge von 1961/62 als Präzedenzfall ins Spiel gebracht.

Der Vorstoß der Großchemie in Großstadtnähe: Konkurrenz für das RWE und Beginn der Eskalation des Atomkonflikts

Ein neuer Vorstoß der Kernkraft in die Großstädte begann um 1967/68, also zugleich mit dem kommerziellen Durchbruch der Kernkraftwerke in der Bundesrepublik. Das Hauptargument für eine großstadtnahe Lage war jetzt die dadurch ermöglichte Nutzung nuklearer Prozesswärme. Durch die Ruhrkrise bekam dieses Argument einen besonderen propagandistischen Wert, obwohl die Kohlevergasung per Kernenergie damals noch nicht einmal ansatzweise entwickelt war. In ein konkretes Projekt umgesetzt wurde der Plan großstadtnaher Kernkraftwerke mit industrieller Prozesswärmenutzung damals nur von der chemischen Industrie; damit durchkreuzte sie jedoch Pläne der Energiewirtschaft. Das war wahrscheinlich ein Hauptgrund, weshalb dieser Plan trotz des Beifalls der gesamten Atomindustrie am Ende von Bonn doch abgewehrt wurde.

1967 wurde der Plan der BASF bekannt, ein firmeneigenes Kernkraftwerk von 600 MW zu errichten. 1968 gab es Verhandlungen zwischen BASF und RWE über eine Beteiligung dieses größten Energiekonzerns an dem Projekt; aber eine Einigung, die eine Konstruktion des Kernkraftwerks als Zweizweckanlage erfordert hätte, kam nicht zustande und das RWE trumpfte auf, indem es in nicht allzu weiter Ferne von Ludwigshafen den Bau der Kernkraftwerksblöcke von Biblis mit ihrer alles Bisherige übertreffenden Kapazität begann. Der BASF-Konzern ließ sich dadurch jedoch keineswegs einschüchtern. Jetzt konnte das Projekt ganz auf die Erzeugung industriell nutzbarer Prozesswärme zugeschnitten werden; daher startete auf Initiative der Chemie eine ganze Propagandawelle für großstadtnahe Kernkraftwerke, wobei alle Sicherheitsbedenken bagatellisiert wurden wie noch nie.

Selbst in der *atomwirtschaft* war zu lesen, die »von Amerika eingeführten Abstandsregeln« müsse man als fragwürdig ansehen; denn bei einem Unfall sei die Stadtbevölkerung im Allgemeinen dann am besten geschützt, wenn das Kernkraftwerk im Zentrum der Stadt liege, »da die radioaktive Abluftwolke dann erst außerhalb der Stadt den Erdboden erreicht«: eine seltsame Logik! Überdies sei es so, dass »die Ausnutzung der Kernenergie zur Erzeugung von Prozesswärme für die Großchemie zum Bau in unmittelbarer Nähe der chemischen Betriebe zwingt«. Der *Industriekurier* rühmte »das in mehrfacher Hinsicht neuartige Projekt der BASF« als einen Beweis für »das inzwischen erreichte Niveau der Sicherheitstechnik«. Sogar die *Frankfurter Allgemeine* triumphierte, das Ludwigshafener Projekt setze »konstruktiv und betriebswirtschaftlich neue Maßstäbe, und das inmitten eines dicht bevölkerten Gebietes«; »in Ludwigshafen wird die Mär kohlenprotektionistischer Provinz, Kernkraftwerke kämen nur als Stromproduzenten in

Betracht, widerlegt.« Dabei suchte die Atomlobby gerade die Kohleindustrie mit nuklearer Prozesswärme zur Kohlevergasung zu ködern!

Auch in Bonn konnte die BASF zeitweise mit durchaus positiver Resonanz rechnen. 1968 verlautete im zuständigen Bundestagsausschuss, ein erfahrener BASF-Mann habe bereits »ganz erstaunliche, kaum erwartete Wirkungen im kleineren Stab des Bundeskanzlers hervorgerufen«. Im selben Jahr wurde publik, dass das zuständige Wirtschaftsministerium von Rheinland-Pfalz dem Projekt »grundsätzlich befürwortend gegenüberstehe«. In einer Besprechung mit dem Bundesforschungsministerium Anfang 1969 traten BASF-Vertreter schon derart selbstbewusst auf, dass sie über die von öffentlichen Versorgungsunternehmen »am Rhein im Süden und Norden von Ludwigshafen« geplanten Kernkraftwerke klagten, die die »Kühlkapazität des Rheins« für BASF-Zwecke beeinträchtigten! Die für Reaktorsicherheit zuständigen Instanzen gerieten durch das allgemeine Drängen auf großstadtnahe Kernkraftwerke in eine prekäre Situation: Noch nie zuvor wurde so sehr wie bei dem Ludwigshafen-Projekt die Probe aufs Exempel gemacht, ob die Beteuerungen, Kernkraftwerke seien absolut sicher, für bare Münze zu nehmen seien. Schon im Voraus wurde das BASF-Kernkraftwerk als Bürgschaft für die Sicherheit deutscher Kernkraftwerke gefeiert; von daher drohte ein Rückzieher das nationale Image zu schädigen.

Bis dahin hatten TÜV und RSK auf die Frage nach der Zulässigkeit von Kernkraftwerken in unmittelbarer Nähe von Siedlungen oder gar in dicht besiedelten Gebieten meist etwas gewunden reagiert. Günter Wiesenack (TÜV) äußerte die Meinung, dass nach amerikanischen Maßstäben die gesamte Bundesrepublik »als dicht besiedeltes Gebiet zu betrachten« sei, das man zumindest nach inoffizieller Praxis der USA vorerst für Reaktorstandorte außer Betracht lasse. Man müsse daher in der Bundesrepublik so oder so von amerikanischen Sicherheitsgrundsätzen abweichen; aber – bis zum Bau großstadtnaher Kernkraftwerke seien eben doch noch technische Verbesserungen erforderlich. Er flüchtete sich schließlich in die nicht recht einsichtige Behauptung, gegenwärtig sei »schon aus wirtschaftlichen Gesichtspunkten ein Standort abseits von größeren Städten oder Ballungszentren vorzuziehen«. Dabei waren gerade rein wirtschaftlich Großkraftwerke in Ballungszentren attraktiv!

Immer wieder suchte man jedoch zu verhindern, dass die Debatte über großstadtnahe Kernkraftwerke zu einer gefährlichen Grundsatzdebatte über Reaktorsicherheit wurde. Als die Reaktorsicherheitskommission 1966 Stellung nehmen sollte, ob ein Heranrücken der Siedlungen an das Kernforschungszentrum Karlsruhe zu tolerieren sei, verfasste sie ein Gutachten mit dem Einerseits-andererseits-Grundtenor: Eigentlich sei ein räumlicher Abstand der Siedlungen zum Kernforschungszentrum gar nicht notwendig; gleichwohl sei ein »gewisser Abstand« erwünscht, wie denn ein solcher ja auch bei »konventionellen Großanlagen« wünschenswert sei. Ein Mitglied des Kernforschungszentrums, das das Gutachten nach Bonn weitergab, versah es mit einem ungewöhnlich verärgerten Kommentar: »Ich habe selten ein Dokument unterschrieben, das mich weniger befriedigt hat als dieses. Man merkt, dass diese Überlegung aus vielen gegensätzlichen Erwägungen resultiert ... Der in meinen Augen wesentlichste Gedanke ist ... nicht erwähnt: ›Die Vorsorge für die Zukunft gebietet es, um Zentren, in denen technische Mittel dieses Ausmaßes und dieser Vielfältigkeit vereinigt sind, einen möglichst großen Sicherheitsabstand zu halten.‹« Der Vertreter des KFZ war in diesem Fall weniger als die Reaktorsicherheitskommission bereit, um das Gefahrenpotenzial der Kerntechnik Karlsruhe herumzureden! Karlsruhe lag näher an Ludwigshafen als Bonn.

Auf einer internationalen Atomenergie-Konferenz in Washington im November 1968 zeigte sich, dass sich an der »Frage der Standortwahl in der Nähe großer Städte« die Geister schieden. Die amerikanischen Vertreter beharrten auf der Position, dass eine Genehmigung solcher Standorte »derzeit nicht in Frage« komme, während sich der Delegierte des deutschen Instituts für Reaktorsicherheit (IRS), anscheinend jedoch ohne größere internationale Resonanz, dafür einsetzte, zumindest die »grundsätzlichen Bedenken« gegen großstadtnahe Standorte fallen zu lassen. Die Zeitschrift *atomwirtschaft* fand es 1969 sogar »besonders interessant«, »dass die Bundesrepublik Deutschland dasjenige Land ist, in dem die meisten konkreten derartigen Projekte bestehen«. Ob man jedoch auf einen deutschen Vorsprung solcher Art stolz sein konnte, blieb umstritten, zumal man sich sonst in der Kerntechnik geflissentlich an den USA zu orientieren pflegte.

Das IRS entschloss sich dennoch zu einer positiven Stellungnahme zum BASF-Projekt, obwohl die vorliegenden Sicherheitsberichte »sehr unvollständig« waren und das IRS-Gutachten sogar erkennen ließ, dass man Katastrophen prinzipiell für möglich hielt. Daher forderte es »eine sorgfältige Katastrophenplanung als Vorsorge für schwere Störfälle, die der Bevölkerungsverteilung in der Umgebung und den Verhältnissen im BASF-Werksgelände Rechnung trägt«. Die nahe liegende Frage, ob eine solche Katastrophenplanung überhaupt möglich ist, wird nicht erörtert. Uneinigkeit herrschte unter den Kommunen in der nächsten Umgebung des geplanten Kernkraftwerks: Während sich der Oberbürgermeister von Ludwigshafen »mit Vehemenz« für das Projekt einsetzte, kämpfte der Oberbürgermeister des benachbarten Mannheim, das im Westwind von Ludwigshafen liegt, nicht weniger entschieden auf der Gegenseite.

Im Oktober 1969, kurz nach dem Regierungsantritt der sozialliberalen Koalition, bezog ein Ministerialbeamter vor der RSK mit ungewohnter Ausführlichkeit und Schärfe zu neuen Perspektiven der »Sicherheitsphilosophie« Position. Bisher habe man sich bei der Beurteilung der Reaktorsicherheit im Wesentlichen an den »Stand der US-amerikanischen Wissenschaft und Technik gehalten«; künftig jedoch halte er es für nötig, dass »eine eigene ›Sicherheitsphilosophie‹ für Deutschland« erarbeitet werde. Er ließ zugleich erkennen, aus welchem Anlass dies notwendig sei und in welche Richtung diese neue »Sicherheitsphilosophie« gehen solle: »Die Errichtung eines Kernkraftwerkes auf dem Gelände der BASF stelle für alle Industrienationen der Welt einen Präzedenzfall dar.« Sein »Philosophie«-Entwurf wurde freilich sogleich unlogisch, wenn er einerseits darauf beharrte, dass solche Kernkraftwerke, die ausschließlich der Stromerzeugung dienten, »in relativ dünn besiedelten Gebieten« errichtet werden sollten, andererseits solche Kernkraftwerke an Großstädte heranrücken dürften, die der Industrie Prozessdampf lieferten, damit diese »international konkurrenzfähig bleiben« könne. Diese »Sicherheitsphilosophie« war in Wahrheit nichts als Opportunismus. Er brachte immerhin ein neues Element in die Diskussion, als er dafür eintrat, dass »in diesem Ausnahmefall« zumindest während einer »Zwischenphase« »besondere Sicherheitseinrichtungen realisiert werden sollten, wobei eingehend zu prüfen sei, ob eine abgesicherte Unterbodenbauweise in Frage komme«. Das war ein neues Thema, bei dem die Betriebswirte schlucken mussten. Der Ministerialbeamte versüßte diese Pille durch die Aussicht auf eventuelle »staatliche Beteiligung.«

Aber sobald man anfing, sich ernsthaft auf das Konzept der »besonderen Sicherheitseinrichtungen« einzulassen, geriet man auf eine Bahn, die die gesamte Kernkraft aus dem Bereich des ökonomisch Reizvollen hinauszuführen drohte. Man kam an der Erkenntnis nicht vorbei, dass die Art dieser Sicherheitsvorkehrungen noch der Erforschung bedurfte und dass die sich abzeichnenden Lösungen die bisherigen Kalkulationen über den Haufen warfen. Auch den Politikern wurde bewusst, dass die Bundesrepublik mit dem Projekt eines großstadtnahen Kernkraftwerks einstweilen in der Welt allein dastand; der neue Wissenschaftsminister Hans Leussink gab zu bedenken, »dass dieses BASF-Projekt, auch im Weltmaßstabe gesehen, der große Sprung in die Ballungsgebiete ist oder sein würde«. Er verschob 1970 die Genehmigung für Ludwigshafen um zwei Jahre, bis ein Forschungsprogramm über notwendige Sicherheitsvorkehrungen für solche Kernkraftwerke durchgeführt worden sei. Wie abzusehen, war man auch nach zwei Jahren nicht wesentlich klüger geworden; und das Ministerium konnte sich nach wie vor nicht entschließen, grünes Licht zu geben, obwohl sich die Reaktorsicherheitskommission (RSK) nach längerem Hin und Her zu einer Zustimmung durchgerungen hatte.

Ausgerechnet Heinrich Mandel, der aufsteigende »Atompapst« der bundesdeutschen Energiewirtschaft, hatte das Forschungsministerium darauf aufmerksam gemacht, dass man in den USA dahin gelangt sei, Kernkraftwerke vorerst nicht in Großstadtnähe zu errichten. An der Spitze der BASF erblickte man darin eine Intrige, um die dem gigantischen Biblis-Projekt drohende Konkurrenz auszutricksen, und schäumte über die »barbarische Brutalität des RWE«. Verfolgt man die Kettenreaktion, die der Blick auf das nukleare »Restrisiko« anstieß, erkennt man eine grandiose Ironie der Geschichte, von der die späteren Anti-AKW-Kämpfer nichts ahnten: Am Anfang des großen Atomkonflikts stand niemand anders als der »Atompapst« Heinrich Mandel in der Rolle des Zauberlehrlings: »Die ich rief, die Geister/ Werd' ich nicht mehr los.«

Leussink lehnte 1970 im gleichen Zusammenhang den für den Schnellen Brüter beantragten Standort Weisweiler bei Aachen »wegen zu hoher Bevölkerungsdichte in der Nahzone« ab. Für den Brüter hatte die RSK damals eine geringe Bevölkerungsdichte im Umkreis als Standortkriterium empfohlen. Auch der bevorstehende Brüterbau ließ die internen Sicherheitsdiskussionen in eine kritische Phase gelangen. Ähnlich wie bei dem BASF-Projekt gelangte die RSK zu der über die bisherige Genehmigungspraxis hinausgehenden Forderung, auch eine Kernschmelze und eine explosionsartige Belastung des Reaktordruckgefäßes – im Falle des Brüters den sogenannten Bethe-Tait-Störfall – als Auslegungsstörfall zu berücksichtigen. Die Auflage bedeutete eine erhebliche Konstruktionsänderung und Verteuerung, die den Brüter im Wettlauf mit Frankreich zurückwarf, wo man den Bethe-Tait-Störfall nicht zugrunde legte.

Die Ablehnung des Standortes Weisweiler für den Brüter erregte damals noch wenig Aufsehen; dagegen versetzte die skeptische und dilatorische Behandlung des BASF-Projekts durch das Ministerium das Gros der Atomwirtschaft – nicht jedoch das RWE! – in helle Empörung. Nun rächte es sich, dass Ludwigshafen bereits als Demonstration der Sicherheit von Kernkraftwerken hochgejubelt worden war. Ein Leitartikel der *atomwirtschaft* schäumte, »diese spekulative Verlautbarung« drohe die Sicherheit aller Kernkraftwerke in Misskredit zu bringen. Selbst ein Artikel der *Zeit*, die später zu einem Sprachrohr der Kernkraftkritiker wurde, charakterisierte den wohlüberlegten ministeriellen Entscheid als einen »Handstreich«, der einer »ausreichenden sachlichen Begründung« entbehre! Sogar Wirtz, der Winnacker intern den Plan eines Kernkraftwerks bei Hoechst ausgeredet hatte, zeigte sich durch die »Ereignisse um das BASF-Kernkraftwerk erschreckt«: »Wir alle empfinden, dass wir uns im Augenblick in keiner leichten Phase befinden.«

Jahre darauf stellte selbst die britische *Financial Times* rückblickend fest, der Aufschub des BASF-Projekts habe »tiefe Auswirkungen auf die Einstellung zur nuklearen Sicherheit« gehabt. »Sicherheitsphilosophie, insbesondere für stadtnahe Standorte«, rangierte an erster Stelle unter den Vorschlägen des Atomforums für das neue Forschungsprogramm »Reaktorsicherheit«. Das BASF-Projekt, das geradezu demonstrativ gegen ein amerikanisches Sicherheitsprinzip verstieß, trug wesentlich dazu bei, den Mangel an eigener deutscher Sicherheitsforschung und die Fragwürdigkeit der bis dahin üblichen Sicherheitsvorkehrungen zum Politikum zu machen. Insofern kann man hier den ersten Ausgangspunkt der nuklearen Kontroverse in der Bundesrepublik erkennen, auch wenn sich damals in der unmittelbar betroffenen Bevölkerung noch wenig Widerstand regte. Im Zusammenhang mit dem BASF-Projekt prägte Leussink den Begriff des »Restrisikos«. Mochten diese Bedenken damals nur für Ludwigshafen gelten, wurde das durch den »GAU« nicht abgedeckte Risiko auf die Dauer doch – wie die *atomwirtschaft* gleich voraussah – als Schwachstelle der gesamten Kerntechnik begriffen. Das konnte in vollem Umfang jedoch erst in der öffentlichen Diskussion geschehen; innerhalb der zuständigen Expertengremien wurde die Erörterung der über den GAU hinausreichenden Störfallmöglichkeiten bald wieder unterdrückt.

Nur vorübergehend gelangten die Diskussionen der Reaktorsicherheitsgremien um 1969 in eine neue Phase. Damals verhinderte die Industrie nur mit Mühe einen förmlichen Beschluss der RSK, der den Kernkraftwerken die Auflage gemacht hätte, ein Notkühlsystem vollständig innerhalb des Sicherheitsbehälters zu installieren. Vor allem führte man sich damals die Eventualität vor Augen, dass bei einem Störfall das Bersten des Reaktordruckgefäßes nicht mit absoluter Sicherheit auszuschließen war: vor dem Hintergrund der Erfahrungen mit Dampfkesseln eigentlich eine Binsenwahrheit. Daraus ergab sich die Forderung nach einem besonderen Berstschutz zumindest bei großstadtnahen Kernkraftwerken. Man war sich allerdings in der RSK und im IRS darüber einig, dass selbst der Berstschutz keine vollkommene Sicherheit gewähre, und mitunter wurde argumentiert, »wenn man schon keine absolute Sicherheit erreichen könne, könne man auch auf die Berstsicherung verzichten«. Auch kam der Einwand, dass der Berstschutz Inspektionen und Reparaturen am Reaktordruckgefäß erschwere und insofern das Risiko erhöhe; nicht nur hier kamen verschiedene Sicherheitskonzepte einander ins Gehege. Die Berstschutz-Auflage setzte sich vorerst nur bei dem Projekt des großstadtnahen Kernkraftwerks durch.

Im Zuge der öffentlichen Kernkraftkontroverse wurde das Berstschutz-Postulat folgenreich, obwohl das BASF-Kernkraftwerk nicht gebaut wurde. Das Freiburger Verwaltungsgericht, das 1977 über die Einsprüche gegen das geplante Kernkraftwerk Wyhl zu entscheiden hatte, konnte sich auf diesen Präzedenzfall berufen, als es einen Berstschutz auch für Wyhl forderte, da es keinen juristischen Grund gab, der Landbevölkerung nicht dasselbe Schutzrecht wie der Großstadtbevölkerung zuzugestehen. Das Berstschutz-Konzept bot den Richtern einen Mittelweg zwischen den streitenden Parteien. Ob allerdings das Postulat der Berstsicherung mehr als eine Verlegenheitslösung darstellt, ist schwer zu übersehen. Die Verteidiger der Atomkraft suchten in der Folge so zu tun, als habe es die Berstschutz-Forderung nie gegeben. Nachdem es bis in die späten 1960er-Jahre eine eigene deutsche Reaktorsicherheitsforschung kaum gegeben hatte, wurde das BASF-Projekt der Anlass zu einem ministeriellen Forschungsprogramm für Reaktorsicherheit, das 1971 anlief. Eigentlich sollte es binnen zwei Jahren klare Kriterien für die Genehmigung großstadtnaher Kernkraftwerke liefern, aber davon war nach Ablauf dieser Frist keine Rede. Als man einmal angefangen hatte, das Ziel der absoluten Reaktorsicherheit in Angriff zu nehmen, gab es so bald kein Halten mehr.

Das BASF-Projekt wurde zum Auslöser für eine weitere Debatte: Damals wurde erstmals die Forderung in die Diskussion gebracht, ein Kernkraftwerk gegen Kriegseinwirkungen auszurüsten. RWE und AEG wandten sich heftig gegen dieses neue Thema; aber die Diskussion darüber war nicht sofort zu bremsen. Der RSK-Vorsitzende Wengler, der noch Anfang 1969 bemerkt hatte, dass das Thema »Kriegsfall« bisher mit gutem Grund »bei den Sicherheitsbetrachtungen der RSK ausgeklammert« worden sei, betonte im Herbst des gleichen Jahres, »ein Reaktor mit großer Leistung und Leistungsdichte sei ein sehr gefährliches Instrument, wenn man Sabotage und Kriegseinwirkungen mit in die Sicherheitsüberlegungen einbezieh(e)«.

Bei der wachsenden Besorgnis um das nukleare Risiko handelte es sich keineswegs, wie später von der Atomlobby oft behauptet, um einen bundesdeutschen Sonderweg und um einen Ausdruck von »German angst«. Dem deutschen Drama um das Ludwighafen-Projekt war 1966 ein ebenfalls internes Drama in den USA vorausgegangen, das einer der Beteiligten, David Ukrent – damals Mitglied des Advisory Committee on Reactor Safeguards – später als »Revolution« in der Beurteilung der Sicherheit von Leichtwasserreaktoren charakterisierte: Versuche hatten Zweifel daran erweckt, ob bei einem »Durchgehen« des Reaktors auf die für diesen Fall installierte Notkühlung Verlass ist. Mit Hinweis darauf wurde das Kernkraftprojekt Ravenswood in der Nähe von New York gestoppt.

Das war eine Zäsur in der Geschichte der Kernenergie, deren Fernwirkung gar nicht überschätzt werden kann. Bis dahin hatten es gerade viele »progressive« Intellektuelle für einfältig gehalten, die zivile Atomkraft mit der Atombombe zu assoziieren, und die Einsicht für aufgeklärt und fortschrittlich angenommen, dass das »friedliche Atom« mit seiner gebremsten Kettenreaktion geradezu eine Gegenwelt zur Bombe sei. Fortan sickerte jedoch mehr und mehr die Sorge durch, dass auf das Abbremsen der Kettenreaktion durch die »Moderatoren« in Kernkraftwerken kein absoluter Verlass und daher die Assoziation der Atomkraft mit der Bombe eben doch kein purer Aberglaube sei. Um die Genese der Anti-AKW-Bewegung zu verstehen und gerade auch ihre Rationalität zu begreifen, muss man auch diesen Wissenstransfer beachten und darf die Bürgerbewegungen nicht nur als soziale Phänomene ins Visier nehmen. Der Gedanke an den »Super-GAU«, die über den (angeblich) beherrschbaren »größten anzunehmenden Unfall« noch hinausgehende Katastrophe, gab dem Protest gegen die Kernkraft eine neue Radikalität. Jetzt konnte er ähnliche Emotionen ansprechen wie zuvor der Protest gegen die atomaren Waffen.

Der Sprung über tausend Megawatt als Stimulus der Sicherheitsdiskussion

Wenglers oben zitierte Warnung, dass man bei Großreaktoren auch extern verursachte Störfälle bedenken müsse, stand bereits im Kontext von Beratungen über das bei Biblis geplante Kernkraftwerk. Die dort vorgesehene Überschreitung der 1000-MW-Grenze wurde vielfach nicht als bloße Fortsetzung des bisherigen quantitativen Wachstums, sondern als qualitativer Sprung empfunden. Noch 1964 hatte es, wie Mandel selber berichtete, ein Sprecher der Energiewirtschaft als »verantwortungslos« bezeichnet, auch nur über 300 MW hinauszugehen; solche Bedenken galten schon bald als überholt, obwohl die Kapazitätensteigerung auf über 600 MW bei Würgassen die AEG-Techniker aus dem Konzept brachte. Das Biblis-Projekt bedeutete für den RSK-Vorsitzenden jedoch »einen sehr großen Sprung in Neuland«. Der zuständige Ministerialreferent bemerkte, dass selbst die AEC, die amerikanische Atomenergiebehörde, »bei jeder Gelegenheit die mangelnde Erfahrung mit den 1000-MW-Reaktoren bedauer(e)«; in der »viel dichter besiedelten« Bundesrepublik müsse man erst recht mit solchen Blockgrößen vorsichtig sein. Als 1968 der TÜV Rheinland vorpreschte und ein 1200-MW-Kernkraftwerk für unbedenklich erklärte, zeigte sich die nordrhein-westfälische Genehmigungsbehörde »peinlich berührt.«

Noch im Herbst 1968 war man sich in der RSK darüber einig, dass »wohl erst in 1–2 Jahren« und nach Auswertung der Erfahrungen in Stade und Würgassen zu entscheiden sei, ob man auf 1000 MW gehen könne; aber schon im Juni 1969 war der Auftrag für Biblis perfekt. 1970 prophezeite Mandel sogar schon Reaktoren von 2000 MW »und weit mehr« für die »nächsten Jahrzehnte«. Dieser Rausch der Kapazitätensteigerung hat zur Aktivierung der Sicherheitsdiskussion sichtlich beigetragen; auch hierdurch wurde die Grundstimmung in der RSK kritischer und besorgter. Jetzt war nicht mehr nur von Berstschutz die Rede, sondern noch weitere »besondere Maßnahmen« kamen zur Sprache: »Doppel-Containment, Splitterschutz auch gegen ein Reißen des Reaktordruckgefäßes, Druckunterdrückung sowie ausreichende(r) Schutz gegen Einwirkungen von außen und eine Behandlung der Schutzmöglichkeiten gegen Feindeinwirkungen.«

Ob man allen Ernstes glaubte, ein Kernkraftwerk wirksam gegen Kriegseinwirkungen schützen zu können, sei dahingestellt; eher gewinnt man mit-

unter den Eindruck, dass man den Kriegsfall als Hilfskonstruktion benötigte, um über den »Super-GAU« reden zu können, ohne die Sicherheit von
Kernkraftwerken als solche in Frage zu stellen.

Eine sehr reale, in Fachkreisen allgemein geläufige Gefahrenquelle stellten nicht etwa »Feindeinwirkungen«, sondern – wie wir gleich sehen werden – Unsitten der eigenen bundesdeutschen Luftwaffe dar; aber nicht einmal dagegen wurde energisch etwas unternommen. Ein Siemens-Vertreter
erwähnte auf dem ersten deutschen Atomrechts-Symposium (1972), »aus
eigener Erfahrung« wisse »jeder, dass die markanten Bauwerke eines Kernkraftwerkes beliebte Stellen für Zielanflüge darstellen«; aber weder wurden
auf administrativem Wege wirksame Maßnahmen gegen diesen grotesken
Leichtsinn ergriffen, noch wurden die Kuppeln der Kernkraftwerke für alle
Eventualitäten ausgelegt. Bei der RSK-Diskussion über Biblis äußerte der
Vertreter der Erbauerfirma (Siemens), »ein gegen Flugzeugabsturz gesicher-
tes Kernkraftwerk halte er nicht für notwendig, da die Wahrscheinlichkeit
für den Eintritt eines solchen Ereignisses bei etwa 10 hoch 8 pro Jahr liege« –
eine im Blick auf die erwähnten Unsitten der eigenen Luftwaffe sonderbare
Behauptung!

Die Sicherung der Reaktorkuppeln gegen abstürzende Flugzeuge wurde
dann doch zur offiziellen Norm und Biblis erhielt zu diesem Zweck ein
Doppel-Containment, aber laut Angabe der Erbauerfirma wurde dabei nur
eine Aufprallgeschwindigkeit von 110 m/s, also 396 Stundenkilometern, zugrunde gelegt. Mandel erwähnte 1978 auf eine entsprechende Frage hin die
»Forderung nach der Sicherheit gegen Flugzeugabsturz« als ein Musterbeispiel für »Unsinn« in den Sicherheitsvorschriften, da sie wegen der immer
neuen Flugzeugtypen nicht in technische Maßnahmen von dauerhaftem
Wert umzusetzen sei.

Unterirdische Anlage von Kernkraftwerken:
eine verdrängte Sicherheitsphilosophie

Wenn man einerseits zugab, dass ein Bersten des Reaktordruckgefäßes sowie
eine Beschädigung des Containments durch äußere Einwirkungen nicht völlig auszuschließen seien, andererseits aber Konzepte wie Berstschutz und
Doppelcontainment anfechtbar waren, dann blieb als Ausweg nur noch die
unterirdische Anlage von Kernkraftwerken. Diese Konsequenz wurde bemerkenswert früh und auch danach wieder und wieder gezogen, aber auch
immer wieder vergessen und verdrängt. Der international bekannteste Verfechter der unterirdischen Bauweise war und blieb Edward Teller, der »Vater
der Wasserstoffbombe«, der die »friedliche Kerntechnik« als leuchtendes
Gegenbild zur atomaren Waffentechnik nicht gelten lassen wollte, sondern
mit Hinweisen auf hohe Risiken wiederholt quer schoss. Schon bei den

Diskussionen über das geplante Kernkraftwerk in West-Berlin Anfang der 1960er-Jahre kam der Gedanke einer unterirdischen Anlage wiederholt auf, blieb aber folgenlos. Ähnlich ging es bei den Vorstudien zu dem Kernkraftwerk Obrigheim, als vom Forschungsministerium ein entsprechender Vorschlag kam, die Projektierungsgesellschaft jedoch trotz verheißener Bundesfinanzierung abwehrend reagierte und von einem »Notstandskernkraftwerk« sprach.

Das BASF-Projekt führte zu intensiveren Forschungen über die Vor- und Nachteile einer solchen Bauweise. Als möglicher Kompromiss zwischen unter- und oberirdischer Bauweise zeichnete sich die »Hügel-Bauart« ab: Ihre Befürworter empfahlen sie sogar als eine »Chance«, »sich von dem Konzept des »größten anzunehmenden Unfalls zu befreien«. Die Ansicht, »eine unterirdische Bauweise sei die beste Lösung des Problems«, wird 1969 in der RSK als »vielfach vertretene Meinung« erwähnt. Das Gegenargument war der Hinweis auf die dadurch erhöhte Gefahr einer radioaktiven Verseuchung des Grundwassers, im Übrigen jedoch – und das war wohl der springende Punkt – die Sorge, »dass bei Unterbodenbauweise ... die wirtschaftliche Konkurrenzfähigkeit von Kernkraftwerken in Frage gestellt werden könnte«. Darüber, dass durch unterirdische Bauweise die Sicherheit von Kernkraftwerken insgesamt erhöht werde, waren sich die RSK-Mitglieder jedoch mehr oder weniger einig.

Im Januar 1969 hatte sich in dem unterirdisch gebauten Schweizer Kernkraftwerk Lucens, einer Kleinanlage (8,3 MW) mit Schwerwasserreaktor, ein schwerer Störfall mit teilweiser Kernschmelze ereignet, der in der üblichen Terminologie eben jener »Super-GAU« war, der in den Sicherheitsdebatten jener Zeit erstmals ernsthafter behandelt wurde; nur die unterirdische Anlage hatte die Unfallfolgen in engen Grenzen gehalten. Hier gab es also einmal einen konkreten Fall, der allerdings in den – zumindest im Wortlaut der Protokolle – meist merkwürdig abstrakt geführten Diskussionen nur sporadisch erwähnt wurde.

Auf der Reaktorsicherheitstagung der IAEA von 1973 wurde festgestellt, man habe zwar mit unterirdischen Reaktoranlagen noch kaum Erfahrungen, der Vorschlag sei jedoch »überhaupt nicht lächerlich« und verdiene eine sorgfältige Überlegung. 1974 gab das Bonner Innenministerium, das die Zuständigkeit für Reaktorsicherheit erlangt hatte, ein Studienprojekt »Unterirdische Kernkraftwerke« in Auftrag, das unter den Aspekten der Sicherheit sowie der Akzeptanz durch die Bevölkerung zu sehr positiven Beurteilungen dieser Bauweise führte. Es ist phänomenal und wirft ein Licht auf das Trägheitsgesetz der Atompolitik, wie derartige Pläne trotz immer neuer Anläufe regelmäßig wieder in der Versenkung verschwanden. In der großen Grundsatzkontroverse um die Kernenergie gerieten sie zwischen die Fronten. Ludwig Merz, der durch RSK-Erfahrungen zum Fürsprecher der unterirdischen Bauweise wurde, klagte dem Verfasser 1981, seit er dafür öffentlich eintrete, würden seine Artikel in der einschlägigen Fachpresse nicht mehr gedruckt.

Der hilflose Ärger der Reaktorsicherheitskommission (RSK)

Die RSK wurde 1957/58 ähnlich wie die DAtK als Beratungsgremium des Bundesatomministers gegründet; auch personell war sie mit der DAtK eng verbunden und vornehmlich aus Gründen der Besoldung – die DAtK-Mitgliedschaft war ehrenamtlich – wurde sie formal eigenständig. Die dichten Querverbindungen zur nuklearen Community in Wissenschaft und Wirtschaft haben dennoch nicht verhindert, dass die RSK dem Gang der Dinge bei dem Ausbau der Atomwirtschaft wiederholt kritisch gegenübertrat; die Kritik blieb allerdings intern und erschöpfte sich meist in Worten. Bereits die Vorgänge um das erste bundesdeutsche Kernkraftwerk, den vom RWE bestellten 15-MW-Reaktor bei Kahl am Main, gaben einen Vorgeschmack von der Art und Weise, wie Atomindustrie und Energiewirtschaft mit widerspenstigen Sicherheitsinstanzen umsprangen. Die RSK übermittelte dem RWE Anfang 1961, als der Bau kurz vor dem Abschluss stand, eine Liste von Auflagen, die erhebliche Zweifel an den bei Kahl getroffenen Sicherheitsvorkehrungen durchblicken ließen; das RWE, weit davon entfernt, den Bedenken zu entsprechen, ging sogleich zum Gegenangriff über und beschwerte sich beim Ministerium über die RSK!

Dem sonst recht industriefreundlichen Sicherheitsreferenten des Ministeriums riss nun der Geduldsfaden; er wetterte, erst habe »die Betreiberseite bewusst alle Behördentätigkeit verneint und zu ignorieren versucht« und jetzt beschwere sie sich obendrein noch über verspätete Behördenauflagen. »Erst durch die Tätigkeit unseres Hauses wurde die Betreiberin gegen größten, ständigen Widerstand zur Ordnung gebracht.« Tatsächlich wurde der Reaktor Kahl ohne Genehmigung errichtet und erst nachträglich nach der Fertigstellung genehmigt. Die Sachverständigen der Behörden (TÜV, RSK) standen laut eigener Aussage vor den vollendeten Tatsachen »1) eines falsch gewählten Standortes (der Reaktor Kahl hat den größten Bevölkerungsfaktor aller deutschen Reaktoren und aller Siedewasserreaktoren in der Welt), 2) eines Reaktorkonzepts mit ungewöhnlich hoher spezifischer Belastung des Cores. Die Auslegung des Reaktors rechnet mit Brennstofftemperaturen an den Heißstellen von 2760 °C, d. i. praktisch die Schmelztemperatur des Kernbrennstoffs«. Wie schon bei den öffentlichen Subventionen, so zeigt sich auch bei der Sicherheitskontrolle der hohe Preis, den der Bund dafür zahlen musste, dass er die Kernenergie gegen die aktuellen Bedürfnisse der Energiewirtschaft durchzusetzen suchte. Energieunternehmen, die sich dennoch zum Bau von Kernkraftwerken herbeiließen, fühlten sich dann dem

Staat gegenüber in einer Position, in der sie sich alles herausnehmen konnten, im Vertrauen darauf, dass es sich die Bonner Instanzen nicht leisten konnten, ein Kernkraftprojekt platzen zu lassen.

Was die Erbauerfirma AEG anging, so verließ sie sich offenbar gänzlich auf die nuklearen Erfahrungen von General Electric und nahm die Kompetenz der RSK gar nicht ernst. RWE und AEG dachten nicht im mindesten daran, nach dem bei Kahl eingesteckten Rüffel künftig rücksichtsvoller vorzugehen, sondern versetzten stattdessen die RSK und die Genehmigungsbehörden in die Rolle des Delinquenten, der die staatliche Atompolitik hintertrieb, und drohten, etwas Ähnliches dürfe künftig nicht wieder vorkommen. Selbst im Atomministerium machte man sich, als es nunmehr um das erste Demonstrationskernkraftwerk ging, gegen den Widerspruch des Sicherheitsreferenten diesen Standpunkt zu eigen und notierte nach einer Besprechung mit RWE- und AEG-Vertretern:»Nach den Erfahrungen mit dem Versuchsatomkraftwerk Kahl wird von allen Beteiligten der größte Wert auf eine ordnungsgemäße und schnelle Erledigung der verschiedenen Genehmigungsverfahren gelegt.« Es dürfe daher »nützlich sein, wenn die zuständigen Behörden wiederholt und nachdrücklich auf das große Interesse des BMAt an der schnellen Verwirklichung des Vorhabens hingewiesen werden.«

Die RSK hatte auf diese Weise von vornherein einen schweren Stand. Bei Gundremmingen wurde förmlich ein Exempel statuiert, wer beim Bau von Kernkraftwerken die Regie führte. Das RSK hatte von Anfang an größten Anlass zur Sorge: Der TÜV München hatte mitgeteilt, es sei bei dem vorgesehenen Reaktorkonzept damit zu rechnen, dass beim Bruch einer Speisewasserleitung und teilweisem Versagen der Notkühlung binnen einer Stunde das gesamte gasförmige Radioaktivitätspotenzial in die Atmosphäre freigesetzt, also eine ungeheure Katastrophe ausgelöst würde. Der »vorläufige Sicherheitsbericht«, den die RSK Monate nach Beginn der Bauarbeiten in Gundremmingen erhielt, war »auch als vorläufiger Sicherheitsbericht noch lückenhaft«; er enthielt nicht einmal eine Konstruktionszeichnung des Reaktordruckgefäßes.

Die RSK stellte darauf »nochmals fest, dass sie in Zukunft eine Beurteilung der Sicherheit von Kernenergieanlagen nicht übernehmen« werde, »wenn der Bau der Kernenergieanlage zum Zeitpunkt der Vorlage des Sicherheitsberichtes und anderer prüffähiger Unterlagen bereits zu weit fortgeschritten« sei; aber die Geduld der RSK sollte auf noch viel härtere Proben gestellt werden, ohne dass sie ihre Drohung wahr machte. Über ein Jahr darauf wartete die RSK »trotz des fortgeschrittenen Bauzustandes« immer noch vergeblich auf den endgültigen Sicherheitsbericht; eine stattdessen verteilte »Loseblattsammlung« wies sie zurück. Ein weiteres Jahr darauf lag dann ein Schriftstück vor, das der endgültige Sicherheitsbericht sein sollte; aber noch ein Jahr später war es weder der RSK noch dem IRS gelungen, aus den Materialien klug zu werden, die zeichnerische Unterlagen vermissen ließen und sich vor allem auf die »langjährigen Erfahrungen von General Electric« beriefen.

Anfang 1967 war das Kernkraftwerk bereits fertiggestellt, das schon 1963 ermittelte Katastrophenrisiko jedoch nach wie vor nicht wirksam ausgeräumt worden. Die RSK resümierte aus den bisherigen Prüfungsergebnissen, dass »bisher weder befriedigende Vorkehrungen getroffen noch ausreichende Nachweise und Rechnungen über die zu erwartenden Auswirkungen bei einem angenommenen Bruch der Hauptdampfleitung außerhalb des Containments vorgelegt worden« seien. Es sei sogar auf solche Sicherheitsvorkehrungen verzichtet worden, die General Electric bei ähnlichen Reaktoren in den USA vorgesehen habe. O. H. Groos zog in der RSK die bittere Bilanz: »Tatsächlich ist das Kraftwerk im Wesentlichen auf Risiko des Betreibers ohne atomrechtliche Genehmigung errichtet worden«. Dabei hätte ergänzt werden können, dass neun Zehntel der Betriebsverluste vom Bund zu tragen waren.

Groos wollte das bei Gundremmingen praktizierte Verfahren, obwohl es die Verfahrensweise von Kahl wiederholte, immer noch als »Sonderfall« verstehen; aber zur gleichen Zeit wurde bei der Debatte der RSK über das seit drei Jahren im Bau befindliche Kernkraftwerk Obrigheim festgestellt, es habe »sich so eingespielt«, dass die RSK »zu kurze Zeit vor der Inbetriebnahme« des Kernkraftwerks »die tatsächlich durchgeführten, endgültigen Angaben für den Reaktor« erhalte. Die RSK forderte von AEG und General Electric schließlich den Einbau eines Dampfflussbegrenzers, den General Electric bei neueren Reaktoren in den USA bereits installiert hatte; aber selbst darüber kam es zu »unerfreulichen Auseinandersetzungen« mit den Firmen.

Zu den Reaktorkonzepten von Lingen und Obrigheim hatte die RSK 1964 bereits nur mehr stereotype Zustimmungsformeln von sich gegeben; so etwa bei Lingen: Sie habe »keine Bedenken gegen den vorgesehenen Standort, wenn die in dem vorläufigen Sicherheitsbericht angedeuteten (sic!) Sicherheitsmaßnahmen nachgewiesen und eingehalten« würden. Die Praxis der Teilgenehmigungen dehnte ihre aufschiebende Wirkung bereits in die Sphäre der bloßen Gedanken und Diskussionen aus. Dann wird einmal bemerkt, die bei Lingen »vom Betreiber geplante jährliche radioaktive Ableitung in die Ems« erscheine »sehr hoch«; das »sehr« wurde darauf gestrichen, die Vorläufigkeit dieser Aussage vermerkt und weitere Erläuterungen angekündigt, die jedoch bei den nächsten Gelegenheiten nicht und auch danach in keiner klaren Form erfolgten. 13 Jahre darauf gab es Alarm, als eine Häufung von Leukämie bei Kindern in der Umgebung von Lingen behauptet wurde; aber mangels ausreichender Statistiken endete die Kontroverse mit einem Patt. Als 1968 der Bau des Kernkraftwerks Lingen fertiggestellt war, wurde bemerkt,»dass die Stahlbetoneinbauten nicht die für den GAU-Lastfall erforderliche Bewehrung« hätten; aber anscheinend zog die RSK daraus keine Konsequenzen. Die RSK begnügte sich mittlerweile damit, den endgültigen Sicherheitsbericht»spätestens bis zur Fertigstellung des Reaktors« als Grundlage für die dann zu erteilende Betriebsgenehmigung zu erhalten; die Zustimmung der RSK drohte zur bloßen Formsache zu werden.

Der bei dem 1967 in Auftrag gegebenen Kernkraftwerk Würgassen zugleich mit einer Verdoppelung der Kapazität vollzogene Übergang vom Zwei- zum Einkreissystem, der den radioaktiven Primärkreislauf bis in die Turbinenanlage gelangen ließ, hätte eine eingehende Diskussion in den Sicherheitsgremien verdient; aber davon ist wenig zu bemerken. Interesse verdient jedoch eine Szene bei Beratungen über die Sicherheitsvorkehrungen in Würgassen, die einem Außenseiter Gelegenheit zur Intervention gab. Die Diskussion drehte sich darum, ob in Würgassen ein Auffanggitter für die Eventualität eines Ausstoßens von Steuerstäben aus dem Reaktor zu installieren sei; ein Teilnehmer stellte die Frage, welche Folgen ein solches Vorkommnis – ein sogenannter Rod-Edjection-Unfall – haben könne. Darauf belehrte ihn der IRS-Direktor Kellermann lakonisch,»dass man bis zu 40 km Abstand mit einer Letaldosis rechnen könne«. Dieser Ausblick auf eine unvorstellbare Katastrophe wurde nicht einmal durch beschwichtigende Zusatzbemerkungen in der Art der später vor Publikum üblichen Hinweise auf Milliardstel-Wahrscheinlichkeiten abgemildert. Ein anderer Experte unterstützte diese Feststellung: Bereits das Herausschießen eines Steuerstabes bewirke eine Leistungsexkursion, der»der Sicherheitsbehälter nicht standhalten« könne;»dies sei der Grund, weswegen alle Siedewasserreaktoren ein Auffanggitter hätten«, das ein Herausschießen verhindere. Ein dritter Teilnehmer vertrat die Meinung, dass selbst unter normalen Annahmen ein Rod-Ejection-Unfall durchaus möglich sei.

Für jede normale Logik hätte damit die Frage, ob auch Würgassen ein solches Gitter benötige, so eindeutig wie nur möglich geklärt sein müssen. Die Erbauerfirma widersetzte sich dennoch einer solchen kostenwirksamen Auflage und hatte dabei zunächst Erfolg; es hieß nunmehr, ein Auffanggitter sei bei Inspektionen im Wege. Die Firma fand sogar die Unterstützung des IRS; die Argumentation wurde erweitert durch den Hinweis, dass die verschlechterten Inspektionsmöglichkeiten»die Wahrscheinlichkeit für den Bruch des Druckgefäßes« erhöhen würden: ein Einblick in ein Grunddilemma der Reaktorsicherheit. Den Ausschlag gab in der folgenden Sitzung schließlich der lapidare Hinweis eines Regierungsdirektors aus dem nordrhein-westfälischen Arbeits- und Sozialministerium: Die»Folgen eines Rod-Ejection-Unfalls« seien im Protokoll der letzten Sitzung festgehalten worden; »auch aus diesem Grund ergäbe sich die Forderung nach einem Auffanggitter«. Die RSK schloss sich entgegen dem beharrlich aufrechterhaltenen Votum des IRS dieser Auffassung an. Der Vorgang illustriert den Wert einer Kontrolle der Expertendiskussion durch einen politisch verantwortlichen Außenseiter.

In den Diskussionen der RSK ist bis in die späten 1960er-Jahre von einem allgemeinen Sicherheitskonzept, einem systematischen Kriterienkatalog nur wenig zu bemerken; erst 1968/69 mehren sich die Anzeichen für ein systematischeres Vorgehen. Die Erörterungen über das Kernkraftwerk Stade riefen 1969 eine längst fällige Diskussion über Unsicherheiten des Notkühlsystems hervor. Das 1145-MW-Projekt Biblis und das BASF-Projekt eines großstadtnahen Kernkraftwerks führten dann zu jener bereits geschilderten Belebung der Sicherheitsdiskussion, die auch in der RSK ihre Wirkung tat. Als das Ministerium die RSK ersuchte, »so rasch wie möglich« ihre Entscheidung über Biblis zu treffen, erinnerte der RSK-Vorsitzende daran, dass immer wieder versucht werde, »die RSK bei der Prüfung eines Kernkraftwerksprojektes und eines Sicherheitsberichtes vor vollendete Tatsachen zu stellen«; »in anderen Ländern, insbesondere in den Vereinigten Staaten«, lasse man den Sicherheitsbehörden mehr Zeit als in der dicht besiedelten Bundesrepublik.

Scherenentwicklung zwischen Kernkraftrealität und Kernkraftpublizität

Eine scheinbare Paradoxie im Gesamtbild der Kernenergiegeschichte besteht darin, dass es zu einer Zeit, als die zivile Atomkraft als Realität noch bedeutungslos war, ja in Deutschland noch gar nicht existierte, bereits ein Bundesministerium für Atomfragen, Atomausschüsse der Länder und der großen Interessenverbände sowie eine sich in einer üppigen Publizistik manifestierende Atomöffentlichkeit gab, während in der zweiten Hälfte der 1960er-Jahre, als die Kernenergie allmählich zu einer gewichtigen Realität wurde, das Atomministerium als solches nicht mehr bestand und auch die Aufmerksamkeit der Öffentlichkeit nachgelassen hatte. Das war nicht nur in der Bundesrepublik so. Eine französische Untersuchung über »Ökonomie und Perspektiven der Atomenergie« von 1964 schließt mit der verwunderten Beobachtung: »Wie merkwürdig ist das Schicksal der Atomenergie, die mit Donnerschritt in die Geschichte trat, als man sie nicht erwartete; deren industrieller Durchbruch viele Male in höchsten Tönen angekündigt wurde, als sie noch nicht bereit war, und der gegenwärtig fast niemand Interesse schenkt – eben jetzt, wo sie endlich beginnt, uns nützliche Dienste zu leisten.«

Zur Informationspolitik der Atomwirtschaft und der Kernforschungszentren

Während der 1950er-Jahre und frühen 6oer-Jahre kam es immer wieder vor, dass selbst prinzipielle Befürworter der Kernenergie über deren Risiken relativ offen, wenn auch selten detailliert sprachen. Die Atomeuphorie der mittfünfziger Jahre vertrug manche Düsternisse, ja lebte mitunter geradezu von einem barocken Helldunkelkontrast.

Generell drängten die Anhänger der Atomtechnik in der Anfangszeit stürmisch in die Öffentlichkeit. Der Atomphysiker Gerlach erklärte im Jahre 1955 sogar, die »für die Menschen erforderliche Sicherheit« bei der Kerntechnik sei nur dann gewährleistet, wenn die Überwachung der radioaktiven Umgebungsbelastung »in voller Öffentlichkeit ohne irgendwie begründete Geheimvorschriften durchgeführt« werde: »Die Radioaktivität von Luft, Regen und Flüssen sollte so mitgeteilt werden wie Temperatur, Luftdruck und Wasserstand.« Er konnte so reden, weil er in der Öffentlichkeit eine positive Grundhaltung voraussetzen konnte und er wohl zuversichtlich darauf baute, dass man mit den nuklearen Sicherheitsproblemen schon fertig werden würde.

Manche spätere Protagonisten der Kerntechnik waren anfangs sogar daran interessiert, gewisse Risiken der Kerntechnik – in der Regel freilich nur in der Form ökonomischer Risiken – herauszustreichen: so namentlich die Energiewirtschaft, die zu jener Zeit keineswegs gesonnen war, auf eigenes Risiko den Sprung in die Kernenergie zu wagen, aber auch die Herstellerindustrie, indem sie ebenfalls mehr und mehr auf Staatshilfe drängte, und schließlich auch die Ingenieure, die sich auf diese neue Branche spezialisierten und Gewicht darauf legten, dass mit der Theorie der Atomphysiker allein noch nicht viel getan sei, sondern die eigentliche Arbeit erst mit der Praxis der Techniker beginne. Unter solchen Umständen konnte, ja wollte man sogar über gewisse Risiken offen reden. Erst recht zu einem Zeitpunkt, wenn bereits genehmigten Kernkraftwerken noch nachträglich Sicherheitsauflagen gemacht wurden, konnten Erbauer und Betreiber, auf den Bestandsschutz pochend, eine Finanzierung durch den Staat fordern. Auf diese Weise hat die Atomindustrie insgeheim sogar am großen Atomkonflikt der 1970er-Jahre verdient!

War jedoch der staatliche Fördermechanismus einmal angekurbelt, verringerte sich das Bedürfnis nach Publizität. Die ersten lokalen Widerstände gegen kerntechnische Projekte, die schon dem KFZ Karlsruhe in den Anfängen zu schaffen machten, werden dazu beigetragen haben, dass man sich zunehmend daran gewöhnte, öffentliche Aufmerksamkeit nicht als etwas Wünschenswertes, sondern eher als etwas Lästiges und besser zu Vermeidendes zu betrachten. Der erfahrene amerikanische Reaktorexperte Theos J.

Thompson warnte 1964 in einem Vortrag im KFZ Karlsruhe vor prominentem Publikum unter Hinweis auf negative Erfahrungen in den USA vor zu viel Öffentlichkeit: Ein »psychologisch geschicktes Vorgehen gegenüber der Bevölkerung« sei »von großer Bedeutung« und »psychologisch geschickt« hieß, eine »öffentliche Diskussion im Frühstadium eines Projektes möglichst (zu) umgehen«, da »sonst Einwände und auch Forderungen nach (unerfüllbaren) Garantien und sonstige Komplikationen zu erwarten« seien. Das amerikanische Genehmigungsverfahren »leide jedenfalls darunter«; man solle sich lieber die Art der Briten zum Vorbild nehmen: »keine öffentliche Diskussion, Public Relations erst im späteren Stadium!«

Solche Warnungen wurden offensichtlich beherzigt. Das Karlsruher Verhältnis zur Presse war bis in die zweite Hälfte der 1960er-Jahre »durch freundliche Zurückhaltung gekennzeichnet«; »Grundsteinlegungen, Richtfeste und Einweihungen von Instituten – andernorts wesentliche Bestandteile der P(ublic)R(elations)-Arbeit – waren verpönt«. Selbst durch die Kampagne Rudzinskis ließ sich Karlsruhe nur zögernd aus der Reserve locken. 1970 fand die *atomwirtschaft* immer noch Grund zum Groll darüber, dass die Atomindustrie die Öffentlichkeitsarbeit der Journalisten nicht recht zu schätzen wisse: »Ist ein Werk errichtet und in Betrieb genommen, atmen alle Beteiligten auf: Was nun geschieht, geht die Öffentlichkeit nichts mehr an, sofern nicht gerade ein größerer Unfall passiert.«

Aber auch Unfälle suchte man von Anfang an zu verheimlichen oder zu verschleiern, und zwar nicht nur der Öffentlichkeit, sondern möglichst allen betriebsfremden Instanzen gegenüber. 1965 erörterte der Ministerialvertreter in der RSK einen Bericht der zuständigen bayerischen Behörden »über eine Störung beim Reaktor Kahl« mit dem Tenor, »der Bericht sei nicht ganz befriedigend«. »Die Störung hätte einen größeren Unfall am Reaktor zur Folge haben können, über deren (sic) Auswirkungen man sich ausschweige.« Ein Regelstab, der sich verklemmt hatte, hätte herausfallen können: Das wäre jener einige Jahre darauf bei Würgassen diskutierte Rod-Ejection-Unfall gewesen (siehe oben), bei dem ein Bersten des Reaktordruckgefäßes und bei einem großen Kernkraftwerk eine tödliche Radioaktivitätsdosis noch in 40 km Umkreis zu befürchten war: und dies hier bei einem Reaktor, der keine 20 km Luftlinie von dem Frankfurter Ballungsraum entfernt war! Der Störfall, dessen horrende Tragweite damals selbst in der RSK nur mühsam begriffen wurde, machte jedoch in der Öffentlichkeit keine Schlagzeilen und scheint in der Folge in Vergessenheit geraten zu sein. Als sich einige Monate darauf in Kahl erneut ein Störfall ereignete, erfuhr selbst das IRS – von der Öffentlichkeit ganz zu schweigen – erst anderthalb Jahre später davon. Der Leiter des IRS beanstandete bei dieser Gelegenheit grundsätzlich, dass »die Berichterstattung über Vorfälle in Reaktoren in Deutschland viel zu lange dauere«.

Der erste ernsthaftere Störfall in einem deutschen Kernkraftwerk, der von der Öffentlichkeit als solcher wahrgenommen wurde – allerdings mit fünfwöchiger Verspätung und nur auf Grund einer Indiskretion –, war der Defekt im Karlsruher MZFR am 2. März 1967. Das führte innerhalb des Kernforschungszentrums zu scharfen Kompetenzkonflikten, die ihre Ursache in bewussten Undeutlichkeiten der Karlsruher Organisation hatten: Der MZFR unterstand formal der Leitung des Kernforschungszentrums, praktisch jedoch einer Sonderstelle, der sogenannten Geschäftsführung Versuchsanlagen. Der Geschäftsführer, Ministerialrat a. D. Josef Brandl, ging offenbar davon aus, dass Unfälle eine Sache der Praktiker vor Ort seien und die Oberen nichts angingen. Er geriet heftig mit der Leitung des Kernforschungszentrums aneinander, als diese die Feststellung machte, dass sechs Personen bei dem Unfall radioaktiv kontaminiert worden seien; für Brandl war offenbar – wie ihm ironisch vorgehalten wurde – eine Kontamination unterhalb der zulässigen Dosis so gut wie gar keine Kontamination. Er versuchte den Störfall zu bagatellisieren: So etwas sei Routinesache und komme ständig vor; das brachte nun wieder die Karlsruher Zentrale aus der Fassung.

Erst vier Tage nach dem Defekt erfuhr Staatssekretär Cartellieri, der Aufsichtsratsvorsitzende der Karlsruher Trägergesellschaft, von dem Vorfall; der Staatssekretär, dessen im gleichen Jahr erschienenes Gutachten über die Großforschung ohnehin erhebliche Zweifel an dem Nutzen staatlicher Kernforschungszentren durchblicken ließ, reagierte aufgebracht auf diese verspätete Benachrichtigung und schloss sein Mahnschreiben mit der Bemerkung: »Alles in allem möchte ich sagen, dass mir dieser Vorfall ernste Sorgen bereitet.« Seine Sorgen galten jedoch nicht nur dem Unfall selbst, sondern auch der möglichen Wirkung des dabei im Kernforschungszentrum ausgelösten Alarms auf die Kernforscher und auf die Bevölkerung in der Nachbarschaft.

Das waren interne Auseinandersetzungen; fünf Wochen später jedoch berichtete die *Stuttgarter Zeitung* unter der Schlagzeile »Schwerer Reaktor-Zwischenfall« über das Ereignis. Es hieß, der Defekt, über den bisher »strenges Stillschweigen bewahrt« worden sei, müsse »offensichtlich zu den schwersten Zwischenfällen dieser Art in der deutschen Kernforschung gerechnet werden«. Noch schärfer kommentierte die *Badische Volkszeitung* unter der Überschrift »Unbehagliches Schweigen«: Das »Vertrauen, das die Bevölkerung im weiten Umkreis um das Kernforschungszentrum in den letzten Jahren dieser unheimlichen Wissenschaft – genauer gesagt, deren hiesigen Vertretern – entgegengebracht« habe, sei »jetzt missbraucht worden«. Der lange Prozess der Erosion des Vertrauens der Öffentlichkeit in den Atomkomplex nahm seinen Lauf.

Kurz darauf las Robert Gerwin in einem Sonderbericht des Deutschen Forschungsdienstes den Karlsruhern, aber auch der Firma Siemens die Leviten: Es hätte »den Verantwortlichen in Karlsruhe und Erlangen gut zu Gesicht gestanden, sich offen und beizeiten zu der schweren Betriebsstörung zu bekennen«. »In der trügerischen Hoffnung, ein solches Ereignis ließe sich in einer demokratischen Gesellschaft geheim halten, hat man es riskiert, sich durch einen … Bericht in der Stuttgarter Zeitung wie ein ertappter Übeltäter entlarven zu lassen.« Man habe den Eindruck, dass die Information der Öffentlichkeit »gerade auf Wunsch der Siemens-Herren immer wieder hinausgezögert worden« sei, »wobei diese damit argumentierten, dass auch die AEG bisher über die schwere Betriebsstörung in … Obrigheim (sic; in Wirklichkeit Gundremmingen; J. R.) geschwiegen habe«. Man könne jedoch die Öffentlichkeit »nicht wie unmündige Kinder behandeln«. Gerwin, der sich mit Erfolg als Public-Relations-Lehrmeister der Atombranche profilierte, verband diese Zurechtweisung mit einem Wink, wie man künftig die Journalisten würde brauchen können: »Es wäre sogar leicht gewesen, aus dem Zwischenfall publizistisch Kapital zu schlagen, indem man ihn als Beweis für die Sicherheit der Anlage herausgestellt hätte.«

Kein halbes Jahr war vergangen, da ereignete sich im MZFR erneut ein peinlicher Störfall, der die internen Diskussionen erheblich beschäftigte. Nun war es die Siemens AG, die aus der soeben gemachten Erfahrung heraus Bedenken gegen eine erneute Geheimhaltung äußerte, und es war Josef Brandl, der sie dahingehend umstimmte, »nur dann eine Presseinformation herauszugeben, wenn entweder die Presse es wünscht oder wenn die Lage am MZFR sich grundsätzlich gebessert hat«. Man rechnete also bei diesem unerprobten Versuchsreaktor, der immer wieder Schwerwasserverluste zu verzeichnen hatte, mit weiteren Betriebsstörungen. Der Geschäftsführer der Karlsruher Trägergesellschaft unterstützte Brandl in einem Schreiben, das ausführlich zitiert zu werden verdient, da es gewisse negative Lernprozesse aus den Kontroversen um den Störfall im Frühjahr beleuchtet: »Wir sollten es grundsätzlich nicht zur Regel werden lassen, Pannen in unseren Einrichtungen in die Öffentlichkeit zu bringen, soweit nicht dadurch die Sicherheit der Öffentlichkeit irgendwie berührt wird. Heute ist es die Panne mit der Lademaschine, morgen ist es eine Undichtigkeit mit Schwerwasseraustritt, übermorgen das Klemmen irgendeines Ventils, und wenn wir so fortfahren, dann werden wir eines Tages veröffentlichen, dass das Türschloss geklemmt hat. Von solchen Eskapaden wie der des Stuttgarter Journalisten würde ich mich nicht ins Bockshorn jagen lassen, und ich finde auch heute noch …, dass man niemandem aus der seinerzeitigen Nichtveröffentlichung einen Vorwurf machen sollte. Die Presse wird von ganz allein, wenn man auf diese Dinge nicht eingeht, die Lust an der Sache verlieren. Angesichts des doch offensichtlichen Interesses mehrerer Länder an schwerwassermoderierten Natururan-Reaktoren und z. T. am MZFR sollte man alles vermeiden, was den potenziellen Kunden unsicher macht und der ausländischen Konkurrenz Gelegenheit gibt, uns aus dem Feld zu schlagen.« Der Schreiber, der über Beziehungen nach Argentinien verfügte, wusste, wovon er sprach: Im folgenden Jahr wurde mit massiver Bundeshilfe der Auftrag für das Schwerwasser-Kernkraftwerk Atucha eingebracht.

Besonders frappant ist bei alledem, wie wenig selbst in internem Kreis über die Ursachen des neuerlichen Störfalls offen diskutiert wurde. Als ein Ministerialvertreter Brandl gegenüber zu verstehen gab, dass er die Ursache des Vorfalls nicht recht begreife, entgegnete dieser:»Das ist auch verständlich, weil der bisher herausgegebene Bericht sich darüber ausschweigt.« Und selbst seine eigene vertrauliche Erklärung, die er mehr als Hypothese präsentierte, machte den Vorgang nicht allzu durchsichtig. Der sich zur gleichen Zeit abzeichnende kommerzielle Durchbruch der Kernenergie war nicht gerade dazu angetan, zu einer höheren Transparenz des nuklearen Risikos beizutragen; das sich nunmehr formierende mächtige ökonomische Interesse konnte vielmehr auch manche bis dahin unabhängige Geister in seinen Bann schlagen. Robert Gerwin, der bis dahin die Kernkraftentwicklung kritisch verfolgt und gerade noch die Geheimnistuerei bei Störfällen gescholten hatte, kam 1971 mit einem Glanzpapierbuch »Kernkraft heute und morgen« heraus, das in der Grundtendenz bare Propaganda war, Kernkraftunfälle als hypothetische Gedankenspiele abtat und zu verstehen gab, dass man Kritiker der Kernkraft nicht ernst zu nehmen brauche. Sprach ein Gerwin-Buch von 1964 noch von »Atomenergie«, war nunmehr von »Kernkraft« die Rede. Damals setzte sich in Nuklearkreisen allgemein die Sprachregelung durch, zur Vermeidung der Assonanz zur Atombombe nur noch Komposita mit »Kern-« statt mit »Atom-« zu bilden, die Kompositabildung mit »Atom-« wurde zum Erkennungszeichen der Kernkraftgegner. Nur ein nicht zu ändernder Zeitschriftentitel wie *atomwirtschaft* erhielt sich noch als ein Fossil der unbefangeneren Zeit. *atomwirtschaft* veröffentlichte jedoch 1968 eine Empfehlung des niedersächsischen Wirtschaftsministeriums, man solle die »mit vielen Ressentiments verbundene« Bezeichnung »Atommüll« künftig vermeiden und durch »Kernabfall« ersetzen. Im niedersächsischen Asse wurde ja der »Kernabfall« gelagert.

Bis in die späten 1960er-Jahre war es die übliche Taktik, Kernkraftprojekte möglichst unauffällig zu realisieren und nicht einmal durch Werbung auf sie aufmerksam zu machen. Bis dahin waren Gegenbewegungen kaum je über den lokalen Rahmen hinaus gekommen. Bei Würgassen an der Oberweser dagegen zeichnete sich erstmals eine bedenklichere Situation ab, zumal die Ernsthaftigkeit des Problems der Flusserwärmung durch Kernkraftwerke damals allgemein anerkannt wurde.»Offenbar gewarnt durch die Würgassener Ereignisse«, entschloss sich das RWE bei Biblis zu einer Vorgehensweise, die als »absolutes Novum« hervorgehoben wurde: Es warb in Presseanzeigen für das geplante Kernkraftwerk. Die bereits in Gundremmingen zu verzeichnende wohltätige Wirkung des Kernkraftwerks wurde gepriesen: Dieser Ort sei »seitdem viel schöner geworden, sauberer, bunter«. Bei den Bewohnern von Biblis scheint dieser Werbestil Erfolg gehabt zu haben. Der katholische Ortspfarrer meinte, »vielleicht« seien »diese Menschen so furchtlos auf Grund ihrer fundierten Gläubigkeit«; wahrscheinlicher noch ist die Vermutung, dass die Gurkenzüchter jener Gegend von dem Kernkraftwerk weniger zu befürchten hatten als etwa die Winzer des Kaiserstuhls. Für den Festakt zur Einweihung des gigantischen Kernkraftkomplexes reimte er: »Technik und Fortschritt sind zu loben. / Wenn's schief geht, seid ihr schnellstens droben.«

Schon damals war jedoch zu erkennen, dass der Besorgnis der Bevölkerung auf Dauer mit so simplen Methoden nicht beizukommen war. Selbst die *atomwirtschaft* kritisierte in einem Bericht über eine öffentliche Brüterdiskussion in Karlsruhe »die Nonchalance bei den Auskünften über die Sicherheitsaspekte«, die »einen Mangel an Verständnis für heute bestehende Strömungen in der Öffentlichkeit befürchten« lasse. In Expertendiskussionen auf dem Reaktorsicherheits-Symposium der IAEA (1973) wurde mehrfach und von Angehörigen verschiedener Nationen hervorgehoben, dass die Propagandabehauptung, Kernreaktoren seien »absolut sicher«, nicht nur von der Sache her »völlig unverantwortlich« sei, sondern auch bei dem »Mann auf der Straße« »mehr Schaden als Nutzen« stifte, da es in Wirklichkeit dann doch Reaktorunfälle gebe.

Wo blieben die Medien?

Die Schuld an dem allgemeinen Schweigen über die Risiken der Kerntechnik ist nicht nur in der Atomindustrie zu suchen; mitunter erkennt man dort sogar ein gewisses Bedürfnis nach einer offeneren Diskussion der Risiken, da das Totschweigen offenbar selbst in den Chefetagen der Industrie zu Informationsmängeln führte: sehr deutlich etwa in der Ratlosigkeit des AEG-Aufsichtsrates gegenüber den Störfällen in Würgassen. Bei dem zweiten MZFR-Störfall war Siemens, wie erwähnt, anfangs für eine Veröffentlichung gewesen; es war die Leitung des Kernforschungszentrums, die dies auf sehr entschiedene Weise verhinderte. 1969 bemerkte ein Vertreter der BASF auf einem Fachgespräch über Reaktorsicherheit beim TÜV Rheinland: »Es wäre sicherlich gut, wenn über alle Schadensfälle offen geredet werden könnte. In vielen Fällen wird dies durch offizielle Stellen verhindert.« Der bürokratische Umgang mit der Sicherheitsproblematik stand einer offenen Diskussion im Weg: Offiziell durfte es das Reaktorrisiko nicht geben, damit man im Falle eines Unglücks hinterher behaupten konnte, man habe davon nichts wissen können!

Als ein gewichtiger Faktor, der eine öffentliche Sicherheitsdiskussion lange Zeit verhinderte, muss aber auch das erstaunliche Desinteresse der Presse angesehen werden, das bis weit in die 1970er-Jahre hinein anhielt. Als das Battelle-Institut 1974 im Auftrag des Bundesforschungsministeriums eine Studie über »Bürgerinitiativen im Bereich von Kernkraftwerken« durchführte und dabei auch die Berichterstattung der Presse von 1970 bis 1974 analysierte, kam es zu dem unerwarteten Ergebnis, dass von den etwa 20 000 registrierten Artikeln über Kernenergie »nur ein minimaler Bruchteil«, nämlich ganze 123, »Bedenken gegen diese Energiequelle« äußerte und entsprechende Bürgeraktivitäten einer Erwähnung würdigte! Wenn Sprecher der Atomlobby später behaupteten, sensationshungrige Medien hätten ihnen diese Widerstände beschert, bewiesen sie damit ihre historische Ignoranz. Die große Ausnahme in den 1960er- und frühen 70er-Jahren war die Berichterstattung Kurt Rudzinskis in der *Frankfurter Allgemeinen*; mit seiner fachmännisch-detaillierten Kritik stand er jedoch lange Zeit nahezu allein auf weiter Flur und die mehr betriebswirtschaftlich und ingenieurtechnisch bestimmten Grundmotive seiner Skepsis hielten sich abseits der gesellschaftskritischen Strömungen jener Zeit. Das Bündnis zwischen den Bürgerinitiativen gegen Kernkraftwerke und der »neuen Linken« kam erst spät und nicht ohne Schwierigkeiten zustande.

Wenn es in Kreisen der Atomwirtschaft Anfang der 1970er-Jahre hinsichtlich der Informationspolitik durchaus unterschiedliche Tendenzen gab und ein ernsthaftes Bemühen um eine sachliche Diskussion der Risiken nicht allen Beteiligten abzusprechen ist, brachte dann doch die mit der Nahost-Krise vom Herbst 1973 unversehens geschaffene neue Situation rapide steigender Ölpreise für die Kernkraftanhänger eine starke Versuchung zur Demagogie mit sich, der häufig nachgegeben wurde: Die Warnung vor einer katastrophalen »Energielücke«, seit der zweiten Hälfte der 1950er-Jahre unter dem Eindruck billigen Öls ad acta gelegt, erschien nun schlagartig plausibel; die bis dahin in erster Linie mit Bedürfnissen der Exportindustrie begründete Kemkraftentwicklung bekam auf einmal eine höchst werbewirksame gesamtgesellschaftliche Legitimationsbasis, zumal die Elektrizität mittlerweile durch die hochgezüchtete Elektrifizierung der Haushalte populärer und hautnäher denn je geworden war. Die in Wahrheit aller Voraussicht nach erst langfristig drohende Energieverknappung wurde als die Gefahr von morgen hingestellt und die Kernenergie als die große Retterin präsentiert, obwohl sie tatsächlich die bisherigen Energieträger nur teilweise und nur langfristig ersetzen konnte.

Zur gleichen Zeit sahen sich die Kernkraftexperten durch die Konfrontation mit der pauschalen Verdammung der Kernenergie zum Zusammenrücken veranlasst; eine »Bunkermentalität« bildete sich heraus. Aber der pauschale Charakter dieser Opposition war doch dadurch mitbedingt, dass es Alternativen und offene Entscheidungssituationen innerhalb der Kerntechnik nicht mehr gab, zumindest nicht mehr in den der Öffentlichkeit zugänglichen Informationen. In dieser Lage blieb den Kritikern nur noch das pauschale Nein übrig. Wie es zu dieser Situation kam, ist im Folgenden zu betrachten.

Das Ende der Reaktortypendiskussion – Verlust der Alternativen

Alvin Weinberg, damals ein Halbgott und später ein Dissident der amerikanischen Atomforschung, der ausgiebige Lernprozesse und Auswertung von Erfahrungen mit unterschiedlichen Reaktortypen für notwendig hielt, fürchtete schon 1952, die »nukleare Megalomanie« werde den Spielraum für Experimente in einem Maße einengen, dass ausgerechnet die Kerntechnik, scheinbar der Inbegriff der Innovation, die »am wenigsten flexible von den größeren Technologien« werden könne. Ein prophetisches Wort! Nirgendwo tritt die Schrumpfung des Horizonts der Fachliteratur schärfer hervor als bei der Typenfrage. Während Gesamtüberblicke der 1950er- und frühen 60er-Jahre manchmal förmlich in der Vielfalt möglicher Reaktortypen schwelgten, die Typen verglichen und mitunter lange Listen ihrer Vor- und Nachteile aufstellten, kam der Typenvergleich gegen Ende der 1960er-Jahre fast völlig außer Brauch und verschwand so gründlich aus der Literatur, dass er selbst von den Kritikern kaum wiederzubeleben war. Gerwin stellte 1971 fest, das Problem der Typenwahl habe »sich inzwischen praktisch von selbst gelöst«; »Das Feld der Konkurrenten hat sich so gelichtet und die Rangordnung der Übriggebliebenen ist so eindeutig, dass alle, ehedem so leidenschaftlich geführten, theoretischen Diskussionen über Vor- und Nachteile bestimmter Reaktortypen gegenstandslos geworden sind.« »In diesem Stil«, fuhr er fort, werde »allenfalls noch bei den Brütern diskutiert«; aber als sein Buch erschien, waren auch dort vollendete Fakten geschaffen worden.

Dies geschah am frühesten im Bereich der kommerzialisierten »ersten Generation« von Kernkraftwerken. Der Markstein war die weltweite Durchsetzung der Leichtwasserreaktoren, in der Bundesrepublik gefolgt vom Niedergang und schließlich Verschwinden der Schwerwasserlinie. Aber selbst zu einer Zeit, als Frankreich und England noch auf die Gas-Graphit-Linie eingeschworen waren und auch die Bundesrepublik noch den alten Plänen einer auf Natururan basierenden Eigenentwicklung anhing, erlahmte bereits international die Typendiskussion. Auf dem Frankfurter Foratomkongress von 1965 »blieb die erwartete Auseinandersetzung zwischen den Gas-Graphit- und den Leichtwasserreaktoren aus«. Die Durchsetzung des Leichtwasserreaktors wurde nicht in Diskussionen erkämpft, sondern vollzog sich auf eher wortkarge Weise, gestützt auf den Vorteil der relativ niedrigen

Anlagekosten und das Gewicht und Prestige der amerikanischen Atom-industrie und Atomkommission. In der Bundesrepublik geriet der einst stark favorisierte Schwerwasserreaktor derart in Vergessenheit, dass man sich dieser Alternative nicht einmal mehr angesichts der Erfolge des kana-dischen Schwerwasserreaktors erinnerte; das stillgelegte Schwerwasserkern-kraftwerk Niederaichbach wurde aus der Liste der bundesdeutschen Kern-kraftwerke getilgt.

Bis um die Mitte der 1970er-Jahre blieb innerhalb der Kernkraftwerke der »ersten Generation« noch eine letzte, nie besonders wichtig genommene Alternative bestehen, die immerhin bis Ende der 60er-Jahre durch die Kon-kurrenz zwischen Siemens und der AEG eine gewisse Note bekam: der Dualismus von Druck- und Siedewasserreaktor. Selbst in der Zeit der Kon-kurrenz findet man nur spärlich Vergleiche zwischen diesen beiden Versio-nen des Leichtwasserreaktors. Als das RWE für das erste deutsche Ver-suchskernkraftwerk einen Siedewasserreaktor von General Electric und AEG wählte, bemängelte ein Siemens-Vertreter in der RSK, dieser Reaktor-typ sei im Vergleich zu »anderen gebräuchlichen Leistungsreaktoren rege-lungstechnisch schwieriger zu behandeln und zu beherrschen«. Das wurde selbst von dem RWE-Berater Jaroschek als ein wesentlicher Nachteil dieses Typs gegenüber dem Druckwasserreaktor eingeräumt. Aber selbst Siemens gab die von der AEG gepriesene Einfachheit der Siedewasser-Reaktorkon-struktion zu.

Die Energiewirtschaft musste sich dennoch bei ihren Aufträgen für einen der beiden Reaktortypen entscheiden. Für das 1145-MW-Projekt bei Biblis holte das RWE 1968 zuerst ein Angebot von AEG, danach eines von Sie-mens ein und entschied sich für den Siemensschen Druckwasserreaktor. Dabei lagen in der Bundesrepublik längere Betriebserfahrungen damals nur mit Siedewasserreaktoren (Kahl und Gundremmingen) vor; das mit einem Druckwasserreaktor versehene Kernkraftwerk Obrigheim ging erst 1968 in Betrieb. Hatte das RWE mit den von ihm selbst betriebenen Siedewasser-reaktoren schlechte Erfahrungen gemacht? Dies wurde offiziell geleugnet; bemängelt wurde nur, die Turbine von Gundremmingen habe »mehrere Schäden« erlitten, »die die Verfügbarkeit des gesamten Kraftwerkes auf 64,5 % gesenkt« hätten. Aber Mandel wollte mitnichten den Eindruck er-wecken, als sei der Druckwasserreaktor prinzipiell vorteilhafter; ihm ging es vor allem darum, die Konkurrenzsituation unter den Kernkraftwerksan-bietern aufrechtzuerhalten. Schon zu jener Zeit ließ sich erkennen, dass der Siedewassertyp in puncto Sicherheit gewisse Nachteile besaß; so ergab eine Untersuchung des Münchener Instituts für Mess- und Regelungstechnik (1969), dass »das Abschaltsystem eines Druckwasserreaktors wesentlich zu-verlässiger ist als das eines Siedewasserreaktors«. Das bestätigte erneut die schon früher bemerkten Regelungsschwierigkeiten beim Siedewasserreaktor. Aber dieser Aspekt wurde bei der Typenwahl anscheinend nicht wichtig genommen. Kernkraftwerke sollten ja nach dem Wunsch ihrer Betreiber möglichst selten abgeschaltet werden; technische Störungen ließ man im Übrigen ungern an die Öffentlichkeit gelangen.

Das prominenteste Opfer dieses Informationsmangels wurde am Ende niemand anders als die AEG selbst. Klaus Traube, bis Ende 1971 bei der AEG, bekannte später, bis dahin habe »niemand«, auch er selbst nicht, geahnt, »welche finanzielle Katastrophe« sich aus dem Bau dieser Siedewasserreaktoren »in zwei, drei Jahren entwickeln würde«. Am 20. September 1974 ordnete die AEC an, alle Siedewasserkernkraftwerke in den USA abzuschalten, um Risse im Kühlsystem zu überprüfen; seither ging es mit diesem Reaktortyp weltweit bergab. Aber auch das vollzog sich mehr stillschweigend; vergeblich sucht man nach Analysen, inwieweit die Defekte durch das Grundprinzip des Siedewasserreaktors oder nur durch die technische Ausführung bedingt sind, und vergeblich sucht man auch nach umfassenden Vergleichen zwischen der Druck- und der Siedewasserkonstruktion. Bei der Katastrophe der Siedewasserreaktoren von Fukushima 2011 war die alte Typenkontroverse längst vergessen. Der Unfall im Kernkraftwerk Brunsbüttel (1978) lenkte die Aufmerksamkeit der deutschen Presse auf den Umstand, dass in der Bundesrepublik »alle drei echten nuklearen Sorgenkinder – Brunsbüttel, Lingen und Gundremmingen« – (Würgassen war wohl schon wieder vergessen, Kahl der Öffentlichkeit als »Sorgenkind« nie geläufig geworden! J. R.) Siedewasserreaktoren seien. Aber der Frage, warum dies so war, wurde nicht intensiver nachgegangen.

War dies ein ganz normaler Gang der Dinge, wie er sich in der Technikgeschichte immer dann wiederholt, wenn eine Entwicklung aus dem Experimentierstadium in die industrielle Praxis vorgedrungen ist? Diese Frage bedürfte für weite Strecken der Technikgeschichte noch der Erforschung. Sie lässt sich immerhin für die über mehr als ein Jahrhundert gut dokumentierte Geschichte der Dampfmaschine und des Dampfkessels eindeutig verneinen. Die Durchsetzung neuer Dampfmaschinentypen noch lange nach Newcomens Dampfpumpe ist bekannt; auch bei den Dampfkesseln erstreckte sich die Auslese unter den verschiedenen Typen über mehr als ein Jahrhundert. Zwar darf der Kontrast zur älteren Technikgeschichte nicht überzeichnet werden: Auch dort war durchaus nicht immer, so wie es theoretisch hätte sein sollen, das Experiment der Ausgangspunkt des Neuen. Dass jedoch der Übergang zur kommerziellen Produktion nach so kurzer Zeit definitiv einen Strich unter die Experimentierphase zog, ja die Ergebnisse des Experimentierens kaum abgewartet und ausgewertet wurden, war ein Novum der kerntechnischen Entwicklung mit ihrem hektischen Tempo, ihrem hohen Risiko, ihrem enormen Kostenaufwand und ihrer Belastung durch bürokratische wie großindustrielle Trägheitsgesetze. Da immer wieder technisch vielversprechende Konzepte mit Hinweis auf Zeitmangel verworfen wurden, gibt es Grund zu der Vermutung, dass bei einer länger durchgehaltenen Experimentierphase andere Lösungen der kerntechnischen Probleme zum Zuge gekommen wären.

Die Entstehung der Anti-Atomkraft-Bewegung

Kontinuität und Diskontinuität gegenüber der Kampagne gegen Atomwaffen

Bis heute gibt es kein Standardwerk zur Geschichte der Anti-AKW-Bewegung, obwohl es sich um die bislang größte und wirkungsvollste Massenbewegung der bundesdeutschen Geschichte handelt; der nach einer breiten und soliden Quellenbasis suchende Historiker hat es hier nicht leicht. Und doch bekommen die Entstehungszusammenhänge und Frühphasen dieses Protests bereits auf der Grundlage der bislang zugänglichen Materialen deutliche Konturen, darunter solche, die im gegenwärtigen Bewusstsein der Kernkraftgegner nicht mehr präsent sind. Dabei gewinnt man nicht zuletzt Anhaltspunkte zur Beantwortung der entscheidenden Frage, ob es sich um eine tatsächlich von den spezifischen Gefahren der Kerntechnik provozierte Bewegung handelte oder ob man sie als ein anderswo entsprungenes, erst sekundär gegen Kernkraftwerke gelenktes Protestpotenzial zu interpretieren hat.

Besonders nahe liegend ist dabei die Vermutung, dass die Angst vor Kernkraftwerken von der Angst vor Kernwaffen herrühre: einer Angst, die dann auf die »friedliche Kerntechnik« umprojiziert worden sei. Davon sprachen die Propagandisten der Kernkraft oft wie von einer erwiesenen Tatsache, mit dem Tenor, dass dabei dem »friedlichen Atom« bitteres Unrecht widerfahren sei. Dagegen spricht jene einst durch das Göttinger Manifest der Atomphysiker (1957) bekräftigte Unterscheidung, die damals fast die gesamte Kampagne gegen die atomare Bewaffnung der Bundeswehr prägte: die scharfe Trennung von militärischer und friedlicher Kerntechnik, bis hin zu der Vorstellung, dass die zivile Kerntechnik geradezu einen Gegenpol gegen die Bombe bedeute und ein positives Identifikationsobjekt für Atomwaffengegner biete. Zumindest im Hauptstrom damaliger Anti-Atomtod-Proklamationen bestand also eine markante Diskontinuität zur späteren Anti-AKW-Bewegung. Man kann es daher als symbolhaft ansehen, dass die Zeitschrift *Atomzeitalter*, während der 1960er-Jahre der letzte publizistische Ausläufer der früheren Protestbewegung, ausgerechnet zu jener Zeit (1968) ihr Erscheinen einstellte, als die Kernenergie zur Realität wurde und es daher Grund gegeben hätte, ihre Risiken genauer zu analysieren.

In unartikulierten Empfindungen breiter Bevölkerungsschichten mag gleichwohl eine Kontinuität von der Atomangst der 1950er- zu derjenigen der 70er-Jahre bestanden haben: Hier gab es, wie Umfragen zeigen, auch nach dem Göttinger Manifest ein fundamentales Misstrauen gegen die Atomkraft insgesamt, das sich auch auf die zivile Kerntechnik erstreckte. 1959 bekannten sich 17 Prozent von 2000 befragten Bürgern zu der Befürchtung, die Atomenergie werde eines Tages zum Atomkrieg führen, während nur 8 Prozent die Atomkraft ohne Einschränkung begrüßten. Noch 1968 wurde, wie eine Umfrage ergab, das »Atom« ganz überwiegend mit der Bombe und viel seltener mit dem Reaktor assoziiert. Wieweit sich dennoch in typischen Fällen eine bewusst und aktiv kritische Einstellung gegen Kernkraftwerke aus einer früheren Betroffenheit durch das Gefahrenpotenzial der Atomwaffen entwickelte, sich also nicht nur eine diffuse Angst vor dem Atom unreflektiert fortpflanzte, ist nicht ganz leicht zu ermitteln. Manche Umfrageergebnisse sprechen gegen eine solche Kontinuität: Bei den 1959 Befragten waren die über 60-Jährigen besonders skeptisch gegenüber der Atomkraft; bei einer Umfrage von 1979 waren es eher die Jüngeren. In beiden Fällen zeigten sich allerdings die Frauen deutlich besorgter als die Männer.

Es gab allerdings Nebenströmungen in der Anti-Atomtod-Bewegung, die doch zu einer grundsätzlichen Besorgnis gegenüber dem Umgang mit radioaktiven Substanzen hinführten; sie sammelten sich teilweise in dem 1956 gegründeten »Kampfbund gegen Atomschäden« und artikulierten sich in der um die gleiche Zeit, aber unabhängig davon gegründeten Zeitschrift *Das Gewissen* (»Organ zur Bekämpfung des Atom-Mißbrauchs und der Atom-Gefahren«). Vor allem das »Gewissen« gelangte nach anfänglicher Atomeuphorie schon bemerkenswert rasch zu einer grundsätzlichen Gegnerschaft auch gegen die zivile Kerntechnik. In Zeitschrift und »Kampfbund« waren schon manche späteren Initiatoren und Wortführer der Anti-AKW-Bewegung beisammen: Die Initiative bei der Gründung des »Kampfbundes« hatte der Detmolder Arzt Bodo Manstein, dessen 1961 erschienenes umfangreiches Werk »Im Würgegriff des Fortschritts« sich als erste namhafte Publikation in der Bundesrepublik ansehen lässt, die die kritische Aufmerksamkeit nachdrücklich auch auf die friedliche Kerntechnik lenkte – wenn auch mehr in Form offener Fragen und ohne kerntechnische Detailkenntnis – und die Kritik auch bereits, ihrer Zeit vorauseilend, in einen weiteren ökologischen Kontext stellte.

Der 1960 gegründete »Weltbund zum Schutze des Lebens« trug dazu bei, den Kontakt zwischen den frühen Kritikern der Kernkraft aufrechtzuerhalten; er gab in der Folgezeit den ersten Opponenten gegen Kernkraftwerke Rückhalt. Ein einflussreicher Mentor der frühen Anti-AKW-Bewegung wurde der Physiker Karl Bechert, ein früherer Mitarbeiter des »Kampfbundes« und des *Gewissens*. Im *Gewissen* publizierte von Anfang an auch Robert

Jungk, der später öffentlichkeitswirksamste Wortführer des Protests gegen die Kerntechnik. Gelegentlich kann man auch an der »Basis« eine personelle Kontinuität identifizieren: Der Weisweiler Fischer und Gastwirt Balthasar Ehret, eine führende Gestalt des lokalen Widerstandes gegen das Kernkraftwerk Wyhl, hatte sich einst »besonders für die jährlichen Ostermärsche gegen die Atombewaffnung eingesetzt«.

Ein gewisses »politisches Erbschaftsverhältnis« (Karl Otto) der Kernkraftgegner gegenüber der früheren Ostermarschbewegung kann man zumindest vermuten: In Stil, Struktur und sozialem Profil gab es manche Ähnlichkeiten. In beiden Fällen handelte es sich um Ein-Punkt-Bewegungen, die – nicht zuletzt zur Vermeidung zermürbender Grundsatzdiskussionen – den Protest gegen ein bestimmtes Objekt zum verbindenden Zeichen machten und hinsichtlich der weiteren gesellschaftspolitischen Konsequenzen kein allgemeinverbindliches Konzept vertraten. Beide Bewegungen waren durch soziale Heterogenität, durch die besondere Rolle evangelischer Pfarrer sowie durch eine gewisse Vorliebe für symbolische Aktionen charakterisiert.

In den USA ist die Kontinuität viel deutlicher und direkter. Dort richtete sich die Protestbewegung der 1950er- und frühen 60er-Jahre nicht so sehr gegen die Atombewaffnung als solche, die in dieser selbstbewussten Weltmacht ein kaum mehr zu änderndes Faktum war, wie vielmehr gegen die Fortsetzung der Atomwaffentests; dies lenkte den Blick auf die Gefahren des radioaktiven »Fallout« und von dort ergab sich leicht der Transfer zu dem Gefahrenpotenzial der radioaktiven Rückstände von Reaktoren. Bereits auf den »Pugwash-Konferenzen«, die die Kampagne gegen die Bombentests führten, wurden gelegentlich auch Bedenken gegen die zivile Kernenergienutzung laut. Ein lokales Zentrum des Widerstandes gegen die Atomtests war St. Louis, das in einem Gebiet mit besonders hohem Fallout lag; das dort 1958 von Wissenschaftlern und Laien gegründete Committee for Nuclear Information erlangte mit seinen weitgefächerten Veranstaltungen, seinem Bericht »Nuclear War in St. Louis« (1959) und seiner Monatszeitschrift *Nuclear Information* bereits einige Publizität. Es wurde auch zu einem der frühesten Sammelpunkte von kritischen Informationen über nukleare Kraftwerke; so versorgte es 1963/64 die Gegner des in Kalifornien geplanten Kernkraftwerks Bodega Bay mit detaillierten Informationen über mögliche Störfallauswirkungen. Auch die Opposition gegen zwei am Mississippi bei Montecello (Minnesota) geplante Kernkraftwerke, die in den USA weiten Widerhall fand und mit am Anfang der kontinuierlichen Gegenbewegung gegen Kernkraftwerke stand (1969), schöpfte ihre Argumente größtenteils aus dem Arsenal der Fallout-Debatte.

Ein wichtiges Bindeglied zwischen der Opposition gegen militärische und der gegen zivile Kerntechnik war in den USA der Protest gegen das »Plowshare«-Programm der Atombehörde (AEC): einem Programm unterirdischer Atomexplosionen zu offiziell zivilen Zwecken, das sich die von dem nur auf die Atmosphäre bezogenen Atomteststoppabkommen (1963) gelassene Lücke zunutze machte. Es war eine Binsenweisheit, dass zwischen zivilen und militärischen Atomexplosionen technisch kein Unterschied bestand; noch nie waren friedliche und kriegerische Atomtechnik so ununterscheidbar miteinander verquickt gewesen. Außerdem brachten solche Tests zumindest in regionalem Rahmen das Fallout-Problem erneut ins Spiel. Das »Plowshare«-Programm entfachte die schrille Opposition der Strahlenbiologen John Gofman und Arthur Tamplin, die die AEC als ein Gremium von arroganten Despoten und verantwortungslosen Lügnern charakterisierten: Vorwürfe, wie sie in der Bundesrepublik gegen die DAtK undenkbar gewesen wären!

Dadurch erhielt die Kritik an der Kernkraft einen radikalen Ton, der mit der wachsenden Wut gegen den Vietnamkrieg zusammenklang. Auch die alarmierenden Thesen von Ernest J. Sternglass über die bereits bei Kindern verursachten Strahlenschäden, die seit 1969 die Öffentlichkeit schockierten und die Schätzungen von Gofman und Tamplin noch erheblich übertrafen, bezogen sich zunächst auf Auswirkungen nuklearer Bombentests. Die Hinweise auf Langzeitschäden radioaktiver Niedrigstrahlung rückten jedoch auch die Kernkraftwerke ins Zwielicht. Die dargestellten Entstehungszusammenhänge der amerikanischen Protestbewegung wirkten noch in der späteren Kritik an Atomanlagen fort, indem dort die Proliferationsgefahr weit mehr im Mittelpunkt stand als bei den deutschen Kritikern. Da das Interesse an der Unterbindung der Proliferation in den USA mit dem nationalen Machtinteresse zusammenfiel, ließ sich in diesem Punkt relativ leicht ein breiter Konsens erzielen, der unter der Präsidentschaft Jimmy Carters zur offiziellen Politik wurde.

Die Kampfparole der deutschen Kernkraftgegner »Lieber aktiv als radioaktiv« begegnet zuerst (1972) als Kampfruf gegen französische Atomwaffenversuche im Pazifik (in der Form »… lieber aktiv in Neuseeland als radioaktiv auf Mururoa«); da kam zum ersten Mal Greenpeace zu Weltruhm. Insgesamt gesehen fällt jedoch eher die Diskontinuität zu der früheren Bewegung gegen Atomwaffen auf. Gerade die heftige Debatte um den NV-Vertrag, die ein zeitliches und inhaltliches Bindeglied hätte abgeben können, lag in Wirklichkeit, wie wir sahen, eher quer zur Konfliktkonstellation der 1970er-Jahre. Hinweise auf die Proliferationsgefahr haben in der kritischen Literatur nie gefehlt, aber als ein Ausgangspunkt und eine Hauptzielscheibe ist dieses Gefahrenpotenzial doch allenfalls in den ersten Anfängen der Opposition gegen Kernkraftwerke, auf dem ersten Höhepunkt der Bewegung in den 70er-Jahren jedoch kaum mehr zu erkennen. Damals fungierte der Hinweis auf die Bombe eher als Ablenkungsmanöver der Atomlobby.

Unter psychoanalytischem Blickwinkel mag man gerade diesen Umstand, dass die Gefahr des Atomkrieges lange Zeit auffallend wenig beachtet wurde, bedeutsam finden und von daher eine unterbewusste, durch Verdrängung entstellte Kontinuität von der Atomangst der 1950er- zu derjenigen der 70er-Jahre rekonstruieren. Als individuelles Musterbeispiel dafür könnte Edward Teller dienen, der die Gefährlichkeit der Bombentests allzeit bagatellisierte und den endlichen Verzicht auf das »Plowshare«-Projekt als nationale Katastrophe von historischem Ausmaß beklagte, dafür aber einer der frühesten und prominentesten Warner vor den Risiken der Kernkraftwerke und Brüter war. Es lässt sich jedoch in keiner Weise erkennen, dass Teller für die Mentalität der Kernkraftkritiker typisch war. Wenn die von den atomaren Waffen drohende Gefahr lange nur wenig beachtet wurde, so erklärt sich das daraus, dass gerade in den 1970er-Jahren, bevor die neue Friedensbewegung einsetzte, das Ost-West-Arrangement vielfach als stabil galt; das spricht gegen die Hypothese eines Verdrängungsaktes der Kernkraftgegner. Die rasche Ausbreitung der neuen Friedensbewegung ab Ende der 70er-Jahre, die offenbar einen nicht geringen Teil der Anti-AKW-Bewegung aufgenommen hat, beweist nachträglich, dass der Protest gegen zivile Atomanlagen durchaus keine mentale Sperre gegen die atomare Kriegsgefahr aufgebaut hat.

Phasen der entstehenden Opposition gegen Atomanlagen

»Markantes Zeichen der nuklearen Kontroverse« war es, wie ein Artikel in der *atomwirtschaft* 1979 zu Recht beobachtet, dass sie »in ihrem mehrjährigen Verlauf häufig Zielrichtung, Mittel und Methoden geändert« hat. Das widerspricht einer früheren, ebenfalls von atomfreundlicher Seite vorgetragenen Behauptung: Wenn man sich mit der »nuklearen Kontroverse« »längere Zeit und intensiver« befasse, dann stelle man fest, dass »ein begrenzter Personenkreis mit einem ebenso begrenzten Schatz an Vokabeln und Argumenten« auftrete und dass »diese Argumente immer wieder aufs neue vorgetragen« würden, »nahezu unbeeinflussbar von Widerlegungen und Gegenargumenten«. Dieser Eindruck wird durch den historischen Rückblick nicht bestätigt, wenn man einen weiteren zeitlichen Bogen schlägt; vielmehr zeichnen sich in der Gegenbewegung gegen Atomanlagen seit den 1960er-Jahren deutlich verschiedene Phasen ab, wenn auch zeitlich ineinander geschoben. Darauf gründet sich die Vermutung, dass diese Protestbewegung ihre historischen Zusammenhänge und Lernprozesse besitzt und nicht lediglich einer fixen Phobie, einem auf Hiroshima zurückgehenden Alptraum entstammt.

Wie schon bei der Geschichte der Atomwirtschaft, ist auch bei der der Gegenbewegung ein Vergleich mit amerikanischen Parallelen wichtig und aufschlussreich. Da sich die deutsche Kerntechnik weithin an der amerikanischen orientierte, war es nur logisch, wenn auch die Gegenbewegung starke Impulse aus den USA bekam. Tatsächlich lässt sich die deutsche Protestbewegung mit ihrer Stärke und Hartnäckigkeit am ehesten mit der Protestbewegung in den USA vergleichen, während der Protest in England und Frankreich, wo man die amerikanische Reaktortechnologie nicht beziehungsweise erst spät übernahm, viel schwächer und sporadischer war. Und doch gab es charakteristische Unterschiede zwischen der deutschen und der amerikanischen Opposition. Wie schon dargestellt, entstammte die Kritik an der Atomkraft in den USA viel mehr als in der Bundesrepublik der Kampagne gegen Atomwaffentests. Dieser Ursprung prägte auch ihr soziales Profil: Die amerikanische Bewegung fand von Anfang an Rückhalt bei Intellektuellen und Wissenschaftlern, ja hatte dort mindestens ebenso sehr ihren Ursprung wie in lokalen Widerständen der unmittelbar betroffenen Bevölkerung. Die deutsche Bewegung dagegen nahm ihren Ausgang viel stärker in einem lokalen, nichtintellektuellen Bereich. Die amerikanische Bewegung wusste schon frühzeitig nukleare Spitzenleute auf ihrer Seite: Kein Geringerer als David E. Lilienthal, der erste Vorsitzende der AEC und davor eine charismatische Führungsgestalt des New Deal, veröffentlichte 1963 ein ironisch-skeptisches Buch über die gängige Kernkraftpropaganda. Die deutschen Protestler dagegen wurden von den Experten zunächst fast gänzlich alleingelassen. Die länger zurückreichende Kontinuität der amerikanischen Kritik führte im Übrigen dazu, dass deren Erinnerung noch in jene Phase der späten 1950er- und frühen 60er-Jahre zurückreichte, als die ökonomischen Chancen der Kernenergie vielfach pessimistisch beurteilt wurden, während die Entstehung der deutschen Bewegung mitten in den Kernkraftboom fiel.

Im Einklang mit dem stärker intellektuellen Ursprung der amerikanischen Gegenbewegung lag dort der Schwerpunkt länger als in der Bundesrepublik auf Diskussionen, nicht auf Aktionen. Während die Anti-AKW-Bewegung in der Bundesrepublik schon im Februar 1975 mit der Besetzung des Baugeländes bei Wyhl die Schwelle zur handgreiflichen Tat überschritt, wurde in den USA erst am 30. April 1977 mit der Besetzung des Seabrook-Baugeländes jener »Sprung« vollzogen, von dem ab ein Autor die Ausweitung zur »nationalen Massenbewegung« datiert. Die deutsche Bewegung lässt sich insgesamt also nicht als bloße Imitation der amerikanischen charakterisieren. Die amerikanischen Kritiker waren ihren deutschen Gesinnungsgenossen in den frühen 70er-Jahren an Detailinformationen über die wunden Punkte der Kerntechnik weit voraus; diese Informationen lösten jedoch die deutsche Gegenbewegung nicht aus, sondern wurden hier erst allmählich rezipiert. Aber erst dadurch wurde auch in der Bundesrepublik ein wirkungsvolles Bündnis zwischen dem lokalen Protest und kritischen

Intellektuellen möglich. In der Studentenrevolte von 1968 war die Kernkraft noch kein Thema; im Laufe der 1970er-Jahre dagegen strömten »Achtundsechziger« scharenweise in die Anti-AKW-Bewegung. War auch bei vielen von ihnen die Atomkraft als Zielscheibe des Protests zweite Wahl, so trugen sie doch wesentlich zur Vernetzung und Politikfähigkeit lokaler Protestinitiativen bei.

Auch in der Bundesrepublik zeichnete sich in der ersten Hälfte der 70er-Jahre ein Übergang von der »uneigentlichen« zur »eigentlichen« Kernkraftkontroverse ab: Hatten die bis dahin fast immer lokal begrenzten Widerstände gegen den Bau kerntechnischer Anlagen oftmals solche Aspekte in den Vordergrund gerückt, die kein Spezifikum der Kerntechnik waren – Erwärmung der Flüsse durch die Abwässer, Zerstörung der Agrarlandschaft durch Industriekomplexe –, lässt sich ab 1973/74 verfolgen, wie sich zugleich mit dem Aufstieg der Protestbewegung auf die überregionale Ebene die Beschäftigung mit der Reaktor- und Brennstoffkreislauftechnik ausbreitet und zunehmend die Zielscheiben der Kritik bestimmt. Besaß die Protestbewegung bis dahin gegenüber der kerntechnischen Entwicklung einen eher zufälligen Charakter, so gewann sie nunmehr ihre Logik in zunehmendem Maße aus den Schwachstellen der kerntechnischen Entwicklung selbst.

Kommunale Widerstände

Der erste administrative Gegenspieler der Kerntechnik war die Wasserwirtschaft; dieser Widerstand agierte in der Regel über die Kommunen. Ganz allgemein sind die Bürgermeister und Stadt- und Gemeinderäte der wichtigste Träger des Widerstandes zu jener Zeit, als die Aktionsformen der »außerparlamentarischen Opposition« und der Bürgerinitiativen noch nicht im Trend der Zeit lagen. Die solcherart auf offiziellem Wege vorgetragene Opposition war wiederholt erfolgreich. Das galt besonders zu einer Zeit, in der die Landesbehörden, bei denen die Genehmigung der Atomanlagen lag, noch nicht auf die Kernenergie eingeschworen waren. Aber auch während der 1970er-Jahre, als die plebiszitäre Protestbewegung alle Aufmerksamkeit auf sich zog, waren Kommunen manchmal wirksame, wenn auch mehr unauffällige Gegenspieler von Atomprojekten.

Kommunale Widerstände machten sich schon bei der ersten Standortplanung für die beiden Kernforschungsanlagen Karlsruhe und Jülich bemerkbar, obwohl die damaligen Planungen von den künftigen Dimensionen der Kernforschungszentren noch wenig ahnen ließen. Ursprünglich war das KFZ Karlsruhe in unmittelbarer Stadtnähe, die spätere KFA Jülich in der Nähe Kölns geplant gewesen; aber beide Zentren mussten in einsame Waldgebiete ausweichen. Auch dort blieben sie nicht unbehelligt: Der Bau der ersten Forschungsreaktoren traf sogleich auf Widerstände. Die Klagen der umliegenden Gemeinden Friedrichstal und Linkenheim gegen den ersten Karlsruher Reaktorbau machten 1957 in der Presse bundesweit Schlagzeilen, die allerdings erkennen ließen, dass man die Kläger für hinterwäldlerische Querulanten hielt: Es war die Zeit der ersten Atomeuphorie.

Dabei waren die Klagen keineswegs unbegründet, da Forschungsreaktoren, an denen experimentiert wird, trotz ihrer geringen Kapazität gefährlicher sein können als normale Kraftwerksreaktoren und damals mangels eines Atomgesetzes nicht einmal die Entschädigung im Katastrophenfall hinreichend geregelt war. Das Landgericht Karlsruhe berief sich bei der Abweisung der Klage auf »die Interessen der Allgemeinheit«: eine zu einer Zeit, als es an einer kritischen Öffentlichkeit fehlte, plausible Argumentationsfigur. Die »Vereinigten Industrieverbände von Düren, Jülich, Euskirchen und Umgebung« erhoben Anfang 1960 Einspruch gegen den Reaktorbau bei Jülich, von dem sie unter anderem eine Schädigung ihres guten Rufs zu befürchten behaupteten.

In der Karlsruher Gegend folgte eine neue Protestwelle 1966/67, als der Bau der dortigen Wiederaufarbeitungsversuchsanlage (WAK) anlief (siehe oben); diese Proteste führten schon zum Kern der nuklearen Problematik, fanden jedoch kaum überregionale Beachtung. Erst ein Jahrzehnt danach wurde die Wiederaufarbeitung von einer breiten Öffentlichkeit als höchster Risikobereich der Kerntechnik begriffen. Karlsruhe, das wie so viele andere Städte das Image einer »Stadt im Grünen« pflegte, vermied es später geflissentlich, das KFZ zum Bestandteil der in Werbeprospekten präsentierten Stadtidentität zu machen, obwohl sich die Stadt einst gegen Widerstände bemüht hatte, das Atomzentrum in ihren Bannkreis zu ziehen!

Ein Veto der um ihr Trinkwasser besorgten Stadt Nürnberg führte dazu, dass das erste Demonstrationskernkraftwerk nicht, wie geplant, bei Bertoldsheim, sondern bei Gundremmingen errichtet wurde. Dort wurde das Projekt von einer protestierenden »Notgemeinschaft Atom-Kraftwerk Gundremmingen-Offingen« empfangen; aber dieser Widerstand konnte anscheinend in kurzer Zeit mit der Verlockung des künftig erhöhten Gewerbesteueraufkommens zum Verstummen gebracht werden. Lokale Widerstände gab es gegen die in dem Salzbergwerk Asse geplante Atommülldeponie; auch sie blieben damals jedoch wirkungslos und fanden anscheinend wenig Beachtung, obwohl das Atommüllproblem schon früh Aufsehen erregt hatte. Ein Ministerialrat bemerkte 1965 mit gleichmütigem Fatalismus, dass »Widerstände seitens der Bevölkerung stets dort zu erwarten seien, wo Atomanlagen projektiert würden«.

Ein »hinterwäldlerischer« Protest: die Schwarzwaldgemeinde Menzenschwand gegen die Uranschürfung

Von ungewöhnlicher Tragweite war jedoch der jahrelange Widerstand der Gemeinde Menzenschwand im Hochschwarzwald gegen Uranschürfungen; er verdient eine ausführlichere Darstellung, zumal er auch einen Einblick in typische Eigenarten jener frühen, lokal begrenzten Opposition gibt. Die Uranvorkommen bei Menzenschwand wurden ab 1957 entdeckt; in der Folgezeit, als sich der Uranabbau an anderen Lagerstätten der Bundesrepublik als unrentabel herausstellte und mangels Bonner Subventionen zum Erliegen kam, wurde Menzenschwand die Hoffnung derer, die immer noch eine Selbstversorgung der Bundesrepublik mit Kernbrennstoffen erstrebten. Übertriebene Berichte erschienen in der Presse; nicht nur vom »größten Uranvorkommen der Bundesrepublik« war die Rede, sondern – wie man in Menzenschwand klagte – selbst »von dem größten Uranvorkommen Europas, ja der Welt!«.

Daraus erklärt sich das Ausmaß des Ärgers, als die Schürfarbeiten durch den Widerstand der Gemeinde zum Erliegen kamen. Die *Frankfurter Allgemeine*, die zu wissen glaubte, das Uranvorkommen bei Menzenschwand sei »dem Urangehalt nach eines der reichsten Lager der Welt«, sprach von einer »deutschen Urantragödie«; Wissenschaftsminister Stoltenberg teilte der Presse mit, durch die Menzenschwander Uneinsichtigkeit sei der Bundesrepublik »großer wirtschaftlicher Schaden« entstanden. Der Direktor der Bundesanstalt für Bodenforschung schrieb im Namen des DAtK-Arbeitskreises »Brennstoffe« an Winnacker, ein »Abwürgen dieser Prospektionsarbeiten«, die »anerkanntermaßen im öffentlichen Interesse der Bundesrepublik« lägen, sollte »mit allen zu Gebote stehenden Mitteln verhindert werden«. Und, als sei die DAtK eine höchste Autorität: Das »Ansehen der Deutschen Atomkommission« stehe auf dem Spiel, »wenn es örtlichen Instanzen im Bundesgebiet ohne Schwierigkeiten gelingt, über Empfehlungen der Deutschen Atomkommission hinwegzugehen«.

Aber eben dies gelang dem dickköpfigen Gemeindevorstand des Schwarzwalddorfes. Das ökonomische Interesse der Gemeinde war von Anfang an klar: Der damals in starkem Anstieg begriffene Fremdenverkehr drohte durch die Schürfarbeiten im nahe gelegenen Krunkelbachtal ruiniert zu werden. Stammgäste fragten brieflich an, wie es mit der Uranprospektion weitergehe; der Kurgeschäftsführer von Menzenschwand äußerte die Befürchtung, »dass bei einer Weiterführung der Arbeiten ein sehr großer Teil der Fremden fernbleiben werde«. Alarmstimmung breitete sich aus. Maßgebend für das weitere Vorgehen der Gemeinde war jedoch der Umstand, dass sie sich im Unterschied zu späteren Leidensgenossen nicht von »oben« verlassen fand, sondern vom Landrat, vom Amts- und Landgericht und selbst von Teilen der Landesregierung in ihrem Widerstand unterstützt wurde; darauf kam es entscheidend an, da das Schürfrecht beim Land lag. Selbst der Wirtschaftsminister von Baden-Württemberg, der die Gewerkschaft Brunhilde zuvor (1960) zu den Schürfarbeiten ermächtigt hatte, erklärte vor dem Landtag, dass Menzenschwands Existenz als »emporgeblühte Fremdenverkehrsgemeinde« auf dem Spiel stehe. Auch der Kultusminister stellte sich im Namen des Naturschutzes hinter die Gemeinde. Jahrelang hatten Bundesforschungsministerium und DAtK über die »Verzögerungstaktik der Landesbehörden« zu klagen.

Unter solchen Umständen blieb den Menzenschwandern das Vertrauen in die staatlichen Instanzen erhalten; an plebiszitäre oder gar außergesetzliche Strategien war kein Gedanke, auch nicht an Verselbstständigung der Gegenbewegung in der Art einer Bürgerinitiative. Vergeblich suchte ein Kurgast, der für einen Skiclub sprach und einen kämpferischen Ton anschlug, den biederen Menzenschwander Bürgermeister Walter Schlageter zu einem militanteren Stil anzufeuern: »Lassen wir uns nicht nochmals mit Bohrungen und Sprengungen überraschen, sondern nehmen wir Stellung und auch den Kampf gegen die Bonner Pläne auf und jagen wir den Minister Stoltenberg – falls er sich dort nochmals sehen lässt – zum Teufel. Fanatisch werde ich mich dafür einsetzen, denn Bonn hat schon mehr Unheil angerichtet.« Sein konkreter Vorschlag war nicht so martialisch: Er empfahl eine Unterschriftensammlung; aber nicht einmal hierzu ließ sich der Gemeindevorstand herbei.

Über das damals gewichtigste Argument gegen den Drang nach deutschem Uran war der Bürgermeister frühzeitig im Bilde: über den marktwirtschaftlichen Widersinn heimischer Uranschürfung. »Solange die Bundesrepublik«, hob er 1962 in einer Denkschrift hervor, »ihren Bedarf an Uran mit Rücksicht auf die in den letzten Jahren stark abgesunkenen Weltmarkthandelspreise relativ billig im Ausland decken« könne, solle sie ihre Landschafts- und Naturschutzgebiete erhalten. Seine wichtigste Waffe wurde 1966 das Gutachten eines Geologen der Technischen Hochschule Karlsruhe, aus dem hervorging, dass die Uranvorkommen bei Menzenschwand von früheren Gutachtern weit überschätzt worden seien. Insofern stützte sich der Protest bereits auf wissenschaftliche Expertise.

Bei alledem war jedoch ausgerechnet von der Gefahr der Radioaktivität nie die Rede. Zwar wird bemerkt, »dass viele Gäste erklärten, nicht mehr nach M. zu kommen, da sie sich keiner Gefährdung aussetzen wollten«; aber die Art dieser Gefährdung wird nicht weiter erläutert. Das ist nicht etwa darauf zurückzuführen, dass die Radioaktivität des Urans und ihre Schädlichkeit selbstverständlich gewesen wären; vielmehr machte man sich über diese Seite der Sache tatsächlich keine Sorgen, wohl aber über die mit den Prospektionsarbeiten einströmenden ausländischen Arbeiter. Noch weniger dachte man daran, die Kernenergieentwicklung von Grund auf in Frage zu stellen, wenn auch gelegentlich ein Artikel des *Schwarzwälder Boten* darauf hinwies, dass noch nicht ausgemacht sei, ob die Kernenergie wirklich billiger kommen werde als die Kohle.

Gegen Ende der 1960er-Jahre kam es zur gütlichen Einigung: Die Prospektionsarbeiten wurden auf punktuelle Versuchsschürfungen reduziert; statt der Ausländer wurden ortsansässige Arbeiter und eine Firma aus dem Nachbardorf Hinterzarten herangezogen; der steile Anstieg des Fremdenverkehrs setzte sich fort. Dann gab es noch ein skurriles Nachspiel, das zugleich ein Licht darauf wirft, wie weit der Menzenschwander Widerstand von der Kernkraftkontroverse der 1970er-Jahre entfernt war. Erst nachträglich begriff man die von den Uranlagern ausgehende radioaktive Strahlung – und nahm sie spontan als einen Positivposten wahr, als ein mögliches Mittel zur weiteren Steigerung des Kurbetriebes! Das war noch ganz im Geist jener früheren Vorstellung, die die Radioaktivität vornehmlich als Heilmittel kannte; der Illustriertenverleger Franz Burda, der das Jagdrecht bei Menzenschwand besaß und den Widerstand gegen die Uranprospektion unterstützte, hatte die Dorfbewohner auf den Plan einer therapeutischen Nutzung der Uranemissionen gebracht. Ein Gutachten wurde bestellt, ob die Uranvorkommen bei Menzenschwand »und das dadurch gegebene radioaktive Milieu nicht irgendwie in den Kurbetrieb eingebaut werden könnten«.

Ein geschäftstüchtiger Arzt ermutigte solche Pläne; der Ort wurde von einem förmlichen Rausch erfasst; viele Dorfbewohner vergrößerten ihre Häuser mit Anbauten in der Hoffnung auf eine neue Zeit mit »vergoldeten Türklinken«, wie sich der ehemalige Bürgermeister Schlageter im Gespräch mit dem Verfasser erinnerte; Menzenschwand sollte ein Radonbad, das »Badgastein des Schwarzwalds« werden. Eine »Kurbetriebs-GmbH« unter finanzieller Beteiligung Burdas wurde gegründet; sie stellte sogar die einst bekämpfte Gewerkschaft Brunhilde in ihre Dienste. Aber das radonhaltige Wasser erwies sich als zu spärlich: Die GmbH ging bankrott. Als fast zehn Jahre darauf ein Freiburger »Arbeitskreis Strahlenschutz« etwaige Bedenklichkeiten der immer noch fortgesetzten Schürfarbeiten zu erkunden suchte, stieß er bei vielen Dorfbewohnern auf Ablehnung.

Bis in die 1970er-Jahre hinein litten örtliche Gegenbewegungen gegen Atomanlagen unter dem Mangel an einer Unterstützung durch kompetente Wissenschaftler. Um den »Weltbund zum Schutze des Lebens« sammelte sich allerdings schon während der 60er-Jahre ein Kreis besorgter Ärzte und Biologen. 1968, auf dem Höhepunkt der Studentenrevolte, erschienen die ersten beiden Bücher, die sich im Unterschied zu früheren atomkritischen Veröffentlichungen ganz auf die Brandmarkung der zivilen Kerntechnik konzentrierten und dabei einen Ton kompromissloser Schärfe anschlugen; aber beide Bücher dokumentieren dabei doch das damals noch obskure

Dasein der Kernkraftkritik weitab von der neuen Linken. Das Buch des Korvettenkapitäns Ernst Jäckel (»Tödlicher als die Bombe – Atomkraft kostet Lebenskraft«), der schon seit den 1950er-Jahren eine Kampagne gegen die Kernenergie führte, erblickte in der Kernenergie letztlich eine Machenschaft des Bolschewismus zur schleichenden physischen Vernichtung des Westens; dieser ideologische Horror machte ihn immerhin zum Gegenstand der Anfrage eines CDU-Bundestagsabgeordneten an die Bundesregierung. Zu jener Zeit führte Jäckel seinen Kampf gegen die Atomkraft in der Aktionärsversammlung der Veba, deren Tochtergesellschaft Preußenelektra das Kernkraftwerk Würgassen erbaute; als dort tatsächlich die Störfälle begannen, widmete sogar das *Handelsblatt* dem als ein »Michael Kohlhaas« charakterisierten Korvettenkapitän eine Hauptschlagzeile.

Weit mehr Substanz besaß die ebenfalls 1968 erschienene Kampfschrift »Morgen holt dich der Teufel« des österreichischen Naturschriftstellers Günther Schwab, der 1959 den »Weltbund zum Schutze des Lebens« gegründet und schon 1958 auf die Gefahren der zivilen Kerntechnik hingewiesen hatte. Schwab, der sich auf Wissenschaftler als Gewährsleute berufen konnte und schon ein erstaunlich breites Spektrum von Argumenten gegen die Kerntechnik brachte, zeigt doch zugleich, wie die damalige noch wissenschaftsferne Situation der Kernkraftkritiker dazu verleitete, selbst vernünftige Argumente in einem dämonologischen Gewand zu präsentieren. In einem an Maurice Jolys »Dialogue aux enfers entre Machiavel et Montesquieu« erinnernden Handlungsrahmen wird eine Pro- und Contra-Diskussion über die Kerntechnik zwischen den Teufeln in der Hölle geschildert: zu einer Zeit, als es solche Diskussionen an der bundesdeutschen Oberwelt noch nicht gab! Die grinsenden Teufel weiden sich daran, wie sich die Menschheit durch die Atomkraft selbst zerstört, präsentieren dabei aber ein für rationale Diskussionen durchaus respektables Argumentenarsenal. Schon kurz nach Erscheinen des Buches berief sich Max-Otto Bruker, der Vorsitzende des Weltbundes zum Schutze des Lebens, in seiner ersten ausführlichen Polemik gegen das Kernkraftwerk Würgassen auf Günther Schwab. Die Auseinandersetzung um Würgassen lässt sich als Scheitelpunkt des Übergangs von der »uneigentlichen« zur »eigentlichen« Kernkraftkontroverse ansehen.

Zur internationalen Prähistorie der Protestbewegung: von Bodega Bay bis Würgassen

Nicht nur in Deutschland, sondern selbst in den USA geriet später fast in Vergessenheit, dass die Anti-Atomkraft-Bewegung amerikanischen Ursprungs war. In den USA kulminierte der Konflikt bereits in den 1960er-Jahren. Dort gab es einen direkten Übergang von der Protestbewegung gegen

Atomwaffentests zu den Protesten gegen zivile Kernkraftwerke. Die erste erfolgreiche Anti-AKW-Initiative der Welt begann in Kalifornien sogar schon 1958 und richtete sich gegen das Kernkraftprojekt an der Bodega Bay nördlich von San Francisco. Am Anfang stand die Sorge um die Schönheit dieser Bucht; aber dann brachte ein Insider die Widerständler auf die dortige Erdbebengefahr und dieses Argument erwies sich als durchschlagend. Diese längst vergessene Geschichte gibt gerade nach Fukushima zu denken: Anders als in Japan, wo man glaubte, im erdbebensicheren Bauen Weltspitze zu sein, übte in Kalifornien das Erdbeben von 1906, das einen Großteil von San Francisco zerstört hatte, als Warnzeichen nach wie vor seine Wirkung aus.

Längst in Vergessenheit geraten ist heute auch das Faktum, dass die ersten europäischen Großdemonstrationen gegen geplante Kernkraftwerke – dort freilich erfolglos – 1971 in Frankreich stattfanden und in französischen Traditionen der action directe standen: die Bauplatzbesetzung am 12. April 1971 im elsässischen Fessenheim und kurz darauf eine noch weit größere Massendemonstration am Reaktorbauplatz von Bugey an der Rhone. Am 28. Dezember 1971 trafen sich sogar in Straßburg Vertreter von etwa fünfzig Anti-Kernkraft-Initiativen aus verschiedenen Ländern; eine antinukleare Internationale war im Entstehen. Noch immer kamen dabei wichtige Anstöße aus den USA. David Brower (1912–2000), eine charismatische Gestalt der amerikanischen Bewegung zum Schutz der Wildnis, gründete 1969 die erste internationale Umweltorganisation: die Friends of the Earth; sie konzentrierte sich fern der bisherigen Wildnisromantik auf den Kampf gegen die Kerntechnik. Brower gab die seither berühmt gewordene Parole aus: *Think globally – act locally.* Es ist eine scheinbar paradoxe Parole, die längst nicht auf allen Aktionsfeldern des Umweltschutzes von Nutzen war; bei der Auseinandersetzung mit der Kernkraft dagegen machte sie Sinn. Denn hier kam es ganz entscheidend auf Wissen an, und da besaßen die amerikanischen Kernkraftkritiker einen Informationsvorsprung; ohne diesen drohten anderswo Anti-AKW-Initiativen in einem Hinterwäldlertum stecken zu bleiben. Auf amerikanische Informationen gestützt, verfasste Holger Strohm, der Gründer der bundesdeutschen Sektion der Friends of the Earth, das erste umfangreiche deutschsprachige Kompendium von Anti-AKW-Argumenten »Friedlich in die Katastrophe«, das in seinen späteren, stets erweiterten Auflagen Bibelformat erlangte. Lokalen Protest hatte es in der Bundesrepublik schon gegen den Bau der ersten kleinen Versuchsreaktoren in den späten 1950er-Jahren gegeben; dieser war jedoch von der überregionalen Presse nicht ernst genommen worden. Mit dem neuen Arsenal an Argumenten dagegen wurde der Protest auch für Intellektuelle interessant.

Den Übergang von der Prähistorie zum Hauptstrom der Anti-Atomkraft-Bewegung markiert in der Bundesrepublik der Protest gegen das seit 1968 im Bau befindliche Kernkraftwerk Würgassen an der Oberweser. Hier verfügten die Kläger bereits über umfangreiche Experteninformationen, die teils aus den Schriften von Günther Schwab, teils von dem Chemie-Ordinarius und SPD-Bundestagsabgeordneten Karl Bechert stammten, der von 1962 bis 1965 den Bundestagsausschuss für Atomkernenergie geleitet hatte. Materielle und ideelle Unterstützung erhielten die Widerständler von Max-Otto Bruker, Chefarzt im nahe gelegenen Lemgo, Protagonist von Naturheilverfahren und Vorsitzender der deutschen Sektion des Weltbundes zum Schutze des Lebens. Obwohl der Sprachstil damaliger Anti-AKW-Pamphlete noch völkisch-rassistische Elemente aufwies, entstanden hier erstmals Querverbindungen zur neuen Linken.

Am 12. Juli 1968 – in einer Zeit, als ohnehin Protest in der Luft lag –, veröffentlichte Bruker in der links stehenden *Deutschen Volkszeitung* (Düsseldorf) einen Brandartikel »Der Notstand der Demokratie – aufgezeigt am Kernkraftwerk Würgassen«: Es war ein Fanfarenstoß gegen die zivile Kerntechnik, wie es ihn bis dahin in der deutschen Presselandschaft nicht gegeben hatte. Am Fall Würgassen – so Bruker – ließen »sich wie an einem Schulbeispiel die Methoden ablesen, wie durch Nachrichtensperre, bewusste systematische Fehlinformationen, Verbreitung unwahrer Angaben und diktatorische Maßnahmen das Prinzip der Demokratie zur Farce gemacht« werde.

»Europas größtes Kernkraftwerk erhitzt die Gemüter – Atomare Schlacht um Würgassen« lautete eine Schlagzeile der *Süddeutschen Zeitung* am 20. November 1970. Der Kampf gegen das Würgassen-Projekt wurde jedoch noch nicht im 68er-Stil mit Happenings und Massendemonstrationen und schon gar nicht mit militanten Methoden, sondern vorwiegend mit juristischen Mitteln geführt; die Leitung der Bürgerinitiative lag bei dem Karlshafener Rechtsanwalt Horst Möller. Er bewirkte zwar keinen Baustopp – erst nach der Inbetriebnahme desavouierte sich dieser Siedewasserreaktor durch seine häufigen Pannen –, aber erreichte immerhin 1972 das sogenannte »Würgassen-Urteil« des Bundesverwaltungsgerichtes, das den bis dahin doppelgesichtigen Paragraphen 1 des bundesdeutschen Atomgesetzes von 1959, der die Förderung der Kerntechnik und Gewährleistung der Sicherheit gleichrangig nebeneinanderstellte, nun im Sinne eines Vorranges der Sicherheit auslegte. Damit war für künftige Kernkraftgegner ein wichtiges juristisches Potenzial geschaffen, das freilich erst durch den »Kampf ums Recht« zu aktivieren war. Die Gerichte wurden ein wichtiger, wenn auch von den Medien wenig beachteter Nebenschauplatz des Atomkonflikts. Das gilt auch für den Kampf um das geplante Kernkraftwerk Wyhl am Oberrhein, mit dem die Kontroverse schlagartig eskalierte.

Die große Eskalation: von Wyhl bis Gorleben (1975–1979)

Am 18. Februar 1975 besetzten mehrere hundert Mitglieder einer seit 1972 bestehenden Bürgerinitiative (»Oberrheinisches Aktionskomitee gegen Umweltgefährdung durch Kernkraftwerke«) den Bauplatz des geplanten Kernkraftwerks Wyhl: Damit wurde erstmals die Schwelle zur illegalen Aktion überschritten; und in diesem Fall führte der Widerstand am Ende zum Erfolg. Es waren Bauern und Winzer aus der Region – Beobachtern fiel der große Anteil an Frauen auf – sowie Studenten der nahe gelegenen Universität Freiburg, die sich auf dem Bauplatz versammelten: eine in der bundesdeutschen Protestgeschichte bis dahin ungewohnte Allianz. In Erinnerung daran feiert sich heute die Stadt Freiburg als Ursprungsstätte der deutschen Umweltbewegung. Ein Kuriosum besteht aus späterer Sicht darin, dass auch ein lokaler Jägerverein die Widerständler unterstützte. Die Bauern fanden ihr Vorbild nicht so sehr in den 68er-Studenten, sondern mehr in den Aktionen ihrer elsässischen Stammesverwandten auf der anderen Seite des Rheins, die damals gerade erfolgreich gegen den Bau eines Bleichemiewerks kämpften.

Vor allem als zwei Tage nach der Besetzung 650 Polizisten mit Wasserwerfern den Bauplatz stürmten, obwohl sich die Besetzer gewaltlos verhielten, rückte der Protest in die Hauptschlagzeilen der Medien und allenthalben wogte den Widerständlern eine Welle spontaner Sympathie entgegen. Am 23. Februar strömten am gleichen Ort an die 28 000 Atomkraftgegner zusammen, teilweise aus Frankreich und aus der Schweiz, besetzten das Baugelände nach einem Handgemenge mit der Polizei erneut und gründeten dort das erste deutsche Anti-AKW-Dorf. Sie erzielten einen prompten Teilerfolg: Am 21. März 1975 hob das Verwaltungsgericht Freiburg die Teilerrichtungsgenehmigung auf und bewirkte einen vorläufigen Baustopp. Dasselbe Gericht verfügte am 14. März 1977, dass das geplante Kernkraftwerk nur bei Ummantelung mit einem »Berstschutz« errichtet werden dürfe, der auch dann, wenn bei einem Störfall alle anderen Sicherheitsvorkehrungen versagten, das Entweichen radioaktiver Substanzen in die Umwelt verhinderte. Das war ein mutiger Vorstoß der Freiburger Richter, dem andere Amtskollegen vorerst nicht folgten. Man erkennt die Fernwirkung der internen Auseinandersetzungen um das Kernkraftwerksprojekt der BASF bei Ludwigshafen, wo erstmals ein Berstschutz zur Bedingung gemacht wurde. Die BASF wäre damals zu diesem Aufwand sogar bereit gewesen, bekam aus Bonn jedoch dennoch kein grünes Licht. Bei Wyhl dagegen führte die Berstschutz-Auflage dazu, dass das Energieunternehmen das Interesse an dem Projekt verlor.

Spätestens im Anblick der dramatischen Szenen auf dem Bauplatz von Wyhl machte auch die studentische Linke mobil, die mit dem Ende des Vietnamkrieges und der neuen Ostpolitik ursprüngliche Zielobjekte verloren hatte. Diejenigen Achtundsechziger, die ihr Handeln theoretisch begründen wollten und nicht einfach mitmachten, wenn irgendwo gegen irgendetwas demonstriert wurde, taten sich allerdings mit der Wende gegen die Kernkraft nicht leicht. Von einer antinuklearen »Hysterie«, wie sie in der Folge von der Atomlobby stereotyp unterstellt wurde, war keine Rede.

Im Neomarxismus jener Zeit war bis dahin das Denkmodell verbreitet: Der gesellschaftliche Fortschritt wird durch den Fortschritt der Produktivkräfte vorangetrieben und dieser beruht auf fortschreitender Verwissenschaftlichung; daher sind fortan die Intellektuellen die revolutionäre Avantgarde und aus dem gleichen Grund steht die Kerntechnik als die am meisten »wissenschaftliche« Technik an der Spitze des Fortschritts. Rudi Dutschke, die Ikone der Studentenbewegung von 1968, hatte den Philosophen Ernst Bloch geschätzt, dessen Schwärmerei für die Segnungen des »friedlichen Atoms« selbst die Propaganda der Atomlobby übertroffen hatte und der den »latenten Maschinensturm des Spätkapitals« dafür anklagte, dass er diese famose Kraftquelle nicht energisch genug forciere. Noch im März 1977 seufzte Dutschke in seinem Tagebuch: »Die ganze Atom- und Massenmobilisierung in B(rokdorf) und I(tzehoe) bereitet mir theore(tische) und politische Schwierigkeiten. ›Old Surehand II‹ mit und für die Kinder zu lesen ist leichter.«

Kein Zweifel: Das Engagement vieler Achtundsechziger gegen die Kernkraft entsprang keiner panischen Angst, sondern vollzog sich in nicht wenigen Fällen über mühsame Lernprozesse, getrieben von dem Wunsch, endlich den Kontakt zur »Basis«, zu den breiten Massen zu finden, den man um 1968 vergeblich gesucht hatte. Dabei waren DKP-nahe Gruppen durch ihre Verbindungen zur DDR blockiert; denn dort war und blieb die Kerntechnik für Kritiker tabu. Am hemmungslosesten konnten maoistische K-Gruppen ihren Radikalismus gegen die Atomkraft austoben; denn Kernkraftwerke wurden in der Regel in abgelegenen bäuerlichen Gebieten errichtet, wo sie das Landleben störten; und das Kampfbündnis mit den Bauern besaß einen maoistischen Zug. Aber unter bundesdeutschen Verhältnissen bestand es doch vorwiegend in der Fantasie. Bauern blockierten zwar Zufahrtsstraßen mit Treckern, wurden jedoch durch förmliche Schlachten mit Polizeieinheiten, wie sie sich vor allem 1976 und 1977 bei den Bauplätzen von Brokdorf und Grohnde abspielten, nur abgeschreckt.

Das Bündnis von Wyhl, als Studenten und Winzer zusammen aushielten, wurde zur romantischen Erinnerung, die von einer ganzen Flut von Literatur beschworen wurde; aber durch die Gewalttätigkeit der K-Gruppen drohte die breite Allianz zu zerfallen. Die bürgerkriegsartigen Kampfszenen am Bauzaun von Kernkraftwerken faszinierten zwar die Medien, erweckten jedoch nicht unbedingt die Sympathie der Gerichte. Obwohl die

Brutalität mancher Polizeieinheiten selbst bei friedlichen Kernkraftgegnern zeitweise eine wilde Wut hervorrief, setzte sich doch immer wieder – ob offen oder unausgesprochen – der Grundsatz der Gewaltfreiheit durch. Wie sich mehr und mehr zeigte, standen die Kernkraftgegner eben doch nicht auf verlorenem Posten. Das Horrorszenario eines verzweifelten Kampfes um das nackte Leben gegenüber einem erbarmungslosen »Atomstaat« – so der Titel eines Bestsellers von Robert Jungk (1977) – erwies sich als ähnlich theatralische Fantasie wie zehn Jahre zuvor der Kampf gegen eine vermeintliche »Refaschisierung« der Bundesrepublik durch den »Nazi Kiesinger« mittels der Notstandsgesetze.

Es war wohlüberlegt, dass sich der Protest in den späten 1970er-Jahren vor allem auf den Brüterbau bei Kalkar und auf das Wiederaufarbeitungsprojekt bei Gorleben konzentrierte; denn da bekam man politischen Rückenwind aus den USA, dem einstigen Vorbild der atomaren Community, da die neue Regierung Carter Brüter und Wiederaufarbeitungsanlagen mit Blick auf die dort mögliche »Proliferation« von waffenfähigem Spaltstoff ablehnte. Dort fand man zugleich Rückhalt bei international angesehenen Experten, da es sich bei Brütern und Wiederaufarbeitungsanlagen um noch wenig erprobte Technologien mit neuartigen Risikodimensionen handelte. Zudem wurde deren ökonomischer Nutzen immer fraglicher; daher besaßen sie keinen sehr starken Rückhalt in der Energiewirtschaft, auch wenn diese nach außen hin aus nuklearer Korrektheit (»Schließung des Brennstoffkreislaufs«) zu diesen Projekten stand.

Zum historischen Höhepunkt der deutschen Anti-Atomkraft-Bewegung wurde der Widerstand gegen das Gorleben-Projekt, den Plan der damals größten Wiederaufarbeitungsanlage der Welt. Unter der Parole »Gorleben soll leben« setzten sich die Anhänger der Gewaltfreiheit durch; wie bei Wyhl kam eine Gemeinsamkeit mit vielen Bauern der Region zustande und mehr noch als dort wurde der Kampf gegen das Atomprojekt im abgelegenen Wendland zugleich ein Kampf für die Erhaltung einer noch relativ urwüchsigen Landschaft. Im Wendland wurde die Anti-AKW-Bewegung, der es zunächst lediglich um technische Sicherheit gegangen war, zu einer »Umweltbewegung« im vollen Sinne. Die »Freie Republik Wendland«, wo man im Wald mit »alternativen« Lebensformen experimentierte, wurde zur grünen Legende.

Aber nicht nur dort, sondern auch auf anderen Ebenen spielte sich Entscheidendes ab: Als den großen Wendepunkt im Atomkonflikt kann man das internationale Gorleben-Symposium in Hannover Ende März 1979 ansehen, das zeitlich mit dem Störfall von Harrisburg und der bis dahin größten Anti-AKW-Demonstration zusammenfiel. Das Symposium in Hannover, wo die Pro-Kernenergie-Front zerbröckelte, brachte eine neue Qualität in die Kontroverse; man gelangte über einen stereotypen Schlagabtausch mit immer gleichen Argumenten hinaus. Am Ende des Symposiums zog der niedersächsische Ministerpräsident Ernst Albrecht das Gorleben-Projekt in seiner ursprünglichen Dimension als »politisch nicht durchsetzbar« zurück; der Projektleiter stöhnte auf, das sei das »Cannae« der deutschen Atomwirtschaft, während später in Kreisen der Energiewirtschaft das Bonmot kursierte, eigentlich müsse man den Protestlern dankbar sein, denn diese hätten die Energieerzeuger vor der größten Fehlinvestition ihrer Geschichte bewahrt. Das Symposium hatte unter Vorsitz von Carl Friedrich von Weizsäcker getagt, der – aus der Atomphysik kommend – als höchste geistige Autorität der atomaren Community galt. Aber selbst er ging zur Kerntechnik damals auf Distanz, vor allem im Blick auf das Terrorismusrisiko. In den späten 1970er-Jahren machte als Folge der RAF-Attentate das Thema Terrorismus in der deutschen Öffentlichkeit Furore, und zwar mit zwiespältiger Wirkung: Es diskreditierte gewalttätige Anti-AKW-Kämpfer, aber auch die Sicherheitsbeteuerungen der Kernkraftapologeten.

Zur Wendezeit wurden die Tage von Harrisburg und Hannover auch dadurch, dass am 29. März 1979 die Bundestags-Enquetekommission »Zukünftige Kernenergiepolitik« unter Vorsitz des jungen SPD-Abgeordneten Reinhard Ueberhorst, der bei einer Demonstration in Brokdorf verletzt worden war, mit der Arbeit begann. Mit dieser Kommission gelangte der bis dahin überwiegend außerparlamentarisch ausgetragene Atomkonflikt auf die parlamentarische Ebene. In einer zunächst heillos verfahren erscheinenden Konfliktsituation erzielte Ueberhorst zwischen den Kontrahenten einen »historischen Kompromiss«: Am Ende stimmten die Kontrahenten darin überein, dass mehrere energiepolitische Optionen mit und ohne Kernenergie möglich seien und ein extremes Katastrophenrisiko nicht durch Hinweis auf die angeblich minimale Eintrittswahrscheinlichkeit bagatellisiert werden dürfte. Der Kommissionsbericht hatte damals wenig unmittelbare Folgen. Dennoch erscheint er aus heutiger Sicht als Markstein einer fortschreitenden Entwicklung, in der sich die Politiker in der Energiewirtschaft nicht mehr wie zuvor als bloße Vollzieher vermeintlicher Sachzwänge verstanden.

Von Anfang bis heute erkennt man deutlich, dass sich die Dauerhaftigkeit und der Erfolg der deutschen Anti-Atomkraft-Bewegung nicht nur aus inneren Strukturen des Protests erklären, sondern auch aus Wechselwirkungen zwischen Bürgerprotest, Medien, Politik, Verwaltung, Justiz und Wissenschaft. Diese Dynamik verbindet die bundesdeutsche mit der amerikanischen Umweltbewegung. Zugleich erkennt man den Unterschied zu Ländern wie Frankreich und Japan, wo es zwar an Protest aus der Bevölkerung nicht fehlte, sich eine dynamische Wechselwirkung zwischen den genannten Akteuren und Instanzen aber weit weniger entwickelte. Der Protest gegen die Atomkraft wurde das entscheidende Bindeglied zwischen der

68er-Studentenrevolte und der Umweltbewegung; ohne sie wäre der Erfolg der Partei der Grünen nicht zu erklären. Dass in der Bundesrepublik die international stärkste Anti-Atomkraft-Bewegung und ebenfalls die stärkste grüne Partei entstanden, steht offenkundig in einem kausalen Zusammenhang.

Die Verbindung von Anti-Atomkraft- und Friedensbewegung und der Aufstieg der Grünen

In der Protestbewegung der 1970er-Jahre sind bereits sämtliche Leitmotive vorhanden, die die Kritik an der Kernkraft auch die darauffolgenden drei Jahrzehnte bis heute bestimmen; nur ein neues Motiv kam um 1980 dazu und wurde für einige Jahre zum Leitmotiv: die Querverbindung zwischen ziviler und militärischer Atomtechnik. Damals beherrschte der Widerstand gegen die »Nachrüstung«, den letzten Schub des Wettrüstens im Kalten Krieg, die Protestszenerie; vor allem im Zeichen dieser neuen Friedens-bewegung formierten sich die Grünen. Weit mehr als in den USA wurde die zivile Kerntechnik in der Bundesrepublik bis dahin als ein von den atomaren Waffen abgekoppeltes Thema wahrgenommen. Die bundesdeutschen Atomforscher waren mit ihrem »Göttinger Manifest« vom April 1957 gegen die atomare Bewaffnung der Bundeswehr – das mit einem Bekenntnis zur zivilen Kerntechnik schloss – zu Helden der kritischen Intelligenz geworden. Noch in den 70er-Jahren war es eine Argumentationsfigur der Kern-kraftapologetik, dass die wahre nukleare Gefahr von der Bombe drohe und diese zu Unrecht auf das »friedliche Atom« projiziert werde.

Aber über die Urananreicherungsanlagen, über das Plutonium und über das technische Know-how hingen beide Technologien eben doch zusammen. Die letzte große Protestbewegung richtete sich in den 80er-Jahren auf die an Stelle von Gorleben beim fränkisch-bayerischen Wackersdorf geplante Wiederaufarbeitungsanlage. Diese wurde – vermutlich zu Unrecht – mit der Nachrüstung in Verbindung gebracht und der Wiederaufarbeitung wurden bombentechnische Hintergedanken unterstellt. Aber seit Mitte der 80er-Jahre vollzog sich im Zuge der sowjetischen »Perestroika« und dem Ende des Kalten Krieges ein atmosphärischer Jahrhundertwandel und die Verbindung von Anti-Atomkraft-Protest und Friedensbewegung verlor an Bedeutung, obwohl die nukleare Proliferationsgefahr weltweit fortbesteht.

Seit dem Herbst 1981 beherrschte der Alarm über das »Waldsterben« die Szenerie der Umweltsorgen; dadurch konzentrierte sich die Kritik auf die Kohlekraftwerke, und die Kernkraftwerke – bei denen es in jenen Jahren ohnehin kaum neue Projekte gab – gerieten aus der Schusslinie. Erst durch die Sorge um den deutschen Wald wurde der Umweltprotest zur Massen-bewegung, die weit über linksalternative Milieus bis in die Wählerschaft der

CDU hineinreichte. Die Anti-AKW-Kämpfer wussten mit diesem Thema nicht viel anzufangen; wo es um den Wald ging, waren ganz andere Kompetenzen vonnöten, die nicht ohne erheblichen Zeitaufwand zu erlangen waren, und auch andere Denkstrukturen. Anders war es mit den Risiken der Gentechnik, die etwa ab 1984 ins Zentrum des Interesses der Ökoszene gerieten: Da suchte man nicht ganz ohne Erfolg Grundmuster bei der Bestimmung der atomaren Risiken auf die Gentechnik zu übertragen, auch wenn es hier an massiven Angriffsobjekten in der Art der Kernkraftwerke fehlte und das Katastrophenrisiko mehr als bei der Kernenergie bislang einen hypothetischen Charakter besaß.

Eine »deutsche Hysterie«?
Zur rationalen Logik der Anti-AKW-Bewegung

Man erinnere sich: Friedrich Münzinger, jener alterfahrene Kraftwerksbauer der AEG, der in den 1950er-Jahren das erste deutsche Standardwerk über den Reaktorbau verfasste, stellte schon damals 1960 fest: »Viele unserer Landsleute stehen, wie ihre Reaktion auf die Erstellung einiger atomarer Forschungsinstitute zeigte, nuklearen Anlagen argwöhnischer gegenüber als beispielsweise die Amerikaner.« Anders als man erwarten könnte, kanzelt er jedoch diese Einstellung keineswegs als »deutsche Hysterie« ab, sondern hält sie für ganz vernünftig; als »Atomkraftpsychose« bezeichnet er dagegen die überdrehte Begeisterung anderer Länder für das »friedliche Atom«, das mit Verheißungen verknüpft werde, die »durch Sachkenntnis nicht getrübte Flunkereien« seien. Dass die Deutschen skeptischer seien, ist für ihn ein Zeichen dafür, dass hierzulande in Fragen der Technik die Ingenieure und nicht die Spekulanten den Ton angäben. In der Tat erkennt man in der Geschichte des deutschen Ingenieurwesens eine gewisse Tradition der Bedächtigkeit, die die technische »Entwicklung« mehr im Sinne von Evolution als von forciertem »development« verstand.

Somit lässt sich die deutsche Skepsis gegenüber der Atomkraft rational begründen. Dass die Kerntechnik mit erheblichen Risiken verbunden ist, war dem, der es wissen wollte, von Anfang an bekannt. Die Atommächte brauchten das »friedliche Atom«, um den mit immensen Kosten zu militärischen Zwecken errichteten Spaltstoffproduktionsanlagen einen zivilen Sinn zu geben und dort manche Rüstungskosten zu verstecken; für eine Nichtatommacht wie die Bundesrepublik entfiel dieses Motiv. In einem dicht besiedelten Land gab es weit mehr Grund als in den USA, sich um das nukleare »Restrisiko« zu sorgen. Beides traf zwar auch für ein Land wie Japan zu; aber im Unterschied zu diesem verfügte die Bundesrepublik über reichlich Kohle. Ausgerechnet das RWE, der größte deutsche Energieproduzent, war bis in die späten 60er-Jahre zum Ärger des Bonner Forschungsministeriums die stärkste Bremskraft der Kernenergieentwicklung: Es hatte gerade gewaltige Braunkohlefelder erschlossen und erblickte in der Atomkraft lediglich eine lästige Konkurrenz.

Gerade in den Jahren ab 1967, als der kommerzielle Durchbruch der Kernkraft erfolgte, kam heraus, dass auf die Notkühlung im Falle eines Falles doch kein sicherer Verlass war. Als jedoch Milliarden investiert waren, konnte oder wollte man nicht mehr zurück. Es hatte seine Logik, wenn die Sorge um das »Restrisiko«, die unter den Experten nicht mehr im Klartext artikuliert werden durfte, von nun an in die Öffentlichkeit übersprang. Dabei lässt sich international eine gewisse Sonderstellung des deutschen Sprachraums – unabhängig von dem Auf und Ab des Deutschen Reiches – erkennen; denn auch in Österreich und der Schweiz beherrschten die Kritiker der Kernkraft in den späten 1970er-Jahren zunehmend die öffentliche Meinung und stoppten den Ausbau dieser Energietechnik. Das ist umso bemerkenswerter, als viele Naturschützer in den Alpenländern der Atomkraft ursprünglich wohlgesonnen waren, da diese ihnen als Argument gegen Wasserkraftprojekte diente, die schöne Alpentäler zu verschandeln drohten.

Bei den Alpenbewohnern ist zwar ein besonderer Hang zur Nostalgie, aber kaum je zur Hysterie beobachtet worden. Witzeleien über eine angebliche German Angst, seit Jahrzehnten der Standardkalauer in spöttischen Kommentaren zur Anti-Atom-Kraftbewegung, sind historisch ignorant. Beim Aufstieg dieser Protestbewegung in den 1970er-Jahren hatte man keine Reaktorkatastrophe vor Augen; am Anfang standen Informationen, keine panische Angst. Es war auch keine Sensationsmache der Massenmedien, die – wie später oft behauptet wurde – den ersten Anstoß gegeben hätte; diese sprangen in aller Regel erst nach der Bauplatzbesetzung von Wyhl auf das Thema an. Medienmoden sind zeitgebunden; die Anti-AKW-Bewegung dagegen verblüffte immer wieder durch ihre Zählebigkeit. Ebenso wenig wie aus Panikmache der Medien lässt sie sich, insgesamt gesehen, von bestimmten Gruppeninteressen, Ideologien, Diskursen herleiten.

Im Vergleich zu den USA, wo hinter dem Kampf gegen die Kernkraft Autoritäten wie David Brower und Barry Commoner standen, fällt in der bundesdeutschen Bewegung überdies der Mangel an charismatischen Führungsgestalten auf; man kann es fast erschütternd finden, wie viele Pioniere des Protests, die wesentliche Anstöße gaben, in der Folge wieder in Vergessenheit gerieten: ob Günther Schwab, Karl Bechert, Holger Strohm, Jens Scheer, Manfred Wüstenhagen, Herbert Gruhl oder auch jener Tübinger Lehrer Hartmut Gründler, der zu den Initiatoren des vom Bundesforschungsministerium organisierten »Bürgerdialogs Kernenergie« gehörte und sich am Buß- und Bettag 1977 auf den Stufen der Hamburger Petrikirche selbst verbrannte. Robert Jungk setzte sich erst auf dem Höhepunkt der Protestbewegung an deren Spitze.

Mit Max Webers Theorie des »charismatischen Führers« lässt sich die Anti-Atomkraft-Bewegung ebenso wenig erklären wie mit der Theorie der »neuen sozialen Bewegungen« – die durch Bürokratisierungstrends und durch die Partei der Grünen widerlegt wurde – oder dem Konstrukt des angeblich postmodern-postmateriellen Bewusstseins. All diese Theorien werden nur durch bestimmte Momentaufnahmen plausibel, überzeugen jedoch nicht mehr, sobald man diesen Protest in einem größeren zeitlichen Rahmen betrachtet. Liest man sich durch die Literaturflut hindurch, die die Kritik an der Kernkraft im Laufe der Jahrzehnte hervorbrachte, geht es nicht zu weit, von einer neuen Aufklärung zu reden, die an blinden Flecken des Fortschrittsdenkens der alten Aufklärung ansetzte. Man versteht die Anti-Atomkraft-Bewegung nicht, wenn man sie in abstrakte Schubladen wie »Postmoderne« oder »postmaterialistisches Bewusstsein« zu zwängen sucht, sondern nur dann, wenn man sich mit dem beschäftigt, um das es ihr geht.

Ausblick: von Tschernobyl bis Fukushima

Nach der Reaktorkatastrophe in der Ukraine am 26. April 1986 grassierte zum ersten Mal in weiten Teilen der deutschen Bevölkerung eine existenzielle Angst vor der Atomkraft. Seit dem 12. Dezember 1985 gab es in Hessen mit Joschka Fischer den ersten grünen Umweltminister der Welt; er kam zwar nicht aus der Anti-AKW-Bewegung und verfügte damals, wie er selber bekannte, über keine ökologische Kompetenz; aber er veranlasste immerhin die unverzügliche Publikation genauer Daten über den in Hessen gemessenen Anstieg der Radioaktivität. Andere Bundesländer folgten: ein Unterschied zu Frankreich, wo man sich – fortan der Standardspott – einbilden konnte, an der deutsch-französischen Grenze höre die Radioaktivität auf. In der Bundesrepublik wurde die Ablehnung der Kerntechnik schlagartig zur Mehrheitsmeinung, selbst unter Ingenieuren: ein Vorgang, der sich nicht nur aus den Demonstrationen erklärt, sondern auch daraus, dass die Risiken der Kerntechnik real waren und es gerade auch in Fachkreisen stets latente Skepsis gegeben hatte.

Die 1982 primär für den Kampf gegen den Wald schädigende Emissionen gegründete Greenpeace-Abspaltung Robin Wood gab in jenen Jahren die Parole aus: »Kümmern wir uns also um den ›toten Hund‹ Atomenergie nur so viel wie nötig und so wenig wie möglich und widmen wir uns vor allem der Aufgabe, neuen Energieversorgungsstrukturen zum Durchbruch zu verhelfen.« Aber das Potenzial der erneuerbaren Energien war zur Zeit von Tschernobyl noch viel unsicherer als 25 Jahre darauf zur Zeit von Fukushima; ihre Durchsetzung erforderte technische Kompetenz, geduldige Entwicklungsarbeit und Kooperation mit Energieversorgern. Ein Zurück zur

Kohle war zumindest als Langzeitperspektive nicht akzeptabel; denn gerade im Tschernobyl-Jahr 1986 ertönte auch der erste schrille Klimaalarm, der eine globale Erwärmung als Folge des wachsenden Kohlendioxidgehalts der Atmosphäre prophezeite. Am 11. August 1986 brachte der *Spiegel* seinen berühmt-berüchtigten Titel, auf dem der Kölner Dom zur Hälfte unter Wasser stand. All das erklärt, wieso es nach Tschernobyl zu keiner sofortigen großen Energiewende kam.

Und doch waren die Langzeitwirkungen der Reaktorkatastrophe erheblich; in welchem Maße, erkennt man erst aus zeitlicher Distanz. Das erste Opfer wurde der Schnelle Brüter, der schon vorher seinen Rückhalt weithin verloren hatte. Seine Stilllegung, kaum dass er betriebsbereit war, erregte zu jener Zeit nur noch geringes Aufsehen; und doch ging der Kernenergie damit endgültig das Charisma der erneuerbaren Energie verloren, das von Anfang an ihre Hauptattraktion ausgemacht hatte. Fortan wurde es in der Bundesrepublik zur offiziellen Sprachregelung, zwar lasse man die Kernkraftwerke vorerst weiter laufen, betrachte die Atomkraft jedoch lediglich als »Übergangsenergie«; ob das lediglich eine Ausrede war, um erst einmal Zeit zu gewinnen, blieb undurchsichtig. Auch die Entwicklung des anderen »Zukunftsreaktors«, des Hochtemperaturreaktors, der wegen seiner potenziell erheblich höheren inhärenten Sicherheit selbst vielen Kritikern der Leichtwasserreaktoren noch lange als Geheimtipp gegolten hatte, wurde von der Industrie ohne großes Aufsehen abgebrochen. Alternativen gab es fortan nicht mehr inner-, sondern nur noch außerhalb der Kerntechnik.

Obwohl die Grünen damals – auch dies ein Unterschied zu der Situation nach Fukushima! – in ihrer Zerstrittenheit die Gunst der Stunde insgesamt nur wenig zu nutzen wussten und 1990 wegen ihrer Querschüsse gegen die deutsche Vereinigung sogar ein vorübergehendes Fiasko erlitten, das damals viele für das Ende der Partei hielten, schritt die Förderung der erneuerbaren Energien kontinuierlich voran, so dass diese in der Zeit von Fukushima bereits eine ökonomische Macht darstellten. Gleichwohl war bis in die jüngste Zeit nicht sicher, ob die Kernenergie wirklich ein »toter Hund« war; ein Protestpotenzial blieb bestehen. In seinen Zielen war es von den Handlungsmöglichkeiten einer Zeit beeinflusst, in der keine neuen Kernkraftwerke in Auftrag gegeben wurden: So konzentrierte sich der Protest auf die Transporte der abgebrannten Brennelemente zu dem (provisorischen?) Endlager Gorleben. Dieser Schwerpunkt ließ sich jedoch nicht nur taktisch begründen, vielmehr war die Unlösbarkeit des Endlagerproblems im Blick auf die Jahrtausende fortdauernder Strahlungsintensität des »Atommülls« von Anfang an das peinlichste Dilemma der Kernenergie gewesen, das auch – wie mittlerweile klargestellt worden war – durch die Wiederaufarbeitung nicht wesentlich gemindert wurde. Die Erkenntnis, dass es sich bei Asse um einen Gelegenheitskauf und mitnichten um eine sichere Endlagerstätte handelte, wurde zum Gemeingut der Öffentlichkeit. Es hatte seine Logik, dass das Dilemma der Endlagerung in einem dicht besiedelten Land wie der Bundesrepublik aufreizender wirkte als in Riesenreichen wie Russland oder den USA.

Die Geschichte der deutschen Anti-Atomkraft-Bewegung während der letzten beiden Jahrzehnte ist bislang nicht einmal im Ansatz geschrieben. Die Verjüngungsprozesse, die sich dort vollzogen haben – nicht ohne Spannungen zu den »alten Kämpfern«, von denen manche die Mütterinitiativen nach Tschernobyl als »Becquerel-Bewegung« titulierten – sind ein Thema für künftige Historiker. Sie sind umso bemerkenswerter, als die Kerntechnik – die in den 70er-Jahren als Zielscheibe für Protestler nahezu konkurrenzlos dastand – bei den Umweltaktivisten nunmehr mit einem breiten Spektrum anderer Ziele konkurrierte. Wer nunmehr gegen die Atomkraft protestierte, hatte eine bewusste Wahl getroffen. Von daher wäre es nicht angemessen, den späteren Protest, auch wenn er in der Literatur und Mythenbildung weniger eindrucksvoll war als Wyhl und Gorleben, lediglich als Nachwehen zur Protestbewegung der 70er-Jahre zu werten.

Exkurs:
Zur Geschichte der Kernenergie in der DDR

Anmerkungen von Joachim Radkau zur Dissertation von Mike Reichert: Kernenergiewirtschaft in der DDR
Entwicklungsbedingungen, konzeptioneller Anspruch und Realisierungsgrad (1955–1990), St. Katharinen 1999.

Für den, der aus der alten Bundesrepublik stammt, bietet die DDR wie in so vielen Bereichen, so auch in der Kerntechnik, in ihrem Gesamtbild eine Mischung von Fremdheit und Vertrautheit. Als ich jedoch durch Mike Reicherts Dissertation in diese Geschichte tiefer einstieg, wurde das Bild immer vertrauter. Wenn linke Westdeutsche mit Sympathie für die DDR 1978, auf dem Höhepunkt des bundesdeutschen Atomkonflikts, in dem damals gefeierten Buch der früh verstorbenen Maxie Wander »Guten Morgen, du Schöne – Frauen in der DDR« auf die dort berichtete Äußerung einer DDR-Schülerin stießen, mussten sie schlucken: »Wenn ich aus der Schule komme, gehe ich sofort weg ... Ich habe viele Ideen, vielleicht in ein Kernkraftwerk, das ist was Neues und hat Zukunft.«

Aber in meiner Jugend hätte ein »progressiver« westdeutscher Jugendlicher ähnlich reden können; und in der DDR dauerte nicht nur die Nachkriegszeit, sondern die als Gegenreaktion folgende Zeit der Atomeuphorie länger als im Westen. Noch einige Zeit nach Tschernobyl, als erstmals eine Studentengruppe aus der DDR die Universität Bielefeld besuchte und dort die allgemeine Empörung über die Atomkraft mitbekam, zeigte sich ein Student aus Jena mir gegenüber verärgert: Wir im Westen mit unserer Überempfindlichkeit seien verwöhnt; in der DDR, wo überall Braunkohlegeruch in der Luft liege, hoffe man auf die Kerntechnik. Wie ich jedoch von Mike Reichert erfuhr, bekannte Honecker damals westlichen Gesprächspartnern gegenüber: Wenn die DDR Steinkohle besäße, würde sie auf Kernenergie verzichten.

Mike Reichert geht davon aus, dass die DDR in der Kerntechnik womöglich bedeutende Chancen gehabt habe, und sein leitendes Erkenntnisinteresse zielt auf die Frage, weshalb verheißungsvolle Ansätze schließlich stecken geblieben sind. Einen »Determinismus des Scheiterns«, wie er sich nach dem Ende der DDR nur zu leicht einstellt, wehrt er ab. Stattdessen geht es ihm darum, die Offenheit früherer Entscheidungssituationen zu rekonstruieren. Dabei schlägt er einen weiten Bogen von den Anfängen der DDR bis zu der Stilllegung der ostdeutschen Kernkraftwerke nach der Wende. Der Hauptverdienst seiner Arbeit besteht in der Erschließung eines vielfältigen und umfangreichen Quellenmaterials, von dem die Geschichtsforschung bis zur Wende nichts wusste. Dabei hat Reichert viele neue und wichtige, manchmal geradezu aufregende Resultate erbracht. Im Folgenden zehn Punkte zu den aus meiner Sicht bemerkenswerten neuen Erkenntnissen:

(1) Auffällig sind vor allem in der ersten Zeit die vielen Parallelen zur bundesdeutschen Kernenergieentwicklung. Man findet in Ost- und Westdeutschland zunächst das gleiche Kernforschermilieu, mit ähnlichen Denkstrukturen und Zukunftserwartungen. Auch in der DDR kommt der erste starke Impetus 1955 durch die Genfer Atomkonferenz, obwohl die DDR dort nicht vertreten war. Auch hier stand am Anfang der Ehrgeiz einer eigenen deutschen Reaktorentwicklung, ebenfalls mit einer Präferenz für den Schwerwassertyp, so wie es der Tradition des Uranvereins aus dem Zweiten Weltkrieg entsprach. Daneben existierte auch hier anfangs eine physikalisch-technische Faszination durch einen »homogenen« Reaktortyp, der Brennstoff und Kühlmittel mischt: den »Breipastenreaktor«, einen aus der Rückschau recht abenteuerlich wirkenden Reaktorexoten, der an den zeitweise in Jülich favorisierten Salzschmelz-Brüter erinnert. Zu alledem in der DDR wie im Westen der Ehrgeiz einer eigenen Brüterentwicklung – man kann verstehen, dass Leonid Breschnew über solche Pläne nur staunen konnte! Während in der Bundesrepublik die Spannung zwischen den Zukunftsreaktoren der Kernforschungszentren und den Gegenwartsreaktoren der Industrie im Allgemeinen eher latent blieb, gab es in der DDR zwischen beiden Aktionslinien eine »erbitterte Auseinandersetzung«, die ein Licht darauf wirft, dass man sich vom Innenleben eines »totalitären« Staates mit zentraler Planwirtschaft oft falsche Vorstellungen gemacht hat.

(2) Auch sonst entspricht vieles in der Geschichte der ostdeutschen Kernenergiepolitik keineswegs den üblichen Vorstellungen von einem totalitären System. Die eigens für Atomfragen eingerichtete Parteikommission war zu einer effektiven Steuerung der Entwicklung ebenso wenig imstande wie ihr Bonner Pendant, die Deutsche Atomkommission. Die Rivalitäten und Verteilungskämpfe zwischen verschiedenen Wissenschaftlergruppen wirken in der DDR zeitweise sogar eher noch schärfer als im Westen. Und die DDR-Führung hatte, anfangs zumindest, vor den Kernforschern einen bemerkenswerten Respekt; diese konnten sich erstaunlich viel leisten. Der praktische Nutzen der Atomphysiker wurde von den wissenschaftsgläubigen Kommunisten, wie es scheint, sogar etwas mehr überschätzt als von den Bonner Christdemokraten; erst allmählich scheint man begriffen zu haben, dass Atomphysiker keine Kernkraftwerke bauen können. Die in diesem Zusammenhang vom Verfasser gezogene Quintessenz, dass ein »Geburtsfehler der Kernenergiewirtschaft in der DDR« in dem mangelnden Durchsetzungsvermögen der Wissenschaftler gelegen habe, erscheint mir überprüfungsbedürftig: Die Atomforscher genossen doch ganz erhebliche Privilegien und auch am Selbstbewusstsein scheint es ihnen nicht gefehlt zu haben. Aber nur unter Leitung der Industrie konnte der Bau von Kernkraftwerken zum Erfolg führen. Daher würde ich eher vermuten, dass die anfängliche Zurückhaltung der Industrie ein Handicap für den ostdeutschen Start in die Atomwirtschaft war.

(3) Beim Studium der bundesdeutschen Akten war ich oft verblüfft darüber, wie belanglos für den Gang der Dinge die Atomprogramme waren, die von den älteren politologischen Untersuchungen als Marksteine so wichtig genommen worden waren. Aber auch in der DDR scheint es trotz zentraler Planwirtschaft nicht so sehr anders gewesen zu sein. Auch hier fehlte es an einer effektiven zentralen Steuerung. Und immer wieder stößt man darauf, dass die Atomplaner die Rechnung ohne den Wirt machten, wenn sie sich nicht rechtzeitig der sowjetischen Kooperation vergewisserten. Die Sowjetunion ließ sich ihrerseits in atomaren Angelegenheiten nicht auf langfristige Verpflichtungen festlegen und wiederholt bescherte sie der DDR unangenehme Überraschungen. Darin lag gewiss ein Grunddilemma der ostdeutschen Atompolitik; aber Schwierigkeiten kamen auch aus der DDR selbst. Es liegt eine Ironie darin, dass – wie der Verfasser bemerkt – ausgerechnet das Kernenergieprogramm von 1983 das »umfangreichste und detaillierteste Programm« der DDR-Geschichte war; denn es fiel in eine Zeit, als die DDR in der Kerntechnik kaum noch vorankam. Nebenbei: Auch das größte bundesdeutsche Atomprogramm, das von 1973/74, wurde das größte Fiasko. Eine verborgene deutsch-deutsche Konvergenz!

(4) Besonders spannend ist die Frage, wie weit die DDR die eigenen Uranvorkommen, obwohl diese gänzlich dem sowjetischen Zugriff unterlagen, als entscheidenden Faktor in ihre nuklearen Perspektiven einbezog. Dieser Bereich war bis zur Wende für die Öffentlichkeit vollkommen undurchsichtig. Da ist es hochinteressant, wie in der DDR-Führung doch immer wieder die Grundposition durchschlug, dass dieses Uran eigentlich eine heimische Ressource darstelle, und sich ein Selbstbewusstsein zeigte, die größten Uranvorkommen Europas zu besitzen. Nicht nur mit der Braunkohle, sondern auch mit dem Uran war man energiewirtschaftlich potenziell autark. Ein solches Bewusstsein war in der DDR durchaus vorhanden. Insofern besaß die DDR eigentlich ein sehr starkes Motiv, die Kernenergieentwicklung voranzutreiben. Um die Bergakademie Freiberg entwickelte sich eine regelrechte »Uranlobby«. Wohl nicht zuletzt mit Blick auf die heimischen Uranlager suchte die DDR, als ihr der Reaktorbau genommen war, ihr Heil in der Brennelementfertigung: eine aus der Rückschau nicht gerade glückliche Entscheidung. Dennoch blieb der Urankomplex Wismut für die DDR stets ein absolutes Tabu: In diesem Punkt blieben die Sowjets unerbittlich. An diesem militärisch sensibelsten Punkt bekam die DDR es immer wieder zu spüren, dass sie ein besiegtes Land war; das hatte man in den 1950er- und 60er-Jahren offenbar so nicht erwartet.

(5) Aus den offiziellen DDR-Dokumenten musste man stets den Eindruck gewinnen, dass man der DDR-Führung einen Vorwurf ganz gewiss nicht machen könne: dass sie die Bedeutung neuer Technologien unterschätzt habe. Eher hatte ich den Eindruck, dass man in der DDR die Bedeutung der Spitzentechnik über- und die der Alltagstechnik unterschätzt habe. Hier zeigt sich jedoch exemplarisch die begrenzte Aussagekraft offizieller Dokumente. Der Verfasser weist darauf hin, dass die öffentlichen Bekenntnisse zur Kerntechnik mehr und mehr verschleierten, dass die tatsächlichen Prioritäten anders lagen. Die DDR war in Wirklichkeit längst nicht so kernenergiebegeistert, wie sie nach außen schien und wie man es von der Logik ihrer Energieressourcen her hätte erwarten können. Fragt sich nur, ob man sie dafür kritisieren soll!

(6) Besonders fesselnd sind die Ausführungen des Verfassers über die große Wende der ostdeutschen Kernenergiepolitik in der ersten Hälfte der 1960er-Jahre: eine Wende, deren Bedeutung in dieser Schärfe der Öffentlichkeit nicht bekannt war. 1962 verzichtete die DDR auf einen eigenen Turbinenbau, 1965 darüber hinaus auf die Lieferung eigener Kernkraftwerksausrüstungen: Aus der Rückschau war die Geschichte der Kerntechnik als ein Stück DDR-eigene Industriegeschichte damit im Grunde beendet. Wie erklärt sich diese Wende der Dinge; musste sich die DDR einer sowjetischen Entscheidung beugen? Nach den Ausführungen des Verfassers sieht es ganz so aus, als sei der wesentliche Anstoß aus der DDR selbst gekommen. Aufschlussreich ist die Äußerung

Walter Ulbrichts im November 1960, dass aufgrund der vorhandenen Braunkohlebasis keine Energielücke bestünde. War das Problem der sich zunehmend verschlechternden Braunkohlequalität damals noch nicht zu erkennen? Eher deutet sich hier an, dass das Fehlen einer freien Öffentlichkeit in der DDR nicht anders als in der Sowjetunion dahin führte, dass selbst die Staatsspitze über delikate Dinge unzulänglich informiert war. Bemerkenswert ist im Übrigen, dass Ulbricht nunmehr die Kerntechnik unter energiewirtschaftlichem Aspekt beurteilt; das war in den 1950er-Jahren, wie der Verfasser zeigt, noch nicht so gewesen – ebenso wenig übrigens auch in Bonn. Es kann überraschen, wie brüsk Ulbricht 1965 die ehrgeizigen Kernkraftpläne von Klaus Fuchs zurückweist: Dafür fehle in der DDR die industrielle Basis und das gehe nur auf Kosten des Lebensstandards der Bevölkerung. Der Verfasser hat wohl Recht, dass Ulbricht die Dinge in diesem Fall realistischer sah als Fuchs.

Merkwürdig ist nun allerdings, mit welcher Heftigkeit, ja geradezu herausfordernder Schärfe Ulbricht 1967 gegenüber Breschnew und Kossygin auf den Bau von Kernkraftwerken und auf die Beteiligung der DDR-Industrie bis hin zum Bau des Reaktorkerns drängt! Wie passt das zu seinen Äußerungen nur wenige Jahre zuvor? Die ersten Erfahrungen mit dem 1966 in Betrieb gegangenen Kernkraftwerk Rheinsberg scheinen nicht allzu verheißungsvoll gewesen zu sein. Daher vermute ich, dass Ulbricht, der jetzt mit Vorliebe von »Weltniveau« sprach – was konkret »Westniveau« bedeutete –, sich hier an dem weltweiten Trend orientierte: Seit Mitte der 60er-Jahre kam, von den USA ausgehend, der erste große Kernkraft-Bestellboom ins Rollen. In dieser Situation muss es für die DDR verdrießlich gewesen sein, dass sie gerade davor aus dem Kraftwerksgeschäft ausgestiegen war! Die allgemeine nukleare Baisse der frühen 60er-Jahre wird das vorherige Verhalten der DDR-Führung beeinflusst haben; auch das RWE baute damals das Kernkraftwerk Gundremmingen eher lustlos und vorwiegend deshalb, weil es von Bonn gedrängt und geködert wurde.

(7) Die Darstellung enthält manche Nebenaspekte, die eine eingehendere Beachtung verdienten. Aus meiner Sicht von besonderem Interesse sind die Hinweise auf den Wandel der politischen Kultur, des Kommunikationsstils, der Generationenmentalität im Verlauf der Geschichte der DDR. Der Verfasser fand, dass die Akten aus der nuklearen Frühzeit am aussagekräftigsten sind und mit dem Voranschreiten der Zeit in der Substanz fader werden. In den bundesdeutschen Akten habe ich über weite Strecken ganz ähnliche Beobachtungen gemacht. Am Anfang bestanden noch keine Sprachregelungen und es gab keine vollendeten Fakten zu verteidigen. Aber wohl noch etwas anderes ist von Bedeutung: In den 50er-Jahren saß in den Führungspositionen noch eine Generation, die ihre Erziehung nicht in der DDR erfahren hatte und vom Schicksal ziemlich herumgestoßen worden war. Damals scheint es zumin-

dest in der internen Kommunikation noch üblich gewesen zu sein, Probleme im Klartext anzusprechen und dabei kein Blatt vor den Mund zu nehmen.»Die Russen waren schon immer faul« (Gustav Hertz 1957), – es fällt schwer, sich eine solche Bemerkung in einer Akte der 70er-Jahre vorzustellen!! Oder Heinz Barwichs offenherziges Bekenntnis (wohl 1958), wie man auf Kongressen im Westen der Bürokratie ein Schnippchen schlägt und sich um Geheimhaltungsvorschriften den Teufel schert: Dokument einer Zeit, in der führende Atomforscher vor der Stasi noch nicht viel Angst zu haben brauchten! Interessant ist auch, wie – nicht nur in dieser Arbeit – die Ulbricht- und die Honecker-Ära eine Umwertung erfahren. War einst »der Spitzbart« vielfach gefürchtet und verhasst,»Honni« dagegen selbst im Westen geradezu populär, erscheint hier Ulbricht als in einem hohen Maße wissenschafts- und technikbewusster Staatschef, der die Probleme relativ klar sieht und sich keine Potemkinschen Dörfer vormachen lässt, während Erich Honecker demgegenüber eine deutlich schlechtere Figur macht.

Von der bundesdeutschen Kernenergiehistorie herkommend, ist man auf den Umgang mit der nuklearen Sicherheitsproblematik in der DDR besonders gespannt. Aber dazu findet man nicht viel. Nicht nur in der Öffentlichkeit, sondern auch hinter den Kulissen hat es offenbar keinen intensiven Diskurs über Reaktorsicherheit gegeben. Von dem Kernenergiekonflikt, der in der Bundesrepublik über viele Jahre mit größter Heftigkeit tobte und der mitunter bis an den Rand des Bürgerkriegs eskalierte, scheint man in der DDR erstaunlich wenig beeindruckt gewesen zu sein, auch wenn man die bundesdeutsche Reaktorsicherheitsstudie und andere Einzeldokumente studierte. Als ich in der Zeit der Wende an der TU Dresden, im »Tal der Ahnungslosen« (ohne Empfang des West-Fernsehens!), einen Vortrag zur Geschichte der bundesdeutschen Atomwirtschaft hielt, fragte mich ein dortiger Kerntechniker, hier im Osten habe man sich manche Sorgen um die nukleare Sicherheit gemacht; ob es dergleichen auch im Westen gegeben habe?!

(8) Hier bestätigen die Akten den schon vorher bestehenden Eindruck: Wie man die Kernkraftwerke aus der UdSSR übernahm, überließ man auch die nukleare Sicherheit weitgehend den Sowjets. Eine kritische Diskussion der sowjetischen Reaktorsicherheit und entsprechende Revision der sowjetischen Reaktortechnik war bis Tschernobyl nicht zulässig.»Intelligenz statt Beton« war die Parole; im Klartext: das fehlende Containment durch ein exzellent geschultes Personal wettzumachen, das die Gewähr bietet, dass solche Störfälle gar nicht erst eintreten, die ein Containment erforderlich gemacht hatten. Aber diese Sicherheitsphilosophie bedeutete doch im Grunde, aus der Not eine Tugend zu machen; denn Intelligenz ist nicht durchweg ein geeigneter Ersatz für Beton. Außerdem: Woher soll die hohe Geistesgegenwart in brenzligen Situationen kommen, wenn nur so wenig Risikodiskussion zugelassen ist?

Nicht einer gewissen Pikanterie entbehren die Passagen über das bundesdeutsche Wiederaufarbeitungsprojekt Gorleben. Dieses äußerst heftig umstrittene Projekt bedeutete eigentlich eine Herausforderung an die DDR, da Gorleben ja in einem Zipfel der BRD lag, der in die DDR hineinragte, und eine katastrophale Freisetzung radioaktiver Emissionen vor allem die DDR geschädigt hätte. Die DDR erhob denn auch Einspruch: aber nicht deshalb, weil sie ernsthaft an der Sicherheit der Wiederaufarbeitungsanlage gezweifelt und nach deren Verhinderung gestrebt hätte, sondern offenbar vor allem deshalb, um mit der BRD auf lukrative Art in Sachen »Atommüll« ins Geschäft zu kommen!

(9) Das Problem der Verquickung von ziviler und militärischer Kerntechnik dagegen wurde, wie der Verfasser zeigt, in der ersten Zeit von den Atomforschern der DDR nicht weniger beachtet als von ihren Kollegen im Westen. Zwar gab es in der DDR kein öffentliches Pendant zum Göttinger Manifest; aber der couragierte Max Steenbeck ließ doch keinen Zweifel daran, dass er unter keinen Umständen bereit war, an einer Entwicklung von Atomwaffen mitzuarbeiten. Auch andere Atomforscher machten aus ihrer tiefen Abneigung gegen das Militär keinen Hehl. Interessant ist, dass die DDR-Führung auf diese Aversion Rücksicht nahm. Allerdings stand eine Mitarbeit der DDR an der sowjetischen Kernwaffenentwicklung wohl ohnehin nicht zur Debatte.

(10) Die wohl allerschwierigste Frage der ganzen Arbeit ist die Problematik der Bewertung: Woran will man messen, was die DDR in der Kernenergie hätte erreichen können? Oft geschieht die Bewertung durch den Vergleich mit der Bundesrepublik; das führte jedoch leicht zu Fehlurteilen, da die BRD von ihren ökonomischen Strukturen, Kapazitäten und internationalen Konnexionen her ganz andere Möglichkeiten besaß als die DDR. Der von Reichert eingeschlagene Weg des Vergleichs mit der ČSSR erscheint demgegenüber realistischer; denn diese besaß von ihrer Wirtschaftskapazität und RGW-Zugehörigkeit viel ähnlichere Ausgangsbedingungen. Es würde sich für künftige Historiker lohnen, diesen Faden weiterzuverfolgen.

Frappant sind auch manche vom Verfasser berichtete Episoden, die Stoff zum Nachdenken geben: so etwa das Durcheinander bei der Inbetriebnahme des Rossendorfer Forschungsreaktors 1957. Der Hauptingenieur sperrt sich hartnäckig, weil der hemdsärmelige Minister Fritz Selbmann eigenmächtig das Siegel erbrochen hat; die sowjetische Anlasserbrigade setzt dann von sich aus die Kettenreaktion in Gang: welch eine Story! Dem Kommentar des Verfassers, dass für die DDR »im Wettlauf mit der Bundesrepublik jede Minute zählte«, würde ich allerdings nicht zustimmen. Für das Wohlergehen der DDR-Bürger war es ganz gleichgültig, ob ein solcher Forschungsreaktor ein paar Wochen früher oder später in Betrieb ging. Aber auch in der Bundesrepublik gab es ähnliche Wettlaufspiele.

Die Frage der Bewertung ist und bleibt ein vertracktes Problem. Wie die Geschichte der DDR im Ganzen und im Detail zu beurteilen ist, darüber werden sich die Historiker gewiss noch lange streiten, sofern sie sich der Werturteilsproblematik überhaupt stellen. Welche Chancen die DDR in der Kerntechnik, objektiv betrachtet, besaß, beruht auf der Bewertung der Wirtschaftskraft der DDR insgesamt, der Vorzüge alternativer Projekte, der Vor- und Nachteile der Kerntechnik überhaupt: Fragen über Fragen! Eines scheint man dennoch festhalten zu können: Wenn man schon auf den eigenen Reaktorbau verzichtete, war es vernünftig, das Engagement in der Kernenergie überhaupt zu minimieren; denn dann blieben nur ziemlich unattraktive Bereiche des Brennstoffkreislaufs übrig. Daher bezweifle ich, ob die DDR in der Kerntechnik große Chancen verpasst hat. Es ist zu bedenken, dass auch führende Leute der bundesdeutschen Elektrobranche das starke Engagement in der Kerntechnik längst bereuen; manche glauben, dass die BRD dadurch in der Elektronik zurückgeworfen worden sei. Wenn die DDR große Pläne in der Chemie und der Braunkohleveredelung hatte, blieb ihr vermutlich gar nichts anderes übrig, als in der Kerntechnik kurzzutreten. Dennoch gestehe ich Reichert gerne zu, dass die Hypothese der »verpassten Chancen« bei der Aufarbeitung der DDR-Geschichte ihren heuristischen Wert besitzt und man nicht zu rasch auf eine deterministisch-fatalistische Linie einschwenken sollte!

Wie ist das Ende der DDR-Kernkraftwerke zu beurteilen? Natürlich hat der Verfasser recht: Das Ende wurde im Wesentlichen von außen diktiert, von der bundesdeutschen Energiewirtschaft, und auch die Kernkraftgegner des Westens, die in der alten Bundesrepublik nicht vorankamen, fanden in der zerfallenden DDR ein Terrain, das endlich Erfolgserlebnisse bescherte. Ist daher ein sarkastischer Schlusstenor begründet? Aber auch Reichert resümiert, dass die DDR längst zum »Versuchsfeld« sowjetischer Reaktorentwicklung abgesunken war: eine vor dem Hintergrund von Tschernobyl überhaupt nicht ersprießliche Rolle, auch dann nicht, wenn man die Kerntechnik im Grundsatz bejaht. Wenn mir 1988 ein sowjetischer Reaktortechniker, der nach Tschernobyl in eine führende Position gelangt war, auf meine Frage nach der sowjetischen Reaktorsicherheitsphilosophie lachend erwiderte, diese Philosophie lasse sich bis Tschernobyl in einem Satz zusammenfassen: »Was sowjetische Ingenieure bauen, ist sicher« (und nach Tschernobyl in den anderen Satz: »Komponenten aus der BRD sind sicher«), war das wohl kein Witz, das erkennt man auch bei der Lektüre dieser Dissertation.

Höhepunkt oder nukleare Scheinblüte?

In den 1960er-Jahren war die Bundesrepublik Deutschland in die Kernenergienutzung eingestiegen: zuerst ideell, dann experimentell, schließlich kommerziell. Zunächst wurden einige kleinere Prototypen errichtet, wie das Versuchsatomkraftwerk Kahl, ein Siedewasserreaktor mit einer Leistung von 15 MW; der Baubeginn war 1958, den kommerziellen Betrieb nahm es 1962 auf und es war damit das erste Kraftwerk auf deutschem Boden. Dann erfolgte eine Bereinigung des Spektrums an Reaktorlinien und der Bau zweier Demonstrationsanlagen späterer Siedewasserreaktoren: Gundremmingen A, mit dessen Bau 1962 begonnen wurde und das den kommerziellen Betrieb 1967 mit einer Leistung von 250 MW aufnahm, sowie Lingen, das 1968 nach vierjähriger Bauzeit mit einer Leistung von 250 MW ans Netz ging.

Danach begann die Phase des Baus großer Kernkraftwerke mit Leichtwasserreaktoren. Das erste, Obrigheim, war ein Druckwasserreaktor, mit dessen Bau man 1969 anfing; er war auf eine Leistung von 357 MW ausgelegt und nahm 1969 seinen kommerziellen Betrieb auf. Überwiegend in den 70er-Jahren wurde mit dem Bau von 20 großen Leichtwasserreaktoren begonnen, die meisten von ihnen gingen zwischen 1975 und 1985 ans Netz.

Trotz erster Widerstände, mit Protestaktionen auch an den Bauzäunen und Schlachten zwischen Demonstranten und Polizei, boomte die Atomindustrie: Davon darf der Atomkonflikt, der in den Medien Schlagzeilen machte, nicht ablenken. Zwar nahmen Skepsis und Ablehnung in weiten Teilen der Bevölkerung unverkennbar zu und strahlten auch auf die Politik aus – nach 1980 zogen die Grünen in die Parlamente ein –, doch vorerst sprachen die Fakten eine andere Sprache. Beinahe jedes Jahr gingen Anlagen ans Netz, der Anteil der Kernenergie an der Stromerzeugung stieg beständig an. Mit den sogenannten Konvoianlagen schien eine ausgereifte und standardisierte Druckwasserreaktor-Technik gefunden zu sein, durch die sich immer neue, langwierige Genehmigungsverfahren erübrigten. Gleichwohl scheiterte die Zielsetzung einer Standardisierung an der föderalen Struktur des deutschen Genehmigungsrechts und es kam nur zum Bau dreier Konvoikraftwerke (Isar 2, Emsland und Neckarwestheim 2). Die damaligen Verlautbarungen der Atomindustrie dokumentieren die Überzeugung, man stünde erst am Anfang einer massiven Ausbauphase. Voller Optimismus sprach die Atomwirtschaft zwischen 1980 und 1985 von einer »Konsolidierung« der Kernenergie. Dem wachsenden Widerstand in der Öffentlichkeit glaubte man mit mehr »Information« begegnen zu können. Bewies nicht die Geschichte, dass alle Proteste gegen neue Technik am Ende wirkungslos verpufften und schließlich vom unaufhaltsamen Gang des technischen Fortschritts überrollt wurden? In einschlägigen Kreisen der Wirtschaft war man immer noch davon überzeugt, dass der Massenprotest gegen die Kernkraft sich lediglich aus verbreiteter Unkenntnis speise; man werde die Bevölkerung am Ende überzeugen können: Durch verstärkte Öffentlichkeitsarbeit würden auch die Letzten schließlich einsehen, wie unverzichtbar, kostengünstig, umweltfreundlich und sicher die Kernenergie wirklich sei. Es schien nur eine Frage der Zeit und des langen Atems, bis diese Strategie zum Erfolg führen würde. Als es ab 1980 jahrelang um die Kernenergie relativ ruhig wurde – zumindest im Vergleich mit den militanten Konflikten in den Jahren davor – schien diese Zuversicht bestätigt.

Zu Beginn des breiten Einstiegs in die Kernenergie in den 1970er-Jahren herrschten im Hinblick auf das Ausmaß des Kernenergieausbaus teilweise grandiose Vorstellungen, die durch die Ölkrise vom Herbst 1973 sogar noch beflügelt wurden. Für andere war die Ölkrise ein schlagender Beweis für das Erreichen der »*Grenzen des Wachstums*« – so der Titel des Welt-Bestsellers des Club of Rome von 1972 – ein Hinweis auf die Notwendigkeit einer großen Kehrtwende zum Energiesparen hin. Daneben aber trieben nukleare Träume in Industrie und Politik neue Blüten.

Als Beispiel mögen Zukunftsprojektionen dienen, die noch in der Bundestags-Enquete-Kommission »Zukünftige Kernenergie-Politik« vorgebracht wurden, jetzt allerdings nur noch als mögliche Option neben anderen auf Energiesparen ausgerichteten Pfaden. Die Kommission arbeitete von 1979 bis 1983 und hat im Hinblick auf die parlamentarische Behandlung des Kernenergiethemas Außerordentliches geleistet. In ihrem »Bericht über den Stand der Arbeiten und die Ergebnisse« vom 27. Juni 1980 hat sie energiepolitische Handlungsmöglichkeiten aufgezeigt. Um das breit gefächerte Spektrum der damaligen Vorstellungen abzudecken, konzipierten ihre Teilnehmer vier repräsentative energiepolitische Pfade für einen Zeitraum von fünfzig Jahren. Für die quantitative Ausgestaltung der Pfade führte man Faktoren ein wie Bevölkerungsentwicklung, Wirtschaftswachstum, Komfortniveau der privaten Verbraucher, Struktur der Wirtschaft, Ausmaß des Energieeinsparens, Technologien zur Primärenergieumwandlung und Art der verfügbaren Primärenergieträger. Bezüglich der Nutzung der Kernenergie gingen die Pfade 1 und 2 von einem starken Ausbau der Kernenergie, Pfad 3 von einer Nutzung bis zum Jahre 2000 und Pfad 4 von einem gänzlichen Verzicht auf die Kernenergie aus. Die Pfade 1 und 4 wurden schnell als Extremszenarien abgetan, die Pfade 2 und 3 dagegen galten als gemäßigt. Politiker, Experten und die Öffentlichkeit sahen sie häufig als die glaubwürdigsten Varianten.

In Sachen Kernenergie unterschieden sich die Pfade 2 und 3 in folgender Weise: Während Pfad 3 von einem Auslaufen der Kernenergie bis 2000 ausging, legte der Pfad 2 einen Zubau von 2 GW pro Jahr – also drei Großkraftwerke alle zwei Jahre – bis zum Jahr 2000 und danach bis 2030 den weiteren Ausbau von 4 bis 4,5 GW – das heißt drei bis vier große Kraftwerke – jährlich zugrunde. Das hätte bedeutet, dass im Jahr 2000 etwa 40 GW, entsprechend circa 30 Blöcke à 1300 MW, und 120 GW im Jahr 2030, das entspricht circa 90 Blöcken, installiert gewesen wären; davon wären ungefähr die Hälfte Schnelle Brüter gewesen. Dazu wäre mindestens eine großtechnische Wiederaufbereitungsanlage gekommen.

Die weiterhin zu Grunde liegenden Annahmen für Pfad 2 waren aus damaliger Sicht nicht etwa exotisch oder unrealistisch, sondern sogar eher gemäßigt. Die Stichworte dafür lauteten: Wirtschaftswachstum niedriger als erwartet, zusätzlicher Bedarf an fossilen Brennstoffen, starke Energieeinsparung, mittlerer Strukturwandel. Ähnliche Szenarien zur energiewirtschaftlichen Zukunft und zum Beitrag der Kernenergie waren in den 1970er-Jahren – nach dem »Ölschock« von 1973 – üblich und normal. Dagegen galten energiepolitische Projektionen ohne Kernenergie (Pfad 4) oder mit einem Auslaufen der Kernenergie (Pfad 3) weithin als unrealistisch, wenn nicht gar als völlig weltfremd. Insofern spiegelte der Pfad 2 der Enquete-Kommission etwa das, was die Atomwirtschaft als ihre Realität ansah.

Die Realität hält mit der Euphorie nicht Schritt

Betrachtet man die Entwicklung von Auftragserteilung, Baubeginn und Inbetriebnahme der großen Leichtwasserreaktoren genauer – also den tatsächlichen Ausbau des Kernkraftwerkparks –, gibt es gleichwohl einige Auffälligkeiten, die zur atomaren Euphorie jener Zeit nicht recht passen. Insgesamt wurden in der Bundesrepublik Deutschland 21 Anlagen errichtet. Vor 1970 wurde mit dem Bau von drei großen Leichtwasserreaktoren begonnen: Obrigheim 1965, Stade 1967 und Würgassen 1968. Zwischen 1970 und 1979 wurde der Bau von 15 Anlagen in Angriff genommen. Nach 1980 waren es lediglich noch drei, nämlich die drei Konvoianlagen der Druckwasserreaktorlinie. Das heißt, der Bauboom fand in den 70er-Jahren statt. Nach 1982 wurde kein Projekt mehr begonnen!

Nimmt man dazu den Zeitpunkt der Inbetriebnahme der Kernkraftwerke in den Blick, ergibt sich ein ähnliches, zeitlich etwas verschobenes Bild. Das Gros der Anlagen nahm ihren Betrieb in der Zeit zwischen 1975 und 1985 auf, nämlich 14 Anlagen; zwei Anlagen gingen vor 1975 ans Netz; fünf Anlagen nahmen 1986 und später ihren Betrieb auf, nämlich die drei Konvoianlagen im Jahre 1988 sowie das Kernkraftwerk Brokdorf im Dezember 1986 und Mülheim-Kärlich 1987 – das allerdings nur für weniger als ein Jahr. Alles in allem fielen Baubeginn und Inbetriebnahme des größten Teils der 21 deutschen großen Leichtwasserreaktoren in die Zeit zwischen 1970 und 1985. Der Ausbau des Kernkraftwerksparks war faktisch 1982 beendet (was übrigens mit der Situation in den USA korrespondiert; dort wurde schon

Jahre zuvor, seit der Regierung Jimmy Carters, kein neues Kernkraftwerk mehr bestellt). Die Gründe dafür sind bis heute undurchsichtig geblieben. Sie dürften in erster Linie ökonomischer Natur sein – die Baukosten stiegen und es bestanden Überkapazitäten; Politik und Publicity spielten sicher zunehmend eine Rolle – die Akzeptanz in der Öffentlichkeit wurde immer geringer.

Die meisten Leistungsreaktoren waren 1988/89 in Betrieb, also unmittelbar nach Tschernobyl; es waren zu diesem Zeitpunkt 21 Leichtwasserreaktoren und der THTR-300 (Thorium-Hoch-Temperatur-Reaktor) am Netz, die zusammen rund ein Drittel des bundesdeutschen Strombedarfs abdeckten (Anhang, Tab. 1).

Der Ausbau der Leichtwasserreaktoren war in Deutschland also bereits vor der Reaktorkatastrophe von Tschernobyl beendet. Der Optimismus von Herstellern und Betreibern insbesondere in der ersten Hälfte der 1980er-Jahre richtete sich folglich vor allem darauf, dass die in Bau befindlichen Anlagen möglichst störungsfrei fertiggestellt werden würden und zusammen mit den schon laufenden Anlagen möglichst lange Strom würden liefern können.

Auch die beiden nicht zur Leichtwasserreaktorlinie gehörigen Projekte von Hamm-Uentrop und Kalkar gaben in den frühen 80er-Jahren (noch) keinen Grund zur Sorge. Mit dem Bau des THTR-300 in Hamm-Uentrop war 1971 begonnen worden. Nach zwölf Jahren Bauzeit – projektiert worden waren fünf Jahre – wurde er 1983 fertiggestellt – und schon bei der Inbetriebnahme gab es Störungen, 1985 speiste der Reaktor erstmals Strom ins öffentliche Netz. Der SNR-300 (Brutreaktor) war seit 1972 bei Kalkar im Bau. Nach langer, problematischer Bauzeit und enormen Kostensteigerungen machte er in den Jahren von 1982 bis 1985 deutliche Fortschritte, sowohl im Fortgang des Genehmigungsverfahrens als auch der Bauarbeiten. 1985 wurde die Anlage fertiggestellt und war nun im Prinzip einsatzbereit.

Die Schließung des Brennstoffkreislaufs bleibt Utopie

Bezüglich der Pläne einer nationalen Wiederaufbereitung war allerdings das Scheitern des Nuklearen Entsorgungszentrums (NEZ) in Gorleben im Jahr 1979 und das damit verbundene Aus für eine Wiederaufarbeitungsanlage in Niedersachsen eine schwere Niederlage der Atomwirtschaft. Sie ließ sich dadurch jedoch zunächst nicht entmutigen, denn die bayerische Landesregierung erklärte sich kurz darauf bereit, eine derartige Anlage in Bayern zu akzeptieren.

Im Jahr 1981 kam der Standort Wackersdorf in die engere Auswahl. Obwohl sich umgehend starker Widerstand in der Bevölkerung regte, entschied sich die Antragstellerin, die Deutsche Gesellschaft für Wiederaufarbeitung von Kernbrennstoffen (DWK), für diesen Standort. Im September 1985 erteilte das bayerische Umweltministerium als zuständige Genehmigungsbehörde die erste Teilerrichtungsgenehmigung. Noch im selben Jahr begannen die Bauarbeiten.

Zur Jahreswende 1985/86 kam es zu ersten teilweise gewaltsamen Auseinandersetzungen um Wackersdorf, die 1986 und in den darauffolgenden Jahren eskalierten. Bis zu diesem Zeitpunkt jedoch sah sich die Antragstellerin und designierte Betreiberin DWK juristisch im Recht, denn die Genehmigungsbehörden und Gerichte stimmten ihren Anträgen und ihrer Vorgehensweise zu. Die Atomindustrie sah sich insofern trotz wachsenden Protests in ihrem Ansatz bestätigt; es schien keinen Grund zu geben, an der Gesamtstrategie zur Etablierung eines umfassenden Kernenergiesystems zu zweifeln. Die Wiederaufarbeitungsanlage, nunmehr in Wackersdorf in Angriff genommen, sollte in diesem System eine zentrale Rolle spielen. Ihre Durchsetzung erschien machbar und allenfalls eine Frage der ökonomischen und politischen Machtverhältnisse.

Tatsächlich war die »Schließung des Brennstoffkreislaufs« während der gesamten 1970er-Jahre das Zauberwort der nuklearen Vision, wobei die Endlagerproblematik bisweilen in der Versenkung zu verschwinden schien und es den Anschein haben konnte, als habe die Kernenergie das neue ökologische Ideal des geschlossenen Kreislaufs schon erreicht. Kritische Geister mahnten jedoch weiterhin diese Schließung des Brennstoffkreislaufs an – gegen ein beschränktes Denken der Energiewirtschaft, der es einzig um die Kraftwerke ging. Seit Anfang der 1970er-Jahre konkretisierten sich entsprechende Überlegungen, für den nuklearen Brennstoff einen (nahezu) geschlossenen Kreislauf zu entwickeln, in dem die im Reaktor abgebrannten Brennelemente in die Wiederaufbereitung kommen. Dabei werden die noch nutzbaren spaltbaren Materialien $U\,235$ und Plutonium aus dem Brennstoff herausgelöst und anschließend dem Fertigungsprozess neuer Brennelemente wieder zugesetzt (Anhang, Abb. 1). Bei der Anreicherung wird der Anteil des spaltbaren Uranisotops $U\,235$ von 0,7 Prozent im Natururan auf vier bis fünf Prozent erhöht, was für den Einsatz im Leichtwasserreaktor aus physikalischen Gründen erforderlich ist. Ferner kommt im Leichtwasserreaktor in gewissem Umfang Brennstoff zum Einsatz, dem Plutonium aus der Wiederaufbereitung zugesetzt ist (Mischoxid-Brennelement, MOX).

Als Kernstück der Brennelementefertigung für deutsche Kernkraftwerke sollten die Hanauer Brennelementefabriken dienen, die später zum Siemens Brennelementewerk Hanau wurden. Die geplante und Ende der 1960er-Jahre realisierte Arbeitsteilung sah vor, dass die NUKEM (Nuklear-Chemie und Metallurgie) Brennelemente für Forschungsreaktoren fertigen sollte. Für Uranbrennelemente in Leichtwasserreaktoren sollte die RBU (Reaktorbrennelemente-Union) zuständig sein, für MOX-Brennelemente in Leichtwasserreaktoren und Brütern die ALKEM (Alpha-Chemie und -Metallurgie). Mit der Herstellung der Brennelemente für HTR wurde schließlich die HOBEG (Hochtemperaturreaktor Brennelemente Gesellschaft) beauftragt.

Im »Brennstoffkreislauf« war die Brennelementefertigung, die auch wiederaufgearbeitetes Plutonium aus abgebrannten Brennstäben verwertete, von zentraler Bedeutung. Die Genehmigungsgeschichte der Hanauer Betriebe ist jedoch eine lange Geschichte voller Ungereimtheiten, geprägt von Versäumnissen, juristischen Problemen und politischen Auseinandersetzungen. Schärfere Sicherheitsauflagen infolge einer Novellierung des Atomgesetzes 1975 zwangen die Hanauer Atombetriebe dazu, Genehmigungsverfahren nachzuholen. Am schärfsten geführt wurde die Kontroverse um die MOX-Brennelemente-Fabrik ALKEM, in der im großen Maßstab Plutonium gelagert und verarbeitet wurde, was mit einem sehr hohen Risiko für Beschäftigte und Umgebung verbunden war. Als klar wurde, dass die alte ALKEM-Anlage aus Sicherheitsgründen nicht weiterbetrieben werden konnte, konzipierte man eine völlig neue Anlage mit Baubeginn 1982.

Rechtliche Schritte wurden gegen die Hanauer Betriebe zwischen 1980 und 1985 eingeleitet, 1981 drohte die Bundesaufsicht mit der Stilllegung von »ALKEM-alt«. Auch auf politischer Ebene gerieten die Hanauer Betriebe zunehmend in die Schusslinie, insbesondere nachdem die Grünen erstmals 1982 und auch bei den Neuwahlen 1983 in den hessischen Landtag eingezogen waren; Holger Börner war zunächst geschäftsführender Ministerpräsident ohne Mehrheit und ließ seine Regierung seit 1983 von den Grünen tolerieren. 1985 wurde die erste rot-grüne Koalition gebildet, Joschka Fischer wurde Umweltminister und stieg zum neuen Star der Grünen auf; die Verantwortung für Atompolitik blieb allerdings beim Wirtschaftsministerium.

Der Dauerkonflikt um die Hanauer Betriebe veranlasste SPD und Grüne 1985 eine Expertenkommission einzusetzen, die Empfehlungen zur hessischen Atompolitik formulieren sollte. Die Kommission bestand aus je vier von der SPD und von den Grünen benannten Mitgliedern und wurde deshalb scherzhaft »Doppelvierer« genannt. Die SPD hatte den früheren Bundestagsabgeordneten und Vorsitzenden der Enquete-Kommission »Zukünftige Kernenergie-Politik« Reinhard Ueberhorst, den ehemaligen Atommanager Klaus Traube, den Vertreter des hessischen DGB, Horst Hochgreve, und den Frankfurter Verwaltungsrechtsprofessor Rudolf Steinberg benannt. Für die Grünen saßen die Juristen Alexander Roßnagel und Wolfgang Baumann sowie die Mitarbeiter des Öko-Instituts, Michael Sailer und der Verfasser (Lothar Hahn) in dem Gremium. Die Arbeitsgruppe sollte den rechtlichen Handlungsspielraum der Landesregierung in den laufenden Genehmigungsverfahren für die hessischen Anlagen überprüfen. Bei den Hanauer Betrieben erkannte die Gruppe – insbesondere mit Blick auf die Risiken einer großtechnischen Plutoniumnutzung – Möglichkeiten für eine Ablehnung des Genehmigungsantrages für ALKEM.

Aber die Hanauer Betriebe blieben unangetastet. Die ALKEM-Neuanlage wurde weitergebaut und war 1985 praktisch fertiggestellt. Widerstände von Seiten der Bevölkerung, der Bürgerinitiativen und Grünen schienen zu verpuffen, die Hanauer Betriebe unter dem Schutz von Ministerpräsident Börner zu stehen; die Betreiber sahen 1985 keinen Grund, die Ausbaupläne für ihre Brennelementefabriken in Frage zu stellen. Die Atomindustrie fühlte sich in ihrer Strategie des dickfelligen Aussitzens von Problemen bestätigt und blieb dabei, dass mit den Hanauer Betrieben ein wichtiger Pfeiler ihres Kernenergiekonzeptes und des sogenannten Brennstoffkreislaufs zur Verfügung stehen würde.

Die Frage der Endlagerung der radioaktiven Abfälle rückte früh in den Fokus des öffentlichen Interesses. Nach dem Scheitern des NEZ in Gorleben im Jahr 1979 wurde zwar die Planung der oberirdischen verfahrenstechnischen Anlagen aufgegeben, der Salzstock Gorleben blieb jedoch als geplante Endlagerstätte für hochaktive Abfälle im Rennen. Gorleben war 1977 gegen den Rat renommierter Experten gewählt worden – wohl aus politischen Gründen. Zuvor waren alternative Standorte im Gespräch, wurden jedoch verworfen. Die oberirdischen Erkundungsarbeiten in Gorleben liefen 1979 an und setzten sich von 1980 bis 1985 fort. Für die schwach- und mittelaktiven radioaktiven Abfälle war 1975 das stillgelegte ehemalige Eisenerzbergwerk Schacht Konrad bei Salzgitter auserkoren worden. Nachdem Voruntersuchungen zur Eignung positiv ausgefallen waren, stellte die Physikalisch-Technische Bundesanstalt (PTB) als damals zuständige Behörde 1982 den Antrag auf Einleitung eines Planfeststellungsverfahrens.

Für die Gegner der Kernenergie war nun schon seit geraumer Zeit das ungelöste Entsorgungsproblem und das Fehlen eines Endlagers eines ihrer wichtigsten Argumente, aber aus Sicht der Atomindustrie in den Jahren 1980 bis 1985 bestand in diesem Manko kein Hindernis für den weiteren Ausbau der Kernenergie. Zunächst wurde damit argumentiert, dass in der Endlagerfrage kein Zeitdruck bestünde, da für alle Abfallarten genügend Zwischenlagerkapazitäten vorhanden seien. Ferner wurde darauf hingewiesen, dass die Erkundung des Standortes Gorleben begonnen habe und dass es keine Erkenntnisse gäbe, die einer Eignung entgegenstünden. Der Begriff der »Eignungshöffigkeit« kam auf und wurde zunehmend strapaziert, eigentlich ein Begriff aus der Lagerstättenkunde, mit dem die Wahrscheinlichkeit bezeichnet wird, abbauwürdige Lagerstätten zum Beispiel von Erz oder Kohle zu finden.

Für schwach- und mittelaktiven Abfall, hieß es jedenfalls, sei mit Schacht Konrad schon ein geeigneter Standort gefunden; die Genehmigungsprozedur sei eingeleitet. Insofern gäbe es Fortschritte bei der Entsorgung. Damit bestünden die genehmigungsrechtlichen Voraussetzungen für den weiteren Betrieb der Kernkraftwerke, der seit Mitte der 70er-Jahre an den Nachweis gesicherter Entsorgung gebunden war, ebenso wie für den Weiterbau der noch nicht fertiggestellten und noch nicht mit einer Betriebsgenehmigung ausgestatteten Anlagen. Auch in der Entsorgungsfrage war für die Atomindustrie also die Welt im Jahre 1985 noch in Ordnung.

Optimismus trifft auf zunehmenden Widerstand

Parallel zu dieser Entwicklung des Ausbaus der Kernenergie war jedoch in den Jahren 1970 bis 1985 der Widerstand gewaltig angewachsen – zunächst gegen einzelne Anlagen und später gegen die gesamte Kernenergienutzung. Die Bevölkerung vor Ort, Bürgerinitiativen und Umweltverbände formulierten Proteste und leisteten Widerstand. Die Umweltbewegung entstand und weitete sich zur großen politischen Bewegung aus, die die Parteienlandschaft in einem Maße veränderte, wie das seit Gründung der Bundesrepublik nicht geschehen war. Ende der 1970er-Jahre ging aus der Umweltbewegung die Partei der Grünen hervor, die zunächst in den Parlamenten, später auch als Koalitionspartner in Regierungen Umweltpolitik und Atompolitik mitgestaltete.

Parallel zu den Veränderungen der politischen, öffentlichen Landschaft vollzogen sich – weniger spektakulär – auch interne Wandlungsprozesse. Der Atomkonflikt brachte eine schier endlose Zahl von Büchern, Aufsätzen und kritischen Studien hervor. In vielen Fällen waren es keineswegs, wie von der Atomlobby behauptet, unbelehrbare Technikfeinde, von denen die Opposition ausging. Vielmehr entwickelten sich auch auf technisch-wissenschaftlicher Ebene kontroverse Diskussionen über Kernenergie, Sicherheit und Effizienz. Es blieb nicht bei unverbindlichen Diskussionen, sondern neue Institutionen entstanden: von Arbeitsgruppen an Universitäten bis hin zur Gründung von Instituten wie dem Öko-Institut in Freiburg, dem Institut für Energie und Umwelt (IFEU) in Heidelberg und der Gruppe Ökologie in Hannover. Das alles führte dazu, dass die Auseinandersetzung um die Kernenergie zu einem der zentralen gesellschaftlichen Themen im Deutschland der 1970er- und 1980er-Jahre wurde und die Diskussion auch danach nicht mehr abriss. Viele Veranstaltungen und Diskussionsforen in Parteien, Volkshochschulen, Akademien, in kirchlichen und gewerkschaftlichen Kreisen offenbarten, wie tief gespalten die bundesdeutsche Gesellschaft in der Kernenergiefrage war.

Angesichts dieser zunehmenden Kontroverse in der Gesellschaft war es schon erstaunlich, mit welchem Optimismus die Atomindustrie besonders in den Jahren 1980 bis 1985 von der Zukunft der Kernenergie überzeugt war. War es die Überzeugung, dass man die besseren Argumente hatte, die nur von der Gegenseite noch nicht verstanden wurden? War es die Sicherheit, dass ohne Kernenergie die Lichter ausgingen, wie es in den 1970er-Jahren gerne formuliert wurde, oder dass ohne Kernenergie Natur und Klima nicht zu retten seien und dass Wirtschaft und Arbeitsplätze Schaden nähmen? War es Sendungsbewusstsein? War es Gewinnstreben? War es politische Selbstüberschätzung?

War es Verblendung, welche die Atomindustrie dazu verleitete, in den Jahren 1980 bis 1985 von einer »Konsolidierung der Kerntechnik« zu sprechen? Gewiss waren die Fortschritte in den Jahren 1970 bis 1985 bei Planung, Bau und Inbetriebnahme von kerntechnischen Anlagen beachtlich. Es war jedoch auch nicht zu übersehen, dass diese Fortschritte mit teilweise erheblichen Problemen verbunden waren.

Technische Probleme führten immer wieder zu oft sehr großen zeitlichen Verzögerungen und deutlichen Überschreitungen der geplanten Kosten. Bereits eines der ersten großen Kernkraftwerke, der Siedewasserreaktor in Würgassen, der zur Zielscheibe des ersten größeren Anti-AKW-Protests geworden war, bescherte der Herstellerfirma AEG empfindliche Verluste. Neben technischen Problemen waren es wachsende sicherheitstechnische Anforderungen, aber auch selbst verschuldete Schwierigkeiten in den Genehmigungsverfahren, die immer wieder zu Kostensteigerungen, Verzögerungen und nicht selten auch zum Scheitern einzelner Projekte führten.

Insofern zeigt uns das Tableau der Jahre von 1970 bis 1985 ein Gesamtbild, das von zwei extremen Gegenströmungen gekennzeichnet ist: auf der einen Seite den Kernkraftboom, auf der anderen Seite den wachsenden Widerstand, der sich auf immer mehr gesellschaftliche Gruppen ausweitete und zu einem Hauptstrom des neuen Umweltbewusstseins in der Bundesrepublik Deutschland wurde.

Der Aufschwung der Atomwirtschaft endete im Jahr 1985. Und dabei waren es nicht nur die Akzeptanzkrise der Kernenergie in der Gesellschaft, nicht nur Kostenüberschreitungen und Verzögerungen, die die Krise der Atomwirtschaft einleiteten und schließlich zu ihrem Niedergang führten. Der Niedergang war keine sprunghafte, sondern eine in höchstem Maße kontinuierliche Entwicklung, die lange vor 1985 begann. Sie wurde zwar von einem singulären Ereignis in dramatischer Weise überlagert und beschleunigt: der Reaktorkatastrophe von Tschernobyl am 26. April 1986. Aber es wäre viel zu einfach, den Niedergang der deutschen Atomwirtschaft aus einer durch große Reaktorkatastrophen ausgelösten Panik zu erklären. Tschernobyl wirkte – ebenso wie 25 Jahre danach Fukushima – lediglich als Katalysator eines bis dahin zögernden und schleichenden Prozesses.

KAPITEL V

Vom schleichenden zum offenen Niedergang

Beschäftigen wir uns mit den Entwicklungslinien des Niedergangs, wird dessen Vielschichtigkeit und Multikausalität mehr als deutlich. Neben technologischen Rückschlägen kommt es zu relevanten Veränderungen der Atompolitik in Bund und Ländern; Konzepte und Strategien der Atomwirtschaft scheitern, strategische Fehlentscheidungen bleiben nicht aus. Als sichtbarer Ausdruck dieser Entwicklungen werden Atomanlagen vorzeitig stillgelegt oder gehen erst gar nicht in Betrieb.

Für sich allein genommen hätte keine dieser Entwicklungsketten oder keines der Einzelereignisse die Gesamtentwicklung der Kernenergie in Deutschland zwangsläufig negativ beeinflussen müssen. Zusammengenommen aber stellen diese Gegebenheiten ein dichtes Netz ungünstiger Tendenzen dar, die durch gegenseitige Verstärkung schließlich zum Kollaps führten.

Rückschläge, Störfälle und ein Super-GAU

Während sich die Leichtwasserreaktortechnologie in Deutschland in großtechnischem Maße durchsetzte, gab es in den 1970er-Jahren einige Vorkommnisse, die man je nach Sichtweise als Kinderkrankheiten der Nukleartechnik oder spezielle Unvollkommenheiten bestimmter Reaktoren abtun oder aber als Indiz für grundsätzliche Probleme der Kerntechnik insgesamt verstehen kann.

Der Heißdampfreaktor (HDR) in **Großwelzheim**, einem Ortsteil von Karlstein am Main, ging 1969 in Betrieb, speiste 1970 Strom ins Netz, wurde aber 1971 wegen technischer Probleme mit den Brennelementen stillgelegt. Es handelte sich um den Prototyp eines Siedewasserreaktors spezieller Konstruktion mit einer Leistung von 25 MW. Auf dem gleichen Gelände befand sich auch das Kernkraftwerk Kahl.

Bei dem Kernkraftwerk **Niederaichbach** handelte es sich um einen Druckröhrenreaktor, der mit CO_2 gekühlt und mit schwerem Wasser moderiert wurde, um mit Natururan, das heißt nicht angereichertem Uran, betrieben werden zu können. Die Leistung betrug 100 MW, Projektbeginn war 1966. Der kommerzielle Betrieb begann 1973. Nach anderthalb Jahren wurde die Anlage wegen technischer Probleme mit den Dampferzeugern 1974 abgeschaltet. Das Konzept des Schwerwasserreaktors wurde daraufhin nicht mehr weiter verfolgt; er war hinter den Kulissen schon in den späten 1960er-Jahren nicht mehr favorisiert worden.

Gundremmingen A war der erste größere Siedewasserreaktor in Deutschland mit einer Leistung von 250 MW, Baubeginn war 1962, Beginn des kommerziellen Betriebes 1967. Am 13. Januar 1977 ereignete sich dort ein schwerwiegender Störfall. Durch Kurzschlüsse in den externen Hochspannungsleitungen kam es zu Fehlsteuerungen, in deren Folge das Reaktorgebäude mit großen Mengen an radioaktivem Wasser überflutet wurde. Die Anlage blieb endgültig abgeschaltet.

Das Kernkraftwerk **Lingen** an der Ems, ein Siedewasserreaktor mit einer Leistung von 268 MW, hatte 1968 den Betrieb aufgenommen und wurde nach einem Schaden im Dampfumformersystem 1977 endgültig stillgelegt.

Nach Zweifeln an der Eignung des gewählten Stahls für sicherheitsrelevante Rohrleitungen und Komponenten in kerntechnischen Anlagen verfügte die damalige Bundesaufsichtsbehörde, das Bundesministerium des Innern, nach Beratung durch die Reaktor-Sicherheitskommission, einen umfangreichen Rohrleitungsaustausch für die damals im Betrieb beziehungsweise im Bau befindlichen Siedewasserreaktoren der Baulinie 69. Betroffen waren die Anlagen in **Würgassen** (KWW), **Brunsbüttel** (KKB), **Isar 1** (KKI-1) und **Philippsburg 1** (KKP-1). Der hochfeste, aber schwieriger zu verarbeitende Stahl mit der Industriebezeichnung WB35 wurde ausgetauscht gegen einen weniger hochfesten, aber zäheren Stahl, der einfacher zu verarbeiten war. Die Kosten für den Austausch in den vier Anlagen beliefen sich auf insgesamt über 1,5 Milliarden DM, die Stillstandszeiten betrugen mindestens 12 Monate pro Anlage.

Am 18. April 1956 wurde die Gesellschaft für Kernenergieverwertung in Schiffbau und Schiffahrt mbh (GKSS) in Geesthacht gegründet. Die GKSS, die später zu einem der deutschen Großforschungszentren in der Kerntechnik avancierte, ließ zwischen 1963 und 1968 bei den Kieler Howaldtswerken – Deutsche Werft das atomgetriebene Forschungs- und Frachtschiff »**Otto Hahn**« bauen. Die »Otto Hahn« hatte immer wieder Schwierigkeiten, Genehmigungen für die Einfahrt in Häfen zu erlangen. Spötter verglichen das Atomschiff mit dem »Fliegenden Holländer« der Legende, der ruhelos über die Weltmeere irrt. Passagen durch den Sueskanal und den Panamakanal wurden verwehrt. 1979 wurde der Atomantrieb nach 650000 Seemeilen Wegstrecke stillgelegt. Das Schiff wurde verkauft und mit konventionellem Antrieb ausgestattet. Eine wirtschaftliche Konkurrenzfähigkeit konnte nie erreicht werden. Ein forschungspolitischer Nutzen ist bis heute nicht erkennbar. Atomgetriebene Frachtschiffe werden weltweit nicht mehr betrieben.

Diese Beispiele für technologische Rückschläge sind jeweils für sich genommen kein zwingender Grund, an der Zukunftsfähigkeit einer Technologie zu zweifeln. Pannen, technische Probleme, Störfälle und Misserfolge ziehen sich durch die gesamte Technikgeschichte. Sie können auf ein grundsätzliches Dilemma einer neuen Technik hinweisen – und ein derartiges Dilemma der Kerntechnik zeichnete sich angesichts der immer neuen Störfälle mehr und mehr ab. Auch das ist in der Technikgeschichte nicht neu. Tatsächlich sind Unfälle ja auch immer Anlässe, die technischen Problemlösungen zu verbessern.

Hinzu kam nun aber, dass gegenüber der Öffentlichkeit lange Zeit bestritten wurde, dass es in kerntechnischen Anlagen überhaupt zu schweren Unfällen kommen könne, und nicht selten wurde rundweg abgestritten, dass es bereits relevante radioaktive Freisetzungen gegeben hat. Analysiert man die weltweite Erfahrung, so stellt man fest, dass es bereits seit der Frühphase der Kerntechnik Unfälle und Beinaheunfälle gegeben hat, die verheimlicht, verharmlost und heruntergespielt wurden. Erst nachträgliche Veröffentlichungen entlarvten die Informationspolitik von Betreibern und Behörden als unwahr. Das hat das Vertrauen in die Kerntechnik, das in der Atomeuphorie der 1950er-Jahre aufgebaut worden war, kontinuierlich untergraben und die Bevölkerung für die Risiken der Kernenergie sensibilisiert – auch wenn es Ausnahmen von der Regel gab und bestimmte Störfälle nicht verharmlost, sondern eingestanden und als Beweis für die Notwendigkeit sicherheitstechnischer Verbesserungen angeführt wurden.

Während es in Deutschland nur zu kleineren Unregelmäßigkeiten kam, war die Situation bei globaler Betrachtung zum Teil dramatischer.

Um entsprechende Ereignisse vergleichen zu können, wurde 1990 eine Skala zur Bewertung und Einstufung derartiger Vorkommnisse eingeführt, die sogenannte INES-Skala (International Nuclear Event Scale). Die Bewertungsskala für nukleare Ereignisse enthält verschiedene Stufen, die von Stufe 1 – der sogenannten »Störung« – bis hin zu Stufe 7, die für einen »Katastrophalen Unfall« steht, reichen. Dabei werden Ereignisse der Stufen 1 bis 3 als »Störfälle« bezeichnet; höher eingestufte Ereignisse gelten als »Unfälle«. Im Laufe der Jahre ist es darüber hinaus üblich geworden, Ereignisse ohne oder mit geringer sicherheitstechnischer Bedeutung in eine inoffizielle »Stufe 0« einzuordnen.

Zur Einreihung eines Ereignisses wird ein umfangreicher Katalog von Kriterien herangezogen; die meldepflichtigen Stufen 0 bis 7 werden nach drei Aspekten bewertet: (1) nach radiologischen Auswirkungen außerhalb der Anlage (Menschen und Umgebung), (2) nach denen innerhalb der Anlage (radiologische Barrieren und die Kontrolle) sowie (3) nach der Beeinträchtigung der Sicherheitsvorkehrungen der Anlage (Sicherheitsbarrieren).

Mit den Reaktorkatastrophen von Tschernobyl und Fukushima (INES: 7) ereigneten sich bis heute weltweit mehr als 30 Unfälle der Stufen 4 und höher (vgl. Anhang, Tab. 2). Von einigen davon soll im Folgenden die Rede sein. Was sie neben der Schwere eint, ist, dass eine Information der Bevölkerung unterblieb oder erst verspätet erfolgte. Durch diese Geheimhaltung oder Verharmlosung verminderten diese Fälle den Lerneffekt für Techniker und die Bevölkerung verlor nach und nach das Vertrauen in die friedliche Nutzung der Kernenergie.

In **Chalk River**, Kanada, kam es am 12. Dezember 1952 in einem Forschungsreaktor zu einer partiellen Kernschmelze und Wasserstoffexplosion mit radioaktiver Freisetzung (INES: 5). In **Idaho Falls**, USA, ereignete sich am 29. November 1955 ebenfalls in einem Forschungsreaktor eine teilweise Kernschmelze (INES: 4). Bei einem Graphitbrand in einem Reaktor des Atomkomplexes **Windscale** (der 1981 in Sellafield umbenannt wurde), Großbritannien, am 10. Oktober 1957 wurden ebenfalls große Mengen radioaktiver Gase freigesetzt (INES: 5). Die britische Regierung erließ nach dem Brand für die Umgebung ein befristetes Verbot für den Verzehr von Milch; die Milch einiger umliegender Farmen wurde eingesammelt und in die Irische See verklappt. Am 3. Januar 1961 ereignete sich in **Idaho Falls** erneut ein schwerer Unfall: Ein Reaktor wurde überkritisch, es kam zu massiven Zerstörungen und hoher Strahlenbelastung innerhalb der Anlage, drei Arbeiter verloren ihr Leben (INES: 4). In **Lucens**, Schweiz, schmolz am 21. Januar 1969 ein Teil des Kerns eines in einer Fels-Kaverne errichteten Versuchsreaktors (INES: 5).

Zwei Unfälle in kommerziellen Kernkraftwerken in den USA sorgten in den 1970er-Jahren für weltweite Aufmerksamkeit und hatten gewisse Lerneffekte zur Folge: der Kabelbrand in **Browns Ferry** 1975 und der Unfall in **Three Mile Island (Harrisburg)** 1979. Am 22. März 1975 setzte im Kernkraftwerk Browns Ferry in Alabama ein Techniker bei der Suche nach der Ursache für einen Luftzug mit einer brennenden Kerze Isoliermaterial in Brand. Bei dem anschließenden Kabelbrand wurde ein großer Teil der sicherheitstechnisch wichtigen Leitungen zerstört. Mit viel Glück und dank des kaltblütigen Verhaltens einer routinierten Inbetriebnahmemannschaft konnte ein schwerer Unfall verhindert werden. Als Lektion aus diesem Ereignis wurden immerhin weltweit Brandschutzmaßnahmen und die räumliche Trennung von Sicherheitssystemen verbessert. Am 28. März 1979 kam es im Reaktor Three Mile Island (TMI-2) zum bis dahin schwersten Unfall in einem kommerziellen Kernkraftwerk. Aufgrund technischen Versagens, Fehlinterpretationen und Bedienungsfehlern durch das Personal fiel die Kühlung des Reaktors zeitweise aus und eine teilweise Kernschmelze setzte ein. Eine drohende Wasserstoffexplosion hielt die Welt längere Zeit in Atem. Es war bereits mit der Evakuierung von Schwangeren und Kleinkindern begonnen worden. Durch glückliche Umstände konnte eine nukleare Katastrophe verhindert werden. Besonders schockierend wirkten damals Enthüllungen über die nachlässige Arbeitsmoral der Reaktoroperateure; der Faktor Mensch als besondere Schwachstelle wurde damit offenbar.

Im gleichen Jahr erschien die deutsche Fassung des Berichts des emigrierten sowjetischen Biochemikers Zhores Medwedjew über die jahrzehntelang geheimgehaltene Atomkatastrophe, die sich im Herbst 1957 in der kerntechnischen Anlage **Majak** bei Kyschtym im Südural ereignet hatte. Eine schwere Explosion in einer Wiederaufbereitungsanlage mit massiver Freisetzung von radioaktiven Stoffen, unter anderem von Plutonium, machte Majak zu einem der schwersten Unfälle der Nukleargeschichte (INES: 6). Erstaunlich ist dabei vor allem die Tatsache, dass sich der Unfall über 20 Jahre verheimlichen ließ. War der Eiserne Vorhang wirklich so dicht oder wollten die westlichen Atomexperten die Indizien bewusst nicht wahrnehmen?

Auch in der Bundesrepublik Deutschland kam es zu Vorkommnissen und Störfällen in Kernkraftwerken, die zwar nicht das Ausmaß von Unfällen mit Beschädigungen des Kerns erreichten, die aber aus anderen Gründen in der Öffentlichkeit für Aufsehen sorgten.

Am 18. Juni 1978 strömten in **Brunsbüttel** über ein Leck im Frischdampfsystem zwei Tonnen radioaktiver Dampf in das Maschinenhaus und von dort aus über Dachklappen ins Freie. Der Vorfall zog sich über zwei Stunden hin, da die Betriebsmannschaft das automatische Sicherheitssystem außer Kraft gesetzt hatte.

Am 16. Dezember 1987 kam es in **Biblis A** zu einem Störfall, bei dem radioaktives Wasser für sieben Sekunden nach außerhalb des Sicherheitsbehälters gelangte. Ein Ventil hatte in Offenstellung versagt, ein dahinter liegendes Ventil wurde von der Betriebsmannschaft zum Zwecke des Durchspülens des ersten Ventils geöffnet, schloss aber zunächst nicht. Auch hier kam es zu einem mehrfachen Fehlverhalten der Betriebsmannschaft.

Im Juni 1998 traten im Kernkraftwerk **Unterweser** haarsträubende Mängel in der Sicherheitskultur zu Tage. Massive Manipulationen am Sicherheitsschlüsselsystem für die Frischdampfarmaturen setzten einen von vier Frischdampfsträngen außer Kraft. Bei gleicher Manipulation an anderer Stelle hätte sich ein verheerender Unfall ereignen können.

In **Brunsbüttel** zerstörte am 14. Dezember 2001 eine Wasserstoffexplosion eine Kühlleitung auf einer Länge von zwei bis drei Metern, wobei Reaktordruckbehälter und Sicherheitsbehälter gefährdet waren. Der Betreiber war sich offensichtlich der Tragweite des Störfalles nicht bewusst, widersetzte sich der Aufforderung der Aufsichtsbehörde, den Reaktor zur Inspektion des Schadens abzufahren und versuchte über zwei Monate hinweg, den Fall zu bagatellisieren.

Am 28. Juni 2007 ereignete sich in **Krümmel** ein Transformatorbrand mit massiver Rauchentwicklung durch brennendes Öl. Im Verlaufe des Herunterfahrens des Reaktors kam es zu Bedienungsfehlern in Folge von Kommunikationsproblemen und zu technischen Pannen.

Terrorismus und Flugzeuge als neue Gefahrenherde

Aber nicht nur nukleare Unfälle und Störfälle führten dazu, dass Anforderungen an die sicherheitstechnische Auslegung der Kernkraftwerke verschärft wurden. Zwei Entwicklungen beeinflussten die Sicherheitsanforderungen für Kernkraftwerke zum Schutz gegen äußere Einwirkungen in den 1970er-Jahren in besonderem Maße: die Häufung der Abstürze militärischer Kampfflugzeuge des Typs Starfighter und die Zunahme terroristischer Aktivitäten. Es war vor allem diese Sorge, die in den späten 1970er-Jahren selbst Carl Friedrich von Weizsäcker, bis dahin die höchste Autorität der nuklearen Community, dazu veranlasste, zur Kerntechnik auf Distanz zu gehen. Die durch die RAF-Attentate erzeugte Aufregung, die 1977 im »Deutschen Herbst« gipfelte, hatte also einen zwiespältigen Effekt: Sie führte dazu, dass sowohl militante Kernkraftgegner als auch die Kernkraft selbst unter Verdacht gerieten!

Ende der 1970er-Jahre versuchte man daher, das Schutzkonzept gegen »EVA«-Störfälle – Störfälle durch Einwirkungen von außen – zu erweitern: ein schwieriges und letztlich uferloses Unterfangen, wenn man Sabotage, Terrorismus, Krieg und Naturkatastrophen einbezieht. Man musste die »EVA« daher eingrenzen. Insbesondere wurde verlangt, dass ein Kernkraftwerk gegen den Absturz einer schnell fliegenden Militärmaschine auszulegen sei. Dies führte dazu, dass die Reaktorgebäude der nach 1980 in Betrieb zu nehmenden Anlagen mit einer Betonhülle von circa zwei Metern Dicke zu schützen waren. Zusätzliche Anforderungen, wie der Schutz gegen induzierte Erschütterungen, ergänzten das Konzept. Als weitere Maßnahme gegen Einwirkungen von außen, aber auch andere »redundanzübergreifende« Einwirkungen wurde ein sogenanntes Notstandssystem gefordert, welches in der Lage war, im Falle einer Zerstörung wichtiger Systeme aus verbunkerten Räumen mittels zusätzlicher Sicherheitssysteme die Anlage in einen sicheren Zustand zu überführen.

Entscheidend war jedoch, dass die Bevölkerung durch die vielen Störfälle, Beinaheunfälle und Unfälle für die Risiken der Kernenergie sensibel wurde. Wegen der oft skandalösen Informationspolitik von Betreibern und Behörden konnte von einer Akzeptanz der Kernenergie immer weniger die Rede sein – bis all dies durch die nukleare Katastrophe von Tschernobyl in den Schatten gestellt wurde.

Exkurs:
Die Reaktorkatastrophe von Tschernobyl 1986

Am 26. April 1986 ereignete sich im Block 4 des sowjetischen Kernkraftwerks Tschernobyl in der Ukraine der bis dahin schwerste Unfall in einem Kernkraftwerk weltweit. Das gewaltige Ausmaß der Zerstörung der Reaktoranlage und der radioaktiven Freisetzung sowie die weiträumige Verteilung der radioaktiven Stoffe über weite Teile Europas schockierten die Weltöffentlichkeit.

Offizielle Verlautbarungen über gesundheitliche Folgen in den am meisten betroffenen Gebieten in der Ukraine, Weißrussland und im Süden Russlands seitens der sowjetischen Behörden und seitens der Internationalen Atomenergieorganisation IAEO waren von Irreführung und Verharmlosung geprägt, ebenso wie erste Einschätzungen westlicher Regierungsstellen zur Gefährdung durch radioaktiven Niederschlag im eigenen Land. Bis heute gehen die Schätzungen der Opferzahlen weit auseinander. In der *Frankfurter Allgemeinen Zeitung* vom 24. April 1996 begann ein Artikel zum zehnten Jahrestag des Unfalls mit dem Satz:»Die zehn Jahre seit der Katastrophe von Tschernobyl sind die Jahre der Rechenkünstler.«

Aber auch über Verlauf und Ursache der Katastrophe wurden – nur dieser Schluss bleibt übrig – bewusst Fehlinformationen verbreitet. Auf der ersten internationalen Tschernobyl-Konferenz der IAEO in Wien im August 1986, also immerhin bereits Monate nach dem Unfall, wurde von offizieller sowjetischer Seite die These vom menschlichen Fehlverhalten als alleinige Unfallursache gleichsam als»Sprachregelung«in die Diskussion eingebracht. Es war die altbekannte Schuldzuweisung nach dem Motto:»Den Letzten beißen die Hunde.«Beispielhaft zitiert sei hier nur Boris Shcherbina, ehemaliger Deputy Chairman des Ministerrates der UdSSR, der noch am 2. Oktober 1986 im *Wall Street Journal* behauptete:»Tschernobyl explodierte wegen menschlicher Fehler …, nichts ist grundsätzlich falsch an der Auslegung der Tschernobylanlage oder der sowjetischen Ingenieurskunst.«

Wie kam es zu der Reaktorkatastrophe? Am 25. April wurde mit dem planmäßigen Abfahren der Anlage begonnen. Während des Abfahrens sollte ein elektrotechnischer Versuch durchgeführt werden, um bestimmte sicherheitstechnische Eigenschaften nachzuweisen: Es sollte überprüft werden, ob die Rotationsenergie des auslaufenden Turbogenerators im Notstromfall ausreicht, die Hauptspeisewasserpumpen so lange anzutreiben, bis die Notstromdiesel hochgelaufen sind. Aus Sicherheitsgründen war vorgeschrieben, dass der Versuch nur in einem Bereich zwischen 20 und 30 Prozent der Nennleistung des Reaktors durchgeführt werden durfte. Unterhalb dieses Leistungsbereiches war der Reaktor aufgrund seiner Auslegung in einem instabilen Zustand. In der Nacht zum 26. April wurde beim Abfahren der vorgeschriebene Leistungsbereich unterschritten, durch einen Fehler fiel die Leistung schließlich auf circa ein Prozent ab. Bereits jetzt war der Reaktor in einem instabilen Zustand, der eine sofortige Abschaltung erforderlich gemacht hätte.

Stattdessen hob die Betriebsmannschaft durch unzulässiges Ziehen der Steuerstäbe die Leistung auf 7 Prozent an und machte ein Signal zur Notabschaltung des Reaktors unwirksam, um den Versuch durchführen zu können. Die Katastrophe war damit vorprogrammiert. Um 1:23 Uhr wurde der Versuch eingeleitet, die zu zahlreich und zu weit ausgefahrenen Stäbe waren nicht mehr in der Lage, den einsetzenden Leistungsanstieg einzudämmen; im Gegenteil: Bedingt durch einen Konstruktionsfehler wurde beim Einfahren der Stäbe die Leistung zunächst sogar noch erhöht. Innerhalb weniger Sekunden kam es zu einem explosionsartigen, sich selbst verstärkenden Leistungsanstieg auf das über 100-Fache der Nennleistung (eine sogenannte Leistungsexkursion). Durch die ungeheure Energiefreisetzung wurden der Reaktor und die umgebenden Gebäude massiv zerstört, die riesigen Graphitstrukturen in Brand gesetzt, große Teile des Reaktorkerns in die Umgebung geschleudert. Der größte Teil des radioaktiven Inventars gelangte in die Umgebung, die leichten, flüchtigen Bestandteile wurden durch den Graphitbrand in große Höhen der Atmosphäre transportiert und – je nach Wetterbedingungen (Wind, Regen) – über weite Teile Europas verteilt.

Die These vom menschlichen Fehlverhalten wurde auch von westlicher Seite willfährig übernommen, passte sie doch gut in die Strategie, bloß keinen Zweifel an der Kerntechnik insgesamt aufkommen zu lassen. Heute weiß man, dass diese These vom menschlichen Versagen als alleinige Unfallursache eine Legende war, die gezielt und wider besseres Wissen in die Welt gesetzt worden ist. Es kann und soll nicht bestritten werden, dass menschliches Verhalten zur Tschernobyl-Katastrophe beigetragen und den Unfallablauf verschärft hat. An Ursachen sind unter anderem Defizite im Management, bei der Versuchsplanung und wiederholte Verstöße gegen Sicherheitsvorschriften während der Versuchsdurchführung zu nennen. Diese Häufung von Fehlleistungen darf aber nicht darüber hinwegtäuschen, dass die eigentlichen Unfallursachen in gravierenden Defiziten bei der sicherheitstechnischen Auslegung von Reaktoren des Tschernobyl-Typs lagen. Dies waren 1) der hohe positive Dampfblaseneffekt, 2) die unzureichende Wirksamkeit der Abschalteinrichtungen sowie 3) der positive Abschalteffekt beim Einfahren voll ausgefahrener Steuerstäbe.

Besonders zu denken gibt dabei die Tatsache, dass diese drei zentralen Auslegungsmängel unter sowjetischen Nuklearexperten schon lange vor dem Unfall bekannt waren. Zur Ehre der Experten – oder zumindest einigen von ihnen – ist in Erinnerung zu halten, dass es an massiver Kritik und an detaillierten Verbesserungsvorschlägen nicht gefehlt hat. Das zeigt noch deutlicher die Verantwortungslosigkeit entscheidender Instanzen.

Bereits in den 70er-Jahren wurde durch Messungen bestätigt, dass der Dampfblasenkoeffizient mit zunehmendem Abbrand stark positiv wird. Im Jahre 1975 ereignete sich im Kernkraftwerk Leningrad-1 (Sosnovi Bor) ein lokaler Reaktivitätsunfall mit Schäden am Reaktor; dies war ein Vorläufer des Tschernobyl-Unfalls. Wenige Tage nach dem Unfall in Tschernobyl schrieb der damalige Leiter der Gruppe für RBMK Sicherheit und Zuverlässigkeit (RBMK ist die Abkürzung für die russische Bezeichnung des in Tschernobyl und anderen in Russland und der Ukraine betriebenen Reaktortyps), Vyacheslav Volkov, mit Datum vom 9. Mai 1986, an die sowjetische Führung, namentlich an Generalsekretär Michail Gorbatschow, Ministerpräsident Nikolai Ryschkov und den Generalstaatsanwalt Aleksandr Rekunkov: »Der Unfall in Tschernobyl wurde nicht verursacht durch Handlungen des Betriebspersonals, sondern durch die Auslegung des Kerns und ein fehlerhaftes Verständnis der in ihm ablaufenden neutronenphysikalischen Prozesse.«

Auch der positive Abschalteffekt beim Einfahren zuvor voll ausgefahrener Steuerstäbe – also die verstärkende Wirkung auf die nukleare Kettenreaktion – war bereits lange vor dem Unfall bekannt. Er wurde Ende 1983 bei der Inbetriebnahme der Kernkraftwerke Ignalina und – man höre und staune! – Tschernobyl, Block 4, beobachtet. Warnende Hinweise auf dieses Sicherheitsdefizit und Verbesserungsvorschläge sind aktenkundig. So wies Victor Sidorenko, später wissenschaftlicher Manager des RBMK-Programms am Kurchatov-Institut, in einem Brief vom 23. Dezember 1983 auf diesen Effekt und seine Gefahren, insbesondere bei abgesenkter Leistung, hin. Ferner schlug Sidorenko konstruktive Änderungen an den Steuerstäben vor und empfahl eine umgehende Vorschrift zur Begrenzung der Zahl voll ausgefahrener Steuerstäbe.

Damit ist nicht nur bewiesen, dass der Tschernobyl-Unfall zu einem wesentlichen Teil durch auslegungsbedingte Sicherheitsdefizite verursacht wurde, sondern auch, dass diese Mängel lange vor dem Unfall bekannt waren und dass detaillierte und effektive Verbesserungsvorschläge in schriftlicher Form existierten. Wenn menschliches Fehlverhalten vorlag, dann waren es vor allem die Versäumnisse des technisch-wissenschaftlichen, möglicherweise auch des politischen Establishments, aus den vorliegenden Erkenntnissen die richtigen Schlussfolgerungen zu ziehen. Die These vom individuellen Fehlverhalten des Betriebspersonals als Hauptursache für die Tschernobyl-Katastrophe lässt sich danach nicht mehr aufrechterhalten (vgl. Anhang, S. 410 ff.).

Welch tiefe Spuren das Unglück von Tschernobyl in Politik und Wissenschaft der Sowjetunion hinterließ, lässt das Schicksal von Professor Valery Legasov erahnen. Legasov war der Leiter der Untersuchungskommission zum Reaktorunfall, ein renommierter Wissenschaftler auf dem Gebiet der anorganischen Chemie und Mitglied der Akademie der Wissenschaften. Er präsentierte den Bericht der sowjetischen Delegation auf der IAEO-Sonderkonferenz zu Tschernobyl im August 1986. Aus einem Bericht der »Prawda« über ihn, mit dem Titel »Es ist meine Pflicht, davon zu berichten«, stammen folgende Aussagen:

Die Operatoren machten Fehler, weil sie unbedingt das Experiment abschließen wollten, für sie eine »Ehrensache«.

Der Plan für das Experiment war nicht sorgfältig ausgearbeitet und nicht von den richtigen Leuten sanktioniert worden.

Telefongespräch zwischen Operatoren kurz vor dem Unfall: »Hier im Programm steht, was gemacht werden muss, aber dann ist vieles durchgestrichen. Was soll ich tun?« Der Gesprächspartner überlegt kurz und sagt: »Mach lieber das, was durchgestrichen ist.«

»Nach meinem Aufenthalt in Tschernobyl wurde mir klar, dass dieses Unglück Höhepunkt einer jahrzehntelangen Misswirtschaft in unserem Land war.«

Am zweiten Jahrestag der Katastrophe von Tschernobyl nahm sich Professor Legasov das Leben.

Obwohl nach der Reaktorkatastrophe von Tschernobyl in der Bundesrepublik der Ruf nach dem Ausstieg aus der Kernenergie nahezu allgegenwärtig war und sich Gegenstimmen in der ersten Zeit danach kaum hervorwagten, fand dieser Ausstieg vorerst nicht statt. Es wurde um die Kernenergie wieder ruhig. Spätestens der Zusammenbruch der DDR verdrängte die nukleare Gefahr aus den Schlagzeilen, viele Gegner der Kernenergie resignierten: »Nichts hat sich bewegt!« Aber dieser Eindruck täuschte. Heute, 27 Jahre nach der Katastrophe, kann man im Rückblick konstatieren: Der Unfall in Tschernobyl am 26. April 1986 ist der entscheidende Wendepunkt in der Geschichte der Kerntechnik in Deutschland. Jetzt wurde deutlich: Die jahrzehntelange Planungssicherheit, die die Energiewirtschaft beim Bau großer Kraftwerke braucht, war bei der Kerntechnik nicht gegeben. Selbst in führenden Kreisen der Atomwirtschaft kam Pessimismus auf: Man könne ja nicht sicher sein, ob nicht alle fünf Jahre ein neues Tschernobyl geschehen werde. Aus der Rückschau erkennt man, dass die kräftige und nachhaltige Förderung erneuerbarer Energien in jene Zeit zurückreicht.

Neben den eingestandenen und uneingestandenen Störfällen gab es außerdem schon seit Ende der siebziger Jahre eine weitere sehr wichtige Entwicklung, die der bundesdeutschen Atomwirtschaft zunehmend Schwierigkeiten bereitete: die sich verändernden politischen Rahmenbedingungen.

Atomenergiepolitik
von Willy Brandt bis Helmut Kohl

Die Genehmigung von kerntechnischen Anlagen im Rahmen des Atomgesetzes und die Aufsicht über sie erfolgt durch die Länder im Auftrag des
Bundes. Die Länder unterstehen darin der Bundesaufsicht, die sich auf die
Rechtmäßigkeit und Zweckmäßigkeit des Gesetzesvollzugs erstreckt. Der
Bund kann im Rahmen der Bundesauftragsverwaltung auf die Länder einwirken – durch Allgemeine Verwaltungsvorschriften oder durch Weisungen. Solange zwischen dem Bund und einem Land keine unterschiedlichen
Meinungen zu Genehmigung oder Aufsicht nach dem Atomgesetz existieren, ist die Konstruktion der Bundesauftragsverwaltung in der Regel prob-
lemlos. Dies war bis etwa 1980 im Allgemeinen der Fall; bis zu diesem Zeitpunkt hatten die jeweils in Bund und Ländern die Regierung stellenden
Parteien eine ähnlich Einstellung zur friedlichen Nutzung der Kernenergie
in Deutschland – nämlich eine positive. Im Verlaufe der 80er-Jahre aber
änderte sich das.

Bund und Länder im Atom-Clinch

Es setzte eine veritable Absetzbewegung von der Kernenergie auf Länderebene ein. Im Mittelpunkt soll hier zunächst die Entwicklung der Kernenergiepolitik seit etwa 1980 in denjenigen Ländern stehen, in denen in
größerem Ausmaß kerntechnische Anlagen betrieben werden oder wurden.
Auf Bayern wird hier nicht eingegangen, denn dieser Freistaat ist in Sachen
Kernenergie ein Fall für sich. Die längste Zeit stand Bayern unter den Kämpfern für die Kernkraft in vorderster Front, da die Abhängigkeit von der fernen Ruhrkohle traditionell als das Verhängnis der bayerischen Wirtschaft
galt. Daher gab es hier weniger als in fast allen anderen Bundesländern eine
politisch relevante Grundsatzkontroverse über die Kernenergie. In jüngster Zeit allerdings entdeckte das sonnenreiche Bayern die Solarenergie als
Trumpf: Eine radikale Wende in der »politischen Ökologie« des deutschen
Südens zeichnet sich ab. Unberücksichtigt bleiben zunächst auch die neuen
Bundesländer.

In dem für Kernkraftwerke in **Nordrhein-Westfalen** relevanten Zeitraum
stellte ausschließlich die SPD die Landesregierung – Johannes Rau war von
1978 bis 1998 Ministerpräsident – und den zuständigen Minister, wobei Wirtschaftsminister Reimut Jochimsen (1980–1990) eine Schlüsselrolle spielte.
Obwohl keiner der verschiedenen Landesregierungen prinzipiell kernenergie-
feindlich war, entwickelten sich zwischen ihnen und der Bundesregierung
zunehmend unterschiedliche Auffassungen zur Kernenergie. Wirkliche Kon-

flikte im Rahmen der Bundesauftragsverwaltung gab es nur im Falle des Schnellen Brüters SNR-300 in Kalkar, die sich über mehrere Jahre hinzogen. Am 3. Dezember 1982 gab der Deutsche Bundestag auf der Basis der Empfehlungen der Enquetekommission eine positive Stellungnahme zum Brüter ab. Die finanzielle Sanierung des Projekts, dessen Kosten aus dem Ruder gelaufen waren, gelang. Die Anlage wurde 1985 fertiggestellt. Aber die sicherheitstechnischen Diskussionen waren damit noch nicht beendet. Die besonderen Risiken des natriumgekühlten Brüters, wie überhaupt die Risiken des Einstiegs in die Plutoniumwirtschaft, wurden weiterhin in Wissenschaft und Politik unterschiedlich beurteilt. Die Bedenken der Landesregierung in Nordrhein-Westfalen mehrten sich. Was ab 1985 folgte, war ein beispielloses Tauziehen zwischen der nordrhein-westfälischen Genehmigungsbehörde (dem Wirtschaftsministerium) und der Bundesaufsicht (dem Bundesumweltministerium), das Weisungen und Verfahren vor dem Bundesverfassungsgericht einschloss. Der Landesbehörde wurde »ausstiegsorientierter Gesetzesvollzug« vorgeworfen, dem Bund eine Unterschätzung der besonderen Risiken des Brutreaktors. Das Land saß längst am längeren Hebel. Die Kosten des Projekts waren inzwischen auf sieben Milliarden DM angestiegen und so stoppte die Landesregierung 1991 das »Höllenfeuer von Kalkar«, wie die Anlage vom SPD-Arbeitsminister Friedhelm Farthmann genannt wurde, – nicht nur aus Sicherheitsbedenken, sondern auch aus simplem ökonomischen Kalkül.

Der Hochtemperaturreaktor THTR-300 in Hamm-Uentrop erfuhr zunächst die Unterstützung der Landesregierung. NRW versprach sich vom Hochtemperaturreaktor eine Ergänzung zur eigenen Kohlepolitik, unter anderem durch die Bereitstellung von Prozesswärme auf hohem Temperaturniveau für Industrie und Kohleveredelung. Der THTR-300 wurde jedoch 1989 endgültig abgeschaltet, nachdem sich Bundesregierung, Landesregierung, Betreiber und Elektrizitätswirtschaft nicht über die Bereitstellung von Rücklagen für die Stilllegung einigen konnten. Einen bundesaufsichtlichen Konflikt gab es nicht. Die Gründe für die Stilllegung des Kernkraftwerks Würgassen im Jahre 1994 waren technischer Art. Risse im Kernmantel hatten aufwendige Reparaturmaßnahmen erforderlich gemacht. Die Betreiberfirma scheute weniger die Kosten für die Reparatur selbst als das Risiko für die Genehmigung – denn es war nicht klar, wie weit die Genehmigungsbehörde den Prüfrahmen für die nötigen Reparaturen am Reaktordruckbehälter ausdehnen würde.

Im traditionell SPD-geführten Bundesland **Hessen** gab es bis 1982 keinerlei Konflikte um kerntechnische Anlagen. Unter kernenergiefreundlichen SPD-Regierungen mit zeitweiliger FDP-Beteiligung waren die Hanauer Brennelementefabriken entstanden sowie die Blöcke A und B des Kernkraftwerks Biblis genehmigt worden und in Betrieb gegangen. Die Situation änderte sich, als die SPD 1982 die Landtagswahl verlor und Ministerpräsident Holger Börner zunächst geschäftsführend weiterregierte, dann nach der Landtagswahl 1983 eine Minderheitsregierung bildete, die von den Grünen toleriert wurde. 1985 kam es schließlich zur rot-grünen Koalition. Die Hanauer Betriebe und ihre Genehmigungsgeschichte wurden zu einem zentralen politischen Streitpunkt der Koalitionäre. 1987 zerbrach sogar die rot-grüne Koalition an der Frage der Betriebsgenehmigung für die Neuanlage ALKEM. Walter Wallmann (CDU) gewann die vorgezogene Landtagswahl und bildete mit der FDP eine Koalitionsregierung, die bis 1991 hielt. Doch ausgerechnet in diese Zeit fielen bemerkenswerte Rückschläge für die Atomwirtschaft.

Der erste war der Transnuklearskandal. Im März 1987 wurden illegale Praktiken der Hanauer Firma Transnuklear GmbH, einer Tochtergesellschaft der NUKEM, beim Transport und bei der Deklaration von radioaktiven Abfällen bekannt. Der Skandal, bei dem Bestechungsgelder und illegale Einfuhren von radioaktivem Material eine Rolle spielten, zwang die zuständigen Behörden des Landes Hessen und des Bundes zum Eingreifen und sorgte für großes Aufsehen in der Öffentlichkeit. Nach dem Bekanntwerden von Schmiergeldzahlungen und Falschdeklarierungen von Fässern mit Atommüll hatte Bundesumweltminister Klaus Töpfer Transnuklear im Dezember 1987 die Transportgenehmigung für radioaktive Abfälle entzogen. Mitte Januar 1988 folgte dann auch der Entzug der Betriebsgenehmigung für die Muttergesellschaft NUKEM durch den hessischen Umweltminister Karlheinz Weimar. Neben den atomrechtlichen Folgen für Transnuklear und NUKEM geriet die Atomwirtschaft durch diese Vorkommnisse vor der breiten Öffentlichkeit moralisch ins Abseits.

Im November 1988 wurde ein Störfall in Biblis A vom Dezember 1987 bekannt, dessen Aufarbeitung das Vertrauen zwischen Landesregierung und RWE erschütterte. Kurz vor der Landtagswahl 1991 folgte ein Paket von 49 sicherheitstechnischen Auflagen für das Kernkraftwerk Biblis A auf der Grundlage einer Sicherheitsanalyse durch den TÜV Bayern (heute TÜV Süd).

Die Landtagswahl 1991 gewann wieder Rot-Grün, nachdem die Grünen kurz zuvor bei den ersten Bundestagswahlen nach der Wiedervereinigung ein Fiasko erlitten und viele deren baldiges Ende prophezeit hatten. Das Umweltressort übernahmen erneut die Grünen, diesmal mit der Zuständigkeit für die Atompolitik. Minister waren zunächst Joschka Fischer (seine zweite Amtszeit als hessischer Umweltminister dauerte bis 1994), dann Rupert von Plottnitz, Iris Blaul, Margarethe Nimsch und Priska Hinz. Ministerpräsident war von 1991 bis 1999 Hans Eichel.

Der acht Jahre während Dauerkonflikt zwischen Umweltministerium und RWE um das Kernkraftwerk Biblis und mit Siemens um die Hanauer Betriebe, insbesondere ALKEM, endete für die Atomwirtschaft in einem

Desaster. Die Altanlage wurde geschlossen, die Neuanlage ging nie in Betrieb, das Ende der Hanauer Betriebe war gekommen.

Mit dem Verlust der Hanauer Brennelementefabriken aber verlor die gesamte bundesdeutsche Atomwirtschaft ein wichtiges strategisches Standbein. Die Hanauer Betriebe gerieten auch nach ihrer Stilllegung noch ins Gerede: unter anderem wegen möglicher radioaktiver Kontamination der Umgebung, wegen des angeblichen Fundes von Brennstoffkügelchen, wegen angeblicher militärischer Aktivitäten, wegen des geplanten Verkaufs von Anlagenteilen nach China und wegen staatsanwaltlicher Ermittlungen.

Biblis blieb ohne Realisierung der meisten sicherheitstechnischen Auflagen. Wiederholt machte der Bundesumweltminister von seiner Weisungsgewalt zu Gunsten des Betreibers Gebrauch, es gab eine Unzahl aufsichtsrechtlicher Gespräche zwischen Bund und Land. Mit der Wahl von Roland Koch (CDU) zum hessischen Ministerpräsidenten im Herbst 1999 endete die konfliktreichste Periode in der hessischen Atompolitik.

Nach der Barschel-Affäre im Jahr 1987 gewann die SPD die Landtagswahl in **Schleswig-Holstein** 1988 mit absoluter Mehrheit und stellte fortan die Landesregierung, zunächst bis 1996 alleine regierend, danach bis 2005 in einer rot-grünen Koalition. Ministerpräsidenten waren Björn Engholm 1988 bis 1993, danach Heide Simonis bis 2005. Für die Atomaufsicht war das Sozialministerium zuständig, Minister waren Günther Jansen von 1988 bis 1993 und von 1993 bis 2003 Claus Möller. Vor allem Günther Jansen focht vehement für den Ausstieg aus der Kernenergie und suchte nach Wegen zur Schließung der schleswig-holsteinischen Kernkraftwerke Brunsbüttel, Krümmel und Brokdorf.

Gerade um Brokdorf hatten in den 1970er-Jahren besonders heftige Kämpfe getobt. In der Zeit danach produzierte Brokdorf jedoch relativ unbehelligt Strom. Brunsbüttel machte allerdings immer wieder Schlagzeilen wegen Störfällen und in der Umgebung des AKWs Krümmel kam es zu einer Häufung von Leukämiefällen. Bundesaufsichtliche Konflikte gab es zwischen Kiel und Berlin nicht, weder in der Zeit der schwarz-gelben Bundesregierung bis 1998 noch in der Zeit der rot-grünen Bundesregierung bis 2005 und der Großen Koalition bis 2009. Eine besondere politische Nähe in der Atompolitik herrschte zwischen der schleswig-holsteinischen Landesregierung und der Bundesregierung allerdings auch nicht.

In **Niedersachsen** befinden sich die Kernkraftwerke Unterweser, Grohnde, Emsland sowie das 2003 stillgelegte Kernkraftwerk Stade. Ferner das im Bau befindliche Endlager für schwach- und mittelaktive radioaktive Abfälle Schacht Konrad, das lange Zeit als Versuchsendlager bezeichnete Atommülllager Asse, das Endlager-Erkundungsbergwerk Gorleben, die Pilotkonditionierungsanlage Gorleben, das Transportbehälter-Zwischenlager und das Zwischenlager für schwach- und mittelradioaktive Abfälle (Fass-Lager) in

Gorleben sowie die Brennelement-Fertigungsanlage ANF in Lingen. Abgesehen vom politischen Streit um das mögliche Endlager in Gorleben gab es Konflikte mit der Bundesaufsicht lediglich zwischen 1990 und 1998, als Monika Griefahn unter Gerhard Schröder Umweltministerin war.

Auch in **Baden-Württemberg** existierte nur während einer kurzen Phase (1992 bis 1996), als in einer großen Koalition der SPD-Politiker Harald B. Schäfer als Umweltminister für Genehmigung und Aufsicht der kerntechnischen Anlagen zuständig war, ein gewisses Konfliktpotenzial mit der Bundesaufsicht. Streitpunkt mit dem BMU, aber auch innerhalb der Baden-Württembergischen Landesregierung, war das Kernkraftwerk Obrigheim (KWO), insbesondere der umstrittene Sprödbruch-Sicherheitsnachweis für den Reaktordruckbehälter sowie die Ergebnisse einer probabilistischen Sicherheitsanalyse. Nach Erteilung der endgültigen Betriebsgenehmigung 1996 und vor allem nach dem Regierungswechsel im gleichen Jahr wurden die Zwistigkeiten beigelegt.

Es gibt weitere Bundesländer, in denen kerntechnische Anlagen betrieben wurden oder werden sollten, deren Planung, Bau oder Betrieb aber scheiterten. Prominente Beispiele sind die endgültige Stilllegung des Kernkraftwerks Mülheim-Kärlich in Rheinland-Pfalz – auf Grund einer Aufhebung der Genehmigungen durch das Bundesverwaltungsgericht 1998 in letzter Instanz – oder die Aufgabe der bei Wackersdorf, Bayern, geplanten Wiederaufarbeitungsanlage. Letzteres im Übrigen eine unternehmerische Entscheidung, deren Auslöser ein internationaler Vertrag war.

Festzuhalten ist, dass die bis Anfang der 80er-Jahre zwischen Bund und Ländern bestehende gemeinsame positive Einstellung zur Kernenergie bei den zuständigen Länderbehörden schon vor Tschernobyl nicht mehr bestand. Unterschiedliche Interpretationen von Atomgesetz, Verwaltungsvorschriften und Regelwerken führten seitdem wiederholt zu bundesaufsichtlichen Konflikten. Deutlich wurden die Konflikte insbesondere nach dem Tschernobyl-Unfall, als die SPD ihre Haltung zur Kernenergie grundlegend änderte und in Landesregierungen Minister stellte, die sich offen zum Ausstieg aus der Kernenergie bekannten. Die teilweise krisenhaften Spannungen hatten auch zur Folge, dass sich das Verhältnis zwischen Aufsichtsbehörden und Betreibern verschlechterte, was der Sicherheitskultur und letztlich der Sicherheit der Anlagen abträglich war.

Die sozialliberale Koalition und ihre Bilanz

Seit Beginn der Kontroverse um die Kernenergie in den 1970er-Jahren waren sämtliche Bundesregierungen damit beschäftigt, ihre Atompolitik zu rechtfertigen – oder aber zu korrigieren. Die sozialliberale Regierungskoalition von 1969 bis 1982 war von der Protestbewegung unvorbereitet getroffen worden. Die Förderung der »friedlichen« Atomkraftnutzung hatte ja zunächst als progressiv gegolten und zu Beginn ihrer Regierungszeit war die Kernenergie kein politisches Thema. Regierungen und Oppositionsparteien in Bund und Ländern waren sich in ihrem Pro-Kernenergie-Kurs relativ einig. Willy Brandt galt bereits in seiner Zeit als regierender Bürgermeister Berlins als Freund der Atomkraft. Ein 1973 vorgelegtes Energieprogramm empfahl, bis 1985 bis zu 50 000 MW Atomstrom ans Netz zu bringen – »in der irrigen Annahme, dadurch von ausländischen Energie-Rohstofflieferungen weniger abhängig zu werden«, wie der *Spiegel* schrieb. Sein Nachfolger im Kanzleramt, Helmut Schmidt, galt ebenso als strammer Befürworter der Kernenergie. In der Debatte um das AKW Brokdorf schürte er die Mär vom Strommangel und behauptete 1976, dass in seinem Sommerhaus am Brahmsee die Stromlieferung für die Nachtspeicherheizung für das Winterhalbjahr gesperrt würde. Einzelne Kritiker wie der Mainzer Physikprofessor und SPD-Bundestagsabgeordnete Karl Bechert fanden kein Gehör – auch nicht bei mir (Lothar Hahn), der ich in den 1960er-Jahren in Mainz Physik studierte.

Die erste aktive Reaktion einer Bundesregierung auf die öffentliche Kontroverse war die Einrichtung eines Diskussionsforums, das der damalige Bundesforschungsminister Hans Matthöfer unter dem Namen »Bürgerdialog Kernenergie« 1975 ins Leben rief. Es handelte sich um eine Reihe von Veranstaltungen, auf denen Pro- und Kontra-Kernenergie-Argumente ausgetauscht und Informationen vermittelt werden sollten. Die damalige SPD/FDP-Regierung war im Grunde von der Notwendigkeit der Kernenergie und ihrer Atompolitik überzeugt; sie führte den wachsenden Widerstand in der Bevölkerung auf mangelndes Wissen der Gegner zurück, dem durch eine aktive Informationspolitik begegnet werden könnte. Folglich wurde der »Bürgerdialog Kernenergie« von vielen Atomkraftgegnern als Alibiveranstaltung abgetan und abgelehnt. Auch die Atomwirtschaft verweigerte wegen angeblicher Unausgewogenheit hinsichtlich Teilnehmern und Ablauf die Mitarbeit an einzelnen Veranstaltungen oder am Bürgerdialog insgesamt. In Wirklichkeit befürchtete sie wohl, dass den Kernenergiegegnern ein unnötiges Forum gewährt werde. Tatsächlich brachten die rot eingebundenen, preiswert und in hoher Auflage verbreiteten Protokollbände des »Bürgerdialogs« nicht nur viele Pro-, sondern auch Kontra-Argumente bis hinein in die Schulen in Umlauf; noch heute sind sie eine Fundgrube zum Atomkonflikt jener Zeit. Der »Bürgerdialog Kernenergie« konnte kurzfristig nicht zu einer Konfliktlösung beitragen und wurde von der schwarzgelben Bundesregierung 1982 eingestellt.

Ein politisches Glanzlicht war dagegen die Bundestags-Enquetekommission »Zukünftige Kernenergiepolitik«; sie wurde 1979 eingesetzt und leistete hervorragende Arbeit – zunächst, bis 1980, unter dem Vorsitz des

SPD-Abgeordneten Reinhard Ueberhorst und danach, von 1981 bis 1983, unter Harald B. Schäfer. Sie erreichte in ihrer ersten Phase sogar einen damals viel beachteten »historischen Kompromiss« zwischen Befürwortern und Kritikern: nämlich eine Einigung darüber, trotz unterschiedlicher Fernziele vorerst gemeinsam verschiedene Optionen zu verfolgen: Kernenergie, Energiealternativen und vor allem Energiesparstrategien. Nach den Bundestagswahlen im Oktober 1980 wurde die Kommission wieder eingesetzt und arbeitete von Mai 1981 bis 1983 weiter. Ein Schwerpunkt dieser zweiten Phase war eine Empfehlung zur Inbetriebnahme des Schnellen Brüters SNR-300. Das geschah jedoch nicht im Konsens; vielmehr bissen sich die Kommissionsmitglieder wieder an dem alten Pro und Kontra fest. Die Inbetriebnahme des Brüters wurde mit elf gegen fünf Stimmen empfohlen. Spätere Enquete-Kommissionen zum Thema Energie und Klimaschutz (etwa die von 2000/2002: »Nachhaltige Energieversorgung unter den Bedingungen der Globalisierung und der Liberalisierung«) erreichten bei Weitem nicht mehr die Bedeutung der ersten Kommission.

Möchte man eine Bilanz der Kernenergiepolitik während der sozialliberalen Regierung von 1969 bis 1982 ziehen, könnte man sagen: Sie versuchte einen Spagat. Einerseits führte sie die Tradition in der Kernenergiefrage fort, ganz im Sinne eines sozialdemokratischen Fortschrittsglaubens und der damit verbundenen Antizipation von technisch-wirtschaftlichen Utopien; andererseits wollte sie auf der Grundlage eines fairen Dialogs einen befriedenden gesellschaftlichen Konsens herbeiführen. Sie stellte ihre Pro-Kernenergiepolitik prinzipiell nicht in Frage; immerhin waren in ihrer Regierungszeit die meisten großtechnischen Kernenergieanlagen in Angriff genommen, genehmigt und gebaut worden und schließlich in Betrieb gegangen. War ein Konsens nicht erreichbar, so wich man aus auf das Offenhalten von Optionen und das Aufschieben von Entscheidungen. Gleichwohl nahm gegen Ende der Amtszeit der sozialliberalen Koalition unter Kanzler Helmut Schmidt die Skepsis gegenüber der Kerntechnik deutlich zu. Die ursprünglich außerparlamentarische Opposition gegen die Kernkraft begann sich auch innerhalb der Parlamente zu verbreiten.

Zwischen Desinteresse und Desinformation – die Atompolitik der Regierung Kohl

Die Kernenergiepolitik der Bundesregierung während der Amtszeit von Kanzler Helmut Kohl von 1982 bis 1998 blieb insgesamt blass und passiv. Der Regierungsantritt Kohls fiel in eine Zeit, in der sich die Atomwirtschaft trotz zunehmenden Widerstands in der Bevölkerung im Aufwind sah. Diese Einschätzung verstärkte sich noch durch den Machtwechsel in Bonn – und die Regierungskoalition sah ihrerseits bei einer fast uneingeschränkten

Unterstützung der sie tragenden Parteien CDU/CSU und FDP für die Kernenergie keinen besonderen Handlungsbedarf. In Wirklichkeit jedoch kamen während dieser Zeit die Kernkraftgegner zunehmend aus der gesellschaftlichen Isolation heraus. 1983 zog die neue Partei der Grünen, wesentlich gespeist aus der Anti-AKW-Bewegung, mit 27 Abgeordneten erstmals in den Bundestag ein – und kostete die Sozialdemokratie einen Teil ihres Wählerpotenzials. Und selbst ein Physiker machte sich unter Kollegen inzwischen nicht mehr unmöglich, wenn er sich offen als Gegner der Kerntechnik bekannte.

In diese Phase der scheinbaren Ruhe vor dem Sturm schlug dann die Reaktorkatastrophe von Tschernobyl am 26. April 1986 ein wie eine Bombe. Abermals war eine Bundesregierung in der Kernenergiefrage unvorbereitet. Die Informationspolitik gegenüber der Öffentlichkeit wurde zu einem Desaster. Die Behauptung, ein Unfall wie in Tschernobyl könne in einem deutschen Kernkraftwerk nicht stattfinden, war zwar formal zutreffend – den Reaktortyp von Tschernobyl gab es in der Bundesrepublik nicht –, verhielt sich jedoch blind gegenüber dem Schlaglicht, das die Reaktorkatastrophe in der Ukraine auf das unberechenbare und abgründige nukleare »Restrisiko« warf.

Das vollständige Leugnen jeglicher Gesundheitsgefährdung durch den radioaktiven Fallout in Deutschland stand im offensichtlichen Gegensatz zu dem Gefeilsche um Grenzwerte in Lebensmitteln. Fragen nach der Wirksamkeit des Katastrophenschutzsystems blieben unbeantwortet. Man ergriff einige politische Korrekturmaßnahmen und schuf gleichsam als Beruhigungsmittel ein neues Ministerium. Mit knappen Worten gab Bundeskanzler Kohl am 3. Juni 1986 bekannt:»Ich habe nach sorgfältigen Überprüfungen aller Sachverhalte aus den letzten Wochen mich entschieden, ein Ministerium für Umwelt, Naturschutz und Reaktorsicherheit zu bilden. Ich werde beim Bundespräsidenten vorschlagen, den Oberbürgermeister der Stadt Frankfurt, Herrn Dr. Walter Wallmann, zum Bundesminister für Umwelt, Naturschutz und Reaktorsicherheit zu ernennen.« Kohls Alleingang war ein geschickter Schachzug, denn der bisher für Umweltfragen zuständige Innenminister Friedrich Zimmermann (CSU) wurde durch beschwichtigende Aussagen (»Eine Gefährdung besteht nur in einem Umkreis von 30 bis 50 Kilometer um den Reaktor herum. Dort ist sie hoch. Wir sind 2000 Kilometer weg«) zusehends unglaubwürdig und das Krisenmanagement der Regierung war mehr als mangelhaft. Ferner galt es, die Atomkraft zu retten und den Machtzuwachs der Grünen zu beschneiden – schließlich standen die Landtagswahl in Niedersachsen und im Januar 1987 die nächste Bundestagswahl an. 1989 folgte schließlich die Gründung des Bundesamts für Strahlenschutz, eine Konstruktion, die sich als nicht sehr glücklich erweisen sollte.

Den Schock von Tschernobyl jedoch verarbeitete die schwarz-gelbe Bundesregierung nicht, ihre Verlautbarungen hörten sich lediglich an wie Durchhalteparolen. Als erste etablierte Partei vollzog die Bundes-SPD – zu dieser Zeit in der Opposition – einen radikalen Kurswechsel. Nach dem Reaktorunfall von Tschernobyl beschloss sie beim Nürnberger Parteitag im August 1986, im Falle einer Regierungsübernahme binnen zehn Jahren aus der Kernenergie auszusteigen. CDU und FDP hielten im Ganzen auch nach Tschernobyl an der Kernenergie fest und waren bemüht, den Unfall zu verharmlosen, was bei einigen schon groteske Züge annahm: Während Zimmermann verbal abwiegelte, entblödete sich der bayerische Umweltminister Alfred Dick nicht, sich vor laufender Fernsehkamera radioaktiv belastete Molke von den Fingern zu lecken. Aber bei einzelnen Parteimitgliedern wuchs unverkennbar die Skepsis und auch in CDU/CSU und FDP stieg die Zahl derer, die die Kernenergie als eine Übergangstechnologie begriffen.

Kanzler Kohl jedoch hielt sich in Sachen Kernkraft am liebsten bedeckt. Auch in den Jahren nach Tschernobyl blieb die Atompolitik der Bundesregierung auffallend passiv. Sie sah praktisch tatenlos zu, wie sich in den Jahren 1986 bis 1991 der Niedergang der Atomwirtschaft vollzog.

Dabei gab es recht markante Momente dieses Niedergangs. Einer davon war der Transnuklearskandal der Hanauer Betriebe – der erste große bundesdeutsche Atomskandal nach Tschernobyl. Das Medienecho war riesig, ein Manager nahm sich das Leben, Führungskräfte kamen vor Gericht. Ein riesiger Vertrauensverlust für die gesamte Nuklearbranche war die Folge.

Zwei Jahre später wurde ein weiterer Markstein des Niedergangs gesetzt: Im April 1989 nämlich schlossen der deutsche Energiekonzern VEBA und der französische Atomkonzern COGEMA einen folgenreichen Vertrag miteinander ab. Er beinhaltete, dass alle abgebrannten Brennelemente aus den zum VEBA-Konzern gehörenden Kernkraftwerken zukünftig in der Wiederaufarbeitungsanlage in La Hague aufgearbeitet werden sollten. Der damalige VEBA-Vorstandsvorsitzende Rudolf von Bennigsen-Foerder machte für diese Entscheidung hauptsächlich Kostengründe verantwortlich. Mit diesem Vertrag – der übrigens gegen den Willen der damaligen Bundesregierung abgeschlossen wurde – war das Aus für die im Bau befindliche Wiederaufarbeitungsanlage Wackersdorf besiegelt und das Ende der deutschen Wiederaufarbeitungstechnologie eingeläutet.

1990 begannen endlich erste Sondierungen zu einem Energiekonsens. Rudolf von Bennigsen-Foerder war nicht nur ein kühler Rechner, sondern auch ein klarer Denker. Er sorgte sich um das verloren gegangene Vertrauen in die Kernenergie und bedauerte die verhärteten Fronten in der Kernenergiefrage. Die Kernenergie war für ihn eine Übergangstechnologie, er hielt einen parteiübergreifenden Energiekonsens für notwendig. Am 28. Oktober 1989 starb er überraschend, sein Nachfolger wurde Klaus Piltz. Er vertrat einen noch gemäßigteren Atomkurs als sein Vorgänger. Im konzern-internen Machtkampf mit den Atom-Hardlinern (insbesondere Hermann Krämer) setzte sich Piltz durch und so gab es in der Folge Gespräche zwischen Teilen der Energiewirtschaft und Politikern, in denen die Möglichkeiten eines Konsenses in der Kernenergiefrage ausgelotet werden sollten. Gesprächspartner waren namentlich der neue VEBA-Chef Piltz und der 1990 neu gewählte niedersächsische Ministerpräsident Gerhard Schröder.

Auch wenn diese Sondierungen nicht zu einem konkreten Ergebnis führten, so markierten sie doch einen deutlichen Wendepunkt im Kernenergiestreit. Erstmals sprach auch die Atomwirtschaft offen über ein mögliches Ende der Kernenergie. Erstmals wurde, natürlich inoffiziell, über Restlaufzeiten diskutiert. Am 23. November 1992 schrieben die Vorstandsvorsitzenden von VEBA, Klaus Piltz, und von RWE, Friedhelm Gieske, einen gemeinsamen Brief an Kanzler Kohl, in dem sie auf die Notwendigkeit eines Konsenses in der Kernenergiefrage hinwiesen. Der Brief enthielt eigene Vorschläge zum weiteren Vorgehen und die Bereitschaft, über einen langsamen Ausstieg aus der Kernenergie nachzudenken. Aber auch der neue Konsensanlauf wurde durch einen überraschenden Tod durchkreuzt: Am 12. April 1993 starb Klaus Piltz bei einem Lawinenunglück in den Ötztaler Alpen.

Immerhin hatte sich Anfang der 1990er-Jahre auf allen Seiten die Einsicht durchgesetzt, dass eine zukunftsfähige Energiepolitik auf der Grundlage verlässlicher, Legislaturperioden überdauernder Rahmenbedingungen nur gemeinsam zu erreichen sein würde. 1993 begannen Energie-Konsens-gespräche in einer sogenannten Verhandlungsgruppe aus Mitgliedern der Bundes- und Landesregierungen sowie der sie tragenden Parteien; hinzugezogen wurden Vertreterinnen und Vertreter von Gewerkschaften, Umweltverbänden, Elektrizitätswirtschaft und Industrie (Arbeitsgruppe). Die Grundfragen betrafen die Kernenergie, den Klimaschutz und die Kohlepolitik. Im März 1995 startete eine zweite Runde der Konsensgespräche, doch wurden diese bereits im Juni 1995 ohne konkretes Ergebnis beendet. Trotz dieses Scheiterns war nicht zu übersehen, dass sich die Teilnehmer in bestimmten Punkten schon sehr weit angenähert hatten.

Tatsächlich waren die Skandale zu Kanzler Kohls Zeiten noch nicht zu Ende. Im Februar 1998 wurde bekannt, dass Transportbehälter mit abgebrannten Brennelementen an der Außenoberfläche radioaktiv kontaminiert waren. Dabei wurden die Grenzwerte für die Oberflächenkontamination teilweise erheblich überschritten. Die ZEIT schrieb damals: »68 Transporte aus deutschen Kernkraftwerken waren seit Anfang 1997 in dem Städtchen [Valognes] in der Normandie eingetroffen, 16 davon mit zum Teil weit überhöhter radioaktiver Verschmutzung. Der Spitzenwert betrug 13 400 Becquerel.« Als sich dann noch herausstellte, dass diese Überschreitungen den

Betreibern und Behörden seit Jahren bekannt waren, weitete sich der Fall zu einem Skandal aus, der in den Medien und der Öffentlichkeit erneut das Vertrauen in die Atomwirtschaft massiv und nachhaltig erschütterte. Die Transporte wurden von der damaligen Umweltministerin Angela Merkel vorläufig gestoppt und erst im Jahre 2000 (von Umweltminister Trittin) wieder zugelassen. Andere skandalträchtige Aktionen blieben gegenüber der Öffentlichkeit länger geheim. 2009 veröffentlichte die *Süddeutsche Zeitung* einen Bericht, wonach Kohls Kanzleramt 1983 kritische Stellen aus dem Gorleben-Gutachten streichen ließ; 2010 berichtete der *Spiegel*, dass die schwarz-gelbe Bundesregierung unter Helmut Kohl den Wassereinbruch im Atommüllendlager Asse jahrelang vertuscht habe, um die Kernenergie in Deutschland zu sichern.

In der Regierungszeit von Bundeskanzler Kohl wurden außerdem eine ganze Reihe von Kernkraftwerken stillgelegt, bevor sie ihre vorgesehene Lebensdauer erreicht hatten. Obwohl die Betriebsgenehmigungen in Deutschland zunächst unbefristet waren, ging man doch von einer begrenzten Laufzeit aus. Da bei der Planung von Komponenten und Systemen in der Regel eine Betriebszeit von vierzig Jahren zugrunde gelegt wurde, galt eine entsprechende Laufzeit als Zielgröße. Stilllegungen vor Ablauf dieser Laufzeit hatten unterschiedliche Gründe.

Zur Zeit des Mauerfalls waren am Kernkraftwerksstandort Lubmin bei **Greifswald** vier Blöcke in Betrieb, ein Block im Probebetrieb und drei Blöcke im Bau. Es handelte sich um Druckwasserreaktoren des WWER-440-Typs sowjetischer Bauart. Die Blöcke 1 bis 4 waren zwischen 1974 und 1979 in Betrieb gegangen. Aufgrund von Sicherheitsdefiziten im Vergleich zu westlichen Standards wurden diese vier Blöcke 1990 stillgelegt. Block 5 war bereits im November 1989 außer Betrieb genommen worden. Der Bau der Blöcke 6 bis 8 wurde eingestellt. Da sich kein Betreiber fand, der die technischen, finanziellen und genehmigungsrechtlichen Risiken übernehmen wollte, blieb die Abschaltung endgültig. Die mittlerweile bundeseigenen Energiewerke Nord GmbH (EWN) wurden Rechtsnachfolger des früheren Betreibers Kombinat Kernkraftwerke »Bruno Leuschner« und begannen 1995 mit dem Abriss der Anlagen. **Rheinsberg** war das älteste Kernkraftwerk der DDR. Von der Sowjetunion geliefert, ging es 1966 in Betrieb. 1990 wurde es zwei Jahre vor der planmäßigen Stilllegung wegen Sicherheitsbedenken abgeschaltet.

Kahl, 1962 in Betrieb genommen, wurde 1985 nach 23 Betriebsjahren stillgelegt. Das Kernkraftwerk **Mülheim-Kärlich** ging im September 1988 nach weniger als einem Jahr kommerziellen Betriebs aufgrund eines Gerichtsurteils vom Netz. Eine erneute Genehmigung durch das zuständige rheinland-pfälzische Ministerium wurde 1995 vom Oberverwaltungsgericht Rheinland-Pfalz in Koblenz wegen Ermittlungs- und Bewertungsdefiziten bei der Erdbebengefährdung aufgehoben. Im Januar 1998 bestätigte das Bundesverwaltungsgericht diese Entscheidung in letzter Instanz. Der THTR-300 in **Hamm-Uentrop** ging 1983 ans Netz. Er nahm 1987 seinen kommerziellen Betrieb auf und wurde im September 1989 aus technischen und ökonomischen Gründen stillgelegt. **Würgassen** war 19 Jahre in Betrieb (1975–1994). Gründe für die Stilllegung waren ein Schaden im Bereich des Reaktordruckbehälters (Risse im Kernmantel) und ein nicht absehbares Genehmigungsrisiko für die Reparatur.

Andere Anlagen gingen in dieser Zeit gar nicht erst in Betrieb, etliche Projekte wurden schon in der Planungsphase abgebrochen. Fertiggestellt, aber nicht in Betrieb genommen, wurde der Schnelle Brüter in **Kalkar**. Kernkraftwerke, deren Bau abgebrochen wurde, sind **Stendal** 1 und 2. Dazu zu zählen ist auch das Kernkraftwerk **Wyhl**, wo mit der Errichtung der Baustelle begonnen wurde, dessen Bau aber nach Bürgerprotesten mit Bauplatzbesetzung und Gerichtsverfahren eingestellt wurde. Zu Kernkraftwerksprojekten, die bereits in der Planungsphase abgebrochen wurden, zählen **Biblis** C und D, **Borken** (Hessen) und **Neupotz** (Rheinland-Pfalz). Darüber hinaus gab es zahlreiche Projekte, die zwar im Gespräch waren, die sich aber noch nicht in einer konkreten Planung befanden, als sie verworfen wurden.

Von all diesen Rückschlägen erholte sich die Atomwirtschaft in den Jahren bis zum Ende der Regierung Kohl 1998 nicht mehr. Gleichzeitig aber bekamen die erneuerbaren Energien durch Kohls energischen Umweltminister Töpfer (1987–94) einen ersten kräftigen Anstoß.

Kritiker erobern wichtige Positionen

Neben den sichtbaren und teilweise medial herausragenden Ereignissen fand auch ein weiterer, eher schleichender und für die breite Öffentlichkeit weitgehend unsichtbarer Wandel statt. Die zunehmende Ablehnung der Kernenergie durch Öffentlichkeit und Politik machte nämlich nicht halt vor der Besetzung wichtiger Positionen in Behörden und Organisationen in der Aufsichts- und Genehmigungslandschaft für kerntechnische Anlagen. Seit Mitte der 80er-Jahre schon wurden Abteilungsleiterstellen in den zuständigen Bundes- und Landesbehörden nicht mehr nur mit enthusiastischen Kernenergiebefürwortern besetzt. Gleiches galt für das Amt des Präsidenten des Bundesamtes für Strahlenschutz, das seit 1998 von einem Kernenergiekritiker bekleidet wurde. In der Reaktor-Sicherheitskommission (RSK), die seit 1958 die zuständige oberste Bundesbehörde in Fragen der Reaktorsicherheit berät und die nach 1999 pluralistisch besetzt wurde, übernahmen Kernenergiekritiker ebenso den Vorsitz wie in der Entsorgungskommission (ESK). Die Strahlenschutzkommission (SSK) wurde 1999 ebenfalls in stärkerem Maße pluralistisch besetzt als vorher. Der wissenschaftlich-technische Geschäftsführer der Gesellschaft für Anlagen- und Reaktorsicherheit (GRS), die für die Bundesregierung als Gutachter und Know-how-Träger in nuklearen Sicherheitsfragen tätig ist, war von 2002 bis 2010 ein Kritiker der Kernenergie. Solche Veränderungen sorgten dafür, dass sich Kritiker der Kernenergie als Experten in Verwaltung und Wissenschaft ein außerordentliches Erfahrungswissen aneignen konnten.

Das Hin und Her um den Ausstieg

Rot-Grün organisiert den Atomkonsens

Mit dem Sieg von Rot-Grün bei der Bundestagswahl im September 1998 begann ein neues Kapitel in der deutschen Kernenergiepolitik: der Ausstieg.

In der Konsensvereinbarung zwischen der Bundesregierung und den Energieversorgungsunternehmen vom 14. Juni 2000 wurde zwar entgegen den Forderungen vieler Grüner kein sofortiger Ausstieg beschlossen, auch kein Ausstieg innerhalb von zehn Jahren, wie von der SPD auf ihrem Nürnberger Parteitag 1986 beschlossen. Vielmehr wurde ein für jede Anlage definiertes und an festgelegten Reststrommengen orientiertes Abschalten vereinbart. Konkret bedeutete die Vereinbarung, dass jeder Anlage eine noch zu produzierende Strommenge zugeteilt wurde, die jeweils zu einer Gesamtlaufzeit von etwa 32 Volllastjahren führen sollte. Ferner wurde ein maximal zehnjähriges Erkundungsmoratorium für das geplante Endlager in Gorleben vereinbart.

Konsens erzielte die Gruppe der Verhandler auch über den Sicherheitsstandard der Reaktoren während der Restlaufzeit, die Errichtung von Zwischenlagern an den Kraftwerkstandorten, das Ende der Transporte zu den Wiederaufarbeitungsanlagen in Frankreich und Großbritannien sowie die Einsetzung einer Monitoring-Gruppe. In einem nächsten Schritt wurden die wichtigsten Punkte der Vereinbarung in der Novellierung des Atomgesetzes 2002 rechtsverbindlich gemacht.

Die Konsensvereinbarung war ein mühsam errungener Kompromiss, ein Paket aus gegenseitigem Geben und Nehmen. Beide Seiten verfügten über wirksame Drohpotenziale: Eine rot-grüne Bundesregierung konnte den Kernkraftwerksbetreibern bei der Aufsicht und in der Entsorgungsfrage das Leben schwer machen; die Stromkonzerne wiederum konnten sich, auf den Bestandsschutz pochend, mit Klagen und Schadensersatzforderungen zur Wehr setzen. Beide Seiten mussten daher schmerzhafte Zugeständnisse machen: Die Regierung akzeptierte, dass die jüngsten Kernkraftwerke noch circa 20 Jahre laufen durften; die Betreiber stimmten zu, dass das Aus für die älteren Meiler relativ bald bevorstand. Folglich gab es in der Klientel beider Gruppen heftige Kritik an der Vereinbarung und den Vorwurf, die jeweils eigenen Zugeständnisse seien zu weitgehend gewesen. Letztendlich aber hat die Konsensvereinbarung zu einer Art Befriedung der Auseinandersetzung um die Kernenergie geführt, vor allem wohl deshalb, weil ein Ausstieg aus der mehrheitlich nicht mehr akzeptierten Kernenergienutzung erstmals verbindlich festgeschrieben worden war, auch wenn über das Tempo des Ausstiegs in der Gesellschaft keine Übereinstimmung bestand.

Gewiss hofften auch beide Seiten, offen oder insgeheim, die Vereinbarung in die eigene Richtung modifizieren oder gar aufheben zu können: Rot-Grün in der Erwartung, durch eine rigorose Aufsichtspraxis die Stilllegung einzelner Anlagen beschleunigen zu können; die Stromkonzerne in der Hoffnung, eine spätere Bundesregierung könnte den Ausstieg rückgängig machen, zumal die damaligen Oppositionsparteien CDU und FDP nicht an den Konsensverhandlungen beteiligt waren. Aber derlei Hoffnungen bestätigten sich zunächst einmal nicht. Rot-Grün gewann auch die Bundestagswahl 2002 und die Konsensvereinbarung hatte vorerst noch drei weitere Jahre Bestand, bis zur vorgezogenen Bundestagswahl 2005.

In dieser Zeit gingen übrigens zwei weitere Kernkraftwerke außer Betrieb: Stade 2003 und Obrigheim 2005. **Stade** war von 1972 an 31 Jahre in Betrieb gewesen und wurde 2003 aus ökonomischen Gründen stillgelegt, circa ein Jahr, bevor es die ihm zugeteilte Strommenge erzeugt hatte. Der verbleibende Rest wurde auf andere Anlagen übertragen. **Obrigheim**, 1969 in Betrieb genommen, ging 2005 vom Netz. In die Betriebszeit von 36 Jahren fielen einige längere Stillstandzeiten. Die Anlage war wegen einer Reststrommengenübertragung von 5500 Gigawattstunden von Philippsburg I circa 2,5 Jahre länger in Betrieb als nach Atomgesetz vorgesehen.

Eine besondere Errungenschaft aus der Zeit der rot-grünen Bundesregierung soll an dieser Stelle noch gewürdigt werden: die Arbeit des Arbeitskreises Auswahlverfahren Endlagerstandorte – AkEnd. Bundesumweltminister Jürgen Trittin hatte den Arbeitskreis im Februar 1999 eingerichtet und ihn beauftragt, »ein Verfahren und Kriterien für die Suche und Auswahl eines bestmöglichen Standortes zur sicheren Endlagerung aller Arten radioaktiver Abfälle in Deutschland zu entwickeln«. Seine Ergebnisse und seine Empfehlungen für die Auswahlkriterien und die Durchführung des Auswahlverfahrens hat der AkEnd in seinem Abschlussbericht vom Dezember 2002 dokumentiert. Bemerkenswert ist, dass der pluralistisch zusammengesetzte Arbeitskreis seine Empfehlungen einvernehmlich beschlossen hat. Dies verdient besondere Würdigung, da durch die Auswahl der Personen und die vertretenen Institutionen (etwa die Bundesanstalt für Geowissenschaften und Rohstoffe, die Gesellschaft für Anlagen- und Reaktorsicherheit mbH, das Öko-Institut oder das Bundesamt für Strahlenschutz sowie diverse Universitäten) gewährleistet worden war, dass »im Arbeitskreis ein weites Spektrum der in der Fachwelt zum Thema Endlagerung vertretenen Auffassungen repräsentiert ist.« Die Mitglieder waren Fachleute aus den Bereichen Geowissenschaften, Sozialwissenschaften, Chemie, Physik, Mathematik, Bergbau, Deponietechnik, Ingenieurwesen und Öffentlichkeitsarbeit.

Die Empfehlungen des AkEnd bedeuteten einen Neuanfang in der Endlagersuche unter Berücksichtigung des aktuellen internationalen Wissensstandes. Bedauerlich ist, dass sich die Bundesregierungen seit 2002 angesichts der Widerstände aus Politik und Energiewirtschaft nicht dazu durchringen konnten, die Empfehlungen umzusetzen. Stattdessen war es die Schweiz, die die Empfehlungen aufnahm. Immerhin mehren sich seit 2012 die Anzeichen, dass es in Deutschland doch zu einem Neuanfang in der Endlagersuche mit einem ernst zu nehmenden Auswahlverfahren kommt, in welchem zumindest einige Ergebnisse des AkEnd Berücksichtigung finden.

Bei der vorgezogenen Bundestagswahl 2005 erreichten weder Rot-Grün noch Schwarz-Gelb eine Mehrheit und es wurde eine Koalitionsregierung aus CDU/CSU und SPD unter Bundeskanzlerin Angela Merkel gebildet. In der Kernenergiepolitik vertraten beide Partner so gegensätzliche Positionen, dass sie sich in diesem Punkt nicht auf eine gemeinsame Politik einigen konnten. Diese Pattsituation hatte zur Folge, dass das Atomgesetz nicht geändert wurde und der Ausstiegsbeschluss in der 2000 verhandelten und 2002 festgelegten Form für die nächsten vier Jahre bestehen blieb. In die Zeit der großen Koalition fielen keine spektakulären bundespolitischen Entscheidungen zur Kernenergie. Und doch erkennt, wer genauer hinsieht, bemerkenswerte Ereignisse und Entwicklungen.

Auf der einen Seite schien die Kernenergienutzung im internationalen Rahmen vor einem neuen Aufschwung zu stehen, zumal die fossilen Energieträger als Langzeitperspektive durch die Warnungen vor den Folgen des Klimawandels in Misskredit gerieten. Eine »Renaissance der Kernenergie« ging als Parole durch die Medien. Dahinter verbargen sich ehrgeizige Ausbaupläne, insbesondere in den USA und in Asien. Dazu kamen die Pläne zahlreicher Länder zum Einstieg in die Kernenergie, besonders in der Dritten Welt. Ermuntert wurden diese Entwicklungen von internationalen Organisationen, wie der Internationalen Atomenergieagentur (IAEO) oder der Nuklear-Energie-Agentur (NEA) der Organisation für wirtschaftliche Zusammenarbeit und Entwicklung OECD.

Auf der anderen Seite aber gab es, insbesondere in Deutschland, enorme Fortschritte auf dem Sektor der erneuerbaren Energien, wie sie bis dahin nicht für möglich gehalten worden waren. Sowohl der technische Wirkungsgrad wie auch die ökonomische Konkurrenzfähigkeit hatten sich rasant entwickelt. Einstige »Experten«-Prognosen, die davon ausgegangen waren, dass die Solar- und die Windenergie in Deutschland »aus naturgesetzlichen

Gründen« nur einen kleinen Bruchteil des Energiebedarfs würden decken können, wurden vom Gang der Entwicklung über den Haufen geworfen. Zugleich machten die stürmischen Fortschritte der Elektronik in einem bis dahin ungeahnten Ausmaß eine dezentrale Energieproduktion vorstellbar, bei der die zahllosen lokalen Schwankungen in Energieproduktion und Energieverbrauch durch sogenannte intelligente Netze ausgeglichen werden können. Die energiepolitischen Rahmenbedingungen wie das Erneuerbare-Energien-Gesetz (EEG) mit den Einspeisevergütungen für regenerative Energiequellen spielten hier ebenfalls eine große Rolle. Ein massiver Ausbau fand statt, ein ganzer Industriezweig entstand und erlebte seinen Boom. Außerdem glaubte nicht nur die Wind- und Solarindustrie an ihre Zukunft; kommunale Stromversorger und Stadtwerke empfanden inzwischen genügend Planungssicherheit, um zunehmend in dezentrale Energieerzeugungsstrukturen investieren zu können. Vor dem Hintergrund der begrenzten Laufzeiten für Kernkraftwerke stellten sich viele Produzenten und Nutzer auf eine bevorstehende Energiewende ein.

Nun hätte man natürlich erwarten können, dass sich auch die vier großen, Kernkraftwerke betreibenden Energiekonzerne (E.ON, RWE, Vattenfall und EnBW) auf das bevorstehende Ende einer Ära vorbereitet und für die Zeit nach der Abschaltung der Atomkraftwerke konkrete Planungen vorgenommen und Investitionen getätigt hätten. Denn der Zeitpunkt der Abschaltung rückte näher und stand für 2009 für einige AKWs bereits vor der Tür: Als nächste stillzulegende Anlagen waren Neckarwestheim 1, Biblis A und Isar 1 gelistet, bald danach Biblis B, Philippsburg 1, Brunsbüttel und Unterweser. Doch anstatt für die Zeit danach zu planen, geschah etwas anderes: Die Konzerne versuchten, die Abschaltung von Anlagen über die Zeit, sprich über den Zeitpunkt der Bundestagswahl 2009 hinaus zu verschleppen. Dabei scheute man sich nicht, trickreiche Methoden anzuwenden – wie die Drosselung der Stromerzeugung, umfangreiche Revisionen, verlängerte Stillstände und Nachrüstmaßnahmen, um die Reststrommenge nicht bereits vor der Bundestagswahl »aufzubrauchen«, was nach dem damals gültigen Atomgesetz das Erlöschen der Betriebsgenehmigung bedeutet hätte. In die gleiche Richtung wirkten sich unfreiwillige Stillstände aus, zum Beispiel nach Pannen oder Störfällen aufgrund von Anordnungen der zuständigen Landesbehörden etwa für Brunsbüttel und Krümmel durch die Schleswig-Holsteinische Behörde. Es hatte schon etwas Groteskes: Die Atomwirtschaft suchte von der Störanfälligkeit ihrer eigenen Technik zu profitieren!

Ein weiteres Mittel der Verzögerung waren Anträge von Betreibern auf Übertragung von Reststrommengen von neueren Anlagen auf ältere, die von der Stilllegung bedroht waren. Die Strommengenübertragung war zwar im Atomgesetz ausdrücklich vorgesehen, sie war jedoch zustimmungsfrei nur von älteren auf neuere Anlagen, bei denen in der Regel ein höheres Sicherheitsniveau unterstellt wurde. Die umgekehrte Übertragung von Neu auf Alt bedurfte nach Atomgesetz der Zustimmung des Bundesumweltministeriums im Einvernehmen mit dem Bundeswirtschaftsministerium. Die gestellten Anträge (Mülheim-Kärlich auf Biblis A, Krümmel auf Brunsbüttel, Neckarwestheim 2 auf Neckarwestheim 1) wurden allesamt abgelehnt.

Tatsächlich war ja zu diesem Zeitpunkt eine wichtige Strategie der deutschen Atomwirtschaft ohnehin schon nicht mehr zu realisieren. Mit dem Scheitern der Wiederaufarbeitung in Deutschland 1989, mit der Aufgabe der MOX-Brennelementefertigung in Hanau 1995, mit dem Ende der Brütertechnologie in Deutschland 1991 und schließlich gar mit der Beendigung der Wiederaufbereitung im Ausland 2005 war auch die Vision einer nuklearen Kreislaufwirtschaft beendet. Der in den 1970er- und 80er-Jahren wieder und wieder beschworene »Brennstoffkreislauf« – der die realen Chancen ohnehin stets nur begrenzt widergespiegelt hatte – spielte im Grunde schon seit Beginn der 1990er-Jahre keine Rolle mehr. Die Entsorgung abgebrannter Brennelemente und zurückgenommener Abfälle aus der Wiederaufarbeitung im Ausland beschränkte sich auf die Zwischenlagerung und die Suche nach einem Endlager. Damit war auch der Einstieg in die Plutoniumwirtschaft obsolet geworden. Wegen zusätzlicher technologischer, radiologischer und Proliferationsrisiken war der geplante Umgang mit Plutonium ohnehin in höchstem Maße umstritten. Aber auch ohne Brüter produzierten die Kernkraftwerke laufend weiter Plutonium, das in den bestehenden Kernkraftwerken nicht zu gebrauchen ist und nur das Problem der Endlagerung verschärfte. Schließlich seufzte selbst der Brüterpapst Wolf Häfele 2011 im Gespräch mit Joachim Radkau:»Wir ersticken im Plutonium.«

Nicht zu vergessen sei im Übrigen, dass es während dieser Verschleppungsmanöver durch die Betreiber weiterhin in deutschen und ausländischen Kernkraftwerken zwischen 2005 und 2009 zu diversen Störfällen, Pannen und teilweise unangenehmen Befunden gekommen ist. Beispielhaft genannt seien der ernste Störfall im schwedischen Kernkraftwerk Forsmark im Juli 2006, als nach einem Kurzschluss außerhalb der Anlage die Verbindung zum externen Hochspannungsnetz ausfiel und zwei der vier Notstromdiesel versagten. Bei den deutschen Anlagen sind die Störfälle in Brunsbüttel und Krümmel zu nennen – beide Anlagen sind 2007 bis zur Ursachenklärung abgeschaltet worden und danach nie wieder in Betrieb gegangen – sowie der ungeplante Stillstand beider Blöcke in Biblis zum Austausch nicht korrekt gesetzter Dübelverbindungen.

Tatsächlich sah es so aus, dass am Ende der Legislaturperiode 2005–2009, also der ersten Regierungsperiode von Kanzlerin Angela Merkel, drei Anlagen in Deutschland unmittelbar und vier weitere kurz vor der Abschaltung standen; zwei Kraftwerke waren seit 2007 nicht in Betrieb. Von den 17 im Jahre 2005 laufenden Anlagen waren noch neun am Netz beziehungsweise betriebsbereit und mit nennenswerter Restlaufzeit ausgestattet.

Angela Merkel erliegt dem Druck der Atomlobby

»Herr Trittin, Sie freuen sich zu früh, wir werden das, was Sie als Kernenergieausstieg bezeichnen, wieder rückgängig machen.« Der CDU-Atomexperte Klaus Lippold sollte mit seiner im Jahre 2000 geäußerten Drohung Recht behalten, die Hoffnung der deutschen Atomwirtschaft schien zunächst einmal aufzugehen. Als 2009 die schwarz-gelbe Koalition mit einer Kanzlerin Merkel in ihrer zweiten Amtsperiode an die Regierung kam, war der Erwartungsdruck auf die Bundesregierung, den Ausstiegsbeschluss zurückzunehmen, sehr groß und reichte auf Seiten der Stromkonzerne bis zu der Forderung, zu den Regelungen des ursprünglichen Atomgesetzes mit zeitlich unbegrenzten Genehmigungen zurückzukehren. Allerdings gab es auch innerhalb der Koalition tief greifende Meinungsunterschiede. Angesichts der großen Fortschritte bei den erneuerbaren Energien und weil die Kernenergie in der Öffentlichkeit kaum noch Akzeptanz besaß, prägte man nun Ende 2009/Anfang 2010 den Begriff der Kernenergie als Brückentechnologie, ein Begriff, der schon in den Jahren nach Tschernobyl zeitweise zu einer Sprachregelung geworden war. Damit war klar, dass inzwischen sowohl die CDU als auch Teile der FDP den zeitlichen Horizont der Kernenergienutzung grundsätzlich als begrenzt ansahen.

Wie lang aber sollte die Brücke hin zu den erneuerbaren Energiequellen sein? Möglichst kurz, am besten ohne Laufzeitverlängerung, argumentierten der neue Bundesumweltminister Norbert Röttgen und andere; möglichst lang und entsprechend der Marktentwicklung, meinten Wirtschaftsminister Rainer Brüderle und der Wirtschaftsflügel der CDU. Massiven Druck übten die Stromkonzerne aus, etwa durch eine mit Zeitungsanzeigen garnierte Werbekampagne, wobei RWE-Chef Jürgen Großmann eine Vorreiterrolle einnahm. Der letztendlich in der Koalition zustande gekommene Kompromiss sah vor: 1) Ausstiegsbeschluss und Neubauverbot bleiben grundsätzlich erhalten (Brückentechnologie); 2) die Laufzeit der Kernkraftwerke wird im Mittel um 12 Jahre verlängert; 3) bei den älteren Anlagen (Inbetriebnahme vor 1980) beträgt die Laufzeitverlängerung 8 Jahre; 4) bei den neueren Anlagen (Inbetriebnahme ab 1980) beträgt die Laufzeitverlängerung 14 Jahre.

Das hieß also, dass die Kernenergienutzung in Deutschland noch einmal massiv ausgeweitet werden würde und dass zu der bisherigen Nutzungsdauer noch einmal 200 Reaktorbetriebsjahre hinzukämen. Das letzte Kernkraftwerk würde nach diesen Vorstellungen erst kurz vor dem Jahr 2040 vom Netz gehen. Einzelne Anlagen würden eine Gesamtlaufzeit von über 50 Jahren erreichen.

Von weiten Teilen der Öffentlichkeit wurde die Laufzeitverlängerung als Affront empfunden. Die *Süddeutsche Zeitung* schrieb: »In der Nacht vom 5. auf den 6. September morgens um 5.23 Uhr wurde dieser Laufzeitverlängerungsvertrag unterzeichnet, von dem nicht einmal der Vorsitzende der CDU/CSU-Bundestagsfraktion auch nur die leiseste Ahnung hatte. Verhandlungspartner der Atomenergiekonzerne war das Bundesfinanzministerium, das von der Sache steuerlich profitieren wollte, unterstützt vom Bundeskanzleramt. Die Regierung Merkel hat sich und das Land im Spätsommer und Frühherbst 2010 noch einmal in das nukleare Gefängnis gesperrt (...).« Kritik kam nicht nur aus den Reihen derjenigen, die von erneuerbaren Energiequellen über Anlagenbau, Betrieb, Wartung profitierten, auch andere Interessenverbände wie Teile des Handwerks, Stadtwerke, kommunale Energieerzeuger und viele andere mehr, die sich auf eine Energiewende mit Tendenz zu mehr dezentralen Strukturen eingerichtet und entsprechende Investitionen getätigt hatten, kritisierten die neue Atompolitik. Auch Institutionen und Gremien wie das Umweltbundesamt (UBA) oder der Sachverständigenrat für Umweltfragen (SRU) wandten sich gegen die Laufzeitverlängerung. Das Spektrum derjenigen, die sich gegen die verlängerte Nutzung der Kernenergie aussprachen, war breiter als je zuvor.

Die Begründung für die Laufzeitverlängerung im Entwurf eines 11. Gesetzes zur Änderung des Atomgesetzes kann tatsächlich nur als völlig unzureichend angesehen werden. Dies galt zunächst für die mittlere Dauer der Laufzeitverlängerung. Es wurde nicht dargelegt, dass dieser Zeitraum aus energiepolitischer Sicht sinnvoll und erforderlich sei. Es war auch kein Weg ersichtlich, wie der Übergang in das Zeitalter der Erneuerbaren vonstatten gehen sollte, es gab keinerlei Masterplan. Ebenso fehlte eine plausible Argumentation in Hinblick auf die nukleare Sicherheit, nämlich wie sich das Risiko durch den verlängerten Betrieb erhöhen würde und warum dieses zusätzliche Risiko hinzunehmen sei. Es fehlte eine nachvollziehbare Begründung, warum die Unterscheidung in acht Jahre Verlängerung für ältere Anlagen und 14 Jahre für neuere Anlagen sicherheitstechnisch gerechtfertigt sei und warum es keine anlagenspezifische Einzelbetrachtung geben sollte. Kein Wunder, denn einen technisch rationalen Grund dafür konnte es gar nicht geben!

Ein besonderes Problem ergab sich aus dem Nachrüstungsdilemma für ältere Anlagen: In der Konsensvereinbarung 2000 (und im Atomgesetz 2002) hatten sich die Partner darauf geeinigt, bei Anlagen mit nur noch relativ kurzer Laufzeit auf aufwendige und langwierige Nachrüstungen zu verzichten. Für die 12. Atomgesetz-Novelle waren – mit Blick auf die Laufzeitverlängerung – Verschärfungen der Sicherheitsanforderungen angekündigt worden. An der Ernsthaftigkeit der Ankündigung musste man jedoch zweifeln: Den entsprechenden Passagen in der 12. Novelle konnte nicht entnommen werden, dass irgendwelche zusätzlichen Anforderungen an die sicherheitstechnische Auslegung der Anlagen gestellt werden würden; es wurde dort nichts beschrieben, was nicht ohnehin schon national oder international gefordert worden war.

Alles in allem ist festzuhalten, dass der Laufzeitverlängerung jegliche schlüssige energiewirtschaftliche Begründung und sicherheitstechnische Rechtfertigung fehlte, sie vielmehr nur politisch »ausgehandelt« worden war und daher Aspekte des Willkürlichen aufwies. Entsprechend heftig und umfassend war die Kritik. Jürgen Großmann, Vorstandsvorsitzender der RWE-AG (2007–2012), erhielt noch im gleichen Jahr den »Dinosaurier des Jahres«, einen vom Naturschutzbund Deutschland gestifteten Negativpreis, für seine »hemmungslose und provozierende Beeinflussung der Bundesregierung für die Laufzeitverlängerung der Atomkraftwerke« (NABU-Präsident Olaf Tschimpke). Übereinstimmend wurde bemängelt, dass mit der Verlängerung der Laufzeiten ein mühsam errungener breiter gesellschaftlicher Konsens ohne Not aufgekündigt worden sei. Am 28. Oktober 2010 verabschiedete der Deutsche Bundestag mit der schwarz-gelben Mehrheit die Änderungen des Atomgesetzes. Die Novelle trat am 14. Dezember 2010 in Kraft. Nur drei Monate später ereignete sich die Reaktorkatastrophe von Fukushima.

Exkurs:
Die Atomkatastrophe von Fukushima 2011

Am 11. März 2011 ereignete sich im Nordosten Japans ein verheerendes Erdbeben mit nachfolgendem Tsunami. Im Kernkraftwerk Fukushima kam es zur schwersten Reaktorkatastrophe seit Tschernobyl. Massiv betroffen waren vier der sechs Blöcke am Standort Daiichi-I. Die Blöcke 1 bis 3 waren zu diesem Zeitpunkt in Betrieb, Block 4 war in Revision, die Brennelemente waren in das Abklingbecken ausgelagert, die Blöcke 5 und 6 waren ebenfalls außer Betrieb, allerdings befanden sich die Brennelemente im Reaktordruckbehälter.

Das Erdbeben ereignete sich exakt um 14:46:23 Uhr Ortszeit unter dem Meeresboden vor der Ostküste der Insel Honshu. Die Erdbebenwellen erreichten das 163 km vom Epizentrum entfernte Kernkraftwerk 23 Sekunden später. Durch das Beben fiel das externe Stromnetz aus. In den in Betrieb befindlichen Blöcken 1 bis 3 wurde die Schnellabschaltung automatisch ausgelöst.

Das Beben dauerte zwei Minuten und erreichte eine Stärke von 9,0 auf der Richterskala. Ab 15:35 Uhr trafen Tsunamiwellen mit einer Höhe von 13 bis 15 Metern das Kernkraftwerksgelände und überschwemmten die Blöcke 1 bis 4 bis zu einer Höhe von fünf Metern, die Blöcke 5 und 6 bis zu einem Meter. Als Folge der Naturkatastrophe fielen in den Blöcken 1 bis 4 die komplette Stromversorgung und die Kühlsysteme aus. Die Brennelemente in den Reaktordruckbehältern und den Lagerbecken konnten nicht mehr ausreichend gekühlt werden. Die Kerne der Blöcke 1 bis 3 wurden überhitzt und schmolzen, durch freigesetzten Wasserstoff kam es zu heftigen Explosionen, die zu schweren Schäden an den Reaktorgebäuden und teilweise auch an den Sicherheitsbehältern führten.

Auch die Kühlung der Brennelemente in den Lagerbecken war beeinträchtigt, insbesondere in Block 4. Auch hier bestand die Gefahr einer Überhitzung der Brennelemente. Am 15. März ereignete sich im Reaktorgebäude von Block 4 eine Explosion, die zu großen Schäden am Gebäude führte.

Mit provisorischen Maßnahmen – zunächst mit Wasserwerfern, später mit externen Pumpen und schließlich mit notdürftig wiederhergestellten Kühlkreisläufen – gelang es schließlich, die Temperaturen nach Monaten zu stabilisieren. Während der Überhitzung der Brennelemente und der Kernschmelze in den Blöcken 1 bis 3 wurden riesige Mengen an radioaktiven Stoffen freigesetzt und gelangten noch lange Zeit durch die beschädigten Sicherheitsbehälter und Reaktorgebäude über die Atmosphäre in die Umgebung und mit dem Kühlwasser in den Untergrund und in das Meer (vgl. Anhang, Tab. 3).

Am 11. März um 20:50 Uhr wurde die Evakuierung der Bevölkerung im Umkreis von zwei Kilometern um den Reaktorblock 1 verfügt; der Evakuierungsradius wurde weniger als eine Stunde später um 21:23 Uhr auf drei Kilometer, am nächsten Morgen um 05:55 Uhr auf zehn Kilometer und abends dann am 12. März um 18:25 Uhr auf 20 Kilometer ausgedehnt. Die Bewohner im Umkreis zwischen 20 und 30 km forderte man zunächst auf, in ihren Häusern zu bleiben; später empfahl man ihnen, das Gebiet freiwillig zu verlassen. Einige noch weiter entfernte Gebiete waren ebenfalls so verstrahlt, dass Schutzmaßnahmen für die Bevölkerung bis hin zur Evakuierung nötig wurden.

Die radioaktiven Freisetzungen hatten die Kontamination von Böden, Grundwasser und Meer zur Folge, dies führte zu Einschränkungen beim Gebrauch von Lebensmitteln und Trinkwasser, beim Verzehr von Fisch sowie zu Verboten von Import und Export von Lebensmitteln.

Die Tatsache, dass die Behörden bereits wenige Stunden nach Erdbeben und Tsunami mit der Evakuierung der Bevölkerung begannen, ist ein Beleg dafür, dass sich Betreiber und Behörden von Anfang an über das Ausmaß der Katastrophe im Klaren waren. Im krassen Gegensatz dazu müssen die Informationspolitik und das Krisenmanagement gesehen werden, das nur als desaströs bezeichnet werden kann. Man kommt nicht umhin, der Betreiberfirma Tepco, der Regierung, den für den Schutz der Bevölkerung zuständigen Behörden und den technisch-wissenschaftlichen Beratern nach dem Unfall massives Versagen vorzuwerfen.

Versagt hatten aber die für Reaktorsicherheit verantwortlichen Stellen bereits vor der Katastrophe: Das Betreiben von Kernkraftwerken an gefährdeten Standorten ohne ausreichenden Schutz gegen die Auswirkungen von Erdbeben und Tsunamis zeugt von einer grenzenlosen Verantwortungslosigkeit – zumal es nicht an entsprechenden Warnungen gefehlt hat.

Das endgültige Aus

»Da sitzen sie nun, die Kanzlerin in ihrer Mitte: Fünf Atomfürsten, die jetzt alle Aussteiger sein wollen. Es sind die Ministerpräsidenten jener Länder, in deren Grenzen Kernkraftwerke stehen: Bayern, Baden-Württemberg, Hessen, Niedersachsen und Schleswig-Holstein. Fast alle haben sie im vergangenen Jahr für einen satten Aufschlag bei den AKW-Laufzeiten gekämpft, haben die 17 deutschen Meiler als die sichersten der Welt gepriesen. Doch jetzt, nach der Atomkatastrophe im Hightech-Land Japan, wollen sie alle raus aus der Nummer.« Mit diesen Worten berichtet *Spiegel online* über die Verkündigung des sogenannten Atom-Moratoriums am 14. März 2011, drei Tage nach der Katastrophe in Japan. Es beinhaltete, alle 17 deutschen Kernkraftwerke einer Sicherheitsüberprüfung zu unterziehen, die sieben ältesten Anlagen für drei Monate stillzulegen und das AKW Krümmel, das zu diesem Zeitpunkt nicht in Betrieb war, abgeschaltet zu lassen. Mit der Sicherheitsüberprüfung wurde die Reaktor-Sicherheitskommission (RSK) beauftragt. Parallel dazu wurde eine Ethikkommission für eine sichere Energieversorgung eingesetzt. Das 17-köpfige Gremium unter der Leitung von Klaus Töpfer und Matthias Kleiner (Präsident der Deutschen Forschungsgemeinschaft) wurde von Fachleuten und Repräsentanten aus zahlreichen Bereichen der Gesellschaft gebildet, darunter der Soziologe Ulrich Beck, die Politiker Klaus von Dohnanyi, Volker Hauff und Alois Glück sowie der Erzbischof von München/Freising Reinhard Marx und Reinhard Hüttl, der Vorstandsvorsitzende des GeoForschungsZentrums Potsdam. Sie sollten die technischen Risiken der Kernenergie ethisch und gesellschaftlich bewerten und die Risiken eines früheren Atomausstiegs und anderer Energieformen abwägen.

Der sich anbahnende Ausstiegskurs der Kanzlerin war dabei in der Koalition nicht unumstritten. Führende Politiker wie Guido Westerwelle und Erwin Huber gingen deutlich auf Distanz, Rainer Brüderle bezeichnete die Deutschen gar als »hysterisch«. Und auch Altkanzler Kohl äußerte sich noch im Katastrophenmonat März kritisch: »Es ist ein folgenschwerer Irrtum anzunehmen, dass andere Länder uns folgen würden«, wenn Deutschland ausstiege, argumentierte er. Der Unfall im Atomkraftwerk Fukushima mache alle »fassungslos«, dürfe aber »nicht den Blick für die Wirklichkeit verstellen«. Ein überhasteter Ausstieg aus der Kernenergie wäre »eine gefährliche Sackgasse«.

Die Bevölkerung sah das jedoch anders. Am 26. März kam es zu »Rekord-Demos« *(Spiegel online)* mit deutschlandweit 250 000 Teilnehmern: »Allein in Berlin gingen demnach 120 000 Atomkraftgegner auf die Straße, in Hamburg folgten 50 000 Menschen den Protestaufrufen, in Köln und München jeweils 40 000.« Und am 27. März demonstrierten die Menschen in Baden-Württemberg an den Wahlurnen ihre politische Macht: Unter dem Eindruck der Katastrophe von Fukushima und wohl wissend, dass in Sachen Kernenergie vor allem die Grünen einen konsequenten und glaubwürdigen Kurs verfolgten, machte die Bevölkerung sie zur stärksten politischen Kraft –, ausgerechnet in einem wirtschaftlich besonders erfolgreichen Bundesland, das traditionell als Hochburg der von Wirtschaftsinteressen geleiteten Konservativen galt. Hier kam nun die erste grün-rote Koalition unter einem grünen Ministerpräsidenten, Winfried Kretschmann, zustande.

Die RSK schloss ihre Überprüfung, die auftragsgemäß nach neuen Standards erfolgte, im Mai ab. Insbesondere nahm die RSK eine Bewertung der Robustheit der Kernkraftwerke vor, das heißt ihrer Auslegung gegenüber Einwirkungen oder Belastungen, die größer waren als in der Vergangenheit angenommen. Zu den ausgewählten Themen gehörten Einwirkungen von außen, wie Erdbeben und Flugzeugabsturz, aber auch erschwerte Randbedingungen wie Stromausfälle über längere Zeiträume als bislang unterstellt. Im Ergebnis ergaben sich unterschiedliche Bilder für die Anlagen, abhängig von Bauart oder Alter. Angesichts der kurzen Bearbeitungszeit (circa sechs Wochen) und der problematischen Unterlagenbeschaffung konnte die RSK nur erste Empfehlungen für weitere Analysen und Maßnahmen aussprechen.

Die Ethikkommission legte ihren Abschlussbericht am 30. Mai 2011 vor. Darin zeigte sie sich überzeugt, dass sich der Ausstieg aus der Kernenergie innerhalb eines Jahrzehnts abschließen ließe, dies aber eine außerordentliche Herausforderung für alle Beteiligten darstellen würde.

Am 29./30. Mai 2011 beschloss die Bundesregierung die endgültige Stilllegung der acht vom Moratorium betroffenen Kernkraftwerke, das heißt der sieben älteren Kraftwerke plus Krümmel, das seit 2007 praktisch keinen Strom mehr erzeugt hatte.

Ungewöhnlich emotional begann Kanzlerin Angela Merkel ihre Regierungserklärung zur »Energie der Zukunft« am 9. Juni 2011 vor dem Bundestag, in der sie die Maßnahmen ihrer Regierung zum Ausstieg aus der Kernenergienutzung in der Bundesrepublik Deutschland vorstellte, mit den folgenden Worten: »Vor 90 Tagen wurde der Nordosten Japans vom schwersten Erdbeben in der Geschichte des Landes heimgesucht. Anschließend traf eine bis zu zehn Meter hohe Flutwelle seine Ostküste. Danach fiel in einem Reaktor des Kernkraftwerkes Fukushima I die Kühlung aus. Die japanische Regierung rief den atomaren Notstand aus.

Heute, 90 Tage nach jenem furchtbaren 11. März, wissen wir: In drei Reaktorblöcken des Kernkraftwerkes sind die Kerne geschmolzen. Noch immer steigt radioaktiver Dampf in die Atmosphäre. Die weiträumige Evakuierungszone wird noch lange bestehen bleiben, und an ein Ende der Schreckensmeldungen ist noch nicht zu denken. Erst letzte Woche herrschte in Block eins die bisher höchste Strahlenbelastung. Die Internationale Atomenergie-Organisation bewertet die Situation in Fukushima als weiterhin sehr ernst.

Wir werden heute weitreichende Vorhaben für eine neue Architektur der Energieversorgung in Deutschland beraten. Aber bevor wir das tun, wünsche ich mir, dass wir zuerst an die Menschen in Japan denken. Wir trauern um die Opfer, wir fühlen mit denen, die ihre Lieben, ihr Hab und Gut, ihr Zuhause unwiederbringlich verloren haben.«

Am 30. Juni 2011 stimmte der Deutsche Bundestag mit überwältigender Mehrheit der erneuten Novellierung des Atomgesetzes zu, das neben der endgültigen Abschaltung der genannten acht Anlagen die schrittweise Stilllegung der restlichen neun Kernkraftwerke bis zum Jahre 2022 vorsieht.

Damit war die Laufzeitverlängerung nach nur acht Monaten definitiv zurückgenommen. Der neue Ausstiegsfahrplan ähnelte dem alten sehr. Insgesamt ergab sich mit der neuen Regelung ein Mehr von etwa zwölf Reaktorbetriebsjahren. Die neueren Anlagen haben zusammengenommen etwa zwanzig Betriebsjahre hinzugewonnen, wobei Grohnde und Gundremmingen C die Gewinner sind. Bei den älteren Anlagen ergeben sich gegenüber dem Ausstiegsbeschluss der rot-grünen Bundesregierung praktisch keine Änderungen. Der eigentliche Verlierer des neuesten Ausstiegplans ist Krümmel, das eine Restlaufzeit von acht Jahren einbüßte. (vgl. Anhang, Tab. 4)

Mit der Atomgesetznovellierung 2011 war eine historische Entscheidung gefallen – historisch auch deshalb, weil sie mit den Stimmen von CDU/CSU, FDP, SPD und Grünen zustande kam. Die Energiewende war eingeleitet – und die Bevölkerung ist zufrieden: In einer repräsentativen Umfrage befürworten im September 2011 rund 80 Prozent aller Deutschen den Atomausstieg, nur acht Prozent halten ihn für falsch und 12 Prozent sind unentschieden.

Fehlentwicklungen und Größenwahn

Rekapituliert man noch einmal die gesamte Entwicklung bis zu diesem Punkt, so muss man sagen: Die Reaktorkatastrophen von Tschernobyl und Fukushima haben den Niedergang der Atomwirtschaft praktisch besiegelt. Aber man sollte nicht verkennen, dass die Atomwirtschaft selbst zu ihrem Niedergang beigetragen hat – insbesondere durch ihre Informationspolitik und durch strategische Fehlentscheidungen und Fehleinschätzungen.

Lange Jahre war die Informationspolitik gegenüber der Öffentlichkeit und teilweise auch gegenüber den zuständigen Behörden geprägt von Vertuschung, Verharmlosung, Irreführung und dem Fehlen von Transparenz. Selbst Maier-Leibnitz, einer der Gründerväter der bundesdeutschen Kerntechnik und später Präsident der Deutschen Forschungsgemeinschaft (DFG), bekannte schon nach dem Störfall von Harrisburg 1979 öffentlich, die Experten hätten ihre Glaubwürdigkeit verloren, da sie die Diskussion über große Störfälle, die mit den bisherigen Vorkehrungen nicht zu beherrschen seien, systematisch unterdrückt hätten. Er hatte selbst erlebt, wie nicht einmal Bundespräsident Walter Scheel, als er von Experten etwas über das maximale Störfallrisiko erfahren wollte, eine Antwort bekam!

Hinzu kamen Fehleinschätzungen, die sich in fehlendem Realitätssinn bei der Beurteilung technischer und vor allem ökonomischer Entwicklungspotenziale äußerten. Dazu im Folgenden einige Beispiele.

Das Gorleben-Desaster: die erste schwere Niederlage der Atomwirtschaft

Das letzte Glied in der Kette der Verfahrensschritte im Umgang mit nuklearem Brennstoff ist zwangsläufig die Endlagerung der radioaktiven Abfälle. Da bis heute kein Endlager für hochradioaktive Abfälle vorhanden ist, werden diese bislang in Zwischenlagern aufbewahrt. Andere Arten radioaktiver Abfälle lagern unter sicherheitstechnisch teilweise abenteuerlichen Bedingungen im ehemaligen DDR-Endlager Morsleben und in der Asse.

Als Endlager für die schwach- und mittelradioaktiven Abfälle, die unter anderem aus dem Betrieb und dem Abriss kerntechnischer Anlagen stammen, ist das ehemalige Eisenerzbergwerk Schacht Konrad bei Salzgitter vorgesehen, dessen Genehmigung 2002 (Planfeststellungsbeschluss) erteilt wurde und dessen Inbetriebnahme vom Bundesamt für Strahlenschutz für das Jahr 2019 erwartet wird. Für die Endlagerung der hochaktiven Abfälle legten sich allerdings Politik und Atomwirtschaft auf desaströse Weise frühzeitig auf den Salzstock in Gorleben fest, und zwar zu eben jener Zeit, als dort die umkämpfte Wiederaufarbeitungsanlage projektiert wurde. Wir erinnern uns: In Gorleben hatte die DWK (Deutsche Gesellschaft zur Wiederaufbereitung von Kernbrennstoffen) ein gigantisches Nukleares Entsorgungszentrum geplant, ihre Gegner hatten jedoch eine unabhängige Prüfung des Projekts durch internationale und nationale Experten durchsetzen können; die Ergebnisse wurden im »Gorleben International Review« dokumentiert und auf dem sogenannten Gorleben-Hearing im Frühjahr 1979 in Hannover vorgestellt und unter dem Titel »Rede-Gegenrede« – unter dem Vorsitz von Carl Friedrich von Weizsäcker – erörtert. Dabei wurde die konkrete Planung der DWK, ein riesiges, aktiv mit Wasser gekühltes Lagerbecken für die abgebrannten Brennelemente einzurichten und hochradioaktive Abfallflüssigkeit in großen Lagertanks zu sammeln, die ebenfalls der permanenten aktiven Kühlung bedurften, komplett auseinandergenommen. Noch während des Hearings hatte der Geschäftsführer der Wiederaufbereitungsanlage in Karlsruhe, Walter Schüller, einen Rückzieher gemacht und sich von dem Konzept distanziert. Niedersachsens Ministerpräsident Ernst Albrecht hatte in seiner Regierungserklärung im Mai 1979 den Finger auf die Wunde gelegt und gesagt: »Die Landesregierung ist deshalb nicht bereit, das Konzept der DWK in seiner jetzigen Fassung zu genehmigen. Sie besteht darauf, dass das Eingangslager für abgebrannte Brennelemente inhärent, d. h. in sich selbst, sicher gemacht wird, so dass die Kühlung nicht vom Funktionieren technischer Apparaturen oder von menschlicher Zuverlässigkeit abhängt. Sie besteht auch darauf, dass hochradioaktive Abfälle in flüssiger Form im Normalbetrieb nicht gelagert werden und eventuelle Puffertanks inhärent sicher gemacht werden …«

Die anschließende berühmte Aussage Albrechts, »dass die politischen Voraussetzungen für die Errichtung einer Wiederaufarbeitungsanlage, zur Zeit wenigstens, nicht gegeben sind«, bedeuteten das Aus für das Nukleare Entsorgungszentrum (NEZ). So war also erstmals eine der ganz großen Planungen der Atomwirtschaft mit technisch-wissenschaftlichen Argumenten und durch den Druck der Öffentlichkeit zu Fall gebracht worden. Damit war nicht nur der Versuch gescheitert, die wichtigsten technischen Verfahrensschritte in einem Anlagenkomplex am gleichen Standort zu konzentrieren; mit dem Scheitern des NEZ geriet auch der Versuch ins Wanken, den atomrechtlich geforderten Entsorgungsnachweis in einem integrierten Ansatz zu erbringen.

Nun führte also die Wahl des Salzstocks von Gorleben – 1977 gegen den Rat kompetenter Geowissenschaftler erfolgt – als Endlager für hochradioaktiven Abfall zu einem unerwartet starken Widerstand seitens der Bevölkerung.

Gorleben wurde zu einem Symbol des Widerstands gegen die Kernenergienutzung, der sich später auch in den Protesten gegen die Castortransporte ins Zwischenlager Gorleben manifestierte.

Nachdem in verschiedenen Ländern Endlagerprojekte für hochradioaktive Abfälle ins Stocken gerieten oder gar scheiterten, auf der anderen Seite aber internationale Gremien wie die EU-Kommission zügige Fortschritte anmahnten, entwickelte sich international ein Konsens über Kriterien und Verfahrensschritte bei der Endlagersuche. Für deutsche Verhältnisse hat der AkEnd Vorschläge erarbeitet und im Jahre 2002 vorgestellt. Wesentliche Bestandteile des Vorschlags sind in Übereinstimmung mit internationalen Empfehlungen ein Auswahlverfahren zwischen mehreren Standorten, ein schrittweises Vorgehen und die Verwendung von geowissenschaftlichen und sozialwissenschaftlichen Auswahlkriterien.

Nach mehr als 30 Jahren gesellschaftlicher Auseinandersetzung und politischem Stillstand schien sich erst in der ersten Hälfte des Jahres 2012 eine Wende in der Endlagerfrage anzubahnen. Ermutigt durch den Konsens beim Atomausstieg und bei der Energiewende, wurde in Gesprächen zwischen den Parteien und zwischen Bund und Ländern Einigung darüber erzielt, dass es einen Neuanfang bei der Suche nach einem Endlager für radioaktive Abfälle geben soll. Ankündigungen des Bundesumweltministers deuteten darauf hin, dass noch im Herbst ein Endlagersuchgesetz mit einem echten Standortauswahlverfahren vom Bundestag beschlossen werden könnte. Eine Einigung kam jedoch nicht zustande und wurde immer unwahrscheinlicher, je näher die Landtagswahl in Niedersachsen und die Bundestagswahl 2013 rückten.

Am 30. November 2012 verfügte Umweltminister Peter Altmaier, dass es in Gorleben »mindestens« bis zur Bundestagswahl im September 2013 keine weiteren Erkundungen geben soll. Der erreichte Diskussionsstand bedeutet das Ende des Salzstocks Gorleben als alleiniger Endlagerstandort in Deutschland – ein Sieg der Vernunft über die bisherige Strategie der Atomwirtschaft. Ob Gorleben überhaupt noch in die Auswahl einbezogen wird, ist bislang der größte Streitpunkt in den Verhandlungen. Aus wissenschaftlicher Sicht sollte in einem offenen Verfahren, das von einer »weißen Landkarte« ausgeht, kein potenzieller Standort von vornherein ausgeschlossen werden. Gorleben ist allerdings in hohem Maße vorbelastet, »kontaminiert mit dem Gift der Geschichte««, wie es die *Süddeutsche Zeitung* am 1. Dezember 2012 ausdrückte.

Strategische Fehlentscheidungen: der THTR-300 und die Siedewasserreaktor-Baulinie 69

Eine offenkundige strategische Fehlentscheidung der Atomwirtschaft war die Wahl des THTR-300 als Prototyp und erste kommerzielle Anlage der Linie des Hochtemperaturreaktors in Hamm-Uentrop. Mit einer elektrischen Leistung von 300 MW war er nicht einmal theoretisch in der Lage, die erwarteten Sicherheitsvorteile des HTR zu demonstrieren. Als wichtigste sicherheitstechnische Eigenschaft des kugelförmigen HTR-Brennelementes, nach dem dieser Reaktortyp seinen Namen bekam, pflegte hervorgehoben zu werden, dass es bis zu Temperaturen von circa 1600 °C seine Rückhaltefähigkeit für radioaktive Spaltprodukte behält. Solange bei einem vollständigen Ausfall aller aktiven Kühlsysteme die Temperaturen überall im Kern allein aufgrund passiver Wärmeabfuhr durch Wärmeleitung und Strahlung unterhalb dieser 1600 °C bleiben, bleibt der aus Graphitkugeln bestehende Kern intakt und dicht. Eine Kernschmelze wie beim Leichtwasserreaktor kann nicht stattfinden. Voraussetzung für das Unterschreiten der 1600-°C-Grenze ist allerdings, dass die Leistung des Reaktors einen Wert von circa 100 MW nicht überschreitet; die Leistung des THTR-300 lag mit 300 MW aber deutlich über diesem Wert. Der THTR-300 benötigte also zur Störfallbeherrschung aktive Nachwärmabfuhrsysteme in Form von entsprechend groß dimensionierten Gebläsen. Bei einem Ausfall dieser aktiven Systeme im Anforderungsfall wären die Temperaturen an der heißesten Stelle im Kern (im Zentrum) auf circa 2500 °C angestiegen – mit entsprechend massiven Spaltproduktfreisetzungen. Den eigentlichen sicherheitstechnischen Vorzug des HTR, die rein passive Nachwärmabfuhr und den Erhalt der Spaltproduktrückhaltung, konnte der THTR-300 allein schon wegen der Wahl seiner Leistungsgröße nicht nutzen.

Am Versuchsreaktor AVR in Jülich mit einer elektrischen Leistung von 15 MW wurden die genannten Eigenschaften experimentell bestätigt, auch wenn der AVR wegen anderer Gegebenheiten im Nachhinein Schlagzeilen machte. Umso schockierender ist die Tatsache, dass der AVR über längere Zeit mit maximalen Temperaturen im Kern betrieben wurde, die mehr als 200 °C über den vorausberechneten Temperaturen lagen. Der Jülicher Wissenschaftler Rainer Moormann machte diese Fakten publik und geriet dafür und für seine Überlegungen zu den sicherheitstechnischen Konsequenzen massiv unter Druck – 2011 erhielt er den sogenannten »Whistleblowerpreis« für seine Veröffentlichung und die dadurch in Kauf genommenen beruflichen Nachteile.

Unter den innernuklearen Dissidenten der HTR-Community wurde eine offene Diskussion der Sicherheitsprobleme mitunter ähnlich unterdrückt wie im herrschenden Establishment der Leichtwasserreaktorlinie: ein Grund, weshalb sich zwischen HTR-Anhängern und Kernkraftkritikern keine stabile Allianz entwickelte.

Anderswo zog man aus den Tücken des »upscaling« Lehren: Spätere HTR-Projekte wurden mit entsprechend niedrigeren Leistungen und/oder verbesserten Kerngeometrien konzipiert, so zum Beispiel das HTR-Modul mit circa 100 MW, auf dessen Grundlage zuletzt die Planungen in Südafrika beruhten (die inzwischen allerdings wieder eingestellt wurden).

Bedingt durch seine aus sicherheitstechnischer Sicht ungünstig hohe Leistung wurde der THTR-300 technisch aufwendiger und komplizierter als ein kleiner HTR. Eine Reihe von ungünstigen Konstruktionsmerkmalen machte den THTR-300 darüber hinaus störanfällig und wartungsunfreundlich. Eine besondere Schwachstelle war die unerwartet hohe Kugelbruchrate wegen falsch berechneter Verdichtung des Kugelhaufens beim Einfahren der Abschaltstäbe in den Kern. Zu alledem fehlte beim THTR-300 ein Merkmal, das als besonderer Vorteil der HTR-Linie angepriesen wurde: die Auskopplung von Prozesswärme. Der Prototyp THTR-300 war – zur Enttäuschung vieler unzureichend informierter nordrhein-westfälischer Politiker – ein reiner Stromerzeuger. (Allerdings muss man vermuten, dass die Wärmeauskopplung den THTR-300 noch störanfälliger und komplizierter gemacht hätte; die Prozesswärmeauskopplung sollte an anderen HTR-Projekten demonstriert werden.)

Die Gründe für die konzeptionellen Fehlentscheidungen bei Planung und Bau des THTR-300 sind nie öffentlich benannt worden. Man kann aber sicher davon ausgehen, dass der technische und ökonomische Druck, sich bereits als Prototypanlage in echter Konkurrenz zum Leichtwasserreaktor zu beweisen, eine wichtige Rolle gespielt hat. Am 1. September 1989 wurde die endgültige Stilllegung der vier Milliarden DM teuren Anlage beschlossen.

Auch Entwicklung und Bau der Siedewasserreaktor-Baulinie 69 müssen im Nachhinein als strategische Fehlentscheidung angesehen werden. Die von der Kraftwerk Union (KWU) im Jahr 1969 entwickelte Baulinie war eine Weiterentwicklung der von AEG in Kooperation mit General Electric konzipierten ersten Generation von Siedewasserreaktoren, zu der die Anlagen Kahl, Gundremmingen A und Lingen gehören.

Die KWU war ein gemeinsames Tochterunternehmen von Siemens und AEG, das 1969 durch den Zusammenschluss der Kraftwerksabteilungen beider Konzerne gegründet wurde. Im Kernkraftwerksbereich hatte AEG bis dahin Siedewasserreaktoren auf der Basis der Technik von General Electric gebaut, während Siemens Druckwasserreaktoren in Westinghouse-Lizenz entwickelt hatte. Konkurrenzdruck und Spannungen zwischen Druckwasserreaktor- und Siedewasserreaktorspezialisten setzten sich auch innerhalb der KWU fort. 1977 wurde Siemens alleiniger Aktionär der KWU AG.

Zur Baulinie 69 gehörten die Vorläuferanlage Würgassen, ferner Brunsbüttel, Isar 1, Philippsburg 1, Tullnerfeld (bei Zwentendorf in Österreich, per Volksentscheid von 1978 nicht in Betrieb gegangen) sowie die Nachfolgeanlage Krümmel. Die Entwicklung der Baulinie 69 war entscheidend geprägt vom Streben nach Kosteneinsparungen durch einfache, kompakte und platzsparende Bauweise. Die Motivation war seinerzeit, billiger zu sein als die Druckwasserreaktoren aus der Siemens-Tradition. Resultat war ein Siedewasserreaktor, der zwar zunächst kostengünstig war, sich aber als störanfällig erwies und bei dem später umfangreiche Nachrüstungsmaßnahmen erforderlich wurden.

Zudem hatte die SWR-Baulinie 69 einige sicherheitstechnisch ungünstige Merkmale. Eine zentrale Ursache hierfür war die Konstruktion des Sicherheitsbehälters. Um Platz zu sparen, wurde das Volumen des Sicherheitsbehälters so klein gewählt, dass er – anders als beim DWR mit seinem Volldruckcontainment – nicht in der Lage war, das gesamte bei einem Rohrbruch ausströmende Kühlmittel-Wasser/Dampf-Gemisch aufzunehmen. Stattdessen wurde die Konstruktion einer Kondensationskammer gewählt, in die der ausströmende Dampf geleitet wurde und dort zu Wasser kondensierte, wodurch der Druck im Sicherheitsbehälter begrenzt wurde. Diese Kondensationskammer war und blieb die zentrale Schwachstelle der Baulinie 69, die auch durch konstruktive Verstärkungen nach dem Würgassen-Störfall im April 1972 nicht beseitigt werden konnte; bei diesem Störfall belastete durch ein zu lange offen stehendes Ventil eingeblasenes Wasser den Kondensationskammerboden so stark, dass er Leck schlug.

Daneben gibt es weitere Defizite: Durch die Anordnung der Kondensationskammer sowie durch das hoch liegende, außerhalb des Sicherheitsbehälters angeordnete Abklingbecken sind Anlagen der Baulinie 69 empfindlich gegenüber äußeren Einwirkungen, wie Erdbeben und Flugzeugabsturz.

Dauerstreit um Biblis zwischen RWE und hessischer Landesregierung

Im Dauerstreit um Biblis machte die Betreibergesellschaft RWE entscheidende strategische Fehler, die sich zum Nachteil der gesamten Atomwirtschaft auswirkten.

Am 20. Januar 1991 gewann Rot-Grün die hessische Landtagswahl und stellte ab April 1991 für die folgenden acht Jahre die Landesregierung. Die Regierung von Ministerpräsident Hans Eichel und Umweltminister Joschka Fischer setzte sich zum Ziel, Biblis stillzulegen. Sollte dies nicht gelingen, wollte man zumindest die noch vom CDU-Umweltminister Karlheinz Weimar angeordneten 49 Sicherheitsauflagen für Biblis A vollständig umsetzen.

Grundlage für diese Auflagen waren Empfehlungen, die der TÜV Bayern in seiner Sicherheitsanalyse für das Kraftwerk formuliert hatte. Die wichtigsten Defizite betrafen die mangelnde räumliche Trennung von Teilsystemen (Redundanzen) des Sicherheitssystems, die Auslegung von Komponenten und Systemen gegen Erdbeben und vor allem das Fehlen eines regelwerkskonformen Notstandssystems. Alle anderen deutschen Anlagen verfügten über ein – teilweise nachgerüstetes – autonomes und verbunkertes Notstandssystem, das bei Funktionsuntüchtigkeit der Warte, etwa durch äußere Einwirkungen, in der Lage ist, die Anlage automatisch in einen sicheren

Zustand zu überführen und sie mindestens zehn Stunden darin zu halten. Die RWE aber spielte auf Zeit, ließ Termine verstreichen und erfüllte die wesentlichen Auflagen nicht oder nur unvollständig. Der RWE-Konzern hoffte auf die Gerichte sowie auf den damaligen Bundesumweltminister Töpfer, der dann auch tatsächlich mehrfach mittels Weisungen an die Landesregierung in die diversen Verfahren eingriff.

Es entwickelte sich ein über acht Jahre währender Dauerstreit zwischen hessischem Umweltministerium und RWE, wobei das Vertrauensverhältnis zwischen Betreiber und Behörde erheblichen Schaden nahm. RWE wähnte sich am längeren Hebel; die Behörde versuchte, RWE das Leben schwer zu machen. Eine Stilllegungsverfügung für Biblis A wurde vom Bundesumweltministerium aufgehoben. Verantwortliche Ministerin war zu dieser Zeit Angela Merkel, ihr Abteilungsleiter Gerald Hennenhöfer. Die Auflagen wurden nicht erfüllt, insbesondere unterblieb die Nachrüstung des Notstandssystems. Mit Sicherheitskultur hatte das alles nichts mehr zu tun.

Diese Vorgänge lösten sogar bei den anderen deutschen Kernkraftwerksbetreibern zunächst Erstaunen, später auch Verärgerung aus. Hatte man doch selbst – teilweise sogar freiwillig – seine Altanlage aufwendig nachgerüstet, während RWE im Falle Biblis mehr oder weniger ungeschoren davonkam. Die Pattsituation dauerte bis zum Februar 1999, als die CDU die Landtagswahl gewann und Roland Koch am 7. April 1999 zum Ministerpräsidenten gewählt wurde. Die Zügel gegenüber der Biblis-Betreiberin wurden gelockert.

Doch unterdessen hatte sich auf Bundesebene das Blatt gewendet: 1998 hatte Rot-Grün die Wahl gewonnen, Gerhard Schröder war Bundeskanzler, Fischer Vizekanzler und Jürgen Trittin Bundesumweltminister geworden. In den Konsensverhandlungen rächte sich das Verhalten von RWE bei der Frage der Nachrüstung von Biblis in den 90er-Jahren. In der Verhandlungsrunde saß Trittins Staatssekretär Rainer Baake, als hessischer Umweltstaatssekretär von 1991 bis 1998 bestens mit der Materie vertraut.

In der Vereinbarung vom Jahr 2000 spielte Biblis A eine besondere Rolle: In Anlage 2 der Vereinbarung wird das weitere Verfahren zur Nachrüstung von Block A geklärt. Zwar war die Nachrüstung des Notstandssystems angesichts der begrenzten Restlaufzeit vom Tisch. Das Aus von Biblis A schien jedoch unwiderruflicher als das anderer Kernkraftwerke, die von Regelungen wie der Strommengenübertragung möglicherweise hätten profitieren können. Biblis war zum Symbol geworden, und das nicht nur in Hessen, sondern bundesweit: zum Symbol für die Sinnlosigkeit kleinkarierter Auseinandersetzungen um die Kernenergie zu Lasten der Sicherheitskultur. Dazu hat in nicht unerheblichem Maße RWE beigetragen. Das Image von RWE hat dabei ebenso Schaden genommen wie die Akzeptanz der Kernenergie insgesamt. RWE hat der eigenen Branche einen Bärendienst erwiesen.

Mangel an Innovationsbereitschaft und experimentellem Lernen

Zu den prinzipiellen Fehlentwicklungen muss auch die mangelnde Innovationsbereitschaft in der Kernenergiebranche gezählt werden. Die Atomwirtschaft stand seit den 1970er-Jahren unter wechselndem Druck seitens Politik und Öffentlichkeit.

Spätestens seit der Reaktorkatastrophe von Tschernobyl und seitdem rotgrüne Ministerien in Ländern und im Bund für die Aufsicht und Genehmigung von kerntechnischen Anlagen zuständig sind, kam es zu Konflikten, die die Genehmigung von Anlagen in Frage stellten. Bisweilen war das Vertrauensverhältnis zwischen Betreibern und atomrechtlichen Behörden dermaßen gestört, dass es nicht mehr möglich war, über sicherheitstechnische Fragen offen zu reden. Das wechselseitige Misstrauen ging teilweise so weit, dass Betreiber den zuständigen Behörden grundsätzlich schikanöses Verhalten unterstellten und dass Behördenmitarbeiter bei den Betreibern von Vertuschung und Kungelei mit den Gutachtern ausgingen. Beide Seiten glaubten, das auch anhand von Beispielen belegen zu können, wobei sie in einigen Fällen sogar Recht gehabt haben mögen. In der Tat hatten alle Seiten dazu beigetragen, dass sich eine Atmosphäre des gegenseitigen Misstrauens entwickelte. Die Schlussfolgerung liegt auf der Hand, dass sich unter solchen Bedingungen Sicherheitskultur nicht entwickeln kann. Unter Sicherheitskultur wird in der Kerntechnik seit Anfang der 90er-Jahre bei den handelnden Organisationen und Personen das Prinzip verstanden, der nuklearen Sicherheit vor allen anderen Belangen die höchste Priorität einzuräumen.

Eine der Folgen dieser Entwicklung war eine unterentwickelte Innovationsbereitschaft auf Seiten der Betreiber kerntechnischer Anlagen. Diese äußerte sich in dem Bemühen, das Bestehende zu bewahren und jede Neuerung – ob technisch oder administrativ – abzulehnen. Konkret hieß das, auf Bestandsschutz für einmal erteilte Genehmigungen zu setzen und anlagentechnische Änderungen und Nachrüstungen zu vermeiden, selbst wenn sie zu sicherheitstechnischen Verbesserungen führten.

Damit wird einem Grundgedanken des Atomgesetzes zuwidergehandelt, der besagt, dass die nach dem jeweiligen Stand von Wissenschaft und Technik erforderliche Vorsorge gegen Schäden getroffen ist. Dies gilt nicht nur für den Zeitpunkt einer einmal erteilten Genehmigung; der Betreiber muss auch während des Betriebs seiner Anlage die Weiterentwicklung von Wissenschaft und Technik verfolgen, gegebenenfalls Maßnahmen für seine Anlage daraus ableiten und – sofern verhältnismäßig – auch verwirklichen. So ist es sogar in den Genehmigungen für einige Kernkraftwerke als Auflage formuliert, was in der Praxis allerdings nur halbherzig gehandhabt wurde.

Im Endeffekt hatte die mangelnde Innovationsbereitschaft der Betreiber negative Auswirkungen auf das Sicherheitsniveau der Anlagen. Einige Konsequenzen dieser Entwicklung waren: Technisch mögliche und sinnvolle Verbesserungen unterblieben, weil Betreiber das mit dem dafür notwendigen Genehmigungsverfahren verbundene Risiko scheuten. Sie befürchteten, dass die Genehmigungsbehörde den Umfang ihrer Prüfung so weit ausdehnen würde, dass bestehende Genehmigungen gefährdet sind. Anlageninterne Notfallmaßnahmen, deren Notwendigkeit längst nicht mehr bestritten wurde, wurden – nach wie vor – allenfalls auf freiwilliger Basis durchgeführt. Die Betreiber bestreiten, dass die Behörden das Recht haben, Maßnahmen im auslegungsüberschreitenden Bereich anzuordnen beziehungsweise ihre Ausgestaltung zu regeln. Kernschmelzunfälle werden weiterhin als hypothetisch bezeichnet und dem Restrisiko zugeordnet. Betreiberfinanzierte Forschung dient im Wesentlichen der Erhöhung der Wirtschaftlichkeit, der besseren Ausnutzung des Brennstoffs und dem Abbau von Sicherheitsreserven. Sicherheitstechnisch überlegene Reaktorkonzepte wurden behindert, wenn sie nachteilige Eigenschaften der eigenen Anlagen offenbarten. Innovationsverweigerungen, die hauptsächlich zur Aufrechterhaltung der bestehenden Anlagen dienten, behinderten die sicherheitstechnische Weiterentwicklung der Kerntechnik insgesamt. Es ist klar, dass dies die Zukunftsfähigkeit einer Technologie nicht fördert.

Vor dem Hintergrund der älteren Technikgeschichte ist der Mangel an experimentellem Lernen von Anfang an ein auffälliges Merkmal der Kernenergieentwicklung. Trotz umfangreicher Erfassungssysteme und Datenbanken bei Betreibern, Herstellern, Gutachtern und internationalen Organisationen wiederholen sich bestimmte Ereignisse und Fehler auf wundersame Art und Weise. Beispielsweise konnte häufig beobachtet werden, dass in einer bestimmten Anlage innerhalb kurzer Zeit bei der gleichen Handhabung der gleiche Fehler gemacht wurde. Mögliche Ursachen sind unzureichende schriftliche Anweisungen, unzureichendes Training, unzureichende Kommunikation innerhalb der Betriebsmannschaft, ungünstiges Arbeitsumfeld.

Eine andere Art von Lernunfähigkeit oder -unwilligkeit beruhte und beruht offensichtlich auf einer leichtfertigen und überheblichen Attitüde. Verschiedentlich wurden Erkenntnisse aus anderen Anlagen – insbesondere, wenn sie aus anderen Anlagentypen beziehungsweise aus dem Ausland stammten – ohne Prüfung auf Übertragbarkeit mit der Einstellung abgetan: Kann in meiner Anlage nicht passieren, wir haben eine andere (bessere?) Technik. Die Frage, was die Ursachen sind für die Defizite beim Lernen aus der Betriebserfahrung – und natürlich auch aus anderen Erkenntnisquellen wie der Forschung oder aus anderen Industriezweigen –, ist Gegenstand laufender Untersuchungen. An einem Mangel an Daten kann es nicht liegen; vielmehr besteht eher die Gefahr, dass der Einzelne und die Organisation mit zu vielen Daten überflutet werden. Vermutlich liegt einer der Schlüssel zur Verbesserung des Erfahrungsrückflusses in der professionellen und benutzerfreundlichen Aufbereitung des Daten- und Informationsmaterials. Ein weiterer Schlüssel dürfte in Aus- und Weiterbildung sowie gezielten Maßnahmen zur Verbesserung der Sicherheitskultur liegen.

Zahlreiche nationale und internationale Institutionen und Organisationen beschäftigen sich intensiv mit diesem Thema, sammeln Daten, verfassen Handlungsempfehlungen, organisieren Workshops und Kongresse, denn natürlich sind diese Fragen weiterhin aktuell, solange noch AKWs am Netz sind.

Der zunehmende Kompetenzverlust

Auch und gerade Ausstieg und Rückbau verlangen weiterhin kompetente Experten. Deshalb war und ist am brisantesten der allzu lange versteckte Kompetenzverlust. Um die Jahrtausendwende wurde endlich ein scheinbar neues Problem offenkundig und öffentlich diskutiert, das den Fortbestand der Atomwirtschaft damals akut bedrohte: der schleichende Verlust kerntechnischer Kompetenz bei Betreibern, Behörden und Gutachtern. Gestützt auf Statistiken über abnehmende Zahlen von kerntechnischen Lehrstühlen und Studenten zeichnete sich ab, dass in absehbarer Zeit nicht mehr genügend qualifiziertes Personal zur Verfügung stehen würde, um den sicheren Betrieb der Kernkraftwerke, die Aufrechterhaltung der notwendigen Infrastruktur, eine effektive staatliche Aufsicht und ein kompetentes Gutachterwesen zu gewährleisten. Schnell waren Schuldzuweisungen formuliert. Technikfeindlichkeit, Ausstiegsbeschluss und die mangelnde Attraktivität der Kerntechnik in Deutschland, hieß es, seien die Gründe dafür, dass sich immer mehr Menschen mangels Zukunftsperspektiven von der Kernenergie abwenden. Doch die wirklichen Gründe für den drohenden Kompetenzverlust sind komplexer.

Der Kompetenzverlust ist weder ein kerntechnisches noch ein nationales Problem. Auch andere Länder sahen sich – von wenigen Ausnahmen abgesehen – damit konfrontiert, dass sich ein Fachkräftemangel in der Kerntechnik anbahnte. Darüber hinaus wurde auch in fast allen anderen naturwissenschaftlichen und ingenieurtechnischen Disziplinen ein drastischer Rückgang der Studentenzahlen und der Studienabschlüsse registriert. Inzwischen steht Deutschland heute vor dem Problem, dass Zehntausende Ingenieure fehlen. Natur- und Ingenieurwissenschaften waren in den 80er-Jahren für Studenten nicht attraktiv. Das war ein gesellschaftliches, aber kein kerntechnisches Problem.

Der Rückgang der Studentenzahlen hatte zunächst keine sichtbaren Folgen. Die Hochschulabsolventen der späten 1960er- und frühen 1970er-Jahre hatten den in dieser Zeit dramatisch gestiegenen Bedarf an Fachkräften in einem relativ jungen Alter gedeckt. Der Arbeitsmarkt in der Kerntechnik war zunächst auf Jahrzehnte hinaus gesättigt. Die damals Dreißigjährigen gingen aber seit dem Jahr 2000 vermehrt in den Ruhestand. Jetzt wurden die Lücken sichtbar. Das war aber in den 1980er-Jahren – als die Studentenzahlen zurückgingen – schon absehbar. Bereits 1990 warnte der Jülicher Fachhochschulprofessor Jörg Schwager in einer Untersuchung vor einem drohenden Fachkräftemangel in der Kerntechnik. Für eine gewisse Erleichterung sorgte die Wiedervereinigung Deutschlands: Das Aus für die Kernkraftwerke in der ehemaligen DDR bescherte noch einmal einen Zustrom gut ausgebildeter Fachleute in praktisch alle Zweige der Kerntechnik in den alten Bundesländern. Selbst fachkundige ehemalige STASI-Mitarbeiter fanden Unterschlupf, so in atomrechtlichen Behörden: Die »Staatssicherheit« hatte in der DDR auch die Reaktorsicherheit im Griff gehabt.

Die größten Versäumnisse fallen in die 1990er-Jahre. Während sich die Öffentlichkeit immer weniger für die Zukunft der Kernenergie interessierte und an den Universitäten Planstellen reduziert oder nicht besetzt wurden, machte man die Fehler dort, wo das Personal benötigt wurde: Bei den Behörden wurden Stellen reduziert und häufig stellte man unzureichend qualifiziertes Personal ein; die Betreiber kümmerten sich nicht etwa um eine weitsichtige Personalpolitik, sondern hofften offenbar, bei Bedarf könne man das notwendige Personal schon irgendwo einkaufen.

Zum Thema wurde der Kompetenzverlust interessanterweise 1998 nach dem Regierungswechsel zu Rot-Grün. Die Reaktor-Sicherheitskommission als Beratungsgremium des Bundesumweltministeriums warnte ab 1999 vor dem Fachkräftemangel. Auf Initiative des Bundeswirtschaftsministeriums wurde 2000 der Kompetenzverbund Kerntechnik gegründet. Er bestand aus den vier großen Forschungseinrichtungen – den Forschungszentren Karlsruhe, Jülich, Rossendorf und der GRS – sowie den mit ihnen kooperierenden Hochschulen in Karlsruhe, Aachen, Dresden und München. Damals wurden die ersten schmerzhaften Lücken in den Personalbestand insbesondere bei den Bundes- und Landesbehörden und bei den Gutachterorganisationen gerissen. Seit dem Jahr 2000 hat sich die Lage auf dem Personalsektor in der Kerntechnik wieder etwas gebessert. Problematisch ist die Sache aber nach wie vor beim Strahlenschutz. Kompetenzerhalt wie auch Kompetenzaufbau sind langfristige Aufgaben mit Zeithorizonten von circa zehn Jahren. Höchste Kompetenz in der Kerntechnik wird auch in einem Ausstiegsland wie Deutschland noch Jahrzehnte benötigt. Die Atomwirtschaft hat das Problem lange Zeit unterschätzt.

Doch eine Art von Größenwahn?

Seit Beginn der kerntechnischen Entwicklung in Deutschland waren die Planungen und auch die Versprechungen häufig von einem Phänomen geprägt, welches heute nur noch schwer nachvollziehbar ist: einer grenzenlosen Überschätzung der technischen, energiewirtschaftlichen und ökonomischen Möglichkeiten, die mit der Kernenergienutzung verbunden sind. Ein frühes Beispiel, das es zu großer Berühmtheit brachte, ist die Behauptung, Strom aus Kernenergie werde so billig sein, dass es sich nicht lohne, Stromzähler zu installieren. Später waren es Ausbaupläne für Leichtwasserreaktoren, die sich im Nachhinein als völlig unrealistisch erwiesen, beispielsweise die Prognosen über Kapazitäten der Kernkraftwerke in den Pfaden 1 und 2 der Bundestags-Enquetekommission »Zukünftiger Kernenergiepolitik« für das Jahr 2000 und insbesondere für das Jahr 2030. Dazu kamen noch jene Visionen, die mit dem Brüter verbunden wurden: Angepriesen wie ein Wundermittel zur dauerhaften Lösung aller Energieprobleme und wie das seit Jahrhunderten vergeblich gesuchte *perpetuum mobile* – da in einem Brutreaktor mehr Brennstoff erzeugt als verbraucht werden soll –, schien diese Technologie eine besondere Faszination auszustrahlen. Prognosen insbesondere des wortgewaltigen Wolf Häfele über Kostengünstigkeit der Brüter und die Zuwachsraten an installierter Kernkraftwerksleistung mögen im Nachhinein absurd klingen, hatten aber in den 1960er- und 1970er-Jahren großen Einfluss auf Ministerien und Politiker.

Darüber hinaus gibt es geradezu unzählige Beispiele für Annahmen, die weit entfernt von der Realität lagen. Die Kostensteigerungen bei Projekten wie SNR-300, THTR 300 und der Wiederaufarbeitungsanlage in Wackersdorf sind dabei sogar noch relativ gemäßigt. Es ist ja nicht ungewöhnlich, dass zu Beginn einer technologischen Entwicklung Pioniere und Protagonisten ihre Technologie in einem übertrieben positiven Licht erscheinen lassen. Es ist auch nicht verwunderlich, dass zu einem früheren Zeitpunkt mangels Daten, Erfahrungswerten und Kenntnis aller Details Kosten – auch erheblich – unterschätzt werden. Man kann außerdem auch nicht erwarten, dass bereits zu Beginn einer Entwicklung die Grenzen erkannt werden, die zum Beispiel das Ausbaupotenzial systemimmanent oder systemfremd beschränken. Ungewöhnlich war dennoch das Ausmaß der Übertreibung. Es ging oft weit über das hinaus, was man noch mit unzureichendem Kenntnisstand erklären könnte. Da kann man nur vermuten, dass neben Zweckoptimismus und dem Versuch, Öffentlichkeit, Politik und Geldgeber für die eigene Sache zu begeistern, eine Art Größenwahn, Realitätsverlust und auch Sendungsbewusstsein die Triebfeder waren. Die Atomwirtschaft war von dieser Hybris offensichtlich in besonderem Maße befallen.

Für sich allein genommen reichen einzelne Fehlentscheidungen und Verhaltensweisen nicht aus, um die Entwicklung einer Technologie zu stoppen; in einem aber ansonsten ungünstigen Umfeld können sie einen negativen Trend verstärken, im Extremfall sogar »das Fass zum Überlaufen bringen«. Bestimmte Folgen von Fehlentscheidungen oder Fehleinschätzungen lassen sich quantifizieren, zum Beispiel lässt sich die Höhe einer Fehlinvestition oder einer Kostensteigerung in Euro ausdrücken. Nicht quantifizierbar sind dagegen Folgen, die sich negativ auf das Image, die Vertrauenswürdigkeit und die Akzeptanz auswirken. Diese nicht quantifizierbaren »Schäden« hat die Atomwirtschaft in besonderem Maße zu spüren bekommen.

»Der Weg zur Energie der Zukunft«

Die Geschichte des Niedergangs der Atomwirtschaft ist ein spannendes Kapitel Zeitgeschichte. Vieles ist unklar, ja rätselhaft und harrt der Klärung und Erforschung. Eines jedenfalls ist klar: In einer simplen Kausalität geht diese Geschichte nicht auf. Ohne Zweifel war der Reaktorunfall von Tschernobyl im Jahre 1986 der entscheidende Wendepunkt in der Historie der Kernenergie, deren Ende durch die Katastrophe von Fukushima wahrscheinlich endgültig besiegelt wurde.

Die Erneuerbaren auf dem Vormarsch

In einem entscheidenden Punkt ist die Situation nach Fukushima jedoch ganz anders als die Situation 25 Jahre zuvor nach Tschernobyl: Die erneuerbaren Energieträger haben mittlerweile eine rasante und vielversprechende Entwicklung durchlaufen. Durch technologische Fortschritte, kostengünstigere Herstellungsverfahren und unterstützt durch die Einspeisevergütung des Erneuerbare Energien Gesetzes (EEG) erlebte die Stromerzeugung durch regenerative Energien einen ungeahnten Boom. So wuchs ihr Anteil an der Bruttostromerzeugung von 6 Prozent im Jahr 2000 auf 20 Prozent im Jahr 2011, während der Anteil der Kernenergie rückläufig ist und bei 18 Prozent (2011) liegt (vgl. Anhang, Abb. 2).

Weitgehend besteht Einigkeit darüber, dass ein weiterer gewaltiger Ausbau insbesondere von Wind- und Sonnenenergieanlagen möglich ist. Angestrebt wird, dass in den Jahren 2020 beziehungsweise 2030 ein Anteil von 35 Prozent beziehungsweise 50 Prozent erreicht wird und dass spätestens im Jahre 2050 praktisch die gesamte Stromerzeugung aus erneuerbaren Energiequellen erfolgen kann. Voraussetzung ist allerdings, dass die bekannten Probleme des Netzausbaus und der Speicherung befriedigend gelöst werden.

Ebenfalls im ersten Jahrzehnt dieses Jahrtausends entstanden konkrete Planungen für internationale Verbünde von Stromerzeugungskapazitäten auf erneuerbarer Basis in dazu besonders prädestinierten Regionen, wie beispielsweise in Skandinavien (Wasserkraft) und im Mittelmeerraum (Solarenergie, zum Beispiel Desertec). Anders als in den 1980er-Jahren stellt sich inzwischen auch bei den Befürwortern nicht mehr die Frage, ob die Kernenergie in Deutschland eine Zukunft hat. Denn, so hieß es, die Katastrophe von Fukushima sei der erste schwere Kernkraftwerksunfall in einem westlichen und dazu noch hoch technisierten Land. Gerade dieser Aspekt führte in Deutschland zu dramatischen politischen Reaktionen und einer atemberaubend schnellen Kehrtwende.

Angela Merkel sagte in ihrer Regierungserklärung vom 9. Juni 2011: »In Fukushima haben wir zur Kenntnis nehmen müssen, dass selbst in einem Hochtechnologieland wie Japan die Risiken der Kernenergie nicht sicher beherrscht werden können. Wer das erkennt, muss die notwendigen Konsequenzen ziehen. Wer das erkennt, muss eine neue Bewertung vornehmen. Deshalb sage ich für mich: Ich habe eine neue Bewertung vorgenommen; denn das Restrisiko der Kernenergie kann nur der akzeptieren, der überzeugt ist, dass es nach menschlichem Ermessen nicht eintritt. Wenn es aber eintritt, dann sind die Folgen sowohl in räumlicher als auch in zeitlicher Dimension so verheerend und so weitreichend, dass sie die Risiken aller anderen Energieträger bei Weitem übertreffen. Das Restrisiko der Kernenergie habe ich vor Fukushima akzeptiert, weil ich überzeugt war, dass es in einem Hochtechnologieland mit hohen Sicherheitsstandards nach menschlichem Ermessen nicht eintritt. Jetzt ist es eingetreten.«

Über die baldige Beendigung der Kernenergie existiert seither ein weitreichender Konsens unter den etablierten Parteien im Bundestag. Die Energiewende wird zum erklärten politischen Ziel aller Parteien. Der Rückhalt in der Bevölkerung scheint überwältigend.

»Die Konzerne haben sich nicht auf die Zukunft eingestellt«

Mit diesen Worten traf Heribert Prantl von der SZ den Nagel auf den Kopf. Auf seiner Laudatio zur Verleihung des Negativpreises der »Verschlossenen Auster« ging er mit den Preisträgern RWE, EnBW, Vattenfall und E.ON hart ins Gericht. »Das Land steht vor einer Energiewende«, so Prantl, nur die Energiekonzerne wehrten sich dagegen. »Sie wehren sich, weil sie den Strom in ihren riesigen Atomkraftwerken so billig erzeugen können. Sie wehren sich, weil ihnen die Laufzeitverlängerung vom Herbst vergangenen Jahres jeden Tag Millionengewinne gesichert hatte. Die Atomkonzerne wehren sich, weil sie den Wettbewerb unter sich aufgeteilt, also verhindert und die armen Verwandten, die Stadtwerke, lust- und machtvoll an die Wand gedrückt hatten. Sie wehren sich erbittert, weil sie merken, dass die Zeit der zentralen Energieerzeugung vorbei ist, dass sie sich aber auf die dezentrale Energieerzeugung nicht eingestellt haben. Hinter den erneuerbaren Energien steht investive Schubkraft, die Schubkraft der bisher Großen Vier nimmt ab. Die Zukunft gehört den Erneuerbaren Energien, aber auf diese Zukunft haben sich RWE und Co viel zu wenig eingestellt – RWE am wenigsten.«

In der Tat bedeutet die Kehrtwende für die vier großen Stromkonzerne einen herben Rückschlag. Sicher geglaubte Gewinne lassen sich nicht mehr realisieren. Die Geschäftspolitiken werden begradigt, Beteiligungen an ausländischen Nuklearprojekten werden aufgegeben, Stellenstreichungen werden angekündigt. Erwartungsgemäß klagen die Konzerne vor Gericht gegen das Atomgesetz und auf Schadensersatz. Vorreiter sind auch hier wieder RWE und E.ON. Vattenfall hat im Juli 2012 nachgezogen. EnBW steht seit Mai 2011 unter dem Einfluss einer grün-roten Landesregierung und hat bislang keine Verfassungsbeschwerde eingereicht. Eine endgültige Entscheidung über die Klagen der Stromkonzerne ist erst in einigen Jahren zu erwarten.

Die Konzerne vermitteln den Eindruck, als träfe sie die Energiewende jäh und unvorbereitet. Dies ist umso erstaunlicher, als der Zeitraum zwischen Laufzeitverlängerung und der Kehrtwende nach Fukushima lediglich ein halbes Jahr betrug. Vor dem Oktober 2010 war ein Gesetz in Kraft, das einen ähnlichen Ausstiegsfahrplan enthielt wie das neue Gesetz. Es war acht Jahre gültig und ging auf eine zehn Jahre alte Vereinbarung zurück. Wie waren die Konzerne in dieser Zeit auf die Situation vorbereitet? Waren sie nicht darauf eingerichtet, dass die schrittweise Stilllegung ihrer Kernkraftwerke Gesetz war und bevorstand? Wie sah die Investitionsplanung aus, wie sollte Ersatz geschaffen werden für die stillzulegenden Kernkraftwerke? Warum hatte man nicht konsequenter in die erneuerbaren Energien investiert? Wie sah die Personalplanung aus, wie das zukünftige Geschäftsmodell?

Die Stromkonzerne werden sich zu gegebener Zeit die Frage nach ihrer politischen, ökonomischen und technischen Verantwortung für die Zukunft der Energieversorgung gefallen lassen müssen.

Zunächst jedenfalls wird deutlich, dass ihr politisches Gewicht und ihr wirtschaftlicher Einfluss abgenommen haben und in Zukunft weiter sinken werden, wenn sie nicht in der Lage sind, die Energiewende mitzutragen und mitzugestalten.

Merkels Regierungserklärung und offene Fragen an die Zukunft

Es war ein umfassendes Programm, das die CDU-Vorsitzende und Bundeskanzlerin unter dem Titel »Der Weg zur Energie der Zukunft« am 9. Juni 2012 dem Bundestag vorlegte, versehen mit konkreten Zielangaben und einer Auflistung politischer Instrumentarien, durch die sie erreichbar sein sollen. Im Einzelnen sagte sie:

»*Zentrale Säule der zukünftigen Energieversorgung sollen die erneuerbaren Energien werden. (…) Mit dem Energiekonzept vom Herbst 2010 hat die Bundesregierung dazu die Richtung festgelegt und ehrgeizige Ziele formuliert. Der Anteil der erneuerbaren Energien am Energieverbrauch soll bis 2050 auf 60 Prozent, ihr Anteil am Stromverbrauch auf 80 Prozent anwachsen. 2020 sollen mindestens 35 Prozent unseres Stroms aus Wind, Sonne, Wasser und anderen regenerativen Energiequellen erzeugt werden.*

Bis 2020 sollen die Treibhausgasemissionen um 40 Prozent und bis 2050 um mindestens 80 Prozent gegenüber 1990 reduziert werden. Bis 2050 soll unser Primärenergieverbrauch um 50 Prozent gegenüber 2008 sinken. Das heißt, wir müssen ihn halbieren. Die energetische Gebäudesanierung soll im Vergleich zur bisherigen Rate verdoppelt, der Stromverbrauch bis 2020 um zehn Prozent gesenkt werden.

Das sind genau die Ziele unseres Energiekonzepts, das wir im Herbst 2010 beschlossen haben. Dieses Konzept bleibt gültig, genauso wie die Umsetzung dieses Konzepts. Aber erreichen können wir diese Ziele nur durch einen tief greifenden Umbau unserer Energieversorgung, durch neue Strukturen und den Einsatz modernster Technologie; denn die Leistungsfähigkeit unserer Industrie in Deutschland ist ein hohes Gut. Sie muss bewahrt, sie muss ausgebaut werden; denn ihr verdanken wir unseren Wohlstand. Deshalb steigen wir nicht einfach aus der Kernkraft aus, sondern wir schaffen die Voraussetzungen für die Energieversorgung von morgen. Genau das hat es bislang so in Deutschland nicht gegeben.

Weil wir wissen: ›*Wer A sagt, muss auch B sagen*‹*, wissen wir auch, dass das eine, nämlich der Ausstieg, ohne das andere, nämlich den Umstieg, nicht zu haben ist. Das ist es, worum es geht. Es führt daher kein Weg daran vorbei, die Stromnetze in ganz Deutschland zu modernisieren und auszubauen. Der erforderliche Leitungsausbau bei den Stromübertragungsnetzen in Deutschland liegt bei weit mehr als 800 Kilometern. Fertiggestellt sind bislang aber nur weniger als 100 Kilometer, weil geplante Stromleitungen noch immer auf Widerstände vor Ort stoßen. Planungsverfahren dauern – das ist eigentlich die Regel – häufig länger als zehn Jahre. Das ist nicht akzeptabel.*

Hier müssen wir eine erhebliche Beschleunigung und gleichzeitig mehr Akzeptanz erreichen. Es kann nicht angehen, auf der einen Seite den Ausstieg aus der Kernenergie gar nicht schnell genug bekommen zu wollen, auf der anderen Seite aber eine Protestaktion nach der anderen gegen den Netzausbau zu starten, ohne den der Umstieg in die erneuerbaren Energien aber schlichtweg nicht funktionieren wird. Genau dieser Kreislauf – hier dagegen und dort dagegen – muss durchbrochen werden.

Dazu hat die Bundesregierung den Entwurf eines Netzausbaubeschleunigungsgesetzes beschlossen, das unter anderem eine bundeseinheitliche Planung für Höchstspannungsleitungen von überregionaler und europäischer Bedeutung vorsieht. Darüber hinaus enthält das NABEG auch Regelungen zur Sammelanbindung von Offshorewindparks sowie zur Erstellung eines Offshorenetzplans. Dabei wollen wir auch weiterhin eine möglichst frühzeitige und umfassende Bürgerbeteiligung sicherstellen.

Auch die von uns beschlossene umfassende Novelle des Energiewirtschaftsgesetzes enthält Regelungen zum beschleunigten Netzausbau. Weiterhin wird im novellierten Energiewirtschaftsgesetz der Einbau von intelligenten Zählern als Ausgangspunkt kommender intelligenter Netze geregelt. Hinzu kommen zahlreiche Maßnahmen zur Intensivierung des Wettbewerbs auf den Energiemärkten sowie die Förderung von Speichern. Im Rahmen des neuen Energieforschungsprogramms werden wir die Entwicklung und Anwendung neuer Speichertechnologien unterstützen, die wir brauchen, um die fluktuierende Energieversorgung aus erneuerbaren Energien zu verstetigen.

Ich sagte es: Wer A sagt, muss auch B sagen. Das eine ist ohne das andere nicht zu haben. Das gilt für den Ausbau der Netze und das gilt gleichermaßen für die erforderlichen neuen Stromerzeugungskapazitäten, insbesondere bei Wind, Sonne und Biomasse. Leitlinie dabei sind Kosteneffizienz und zunehmende Marktorientierung. Diesem Ziel dient die Novelle des Erneuerbare-Energien-Gesetzes. Die Grundpfeiler der bisher so erfolgreichen Förderung der erneuerbaren Energien bleiben bestehen. Die gesetzliche Vergütung, der Einspeisevorrang und die Verpflichtung zum Netzanschluss haben unverändert Bestand. Damit sichern wir die notwendigen Investitionen für den weiteren Ausbau.

Schwerpunkt des zukünftigen Ausbaus soll die Windenergie an Land und auf See sein. So werden die Finanzierungsbedingungen für Offshoreanlagen verbessert und mit der Novellierung des Bauplanungsrechts, etwa mit der erleichterten Flächenausweisung für erneuerbare Energien, leisten wir einen Beitrag zum Ausbau und zu einer schnelleren Modernisierung von Windkraftanlagen an Land.

Aber – das ist neu: Wenn die erneuerbaren Energien zukünftig noch schneller einen Großteil der Energieversorgung übernehmen sollen – 35 Prozent sind immerhin mehr als ein Drittel des zukünftigen Stromverbrauchs –, dann müssen wir konsequent auf Kosteneffizienz und Marktintegration achten. Ein Schritt auf diesem Weg ist die Einführung der sogenannten optionalen Markt-

prämie, die die erneuerbaren Energien an das Marktgeschehen heranführt. Das ist ein qualitativ neuer Zugang, den wir aber brauchen, wenn erneuerbare Energien einen größeren Anteil an der Stromversorgung übernehmen sollen.

Im Bereich der Photovoltaik und der Biomasse wollen wir bestehende Potenziale für Kostensenkungen ausschöpfen. Darüber hinaus ist die Vereinfachung der Regelungen ein Leitgedanke des Erneuerbare-Energien-Gesetzes. Wo immer möglich, sind Sonderregelungen oder spezielle Boni abgeschafft oder vereinfacht worden. Damit wird die Förderpraxis vereinfacht und mehr Transparenz geschaffen.

Unsere Wirtschaft und vor allem die energieintensive Industrie sind in besonderer Weise darauf angewiesen, Strom zuverlässig und zu wettbewerbsfähigen Preisen beziehen zu können. Die rund eine Million Beschäftigten in der energieintensiven Industrie leisten einen zentralen Beitrag für die Wertschöpfung in unserem Land.

Unsere Devise heißt: Die Unternehmen genauso wie die Bürgerinnen und Bürger in Deutschland müssen auch in Zukunft mit bezahlbarem Strom versorgt werden. Deshalb wollen wir die erneuerbaren Energien schneller zur Marktreife führen und effizienter gestalten. Die EEG-Umlage soll nicht über ihre heutige Größenordnung hinaus steigen; heute liegt sie bei etwa 3,5 Cent pro Kilowattstunde. Langfristig wollen wir die Kosten für die Vergütung des Stroms aus erneuerbaren Energien deutlich senken.

Mit Blick auf die stromintensiven Unternehmen wollen wir Zuschüsse zum Ausgleich für emissionshandelsbedingte Strompreiserhöhungen vorsehen. Die Bundesregierung wird sich – das sage ich hier zu – mit aller Kraft in Brüssel dafür einsetzen, dass unsere Unternehmen faire Wettbewerbsbedingungen in Europa erhalten. Darüber hinaus wird ab 2012 die Härtefallregelung des Erneuerbare Energien-Gesetzes ausgeweitet.

Wenn wir schneller aus der Kernenergie aussteigen und in die erneuerbaren Energien einsteigen, dann brauchen wir für die Zeit des Übergangs fossile Kraftwerke. Auch daran führt kein Weg vorbei. Dazu werden wir den Rahmen für hocheffiziente Kohle- und Gaskraftwerke fortentwickeln. Mit dem Entwurf einer Novelle des Kraft-Wärme-Kopplungs-Gesetzes leisten wir einen Beitrag zur Versorgungssicherheit und Effizienz der Stromerzeugung. In einem ersten Schritt wollen wir die Frist für förderberechtigte KWK-Anlagen bis ins Jahr 2020 verlängern und die Voraussetzungen für die Förderung flexibler gestalten. Noch im Laufe dieses Jahres werden wir über weitergehende Schritte entscheiden.

Die schnelle Fertigstellung der in Bau befindlichen fossilen Kraftwerke mit einer Leistung von rund zehn Gigawatt bis 2013 ist aus Gründen der Versorgungssicherheit und der Netzstabilität unabdingbar. Mindestens zehn, eher 20 weitere Gigawatt müssen in den nächsten zehn Jahren hinzugebaut werden. Durch ein Planungsbeschleunigungsgesetz wollen wir zudem den weiteren zügigen Ausbau von Kraftwerkskapazitäten sicherstellen. Insbesondere mit Blick auf kleine und mittelständische Energieversorger werden wir zudem ein neues Kraftwerksförderprogramm auflegen. Auch dies ist ein Beitrag zu mehr Versorgungssicherheit.

Aber machen wir uns nichts vor: Alle noch so ehrgeizigen Maßnahmen für den Ausbau der erneuerbaren Energien und der dafür erforderlichen Netze werden nicht ausreichen, wenn es nicht gelingt, die Energieeffizienz in unserem Land zu steigern. Im Zentrum steht dabei der Gebäudebereich. Auf ihn allein entfallen rund 40 Prozent des deutschen Energieverbrauchs, etwa ein Drittel aller CO_2-Emissionen. Genau hier müssen wir ansetzen. Ziel bleibt es – so haben wir es schon im Herbst beschlossen –, bis 2050 einen nahezu klimaneutralen Gebäudebestand zu erreichen. Auch im Bereich der energieeffizienten Geräte und Prozesse wollen wir mehr tun, um den Stromverbrauch schon bis 2020 um zehn Prozent zu senken.

Wir werden deshalb die Mittel für das KfW-CO_2-Gebäudesanierungsprogramm auf 1,5 Milliarden Euro jährlich aufstocken. Hinzu kommen neue steuerliche Anreize für die Gebäudesanierung, die auf weitere rund 1,5 Milliarden Euro an gezielter Förderung anwachsen werden.

In einer Novelle der Energieeinsparverordnung wollen wir festlegen, dass Gebäude nach 2020 und öffentliche Gebäude schon nach 2018 nur noch als Niedrigstenergiehäuser errichtet werden sollen.

Bei der Vergabe öffentlicher Aufträge wird die Energieeffizienz als wichtigstes Kriterium rechtlich verankert. Hierzu haben wir die Vergabeverordnung entsprechend geändert. Zudem wollen wir einen Fahrplan für die energetische Sanierung von öffentlichen Gebäuden des Bundes erarbeiten mit dem Ziel, den Wärmebedarf der Bundesgebäude bis 2020 um 20 Prozent gegenüber 2010 zu senken.

Auf europäischer Ebene werden wir uns für anspruchsvolle Produktstandards im Rahmen eines sogenannten Top-Runner-Ansatzes einsetzen. Energieeffizienz soll nicht nur in Deutschland, sondern auch in Europa ein neues Markenzeichen werden.

Die Finanzierung der Maßnahmen des Energiekonzepts beruht dabei auf einem soliden Fundament. Ab 2012 sollen die Erlöse aus der Versteigerung der Emissionszertifikate unmittelbar in den von uns im vergangenen Herbst eingerichteten Energie- und Klimafonds fließen. Schon ab 2012 werden die Mittel des Fonds verstärkt. (…)

Ich sage ganz deutlich: Es handelt sich um eine Herkulesaufgabe – ohne Wenn und Aber. Alle, die zweifeln, wie wir als großes Industrieland in zehn Jahren ohne Kernenergie auskommen wollen, ohne gleichzeitig die Klimaschutzziele zu riskieren, ohne Arbeitsplätze in der energieintensiven Industrie zu gefährden, ohne das Steigen der Strompreise in das sozial nicht mehr Erträgliche in Kauf zu nehmen, ohne gefährliche Stromausfälle zu provozieren, ohne dass andere Länder um uns herum denselben Weg einschlagen, alle, die solche Fragen stellen, sind keine Ideologen, keine Ewiggestrigen, keine Spinner, denn sie stellen wichtige Fragen. Sie sind anzuhören, sie sind ernst zu nehmen, und wir haben Antworten darauf zu finden.

Es ist ja wahr: Es scheint einer Quadratur des Kreises nahe zu kommen, all das schaffen zu wollen, was wir uns vorgenommen haben.

Deshalb ist ein fünfter Punkt zwingend und unerlässlich: die Einrichtung eines lückenlosen Monitoringprozesses. Nur so können wir prüfen, ob wir unsere Ziele auf dem Weg zur Energie der Zukunft tatsächlich erreichen oder was wir zusätzlich tun müssen, wenn wir sie zu verfehlen drohen. Dabei geht es nicht um den schnelleren Ausstieg aus der Kernenergie – der steht fest; nein, es geht um die regelmäßige Überprüfung der Umsetzung des Maßnahmenprogramms, auf die ein Land wie Deutschland in seinem eigenen Interesse nicht verzichten darf. Dieses Monitoring muss im Sinne eines richtigen Projektmanagements durchgeführt werden.

Deshalb wird die Bundesregierung diese Überprüfung jährlich vornehmen und dem Deutschen Bundestag das Ergebnis zur Debatte vorlegen. Sie wird auf der Grundlage von Berichten von Institutionen wie dem Statistischen Bundesamt, der Bundesnetzagentur oder des Umweltbundesamtes erfolgen. Über die Ergebnisse wird die Bundesregierung den Deutschen Bundestag unterrichten, und gegebenenfalls wird sie Empfehlungen zum weiteren Vorgehen aussprechen.«

Um die politische Gestaltung des hier vorgelegten – und teilweise schon seit Jahren praktisch in Umsetzung befindlichen – Prozesses wird in der Zukunft heftig gerungen werden. Allein der Übergang der bisherigen zentralen Strukturen mit Großkraftwerken zu erneuerbaren Energien mit mehr dezentralen Strukturen erfordert gewaltige Änderungsprozesse in der Energiewirtschaft.

Momentan und wahrscheinlich noch auf absehbare Zeit werden die folgenden Problemkreise intensiv diskutiert:

Welcher Umfang des Netzausbaus ist notwendig? Warum kommt er nicht voran? Wie sieht es mit der Bürgerbeteiligung aus?

Reichen die Forschungs- und Entwicklungsanstrengungen in Hinblick auf neue Speichertechnologien aus? Welche Potenziale haben die diversen Technologien?

Wie und in welche Richtung soll das Erneuerbare-Energien-Gesetz weiterentwickelt werden? Gibt es tatsächlich ein Problem der Übersubventionierung? Sind die erneuerbaren Energien etwa Opfer ihres eigenen Erfolges?

Wie geht man mit fossilen Reservekapazitäten um? Wie erreicht man Anreize, in Gaskraftwerke zu investieren, die nur Strom erzeugen, wenn die Erneuerbaren nicht genügend produzieren? Welche technischen und gesetzlichen Rahmenbedingungen sind dazu erforderlich?

Gibt es zu viele Zuständigkeiten mit unkoordinierten Aktivitäten? Warum existiert kein Masterplan? Brauchen wir eine zentrale Behörde, ein Energie- oder gar Energiewendeministerium?

Reichen die bisherigen Anstrengungen aus, den Energieverbrauch zu senken? Wie sieht es beim Stromverbrauch aus, wie im Wärmebereich? Was tut sich bei der energetischen Gebäudesanierung?

Natürlich bestehen zwischen den genannten Problemkreisen vielfältige Wechselwirkungen. Der Energieexperte und Verbraucherschützer Holger Krawinkel fasst die Hindernisse in drei Schlüsselfragen zusammen. Demnach sind die drei politischen Hauptaufgaben, das Verhältnis zwischen Markt und Staat zu klären, die Arbeitsteilung zwischen Bund und Ländern zu definieren sowie die Abstimmung zwischen zentralen und dezentralen Strukturen zu schaffen.

So gewichtig die Hindernisse und Probleme auf dem Weg in eine Zukunft mit einer vollständigen oder zumindest weitgehenden Versorgung mit erneuerbaren Energien auch erscheinen mögen, so gibt es auf der anderen Seite keine Argumente für eine Rückkehr zum alten System. Und fossile Energieträger werden unwiederbringlich knapper und unwiderruflich teurer.

Die Klimaproblematik ist real und bedarf einer nachhaltigen Lösung. Erneuerbare Energien machen unabhängig, sowohl Industrieländer als auch Entwicklungsländer: Wer wollte das nicht? Deutschland ist als wirtschaftlich starke und technologisch hoch entwickelte Nation prädestiniert, durch seine Energiewende eine Vorreiterrolle zu spielen und zum Weltmarktführer beim Übergang in eine Erneuerbare-Energie-Zukunft zu werden. Die Energiediskussion ist in Deutschland weiter entwickelt als irgendwo sonst auf der Welt.

Die Energiewende ist ein historischer Schritt und ein parteienübergreifender Konsens: Wer wollte den aufkündigen?

Bilanz und Ausblick

oder: von der Notwendigkeit
neuer Strukturen und neuer Managertypen
in der Energiewirtschaft

Die Publikation dieses Buches gerät mitten in den Wahlkampf und damit in eine Situation, in der sich der Streit über die Energiepolitik immer mehr zuspitzt. Wieder und wieder wird intern und auch in aller Öffentlichkeit, und zwar von Umweltschützern wie von Ökoskeptikern, argwöhnisch gefragt: Ist diese unter der Regie einer schwarz-gelben Koalition durchgedrückte Energiewende ernst zu nehmen? Oder handelt es sich lediglich um eine Panikreaktion? Um einen populistischen Opportunismus unter dem frischen Eindruck der Reaktorkatastrophe von Fukushima? Verraten nicht die unzulängliche Koordination, der stockende Ausbau der Netze und Speicherkapazitäten, die fragwürdige Effektivität dieser und jener Fördermaßnahme, dass das Ganze vorwiegend als bloße Show zu verstehen ist, um erst einmal Zeit – und die nächsten Wahlen – zu gewinnen? Oder beobachten wir hier gar selbsternannte Wächter der Marktwirtschaft bei einem handwerklich miserablen Versuch, die erneuerbaren Energien auf eine Art in den Markt zu überführen, indem man die etablierten Energieunternehmen auf trickreiche Art von der ganzen Prozedur profitieren lässt und auf diese Weise bei der Stange hält?

Nun, die beiden Autoren bilden sich nicht ein, in die innerste Seele der politischen Akteure schauen zu können; und wer wie sie in seiner Jugend die »Atomzeitalter«-Euphorie der 1950er-Jahre miterlebt (und auch ein Stück geteilt) hat, wird mit pathetischen Prophezeiungen über die energetische Zukunft der Welt vorsichtig sein. Und doch: Ein wenig mehr als bloße Skepsis gegenüber Prognosen bringt der historische Rückblick doch. Zumindest *eines* geht aus dieser Darstellung klar hervor: Eine bloße Momentreaktion auf Fukushima ist die Energiewende nicht gewesen. Erstaunlich oft wurde vergessen, dass sie nicht viel mehr war als eine Rückkehr zu dem bis zum Jahr davor bestehenden Status quo, der unter der rot-grünen Regierung im Jahr 2000 vereinbart worden war. Mehr noch: Teils offen, teils latent hat sich der Ausstieg aus der Kernenergie seit Jahrzehnten abgezeichnet; das wird in diesem Buch ausführlich dargestellt.

Unbewusste Konvergenz der Interessen

Bereits ab 1982 wurden keine neuen Kernkraftwerke mehr bestellt. Vermutlich lag das damals nicht nur an der sinkenden ökonomischen Attraktivität der Kernkraft, sondern auch an unerwarteten Kraftwerksüberkapazitäten. Obwohl Wilhelm Ostwald, Chemie-Nobelpreisträger von 1909, schon vor einem Jahrhundert den Fortschritt zu wachsender Energieeffizienz zum kategorischen Imperativ erhob, sperrten sich viele Manager der Energiewirtschaft noch lange nach der Ölkrise von 1973 hartnäckig dagegen, die gewaltigen Energiesparpotenziale zu begreifen. Für sie fungierte der Ölschock zunächst nur als Startschuss für das ehrgeizigste Atomprogramm der bundesdeutschen Geschichte, obwohl die autofreien Sonntage auch die Energiesparmöglichkeiten schlagartig ins allgemeine Bewusstsein brachten und sich bereits 1975 in der Energiewirtschaft Überkapazitäten abzeichneten. Von daher hätten die Energiemanager den Anti-AKW-Aktivisten eigentlich dankbar sein können! Die geheime, den meisten Beteiligten unbewusste Konvergenz zwischen der Protestbewegung und den objektiven Interessen der Energiewirtschaft ist die große Ironie dieser Geschichte.

Das Drosseln des nuklearen Tempos war jedoch über geraume Zeit, wie es scheint, bei dem Gros der Energiewirtschaft mehr ein reaktiver als ein zielbewusst geplanter Prozess. Das ist kein Wunder; denn die Indizien für Weitsicht sind bei den Großen der Energiebranche nicht eben eindrucksvoll. Hier wie in anderen Wirtschaftssektoren schöpft man Verdacht, dass ungeachtet aller Lippenbekenntnisse zur Nachhaltigkeit der Zeithorizont der Planung gerade in den letzten Jahrzehnten eher schrumpfte. Und mit dem Verlust an Zukunft gingen auch Fadenrisse in der Erinnerung einher. All die früheren Ansätze zu einem breiten Energiekonsens, angefangen mit der Kernenergie-Enquetekommission von 1979/80 – Ansätze, die bereits vieles von der Energiewende von 2011 zumindest als realistische Option vorwegnahmen –, gerieten in Vergessenheit, so dass man immer wieder von vorne anfangen musste und anzufangen glaubte.

Wer auf die vergangenen Jahrzehnte zurückblickt, gelangt zu dem Schluss, dass ein erneuter Ausstieg aus dem Ausstieg zu einem demoralisierenden Desaster würde: nicht nur zu einem ökologischen, sondern auch einem ökonomischen und politischen. Und zwar gelangt man zu diesem Urteil ganz unabhängig davon, ob man persönlich pro oder kontra Kernenergie ist. Deutschland war seit einem Jahrhundert noch nie so geachtet in der Welt wie jetzt, wo es weithin als eine »grüne« Führungsmacht gilt und innovatorische Geister in aller Welt die deutschen Entwicklungen mit Neugier und Bewunderung verfolgen. Diese Stellung bietet enorme Chancen für den Export wie auch für die geistige Ausstrahlung, ideell wie technologisch. All dies würde durch eine erneute Rückwende oder einen unschlüssigen

Schlingerkurs aufs Spiel gesetzt. Und innerhalb Deutschlands hätte die Energiewirtschaft keinerlei breiten Konsens in der Bevölkerung, sondern stieße allenthalben auf Feindseligkeit. Wie schon nach Tschernobyl müssten viele Manager befürchten, ihren eigenen Kindern nicht mehr in die Augen schauen zu können.

Niedergang der nuklearen Kompetenz

Eine erfolgreiche Technikentwicklung braucht Schwung und Begeisterung; sie muss für Spitzenleute attraktiv sein: nichts mehr davon in der deutschen Atombranche, schon seit langem nicht mehr! Man blicke auf die Gründerzeit der Atomwirtschaft zurück, um den krassen Kontrast zu erkennen: Da zeichnet sich schon seit langem eine latente Energiewende vor der Energiewende ab! Heinrich Mandel, der »Atompapst« der 1970er-Jahre, war ein hochgebildeter Mann, der über das nukleare Risiko intensiv nachdachte und dadurch, dass er Kernkraftwerke in unmittelbarer Nähe von Ballungszentren verhinderte, dazu beitrug, den Blick auf das Restrisiko zu lenken. Wenn man sich daran erinnert, bemerkt man umso schärfer den Kontrast zu der dummdreisten Dickfelligkeit und Inkompetenz, mit der spätere Energiemanager mit Störfällen umgingen, deren ganze Weisheit in der Faustregel bestand: »Was viel Geld bringt, muss weiter laufen.«

Gewiss gab es immer auch andere; aber wenn man sich zurückerinnert, wie Alvin Weinberg, einer der brillantesten Gründerväter der amerikanischen Kerntechnik, in seiner Weihnachtsansprache von 1971 eine »nukleare Priesterschaft« für notwendig erklärte, um über das nukleare Risiko zu wachen, ist heute die Bilanz eindeutig: Von der Herausbildung einer solchen Priesterschaft erkennt man in den seither vergangenen vier Jahrzehnten nicht die Spur. Stattdessen findet man einen bestürzenden Niedergang der nuklearen Kompetenz. Eine Rückkehr zur Kernenergie wäre für die Bundesrepublik auch ökonomisch und technologisch perspektivlos: Die Führung auf diesem Sektor hat sie ohnehin längst verloren. Und dieser Kompetenzverlust gibt zusätzlichen Grund zur Sorge um die nukleare Sicherheit.

In den Anfängen der deutschen – genauer gesagt: der norddeutschen – Industrialisierung bestand deren Trumpf in der billigen Kohle. Das war die Zeit, als die deutsche Produktion in der Welt das Image »billig und schlecht« besaß: So berichtete Franz Reuleaux von der Weltausstellung in Philadelphia 1876. Aber das war eine Provokation und trug dazu bei, dass das »Made in Germany« schon in den Jahrzehnten darauf einen ganz anderen Klang bekam: Qualitätsproduktion durch Facharbeit wurde der deutsche Weg zum Erfolg und ist es bis heute geblieben – nur dass das viele deutsche Wirtschaftsexperten in ihrem Übereifer, vermeintliche Erfolgsrezepte von Amerikanern oder Chinesen zu übernehmen, zeitweise vergessen haben. Für das

»deutsche Produktionsregime«, so wie es der Wirtschaftshistoriker Werner Abelshauser beschrieben hat, spielt der Kostenfaktor Energie nur eine marginale Rolle. Steigende Energiekosten können sogar ein Anreiz sein, sich auf eigene Qualitäten zurückzubesinnen, statt sich auf eine perspektivlose Konkurrenz in der Billigproduktion zu verlegen. Und doch spukt in vielen Köpfen bis heute die fixe Idee, das Schicksal der deutschen Wirtschaft hänge an billiger Energie. Da spricht der ehemalige Bundesforschungsminister Volker Hauff von »Energie-Junkies«, die immerzu süchtig sind nach mehr und mehr Energie, obwohl es ihnen nicht guttut, und die bei einer Energiepreiserhöhung von einigen Cents Zeter und Mordio schreien, während sie für Luxusautomobile Zigtausende hinblättern. So erklärt sich die Groteske, dass die gegenwärtige (Ende 2012) Methode der Förderung der »Renewables« Energiegroßverbraucher auf Kosten des Normalverbrauchers begünstigt!

»German angst« als weltweiter Trend

Das Standardargument gegen die Abkehr von der Kernkraft lautet seit Jahrzehnten: »Was nützt es, wenn wir Deutschen aussteigen; die anderen machen mit der Kerntechnik dennoch weiter und lachen nur über die *German angst*.« Auch dieses Argument ist historisch ignorant. Wie wir sahen, hat die Bewegung gegen die Kernkraft ihren Ursprung in den USA; und die ersten Besetzungen von Reaktorbauplätzen fanden in Frankreich statt. Auch in der dortigen Bevölkerung ist die Ablehnung der Kernkraft seit langem kaum weniger verbreitet als in Deutschland; nur ist die Abhängigkeit von dieser Energietechnik im kohlearmen Frankreich weit höher und der französische Zentralismus gab lokalen Protestbewegungen nur geringe Chancen. Die Atomeuphorie der nuklearen Gründerjahre ist auf der ganzen Welt längst zerstoben. Am 12. März 2012 veröffentlichte der *Economist* einen Leitartikel, der weites Aufsehen erregte: »Nuclear power: A dream that failed«. Das war ein Jahr nach Fukushima: zu einer Zeit, als die erste Sensation längst vorbei war und sich umso besser die nachhaltige Wirkung der japanischen Reaktorkatastrophe überblicken ließ.

Dabei ist als entscheidender Punkt zu beachten: Nirgendwo auf der Welt haben sich Brüter auf breiter Front durchgesetzt. Vor dem Hintergrund der einstigen Atomvisionen erkennt man, was das bedeutet: Die Kernkraft hat das alte Charisma der unerschöpflichen Energie längst verloren; dieses Charisma ist auf die »Renewables« übergesprungen. Man erinnere sich, wie vor vierzig Jahren Heinrich Schöller, bis dahin RWE-Vorstandsmitglied, als Ruhestandshobby die Bauleitung beim Karlsruher MZFR übernahm: Zwar befürchtete er, das Engagement in der Kerntechnik würde, ökonomisch betrachtet, großer Unsinn werden, allein schon durch die immensen Kosten der Endlagerung; und doch faszinierte ihn diese Technik und das Herumbasteln an ihr machte ihm ganz einfach Spaß. Man muss sich an diesen menschlichen Faktor erinnern, um sich dessen bewusst zu werden, was sich seither radikal verändert hat. Schon in den 1990er-Jahren fluchte man in der Siemens-Chefetage, die Kerntechnik beschere zwei Prozent des Gewinns und 98 Prozent des Ärgers!

Das Gegenbeispiel zu Schöller bietet Ludwig Bölkow, Gründer des führenden Rüstungskonzerns Messerschmidt-Bölkow-Blohm (MBB) und Freund von Franz-Josef Strauß. Bölkow engagierte sich als Ruheständler in der Produktion von Wasserstoff durch Solarenergie und errichtete im Tschernobyl-Jahr 1986 eine entsprechende Anlage im oberpfälzischen Neunburg vorm Wald. Das war damals noch fern von jeglichem ökonomischen Kalkül; aber es animierte die technische Fantasie und gab dem alten Bölkow, der 2003 mit 91 Jahren starb, ein Gefühl von Lebenssinn und Zukunft. Selbst in der unteren Führungsetage des RWE engagierte sich Bernd Stoy, damals Direktor des Bereichs Energieanwendung, mit Leib und Seele für die Solartechnik und zugleich für Strategien der »Entkopplung« von Wirtschaftswachstum und Energieverbrauch, obwohl dies sein Aufrücken in die höchste Etage verhinderte und ihm einen Karriereknick brachte.

Atomare Lähmung des Erfindergeistes

Ganz besonders seit der Energiewende von 2011 kann man geradezu Tag für Tag verfolgen, wie die neuen Perspektiven zu einem förmlichen Dammbruch technischer Kreativität und einem unablässigen Strom neuer Ideen führen. Gewiss werden Rückschläge und Enttäuschungen nicht ausbleiben; und doch erkennt man, wie die Aussicht auf Freiheit von der Kerntechnik zur Befreiung einer neuen Ingenieursgeneration führt. Die Fixierung auf die Kernkraft hatte den Erfindergeist seit Jahrzehnten gelähmt: Der Effizienzsteigerung waren bei den Leichtwasserreaktoren enge Grenzen gesetzt; die Kraft-Wärme-Kopplung – seit den 1920er-Jahren ein Königspfad energetischer Optimierung – hatte sich bei Kernkraftwerken wegen der dann notwendigen Nähe zu Ballungsräumen als unverantwortlich erwiesen und geriet weithin in Vergessenheit. Selbst Karl Wirtz (1910–1994), technischer Leiter des KFZ Karlsruhe, reagierte – wie er 1989 Joachim Radkau erzählte – entsetzt, als sein Freund Karl Winnacker für Hoechst ein Kernkraftwerk im Großraum Frankfurt mit Kraft-Wärme-Koppelung errichten wollte: »Das wäre das Ende von Hoechst gewesen; da wäre ja alles radioaktiv geworden!«

Noch einige andere nützliche Hinweise lassen sich der Geschichte der Kerntechnik entnehmen. So etwa zum Thema »Fusionsreaktor«, der immer wieder als Ablenkung von der notwendigen Entwicklung der »Erneuerbaren« fungiert und jüngst von dem einflussreichen Wirtschaftsforscher Hans-Werner Sinn (»Das ökologische Paradoxon«) wieder einmal aus der Mottenkiste geholt wurde. Wer die Geschichte kennt, der weiß, dass dieser weiße Elefant der Kerntechnik seit der Genfer Atomkonferenz von 1955 als ewige Fata Morgana an den Horizonten geistert: Immer wieder soll er in zwanzig Jahren real sein, aber wenn die zwanzig Jahre herum sind, dauert es wieder zwanzig Jahre. Und der historische Rückblick macht überdeutlich, dass dieser Fantasiereaktor, der Energie nach dem Vorbild der Sonne oder konkreter der Wasserstoffbombe erzeugen soll, himmelweit aus aller bisherigen großtechnischen Erfahrung herausfällt. Natürlich kann niemand vorhersehen, welche Energietechniken es in hundert, zweihundert Jahren geben wird; aber in der Gegenwart wäre es absurd, alternative Pfade der Energietechnik mit Blick auf den Fusionsreaktor zu vernachlässigen.

Nicht ganz so einfach ist es mit dem Kugelhaufen-Hochtemperaturreaktor. Sein Schöpfer Rudolf Schulten (1923–1996) ist die markanteste Erfinderpersönlichkeit von Format in der bundesdeutschen Reaktortechnik gewesen; und unter bestimmten Aspekten besitzt sein Reaktorkonzept etwas Faszinierendes. Beide Autoren dieses Buches bekennen, dass sie einst für Schulten und seinen Reaktor eine gewisse Schwäche besaßen – für Lothar Hahn war Schulten zeitweise wie ein väterlicher Freund und auch Joachim Radkau hatte zu ihm einen guten Draht. Als er von ihm einige Zeit nach Tschernobyl zu einem Abendessen mit zwei führenden sowjetischen Reaktortechnikern geladen wurde, stimmte er ein russisches Liebeslied an, um diese für den Schulten-Reaktor zu animieren. Die Russen fielen begeistert mit ein, übernahmen den Reaktor jedoch nicht.

Das Risiko scheinbarer Trivialität

Sie hatten vermutlich ihre Gründe. Der Graphitbrand, der die Katastrophe von Tschernobyl begleitete, gehörte auch zu den Eventualitäten dieses Reaktortyps und die HTR-Gemeinde hat eine offene Risikodiskussion ähnlich verhindert wie das Leichtwasserreaktor-Establishment. Auch das ist eine Lehre aus der Geschichte der Kerntechnik: Oft steckt der Teufel im Detail; und diese Tücken werden erst durch längere Erfahrungen und großtechnische Dimensionen deutlich. Klaus Traube weist aus seiner Erfahrung als technischer Leiter des Brüterbaus darauf hin: Das größte Risiko droht von scheinbaren Trivialitäten, an die keiner gedacht hat. Deshalb ist es seit langem realitätsfern geworden, auf die Alternative HTR zu setzen: Die Energiewirtschaft hat dessen Entwicklung längst abgeblockt. Der Rückblick auf die verworrene Geschichte des HTR erweckt den Verdacht, dass er nicht nur an offenen Gegnern, sondern mindestens so sehr an falschen Freunden gescheitert ist.

Erklärt sich der Niedergang der deutschen Atomwirtschaft wesentlich daraus, dass die Politik schwere Fehler begangen hat? Das ist eine Frage des

Maßstabs, den man anlegt. Gewiss liefert die in diesem Buch berichtete Geschichte an vielen Stellen Ansatzpunkte für Kritik, und dies nicht nur aus der besserwisserischen Rückschau, sondern auch aufgrund von Kriterien der jeweiligen Zeit. Sehr viel schwieriger wird die Beurteilung im internationalen Vergleich; denn bis heute gibt es – soweit zu überschauen – für das Gros der Staaten, die auf Kernenergie setzten, keine detaillierten Geschichtsdarstellungen auf breiter Aktenbasis. Und doch ist der Gesamteindruck in *einer* Hinsicht recht eindeutig: Davon, dass die bundesdeutsche Atompolitik in besonderem, international hervorstechendem Maße von Brutalität, Filz, Korruption und Verschleierung beherrscht worden wäre, kann keine Rede sein. Nicht zu vergessen: Gegenüber den Atommächten bestand ein ganz entscheidender, in seiner Tragweite schwer zu überschätzender Vorteil darin, dass es in der Bundesrepublik ungeachtet anfänglicher militärischer Hintergedanken keinen großen nuklearen Militärkomplex gab, der einen Sog ausgeübt und ein System der Verschleierung ausgebildet hätte. Und auch im Vergleich zum »nuklearen Dorf« in Japan, der offiziellen Nichtatommacht, die gleichwohl die militärische Option offen zu halten suchte, wirkt die Filzokratie in der bundesdeutschen Atompolitik geradezu harmlos. So gesehen zeugt die Stärke der deutschen Anti-AKW-Bewegung geradezu von *Vorzügen* der bundesdeutschen politischen Kultur, vor allem seit den 1970er-Jahren!

Den historischen Augenblick nutzen

Gegenwärtig ist die Kritik an der neuen deutschen Energiepolitik seit der Wende von Fukushima allgemein: an den Defiziten an durchdachter, weitsichtiger Planung und Koordination. Mittlerweile gibt es geradezu ein ganzes Literaturgenre, das unter (aufrichtiger oder vorgespiegelter) Berufung auf hohe Umweltschutzideale jede reale Umweltpolitik lächerlich macht. Eine solche Kritik hat es nicht schwer, vor allem von solchen Autoren, die nicht selber zu den Akteuren gehören und in keiner Verantwortung stecken. Aber mit Blick sowohl auf die Geschichte wie auch auf die internationale Szenerie gibt es Grund, vor einer destruktiven Hyperkritik zu warnen. Am Schreibtisch lässt sich stets leicht bemängeln, dass die Politik gegenüber der ungeheuren Komplexität der Weltprobleme »unterkomplex« sei; die reale Politik dagegen – soweit kann man Niklas Luhmann folgen – kann nicht anders, als immerzu kräftige Reduktionen der Komplexität vorzunehmen. Alle historische Erfahrung zeigt, dass sich Geschichte nur sehr begrenzt planen lässt und Umweltpolitik selbst bei bestem Willen Stückwerk ohne definitive Problemlösung bleibt.

Das gilt in ganz besonderem Maße für eine derart abrupte Politikwende, wie sie nach Fukushima erfolgte. Hätte man sich viel mehr Zeit lassen sollen?

Aber auch hier gibt es Grund, aus historischer Erfahrung Bedenken anzumelden. Manchmal kommt es ganz darauf an, einen historischen Augenblick zu nutzen: den »kairos«, den »glücklichen Augenblick«, den unerwarteten Moment des Heils im Sinne des Theologen Sören Kierkegaard! Wenn man auch nur ein wenig zu lange abwartet, kann es geschehen, dass sich das Fenster zu einer neuen Zukunft wieder schließt. »Wer weiß, vielleicht erleben wir einen solchen Augenblick schon bald«, hatte Joachim Radkau (wenn auch mit ein wenig Sorge, sich lächerlich zu machen) seine »Ära der Ökologie« geschlossen, die zwei Wochen vor Fukushima erschien – danach wurde dieses Finale wieder und wieder zitiert.

Als sich die beiden Autoren mit Klaus Töpfer über eine mögliche Schlussbotschaft zu diesem Buch unterhielten, verglich dieser die Situation nach der japanischen Reaktorkatastrophe mit dem historischen Augenblick nach der Maueröffnung vom November 1989, die er selbst als Mitglied der Bundesregierung erlebt hatte. Damals wie später gab es zahllose kritische Betrachtungen darüber, was sich womöglich alles an ökonomischem und sozialem Desaster in den neuen Bundesländern hätte vermeiden lassen, wenn die deutsche Einigung nicht derart abrupt, sondern in einem langen Prozess des allmählichen Zusammenwachsens betrieben worden wäre – aber das ist ahistorisch und unpolitisch gedacht; damals kam alles darauf an, die einzigartige Gunst der Stunde zu nutzen, die rasch wieder hätte vorbei sein können. Und bei aller begründeten Kritik an den »Abwicklungen« ist zu bedenken, dass ein perfekt durchgeplanter Einigungsprozess in einer derart überraschenden Situation und in derartigem Tempo ein Ding der Unmöglichkeit war.

Zukunftsorientierte Politik: ein Spiel mit Unbekannten

Das ist ein Denkanstoß, der viel zu grübeln gibt: Stimmt die Analogie zwischen der Situation nach Fukushima und der nach dem Mauerfall vom November 1989? Offenbar nicht in jeder Hinsicht: Wie dieses Buch zeigt, hat sich der Ausstieg aus der Kernenergie – teils offen, teils latent – sehr lange angekündigt. Töpfer selbst erinnerte daran, dass er bereits 1987 zur Irritation mancher Parteifreunde öffentlich verkündet hatte: »Wir müssen eine Zukunft ohne Kernenergie erfinden.« Im Jahr zuvor forderte die SPD in einem Grundsatzbeschluss den Ausstieg aus der Kernenergie: sie, die 1959 in der »Urkraft des Atoms« das Signum einer neuen Ära erblickt hatte! Und ebenfalls 1987 verkündete die Synode der Evangelischen Kirche in Deutschland, die »gegenwärtige Kernenergiegewinnung« sei »mit dem biblischen Auftrag, die Erde zu bebauen und zu bewahren, nicht zu vereinbaren.«

Aber so ganz ernst scheint die Energiewirtschaft die Energiewende erst nach Fukushima genommen zu haben, als alle Parteien dahinter standen, auch CDU und FDP. Und da es die großen Energieversorger offenbar an

Weitsicht mangeln ließen und den Schwarzen Peter der Politik zuschoben, ist die derzeitige Situation der Energiepolitiker nicht leicht – das darf man nicht vergessen. Seit geraumer Zeit erleben wir in der Literatur zu Politik und Ökonomie eine Welle neuer Rechthaberei: Immer neue Wie- und Warum-Titel ohne Fragezeichen nach dem Muster: »Warum bisher dies oder das völlig falsch gemacht wurde und wie man es richtig macht«. Das ist ein Literaturgenre für große Kinder. Zukunftsorientierte Politik ist stets ein Spiel mit Unbekannten; und wenn sie intelligent betrieben wird und sich diese Unsicherheit bewusst macht, ist sie ein abwägendes Spiel mit mehreren Optionen, das streckenweise auch in einen Zickzackkurs münden kann.

Für die neue Energiepolitik gilt das in besonderem Maße. Um alles perfekt koordinieren zu können – von der Energieproduktion bis zu neuen Netzen und Speicheranlagen –, müsste man bereits über vieles genau Bescheid wissen, was noch in der Schwebe ist. Wie weit hat es Sinn, Offshore-Windkraft oder Solaranlagen in der Sahara aufzubauen? Welche Potenziale birgt die Geothermie? Sind bei den Speichertechniken noch große Innovationen zu erwarten? Viele behaupten, alle Antworten auf diese Fragen bereits genau zu kennen. Hier muss sich jedoch jeder Neuling zu allererst klarmachen: Der Energiediskurs ist kein herrschaftsfreier Diskurs à la Jürgen Habermas. In Sachen Energie gibt es nur wenige unschuldige Informationen und schon gar keine unschuldigen Prognosen. Daher ist besonderes Misstrauen angebracht, wenn exakte Prognosen mit gar zu großer Sicherheit verkündet werden.

Um noch einmal Klaus Töpfer zu zitieren: »Sage mir, auf welche Länge du die neu zu errichtenden Stromleitungen taxierst, und ich sage dir, ob du für oder gegen die Energiewende bist.« Gerade hier handelt es sich um ein besonders mysteriöses Thema, in dem nur ein enger Kreis von Experten der Energiewirtschaft – wenn überhaupt jemand – den vollen Durchblick besitzt. Das andere große Mysterium sind die Produktionskosten der Elektrizität – umso mehr, als »Kosten« in einer liberalen Wirtschaft keine fixe Größe sind. Bei alldem stoßen wir auf das Expertendilemma, das die gesamte Geschichte der Kerntechnik – gewiss nicht nur sie – begleitet: Die meisten Experten sind zugleich Partei. Zudem sind diejenigen, die wirklich über Wissen aus erster Hand verfügen, in der Regel hoch spezialisiert und haben zu großen allgemeinen Fragen nichts zu sagen, während diejenigen, die in der Öffentlichkeit als »Experten« auftreten, in Wahrheit oft mindestens so sehr Lobbyisten und PR-Leute sind.

Learning by doing

Hermann Scheer, der Charismatiker unter den deutschen Solar-Protagonisten, der mehr als alle anderen dazu beitrug, unter der rot-grünen Bundesregierung 1999 das 100 000-Dächer-Photovoltaik-Programm durchzuset-

zen, wies doch im gleichen Jahr in seinem Bestseller »Solare Weltwirtschaft«
in aller Offenheit auf die »Tücken solarer Investitionszuschüsse« hin. Auch
das von ihm inspirierte Programm ist nicht frei von Tücken: Hier musste
man durch praktische Erfahrung lernen. Nach wie vor ist das Subventions-
problem eine der heikelsten Fragen, die auch innerhalb der Ökoszene heiß
umstritten ist: die Frage nach einer intelligenten und effizienten Methode,
die erneuerbaren Energien zu fördern. Offenbar ist sie nicht ein für alle Mal
zu beantworten; das wird oft vergessen. Konträre Alarmrufe, die eine Krise
der »Erneuerbaren« auf Grund überzogener oder zu stark zurückgefahrener
Förderung erkennen wollen, tönen heute wirr durcheinander. Auch die ökonomische Theorie lässt den, der nach einem festen Halt sucht, schmählich
im Stich und hat lediglich ideologische Allgemeinplätze anzubieten. Auch
hier besteht daher Grund, Anhaltspunkte in der historischen Erfahrung
zu suchen, auch wenn es hier gewiss keine schulmeisterlichen »Lehren der
Geschichte« gibt. Um eine Vorstellung zu bekommen, ob eine Förderung
innovationsorientiert zu sein hat, ist es notwendig, in etwa einzuschätzen,
wie weit eine neue Technik bereits ausgereift ist und nur noch einen kräftigen quantitativen Anschub braucht, oder wie weit sie noch mitten in der
Entwicklung ist.

Hier sind Publikationen von Gerhard Mener zur Geschichte der Solar-
technik sowie von Matthias Heymann und Mario Neukirch zur Geschichte
der Windkraft bahnbrechend. Beide Fälle haben eine ähnliche Quintessenz:
Die Crux bestand darin, dass man diese Techniken in der Bundesrepublik
schon zu einer Zeit für ausgereift gehalten hat, als sie dies noch nicht waren.
So gab es verfrühte und enttäuschende Anläufe zu forciertem quantitativem
Wachstum – das Schreckensbeispiel ist der Goliath namens »Growian«, die
»Große Windenergieanlage« der 1980er-Jahre – und daher wurde das Potenzial der »Renewables« bis in die 1990er-Jahre unterschätzt. »Experten« der
großen Energiekonzerne warteten mit angeblichen Naturgesetzen auf, denen
zufolge die erneuerbaren Energien nur einen geringen Bruchteil des Bedarfs
decken könnten; das traf sich mit dem vermeintlich gesunden Menschen-
verstand der Laien, Solarenergie im sonnenarmen Deutschland sei wie
Ananaskultur in Alaska. Dabei hätte eine kritische Analyse der Geschichte,
die auch die Rahmenbedingungen beachtete, stets Grund zu Zweifeln gegeben, ob die »Erneuerbaren« bereits am Ende ihrer Entwicklung standen: So
erkennt man deutlich, dass die Atomeuphorie der 1950er- und 60er-Jahre
die Energiealternativen vorerst ins Abseits drängte und deren Entwicklung
stocken ließ.

Kein anderer als Rudolf Schulten machte Joachim Radkau als Erster darauf aufmerksam, dass sich in der Nutzung der Solarenergie womöglich noch
ganz neue Wege öffnen würden: Bisher hätten dort allzu sehr die Maschinenbauer dominiert, denen der Sinn für die Anpassung an die Natur gefehlt

habe. Gerade die allerjüngste Zeit hat auf überraschende Art das noch immer bestehende enorme Entwicklungspotenzial der Solartechnik deutlich gemacht. Wieder und wieder stellte sich heraus, dass es wesentlich auf Erfahrungslernen, auf *learning by doing* ankommt und die physikalische Theorie allein die Zukunft nicht zu antizipieren vermag. Ironie der Geschichte: Ganz die gleiche Erfahrung musste man einst bei der Kerntechnik machen – um doch daraus bemerkenswert wenig Konsequenzen zu ziehen. Wie dargestellt wurde, gab es zum Leichtwasserreaktor eine Vielzahl theoretisch verheißungsvoller Alternativen; aber bei kaum einer einzigen nahm man sich am Ende Zeit zu gründlicher Erprobung. Zugegeben: Auch dies hatte seinen Grund. Die großtechnische Erprobung eines Reaktorkonzepts ist so aufwendig und riskant, dass sich die Scheu der Energiewirtschaft nachvollziehen lässt. Erfahrung bekam hier die Bedeutung, sich auf das zumindest relativ Erprobte zu verlassen: Auf diese Weise entstand jene historisch singuläre Pfadgebundenheit, die Fixierung auf die Leichtwasserreaktorlinie, die in diesem Buch geschildert wurde.

Nun, auch die Energiewende erfordert Entschlossenheit und Zielstrebigkeit; sie darf sich nicht durch jede Laune der Massenmedien beirren lassen – die Geschichte der Kerntechnik wimmelt von grotesken Beispielen für Irrwege der veröffentlichten Meinung. Und doch sprechen gute Gründe dafür, künftig eine monomanische Pfadgebundenheit zu vermeiden und nicht alles auf eine Karte zu setzen. Die meisten oben genannten Gründe, aus denen sich die Monomanie in der Kerntechnik erklärt, entfallen bei den erneuerbaren Energien. Gewiss lässt sich auch hier eine Menge anstellen, was sich hernach als Irrweg herausstellt; aber hier fehlt das unheimliche Restrisiko, die Verbindung zu der furchtbarsten Waffentechnik. Ebenso stellt sich nicht das Problem der Endlagerung, das nur so lange als technisch lösbar erscheint, wie man nicht an künftige Generationen denkt. Bei den Erneuerbaren kann man sich Experimente leisten, da sich die Risiken in Grenzen halten, vergleichsweise übersichtlich sind und eingeschlagene Pfade sich ohne gigantischen Aufwand wieder rückgängig machen lassen. Wenn sich Windparks auf Schwarzwaldhöhen als energetisch nicht lohnend herausstellen und auch noch nach Jahren als Landschaftsverschandelung empfunden werden, montiert man sie eben wieder ab. »Beim Ersten sind wir frei, beim Zweiten sind wir Knechte«: Dieses Mephisto-Wort aus dem »Faust« gilt nicht für die »Erneuerbaren«. Alvin Weinberg erklärte die Kerntechnik zu einem »faustischen Pakt«; für die Alternativen gilt das nicht. Daher besteht aller Grund, dort eine Vielfalt zu fördern und die Fortentwicklung zu höherer Energieausbeute zu honorieren.

Staatsintervention vs. Machtmonopol

Beim Studium der Kernenergiegeschichte kann man streckenweise manche Vorzüge einer von keiner Staatsintervention gestörten Marktwirtschaft neu entdecken. Kein Zweifel: Wäre die Kerntechnik strikt der Privatwirtschaft überlassen geblieben und hätte diese die unbegrenzte Haftung übernehmen müssen – und zwar ohne jene gewaltigen steuerfreien Rücklagen, mit denen die Kernkraftbetreiber von ihren eigenen Folgeproblemen profitieren –, wäre es zu dieser Atomwirtschaft nicht gekommen, allenfalls nach viel längerer Zeit zu einer anderen Kernenergie mit solchen Reaktortypen, bei denen sich das zu versichernde Risiko in erträglichen Grenzen gehalten hätte – ob es diese hätte geben können, steht in den Sternen.

Wenn freilich heute von Protagonisten der erneuerbaren Energien argumentiert wird, dass diese einen Anspruch auf hohe Subventionen hätten, da auch die Kernenergie einst vom Staat mit Milliardenbeträgen gefördert worden sei, ist diese Logik mit Vorsicht zu genießen. Entscheidend für den Durchbruch der Kerntechnik war, wie wir sahen, die vom Staat verfügte Haftungsbegrenzung; von den Milliarden an Steuergeldern, die in die Kernforschungszentren und die vermeintlichen Zukunftsreaktoren gesteckt wurden, hat die Atomwirtschaft – von lukrativen Aufträgen abgesehen – nicht viel gehabt. Nicht ein einziges dieser mit hohen Subventionen gepuschten Reaktorprojekte hat auch nur den geringsten Erfolg erzielt! Auch solche Erfahrungen mit der Sinnlosigkeit von Subventionen verdienen eine genaue Analyse und sollten nicht vergessen werden.

Und doch wäre ein Hohelied auf das Allheilmittel »Freie Wirtschaft« angesichts der von gigantischen Machtkonzentrationen dominierten Energiewirtschaft naiv. Kein Zweifel: Da muss ein Machtmonopol gebrochen und mit Hilfe des Staates eine Gegenmacht aufgebaut werden. Gerade dies steht sogar in bester Ludwig-Erhard-Tradition; denn dieser »Vater des Wirtschaftswunders« predigte bei seinen unablässigen Feldzügen gegen die Kartelle seine historisch wohlbegründete Überzeugung, dass der Staat gefordert sei, damit ein wirklich freier Markt mit einer Vielfalt von konkurrierenden Anbietern entsteht. Eben dies, nicht der heutige Neoliberalismus, war die »soziale Marktwirtschaft« der Gründerväter. Das unterschlagen jene, die unter Berufung auf die Erhard-Tradition die sofortige unbeschränkte Konkurrenz auf dem Energiemarkt fordern: nach heutiger Lage der Dinge ein bloßer Trick, um die Alleinherrschaft der Dinosaurier in der Energiewirtschaft zu erhalten!

Dass es überhaupt dazu gekommen war, erklärt sich aus der über lange Zeit herrschenden Meinung, die Netzgebundenheit der Elektrizität verhindere eine Konkurrenz auf dem Strommarkt. Auch dies ist eine epochale Wende: dass diese Zwangsvorstellung, dieser Glaube an einen technischen

Sachzwang passé ist. Dafür ist seit den 1990er-Jahren die Gefahr evident, dass die neue Freiheit auf dem EU-Strommarkt vor allem von den Elektrogiganten genutzt wird, die auch die Energiewende in Richtungen zu dirigieren suchen, die ihnen das Monopol sichern: siehe Offshore-Windparks und Desertec, Solarstrom aus der Sahara. Vermutlich ist es fruchtlos, derartige Projekte aus strikter Präferenz für Dezentralität prinzipiell abzulehnen. Umso deutlicher jedoch zeichnet sich die Aufgabe der Politik ab, dafür Sorge zu tragen, dass dadurch nicht dezentrale Alternativen an den Rand gedrängt werden. Mit welchen Tricks Derartiges geschieht, Tricks bis hin zu Umweltauflagen: Auch dazu liefert die Geschichte der Kerntechnik lehrreiche Beispiele.

Aber auch dafür, dass staatliche Energiepolitik etwas bewirken kann, ja sogar die Weichen zu stellen vermag. Früher glaubten jedoch Energiepolitiker oftmals, gegen die Zersplitterung (»Balkanisierung«) der deutschen Energiewirtschaft angehen zu müssen: Wenn sie einige Große als Gegenüber vor sich sahen, die ihnen lästige Detailentscheidungen gerne abnahmen, hatten sie es leichter. Heute ist es an der Zeit für einen politischen Gegenkurs. Volker Hauff, seit vierzig Jahren in der Technologie- und Umweltpolitik erfahren und einst ein Fürsprecher der Kerntechnik, ruft heute dazu auf, mit den Mitteln der Politik energisch die Dezentralität in der Energieversorgung zu fördern. Die perfekte Lösung sei jedoch noch nicht gefunden: »Bei der dezentralen Suche bleiben« ist seine Parole.

Pluralität der Pfade

Bei der Energiewende ist eine Pluralität der Pfade in der Technik selbst angelegt: Darin liegt eine große Chance für Ingenieure und Manager, die mit neuen Ideen und neuem Schwung an Energiefragen herangehen. Aber genau dieser Umstand macht es den Energiepolitikern nicht leicht. Das erkennt man besonders im Kontrast zur Atompolitik: Da sahen sich die Politiker einer Community gegenüber, wo vor allem in der Frühzeit jeder jeden kannte und man glauben konnte, dass die atomaren Dinge zügig in Fluss kommen würden, wenn der Staat in die nukleare Gemeinde nur kräftig Steuermittel hineinpumpen würde. Aber selbst hier täuschte der Eindruck: Wie die Akten verraten, wurde die Deutsche Atomkommission immer entscheidungsunfähiger und wenn sie Entscheidungen traf, waren diese oft ohne praktische Relevanz. Die Erinnerung daran hält von unrealistischen Erwartungen an die heutige Energiepolitik ab.

Bei den erneuerbaren Energien jedoch ist das Problem, das bei der Kernenergie verborgen war, offenkundig: Es gibt keine allumfassende handlungsfähige Community; von Anfang an ist die Politik gefordert und sie kann ihre Aufgabe nur dann erfüllen, wenn viele andere auf kompetente und konstruktive Weise mitdenken. Denn das ist das Problem: Solare Energie, Windkraft – beide in zentral und dezentral gespalten, die Solartechnik dazu in Solarthermie und Photovoltaik –, Bioenergien unterschiedlichster Art, Geothermie, Speichertechniken, Kraft-Wärme-Kopplung, Wärmedämmung der Häuser, Energiesparlampen sowie weitere Energiespartechniken diverser Art – all das bietet insgesamt eine kunterbunte Szene, die man in ihrer Buntheit am besten aus der Distanz wahrnimmt, da viele Dazugehörige mit Vorliebe nur ihre eigene Szene sehen und andere als Rivalen oder Abweichler betrachten.

Wie nicht anders zu erwarten, geht es auch hier menschlich zu, mit Scheuklappen und Grabenkämpfen, zumal all diese Pfade mit unterschiedlichen Kompetenzen und oft auch unterschiedlichen menschlichen Charakterprofilen verbunden sind. Wer in der Vision großer Solaranlagen schwelgt, für den ist die Wärmedämmung von Altbauten beschränkter Kleinkram, während andere, die mehr Sinn für Triviales haben, vorrechnen, dass man mit simpler Dämmtechnik für das gleiche Geld einen hundertmal so hohen Klimaschutzeffekt erzielt wie mit Photovoltaik: Das war ein typischer Lernprozess der ersten Zeit. Aber auch solche Zahlen sind zeitgebunden – auch innerhalb der »alternativen« Szene sind Angaben über das Potenzial bestimmter Pfade oftmals nicht ganz unschuldig und unberührt von speziellen Interessen. Realistische Anhaltspunkte erhält man wohl am ehesten dann, wenn man ein breites Informationsspektrum über längere Zeit verfolgt. In den 1980er-Jahren war es vernünftig, vorrangig die Erhöhung der Energieeffizienz zu fördern, zumal sich darüber auch am leichtesten ein breiter politischer Konsens herstellen ließ – wer konnte dem Kampf gegen Energievergeudung widersprechen? Dieses Ziel hat bis heute an Aktualität nicht verloren: Mit Verblüffung hört man von Experten, was es selbst beim Verbrennungsmotor der Automobile nach hundert Jahren Entwicklung noch für Treibstoffsparpotenziale gibt. Und doch wäre es heute kurzsichtig, demgegenüber die Förderung alternativer Energien hintanzustellen: Beides gehört zusammen, bei aller Unterschiedlichkeit der Protagonisten. Noch zur Zeit von Fukushima konnte man vielfach hören, die Windkraft sei im windigen Deutschland viel zukunftsträchtiger als die Solartechnik; mittlerweile mehren sich jedoch viele andere Informationen. So oder so ist offenkundig, dass es ein Irrweg wäre, monomanisch einem einzigen Pfad zu folgen.

Diskursdefizit der Energiepolitik

Ebenso ist evident, dass nicht nur bei der Kerntechnik, sondern auch bei den alternativen Energien die Gefahr besteht, dass rationale, am Gemeinwohl orientierte Pfade von Lobbys (mitunter auf dem Wege über bestimmte Landesregierungen) unterlaufen werden. Das allbekannte und abschreckende Beispiel ist in jüngster Zeit der Biosprit – was aber nicht ausschließt, dass der Einsatz von Pflanzenöl als Treibstoff innerhalb der Landwirtschaft einen guten Sinn haben kann. Die quecksilberhaltigen Sparbirnen haben gerade bei vielen umweltbewussten Menschen für einen Aufschrei gesorgt und sind ein Musterbeispiel dafür, dass man über Energiesparen und Klimaschutz nicht alle anderen Aspekte vergessen darf; und doch ist es falsch, die Suche nach der energiesparenden Beleuchtung im Bausch und Bogen ins Lächerliche zu ziehen.

Dogmatische Pauschalurteile drohen die Akteure im Feld der »Renewables« heillos zu zersplittern! Wenn man sich jedoch durch die Flut der Energieliteratur hindurchwühlt, kann man nach solchen Publikationen leider lange suchen, in denen diese Differenzen sachlich ausdiskutiert werden und die auf solcher Grundlage zu einer überlegten Zusammenschau gelangen, die auch Unsicherheiten und offene Fragen zu erkennen gibt. Dieses Diskursdefizit ist eines der größten Handicaps der gegenwärtigen Energiepolitik. Da war der Kernenergiediskurs sogar ein Stück weiter – nur dass das bloße Pro und Kontra noch kein politisches Konzept für die Zukunft lieferte.

Hermann Scheer, der wortgewaltige »Solarpapst«, rief dazu auf, sich nicht zu sehr auf technische Details zu fixieren, sondern nach neuen Akteuren zu suchen. Die Technik als solche ist erst einmal zersplitternd. Zwar ist von der Sache her klar, dass Solar- und Windenergie miteinander und mit Speichervorrichtungen und Strategien gesteigerter Effizienz kombiniert werden müssen. Aber zugleich wird eines überdeutlich: Aus einer rein technischen Kompetenz und Rationalität heraus kann diese Szene unmöglich zu einer koordiniert handlungsfähigen Einheit gelangen; hier sind neue Mediatoren- und Managertypen gefordert. Bisherige Erfahrungen geben wenig Grund zu der Zuversicht, dass sich diese in größerer Zahl in den Chefetagen der bisherigen Energiewirtschaft finden – und das ist noch dezent formuliert. Wer noch in der Ära der großen Kraftwerke aufgewachsen und durch diese auch emotional geprägt worden ist, hat es nicht leicht, sich auf die Chancen der elektronischen und solaren Revolution umzustellen, intellektuell wie emotional. Das wissen die Autoren dieses Buches aus eigener Erfahrung. Aber wenn sie sich umschauen, glauben sie die neuen Akteurstypen, die unsere Zeit braucht, doch allenthalben zu erkennen.

Man verstehe das nicht als pathetische Schwärmerei für einen neuen idealen Menschen und für die Vision eines solaren Zeitalters, das mühelos mitsamt den ökologischen nebenbei auch die sozialen Probleme der Menschheit löst! Die Albernheiten der alten Atomeuphorie müssen sich nicht im Zeichen der Alternativenergien wiederholen; der Fanatismus, der sich oft mit allzu abstrusen Visionen verbindet, hat kaum je etwas Gutes bewirkt. Ernst Blochs »Prinzip Hoffnung« besitzt heute vor allem als Zeitzeugnis seinen Reiz. Oder folgen die beiden Autoren doch dem »Prinzip Hoff-nung«, wenn sie der Überzeugung sind, die Energiewende sei unumkehr-bar? Klaus Töpfer wies sie auf eines seiner Lieblingszitate hin. Es stammt aus dem »Handorakel« des spanischen Jesuiten Balthasar Gracián von 1647: »Die Hoffnung ist eine große Verfälscherin der Wahrheit: Die Klugheit weise sie zurecht und sorge dafür, dass der Genuss die Erwartung übertreffe.« Aber jeder begeisterte Radfahrer weiß, dass die Energiewende bereits hier und jetzt genussvoll sein kann und nicht erst mit dem Gedanken an künftige Generationen Befriedigung verschafft. Carl Friedrich von Weizsäcker seufzte 1977 auf einem Bergedorfer Gespräch, »wir wären alle glücklicher«, wenn wir unseren Lebensstil so veränderten, dass »wir mit weniger Energie auskom-men würden«. »Aber wir werden es nicht tun; denn wir wollen unglücklich sein.« Aber vermutlich war das bei diesem weisen Mann als Provokation gemeint.

ANHANG

Abbildung 1: Schematische Darstellung des Brennstoffkreislaufs und seiner Stationen

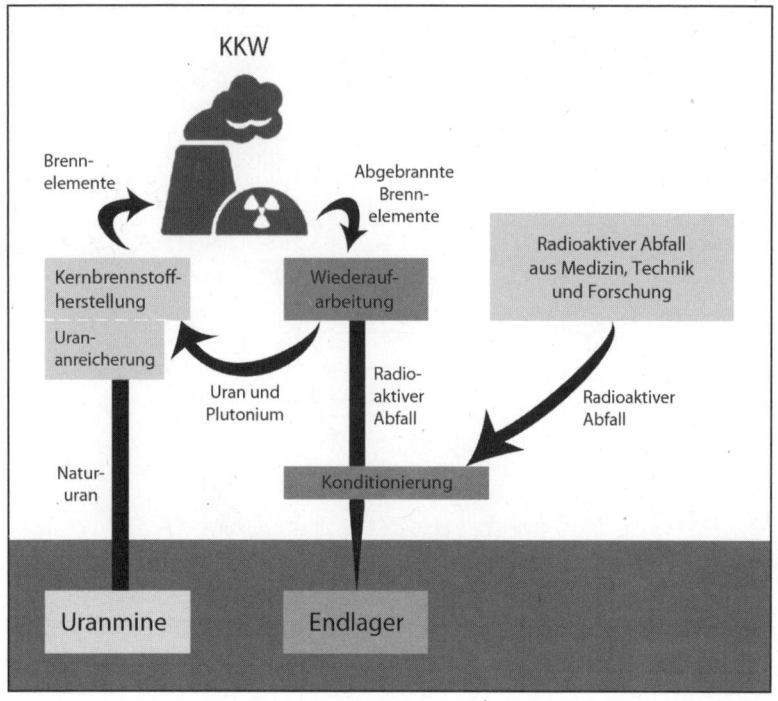

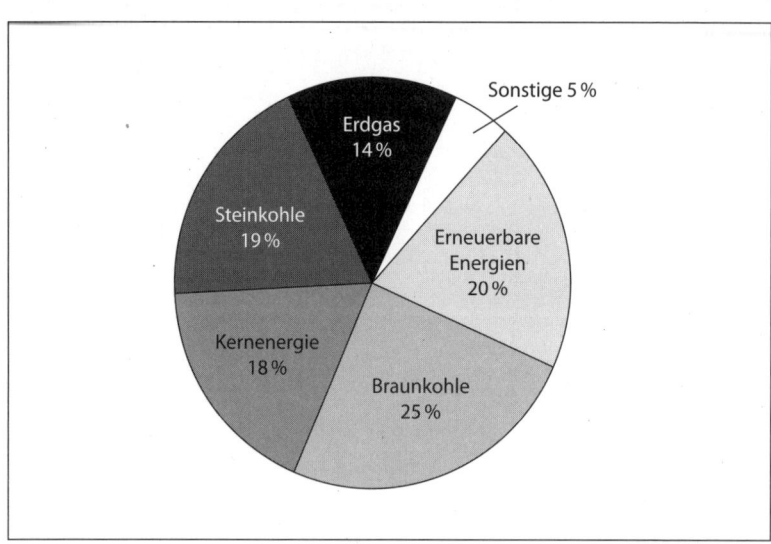

Abbildung 2: Strommix in Deutschland (Stand: 12/2011)

Quelle: BDEW, AGEB

Tabelle 1: **In Betrieb befindliche Leistungsreaktoren zum Höhepunkt der Atomkraftnutzung 1988/89**

Standort	Kürzel	Leistung in MW	Baubeginn	im Betrieb seit
Isar 2	KKI 2	1485	15.09.1982	09.04.1988
Brokdorf	KBR	1480	01.01.1976	22.12.1986
Philippsburg 2	KKP 2	1468	07.07.1977	18.04.1985
Grohnde	KWG	1430	01.06.1976	01.02.1985
Unterweser	KKU	1410	01.07.1972	06.09.1979***
Krümmel	KKK	1402	04.04.1974	28.03.1984***
Emsland	KKE	1400	10.08.1982	20.06.1988
Neckarwestheim 2	GKN 2	1400	09.11.1982	15.04.1989
Grafenrheinfeld	KKG	1345	01.01.1975	17.06.1982
Gundremmingen C	KGG C	1344	20.07.1976	18.01.1985
Gundremmingen B	KGG B	1344	20.07.1976	19.07.1984
Mülheim-Kärlich	KMK	1302	15.01.1975	01.10.1987*
Biblis B	KWB B	1300	01.02.1972	31.01.1977***
Biblis A	KWB A	1225	01.01.1970	26.02.1975***
Philippsburg 1	KKP 1	926	01.10.1970	26.03.1980***
Isar 1	KKI 1	912	01.05.1972	21.03.1979***
Neckarwestheim 1	GKN 1	840	01.02.1972	01.12.1976***
Brunsbüttel	KKB	771	15.04.1970	09.02.1977***
Stade	KKS	672	01.12.1967	19.05.1972***
Würgassen	KWW	670	26.01.1968	11.11.1975***
Obrigheim	KWO	357	15.03.1965	01.04.1969***
Hamm-Uentrop	THTR	308	01.05.1971	01.06.1987**

*   bis 09.09.1988
** bis 29.04.1988
*** mittlerweile abgeschaltet (Stand: 12/2012)

Tabelle 2: Internationale Bewertungsskala für nukleare Ereignisse (INES)

(Stufe 0: Abweichung; 1 bis 3: Störfall; 4 bis 7: Unfall)

	Bezeichnung Englisch	Auswirkungen außerhalb der Anlage	Auswirkungen innerhalb der Anlage, Merkmale der Beeinträchtigung der Sicherheitsvorkehrungen	Beispiele
7	Katastrophaler Unfall Major accident	Schwerste Freisetzung (Äquivalent von > einigen 10.000 TBq von ^{131}Iod), Auswirkungen auf Gesundheit und Umwelt in einem weiten Umfeld, gesundheitliche Spätschäden über große Gebiete	meist komplette Zerstörung der Anlage	1986: Katastrophe von Tschernobyl, Ukraine – (zwischen 4.000.000 und 6.400.000 TBq*); 2011: Nuklearkatastrophe von Fukushima, Japan (ca. 500.000 bis 1.000.000 TBq)
6	Schwerer Unfall Serious accident	Erhebliche Freisetzung (einige 1.000 bis einige 10.000 TBq), voller Einsatz der Katastrophenschutzmaßnahmen		1957: Kyschtym-Unfall (Kerntechnische Anlage Majak), Russland (zwischen 400.000 und 8.900.000 TBq; evtl. Unfall der Stufe 7)
5	Ernster Unfall Accident with wider consequences	Begrenzte Freisetzung (einige 100 bis einige 1.000 TBq), Einsatz einzelner Katastrophenschutzmaßnahmen	Schwere Schäden am Reaktorkern/an den radiologischen Barrieren	1957: Brand des Kernreaktors der Produktionsstätte für Plutonium Windscale/ Sellafield, Großbritannien (zwischen 1.800 und 47.000 TBq); 1979: Kernkraftwerk Three Mile Island (Harrisburg), USA (750 TBq)
4	Unfall Accident with local consequences	Geringe Freisetzung (einige 10 bis einige 100 TBq), Strahlenexposition der Bevölkerung etwa in der Höhe der natürlichen Strahlenexposition	Schäden am Reaktorkern/ an den radiologischen Barrieren; schwere Kontaminationen und/oder Strahlenbelastung des Personals, die zu akuten Gesundheitsschäden führen kann	1977: KKW Bohunice, Slowakei; 1999: Wiederaufbereitungsanlage Tōkai, Japan
3	Ernster Störfall Serious incident	Sehr geringe Freisetzung, Strahlenexposition der Bevölkerung in Höhe eines Bruchteils der natürlichen Strahlenexposition	Schwere Kontaminationen und/oder akute Gesundheitsschäden beim Personal; weitgehender Ausfall der gestaffelten Sicherheitsvorkehrungen	1975: KKW Greifswald/ Lubmin, Deutschland (damals DDR); 2005: Freisetzung von Uran und Plutonium in Sellafield, Großbritannien
2	Störfall Incident		Begrenzter Ausfall der gestaffelten Sicherheitsvorkehrungen	2001: KKW Philippsburg, Deutschland; 2006: KKW Forsmark, Schweden
1	Störung Anomaly		Abweichung vom normalen Betrieb der Anlage (Nichtbehebung der Problemquelle könnte allenfalls zu einem höherstufigen Folgeereignis führen)	1987: KKW Biblis in Deutschland; 2009: KKW Cattenom in Frankreich; 2011: KKW Fessenheim in Frankreich
0	Ereignis ohne oder mit geringer sicherheitstechnischer Bedeutung Below scale – No safety significance		Keine oder nur sehr geringe sicherheitstechnische Bedeutung	2007: Transformatorbrand im KKW Krümmel, Deutschland 2011: Kühlwasserleck im KKW Brunsbüttel, Deutschland

* Terabecquerel (= 10^{12} Bq); Quelle: Wikipedia

Tabelle 3: **Fukushima: die Verteilung der Brennelemente auf die Reaktorkerne und Lagerbecken sowie ihr Zustand nach dem Unfall**

Block	Brennelemente im Reaktorkern		Brennelemente im Abklingbecken	
	Anzahl	Zustand	Anzahl	Zustand
I-1	400	geschmolzen	292	unbekannt
I-2	548	geschmolzen	587	unbekannt
I-3	548	geschmolzen	514	Schäden vermutet
I-4	0	entfällt	1331	keine schweren Schäden vermutet
I-5	548	unbeschädigt	946	unbeschädigt
I-6	764	unbeschädigt	876	unbeschädigt

Tabelle 4: **Die deutschen Atomkraftwerke im Jahr des Ausstiegs 2011**

Standort	Typ*	Abschaltzeitpunkt gemäß		
		Rot-Grün 2000	Laufzeitver- längerung 2010	Energiewende 2011
Emsland	DWR	2020	2034	2022
Isar 2	DWR	2020	2034	2022
Neckarwestheim 2	DWR	2022	2036	2022
Brokdorf	DWR	2019	2033	2021
Grohnde	DWR	2018	2032	2021
Gundremmingen C	SWR	2016	2030	2021
Philippsburg 2	DWR	2018	2032	2019
Gundremmingen B	SWR	2015	2030	2017
Grafenrheinfeld	DWR	2014	2028	2015
Neckarwestheim 1	DWR	2010	2019	2011
Brunsbüttel	SWR	2012	2020	2011
Isar 1	SWR	2011	2019	2011
Krümmel	SWR	2019	2033	2011
Philippsburg 1	SWR	2012	2020	2011
Unterweser	DWR	2012	2020	2011
Biblis A	DWR	2010	2020	2011
Biblis B	DWR	2011	2020	2011

* DWR: Druckwasserreaktor; SWR: Siedewasserreaktor

Chronologie des Unfallablaufs von Tschernobyl

Entwicklung des Unfalls. Die Entwicklungsgeschichte des Unfalls, der hierfür bedeutsame Verlauf der Reaktorleistung und die wichtigsten Fehlhandlungen der Betriebsmannschaft werden im Folgenden chronologisch dargestellt.

Am 25.04.1986, 1:00 h morgens, wurde begonnen, die Anlage zur jährlichen Revision und zur Durchführung des Versuchs abzufahren.

Um 3:47 h war die thermische Leistung auf 1600 MWth (das heißt auf etwa die Hälfte der Nennleistung) abgesenkt. Sie wurde zunächst auf diesem Niveau gehalten.

Um 7:10 h hätte der Reaktor unverzüglich abgeschaltet werden müssen, da die betriebliche Reaktivitätsreserve (ORM) unter den zulässigen Wert gesunken war. Die notwendige Abschaltung durch das Personal unterblieb jedoch. Die Leistung wurde weiterhin auf 50 Prozent gehalten, da die Einspeisung dieser Leistung in das Netz angefordert wurde. Der Versuch wurde verschoben.

Um 23:10 h wurde das Abfahren fortgesetzt. Zwischenzeitlich hatte ein Schichtwechsel stattgefunden, so dass das ursprünglich vorgesehene Personal nicht an dem Versuch teilnahm. Der für den Versuch vorgesehene Leistungsbereich wurde unzulässigerweise unterschritten.

Am 26.04.1986, 0:28 h, fiel die Leistung des Reaktors infolge eines Fehlers praktisch auf null. Zu diesem Zeitpunkt war die ORM wieder so niedrig, dass der Reaktor hätte abgeschaltet und der Versuch hätte verschoben werden müssen. Um den Versuch dennoch durchführen zu können, wurde die Leistung so weit wie möglich angehoben. Nach dem Ausfahren von Steuerstäben betrug die Leistung etwa 200 MWth (ca. 7 Prozent der Nennleistung).

Um 0:43 h wurde ein wichtiges Signal, welches bei Einleitung des Versuchs zu einer automatischen Notabschaltung geführt hätte, unwirksam gemacht, um den Versuch gegebenenfalls wiederholen zu können.

Um 1:22:30 h war die ORM extrem niedrig. Erneut hätte der Reaktor umgehend abgeschaltet werden müssen.

Unmittelbar vor Einleitung des Versuchs befand sich die Anlage wegen des Zusammentreffens mehrerer sicherheitstechnisch ungünstiger, teilweise unzulässiger Bedingungen in einem extrem instabilen Zustand. Dennoch wurde der Versuch um 1:23:04 h eingeleitet. Durch Verringerung des Kühlmitteldurchsatzes und -drucks erfolgten eine Reaktivitätszufuhr und ein Leistungsanstieg.

Um 1:23:40 h wurde das Reaktorschutzsystem angeregt. Abschaltstäbe fuhren in den Kern ein. Ein zusätzlicher Leistungsanstieg erfolgte durch den positiven Abschalteffekt. In den folgenden Sekunden ereigneten sich eine Leistungsexkursion, das heißt eine Leistungssteigerung auf das 100- bis 500-Fache der Nennleistung, eine spontane Verdampfung des Kühlmittels, der Bruch von Druckrohren und die Zerstörung des Reaktors.

Unfallursachen. Es ist unbestritten, dass menschliches Verhalten zur Tschernobyl-Katastrophe beigetragen und den Unfallablauf verschärft hat. An Ursachen sind unter anderem Defizite im Management und bei der Versuchsplanung sowie Verstöße gegen die Sicherheitsvorschriften zu nennen. Die minimal zulässige betriebliche Reaktivitätsreserve (ORM) wurde in der Versuchsvorbereitung gleich mehrmals unterschritten. Das Ausfahren der Steuerstäbe in großem Umfang zum Zwecke der Leistungsanhebung war ebenso unzulässig wie die Einleitung des Versuchs bei einer Leistung von nur 7 Prozent der Nennleistung.

Die Häufung von Fehlhandlungen darf aber nicht darüber hinwegtäuschen, dass die eigentlichen Unfallursachen in gravierenden Defiziten bei der sicherheitstechnischen Auslegung von Reaktoren des RBMK-Typs lagen, nämlich im hohen positiven Dampfblaseneffekt, im positiven Abschalteffekt beim Einfahren voll ausgefahrener Steuerstäbe und in der unzureichenden Wirksamkeit der Abschalteinrichtungen. Hätte es eine Automatisierung der Abschaltung bei Unterschreitung des zulässigen ORM-Wertes gegeben, wäre der Reaktor bereits am 25.04.1986 um 7:10 h automatisch abgeschaltet worden.

Ereignisse nach Unfallbeginn. Durch die Explosion wird die 3000 t schwere Kernplatte empor geschleudert und aufgerichtet. Kernmaterial und brennende Graphitteile werden ausgeworfen. Der Reaktor brennt, weitere Brände entstehen in der Umgebung. Es erfolgt eine massive Freisetzung von radioaktiven Spaltprodukten. Am 26.04.1986 gegen 5:00 Uhr wird der unmittelbar benachbarte Block 3 abgeschaltet. Am 27.04.1986 werden die Blöcke 1 (um 1:13 Uhr) und 2 (um 2:13 Uhr) abgeschaltet.

Vom 27.04. bis 10.05. wird der Reaktor mit großen Mengen verschiedener Materialien zugeschüttet (unter anderem ca. 2400 t Blei, ca. 2600 t Bor, Dolomit, Sand und Lehm). Mit dieser Maßnahme werden die Spaltproduktfreisetzung und die Direktstrahlung aus dem zerstörten Reaktor begrenzt und der brennende Graphit im Kernbereich abgedeckt. Ab dem 04.05. wird im großen Maßstab Stickstoff in den Kernbereich eingeblasen, um diesen zu kühlen.

Ab dem 06.05. erfolgt eine weitgehende Beendigung der Spaltproduktfreisetzung aus dem zerstörten Reaktor.

Ausbreitung der freigesetzten radioaktiven Stoffe. Massive Freisetzungen radioaktiver Stoffe zogen sich über zehn Tage hin. Während dieses Zeitraumes veränderten sich die Wetterbedingungen in der näheren und weiteren Umgebung des Standortes erheblich. Die durch die Explosion und den Brand am 26.04.1986 freigesetzten radioaktiven Stoffe wurden zunächst in großer Höhe in nordwestlicher Richtung über Weißrussland bis nach Finnland und in den mittleren und nördlichen Teil von Schweden transportiert. Am folgenden Tag drehte der Wind in westliche Richtung. Der Weg der radioaktiv kontaminierten Luftmassen führte unter anderem über Polen, Tschechien, Österreich nach Süddeutschland, wo sie zwischen dem 30.04. und dem 01.05. eintrafen.

Die Fahne breitete sich anschließend in nordwestlicher Richtung über den westlichen Teil Deutschlands und den Nordosten Frankreichs aus und erreichte am 02.05. England und Schottland. Während dieser Zeit bildeten sich am Unfallort eine weitere Ausbreitungsfahne Richtung Osten aus, die eine schwächere Kontamination bis in den Raum südlich von Moskau verursachte. Die nahe gelegene Großstadt Kiew blieb außerhalb der Hauptwege der Ausbreitung. Das Ausmaß der Kontamination wurde nicht nur durch meteorologische Parameter wie Windrichtung und Windgeschwindigkeit bestimmt. Ganz entscheidend war auch die Intensität der Regenfälle, durch die die radioaktiven Stoffe ausgewaschen und niedergeschlagen wurden. Dementsprechend zeigten sich lokal sehr unterschiedliche Kontaminationsgrade. Außerdem spielten auch Bodenrelief und Bewuchs, zum Beispiel Waldgebiete, eine Rolle.

Gegenmaßnahmen. Über die unmittelbaren und längerfristigen Gegenmaßnahmen wurde nach dem Unfall umfänglich berichtet: Bekämpfung der Unfallfolgen unmittelbar am Reaktor durch Feuerwehrleute und sogenannte Liquidatoren, Evakuierung der Bevölkerung, Einrichtung einer 30-km-Sperrzone, Errichtung eines Sarkophags.

Kontaminierte Gebiete und gesundheitliche Folgen. Die Kontamination der Böden wurde durch umfangreiche Messungen, insbesondere der Cäsium-Ablagerungen innerhalb der Gebiete der ehemaligen Sowjetunion und in vielen anderen europäischen Ländern ermittelt und dokumentiert.

Am stärksten betroffen sind außerhalb der 30-km-Zone zweifellos der Norden der Ukraine, Weißrussland und der Süden Russlands. Akute Strahlenschäden mit Todesfolge traten bei Betriebsangehörigen, der Feuerwehr und Personen auf, die an der unmittelbaren Unfallbekämpfung beteiligt waren. Über Spätschäden infolge der Strahlenbelastung in der Bevölkerung gibt es sehr unterschiedliche Schätzungen, wobei unterstellt werden muss, dass extrem hohe oder extrem niedrige Angaben über Opferzahlen von unterschiedlichen Interessen geleitet wurden.

Das Tschernobyl-Forum – eine Arbeitsgruppe unter dem Dach der Internationalen Atomenergie-Organisation mit dem Ziel der Untersuchung der Folgen der Katastrophe – ging 2005 davon aus, dass bei den etwa 600 000 Personen aus besonders betroffenen Personengruppen (200 000 Liquidatoren der Jahre 1986–1987, 120 000 evakuierte Personen aus den besonders verstrahlten Gebieten der Sperrzone) und 280 000 Bewohner der am höchsten belasteten Gebiete außerhalb der Sperrzone mit einigen tausend zusätzlichen Todesfällen durch Krebserkrankungen zu rechnen sei. Hinzu kämen noch einmal einige tausend Todesfälle unter den 7 Millionen Menschen, die in den signifikant verstrahlten Gebieten in Weißrussland, Russland und der Ukraine leben, also insgesamt 5000 – 10 000 Todesfälle.

Angesichts der großen Unsicherheiten, die mit solchen Schätzungen verbunden sind, ist es müßig, diese Zahlen zu kommentieren. Es bleibt nichts anderes übrig, als davon auszugehen, dass die wahren Opferzahlen nicht zu ermitteln sind. Bei der Ermittlung der Schäden durch den Tschernobyl-Unfall sollte nicht vergessen werden, dass neben den strahlungsbedingten akuten und latenten Todesfällen weitere Folgen zu berücksichtigen sind: strahleninduzierte Krebserkrankungen, die nicht zum Tode führen, andere Gesundheitsschäden als Krebs, psychische beziehungsweise psychosomatische Schäden, Umweltschäden, ökonomische, politische und soziale Schäden.

Quelle: GRS-Bericht 121